# DOCUMENTS HISTORIQUES

## SUR LA MAISON

# DE GALARD

### SUPPLÉMENT, ORIGINE ET GÉNÉALOGIE

# DOCUMENTS HISTORIQUES

## SUR LA MAISON

# DE GALARD

RECUEILLIS, ANNOTÉS ET PUBLIÉS

PAR

## J. NOULENS

SUPPLÉMENT, ORIGINE ET GÉNÉALOGIE

TOME QUATRIÈME

Première Partie

PARIS

IMPRIMERIE JULES CLAYE

(A. QUANTIN, SUCCESSEUR)

RUE SAINT-BENOIT

1876

# EXTRAITS

## DE QUELQUES RECUEILS

RELATIFS

## AUX TROIS PREMIERS TOMES DE CET OUVRAGE

---

DOCUMENTS HISTORIQUES SUR LA MAISON DE GALARD, recueillis, annotés et publiés par J. NOULENS. Tome troisième. Paris, imprimerie de J. Claye, 1874, in-4° de 11-1154 pages.

Oui, chers lecteurs, vous avez bien vu : 1154 pages (je dis *onze cent cinquante-quatre!*), et je vous prie de ne pas vous effrayer, car le volume dont je viens vous parler, presque aussi gros qu'un missel, est aussi intéressant qu'il est gros, et, au moment où j'arrivais à la fin, je me suis écrié avec un profond sentiment de regret : *Quoi? déjà!* Mais il ne faut pas que j'oublie de m'excuser, avant tout, de la liberté grande que je prends de m'avancer sur un terrain que M. Léonce Couture s'était réservé. Notre rédacteur en chef nous a promis, lui qui ne promet jamais en vain, de consacrer un article d'ensemble à l'œuvre gigantesque entreprise par M. Noulens et qui, dans les

conditions où elle s'accomplit, est un honneur à la fois pour ce
vaillant érudit et pour sa province natale. A Dieu ne plaise que
je songe à priver l'ancien directeur de la *Revue d'Aquitaine* de
ce qui sera une de ses plus enviées récompenses, des éloges de
celui qui, tout en étant son infatigable émule, resta son fidèle
ami! Pour rien au monde je ne voudrais non plus priver les
lecteurs de notre recueil d'une de ces appréciations qui nous
sont une bonne fortune quand — je demande grâce pour la
familiarité du mot : ne sommes-nous pas en famille? — c'est
M. Léonce Couture qui *régale*. Je veux seulement, en attendant
que notre cher et excellent maître paye sa dette en nombreuses
et brillantes pièces d'or, payer ici la mienne en menue monnaie.
Chacun donne ce qu'il peut, et M. Noulens, qui sait tout ce que
mes bonnes intentions ajoutent de valeur à mon obole, l'accep-
tera, pour emprunter à Nicolas de Bordenave une comparaison
quelque peu usée, mais rajeunie par la gracieuse naïveté de
l'expression, *avec pareille affection* que ce personnage à qui un
peu d'eau claire *fut offerte à deux mains par un pauvre vil-
lageois*[1].

Avant de nous occuper de l'auteur, disons un mot de l'imprimeur. Quoique, comme M. Léonce Couture[2], j'aie eu déjà l'occa-

---

1. *Histoire de Béarn et Navarre*, si bien publiée par M. Paul Raymond (1873,
grand in-8°). Je cite de mémoire ce passage de l'épître dédicatoire à Henri IV,
n'ayant pas en ce moment sous la main le volume que j'ai récemment beaucoup
vanté dans un recueil qui ne laisse jamais passer le moindre éloge immérité, et
dont les rédacteurs, comme le disait spirituellement, l'autre jour, M. Ad. Magen,
en un charmant article sur *Las Vesprados de Clairac* (*Revue Agenaise* du 30 avril)
*n'ont point d'amis, du moins comme rédacteurs.* (Voir la *Revue critique* du 25 mai 1874,
p. 350-352.)

2. *Revue de Gascogne*, t. XIII, livraison de mars 1872, p. 143-145; c'est dans cet

sion de les complimenter tous les deux, je ne séparerai pas, cette fois encore, des collaborateurs dont l'un seconde si bien l'autre, et je répéterai que les *Documents historiques sur la maison de Galard* sont, de toute façon, admirablement *publiés*. Rien n'est plus net, rien n'est plus pur que ces caractères qui se détachent le mieux du monde sur un papier doux à l'œil, doux à la main, et pourtant assez fort pour braver le temps (*tempus edax*). Une série de tels volumes sera, devant les bibliophiles de notre siècle et des siècles suivants, un des plus beaux titres de gloire de cette maison Claye, si digne de sa simple et grande devise : *Labor*.

Le tome troisième, le seul dont je me propose de parler ici, se recommande surtout par sa variété. On le comparerait volontiers à ces terres généreuses que j'aperçois autour de moi, en traçant ces lignes, et qui produisent en abondance toute sorte de choses. Des documents inédits par centaines, des extraits de livres rares, de singuliers détails de mœurs, d'innombrables renseignements sur de vieilles familles gasconnes, d'importantes notices biographiques, des descriptions d'antiques monuments, des notes qui, légères et piquantes, touchent à mille sujets, tout cela constitue un ensemble des plus curieux et des plus instructifs, relevé encore par un style d'une saveur particulière. Les documents embrassent une période comprise entre la fin de 1558 et la fin de 1805 : les uns sont tirés des dépôts publics de Paris et de la province, les autres de diverses collections privées et notamment des archives des châteaux de Larochebau-

article, que l'auteur appelle une « note bibliographique, » que nous a été promise « une étude assez étendue » sur toute la publication.

court, de Magnas, de Malliac, de Terraube, etc. Parmi les personnages qui nous apparaissent dans ces documents je citerai Jean de Galard, fondateur de la seconde branche des seigneurs de l'Isle-Bozon, Bertrand de Galard, seigneur de Terraube, celui que mentionne souvent l'auteur des *Commentaires*[1], Guy de Galard, seigneur de Castelnau d'Arbieu, Henri de Galard, époux de Jeanne de Platz, parente de l'évêque de Lectoure Léger de Platz, Charles de Galard, baron de l'Isle-Bozon, Philippe de Galard, dit le baron de Terraube, un des héros du récit de la *Descente des Anglais dans l'île de Rhé* par Marillac, Jean-Louis de Galard, premier marquis de Terraube, Monseigneur Marie-Joseph de Galard-Terraube, évêque du Puy, Charlotte-Françoise-Victorine de Galard-Terraube, morte en odeur de sainteté, le 8 février 1836, et dont la *Vie* a été racontée dans un livre qui a pu être présenté par des voix pleines d'autorité (celles des archevêques de Paris, de Lyon et de Bordeaux) comme renfermant un modèle accompli de toutes les vertus, etc. Signalons, au nombre des citations qui accompagnent tous ces documents transcrits avec une irréprochable fidélité, des extraits de notices de d'Hozier de Sérigny, de l'abbé de Lespine, de M. Benjamin de Moncade, de divers articles du *Mercure de France*, de la *Gazette de France*, de la *Revue de Gascogne* (principalement d'articles dus à Mgr de Ladoue et à M. Léonce Couture), des vers (bien mauvais, hélas !) du poëte condomois Caillavet et des vers (très-bien tournés, au

---

1. M. Noulens a publié deux lettres inédites du grand capitaine qui manquent au recueil de M. de Ruble; l'une (p. 18) est adressée aux consuls de Condom (19 novembre 1562), l'autre (p. 20) à Bertrand de Galard (14 mai 1562). Les originaux de ces deux lettres sont conservés aux archives du château de Terraube.

contraire) du joyeux poëte Dastros [1], des fragments de quelques ouvrages relatifs à l'épiscopat de M<sup>gr</sup> de Galard-Terraube, auquel M. Noulens ne consacre guère moins de cent cinquante pages bien remplies.

Tous ces documents, toutes ces citations, rassemblés avec tant de patience et de zèle, font plus que toute parole l'éloge du travailleur auquel la maison de Galard a confié une tâche sous laquelle bien des courages auraient fléchi. Mais il ne suffisait pas de trouver tant de précieux matériaux, il fallait encore discuter l'authenticité des uns, reconnaître la valeur des autres, les mettre tous en leur vraie place, les entourer de toutes les explications désirables, en un mot s'élever du rôle de chercheur au rôle de critique. Le critique n'a pas été inférieur au chercheur. Son commentaire est partout exact et lumineux. Non-seulement M. Noulens ne commet aucune erreur en décrivant tant de rameaux enchevêtrés, assez semblables aux inextricables fourrés de certaines grandes forêts, rameaux au milieu desquels il était si facile de se fourvoyer, il redresse encore en passant bon nombre d'erreurs de ses devanciers, et même de ses plus doctes devanciers, tels que l'abbé de Lespine (p. 89, 388). Lui qui a

---

1. M. Noulens, qui ne néglige rien de ce qui peut donner plus d'attrait à son livre, pas même les rapprochements littéraires, croit (p. 240, note 1) que le poëte d'Agen a emprunté une énergique expression au poëte de Saint-Clar : « Jasmin, » dit-il, « a imité cette locution poétique (*ma muso cargaou lou dol*) dans les deux premiers vers de *Me cal mouri :*

> « Déjà la ney encrumis la naturo;
> « Tout es tranquile et *tout cargo lou dol.* »

N'y aurait-il pas là tout simplement une rencontre? On en a vu de plus extraordinaires.

dit si sagement (p. 51) au sujet de l'*Arzieux* du Bas-Armagnac
changé par l'auteur du *Nobiliaire de Guienne* (t. III, p. 245) en
l'*Arbieu* de Lomagne : « Les rectifications doivent toujours être
faites sur une donnée sûre; dans le doute, il est prudent de
s'abstenir, car on risque de mettre une erreur à la place d'une
autre et même d'une vérité, » il s'est constamment souvenu de
cette excellente théorie. Il ne faudrait pas penser, du reste, que
M. Noulens, en matière de rectification, se soit toujours can-
tonné dans le domaine généalogique : il a souvent, à cet égard,
fait d'habiles excursions sur le terrain de l'histoire, et je tiens à
citer, entre toutes, cette note qui atteint en pleine poitrine,
comme un dard meurtrier, un homme qui posait naguère, avec
une assurance par trop méridionale, sa candidature à l'Académie
française, et qui, aussi grand érudit que grand écrivain, aurait
pu tout aussi bien aspirer à devenir membre de l'Académie des
inscriptions (p. 66) : « Mary Lafon, en son *Histoire du Midi*,
t. III, p. 453, prétend que Montluc et Burie, à leur entrée dans
Agen, livrèrent les femmes à la brutalité des soldats et qu'elles
eurent à subir le même sort à Nérac, Marmande, Villeneuve,
Lectoure et Terraube. Il est fâcheux que Mary Lafon, en arti-
culant ce fait odieux, ne l'ait accompagné d'aucune preuve. »

    Tant par le nombre et par le prix des documents que par
l'excellence des annotations, les six ou sept volumes de M. Noulens — le bon Dieu veuille que ce nombre soit encore dépassé!
— deviendront pour les travailleurs une mine inépuisable, mine
que surtout les futurs annalistes de la Gascogne exploiteront à
l'envi. La maison de Galard, tout en assurant à ses titres de
noblesse tant de fois séculaires une impérissable durée, aura,

par cette somptueuse publication, rendu à jamais aux études historiques un de ces services pour lesquels il ne saurait y avoir assez de reconnaissance dans le cœur de tous les érudits.

Pour prouver à M. Noulens avec quelle attention j'ai lu son énorme volume, et pour lui prouver en même temps avec quelle sympathique sincérité j'exprime toute ma pensée sur ce volume, je grouperai ici quelques minutieuses observations : le personnage appelé (p. 21, note 1) *M. de Baretnau*, s'appelait en réalité Jean de Monlezun, sieur du *Barannau*[1]. Quand M. Noulens cite, au sujet de d'Aubiac, l'*ami* de la reine Margot, sorti probablement de la maison de Lart de Goulard, deux alinéas de l'*Histoire de Villefranche-sur-Lot* par Auguste Cassany-Mazet, il va puiser à une source trop éloignée, trop indirecte, et d'ailleurs fort trouble, et il aurait aisément trouvé des témoignages de première main[2], etc. — Mais ne trouve-t-on pas que je m'amuse à des bagatelles et que je ressemble à un homme qui, placé devant un monument, se préoccuperait de deux ou trois grains de poussière à peine visibles pour les meilleurs yeux?

DOCUMENTS HISTORIQUES SUR LA MAISON DE GALARD, recueillis, annotés et publiés par J. NOULENS. Tome II, grand in-8° de VII-936 pages. Paris, imprimerie de J. Claye, 1873.

Nos lecteurs savent que trois volumes de cette magnifique publication ont déjà paru, pour la plus grande joie et utilité des

1. Voir un document *signé* de ce gentilhomme dans la livraison de mai de la *Revue de Gascogne*, p. 231.

2. Je me permettrai de le renvoyer à quelques indications, données sur ces points délicats, dans les notes qui entourent *Trois lettres inédites de Marguerite de Valois*. (*Revue des questions historiques* du 1er janvier 1870, p. 251 et suiv.)

amis de l'histoire de Gascogne. M. Tamizey de Larroque et
M. Paul Laplagne-Barris en ont parlé ici même, et j'avais été le
premier à rendre justice (t. XIII, p. 143) au mérite de l'éditeur
et de l'imprimeur. Je pourrais en rester là, en maintenant ma
promesse pour un travail d'ensemble à publier sur cette riche
série de documents dès qu'elle sera terminée. Mais comme la
*Revue de Gascogne* a consacré un article au premier volume et
un autre article au troisième, il est convenable de donner aussi
une idée du second, à l'égard duquel j'ai été d'autant plus coupable de me mettre en retard que j'avais à faire oublier à
M. J. Noulens beaucoup d'autres négligences.

Les nombreux documents renfermés dans ce gros volume
embrassent une période de près de trois siècles, de 1330 à 1580 ;
ils intéressent également les diverses branches de la maison de
Galard, et il faut en dire autant de ceux du premier volume. Au
contraire, dans le troisième, dont M. Tamizey de Larroque a
rendu compte il y a deux mois avec tant de compétence et
d'agrément, nos Galard de Gascogne sont seuls en cause. Ici,
parmi leurs papiers se mêlent ceux des comtes de Brassac et de
Béarn, qui reparaîtront seuls dans le tome cinquième et les
tomes suivants. Ainsi, sauf des suppléments qui ne peuvent
manquer d'arriver, la partie de ce beau travail, la plus intéressante pour notre histoire, est dès maintenant achevée.

Parmi les innombrables personnages qui figurent dans le
présent volume, je nommerai seulement : Viguier de Galard,
seigneur de l'Isle-Bouzon et gouverneur du comté de Comminges, qui prit une part sérieuse, surtout comme tuteur de
Marguerite de Comminges, à la plupart des événements provin-

ciaux de la seconde moitié du xv^e siècle ; — Bertrand de Galard (1391-1446), qui fit confirmer par le comte d'Armagnac les priviléges des nobles de Lomagne, régla les redevances des habitants de l'Isle-Bouzon et fit par testament (p. 287-305) beaucoup de fondations pieuses ; — Archieu de Galard, seigneur de Terráube (1425-1465), qui eut bien des ennuis pour avoir épousé sans dispense une de ses parentes ; — Hector de Galard, chambellan de Louis XI (1474) et commandant de cent gentilshommes à bec de corbin, lequel, au dire de beaucoup d'auteurs dont M. Noulens a recueilli les curieux témoignages, aurait légué son nom au valet de carreau ; des quatre valets, deux représenteraient l'ancienne chevalerie, Lancelot[1] et Ogier, et les deux autres la noblesse contemporaine, Lahire et Hector de Galard ; — un autre Archieu de Galard, qui fonda (1482) le couvent des Trinitaires de Terraube ; — Jean de Galard-Brassac, d'abord infirmier de Condom, puis abbé de Simorre, dont les armes ornent une des clefs de voûte de la cathédrale de Condom, réédifiée par son oncle Hérard de Grossoles ; — enfin Gailhard de Galard, abbé commendataire de Bouillas, à peu près inconnu aux auteurs du *Gallia Christiana*, et qui abandonna la carrière ecclésiastique pour se marier, aussi bien qu'un de ses parents, Octavien de Galard, abbé de Simorre, sur lequel dom Brugèles est fort inexact.

On voit que les documents publiés par M. Noulens, avec les notes parfois très-étendues dont il les accompagne, ne servent pas seulement les intérêts d'une famille, mais touchent, non sans les éclairer notablement, une foule de points de notre histoire ecclésiastique, littéraire et civile. Comme curieux d'histoire littéraire, je dois spécialement remercier le soigneux éditeur d'avoir inséré tout entière dans ce recueil (p. 833-841) l'introduction et dédicace au roi Henri II du *Brief discours des choses plus nécessaires et dignes d'estre entendues en la cosmographie* (Paris, Morel, 1575), de l'abbé de Galard-Terraube. Ce serait le cas de supplier M. Noulens de nous renseigner de plus sur une *Aquitainographie* attribuée au même auteur par la *Bibliothèque historique de la France,* mais dont je ne vois nulle part ailleurs le moindre vestige. Je lui dois encore plus de reconnaissance pour sa note presque entièrement littéraire sur les Saint-Géry de Magnas (petit texte de la p. 655 à la p. 694). Là sont complétées les recherches sur le docte Joseph de Saint-Géry, inaugurées par M. Ph. Tamizey de Larroque, « dont l'érudition encyclopédique (je cite M. Noulens) nous a ménagé tant de surprises et révélé tant de particularités oubliées ou inconnues de l'histoire du sud-ouest. » Là se trouve réimprimé en entier un opuscule très-rare de l'abbé de Saint-Géry en l'honneur d'Élisabeth de Bavière, duchesse d'Orléans, dont il était premier aumônier. Là sont reproduites des pages « palpitantes d'intérêt » sur la dernière baronne de Saint-Géry, publiées ici même par M. l'abbé Marquet. On voit que la *Revue de Gascogne* n'a pas à se plaindre de M. Noulens. Pour moi, qu'il a beaucoup trop loué, je veux le punir en lui reprochant (le reproche est petit, mais on fait ce qu'on peut) de m'avoir attribué (p. 693, note) une communication de M. F. T., de Saint-Clar, l'éditeur des *Poésies gasconnes de d'Astros.*

Je vais naturellement à ce qui m'attire le plus ; mais il est à peine besoin de dire que les amis de l'histoire proprement dite trouveront encore plus de pâture que les littérateurs dans ce recueil si riche et si varié. C'est pour cela que les moindres papiers publiés ici, procurations, brevets, quittances, auront leur valeur et leur charme. Quant aux hommages, pactes matrimoniaux, testaments, parfois très-étendus, tout le monde comprend ce que ces pièces renferment de révélations, non-seulement pour les généalogies nobiliaires, mais surtout pour l'histoire des mœurs et des institutions, et pour la géographie féodale. Je pourrais citer, d'ailleurs, des morceaux d'un intérêt historique immédiat. Dès la page 20, par exemple, commence un long document qui couvre les trente pages suivantes, et dont le sommaire de M. Noulens indiquera suffisamment l'objet et la portée : « 16 mars 1377. Des seigneurs du voisinage tyrannisaient les consuls et les habitants de Lectoure ; ils avaient même voulu s'opposer à ce que la justice fût rendue par les magistrats de la cité. Le comte d'Armagnac, par son intervention tutélaire, avait empêché le retour de ces oppressions. En récompense de ce service, il demanda la cession de la moitié du pouvoir judiciaire ; ce qui lui fut accordé. Tous les nobles et notables de la juridiction furent convoqués à Lectoure pour résoudre cette question importante. A cette assemblée, on remarque trois membres de la maison de Galard : Viguier, chevalier, Arnaud et Jean. » Il faudrait citer encore la pièce qui suit, relative, ainsi que plusieurs autres non moins importantes, à la tutelle de la jeune comtesse Marguerite de Comminges. Ces deux documents sont empruntés à la collection Doat, qui me paraît avoir fourni, avec les archives des châteaux de Terraube et de Larochebeaucourt, les pièces les plus curieuses du volume.

Mais il vaut mieux réserver toute cette matière historique à
une étude suivie et consacrer le peu de place qui nous reste aux
illustrations de ce volume. Nous ne ferons qu'indiquer aux
amateurs d'héraldique et de sphragistique les diverses gravures
des sceaux insérées dans le texte (p. 7, 11, 15, 141). Nous nous
contentons aussi de signaler le bois de la page 552, reproduisant, d'après un vieux tableau de la galerie de M. le comte de
Béarn, les traits d'Hector de Galard, le valet de carreau; la
planche coloriée que l'on trouve trois pages plus loin, et qui
représente quatre types divers de cette carte, d'après la collection de cartes à jouer du Cabinet des estampes; enfin la clef de
voûte et la longue inscription lapidaire de l'église de Condom,
reproduites aux pages 651 et 652. Le plus utile et le plus bel
ornement de ce volume consiste dans quatre eaux-fortes qui
représentent avec un relief saisissant autant de vues de châteaux. A la page 556, c'est Brassac, position merveilleuse, con-
struction en ruine; page 655, Magnas, mi-partie d'ancien et de
moderne, se détachant gracieusement du milieu des ombrages;
pages 818 et 825, deux aspects très-différents du château de
Balarin, près Montréal. Ces trois dernières gravures sont signées
de M. Léo Drouyn; celle de Brassac appartient à M. Alexandre de Bar. Ces beaux dessins achèvent de donner à un livre
si bien préparé, si luxueusement exécuté, le caractère monu-
mental qui convient aux souvenirs d'une grande race.

Léonce Couture.

(Revue de Gascogne, t. XV, p. 425-428.)

Documents historiques sur la maison de Galard, publiés par J. Noulens. Tome I<sup>er</sup>, in-4°. (N'est pas dans le commerce.)

Nous croyons devoir faire connaître un ouvrage considérable qui malheureusement ne sera pas mis dans le commerce. Je dis malheureusement, car ce recueil de documents sur la maison de Galard constitue la source la plus abondante et la plus précieuse de pièces inédites pour l'histoire du Languedoc et de la Guyenne. M. Noulens, dont l'érudition est bien connue, s'est chargé de ce travail, entrepris aux frais d'un représentant de cette noble famille. C'est un véritable monument à l'édification duquel il convient d'applaudir énergiquement, et l'histoire provinciale gagnerait singulièrement si plusieurs de nos grandes maisons prenaient la même initiative ; elles possèdent toutes des archives, pour la plupart inédites, et d'une excessive richesse. Leur publication importe grandement à l'étude de nos provinces, et nous ne pouvons que signaler à la reconnaissance du public les généreux efforts d'hommes comme MM. le comte de Galard et le duc de la Trémoille, chacun pour leur maison.

M. Noulens a composé ce premier volume d'une série de documents commençant à une charte de l'année 1062, où figure Garcie-Arnaud de Galard à propos d'une libéralité faite par le vicomte de Brulhois, frère du vicomte de Béarn, et finissant au testament du vicomte de Fezensaguet-Brulhois, de l'année 1379, mentionnant le couvent de Galard, maison de l'ordre de Saint-Jean-de-Jérusalem. La charte de 1062 inspira à M. Noulens les plus importantes réflexions; cet acte, d'un caractère purement domestique, porte la signature seulement de quatre garants qui semblent très-judicieusement à M. Noulens devoir être liés évidemment par une étroite consanguinité; ce sont : Hunaud, le donateur; Aladin, sa mère; Hugues, vicomte de Brulhois, son frère; et Garcie-Arnaud, surnommé Gualiard ou Galard. Pour être ainsi appelé en qualité de caution et admis dans l'intimité de la famille, il fallait vraisemblablement que Garcie-Arnaud de Galard fût un de ses membres.

M. Noulens affirme aussi la descendance des Galard de la maison des ducs de Gascogne, et il se livre à ce sujet à une dissertation très-ingénieusement logique qui me paraît devoir être définitivement admise[1].

Ce premier volume a toute la valeur d'un cartulaire. Les tomes suivants présenteront, en outre, un intérêt plus général, plus anecdotique, si je puis dire; de nombreux fac-simile et dessins les accompagnent. La publication des documents historiques de la maison de Galard est une bonne fortune pour les érudits, et elle fournira une ample moisson à tous ceux qui s'occuperont à l'avenir de l'histoire des provinces où les Galard ont fleuri au moyen âge et dans les siècles plus récents. Nous terminerons en émettant le vœu que les éditeurs se départent de leur rigueur et admettent le public au bénéfice de leur pré-

---

1. M. Édouard de Barthelemy ne s'occupe ici que de l'*Introduction* de notre premier volume, où nous avons cité les auteurs qui affirmaient l'origine ducale de la maison de Galard. Nous avons depuis, en ce quatrième volume, première partie, repris, élucidé et résolu cette intéressante question à l'aide des chartes des IX$^e$, X$^e$ et XI$^e$ siècles.

cieuse collection. Nous leur garantissons un véritable et légitime succès.

E. DE BARTHELEMY.

(*Bulletin du Bibliophile,* 41ᵉ année. Techener, 1874, in-8°, pages 341-343. )

FRAGMENT D'UNE LETTRE DE M. LAPLAGNE-BARRIS AU SUJET DE L'ORIGINE DUCALE DE LA MAISON DE GALARD DONT LES ÉPREUVES LUI AVAIENT ÉTÉ COMMUNIQUÉES.

Il n'est pas possible de mieux prouver, et vous me donnez un véritable plaisir en établissant si bien que nos pères ne se trompaient point en attribuant aux Galard une origine ducale ou souveraine. Personne autrefois ne se croyait intéressé à dénigrer les illustres sources des grandes familles féodales, et l'on ajoutait foi tout simplement, même à défaut de preuves par titres, à une opinion que le bon sens rendait vulgaire.

Le duc de Gascogne, dont la première marque d'indépendance féodale est de 882, a dû nécessairement partager ses États entre ses descendants, ceux-ci entre les leurs, et il devient impossible de comprendre qu'une part un peu considérable de sa souveraineté tombe dans les mains d'un étranger. Donc, tout grand feudataire gascon des xᵉ, xiᵉ et xiiᵉ siècles doit être un descendant des ducs. La possession d'une vicomté ou d'une baronnie, à cette époque reculée forme, à mes yeux, une preuve décisive contre laquelle il ne se rencontrera jamais aucun titre. Les recherches persévérantes comme celles que vous venez de faire viendront, au contraire, nécessairement confirmer la tradition. Vous le montrez pour les Galard, vous le montreriez de même pour les Montesquiou, les Pardaillan, les Fourcès, et d'autres.

L'abbé Monlezun n'était pas difficile à vaincre, il n'a pas la prétention d'avoir vu clair dans notre histoire ; pour Oïhénart et Anselme du Fourny, c'était plus difficile, et vous avez pleinement réussi.

V. LAPLAGNE-BARRIS.

# DOCUMENTS HISTORIQUES

## SUR LA MAISON

# DE GALARD

---

## SUPPLÉMENT

---

### TRANSCRIPTIONS LITTÉRALES.

---

### 960-977.

*Extrait d'une généalogie dressée et signée par d'Hozier de Sérigny, relatif à l'origine ducale de la Maison DE GALARD, qu'il fait descendre d'un frère cadet de Gombaud, duc de Gascogne [1]. Gombaud prit part au gouvernement du duché de 960 à 977.*

GALLARD, GALARD et quelquefois GOLARD, ou GOUALARD, de Béarn de Brassac, maison des plus illustres. La tradition du pays est qu'elle tire son origine des princes souverains du Condomois,

---

1. Voir tome I, *Introduction*, pages III, XIII, XIV, XV, XVI, XVII, XVIII, XX, l'opinion concordante de l'abbé de Lespine, de Moréri, de Chazot de Nantigny, de Lainé, d'Edmond Bezian, de Chérin, du *Gallia christiana*, des *Tablettes historiques* et du grand d'Hozier qui l'avait exprimée d'une façon conforme à celle de son neveu, auteur de la généalogie précitée.

Gombaud, comme on le verra au quatrième degré de l'extrait généalogique

cadets des ducs d'Aquitaine. Il y a toute apparence que cette maison vient d'un frère cadet de Combaut, souverain du Condomois,

ci-dessous, tiré de l'*Histoire des grands officiers de la couronne,* était le troisième
des fils de Sanche-Garsie et le petit-fils de Garsie-Sanche, dit le Courbé. Gombaud
engendra Hugues, évêque d'Agen, comte de Condomois, ainsi que Guillaume, duc
et régent de Gascogne, pendant la minorité de Bernard-Guillaume, son cousin.
Les historiens qui se sont occupés de la succession des princes de Gascogne ont
commis des erreurs trop nombreuses et trop importantes pour les laisser passer
inaperçues ; nous les redresserons, pièces justificatives en main, dans notre étude
sur l'*Origine ducale de la Maison de Galard,* qui précédera ou suivra les documents
supplémentaires de ce volume. Le P. Anselme, sur la foi de Marca, donne à Gombaud et à ses deux frères aînés Sanche-Sanchez et Guillaume-Sanche une sœur dont
il ne peut indiquer le nom, mais qui eut un fils appelé Garsia, lequel fut comte
d'Agen. L'existence de ce Garsia n'est connue que par la charte de la Réole,
octroyée en l'an 977, où il est désigné comme neveu de Guillaume Sanche et de
Gombaud, ducs de Gascogne : « Signum Gumbaldi, episcopi et totius provinciæ
« ducis, qui hanc donationem devoti cordis instantia Deo redemptori concessit.
« Signum Willelmi, Vasconiæ ducis, fratris ejusdem qui donum Deo traditum mire
« corroboravit. Signum GARCIÆ, *nepotis ipsorum.* Signum Rotgarii judicis. Signum
« Vizan Amaneu. Signum vicecomitis Ezii. Signum Aroelidat vicecomitis. Signum
« Arnaldi Amaneu. » Rien n'indique dans le texte latin que Garsia était né d'une
sœur plutôt que d'un frère. Citons maintenant le P. Anselme :

## DUCS HÉRÉDITAIRES DE GASCOGNE.

### I.

« Par les chartes qui se trouvent ès archives de l'archevêché d'Auch et dans le
Cartulaire du chapitre de Lescar, on voit qu'anciennement, lorsque la Gascogne
étoit privée de consuls, et que les François, craignant la perfidie des cavaliers du
païs qui avoient coutume de tuer les consuls venans de France, refusoient d'accepter ce consulat, la plus grande partie des nobles de Gascogne alla en Espagne
vers le consul de Castille, le prier de leur donner l'un de ses enfans pour être
leur seigneur. Ce qu'il leur accorda, au cas qu'il y en eût quelqu'un qui y vou-
lût consentir comme fit le plus jeune.

« SANCE, surnommé Mitarra, le plus jeune des enfants du consul de Castille,
étant venu en Gascogne avec les députés du païs, fut établi consul ou comte par
la noblesse de Gascogne, et en fut le premier comte héréditaire. Il étoit petit-fils

lequel Combaut eut un fils nommé Hugues, comte de Condom, qui donna son comté à l'abbaye de Condom en 1011. On a

de Loup-Centulle, duc de Gascogne, qui avoit été banni du royaume par l'empereur Louis le Débonnaire, en l'assemblée des états tenus en la ville d'Aix. Loup-Centulle se retira en Espagne vers Alphonse, surnommé le Chaste, roi des Asturies et de Galice, où il fut bien reçu, et pourvu lui ou son fils d'un gouvernement en Castille; ce qui donna lieu depuis aux Gascons d'élire son petit-fils pour être leur comte et lui rendre ce qui appartenoit à son prédécesseur, comme il se justifie par la donation que firent Guillaume-Sance, comte de Gascogne, et Gaston-Centule, vicomte de Béarn, à l'abbaye de Saint-Vincent de Luc au diocèse d'Oléron. Ce nom de Mitarra, qui signifie en langue arabique : ruine et dégast, lui fut donné en sa jeunesse à cause des courses qu'il faisoit pendant la guerre sur les frontières des Sarrasins, dont il étoit le fléau et la ruine.

« Femme, N... dont il eut :

« *Sance,* dit Mitarra, comte ou duc de Gascogne, qui suit.


### II.

« Sance, surnommé Mitarra comme son père, auquel il succéda au duché de Gascogne, suivant les chartes des églises d'Auch et de Lescar.

« Femme, N... de laquelle il eut :

« *Garcias-Sance,* dit le Courbé, duc de Gascogne, qui suit.


### III.

« Garcias-Sance, comte de Gascogne, après son père, ainsi qu'il est porté ès archives d'Auch et de Lescar, vivoit vers l'an 904. (Voyez la *Notice de Gascogne,* d'Oyhenart, pages 420 et 421, et l'*Histoire de Béarn,* page 203.)

« Femme, Amuna, nommée Honorete dans une charte de l'abbaye de Condom, rapportée par M. de Marca dans son *Histoire de Béarn,* page 206. L'histoire de cette abbaye imprimée au XIIIᵉ vol. du Spicilége, page 433, dit qu'elle y fit beaucoup de bien. Elle mourut en couches de son troisième fils.

« 1. *Sance-Garcie,* comte de Gascogne, qui suit.

« 2. *Guillaume-Garcie,* comte de Fezensac, a donné origine aux comtes de Fezensac, rapportez ci-après.

« 3. *Arnaud-Garcie,* comte d'Astarac, tige des comtes d'Astarac.


### IV.

« Sance-Garcie, son père, lui donna en partage comme à l'aîné de ses enfants

nommé depuis des temps immémorials TOURS DE GALLARD celles
qui sont auprès de Condom et qui faisoient la demeure des

le duché de Gascogne, qui comprenoit toute l'étendue des terres qui est en Gascogne, à l'exception des comtez de Fezensac, d'Armagnac et d'Astarac, qui furent
le partage de ses frères. (*Histoire de Béarn*, page 204.)

« Femme, N... dont il eut :

« 1. *Sance-Sanchez*, duc et comte de Gascogne après son père, mourut sans
lignée, comme on l'apprend d'une charte de l'abbaye de Condom.

« 2. *Guillaume-Sance*, duc de Gascogne, qui suit.

« 3. *Gombaut*, duc de Gascogne, posséda les évêchez d'Agen et de Bazas, après
la mort de sa femme, dont il avoit un fils. Il fut associé au duché par son frère
Guillaume, fit beaucoup de bien au monastère de la Réole l'an 978, duquel il
étoit restaurateur avec son frère. (Voyez l'*Histoire de Béarn*, pages 207.) *Hugues
de Gascogne* son fils, fut premièrement seigneur de Condom, et pourvu ensuite des
évêchez d'Agen et de Bazas ; il se démit de ce dernier entre les mains du pape étant
à Rome, et après avoir établi la régularité dans l'abbaye de Condom, qu'il dota de
ce lieu qui lui appartenoit en propre l'an 1011, il y établit un abbé. (Voyez l'*Histoire de Béarn*, pages 234, 235.)

« 4. N... de Gascogne fut mariée à un comte dont le nom est ignoré et duquel elle eut
*Garcie*, comte d'Agen, nommé avec ses oncles dans le titre de la Réole de l'an 977,
et *Guillaume*, marquis de Gascogne (*erreur*), qui gouverna le duché de Gascogne
pendant le bas âge de Bernard-Guillaume son cousin. (Voyez l'*Histoire de Béarn*,
pages 211, 230.)

V.

« GUILLAUME-SANCE, duc de Gascogne et comte de Bourdeaux, succéda au duc
Sance son père ; ce fut lui qui commença le rétablissement de l'église de Lescar,
où il fit plusieurs biens. Il fonda aussi l'abbaye de Saint-Sever au cap de Gascogne, en accomplissement du vœu qu'il avoit fait pour obtenir la victoire, qu'il
gagna contre les Normans descendus en Gascogne. Il défit pareillement les Sar-
razins qui y étoient abordez, et sur la fin de ses jours il associa au gouvernement de son duché son frère Gombaut, avec lequel il fit donation à l'abbaye de
Fleury l'an 977, du monastère de Saint-Quirs, dit à présent la Réole, permettant
à l'abbé, du consentement des seigneurs, d'y bâtir une ville au quartier d'Aillas,
dite à présent la Réole, à laquelle ils accordèrent plusieurs priviléges. Enfin,
après avoir fait de grandes libéralitez aux églises de Lascar, de la Réole, aux
abbayes de Luc et de Sorde, il mourut chargé de gloire et d'années vers l'an 984.
(Voyez l'*Histoire de Béarn* depuis la page 208 jusqu'à 229 et 233.)

« Femme, URRAQUE DE NAVARRE, fille de Garcie-Sanchez, roi de Navarre, et de

anciens souverains de cette province. Les seigneurs de la maison
de Gallard ont toujours possédé la terre de ce nom jusqu'au siècle

Thérèse son épouse. Elle vivoit encore l'an 1009 qu'elle est nommée dans l'acte
par lequel Bernard son fils confirme la fondation que ses père et mère avoient
faite à l'abbaye de Saint-Sever. (*Histoire de Béarn,* page 233.)

« 1. *Bernard-Guillaume* succéda à son père au duché de Gascogne, qu'il ne
gouverna néanmoins qu'après la mort de Guillaume, marquis de Gascogne, son
cousin. Il ôta les moines de la Réole, parce que, s'étant abandonnés à toute sorte
de vices, ils avoient tué l'abbé de Fleury qui venoit de les réformer. Il confirma
la donation de l'abbaye de Saint-Sever faite par son père, en augmenta les revenus vers l'an 1009 et toutes les autres donations accordées aux autres églises. Il
mourut le 25 du mois de décembre l'an 1010 empoisonné par la force des enchan-
tements qui lui furent procurez par quelques femmes, suivant la chronique d'Ay-
mar. Il ne laissa point d'enfans de sa femme nommée *Garcie.* Oyhenart, en sa
*Notice,* la nomme Berte et lui donne deux enfans, qui apparemment moururent
avant lui. (Voyez l'*Histoire de Béarn,* pages 232 et 256.)

« 2. *Sance-Guillaume,* duc de Gascogne, qui suit.

« 3. *Brisque de Gascogne* fut la seconde femme de *Guillaume V* du nom, comte
de Poitiers et duc de Guienne.

« 4. *Garsande de Gascogne* fut mariée à un seigneur de Bourgogne, après la
mort duquel étant retournée en Gascogne, elle usurpa sur l'abbaye de Condom
l'église de Saint-Jean de Cablesa qu'elle rendit en mourant. (*Spicil.,* tome XIII,
page 149.)

« 5. *Tote de Gascogne* s'empara de la terre de Tamville, appartenant à l'abbaye
de Condom, qu'elle ne rendit qu'après en avoir reçu quelques deniers. (*Spicil.,*
tome XIII, pages 493.)

### VI.

« SANCE-GUILLAUME, duc de Gascogne, comte de Bourdeaux, succéda à son frère
Bernard. Il se trouva avec plusieurs princes et seigneurs, vers l'an 1017, en l'abbaye de Saint-Jean d'Angely, qui y vinrent pour voir la tête de saint Jean-Bap-
tiste, qu'on disoit y avoir été trouvée : il fut aussi présent à l'assemblée des
évêques et des seigneurs d'Aquitaine et de Gascogne, tenuë à Blaye l'an 1028
pour l'élection de Siguin l'archevêque de Bourdeaux. Ce fut lui qui fonda l'abbaye de Saint-Pé de Généres en Bigorre, qu'il enrichit de grands revenus, et la
mit sous la protection du vicomte de Béarn. Il augmenta ceux de l'église de
Lescar et de Saint-Severin-les-Bourdeaux. Il mourut l'an 1032, et fut enterré en
l'église de Lescar. (Voyez l'*Histoire de Béarn,* pages 237, 245, 246 et 297.)

dernier, qu'elle a passé dans d'autres mains. Il reste dans le Condomois plusieurs branches de cette maison, entre autres celle

« Femme, N..., de laquelle, selon Oyhenart en sa *Notice*, page 429, il eut deux filles.

1. *Sancie de Gascogne*, mariée, selon Oyhenart, avec *Berenger-Raymond*, comte de Barcelone, père de Berlenger, duc de Gascogne, qui suit, ce qui est contredit par M. de Marca en son *Histoire de Béarn*, page 249.

« 2. *Alausie de Gascogne* fut donnée en mariage à Aldouin, IVᵉ du nom, comte d'Angoulême, probablement père de Berlenger, duc de Gascogne, suivant M. de Marca, page 249.

VII.

« Berlenger ou Berance, duc de Gascogne et comte de Bourdeaux, recueillit toute la succession du duc Sance, suivant le Cartulaire de Sorde, après la mort duquel sans lignée, elle fut dévoluë à Eudes, comte de Poitiers et duc de Guienne, fils de Guillaume Vᵉ du nom, duc de Guienne, et de Brisque de Gascogne. Il en prit possession en l'église de Saint-Severin-lès-Bourdeaux, suivant l'ancienne coutume, comme rapporte M. de Marca en son *Histoire de Béarn*, page 249. Ce comte fut tué devant Mauzé, qu'il assiégeoit l'an 1039 et gist à Maillezais ; par son décès sans lignée, Bourdeaux et la Gascogne furent réunis au duché de Guienne, comme l'écrit Besly. » (P. Anselme, *Histoire des grands officiers de la couronne*, tome II, pages 610-612.)

Le P. Anselme, comme on vient de le voir à la fin du IVᵉ degré des ducs de Gascogne, avance témérairement que Guillaume, marquis de Gascogne, qui exerça l'autorité ducale pendant l'enfance de Bernard-Guillaume, son cousin, était fils d'une sœur de Guillaume Sanche et de Gombaud, et frère par conséquent de Garsia comte d'Agen. Or ledit Guillaume était, de même que Hugues, issu de Gombaud. Nous avons une foule de preuves irrécusables pour le démontrer en temps et lieu. Nous nous bornerons ici à reproduire un passage de d'Achery, duquel il résulte que Gombaud était le troisième des enfants de Sanche Garsie, duc de Gascogne :

« Eadem hora vultus pallore mutata et dolore cordis perculsa pæne exanimis
« est effecta ; quod videntes qui aderant, quanto magis tegumentum quod abstule-
« rant, eidem ori restituerunt ; illa vero manibus obsequentium ad hospitium
« delata, ingravescente dolore post paucos dies vitam finivit jam vicina partui,
« cujus ventre cæso filius abstractus est, et Arnaldus vocatus, cognomento vero
« natus. Comitatum Astariacensem postmodum obtinuit, Vasconiæ principatum
« Sancius Garciæ ejus frater post obitum patris promeruit ; moriens autem tres

des Terraube, premiers barons du Condomois, et, en Quercy, celle
de Galard de Brassac qui possède cette ancienne baronnie depuis
environ 1268. Il y a encore, en Angoumois, plusieurs branches
des seigneurs de Gallard de Brassac, comtes de Béarn, seigneurs
en ce pays de la terre de la Rochebaucourt qu'ils possèdent
depuis deux cents ans.

*Archives de la Maison de Galard,* dressées par d'Hozier de Sérigny et
signées de sa main, papier, 16 feuillets. Archives du château de Larochebeaucourt.

———————

## 960-977.

*Autre constatation de l'origine ducale de la Maison* DE GALARD.

Elle tire son origine de la province de Guyenne, elle est une
des plus illustres et des plus anciennes du royaume de France.
Elle descend directement des comtes du Condomois, issus des
anciens ducs souverains de Gascogne.

Elle jouit du rare avantage d'avoir une filiation non inter-
rompue et appuyée de titres depuis plus de huit siècles, avec de
grandes et belles possessions, des emplois et dignités honorables
ecclésiastiques, civiles et militaires.

Elle y a pris des alliances illustres qui luy donnent des paren-
tés avec plusieurs maisons souveraines de l'Europe : 1° en 1270

« liberos honoris reliquit successores, nomine satis et memoria celebres : SANCIUM
« videlicet, et GUILLERMUM, atque GIMBALDUM, qui patris imitatores effecti studue-
« runt feliciter regere, quod consecuti fuerant hereditario jure. E quibus Sancius
« Sanctii major natu majoris domini vix usus est dominatione : quo sine liberis
« obeunte, Guillelmus Sanctii successit, et totius promeruit culmen honoris. »
(*Spicilegium* Dom. Lucæ Acherii, édition in-4°, tome XIII, pages 434-435.)

avec la maison d'Armagnac; 2° en 1358 avec celle d'Albret alliée aux rois de France et d'Angleterre, et en 1508 avec la maison de Béarn, branche dont descend le roy Henry IV.

La maison de Galard, Goulard et Goualard, suivant l'idiome de la province, est connue dès le $XI^e$ siècle dans le Condomois, où elle possédoit et possède encore la seigneurie puis marquisat de Terraube, dont le chef-lieu est proche la ville de Leytoure, et le château fort de Galard ancienne demeure des comtes de Condomois, qui maintenant n'est plus qu'une énorme mazure scituée sur une éminence dominant la ville de Condom, sur la principale porte de laquelle mazure on voit encore les armes de Galard qui sont : *3 Gualards ou corneilles surmontés d'une couronne de comte.*

GOMBAUT, comte de Condomois[1], avoit un frère cadet nommé

1. Le *Gallia christiana* constate que GOMBAUD, d'abord comte d'Agen, était de la famille ducale de Gascogne, issue de SANCHE-MITARRA, appelé de Castille par les Gascons qui en firent leur chef. Mitarra avait pour aïeul LOUP-CENTULLE, qui, chassé en 819 de ses états par Louis le Débonnaire, se réfugia auprès d'Alphonse, roi de Castille. De SANCHE-GARSIE, qui eut pour auteur GARSIE-SANCHE dit le Courbé, petit-fils du grand Mitarra, vinrent SANCHE-SANCHEZ, mort sans postérité, GUILLAUME qui lui succéda au duché de Gascogne, et GOMBAUD associé par son frère au gouvernement de la principauté. Gombaud, désabusé des grandeurs après avoir été marié et avoir eu lignée, prit l'habit monastique. Il devint évêque d'Agen et de Bazas avant 977. Le *Gallia christiana* (tome III, col. 899) rappelle, sur la foi de Marcaet d'Oïhénart, que Garsie était le neveu de Gombaud. On voit également par l'extrait ci-dessous que HUGUES, évêque d'Agen, était né de Gombaud.

GUMBALDUS (DE GASCOGNE).

GUMBALDUS cognominatus est a Vasconia, quod genus duceret a SANCIO MITARRA, quem ex Castella accersitum, in suum, ut tunc temporis aiebant, consulem, seu comitem Vascones elegere. Hic porro avum habebat LUPUM CENTULLUM, Vasconiæ ducem, qui decreto Ludovici imperatoris, circa annum 819, a regno pulsus, ad Alphonsum, cognomento Castum, Galliciæ et Asturiarum regem perfugerat, a quo

N.·. de Goulard ou Galard, auteur de la maison de Galard.
Hugues, fils de Gombaut, fut dernier comte de Condomois, il

benigne exceptus, atque comitatu in Castella donatus fuerat. Gumbaldus patrem
habuit Sancium Garciam, Vasconiæ comitem; fratres Sancium Sancii patris in dignitate successorem, sine liberis defunctum; et Guillelmum post natu majoris obitum
Vasconiæ hereditario jure comitem, qui sub finem vitæ Gumbaldum in principatus
societatem adscivit. Hic primum Agenni comes uxorem duxit, ex qua Hugonem
filium habuit. Ea defuncta cleri ordinem amplexus est, deinde episcopatus Aginnensem et Vasatensem obtinuit; ex charta Condomiensi, *Spicileg.*, tom. XIII, pag. 416, ac
tandem in comitatus Vasconiæ societatem adscitus est; sub hoc duplici titulo,
monasterium Squirs seu de Regula, quod sui juris esse asserit (monasterium
nostri juris) monachis Floriacensibus attribuit anno 977. Sic enim fert charta
donationis : « Ego Gumbaldus episcopus Vasconiæ. Et infra : Signum Gumbaldi
episcopi et totius provinciæ ducis, qui hanc donationem devoti cordis instantiæ
Deo Redemptori concessit. Anno sequenti medietatem ecclesiæ, quæ in honorem
B. Mariæ dicata, fundata consistit in Villa-nova, eidem monasterio concessit, » ut
videre est in tabulario, ubi se Gumbaldus episcopum, et totius circum positæ
regionis ducem asserit. Anno 982 eum diem supremum obiisse asserit vir clarissimus
Petrus de Marca, *Hist. Bearn*, lib. 3, c. 8, probatque ex charta fundationis monasterii S. Severi in capite Vasconiæ post hunc annum factæ; tum quia in ea nulla
illius ut ducis aut comitis mentio fit, ut par erat, ob communem ipsius cum fratre
in ea dignitate societatem; tum quia donanti aderant, et fundationem sua authoritate confirmarunt episcopi Aginnensis, Vasconensis et Vasatensis alii a Gumbaldo;
ergo Gumbaldus qui tres illos episcopatus solus dum viveret, obtinebat, obierat.

De illo duo referunt Sammarthani, primum quod fuerit Burdigalensis archiepiscopus; alterum quod Aginnensem comitatum, qui illi paterno jure contigerat,
episcopatui annexuisse credatur, quodque ab ipso antistites Aginnenses jus habeant
cudendi monetam, quæ adhuc videtur in episcopio et domo civica Aginni. Verum
alterum falsum, incertum alterum. Primum quidem, quod nusquam hunc titulum
assumsit, nec a quoquam illis temporibus accepit, episcopus ubique nominatus,
non archiepiscopus, quod illius ætatis moribus aperte repugnaret; adde quod
nullum tempus assignari possit quod sedem illam occupavit. Ad alterum quod
spectat, Agenni comitem simul et præsulem fuisse Gumbaldum, ac ibidem monetam cudisse lubens fateor ; verum utrum sua jura successoribus transmiserit,
dubium videtur; illi ad vitæ duntaxat tempus Agennense solum a fratre concessum
fuerat; quod significat Abbatiæ Condomensis hist., *Spicil.*, tom. XIII, pag. 436, cum
ait : « Guillelmus consortem honoris et dignitatis comitem Gumbaldum voluit
habere, concedens illi ad supplementum vitæ Agennense solum et Basatense,
cum omnibus appendiciis suis. » Adde quod in historia Bearnensi refertur Garciam,

donna en 1011 la totalité de son comté à l'abbaye de Saint-Pierre
de Condom, au préjudice de tous ses parents, ainsi qu'il le déclare

Gumbaldi nepotem Aginnensem comitem fuisse. Idque probatur ex Oihenarto lib. 3.
*Notit. Vasc.*, cap. 6, asserente in antiquo lapide ædis S. Quiteriæ, exstare hanc
inscriptionem : « III idus novemb. obiit Guillelmus comes. . . . . dux Guasconorum, et obitus Garsiæ fratris ejus comitis Agennensium. » In gratiam tamen Agin-
nensium præsulum dici potest, id illis a Gumbaldo concessum, ac post ejus obitum a Guillelmo usurpatum seu potius vi ablatum, ut Garsiæ fratri cederet in
patrimonii partem ; verum successu temporis Aginnensibus episcopis restitutum.

## X. — ARNALDUS I.

Arnaldus Gumbaldo successit. Quod quomodo effectum sit insinuat hist. Condomiensis abbatiæ, hæc de HUGONE, Gumbaldi filio, referens : ob cujus tunc temporis imbecillitatem Aginnensis ecclesia, necnon Basatensis, singulos præsules
acceperunt, cæteras, quicumque prævaluit usurpavit.

Nous croyons devoir terminer cette note par quelques extraits de Marca relatifs à Sanche-Garsie, duc de Gascogne, à sa femme Urraque, fille du roi de Navarre,
et à ses trois fils Sanche-Sanchez, Guillaume-Sanche et Gombaud, ainsi qu'à Garsia, neveu de ce dernier et comte d'Agen. Gombaud, avant d'être évêque de Gascogne, nous le répétons, eut, entre autres enfants, Hugues, évêque d'Agen, et Guillaume, qui fut duc de Gascogne pendant la jeunesse de son cousin Guillaume-
Bernard. Guillaume s'adjoignit pour la gestion des affaires son frère Hugues, évêque
d'Agen. Il est question dans la citation qui va suivre d'Arnaud-Amaneu, que
Marca comprend dans le groupe des princes témoins de la fondation du prieuré
de la Réole. Nous démontrerons, dans notre étude sur l'*Origine ducale de la
Maison de Galard*, que cet Arnaud-Amaneu était fils d'Amaneu, frère de Gombaud.

« Le comte Sanche Garcia eut trois fils : Sance, Guillaume-Sance et Gombaut,
selon la foi de l'ancienne charte de Condom, qui est plus complète que celles de
Lescar et d'Aux, qui n'en remarquent que deux, sçavoir Sance, et Guillaume
Sance ; non plus que la table du sieur Besli qui n'en reconnoist que deux,
sçavoir Guillaume Sance et Gombaut. Mais joignant l'autorité de cette table
avec les chartes de Lascar et d'Aux, tout s'accorde avec la relation de celle
de Condom ; et partant on peut asseurer que Sance Garcia engendra ces trois
fils, etc.

« Sance Sances, IVᵉ du nom, fils aisné du comte Sance Garcia, recueillit après
son père la succession du comté ou duché de Gascogne ; mais il décéda sans

dans l'acte de donation dans laquelle il comprend aussy ce qui pouvoit luy appartenir dans la terre et seigneurie de Galard.

enfants, comme il est institué par la charte de Condom, et peut-estre que pour cette raison il est oublié dans les autres tiltres, etc.

« A Sanche IV succéda Guillaume Sance, son frère, comme nous aprend le tiltre de Condom, qui adjouste que Guillaume, sur la fin de ses jours, associa au gouvernement du duché son frère Gombaut. Je n'employe pas cette observation à contre-temps, marquant la fin du comte Guillaume, lorsque j'entame son commencement. Car je suis contraint d'en user de la sorte, d'autant que je dois produire une pièce, où l'on voit cette association, laquelle estant dattée des années de J.-C., fait une ouverture pour arrester quelque point fixe, où nous puissions mesurer le temps des ducs de Gascogne, en avançant ou reculant le calcul sur cette epoche, qui est la seule précise depuis l'élection de Sance-Mitarra, que j'aie pu rencontrer jusqu'à présent. Cette pièce est tirée du *Livre noir* du monastère de la Réole-sur-Garone. Ce monastère estoit anciennement appelé Squirs en langue vulgaire et possédé par le comte Bertrand, sans que la discipline régulière y fût observée. C'est pourquoi ce comte qui en jouissoit, désirant y restablir l'exercice de la règle saint Benoist, le remit entre les mains de l'abbé Adasius, du consentement de sa femme Berte et de ses enfants Guillaume, Ausbert, Arnaud et Bernard, et déclara expressément que son intention estoit que ce monastère fut sous la main du roi pour le protéger, et non pour y rien exiger. Il faut que ce comte Bertrand, qui avoit sans doute le gouvernement du comté de Bazas, vesquit du temps de Louis le Débonnaire et de Pepin, roi d'Aquitaine, son fils, le cours de l'histoire le requérant ainsi par nécessité, puisqu'il occupoit le monastère avant qu'il eust esté démoli par les Normans qui le ruinèrent l'an 848. Je pense qu'il le rendit à l'église, en exécution de l'ordonnance qui fut arrestée l'an 836 en l'assemblée d'Aix, où le roi Pepin fut admonesté par son père et par les evesques assemblés, de faire rendre aux églises ce que lui et les siens leur avoient usurpé. Ce qu'il exécuta de bonne foi, comme asseure l'auteur de la *Vie de Louis,* mesmes le tiltre du délaissement que fait le comte Bertrand, semble faire allusion au formulaire du décret de Pepin, qui ordonna la restitution, sans réserver à soi aucun autre droit que celui de la protection et de la défense, comme l'on peut voir chés Aimoin.

« Or le comte Guillaume Sance, voyant la ruine déplorable que les Normans avoient faite en l'Aquitaine et particulièrement en la Gascogne, y ayant pillé et démoli non-seulement les monastères, mais aussi plusieurs villes et bourgades; et ayant apris par le rapport des anciens, que le monastère de Squirs situé en Gascogne, dont il percevoit les revenus, avoit apartenu au monastère de Fleuri, avant qu'il eust esté ruiné par les Normans, se resolut de le rèmetre au premier

· Icy finit la postérité des comtes du Condomois.

Les descendans dudit N... de Galard ont été successivement

estat sous la disposition de l'abbé de Fleuri. A ces fins, il envoye vers l'abbé
Richard l'un de ses chapelains, pour lui donner avis de ses bonnes intentions et
le supplier d'envoyer quelques-uns de ses moines pour en prendre la possession,
réparer les ruines et travailler au bien des ames. Et à mesme temps expédie ses
letres en qualité de duc des Gascons, en compagnie de Gombaut son frère,
evesque de Gascogne, l'an de l'Incarnation 977. De sorte que les deux frères
firent conjointement une pleine et entière donation au monastère de Fleuri, de
celui de Squirs avec toutes les églises, bourgades, métairies, vignes, bois, prés,
pasquages, moulins, eaux et justices, et de tous autres droits, qui estoient des
apartenances de cette maison. Firent defences aux comtes, evesques et à leurs
successeurs ou à quelques autres personnes que ce fussent, de troubler les dona-
taires en la possession des choses données sous peine d'anatheme, et jurèrent
avec leurs vassaux sur les reliques des saints, l'observation du contenu en l'acte.
Les souscriptions sont en cet ordre, celle de Gombaut, evesque et duc de toute la
province. En suite est celle de Guillaume Sance duc de Gascogne son frère, de
Garcia leur neveu, de Rotger, juge, de Utzan Amaneu, du vicomte Areolidat et
d'Arnaud Amaneu. Ces princes ne se contentèrent pas de faire la délivrance du
monastère entre les mains de l'abbé Richard; mais encore à son instance lui
octroyèrent une déclaration particulière des églises, c'est-à-dire de tous les droits
et rentes ecclésiastiques qu'ils rendoient, qui sont dix et sept en nombre; chan-
gèrent le nom de Squirs en celui de Regula, à cause de l'observation exacte de
la règle monastique qui seroit observée en ce monastère, nommé aujourd'hui la
Réole, du latin *Regula*, et permirent à l'abbé, avec le consentement des vicomtes
et des autres barons de la terre, de bastir au quartier d'Alliardegs ou Aillas, une
ville qui est celle de la Réole, à laquelle ils accordèrent plusieurs priviléges et
immunités.

« Ce tiltre de donation est fort considérable, à cause de la consignation du
temps de Guillaume Sance, qui vivoit, suivant cette charte, l'an 977 et néantmoins
estoit sur la fin de ses jours, selon le témoignage de celle de Condom. De
manière que les premières années de son duché doivent estre establies plus haut;
et l'on peut assigner certain temps par conjecture aux ducs qui l'ont précédé,
comme j'ai fait dans la table insérée à la fin de ce livre, puisque nous avons
pour le moins deux époques asseurées, dans l'enceinte desquelles on peut les
enfermer; dont l'une est celle du duc Arnaud de l'année 864, qui est suivie de
l'élection de Sance Mitarra, dont le sixième successeur estoit sur la fin de ses
jours en l'année 977. D'ailleurs, on peut observer, en ce tiltre, que Guillaume se
qualifie duc des Gascons ou de Gascogne; quoiqu'ailleurs il prenne la qualité de

bienfaiteurs de ladite abbaye de Condom depuis 1060 jusqu'en 1247 que Montassin de Galard en fut abbé; cette abbaye fut en

comte de Gascogne. Ce qui arrive tant à cause que l'usage des qualités de duc et de comte estoit presque en indifférence pendant son siècle, que parce aussi que véritablement il possédoit le duché de Gascogne, conjoinctement avec le comté, qui estoit une pièce séparée.

« Quant à son frère Gombaut, il prend la qualité d'évesque de Gascogne et de duc de la province, joignant ensemble les dignités ecclésiastique et séculière, non-seulement en cette pièce, mais aussi en la donation qu'il fit l'année suivante 978 à ce couvent de la Réole, de la moitié de l'église Sainte-Marie, qu'il acquist d'un sien vassal nommé Arsia, lui baillant en eschange l'église de Saint-Paul du lieu d'Andrie. Elle est signée de Gombaut et de Willelmus Sancio, dux, et de quelques vicomtes et confirme par sa date la vérité de la précédente. Or ce prince prenoit l'une et l'autre de ces qualités, d'autant qu'après avoir esté marié et avoir engendré de son mariage Hugues, il posséda les eveschés d'Agen et de Bazas, et fut enfin associé au duché par son frère Guillaume Sance, ainsi que le rapporte le registre de Condom. Mais il faut sçavoir que, sous ce nom d'evesché de Bazas, le mystère d'iniquité estoit couvert, et que l'on comprenoit tous les eveschés du comté des Gascons, ainsi que j'expliquerai en son lieu. D'où Gombaud prend sujet de se qualifier aux actes publics evesque de Gascogne et de là le sieur Besli en sa Table s'est persuadé, à mon avis, que Gombaut avoit esté archevesque de Bourdeaux, estimant que ce fust le mesme avec le tiltre d'evesque de Gascogne.

« Le mariage de Gombaut avant son ordination, qui précède l'année 977, et la mention qui est faite en la donation de la Réole de Garcia, neveu de Gombaut, et de son frère, doivent persuader que le duc Guillaume avoit esté marié, puis que son frère et sa sœur avoient eu desja lignée de leurs mariages. Néantmoins, voyant que les noms de la femme du duc Guillaume Sanche et de ses enfants sont entiè-rement obmis en cette charte, contre l'usage de ce temps, je pense que la duchesse estoit absente et les enfans en bas aage; et que peut-estre il espousa en secondes nopces sa femme Urraque, qui paroist en toutes les actions et monumens de piété qui restent encore de ce Prince. Les registres de Lascar, des abbayes de Sorde et de Saint-Sever sont chargés de son nom, ceux de Saint-Sever lui ayant conservé particulièrement sa dignité de princesse de sang royal, sans néantmoins exprimer la maison royale d'où elle estoit issuë.

« Cela m'a convié de rechercher sa race dans l'histoire, et pour cet effet tourner ma pensée vers les rois les plus proches de Gascogne qui sont ceux de Navarre; le nom d'Urraque, familier aux maisons royales d'Espagne, tesmoignant assés que cette princesse estoit de race espagnole. Or, je trouve chès Garivai, que dans les priviléges accordés par le roi Sance Abarca, second du nom, au monastère de

1317 érigée en évesché par le pape Jean XXII en faveur de RAIMOND DE GALARD qui en fut le premier évêque, et dont le neveu, PIERRE DE GALARD, fut le second évêque jusqu'à sa mort en 1371.

L'*Histoire de ladite abbaye de Condom* fait connaître AYMERIC, GÉRAUD, GUILHEM, et PIERRE DE GALARD, cautions et témoins d'un échange que fit l'abbé de Condom en l'an 1062.

BILLERAT, seigneur de GALARD, nommé dans un acte de cette abbaye du 11 octobre 1084, eut pour fils OGER, BERNARD et PIERRE DE GALARD, cautions dans un acte passé en 1100 entre l'abbé de Condom et Grenier, seigneur de Bonnefond. Ce Pierre de Galard fut père de PIERRE et ARGAYAS DE GALARD, témoins dans un acte de cette abbaye passé en 1160.

La Maison de Galard subsiste en deux rameaux principaux.

1° Celle de GALARD-TERRAUBE aînée, en Condomois;

2° Celle de GALARD-BRASSAC cadette, fixée en Bas-Quercy depuis son alliance avec la maison d'Armagnac en l'an 1270;

3° Celle de PAUILLAC;

4° Celle de BALARIN, etc.

*Généalogie de la Maison de Galard,* par Boulland, archiviste; cahier manuscrit grand in-folio de 14 feuillets; Archives du château de Larochebeaucourt.

S. Emylian de l'an 970 et de l'an 972 entre les autres, qui signent et confirment ces instrumens, il y a une princesse Urraque, sœur du roi : « La Infanta Donna Urraca hermana del Rei, » dit Garivai. De sorte que la comtesse Urraque estoit fille du roi Garcias Sances et de sa femme Terese, qui de leur mariage eurent deux fils et trois filles, dont Urraca estoit l'une; desquelles on n'a pû descouvrir les maris, dit Blanca. Mais nous pouvons leur porter nouvelles du mariage d'Urraca avec le duc de Gascogne. Guillaume Sance, qui vivoit en ce temps, espousa une princesse de sang royal nommée Urraque, mentionnée dans les papiers d'Espagne jusqu'à l'an 972 et non davantage. Ce qui fait une pleine foi, qu'environ ce temps elle sortit de la maison paternele par ce mariage, qui lui estoit d'autant

## Année 1060.

*Extrait d'une lettre de l'abbé de Lespine à l'abbé* Joseph de Galard-Saldebru, *dans laquelle il déclare que* Garsie-Arnaud de Galard, *dont il est question dans la charte de 1060, ne peut être qu'un cadet de la Maison ducale de Gascogne.*

Je vous ai déjà parlé d'un Garsias-Arnaud[1], surnommé Gualiar, qui en 1060 souscrivit une charte avec le comte de Béarn, son frère et sa mère. Cet homme ne peut être qu'un cadet des ducs de Gascogne, qui prit le premier le nom de Galard, ou Goulard, ou Goualard, ou Gaillard, car vous savez que les vôtres ont porté tous ces différents noms. Celui de Garsias-Arnaud

plus sortable, que sans parler de la grandeur de la maison de Gascogne, elle revenoit par ce moyen dans la terre natale de son trisayeul le comte de Bigorre Eneco Arista, premier roi de Navarre. » (Marca, *Hist. de Béarn,* p. 207-210.)

1. En 1060, il existait un autre rejeton de la même race, portant les deux noms de Garcie-Arnaud. Il était vicomte de Dax lorsqu'il vendit au monastère de Saint-Jean de Sordes plusieurs localités qu'il tenait d'Auriol-Garcie de Navarre. Le nom de Garcie-Arnaud est très-fréquent dans toutes les branches et tous les rameaux de l'illustre branche de Gascogne, comme il sera prouvé en temps et lieu. Voici l'acte qui se rapporte au vicomte de Dax, contemporain et cousin de Garsie-Arnaud, baron de Goalard.

### Vers 1060.

#### DE GARSIA ARNALDO ET GUIDO, COMITE.

Auriol Garsies de Navarra fuit homo nobilis et curialis et habuit ex comite Berlengerio predictas villas, et tenuit eas multis temporibus vel annis, et postea dedit Gasi Arnalt, vicecomiti. Et Gasi Arnaldus vendidit Sancto Johanni et monachis ac dedit et pro illius datione vel venditione, illo auctorizante, possedit ac tenuit in illius vita Sanctus Johannes, et post funus ejus multis annis. Postea, filiis Belial adulantibus, Guido, comes, permotus et accensus avaricia, suadentibus auriculariis suis, misit bannum in villis et in portu, quem ejusdem temporibus in vadimonium habebat Sanctus Johannes, et sine juditio vel absque censura impegit

était commun parmi les princes de la maison des ducs de Gascogne. Faites de cette note et de mes conjectures l'usage que vous jugerez à propos; vous la trouverez à la page 304 de l'*Histoire du Béarn* du président Marca, édition in-fol. de 1640.

Vous allez être bien ennuyé, mon cher abbé, quand vous aurez lu tout ce galimatias. J'aimerois mieux une pêche de votre verger de Ballande que la peau de bouc sur laquelle fut écrit l'acte de mariage de votre trentième ayeul. Adieu, adieu.

Généalogie sous forme de lettre, écrite par l'abbé de Lespine à l'abbé de Galard. Archives du château de Larochebeaucourt, cahier manuscrit.

importune se, et possedit in vi et in robore suo. Hoc videns, abbas Wilelmus iratus est valde, et hanc injuriam non potens suffere, predavit villas, audiensque comes, repletus ira, permissione sua fecit illum ire ad se, minans illum vehementer de receptione honoris vel abatie. Sed ille, non timens minas illius, audacter perrexit ad eum et cum proceribus ac magnatibus, fecit placitum cum illo, et iniit fedus et conventiones et pactum, abbas dedit ad comitem cc solidos in nummis infra spatium octo dierum, et Guido, dux Aquitanorum, dedit cum adfirmatione villas Deo et Sancto Johanni. Hoc peracto placito, confregit conventiones et federa et retinuit portum. Unde rogemus Dominum ut reddat nobis dominium illum. (*Cartulaire de l'abbaye de Saint-Jean de Sorde publié par Paul Raymond, p. 31.*)

Garsie-Arnaud était fils d'Arnaud-Loup, vicomte de Dax, présent à la donation de Hugues, évêque d'Agen, lequel avait appelé près de lui à cette occasion ses héritiers selon la chair. Ce Garsie-Arnaud de Dax était donc parent de Garcie-Arnaud de Galard, issu du même estoc que Hugues.

Dans un document relatif à la succession des doyens de la cathédrale de Dax, Garsie-Arnaud est également mentionné comme frère de Raymond-Arnaud, vicomte de Dax : « Licet dispersim et confuse in translatione ecclesiæ Aquensis quæ fuit facta de loco sancti Vicentii, anno Domini 1102, per Guidonem ducem tunc Aquitaniæ, Raymundum Arnaldi, vicecomitem Aquensem, Odonem Unensem, vicarium Aquensem, GARCIAM ARNALDI, fratrem eorum et alios barones Vasconie Raymundo de Sanctis, tunc cathedram episcopalem tenenti, essent instituti in capitulo Aquensi abbas præpositus et decanus, et quatuor archidiaconi cantor et sacrista magister, qui vulgo grammaticus nunciabatur operarius, qui omnes ad sacerdotum promovebantur cum regula, etc. » (BALUZE, armoire 1, vol. XIV, p. 188, manuscrits d'Oïhenart, Cabinet des titres, Bibliothèque de Richelieu.)

## 1062 ET APRÈS.

*Extrait d'un mémoire manuscrit qui constate la coexistence de plusieurs*
*membres de la Maison de Galard en 1062 et la présence, cette même-*
*année, de* GARCIE-ARNAUD DE GALARD *parmi les signataires de la dona-*
*tion des églises de Brulhois faite à l'abbaye de Moissac par Hunaud,*
*vicomte de Brulhois [1], frère germain de Hugues, vicomte aussi de*
*Brulhois, et frère utérin de Centulle, vicomte de Béarn. Hunaud*
*était fils de Roger et d'Aladin ou Adelaïde d'Armagnac, qui vivaient*
*dans la première partie du* XIe *siècle. Il est également question d'un*
BERTRAND Ier, *sire* DE GALARD, *qui aurait épousé Jeanne de Forcès,*
*sœur de Pellegrin, abbé de Condom.*

On trouve cités dans une charte de l'abbaye de Condom, de
1062, GÉRAUD DE GALARD, EMERIC, GUILLAUME et PIERRE. Un acte de
l'abbaye de Moissac, de 1062, nous montre GARSIE-ARNAUD DE
GALARD signant seul à côté de Hugues, vicomte de Brulhois, de

1. Hunaud, vicomte de Brulhois, d'abord moine et ensuite abbé de Moissac,
dit l'auteur de *la Vie miraculeuse de saint Hugues, abbé de Cluny,* fut de son
temps un habile orateur sacré : « Hunaldus qui fuit abbas Moyssiacensis, vir
eloquentissimus. Infra : comitante nobili quodam fratre, et eloquentissimo olim
abbate Hunaldo nomine. » Dans le tome CXXVIII de la *Collection Doat,* les actes se
rapportant à Hunaud, abbé de Moissac, abondent. Nous allons nous contenter d'en
résumer quelques-uns. Le premier qui se présente est une donation, consentie par
Armand et Adhémar, son frère, vicomte, de l'église de Saint-Sernin, en Quercy,
au profit du monastère de Moissac. La cession de cette chapelle, du cimetière, du
baptistère et des dîmes attachées à la sacristie eut lieu en 1074 dans les mains de
Hunaud, abbé, qui reçut en même temps des mêmes donateurs un territoire suffisant pour construire une grande ville. (*Fonds Doat,* t. CXXVIII, fol. 114 et 117.)
Deux ans après, un bienfait semblable fut accompli au profit du même couvent
par Garsie Arnaud, surnommé Dembrus, Bertrand de la Garde et Aurigemma, sa
femme, qui inféodèrent à la maison de Moissac une église appelée Christianicus,
dédiée à saint Martin et sise, en Agenais, sur la rivière de Garonne. Le texte latin
porte que ce fait se passa sous la prélature de Hunaud, abbé : « Acta autem sunt
hæc in diebus D. Hunaldi, abbatis, et in manu illius. » La même année 1076,

Centulle, vicomte de Bearn[1], et d'Aladin, leur mère commune.
L'*Histoire de l'abbaye de Condom* parle aussi de BILLERAT DE GALARD,
qui eut trois fils, OGER, BERNARD et PIERRE, existant en 1110.
Ce Pierre fut père de PIERRE et d'ARGAIAS DE GALARD qui vivait
en 1150.

Arnaud de Brunemont et Bella, sa femme, Arnaud, Sans, Raymond et Guillaume,
leurs enfants, offrirent à Hunaud, abbé, et aux religieux de Moissac la moitié
d'une église d'Agenais, placée sous le patronage de saint Michel, archange, et la
moitié aussi des redevances ecclésiastiques. (*Fonds Doat,* t. CXXVIII, fol. 123 et
126.) Fides, vicomtesse de Narbonne, gratifia Hunaud, abbé de Moissac, de l'église
de Saint-Pierre, paroisse de Sermur au diocèse de Rodez, en 1077. Bernard, comte
de Bézaudun, fit un acte analogue en transportant au noble abbé, frère du vicomte
de Brulhois, la seigneurie de Saint-Pierre de Campredon, de Sainte-Marie d'Aleras
et de Saint-Paul, toutes les trois relevant des diocèses de Gironne, d'Elne et de Narbonne. D'autres libéralités et restitutions furent faites au bénéfice de Hunaud,
abbé de Moissac, en 1079, par Arnaud de Pertica, Guillaume Pictavin et Arnaud
Bégot, seigneurs périgourdins. En 1080, Izarn, évêque de Toulouse, autorisé
par Guillaume, comte de Toulouse, Raymond, comte de Rodez, Hugues, abbé
de Cluny, et Hunaud, abbé de Moissac, dota les chanoines réguliers de Saint-
Étienne de riches revenus. Les faits et gestes de Hunaud sont ainsi rapportés successivement dans ledit recueil jusqu'en l'année 1083. (Tome CXXVIII, fol. 133, 136,
139, 141, 145, 148, 154, 156, 158, 160, 162, 164, 167, 170, 173, 177, 181, 185, 188.)

1. L'*Art de vérifier les dates* nous révèle des particularités intéressantes sur la
consanguinité de Hunaud, abbé de Moissac, de Hugues, vicomte de Brulhois, et de
Centulle, seigneur souverain de Béarn. Mais D. Clément s'est trompé en donnant à
Centulle et à Hunaud, issus d'une même mère, un père commun. Or le premier
était fils de Gaston III, vicomte de Béarn, et le second de Roger, vicomte de Brulhois
et de Gabarret.

### CENTULE-GASTON ET GASTON III.

1012 ou environ. Centule-Gaston, dit le Jeune, succéda, vers l'an 1012, à Gaston II, son père. Il accompagna Sanche le Grand, roi de Navarre, dans ses guerres
contre les infidèles. A la faveur des troubles qui s'élevèrent après la mort de
Bérenger, duc de Gascogne, pour la succession à ce duché, Centule-Gaston affranchit entièrement sa vicomté de la dépendance de ce duché. De là vient, suivant
la remarque de M. de Marca, que les chartes du tems le qualifient grand seigneur
et dominateur de terre. Arnaud, vicomte de Dax, jaloux de cet accroissement de
puissance, déclara la guerre au vicomte de Béarn. Ils s'accommodèrent ensuite,

BERTRAND I$^{er}$, sire de GALARD, gouverneur de la ville d'Auch. En 1191, Pélerin de Forsez, son beau-frère, abbé de Condom, lui donna quittance de la somme de cent livres, que son monastère avait droit de toucher sur la terre de Galard. Ce seigneur fit don de tous ses biens à son neveu GUILLAUME, qui suit, à la

mais il resta entre les deux maisons un levain de dissension, qui fermenta dans les générations suivantes, et ne fut détruit que par la ruine de la maison de Dax. L'an 1039, après la mort d'Eudes, comte de Poitiers, et du duc de Gascogne, Centule-Gaston et Bernard II, comte d'Armagnac, disputèrent, chacun de leur côté, le duché de Gascogne à Guillaume V, successeur d'Eudes. Centule-Gaston prétendait à cette succession, du chef d'Angela, son épouse, qui était de la famille des ducs de Gascogne. Le comte d'Armagnac avait un droit encore plus évident, dit M. de Marca, sans néanmoins l'expliquer. Quoi qu'il en soit, ce dernier resta en possession du duché de Gascogne pendant l'espace de trente ans. Centule-Gaston ayant entrepris de soumettre le pays de Soule, les habitants l'assassinèrent vers l'an 1058 (Marca) et non 1068 comme le marque un moderne. *Il avait perdu quelques années auparavant Gaston III, son fils aîné et son collègue, dont la femme, Adelaïde, fille de Géraud Trancaléon, comte d'Armagnac, et sœur de Bernard II, épousa en secondes noces le vicomte Roger, après avoir eu de son premier mariage : 1° Centule, qui suit; 2° Raymond-Centule, que l'église de Saint-Pé de Générez compte entre ses bienfaiteurs; 3° Hunaud, vicomte de Brulhois. (Gall. christ., t. I, pr. p. 195, col. 1.)* Les anciens actes de l'abbaye de Moissac prouvent en effet qu'il était frère de Centule IV, et qu'il prit l'habit monastique en 1062 dans cette maison, dont il était abbé régulier en 1073. Il eut pour successeur de son vivant, en 1085 (Gall. christ., t. I, col. 162), Ansquitil, et se retira à l'abbaye de Leyrac, qu'il avait fondée de son patrimoine. Un rouleau original des articles de la branche de Durfort-Deyme renferme diverses donations qu'il fit à ce monastère jusqu'à l'an 1102. Entre les chartes de ces donations on trouve les suivantes. Hugues, vicomte de Brulhois, donne à Hunaud, son frère, et à Saint-Martin de Leyrac, la partie de la forêt de Baina qui leur était échue de la succession de leur père. Quelque tems après, cette donation fut confirmée par Bernard-Raymond de Durfort, qu'Hunaud nomme son cousin dans sa signature. Ensuite le vicomte Hugues et Bernard-Raymond de Durfort étant morts, Bernard de Durfort, Saxet et Guillaume Saxet, frères de Bernard, et Gassinde leur sœur, confirment la précédente donation en y ajoutant leur portion de la forêt de Baina avec d'autres objets. Dans ce dernier acte, qui est de l'an 1102, Hunaud appelle Bernard de Durfort son neveu (peut-être fils de Bernard-Raymond). » (*Art de vérifier les dates*, annoté par Saint-Allais, t. IX, p. 250 et 252).

charge de services religieux, et mourut sans postérité en 1190. Il fut inhumé dans l'abbaye de Condom.

BERTRAND DE GALARD épousa JEANNE DE FORSEZ, sœur de Pélerin, abbé de Condom[1]. Cette dame vivait encore en 1212.

GUILLAUME, SIRE DE GALARD, neveu du précédent, fut pleige ou caution avec Robert, comte de Dreux, prince du sang, et Geoffroy, comte de Perche, pour Philippe-Auguste, du traité de paix conclu entre ce prince et le roi d'Angleterre, le 22 mai 1200. Il est qualifié sire de Galard avec le sire d'Albret dans un acte de 1236.

Archives du château de Larochebeaucourt, *Généalogie manuscrite de la Maison de Galard*, écriture moderne.

---

## ANNÉE 1062 ET APRÈS.

*D'Hozier de Sérigny fait partir la filiation des barons primitifs du* GALARD *ou du* GOALARD *d'*AYMERIC *et de* GÉRAUD *son frère, qui vivaient en 1062, sans toutefois nous indiquer lequel des deux fut le sujet initial. Bien que son opinion diffère de la nôtre, elle est trop près de la vérité pour la passer sous silence.* PIERRE DE GALARD LE VIEUX, *comme nous le démontrerons dans notre étude sur l'origine ducale de la Maison* DE GALARD, *était frère de* GARSIE-ARNAUD, *qui vivait en 1062 et qui porta le premier, à titre patronymique, le nom du* Galard *ou* Goalard *tiré de sa baronnie.*

### I.

AIMERIC DE GALLARD et GÉRAULT DE GALLARD son frère furent caution dans un échange que fit Raimond abbé de Condom pour

---

1. C'est la première fois que nous trouvons trace de cette alliance, laquelle, jusqu'à présent, ne paraît étayée sur aucune preuve méritant une foi absolue. C'est la première fois aussi que ce Bertrand nous apparaît comme gouverneur de la ville d'Auch.

l'église de Saint-Jean de Majan en (1062). Guillem de Gallard et
Pierre de Gallard servirent de témoins dans le même acte. (Voyès
l'*Histoire de l'abbaye de Condom* dans le *Spicilége* de 1723, t. II,
p. 587. Cet acte est encore répété à la page 593.)

## II.

Le seigneur de Gallard[1], surnommé de Bilera, est nommé
dans un acte du même ouvrage, page 592, le 11 octobre 1084,
père d'Oger et de Bernard.

## III.

Pierre de Gallard, caution dans un acte passé à l'abbaye de
Condom entre l'abbé et Géraud et Garnier de Bonefont en 1100.
(Voyès l'*Histoire de l'abbaye de Condom*, t. II, p. 590, Père, etc.)

## IV.

Pierre II de Gallard qui sert de caution avec son père Pierre Ier
et avec Argaias[2] son frère en 1150. (Voyès les titres et l'*Histoire de
Condom*.)

Généalogie manuscrite dressée et signée par d'Hozier de Sérigny, cahier
in-fol. de 12 feuillets ; Archives du château de Larochebeaucourt.

1. Voir tome I, page 8 de cet ouvrage, notre sentiment sur ce de Galard, inad-
missible selon nous dans la filiation.
2. D'Hozier s'est trompé en donnant Argaias de Galard comme frère de Pierre de
Galard le jeune qui était son cousin germain. Le Pierre en question avait pour père
Pierre le Vieux ; or Argaias est dit neveu de ce dernier dans l'acte de Géraud
de Bonnefont dont la date ne peut être précisée, mais qui eut lieu entre 1070
et 1100. On lit en effet dans le *Spicilége* de D. Luc d'Achery : « Fidejussores et

## Mai 1224.

*Charte par laquelle* Guillaume de Golard, *chevalier,* Mathilde, *sa femme, et* Aissin *ou* Ayssieu *son fils aîné, donnent aux chevaliers de la milice du Temple du Brouil deux pièces de terre, situées au diocèse d'Agen, et le pré que Raoul de Larc avait aumôné aux frères de cette maison.*

Ego Guillelmus de Golardo, miles, notum facio universis, tam presentibus quam futuris, quod ego et Mathildis, uxor mea, et Aissius, primogenitus meus, concessimus fratribus milicie Templi de Brolio, pro remedio animarum mearum et predecessorum eorum, libere et pacifice in perpetuum possidere, duas partes

« testes : Petrus Gualardi, ille vetulus, et Argaias, *ejus nepos,* extiterunt, in dono « quoque Guarnerii, Petrus Gualardi, *suprascripti Petri filius.* » Le nom d'Argaias, qui paraît avoir vécu avant et après 1100, se montre une seconde fois dans la même page du *Spicilége,* édition in-fol., t. II, p. 592. *Argaias,* comme nous allons le démontrer, est tout simplement une abréviation de *Arnaud-Garcias,* qui aurait dû être écrite *Ar. Gaias,* ce qui veut dire *Arnaud,* fils de *Garsias,* puisque *Gaias* n'est lui-même qu'une contraction de *Garsias.* Présumant que d'Achery avait commis une erreur de lecture, en incorporant *Ar* et *Gaias,* c'est-à-dire en réunissant deux contractions qui auraient dû rester isolées ou être indiquées par des signes, je recourus au texte manuscrit du xive siècle conservé au Cabinet des titres, qui se trouva conforme à celui de d'Achery. Je dus alors faire remonter la responsabilité de cette erreur au scribe de cette époque. Ce n'était pas du reste le premier exemple d'un nom propre scindé, adhérant à un autre demeuré entier ou simplement syncopé. Dans le même *Spicilége,* en effet, j'avais rencontré une forme analogue qui rentre pleinement dans mon sujet, puisqu'il s'agit de Gombaud, duc de Gascogne et évêque de Bazas, appelé *Gimbsancii,* c'est-à-dire *Gimbaldus Sancii* ou *Gombaud fils de Sanche,* puisqu'à cette époque le premier nom désignait le fils et le deuxième le père. Cette règle sera l'objet d'un chapitre particulier dans notre étude sur *l'Origine ducale de la maison de Galard.* Ceci noté, nous rentrons dans le domaine linguistique. L'habitude d'abréger par suspension, c'est-à-dire de laisser inachevé un substantif personnel ou commun, était assez répandue au moyen âge : les copistes mettaient *aut* pour *autem,* *ben* pour *benedictum,* *Henr* pour *Hen-*

terre, site in diocesi Agenni, quemadmodum pratum quod Radul-
phus de Larcu, cum laboraret in extremis, eisdem fratribus contulit in elemosinam, salvo tamen censu meo,... sex denariis
michi ac heredibus meis annuatim infra festum beati Remigii
de prefata terra persolvendis. Et firmiter promisimus predictis
fratribus super dicta terra legitimam portare garandiam contra
omnes qui ab vi ultra placitum tenere voluerunt. In cujus rei
testimonium presentes litteras sigilli mei munimine fecimus
roborari.

Actum anno Domini millesimo ducentesimo vicesimo quarto,
mense maii.

Archives du château de Larochebeaucourt, parchemin, carré long de
9 lignes, sceau enlevé.

*ricus*, *sol* pour *solidos*. C'est par le même procédé que *Arnaud* est devenu *Ar.*
Quant à *Gaias*, il est visiblement la réduction de *Garcias*, produite par le retran-
chement de deux consonnes médiales *r* et *c*, chose habituelle au temps qui nous
occupe. La conservation des lettres fondamentales permet d'ailleurs de reconnaître
facilement le mode primitif. Cette conversion de *Garcias* en *Gaias* est absolument
semblable à celle du latin *graculus*, dont le gascon a fait *gay* et le français *geai*
par l'expulsion de l'*r* et du *c*. Tous ceux qui possèdent quelques notions philolo-
giques savent que *gar* ou *gra* ne diffèrent pas sous le rapport constitutif, et que
presque toutes les langues présentent ce genre de transposition. C'est ainsi que le
vulgaire *formage* s'est changé en *fromage*. Il est en outre certain que *Argaias*, qui
aurait du être écrit *Ar. Gaias*, ne fut jamais lu et articulé au moyen âge comme
il l'est de nos jours. C'est l'écriture fautive qui a donné lieu à notre prononciation
qui l'est aussi. En résumé, *Argaias*, ramené à son état normal, est un double nom
qui signifie *Arnal Garsias*, dont le premier représente le fils et le second nous fait
connaître le père qui était *Garsie Arnal*, cognomento *Gualiar*, pour parler comme
la charte de 1062. Le deuxième appellatif de Garsie Arnal, toujours en vertu du
mécanisme qui présidait à l'ordre des noms, nous apprend encore que Garsie Arnal
était né d'un autre Arnaud.

Une plus longue démonstration à ce sujet serait, croyons-nous, inutile. Obser-
vons toutefois en finissant que, Argaias étant neveu de Pierre de Galard, celui-ci
était nécessairement frère de Garsie-Arnaud de Galard.

## Vers 1245.

*D'après un extrait du Cartulaire de Condom conforme au Spicilegium*
*de dom Luc d'Achery, tome II, « Histoire de l'abbaye de Condom, »*
Montasin de Galard *fut le fondateur du château de Cassagne.*

### SUR CASSAIGNE ET VAUPILHON.

Vaupilhon. Beata Maria de Valle Pilonis, prieuré de l'ordre de
Fontrevraut, diocèse d'Auch, fut fondé dans le diocèse d'Agen,
vers l'an 1140, par Arnaud de Vaupilhon, seigneur dudit lieu,
par le conseil de Guillaume d'Andozile, archevêque d'Auch, et
les libéralités d'Anessance, abbé de Condom[1]. Factum est hoc
Domini annuente, imo suadente juvanteque Willelmo d'Andozile seu de Monte-Alto, primum quidem monaco, deinde Lectorensi episcopo, tandem archiepiscopo Auxitano, viro piissimo.
Assensum quoque præbuit et auxilium Anessancius, abbas Condomiensis, qui et in predicto loco nonnulla jure abbatiæ suæ
possidebat.

Le prieuré de Cassaigne, situé dans le diocèse d'Auch, dépendoit de l'abbaïe de Condom, à laquelle il avoit été uni vers le
milieu du xiii⁰ siècle, auquel tems, Montarsen de Galard, abbé de
Condom, fit bâtir le château de Cassaigne. Cette union excita
diverses contestations entre les archevêques d'Auch et les évêques
de Condom, surtout en l'année 1432 entre Philippe de Lévis,
archevêque d'Auch, et Jean Corsier, évêque de Condom. Et ces
disputes ne purent être apaisées que par l'échange qui fut
passé, le 14 juin 1518, entre François de Clermont-Lodève, cardinal, archevêque d'Auch, et Jean Marre, évêque de Condom. Vau-

---

1. Cartulaire de Vaupilhon.

pillou et Pontartigues, son annexe, furent unies au diocèse
d'Auch, et l'évêque de Condom s'obligea d'accorder au curé une
pension annuelle de vingt cartaux de blé et deux pipes de vin, et
Cassaigne passa dans le diocèse de Condom.

Archives municipales de Condom. Cartulaire ayant pour titre : *Mémoire
sur le diocèse de Condom,* M. D. CC. LXXIV, page 429.

## VERS 1245.

MONTASIN DE GALARD, *d'après D. Brugèles, fit construire
le château de Cassaigne.*

Et comme le prieuré de Cassaigne, situé dans le diocèse d'Auch,
dépendoit de l'abbaye de Condom, et qu'il avoit même uni à sa
mense avant le milieu du XIIIe siècle auquel tems MONTARSIN DE
GOLARD, abbé de Condom, fit bâtir le château de Cassaigne, ce
même prieuré fut, par la bulle d'érection de l'évêché, uni à la
mense épiscopale, par l'union générale des biens de l'abbaye.
Cela donna lieu à diverses contestations entre les archevêques
d'Auch et les évêques de Condom, surtout en l'année 1432 entre
l'archevêque Philippe II et l'évêque Jean de Corsier; de sorte que
dans les suites on trouva à propos de faire l'échange de la paroisse
de Cassaigne, qui fut incorporée au diocèse de Condom, contre
celle de Vaupilhon, qui fut unie à celui d'Auch, l'une et l'autre
étant limitrophes de ces deux diocèses. Il fut passé un concordat
là dessus le 14 juin 1518 entre l'archevêque François II et Jean
Marre, évêque de Condom.

D. BRUGÈLES, *Chroniques ecclésiastiques du diocèse d'Auch,* page 424,
texte.

## 4 DÉCEMBRE 1265.

*Octroiement des coutumes de Sempesserre par* AYSSIEU *ou* AYSSIN
*et* GIRAUD DE GALARD, *seigneurs de ce lieu.*

Rouleau des coutumes accordées aux habitants de Sempessère
par AYSSEU et GUIRAUD DE GALARD, frères, fils de N. AYSSEU DE GALARD
et de la donzelle DE FRANCS, leur mère, seigneurs dudit lieu de
Sempessère.

Extraits de l'*Inventaire des titres de la Maison de Monlezun* [1], par
M. Benjamin de Moncade. Archives du château de Malliac, cahier AA 3.
Archives du château de Campaigno, cahier manuscrit.

——————

## 13 SEPTEMBRE 1270.

*Une querelle avait éclaté entre N.* AYSSIEU *et* GÉRAUD DE GALARD, *frères,*
*au sujet du partage des biens de leur père* AYSSIEU, *de leur mère*
*Gazenne de Francs, de la succession future de leur oncle* GAISSION,
*ainsi que des substitutions qui pouvaient advenir à chacun d'eux*
*ou à leur lignée. Les deux parties, dans un but de concorde,*
*remirent leur différend aux mains d'un arbitre commun, noble*
*Fortané de Cazenove. Les compétiteurs jurèrent en outre sur les*

1. Une vieille copie plus ou moins complète de cet inventaire, compulsé non-
seulement par M. Benjamin de Moncade, mais aussi par l'abbé de Lespine, qui le
cite fréquemment, se trouve au château de Campaigno (Gers). Les de Galard ont
par conséquent accordé des franchises à cinq communes : Condom, Terraube,
La Sauvetat, Sempesserre et Aubiac. Les deux dernières ont été omises par l'abbé
Monlezun en sa nomenclature des coutumes de Gascogne, où la première en date
est celle de Riguepeu (Fezensac), accordée par R.-E. de Montesquiou et Bernard de
Seran le 11 mai 1279, c'est-à-dire quatorze ans après la concession faite aux
habitants de Sempesserre. Les de Galard, en Lomagne, émancipèrent donc avant tous
les autres seigneurs les villes relevant de leur autorité féodale.

*saints Évangiles d'accepter , comme définitive, la sentence du médiateur et de la faire respecter par leur postérité. Le jugement fut prononcé et approuvé par les deux intéressés. L'apanage d'Archieu fut formé de tous les fiefs situés en deçà de la rivière du Gers; ce territoire comprenait les seigneuries du* GOALARD, *de Terraube (possédées en toute justice), avec les honneurs, droits, hommes, femmes, salles, forteresses, rivières, moulins, viviers, etc. Sur cette partie les descendants de Géraud ne pouvaient rien prétendre à jamais, à moins que ce ne fût par suite d'extinction filiative. Le lot de Géraud était représenté par toutes les châtellenies situées au delà de la rivière du Gers, telles que Sempesserre, Saint-Avit, l'Isle-Bozon, Saint-Léonard, ainsi que tout ce qui était attaché à la glèbe, serfs, bourgs, maisons, eaux, herbages, acaptes, rentes, dignités, etc. Les deux frères s'engagent de plus à s'entr'aider dans les guerres qui pourraient être occasionnées par leurs possessions respectives. Cet acte fut passé dans un pré devant l'évêché de Lectoure et reçu par Guillaume de Luc, notaire de cette ville.*

Notum sit que cum contrast et questios foussan entre N' AYSSIU DE GALARD[1] d'une part, et entre en GUIRAULD DE GALARD, son fraire, d'autra, sober la divisio et departemen de las terras et de las héritatz que lor eran abengudas de part lo senhor N' AYSSIU DE GALARD, lor paire, et de par la doña GAZENES DE FRANCS, lor maire,

---

1. Dans cet acte de partage, Ayssieu de Galard est souvent appelé *Naissieu,* quasi identique à celui de *Nession,* que nous avons déjà remarqué tome I de cet ouvrage, p. 151. L'N initial de Naissieu est une abréviation de EN, que les notaires du moyen âge, particulièrement en Gascogne, substituaient à la préposition *en,* synonyme de noble. Quand elle précédait une voyelle, ils laissaient tomber l'*e* et faisaient adhérer la lettre *n* au nom propre qui suivait. Ainsi, par exemple, au lieu d'écrire *en Arnaud, en Antoni, en Ayssieu,* ils mettaient *Narnaud, Nantoni, Ñaissieu.* Il y a peu d'actes anciens du Condomois, de l'Agenais et de l'Armagnac, où l'emploi de cette syncope ne soit fréquent. Voilà pourquoi le nom d'Ayssieu, dans le courant du texte ci-dessus, est orthographié tantôt Ayssieu, tantôt Nais-

que foront et sober las tornarias que lor devian avenir de part lo
predigh lor paire et de la prédicha lor maire, per nom, per razon
de lor, de lors linatges ; sober alcunes aultras causas à la parfi
dopredighs Aissiu per si et per totz sos hériters et successors, d'une
part ; il predighs Guiraudl, son fraire, per si et per totz sos
hérétès et successors, d'autra ; de lor bon grat, pura et franca et
agradabla voluntat, no forçat, non costreiht, non deceubut, ny
enganat, mais de lor propre mouvement, et de lor certan sabé, et-
de lor certa scientia adaisso amenat, cert de lor faict et certiorat
de drech, se compromesson de las dichas questios et contracts
et sobre las ditas questios et contrast et sober las austras, que far
poyran entre lor en ladita divisio o el dit département, o per nom,
o per razo, per ocaiso de la dita divisio, o département de totas
las ditas causas, il noble saia et discrets senhor en Fortaner de
Cazanova, coma en arbitre o arbitrador o amiable componedor,
sobtz tal forma que ay mandat et autreja et promes et faict
covens per forma et per léal stipulatio l'un à l'autre entre lor et
aldict arbitre, cadans a jurat sobre los sants évangilz de N' Senhor Deu, tocats cadans ab sa propria man corporalment, per lor
et per totz lors héréters et successors, que tenran et gardaran et
observaran lo dit, o l'arbitratio, ol prononciamen que dighs
arbitre et arbitrador diria o prononciara en una votz o en plu-

sieu, selon qu'il convenait au scribe de lui attribuer ou de lui retrancher la qualification *en* ou *n*.

Suivant une remarque judicieuse de l'abbé de Lespine, Ayssieu de Galard devait
être un grand personnage ou tout au moins un chevalier ayant gagné la ceinture
militaire, puisque le titre de *Senhor Ayssieu,* qui diffère essentiellement de celui
de seigneur d'un lieu quelconque, placé après le substantif propre, était honorifique et non terrien. On le réservait habituellement aux grands feudataires ou aux
barons. La qualité de *Dona,* portée par Gazène de Francs, indique également chez
elle, comme chez son mari, une situation sociale très-élevée.

rosas sobre lasdichas questios et contrast del digh departement
de la dicha division de totas essenglas lasditas causas de diaz, o de
miehlz sezon, o estan a dia feriat o non feriat, orde de drech
gardat o non gardat, las partz présens o non présens, ausidas et
non ausidas, o l'una fuet présent et l'autra absent, per dregh o
viron dregh, per pactz o per fin, o per fruiament, o per compo-
sitio, o per accorder et tot pausament quel dighs arbitre faria o
diria esser faict sobre ladicha divisio o département de totas et
de cada una lasdichas causas, en qualque maniera lo disses et
promulgues, segond la volontat o incian, o arbitran, o compo-
nen, o accordan, o definen, o paciffican, et que no venrian
encontra per lor, ni per autrouy, en tout o in partida in alcun loc
o en alcun temps, per nulla razo, ni per nul dregh, ny per nulla
occaiso, ny per nulh. . . . . ni per nulha act, ny per nulh
barat, in alcuna maniera; local compromes autreiat pehs dighs
fraires predictz, et en présença dels testimonis de jus menta-
bedours : et l'avant ditz N' Ayssiu de Galard, en Guiraud, son
fraire, estans présens devant lodich arbitre o arbitrador et devan
lor meis testimonis cum lo digh arbitre o arbitrador agues tractat
ab los dighs fraires o ab lo senhor en GAISSON DE GALARD, lor
onco [1], de pacs et d'accorder sobre lo departement et la division

1. L'abbé de Lespine, dans une note volante et dans la grande *Généalogie* manuscrite *de la Maison de Galard,* conservée aux archives du château de Larochebeaucourt, dit que le Gaission de 1270 lui semble le même que celui de 1284, année
où il donna conjointement avec Géraud et Bertrand de l'Isle des coutumes aux habitants de Terraube. Nous rejetons cette hypothèse : d'abord le Gaission l'oncle
ci-dessus, existant en 1270, est à mes yeux tout à fait distinct du Gaission octroyant
des franchises à la communauté de Terraube en 1284. Le Gaission désigné comme
arbitre dans le partage réglé entre les deux neveux ne paraît avoir eu d'autre fief que
le Galard en Brulhois pour lequel il rendit hommage au comte de Toulouse en 1260.
Il n'eut pas de postérité, puisque déjà dans l'acte de 1270 les deux fils de son frère
comptent sur son hérédité. Ce Gaission eût été d'ailleurs bien âgé en 1284, la succes-

de las dichas causas, segon que las partidas de dighs arbitre reco-
gnogoron, et si dighs fraires regueriquisson ab instantia lo dighs
arbitre o arbitrador que pronuncias son dig. . . . . et sa arbitration sobre lodigh departement et sobre la divisio de lasdichas
heretatz, et de totas essinglas lasdichas causas, selon que a lhuy
seria bist esser convenable. Lo predighs arbitre o arbitrador
o amicable componedor, bistas et ausidas et entendudas et per-
secutades et souspesadas las demandas, que cada una de lasditas
partidas fascon, et las causas dels dighs contrast et agut l'inten-
demen delz drechs et dels debers et de las rasos, que cadan de
les digchs fraires cresia avers et disia cudaba aver en lasdichas

---

sion d'Ayssieu Ier était déjà ouverte en 1265. A cette dernière date en effet, Ayssieu II
et Géraud devaient avoir recueilli l'héritage de leur auteur, frère aîné de Gaission, car
ils donnèrent des coutumes aux habitants de Sempesserre, ce que leur père Ayssieu Ier
eût fait à leur place s'il eût été encore vivant. Le litige occasionné par la succession
paternelle traina donc jusqu'en 1270. Saint Louis ou Philippe le Hardi eurent par conséquent dans l'espace de cinq années et plus le temps de connaître les changements de
personnes advenus dans la maison de Galard. Si Ayssin ou Ayssieu, le principal feudataire de Terraube, n'est point nommé dans les lettres royaux de 1271, c'est qu'il
n'existait plus. Bien qu'il eût laissé trois fiefs, nombre correspondant à celui de ses
enfants Géraud, Gaission et Bertrand, ceux-ci demeurèrent détenteurs portionnaires
de Terraube. Les seigneurs principaux de ce lieu de leur côté conservèrent des droits
divers sur le Goalard, près de Condom. Arsieu ou Archieu de Galard y résidait en 1393,
bien qu'il fût sire de Terraube. Sa femme Lugane de Manhan y fit cette année-là son
testament. C'est peut-être aussi en qualité de justicier en partie que Gaission ou
Ayssin III apparaît comme seigneur de Terraube, notamment dans la concession
des coutumes en 1284. Le pouvoir judiciaire dont il était pourvu, émanant de l'autorité royale, était indépendant de la possession du sol et pouvait même être
exercé sur la glèbe d'autrui. Dans tousi les cas, ce fut ce dernier Gaission ou Ayssin III qui accorda en 1303 aux consuls de Terraube la permission d'entourer cette
ville de murailles. Son intervention isolée pourrait être expliquée par l'absence ou
la minorité de ses neveux dont le père, Géraud, était mort en 1295, ou bien parce
que Ayssin III était investi de la meilleure part juridictionnelle, par suite de cession de son frère Bertrand ou de don de son oncle Gassion, tandis que Géraud avait
gardé pour lui la directe féodale.

heretaz et en totas las terras et causas e bes et senhorias, que avian
et lor podian avener, de part lo predigh lo paire et de la prédicha lor maire, o per nom o per razon o per ocaison de lor o de
lor linatges d'outra lou riou de Giertz o de say outra, et cagut
coseilh de homes sagaus et discrets, ab voluntat et autre digchs et
expris consentement de lasdichas partidas et lor autreiamet
présens, et requessis essems avens ab lor sabensa dis et pronun-
ciat arbitran et componon entre los digchs fraires sobre ladicha
divisio et département, atemprant lo digchs contrast et departen
lasdichas heretatz totas essinglas las austras causas en equesta
maniera, so es assaber : que tot quaugz lo digchs fraires tenion
essems o autra per nom de lor fodia, que aquesta presens carta
fo enguerogada, o debian o esperaban aber, podian aber per
arneys, per nom de heredetat o de successio o de tornario de
part lo predict senhor N' Ayssieu, lor paire, et de ladicha dona
Gasenes, lor maire, et del digchs Gaissio de Galard, onco dels
dighs fraires, o d'alcun d'atouns aultres parens delor, del riou
del Gers en outra enta Condom, aissi cum dessen lo dighs riou
del Gers d'aquiu on nais et ten de long en long entra a qui o
finis, sia per tot temps del dighz Ayssin de Galard et de totz sos
héréters, et successors per sa part fradicor et per la portion quel
debia avenir de totas las predits hérétatz et tornarias, e de totas
las autras causas per far totas sas proprias voluntatz per touts
temps, et de toutz lou sos, senes alcun contrast, senes part del
dighs Guirauld, son fraire, o delz sos généralment et enoumada-
ment el castel DE GALARD dedins el de foras, el castel de Tarrauba
dedins et de foras, et a Daubiac dedins et de foras, et en totas
las honors ethus el destrechs et apartenences dels digchs castels
o locz et en tot bralhes, sian cors o salas, o maison, o fortalisses,
o castellar, o vilas, o campmas, o forn, o molin, o maisonilh, o

terras cautas et non cautas, hermas o laboradas, o prat, o vignas,
o cazals, o bosc, o barthas ou segas, o aiguas correns, o estans, o
pessieras, o pesqués, o pastens de herba, o de feuilha, o de glan
o de fontz et parsonarias, o senhorias, d'alqunas causas moblas
et no moblas, haut et bas, del ed tro en abis, per puechs et per
comas et per plas, o rivas, o riveras, rivatges, o moliar, senes part-
deldigh Guirault et delz sos, si cum dict es, et quel digch Ayssiu
aia et tengua essei hereter et successor per totz tems ab pleneria
senhoria, et plener dregch et dreyturier titol et possedisqua
lasdichas causas, contengudas d'outra el Giers enta Condom coma
suas, et suas en use, en exployté obi son, segon lor volontat, et
prenyan et recepian coma successos et fara sos propris per tout
tems, tout et cada an lous fouyels en provenienactz et las assidas
els profheis els gausiments, presens et adveniens, en totas et de
totas lasdichas causas, contengudas d'outral Giers, de bas Condom,
qualque sian et quaugz siont, sionts en homes et en fennas, o en
maisons, en corps, o en fortalissas, o en senhorias, o en mayso-
nilhz, o en mercatz, o en foras, o en molis, o en aigas, o en pesques
o en moliars, o en pratz, o en vignas, o en cazals, o en terras cotas,
o no cotas, hermas, o laboradas, o en arbres salvatges, o domestges,
o en bosc, o en barthas per nom de tailh, o en autra maniera,
o en camis d'outra lo digch riu, siount servici, o questas, o acaptz,
o emparances, guionatge, o vendas, o clamors, o leis, o pechas, o
encorrement, o leudas, o peatge, o justiciatge, o cassas, o benasos,
o aigues, o fornatge, o moduras, o quart et quint, o desmas, o tascas, o agrier, o civada, o pan, o fogassas, o garias, o capo, o vinada,
o bladada, o fen, o fromatge, heratge, o forestatge, o gast, o tan,
o qualque autre deber, o partidas de blat, o de vin, o de diners, o
d'autras causas, pertenens et débuem pertenir a lor per lasditas
razos ou per alquna ; et quin fassa totas sas proprias voluntatz

per toutz tems de totas essinglas lasdichas causas, contengudas
en ladicha partida et delz frayths d'aqui essens per toutz tems
o digchs Aissieu et tuhg ses hereters, senes part quel digch Guirault
ni sei successor non y puiscan demandar ni requesse en algues
loc ni en algues tems, ains en sia lodigt Ayssin, berau senhor, et
certas possidere coma de las suas et suas causas ab tout lor dregchs
et debers et razos et senhorias et actios, pertenens et devens
pertenir à totas et cada una lasdichas causas, et que d'aquest présent di o en an lodigchz Guiraud de Galard, ni sei successors
n'en poquessan demandar, ni requerre, ni conquerir alquna causa
d'outra lou riu del Gers enta Condom; aissi cum desen lo Gers
d'aqui ou mo et cent entra aqui o finis en lasdichas causas o en
alguna. Et que lo digchs Ayssiu se tengua ab ladicha part per ben
pagatz de tot cau debia o esperaba, o podia aber de totas here-
tats aventtitas, et ren alz non i posquez demandar ni sei successors, si no per defailhimen de linatge. Per aqui meis dis et pro-
nonciet lo digchs arbitre o arbitrador, en son digchz et en son
arbitration, que tout caugz li digchz fraires N. Ayssiu et Guirauld
de Galard avian et tenion ensems, o aultre per nom de lor del
riu del Giers en sa outra devan Laitora o speravan aber de part
lo predict senhor N' Ayssiu, lor paire, et de part la devandita
dona Gazents, lor maire, o de part alqun o aliqui parens, de lor
aissi cum decen lo riu del Giers et ten d'aqui ou nais entre aqui
ou finis, fossa del digchs Guiraud de Golard, per nom de sa
part fraderer, que debia aber, esparava, o podia aver de totas
las hérétatz que devian esser dels predicghz son paire et de ladicha sa maire et de totz lors parens, et de totas las tornorias;
généralment et expressement lo digchs arbitre que tot cau li
digchs fraire avian et devian aver lo dia que aquenta présents
cartha fo enquesta al castel de Sempesserra, dedins et de foras,

et à Sant-Avitz, dedins et de foras, et o la Ilha, dedins et de foras,
et a Sant-Launart, dedins et de foras, et a Lectora, dedins et en
totz los appertenemens et thus et destreichz honors et aperte-
nenzas dels digchs loc et tot caugz avian li digchs fraire de sa lo
Giertz enta Laitora ; lo dia que aquesta quarta fo enquesta et que
devian o podian aver et lor devia avener per nom des hereditats,
o de succession, o detorneria fossa en la partida, o de la partida
dels digchs Guirauld quals que causas siont, o devian esser, siont
castel, o vilas, o campmas, o corps, salas, o castellar, o fortalissas,
o porsonarias de castels, o de vilas, o de capmas, o de fortalissas, o
de castellars, o de corps, o de salas, o maisos, o maysonilh, o forn,
o moli, o terras coutas e no coutas, o pratis, o vinhas, o casals, o
aiguas, o rivas, o riveras, rivatges, o moliar, o paisseras, o pesques, o bosc, o barthas, o pasteny de herba o de fuilha o de glan
o de fontz, o qualsque autras senhorias o parsenarias po puech
et per plas et per comas, *aut et bas* del cel tro en abis, et quel
digchs Guirauldz de Galard aia et tengua et possedisca et tugh
sei successor per tot tems senes part del digchs Ayssiu et del
sos, totas assenglas las causas contengudas en aquest partida
dernivement nommada en say lo Giertz enta Laictora, pertenens
als digchs fraires, per las dichas razos o per alguna, ab plener
dregchz et dreiturier titol coma suas, et suas per tot tems et
prengua et raipia coma sos et sos et fassa sos propis et cada an
dos frugchs en provenients et las rendas et las issidas elz pro-
thus els gausimens issens et in. . . . . de totas essenglas las
causas, contengudas et nommadas en la meissa partida ouc que
siont et en qualsque locs et causas siont dessay lo Giertz enta
Laitora, en homes, en fenmas, en castels, en vilas, en capmas, en
maisos, en maysonilhs, en camis, en terras coutas o no coutas,
en vinhas, en pratz, en cazals, en forns, en molis, en moliars, en

mercalz, en aiguas correns o estans, en paisseras, en ribas, en
riberas, en pesquiers, en bocs, en barthas, en segas, en arbres
salvatges o domestges, per razon de tailh o de altra maniera
quals que siont, li digh frugh o rendas o pucniment siont quast
o quint ; o desmas, o tascas, o agrairs, queste o servici, o acaptz,
o amparansas, o quionatge, o vendas, o clamors, o leis, o pechas,
o encore remens, o leudas, o puitge, o justiciatge, o cassas, o
venasos, o aigriers, o formatge, o moduras, o civada, o pan, o
garias, o capo, o jogassas, o vinada, o bladada, o fen, o formatge,
o herbatge, o forestatge, gast o tan o qualque au tra deber o partidas de blat o di vin, o de diners et d'autras causas pertenans
o deven pertenir a lor per las ditas razos o per alquna, et quin
fassa totas sas proprias volontatz lo dighs Guiraudz per tout
tems, et tugh so sous successor senes part que digh Ayssiu, ni li
son hereter non y puiscan demandar ni requerre en alqun loc
ni en alqun temps. Ains en sia lodigh Guiraulz berois senhor et
certas possidere, coma de las suas et mas causas, ab totz los
dregchs et debers et razos et senhorias et actios, pertenens et
devens pertenir à totas et cada una las causas contengudas en
aquesta partida, de say lo Giertz enta Laitora, aissi cum tene lo
riu del Gierts d'aqui ou nais entra aqui ou finis, segon que de
sobre et declarat del pela graffi en sus en aquesta quarta, et quel
dighs Ayssiu et sei successors ne puscan demandar ni requerre
alquuna cause, en aquesta partida, delz dighs Guirauldz en alqun
tems, sinon per defailhement de linatges, segon que desus est
contengut en aquesta quarta, et que ab a plan lodigchs Guirauldz
se tengue per ben pagatz de tot cau devia o esperava o podiu
aver en totas lasditas heretatz et ren mais non y puisca demandar
ni requerre ni sei successors, sinon per ladigh razon tan solament. Per aquinis ditz lodigh arbitre en son diche et son arbi-

tratio que, d'aqueste présent diu a en an, lo digch Guirauldz de
Galard[1] ni sei successor ne poguessan demandar ni requerre
alguna causa, en ladigch partida del dict Ayssin ni en las tornarias, que anerran a lhuy o a son ordailhn, d'otrab riu de Giertz
enta Condom o poyran o debran avenir, si cum dict es, ny aver
non y puissa lo digch Guirauldz ne sei successor alguna causa,
en la meissa partida ni de la meissa partida, per venda ne per
compra, ni per cambis, ni per donatio tacita o expressa, ni per
forma de testament ni de codicillas, ni d'alguna dispositio, ni
d'alguna dereyra voluntat, ni en nulha aultra maniera sinon tant
solament per defailhiment de linatge. Et per eissa maniera dis
lo digchs arbitre quel digchs Ayssiu ni sei successor no puscan
haber, ni demandar, ni requerre ren, ni conquerir en la partida
del digch Guiraudz per alguna de lasdichas razos, ny per autra
sinc tan solament per defailhiment de linatge. Et dis meis lou
digch arbitre o arbitraire ajoustan, et meis digch quel digch
Ayssiu, en Guiraud de Galard, son fraire, et tugch lor successor
se baillan et se ajudan entre lor de plaid et de guerra contra
totas personas que contrast o turbation, o inquietatio, o demaû

1. Dans ce partage de 1270, la race des Galard se trouve en effet résumée à
Ayssieu II et Géraud, issus d'Ayssieu I<sup>er</sup> et de dona Gazenne de Francs. Géraud,
le cadet, eut pour sa part les châtellenies de l'Isle-Bozon, Sempesserre et Saint-
Léonard, et renonça à toute prétention ultérieure sur le lot de son aîné qui se
composait de Terraube, du Goalard et d'Aubiac. Ce n'est donc pas ce Géraud qui
put bénéficier en 1271, comme l'a avancé l'abbé de Lespine, du don de la justice
de Terraube fait par Philippe le Hardi. Bertrand est également en 1271 un nouveau
venu, puisqu'il ne paraît ni ne coopère à l'acte capital de 1270. Cette année même,
Ayssieu II étant devenu exclusivement seigneur de Terraube, du Goalard et
d'Aubiac, Géraud, Bertrand et Gaission, seigneurs en 1271 de ces lieux, étaient
forcément ses enfants. Ce n'est pas tout : Ayssieu II, ne figurant point dans la
concession de Philippe le Hardi, devait être mort dans l'intervalle qui sépare
le partage de 1270 et l'investiture de la justice de Terraube accordée à ses hoirs
par le fils de saint Louis.

fossan a lor o dillqui de lor sobre alguna de las causas, contengudas en alguna de las sobredichas partidas. Et sobre alguns autre
contrast, que li digch fraire avian o podian haber entre lor per
razon de testaments et sobret dot de la molher del digch Ayssiu;
dis lo digch arbitre son digchzet et sa arbitration, sigon que es
contengut en duas carta que foron autrejadas lo diu qui aquesta,
o per lo contrast era de causas prennens finidoiras et estaintas,
o del digch dot lo digch arbitre ni lasdichas partidas no volgon
que aquel digch fossa mis en aquesta quarta dura doira per totz
tems. Aissi dis lo digch arbitre o arbitrador, per son digch o per
sa arbitration et per son prononciamen sobre contrast de la division del digch departement de lasdichas hérétatz, tornarias,
comandan à lasdichas partidas, en vertut del digch sagrament
que avandit pronunciament o digch o arbitratio, promulgat per
digcht arbitre o arbitrador, tenguan et ayant ferme et establer per
totz tems et observan totas essenglas las causas, contengudas en
aquesta quarta, senes algun cambiament ens perpetualoment et
lor successor, loqual digch arbitratio o pronunciament li digchs
fraires o lasdichas partidas lauseront et enseguyront et accepte-
ront et aproveront et confirmeront et promesen, per totz les
hereters et successors et per lor, sotz la religion del digch
sagrament, aver et tenir et gardar et observar l'avandigch o pronunciament o arbitration, segon que meilhs et plus integrament
es contengut en aquesta présent quarta et segon que meilhi poe
esser entendut, o pessat, o arbitrat, o digch, o escriut justa la
forma sobredita et en contra-no venir per lor ni per autruy en
alqun loc, ni en alqun tems, en tot ni en partida, per nulh
dregch, ni per nulla razo, ni per nulla ocaiso en alcuna manera
et renonseron ne a totz los dregch, contengutz el cours de dregch
civil et canonico, et à totz privilegis et indulgentias et dispen-

saties per que pogues esser vengut en contra totas o alqunas las
ditas causas. Empero, li digch fraires donneron pode et liser al
digch senhor en Fortaner de Cazanova et al digch senhor en
Gassio que aiudin essemps, o las totz sols poquessen in declarar
ou interpretar, si alquna causa o dobtousa o escura ; et a el digch
o en l'arbitratio de sobre promulgat dins la fin del premier an
que sera apres aquest present dia. Actum fuit hoc XIII die introitus septembris apud Lactoram, in prato justa aulam domini episcopi Lactorensis, anno Domini millesimo CC septuagesimo,
regnante Henrico, rege Anglorum, Viviano, vicecomite Leomaniæ, G. (Géraud II de Montlezun) episcopo Lactorense. Testes
sunt Arnaldus de Caucenxs, cauver; en B. de Balarrin, en Pons
de Preissan, en Riu de Garros, en Fortanerius de Laroqua, ciuta-
dans de Leitora, en P. Riu de Gotbès, en Arnaldus de Caucens
lo Macip et ego Guillelmus de Luco, civitatis notarius Lactoræ,
qui hanc quartam scripsi et aliam de hac materia.

Manuscrits de M. Benjamin de Moncade, cahier AA. Archives du
château de Malliac (Gers).

---

## Année 1270 et après.

*Note de l'abbé de Lespine sur les qualifications données à Ayssieu Ier,
seigneur de Terraube, à dona Gazenne de Francs, et à dona
Assalde ou Assalide.*

Il est très-vraisemblable que cet Aissieu I de Galard étoit chevalier puisqu'on lui donne dans l'acte suivant la qualité de *senhor
Aissiu*, seigneur Aissieu, et à sa femme celle de *dona, madame*,
qu'on ne donnoit ordinairement qu'aux chevaliers et à leurs

épouses : cependant on verra ci-dessous Assalde, femme d'Aissieu II, qualifiée *la dona Assalda, la dame Assalde*. Peut-être dérogeoit-on à l'usage établi, par égard pour la haute naissance des seigneurs de Galard.

Archives du château de Larochebeaucourt, extrait d'une généalogie dressée par l'abbé de Lespine et écrite de sa main.

***

## Après 1270.

*Notice de l'abbé de Lespine sur* Géraud de Galard, *fondateur de la première branche des seigneurs de l'Isle-Bozon.*

Géraud de Galard, damoiseau, seigneur de l'Isle-Bozon, Saint-Avit, Sempesserre, fils puîné d'Ayssin Ier, seigneur de Galard, de Terraube, en partie, et de Gazene de Francs, est regardé comme l'auteur de la première branche des seigneurs de l'Isle-Bozon. Il transigea sur partage avec Ayssin II, son frère aîné, le 13 septembre 1270, la succession de leurs père et mère, et eut pour sa part entre autres la terre de l'Isle. On ne connaît pas la date de sa mort; on présume qu'il épousa la fille unique et héritière de Bertrand de l'Isle, donzel, un des trois seigneurs qui donnèrent, en 1284 [1], des coutumes aux habitants de Terraube, dont il

---

1. Bertrand de l'Isle ne pouvait être le même que celui des coutumes de Terraube, qualifié « baro de Insula » dans le *Gallia christiana,* tome I, col. 1079. Ce seigneur, en effet, marié à Condor de Saboulée ou de Saboulies, n'en eut point d'enfants. (*Voir tome I de cet ouvrage, p. 142.*) On peut admettre toutefois que la femme de Géraud de Galard provenait d'un autre lit. L'identité de ce Bertrand de l'Isle est d'autant plus difficile à établir que son prénom est très-fréquent à toutes les générations dans le lignage des puissants comtes de l'Isle.

était coseigneur avec la maison de Galard. Il eut pour fils[1] :

1° BERTRAND DE GALARD, I<sup>er</sup> du nom, chevalier seigneur de l'Isle-Bozon, Saint-Avit, etc.

2° VIGIER, BEGUE OU VIGUIER DE MANHAN, chevalier et énoncé frère de BERTRAND DE GALARD, chevalier, dans un acte de 1324; il était alors marié. On ignore s'il laissa des enfants.

Manuscrits de l'abbé de Lespine, dossier de Galard; Bibl. de Richelieu, Cabinet des titres.

## ANNÉE 1271 ET APRÈS.

*Réflexion de l'abbé de Lespine sur* BERTRAND DE GALARD, *l'un des bénéficiaires du don de la justice de Terraube fait par Philippe le Hardi.*

Comment BERTRAND DE GALARD, l'un des trois seigneurs à qui le roi avait accordé la justice de Terraube, n'est-il pour rien dans ces coutumes, ni lui, ni ses enfants ou leurs tuteurs, et comment Bertrand de l'Isle, qui n'est pas nommé dans la concession de cette justice, est-il un de ceux qui donnent les cou-

---

1. Nous avons transcrit, tome I de cet ouvrage, note de la page 410, un feuillet brouillonné par l'abbé de Lespine. Les surcharges et les ratures trahissaient les tâtonnements divers auxquels avait dû se livrer le savant historiographe avant de pouvoir étager consciencieusement les premiers degrés de la branche de l'Isle-Bozon. Dans ce travail préparatoire, l'ancien professeur de l'École des chartes donnait pour enfants à Géraud de Galard, sire de l'Isle-Bozon et fondateur de la branche de ce nom : 1° *Assieu* ou *Aissieu*; 2° *Gassion*; 3° *Jacquette,* femme d'*Odel de Gelas*; 4° *Catherine*. Dans une rédaction postérieure, définitive et mise au net, l'abbé de Lespine supprime judicieusement Ayssin et Gassion, personnages douteux (attribuables de préférence à la ligne de Terraube), et les remplace par Bertrand de Galard, seigneur de l'Isle-Bozon, qui était infailliblement fils de Géraud. Cette certitude résulte des actes insérés tome I, pages 409-429.

tumes? S'il m'étoit permis de hazarder une conjecture, je croirois qu'à cette époque Bertrand de Galard étoit mort sans enfants, et que Bertrand de l'Isle avoit acheté ou hérité sa portion de justice.

*Généalogie de la Maison de Galard,* par l'abbé de Lespine. Archives du château de Larochebeaucourt.

---

## ANNÉE 1291.

*Édouard II, roi d'Angleterre, voulant rémunérer Bertrand de Goth de son dévouement effectif, lui donna, en 1291, le château de Puyguilhem, la bastide de Monségur, avec la prépondérance féodale sur Séguine de Pins, Bernard de Berrac et* BERTRAND DE GALARD.

Séguine de Pins, dame de Valens, fut légataire de son père en 1291. Elle est nommée dans les lettres d'Édouard II, roi d'Angleterre, par lesquelles, après avoir énuméré les dons qu'il avait faits à noble Bertrand de Goth, vicomte de Lomagne et d'Auvillars, en récompense de ses nombreux services, entre autres de la ville et du château de Blanquefort, au diocèse de Bordeaux, et du château de Puyguilhem avec la bastide de Monségur, aux diocèses de Bazas et de Périgueux, il y ajouta les hommages et serments de fidélité qui lui étaient dus, dans les vicomtés de Lomagne et d'Auvillars, par l'évêque et le chapitre de Lectoure, Séguine de Pins, Guillaume-Arnaud d'Artigues, Raimond de Manas, Bernard de Berrac, Assieu et Béraud de Faudoas, frères, BERTRAND DE GALARD, et Bernard de Durfort.

*Histoire des pairs de France,* par de Courcelles, généalogie de Pins.

## 2 AOUT 1288.

*Un* BERNARD DE GALARD, *prieur de Lagraulet, apparaît dans la fonda-*
*tion d'une dîme qui devait être perçue pendant six ans pour venir*
*au secours de la Terre sainte. Cette contribution, en nature, fut*
*imposée par Arnaud-Othon de Casenove, abbé de Condom, avec le*
*consentement de tous les monastères circonvoisins.*

Noverint universi presentes litteras inspecturi, quod nos
Arnaldus-Othonis[1], divina permissione abbas Condomi, de voluntate et assensu expresso Cenebruni de Godbes, prioris Neriaci,
Arvei Geraldi, prioris Calcisdroti, Arnaldi de Paolhaco, ope-
rarii, Geraldi de Lasbozigas, camerarii, Galhardi de Florensano,
sacristæ, Adonis de Luperiis, infirmarii monasterii nostri Condomensis, BERNARDI GALHARDI, prioris de Lagrauleto, Ramondi de
Stusano, prioris de Salvitate et cellerarii nostri monasterii predicti, et Jacobi de Picardia, pitansarii, et Dominici, hellemosi-
narii, et totius conventus nostri, ordinavimus, quod omnes nos
predicti de redditibus quos de administrationibus nostris perci-
pimus et percipiemus, solvamus decimam camerario, pitansario,
infirmario, certis collectoribus nostris, per nos super hoc depu-
tatis ad thesaurum dicto nostro monasterio pro suis necessita-
tibus acquirendum, et hoc usque ad sex annos a festo Omnium
Sanctorum proximo venienti computandos continuos et completos. Quam decimam volumus omnes nos predicti concorditer annuatim eisdem integre collectoribus supra dictis, illis

---

1. D'après le manuscrit Lagutère et l'abbé Monlezun, cet Arnaud-Othon était
de la race de Casenove, tandis que d'après le *Spicilegium,* pour lequel nous optons,
Arnaud-Othon était de la maison de Lomagne. Il ne faut donc pas s'étonner de
notre désaccord, dans le tome Ier, avec l'abbé Monlezun au sujet du prédécesseur de
RAYMOND DE GALARD. Celui-ci fut appelé sur le siége abbatial de Condom en 1300.

diebus et terminis quibus solvi consuevit dicta decima per nos
omnes predictos, retroactis temporibus, subsidio Terræ Sanctæ.
Injungentes nos abbas predictus omnibus nostris administrato-
ribus supradictis, in virtute sanctæ hobedientiæ et sub pena
excommunicationis, quam nos in non solventes extunc in his
scriptis ferimus, ut dictam decimam fideliter solvant dictis collectoribus usque ad dictos sex annos completos terminis supradictis. Actum et ordinatum fuit hoc Condomi in capitulo nostro,
secunda die introitus mensis augusti, anno Domini mᵒ.ccᵒ.
lxxxᵒviijᵒ. In cujus rei testimonium nos abbas predictus, de
assensu et voluntate conventus nostri predicti, presentes litteras sigillo nostro et sigillo predicti conventus duximus sigil-
landas.

Archives municipales de Condom. Cartulaire ayant pour titre : *Mémoires
sur le diocèse de Condom*, M. D. CC. LXXIV, p. 101.

---

## Année 1290.

*Guillaume de Lavardac, de son propre mouvement et avec l'approba-
tion de Fort et de Seguine de Gluret, ainsi que de dame Gailharde
de Mirabel, leur mère, transporte à Arnaud-Othon, abbé de Condom,
et à Cenebrun de Gotbès, prieur de Nérac, tous les droits qu'il possède par indivis avec celui-ci dans les paroisses de Saint-Cyrice et
ailleurs, pour la somme de treize cents sous morlas. A cet acte
d'aliénation assistèrent* Ayssin de Galard, *damoiseau, Fort du Tilh
et Bertrand de Calignac, prêtres.*

Notum sit quod magister Guillelmus de Lavardaco, jurisperitus, sua sponte et libera voluntate, non coactus, non deceptus,
ad hoc inductus, sed sua grata voluntate, vendidit, garpivit. . . .

cum voluntate et expresso assensu Fortii de Glureto et Seguinæ
de Glureto et dominæ Galharda de Mirabello, matris ipsius
Fortii, et Seguinæ de Glureto, sororis ipsius Fortii, qui moran-
tur apud Vianam, medietatem et quitquit juris habebat in ea
totius decimæ quam ipse magister Guillelmus habebat, tenebat
et possidebat. . . . . in totis parrochiis S^ti Johannis de Caried et
S^ti Cirici prope castrum de Feugarollis, Agennensis diocesis, pro
indiviso cum domino priore de Neraco, ex causa emptionis per
dictum venditorem factæ à dicto Fortio de Glutero. . . . . scilicet reverendo patri domino Arnaldo Othoni, Dei gratia abbati
Condomii, et religioso viro domino Cenebruno de Godbesio[1],
priori de Neraco, presentibus, ementibus. . . . . scilicet dicto
domino abbati tres partes et dicto priori quartam partem. . . . .
pro precio et summa millium et trecentorum solidorum morlanorum. . . . Actum fuit hoc, apud Condomium, tertia die exitus
martii. Testes sunt magister Gaillardus de Sancto Orientio, magister Guillelmus Mota, magister Forcius de Tilio, Bertrandus de
Calinhaco, presbiter; Assinus de Galardo, domicellus, et ego Geraldus de Cassanea, publicus notarius Agenni, qui hanc cartam
scripsi et in publicam formam redegi, utriusque partis consensu, anno Domini m°. cc°. xc^. secundo.

Regnantibus dominis Philippo, rege Franciæ, Eddoardo,
rege Angliæ, duceque Aquitaniæ, Bertrando, episcopo Agennensi.

Archives municipales de Condom. Cartulaire ayant pour titre : *Mémoires
sur le diocèse de Condom,* m. d. cc. xxiv, p. 193.

1. Dom Villevieille, en son *Trésor généalogique,* vol. XLIII, fol. 177, nous fait connaître un Pierre-Raymond de Gotbès qu'il qualifie messire et chevalier, et qui fut
témoin, l'an 1258, du testament de Gaillard de Bessens.

## 12 octobre 1304.

Numidie de Galard, *fille d'*Ayssin de Galard*, damoiseau, seigneur de Terraube, et femme de Massip de Manas* [1]*, donne quittance à son frère* Ayssin *de tous les droits qu'elle pourrait avoir sur les successions de son père et de sa mère Assalide. Elle renonce, toujours au profit de son frère, aux cinq mille sols morlas qu'elle a reçus en dot.*

Noverint universi presentes pariter et futuri quod Nymydia de Galardo, filia nobilis viri Ayssini de Galardi [2], domicelli, domini castri de Terraubia, in presencia sua, uxorque Massis de Manalis, domicelli, filii domini Sancii-Garcie de Manalis, militis, cum voluntate et expresso consensu domini sui, et etiam cum auctoritáte domini patris sui ibidem presencium, non coacta, non

---

1. Il était fils lui-même de Sans-Garcie de Manas, chevalier.

2. Gaission ou Ayssin de Galard, qu'il ne faut pas confondre avec son oncle et contemporain Gaission, seigneur de Galard en Brulhois en 1260 et 1270, est pour nous le même personnage qu'Ayssin, dit le troisième du nom par l'abbé de Lespine et plusieurs autres généalogistes. Nous n'adopterons peut-être point cette classification numérale, par le motif que nous avons découvert des Ayssin antérieurs à tous ceux connus jusqu'à ce jour. Elle sera maintenue toutefois si les Ayssin précédents ne rentrent pas dans la filiation directe. En 1271, lorsque Philippe le Bel octroya à Géraud, Gaission et Bertrand de Galard la triple justice de Terraube, Gaission était coseigneur de ce lieu avec ses frères. Aux raisons que nous avons données ailleurs pour identifier Gaission et Ayssin III, nous pouvons ajouter les suivantes, non moins plausibles. Gaission disparaît de la scène en 1284, après la concession des coutumes de Terraube, et il est immédiatement remplacé par Ayssin III qui mourut avant 1315.

Puisque Géraud, l'aîné de Gaission, ne s'allia qu'en 1280 avec Éléonore d'Armagnac, le cadet, en bonne logique, ne dut se marier que vers le même temps. Ayssin III, par conséquent, s'il avait été fils de Gaission, n'aurait pu jouer un grand rôle à partir de 1286, car cette époque aurait été à peu près celle de sa naissance. Gaission et Ayssin III forment donc une seule individualité. Ce Gais-

decepta nec vi nec dolo, nec metu, nec aliqua. . . . . ad hoc
producta, set sua mera et libera voluntate certa, desiderio et de
jure suo pijorata, — donne quittance à son père de tous les
droits qui la compétaient ou pouvaient la compéter, du chef de
son père et d'Assalide, sa mère, — et pro se et hæredibus suis nunc
et in perpetuum — les donne — dilecto Ayssino de Galardo, *fratri
suo germano filioque domini Ayssini de Galardo, patri sui,* ibidem
presenti et recipienti pro se et heredibus et successoribus suis. —
Elle déclare avoir reçu en dot 5 mille sols morlans auxquels elle
renonce en faveur de son dit frère, aussi bien qu'à toute l'hérédité qui peut leur revenir d'Assalide, leur mère commune.
Suivent les formules d'usage où est rappellée sa renonciation en
faveur de son dit frère de tous les droits paternels et maternels.
« Actum fuit hoc apud castrum de Tarrauba XII die. . . . . mensis octobris anno Domini millesimo trecentesimo quarto, regnante
domino Philippo rege Francorum, Eduardo rege Anglie, duce
Aquitanie, Bertrando, † Agenense episcopo . . . . hujus rei sunt
testes rogati et convocati dominus Geraldus de Manuladuns
(Monlezun), dominus Bertrandus de Biarraco, dominus Sanxius de Manalis, milites, Galterius de Bosigiis, Fortanier de
Marestagno, Otho de Cadilhaco, domicellis, et ego Julia-
nus. . . . . notarius publicus in dicta senescallia Agennense
qui hoc presens publicum instrumentum recepi, feci ac scripsi
et in publicam formam redegi, et signum meum, quo utor

---

sion ou Ayssin de Galard, tout en ayant dans son lot la majeure partie des
terres de Goalard en Condomois, d'autre Galard et de Puyfontain, en Brulhois,
dont il dut hériter de son oncle, retint une fraction de la seigneurie de Terraube,
de même que son frère Géraud retint une partie du Goalard, car en 1393, Lugane de
Manhan ou Manhaut, femme d'Archieu de Galard, petit-fils du Géraud ci-dessus, y
résidait avec son mari et y fit son testament. (*Voir un peu plus haut nos réflexions
au sujet d'Ayssin dit le troisième.*)

in publicis instrumentis, apposui in testimonium præmissorum[1]. »

Archives du château de Malliac. Manuscrits de M. Benjamin de Moncade, cahier AA 3.

---

## Année 1306.

*Transaction entre* Raymond de Galard, *abbé de Condom, le prieur de Nérac, d'une part, et le seigneur Amanieu d'Albret, chevalier, d'autre. Les deux premiers cèdent au dernier la haute et la basse justice de la baronnie de Nérac avec tous les péages que le prieuré prélevait dans ce fief. L'abbé et le prieur abandonnent en outre, au sire d'Albret, les douze deniers morlans que celui-ci était tenu de leur payer chaque année à la fête de Noël pour le château de Nérac et la troisième partie des moulins qui longeaient la Baïse, à proximité de la ville. De son côté, Amanieu garantit aux deux autres contractants le tiers du produit des moulins qu'il possède sur la Baïse, à partir du bourg de Nazareth jusqu'à la commanderie d'Argentens. Il reconnaît également aux serviteurs du couvent le droit de porter des armes dans toute l'étendue de la baronnie de Nérac; il s'engage aussi à offrir, à chaque mutation d'abbé et de prieur, une cucule et une aumusse.*

Pateat universis presentem paginam inspecturis, quod religiosi viri dominus Ramundus, Dei gratia abbas monasterii sancti Petri de Condomio, ordinis sancti Benedicti, diocesis

---

1. Cet acte, dont M. de Moncade nous a donné un extrait et un résumé, jette une lumière complète sur le mariage d'Ayssin, classé le troisième du nom dans les généalogies de l'abbé de Lespine et Moréri. Le contrat de Numidie de Galard, fille du susdit Ayssin et sœur d'un autre, fut donc authentiquement passé en 1304. L'alliance de ses auteurs, Ayssin III et dona Assalide, dut par conséquent avoir lieu vingt ou vingt-cinq ans auparavant, c'est-à-dire vers 1280. L'abbé de Lespine,

Agennensis, et dominus Cenebrunus de Gotbesio, prior Neriaci,
et conventus dicti monasterii, videlicet fratres Bernardus de
Hurracho, prior claustralis, Galhardus de Florensano, operarius;
Bertrandus de Faudoasio, prior de Agrauleto, Guillelmus-Arnaldus
de Violis, cellerarius; Petrus de Agusano, camerarius; Arnaldus
de Berrenxio, infirmarius; Bernardus de Gordanio, pitansarius;
Bernardus Gualhardi de Gotbesio, Otho de Mercerio, Petrus
Ramondi de Gotbesio, Bonus de Auriola, Otho de Turre, Garcias
de Fibetiga, Guillelmus Ramondi de Forcesio, Geraldus de Podio
Pardino, Guillelmus Ramundi de Sevinhaco, Jacobus de Mar-
tollo, Gallabrinus de Sossio, Ramundus de Ferrano, Joannes
Tulerii, Petrus de Pictavi, Arnaldus de Ligardis, Columbus de
Montealto, Bertrandus de Paolhaco, Joannes Royssini, et Petrus
de Sancto Orientio, monachi dicti monasterii, cum autoritate et
expresso assensu dicti domini abbatis frequenti precedente tractatu, et deliberatione prehabita diligenti, utilitateque dicti monasterii ac prioratus predicti de Neriaco diligenter attenta, meliora

---

induit en erreur par une fausse communication de la famille, avait dans un brouil-
lon, que nous avons reproduit, attribué aux noces d'Assalide la date de celles de sa
fille Numidie. C'est pour ce motif d'anachronisme que nous avons rejeté cette assertion jusqu'à plus ample informé, dans une note insérée pages 120 et 121 du tome 1er
de cet ouvrage. L'abbé de Lespine, étant allé plus tard faire des compilations à
Terraube, redressa cette inexactitude dans une généalogie entièrement écrite de sa
main et définitivement revue et corrigée. Cette notice, malheureusement, est tombée dans nos mains un peu tard. Si nous l'avions connue plus tôt, nous aurions
évité de porter cette faute au compte de l'abbé de Lespine. Quoi qu'il en soit, la
question capitale du mariage d'Ayssin de Galard avec dona Assalide est pleinement
éclaircie, et les généalogistes qui ont donné Assalide pour première femme à
Ayssin IV ont tout simplement fait épouser la mère par le fils. Nous avons été
nous-même dupe de cette supputation que le retard de vingt-cinq ans, apporté par
l'abbé de Lespine dans l'alliance d'Ayssin III et d'Assalide, rendait très-acceptable.
(Voir plus haut, page 58 de ce volume, l'extrait de l'abbé de Lespine, relatif à dona
Gazène de Francs et à dona Assalde ou Assalide, femme d'Ayssin III.)

prospiciente, propenso consilio, utile fuit dictum, decreverunt pro utiliori permutare cum nobili viro domino Amanevo de Lebreto, milite, jurisdictionem quam prefatus prior, nomine dicti prioratus, habet in dicto loco Neriaci, et pedagium seu vectigal ipsius prioris, nomine prioratus predicti, et xii. denarios Morlanensium censuales, quos dictus dominus Amanevus eis, quolibet anno, facere tenebatur pro castro Neriaci, quod tenet ab ipsis, et hoc pro tertia parte molendinorum quæ dictus dominus Amanevus habet apud Neriacum in rivo seu flumine Baysiæ, et pro jure quod dictus dominus Amanevus habet in macellis dicti loci Neriaci, in levandis carnibus, piscibus recentibus, et pro immunitate pedagii solvendi de rebus suis vehendis per totam terram domini de Lebreto citra mercimonium sive mercaturam seu mercationem. Quare prefati dominus abbas, conventus et prior Neriaci, cum auctoritate et assensu domini abbatis et conventus predictorum, de jure suo et dicti monasterii ad plenum certificati et certi, ut ibi fuit dictum, ex causa permutationis predictæ, pro se et suis successoribus, dederunt et concesserunt, ac dare et concedere integre ac efficaciter promiserunt, dicto domino Amanevo, presenti, stipulanti et recipienti pro se et ejus heredibus, omnem jurisdictionem altam et bassam, quam habent et habere possunt et debent in villa seu baronia Neriaci, seu pertinencia ejusdem, cujuscumque prefata jurisdictio status seu conditionis existat, cognitione et compulsione et emolumento cognitionis et compulsionis feudorum quæ tenentur a dicto priore Neriaci, duntaxat excepta et dicto priori retenta. Dederunt etiam et concesserunt dicto domino Amanevo totum pedagium suum, quod habent in villa Neriaci, pedagiis piscium recentium et carnium quod habent ibi retentis duntaxat, dederunt etiam et concesserunt in supradicto modo et forma, prefato domino Ama-

nevo et ejus ordinio omnem utilitatem et omne instrumentum
quod ex predictis jurisdictione et pedagio potest quomodolibet
provenire, sive in gagiis, sive in incurrimentis, sive in rebus aliis
quibuscumque consistant, cognitione et compulsione feudarum
dicti prioris et emolumento, prout superius est expressum,
exceptis. Dederunt et concesserunt etiam prefato domino Amanevo et ejus ordinio, illos xii. denarios Morlanensium censuales,
quos dictus dominus Amanevus debet eisdem annis singulis pro
castro Neriaci, quod tenet ab ipsis; ita tamen, quod dominus
Amanevus et successores sui, in signum recognitionis, det et dare
teneatur in novitate cujuslibet abbatis, predictis abbati et priori
semel unam cucullam et unam almutiam nigram, nomine
sportæ et acaptamenti, pro castro et pedagio supradictis, ita tamen
quod abbas cucullam, et prior almutiam habeat de predictis. Et
ibidem prefatus Amanevus, ex causa permutationis predictæ,
dedit et concessit, pro se et suis successoribus, prefatis domino
abbati, conventui et priori recipientibus, nomine et vice prioratus predicti, tertiam partem omnium molendinorum, quæ
habet et habiturus est in dicto loco Neriaci, in flumine sive rivo
Baysiæ, infra limites inferius expressatos, et tertiam partem aquæ
et piscariæ, et quod quilibet eorum possit pro se quandocumque
et quotiescumque valuerit piscari, dum tamen alteri reddat suam
legitimam portionem prout de aliis proventibus est expressum
cum omnibus suis juribus, introitibus, exitibus, cippis, arripariis
firmis sive stachis, paxeriis sive sclausis, aquis sive molinariis et
aliis juribus quibuscumque prout plenius pertinent et pertinere
possunt et debent ad dictum dominum Amanevum; et dictum
molendinare se extendit a parte superiori a molendinis de Naza-
reto usque ad partem inferiorem molendinorum domus de Argenterio, ordinis militiæ Templi, et partionariorum suorum, quæ

vocantur de Batpaumas. Item dedit et concessit eidem modo,
conditione, nomine et forma predictis, quicquid habuit et adhuc
habet et habiturus est in macellis Neriaci presentibus et futuris,
ubicumque in dicto loco Neriaci vel ejus pertinentiis fuerint
constituti, in levandis carnibus scilicet tibiis et lumbis porcorum
et suum, in capita bovum et quorumcumque aliorum animalium
occisorum et aliis deveriis quibuscumque similibus et in levandis piscibus recentibus, et totum pedagium recentium piscium
dictæ villæ et quos per dictam villam seu pertinenciam dictæ
villæ transire continget, excepto pedagio quod consuescit levari
circa pontem Barbastæ a transeuntibus per locum illum et non
venientibus ad villam Neriaci quod commune remaneat sicut
prius superioritate cognitionis sibi retenta duntaxat. Si super
pedagio et deverio predictis questio moveretur, ita quod gagium
seu incurrimentum dicti pedagii remaneant. . . . . dictum priorem prout pedagium pertinet ad ipsum priorem. Item promisit
dictus dominus Amanevus se traditurum dicto priori dicta
molendina et paxeriam seu sclausam vel sclausas lapideam seu
lapideas ipsorum molendinorum perfecta et parata, constructa,
perempta et apta ad molendum et exercendum opera molendini
propriis sumptibus dicti domini Amanevi, ita tamen quod ab
inde in antea dicta molendina et paxeriæ sive sclausæ, sumptibus
communibus, in statu debito teneantur, ita quod si ex nunc dictæ
paxeriæ destruerentur seu dicta molendina in toto vel in parte,
vel alia opera necessaria seu utilia imminerent, quod dictus
dominus Amanevus duas partes et dicti abbas et conventus seu
prior tertiam partem, in dictis communibus sumptibus, solvant
et solvere teneantur. Item fuit actum et conventum quod molendinarii et ipsorum nuncii seu custodes molendinorum ponantur
et instituantur per ipsos dominos molendinorum predictorum,

et quod instituti jurent, in manibus eorum seu deputatorum ab
ipsis, quod fideliter se habebunt et cuilibet ipsorum reddent
semel in septimana et pluries quum fuerint requisiti, debitam
portionem, videlicet duas partes dicto domino Amanevo, et prefato priori tertiam partem omnium proventuum, reddituum,
utilitatum, quomodolibet exinde provenientium, sive consistant
in blado, sive in farina, sive in farinallo, sive in tanno, sive in
pannis, sive in piscibus, sive in pecunia, sive in re qualibet et
alia que sub rei vocabulo generaliter sumpto undecumque potest
quomodolibet comprehendi. Item prefatus dominus Amanevus,
pro se et suis heredibus omnibus, dedit et concessit prefatis
domino abbati, conventui et priori et eorum successoribus et
membris monasterii Condomiensis, immunitatem et libertatem
pedagiorum de rebus suis quas portabunt, ducent seu portari
vel duci facient ad usus suos vel utilitatem suam, citra mercimonium sive mercaturam, sive mercationem per totam terram
domini de Lebreto ubicumque sit. Item, quod dictus prior et
ejus familia possint, per totam baroniam Neriaci, portare arma
libere, impune, auctoritate propria ad tuitionem et defensionem
ipsorum et jurium prioratus et pertinentiarum ejusdem. Non est
tamen intentionis partium predictarum, ut ibi fuit dictum quod
pro predictis priori et prioratui supradictis in suis obliis, cen-
sibus, eirimariagiis, feudis, seu aliis servitiis, et deveriis in
presentibus non expressis, et specialiter in deverio quod dicti
dominus abbas, conventus et prior percipiunt et percipere consueverunt apud Neriacum a cordoneriis sive sabateriis cum
domino de Lebreto in aliquo derogetur, et unusquisque ipsorum
ea percipiat, prout hactenus facere consueverat.

Fuit etiam actum et conventum quod quandocumque aliqui de feodis prefati prioris ad dictum dominum Amanevum

occasione aliqua venient in incursione[1], quod dictus dominus
Amanevus et ejus successores infra annum et diem prefato
priori dare feudatarium idoneum teneantur qui prefato priori
de suis juribus in omnibus respondeat, sicut prius alioquin
dictus prior possit, auctoritate propria, dictum feudum ad
manum suam ponere et tam diu retinere donec per dictum
dominum Amanevum sit sibi provisum de idoneo amphiteota
sive vassalo. Item fuit actum, dictum et conventum ibidem,
quod omnia, in presenti instrumento contenta, ad successores
domini Amanevi et domini abbatis, conventus et prioris pertineant et etiam extendantur, et ipsi sint astricti ad servan-
dum omnia predicta. Item fuit actum et conventum, quod
dictus dominus de Lebreto et successores sui, predictum prioratum cum pertinentiis suis, personas et familiam et bona et
jura ipsorum defendant et defendere teneantur de omnibus
oppressionibus, injuriis, violentiis et indebitis novitatibus quibuscumque, de se et de omnibus aliis personis quum a priore
vel ejus familia fuerit requisitus, prout ad dominum loci defen-
sio talium personarum pertinet et pertinere potest et debet. Et
de predictis omnibus una pars alteri promisit portare bonam,
firmam et legitimam guirentiam et litem in se suscipere. Ante
litem contestatum et post, quandocumque et quotiescumque ad
invicem fuerint requisiti, prefatus dominus Amanevus sub ypoteca et obligatione omnium bonorum suorum : et prefati dominus abbas, conventus et prior sub ypoteca et obligatione omnium
bonorum monasterii et prioratus predictorum. Juraverunt etiam
prefatus dominus Amanevus et dominus abbas et prior, ac frater Gualhardus de Florensano, operarius predictus, sindicus seu

1. *Incursio,* confiscation. Voyez Du Cange.

procurator, ut ibi fuit dictum, domini abbatis et conventus predictorum, sindicatus sui et procuratorio nomine, pro eisdem et
de ipsorum expresso assensu, et in animas ipsorum et suam ad
sancta Dei Evangelia corporaliter a se tacta, se omnia premissa
et singula tenere, servare et in nullo contrafacere vel venire
aliqua ratione vel causa de jure vel de facto. Fuit etiam actum
et conventum inter dictas partes, quod dominus de Neriaco, qui
pro tempore fuerit, ad requestam domini abbatis et conventus
et prioris, et abbas, qui pro tempore fuerit, ad requestam de
Neriaco domini, de servanda ordinatione presenti prestare
sacramentum simile teneantur. Item actum fuit et conventum
inter dictas partes, et voluerunt etiam et inter se convenerunt
quod oppositiones, hinc retro factæ inter dictas partes vel eorum
predecessores, sint et remaneant nullius valoris, irritæ, cassæ,
et inanes et nullam in perpetuum obtineant roboris firmitatem.
Renuntiantes ad invicem dictæ partes in vim prestiti juramenti,
exceptioni doli, fraudis, fori et lesionis ultra dimidiam, et beneficio restitutionis in integrum et actioni in factum, et conditioni
sine causa ob causam, vel ex injusta causa, vel et a quolibet
juris auxilio et omni juri presenti et futuro per quod possent
contra contenta in presenti instrumento vel de ipsis aliqua
facere vel venire, vel ab observatione ipsorum se in aliquo excu-
sare, aliquo jure, vel modo, occasione vel causa. Voluerunt
etiam dictæ partes, quod si in presenti ordinatione seu permu-
tatione essent aliqua dubia vel obscura, quod discretus vir
dominus Bernardus Peleti, prior de Manso, et magister Bernardus Geraldi, jurisperitus, possint ea declarare, interpretari,
addere, diminuere pro libito voluntatis hinc ad festum Omnium
Sanctorum proxime venturum. Supplicantes dictæ partes per
hoc publicum instrumentum domino episcopo Agennensi, qui

nunc est vel pro tempore fuerit, vel vicario ejusdem, quod
predicta omnia, ex certa sciencia, ratificare, approbare et confirmare dignetur, ac predictis suam auctoritatem interponere pariter et decretum. Hoc idem sanctissimo patri in Christo domino
Clementi, papæ quinto, presentis paginæ serie completis manibus ac flexis genibus petita venia ac reverentia debita supplicantes. Hoc idem illustrissimo regi Angliæ, duci Aquitaniæ,
qui nunc est vel qui pro tempore fuerit, supplicantes. Fuit etiam
actum et conventum, quod dictus dominus Amanevus predictas
confirmationes et decreto positiones ad expensas suas proprias
procurare et obtinere teneatur bona fide pro posse. De quibus
confirmationibus dictus dominus Amanevus habeat unam et
aliam tradat priori predicto; de quibus voluerunt, requisiverunt
et mandaverunt dictæ partes per me notarium infra scriptum
eis fieri duo publica instrumenta ejusdem tenoris in bona forma,
sicut potero, de consilio dicti domini prioris de Manso et magistri
Bernardi Geraldi, substancia non mutata, sigillis dictorum dominorum Amanevi, abbatis, conventus et prioris sigillata. Quibus
instrumentis sigillis appositis vel non appositis, fractis vel inte-
gris, appensis vel non appensis, apparentibus vel non apparentibus, in toto vel in parte aliqua, fides plenaria adhibeatur et
in pleno robore permaneant in æternum. Acta fuerunt hæc apud
Condomium in capitulo dicti monasterii Condomii, in presentia
dictorum domini abbatis, prioris et conventus ad hoc convoca-
torum et convenientium, die dominica ante festum beatæ Mariæ
Magdalenæ, anno Domini $M^o$ $CCC^o$ VI. Presentibus nobili viro
domino Othone de Leomania, milite, domino Feudimarconis;
domino Bernardo Peleti, priore de Manso; magistro Bernardo
Geraldi, jurisperito; domino Vitale de Berautio, milite; Ramundo
Marchesii; domino Galtero de Turre, milite, Petro Peleti, Arnaldo

de Noalhano, domicello, Galtero de Matheo, burgense Condomii,
testibus ad hæc vocatis, et me Ramundo de Campeto, notario
publico Condomii, qui premissis una cum dictis testibus presens
fui, et de predictis duo publica instrumenta ejusdem tenoris, de
voluntate dictarum partium recepi et scripsi, et in publicam formam redegi, et signo meo signavi in testimonium premissorum,
regnante Philippo, Franciæ rege ; Edwardo, rege Angliæ, duce
Aquitaniæ, et Ramundo, predicto abbate Condomii existente. In
quorum omnium premissorum testimonium nos Amanevus predictus sigillum nostrum et nos abbas, conventus et prior
predicti sigilla nostra hinc instrumento publico duximus appo-
nenda.

Archives municipales de Condom. Cartulaire ayant pour titre : *Mémoires*
*sur le diocèse de Condom*, M. D. LXXIV, p. 175.

## Année 1306.

*Résumé de l'acte précédent par Samazeuilh.*

Ce n'est qu'en 1011 que l'on retrouve ce nom de Nérac, dans
une donation que fit de ce château un Arcius d'Olbion à l'abbaye
de Condom. Mais nos bénédictins ne durent point tarder à se
voir ravir cette place ; car, peu de temps après, on voit Arnaud II,
vicomte de Lomagne et d'Auvillars, la leur restituer. Aussi,
autant pour se défendre contre des voisins ambitieux que pour
comprimer les mouvements intérieurs, qui se manifestaient vers
cette époque dans toutes les communes, les bénédictins, que les
mêmes causes forcèrent d'appeler le roi d'Angleterre en paréage
de leur ville de Condom, s'adressèrent aux sires d'Albret pour la

défense de la ville de Nérac. Cette protection lui coûta le droit
de hallage, le tiers du moulin de la ville et le péage sur le pont
de Barbaste. Mais il arriva ce qui se reproduisait souvent alors :
les protecteurs devenant les maîtres, RAYMOND DE GALARD, abbé, et
plus tard premier évêque de Condom, se vit contraint, en 1306,
de céder au sire Amanieu d'Albret la haute, moyenne et basse
justice, c'est-à-dire, comme M. de Monlezun en a fait l'observation, la seigneurie, en échange d'une exemption du droit de
péage concédé aux gens de l'abbaye sur toutes les terres d'Albret,
avec le port d'armes, dans toute la baronnie de Nérac. De plus,
le sire d'Albret devait l'hommage d'une cucule et d'une aumusse
à chaque mutation d'abbé ou de prieur.

*Nérac et Pau, notes de deux voyages en Gascogne,* par Samazeuilh,
pages 22-23.

## 14 AOUT 1307.

*Sentence arbitrale qui termine le différend survenu entre l'abbé de
Condom, RAYMOND DE GALARD, le prieur et le curé de Nérac, d'une
part, et les cordeliers de ces deux villes, où ceux-ci avaient des
établissements. Les causes du litige des deux parties étaient des
compétitions temporelles.*

Noverint universi hoc presens publicum instrumentum inspecturi quod cum questio, dissensio et controversia moveretur
inter reverendum patrem dominun Raymundum, Dei gratia abbatem monasterii Condomii et ejus predecessores, et conventum
ejusdem monasterii et capellanum majorem sancti Petri de Condomio, et priorem de Neraco et capellanum de Neraco, ex parte
una, et gardianum et conventum fratrum Minorum de Condo-

mio, et gardianum et conventum fratrum Minorum de Neraco, ex altera, super funeralibus et ratione corporis oblatorum, presentationum factarum et faciendarum et ratione illorum, qui in domibus fratrum Minorum de Condomio et de Neraco elegerunt vel eligent sepeliri. . . . . se compromisissent in reverendos dominos Arneum Gesraldi, priorem Calcidroti. . . . . tandem dicti arbitrii, arbritatores et amicabiles compositores. . . . . In nomine Patris, et Filii et Spiritus sancti, amen. . . . . Primo dicimus. . . . . quod omnes rancores. . . . . penitus remittantur. Item quod matrix ecclesia ab hoc die et in antea nihil recipiat de funeralibus illorum, qui apud fratres eligunt sepeliri, sed sit contenta presentatione et iisque cum funere presentato portabuntur, nisi papa id iter in posterum declararet. Et si papa declaret, quod cum presentatione debeat dari medietas vel aliqua canonica portio, fratres non teneantur solvere matrici ecclesiæ nisi medietatem medietatis, vel medietatem illius canonicæ portionis; ita quod successive ordinationi et declarationi summorum pontificum secundum quod summi pontifices in posterum ordinabunt quatenus ad ipsam canonicam portionem, et reddatur et solvatur semper medietas canonicæ portionis, ut superius est expressum. Si vero per summum pontificem declaretur vel statuatur quod matrix ecclesia sola presentatione sit contenta et nulli debeat dari canonica portio, sic etiam servetur usque quo declaretur aliud per alium summum pontificem. Et sic fiat continue et successive ita quod semper presentatio remaneat apud eos. Si vero contingeret declarari per dictum dominum papam vel successorem suum, quod parochialis ecclesia debeat esse contenta de medietate vel quacumque alia canonica portione et non debeat habere presentationes vel debeat habere presentationes et non medietatem, tunc parrochialis ecclesia non habeat illam medie-

.tatem nec aliquam canonicam portionem sed tantum presentatione
sit contenta nec tale funus fratres recipiant quoquomodo nisi
matrici ecclesiæ primitus presentetur. Et si forte contingeret
declarari per summun pontificem istum vel successorem aliquo
tempore, quod presentatis matrici ecclesiæ nullatenus debeatur,
sed quod fratres Predicatores et Minores corpora sepeliant in suis
semeteriis absque presentatione matrici ecclesiæ facta, et capellanus de Condomio cum monachis non posset obtinere in judicio
vel per compositionem, aut aliquo alio modo, quod matrix
eccclesia de Condomio habeat presentationes. Dicti fratres Predicatores et Minores quantum ad ipsas presentationes et funera
et funeralia omnia sint ejusdem conditionis et privilegii, et
eisdem gratiis et privilegiis gaudeant, nec predicatores composi-
tione gratia vel ordinatione aliqua facta vel facienda gaudeant
potiori. Et ne super predictis articulis in posterum aliquod dubium
sive controversia aliqua oriatur, casus qui possent contingere
taliter declaramus, quam declarationem dicimus perpetuo obser-
-vandam : videlicet quod si aliqui de parrochiis Sancti Petri de
Condomio, Sancti Nicolai et Sancti Michaelis de Neraco, ad
domum fratrum Minorum Condomi vel Neraci veniant vel portentur non inducti per eos vel aliquem nomine ipsorum, causa
recreationis vel recuperandæ salutis, si tales in domibus fratrum
decesserint possent fratres duos, anno quolibet, absque presentatione matrici ecclesiæ sepelire, soluta medietate matrici ecclesiæ
tantum secundum quod in Decretali domini Benedicti papæ
continetur nec unus alterius ad alterum transferatur. Item si
aliqui de dictis parrochiis ad domos predictorum fratrum metu
Domini si contingat eos ibi decedere, solvatur medietas secundum formam decretalis domini Benedicti nec teneantur ipsum
matrici ecclesiæ presentare. Si vero tales fugientes non sint de par-

rochiis supradictis, si moriantur non presententur, nec aliquid persolvatur, nisi infra dictas parrochias ipsum maleficium pro quo
fugerant commisissent, et tunc sola medietas persolvatur. Iem si
aliquis de aliis parrochiis portetur ad fratres sepeliendus, non presentetur, nec medietas aliqua persolvatur nisi ipse in vita super hoc
preceperit, vel propinqui et amici in presentatione hujusmodi
convenirent. Item si aliqui de aliis parrochiis portentur infirmi
ad fratres, et ibi moriantur, non presententur, nec aliquid persolvatur, nisi in cemeteriis dictarum ecclesiarum sepeliri finaliter
elegissent. Item si aliqui de aliis parrochiis veniant vel portentur infirmi ad parochias supradictas, cum intentione morandi in
domibus dictorum fratrum, et infra tres dies naturales ad fratres
venerint, vel fecerint se portari, et ipsi moriantur, non presententur, nec aliquid detur. Si vero ultra tres dies fuerint in dictis
parrochiis, et ad domum fratrum fuerint deportati, si ibi moriantur non presententur, sed medietas persolvatur. Item si aliqui de
aliis parrochiis veniant ad dictas parrochias et morentur per
quatuor dies infirmi in locis supradictis, et infra dictas dies quatuor veniant ad domos dictorum fratrum, pedibus suis vel equi-
tando, sine continuo adjutore, tunc si contingat eos in domibus
fratrum mori, non presententur nec aliquid detur, nisi infra
quindecim dies de illa infirmitate moriantur, quod probetur per
medicum coram sacrista et capellano, vel aliis loco ipsorum, et in
Neraco coram priore et capellano, vel aliis loco ipsorum. Si vero
post dies quatuor ad fratres venerint, non presententur, sed medietas detur. Item si contingat ut aliquis de aliena parrochia in dictis
parrochiis infirmus et desperans de curatione ad fratres fecerit
se portari, vel quocumque modo veniat, si in domibus dictorum
fratrum moriatur, non presentetur sed medietas detur. Si vero in
villa infirmitas ipsum arripuerit, infra octo dies quibus in villam

venit, et infra diem naturalem ad fratres se fecerit portari, si ibi moriatur, non presentetur, sed medietas detur. Si autem post diem naturalem venerit, et ibi mortuus fuerit, fiat de eo sicut de parrochianis ut superius ordinatum. Si vero fuerit studens scolaris vel peregrinus, inter parochianos etiam computetur. Item si aliqui dictarum ecclesiarum veniant vel portentur infirmi ad domos dictorum fratrum, et in infirmitate habitum ordinis ipsorum recipiant, cum intentione in ipso ordine remanendi, si infra dies quindecim a receptione habitus de illa infirmitate moriantur non presententur, sed medietas detur. Si vero post dictos dies quindecim moriantur in habitu jam assumpto, non presententur nec aliquid detur. Item si aliqui parrochiani dictarum parrochiarum extra dictas parrochias moriantur, et apud dictos fratres elegerint sepeliri, quando portabuntur fratres non recipiant nisi prius ecclesiæ matrici presententur. Si per illos qui induxerunt aliquem vel aliquos ad eligendum sepulturam vel immutandum jam electam, vel imperiant eligendam quoquomodo Decretalis Bonifacii, *de sepulturis Animarum periculis,* in talibus stricte servetur. Item volumus, quod impositio quondam facta inter priorem, capellanum et fratres Minores Neraci, sigillata sigillo officialis Agenni, super sepulturis impuberum inter eos perpetuo observetur, facta presentatione ut supra de aliis adultis est expressum, quantum ad canonicam portionem. Item si in posterum aliquod dubium oriretur. . . . . pronuntiamus quod dominus abbas Condomii et gardianus fratrum Minorum Condomii, vel capellanus cum gardiano, vel eorum locatenentes, et idem Neraci, possint declarare et concorditer definire. Quod si convenire non possent, stetur arbitrio domini episcopi Agenni, vel officialis Agenni. . . . . . Item pronuntiamus quod capellani maliciose corpora eligentium non detineant, nec scienter tardent corpora eligentium deferre ad fratres, sed expedite ut poterunt, ad fratres faciant adportari, et ipsi capellani vadant cum funere sicut consueverunt facere ab antiquo. . . . . Acta fuerunt hæc apud Condomium, xiv<sup>a</sup>. die dicti mensis aprilis. . . . . et ego Arnaldus de Bonafos, communis et publicus notarius Condomii. . . . . Anno domini M°. CCC°. VII°. regnante domino Philippo, rege Francorum, et Ewardo filio regis Angliæ, duce Aquitaniæ; et RAYMUNDO DE GALLARDO, abbate Condomii existente. . . . .

Archives municipales de Condom. Cartulaire ayant pour titre : *Mémoires sur le diocèse de Condom,* M. D. CC. XXIV, p. 223.

---

### 25 DÉCEMBRE 1317.

RAYMOND DE GALARD, *évêque de Condom, et son chapitre, déclarent avoir reçu de divers membres du sacré collège, comme exécuteurs testamentaires de Raymond, cardinal et prêtre du titre de Sainte-Potentiane, la somme de 750 florins d'or de Florence, dont le revenu devait être affecté au service obituaire d'une chapelle dans l'église Saint-Pierre de Condom.*

Le 25 novembre 1317, RAYMOND DE GALARD, évêque de Condom, et son chapitre déclarèrent avoir reçu des cardinaux diacres, Raimond du titre de Sainte-Marie la Veuve, et Gaillard du titre de Sainte-Luce *in silice* et autres exécuteurs testamentaires de Raimond, cardinal prêtre, du titre de Sainte-Potentiane, la somme de 750 florins d'or de Florence pour en acheter des fonds pour une chapelle monacale dans l'église de Saint-Pierre de Condom, dont le chapelain dirait tous les jours une messe basse pour l'âme du feu cardinal et dont le revenu monteroit à 25 livres de petits tournois. On en acheta la dixme de Saint-Georges de

Forcez, et fiefs en divers lieux. Ceux qui étoient dus par les habitants de divers endroits au diocèse d'Auch, comme au Saint-Puy, furent aliénés lors de la vente du temporel des églises.

Archives municipales de Condom. Cartulaire ayant pour titre : *Mémoires sur le diocèse de Condom*, M. D. LXXIV, p. 183.

———

## Année 1317.

*Dom Brugèles constate que le couvent de Vaupilhon fut distrait de l'évéché d'Agen et incorporé dans celui de Condom, érigé par Jean XXII en faveur de* RAYMOND DE GALARD.

Vaupilhon. Vallis Pillonis. Le monastère de N. D. de Bulpulione fut fondé environ l'an 1140 par Arnaud de Vaupilhon, seigneur de ce lieu, sous l'ordre de Fontevraud, par le conseil de l'archevêque Guillaume II qui contribua à cette fondation, de même qu'Anesanche, abbé de Condom, comme on trouve dans le cartulaire de cette maison, où l'on dit ces mots : « Factum est hoc donum annuente, imo suadente, juvanteque Guilhelmo d'Andozile, seu de Monte-Alto, primum quidem monacho, deinde Lectorensi episcopo, tandem archiepiscopo Auxitano, viro piissimo : assensum quoque præbuit et auxilium Anesancius, abbas Condomiensis, qui et in prædicto loco nonnulla jure abbatiæ suæ possidebat. »

Narranfred de Montpezat donna à ce monastère le lieu de Maleval l'an 1187. Vaupilhon était alors du diocèse d'Agen ; mais après que le pape Jean XXII eut érigé l'abbaye de Condom en évêché, dont RAYMOND DE GOLARD, dernier abbé de cette maison, fut le premier évêque, ce nouveau diocèse fut composé de la

moitié de celui d'Agen, et Vaupilhon se trouva dans la partie
assignée au diocèse de Condom.

D. Brugèles, *Chroniques du diocèse d'Auch*, p. 423.

---

## Année 1317 et après.

*Mention de divers actes se rapportant à l'administration épiscopale
de* Raymond de Galard, *évêque de Condom.*

Le pape Jean XXII, la première année de son pontificat, érigea
en évêché l'abbaye Saint-Pierre de Condom, ordre de Saint-
Benoît; Raymond de Galard, abbé, fut élu par les religieux pour
premier évêque. La bulle d'érection est du 13 août.

Le même jour, autre bulle qui établit la circonscription du
diocèse de Condom. On démembra du diocèse d'Agen, dont l'abbaye était dépendante, tout ce qui était au delà de la rivière de
Garonne ; et il fut ordonné que tous les revenus que l'évêque
d'Agen y percevait appartiendraient à l'évêque de Condom.

La même année encore, transaction passée entre l'évêque élu
et le chapitre touchant le revenu appelé de la clef, consistant en
la dîme et prémices de la paroisse Saint-Pierre de Condom.

La vie de ce prélat se signale par des luttes continuelles avec
la ville de Condom : il jouissait d'un grand crédit, et ses entre-
prises allèrent si loin, que les habitants furent forcés d'envoyer
contre lui des députés au roi Philippe V, et au pape Jean XXII
qui était à Avignon[1].

*Feuille d'annonces judiciaires* de Condom (Gers), 20 mai 1834,
n° 536, p. 5.

---

1. Ce dernier alinéa est en note.

## 4 AVRIL 1323.

*Guillaume-Bernard de Gotbès, surnommé Pauillac, damoiseau, en qualité de fondé de pouvoirs de RAYMOND DE GALARD, évêque de Condom, vendit, moyennant onze livres quatre sols tournois, au camérier de la cathédrale de ladite ville, diverses redevances assises sur des maisons, des places et des jardins dans le territoire de la Sauvetat.*

Le 4 avril 1323, par acte retenu par Bernard Loyssethi, notaire d'Agen, Guillaume Bernard de Gotbez dit de Paolhac, damoiseau, habitant de la Sauvetat, procureur fondé de RAIMOND DE GALARD, évêque de Condom, par procuration donnée à la Ressingle, le jeudi avant la Saint-Jean 1322, vendit pour 11 ₶ 4 ˢ de bons tournois à Guillaume Arnaud de Violiis, moine et camérier de l'église catédrale de Condom, la moitié de huit sols morlas d'oblies ou cens, appartenans au prélat dans le lieu de la Sauvetat en Gaure par indivis avec Arnaud Guillaume de Carrères, sur les feudataires qui suivent : savoir Bernard de Nos, six deniers morlas pour une pièce de terre dans la paroisse de Saint-Martin de Gèle ; Gaysion Dausax, douze deniers morlas pour une pièce de terre et vigne dans la paroisse de Saint-Pierre de Boutan ; Benet More six deniers morlas pour une maison, place et batiments dans le lieu de la Sauvetat ; les héritiers de Sans Garciæ Pitombay six deniers morlas pour une maison et place ; Sans Burgi trois deniers morlas pour une maison ; Raymond de Gan, trois deniers morlas pour une maison ; Guillaume Bernard Cendret onze deniers morlas pour une maison ; Vital Fabri, notaire, onze deniers morlas pour une maison ; Vital Ducau, dix-huit deniers morlas pour deux maisons ; Sans la Plume six deniers morlas pour une place ;

Pierre Campaho six deniers morlas pour une maison ; Sans Daras et ses frères, huit deniers morlas pour une maison ; toutes lesdites maisons et places situées dans la Sauvetat avec tous droits de directité et seigneurie, lods et ventes, engagemens, acaptes ; les dites censives payables à Noël dans la Sauvetat.

Archives municipales de Condom. Cartulaire ayant pour titre : *Mémoire sur le diocèse de Condom*, M. D. LXXIV, p. 218 et 219.

---

## Année 1329.

*Autre fait relatif à* RAIMOND DE GALARD, *évêque de Condom.*

RAYMOND DE GALARD demanda au roi Philippe de Valois et obtint la confirmation du paréage ; et par ses lettres de la même année, ce roi prit l'église et l'évêché de Condom sous sa protection et sauvegarde.

Au mois de février de cette année, l'évêque Raymond signa un acte de transaction à Agen, dans lequel il était énoncé « Raymundus permissione divina Condomiensis episcopus. » Cet acte passé entre le procureur du roi au sénéchal d'Agen, Bernard de Trenqueléon, seigneur de Fimarcon, noble Galhardin de la Roque et Bernarde de Saint-Orenz, sa femme, se disant seigneurs haut-justiciers.

Cette même année encore et dans le mois de novembre, il y eut transaction sur procès entre le roi Philippe de Valois, l'évêque de Condom et les consuls d'une part, et le seigneur de Moncrabeau de l'autre, sur la question des limites.

*Feuille d'annonces judiciaires et d'avis divers* de Condom (Gers), 20 mai 1834, n° 536, p. 5.

# Vers 1309.

*Mention d'un seigneur* DE GALARD, *abbé de Saint-Sèver vers 1309, époque où vivait Bertrand de Bordes, évêque d'Alby, cardinal du titre de Saint-Jean et Saint-Paul, camerlingue de la sainte Église romaine.*

Le serment de fidélité fut prêté par le nonce et le procureur du roi des Romains devant Bertrand de Bordes[1], le seigneur DE GALARD, abbé de Saint-Sever, Raynald de Sèze.

*Mémoire généalogique de la Maison d'Aux de Lescout.*

---

# Vers 1309.

*Mention de* Montasin de Galard.

On trouve dans un procès-verbal, fait à l'occasion de quelques troubles élevés en Guyenne, un Montassin de Galard. Il est nommé comme témoin un peu plus bas; dans le même il est titre qualifié : « Domicellus et bailli de Mont-Clar[2]. »

Note sur le nom de Galard, extraite de Rymer et des rôles gascons, recueillis par M. de Bréquigny, de l'Académie française. Archives du château de Larochebeaucourt.

---

1. Voir notre notice sur Bertrand de Bordes et ses deux frères, Guillaume, évêque de Lectoure, et Pierre, seigneur de Laugnac, en nos *Maisons historiques de Gascogne,* t. II, p. 346 et suivantes.

2. Nous ne pouvons dire si ce Montclar était le lieu de ce nom en Quercy sur les confins de l'Albigeois, diocèse de Montauban, ou bien Montclar au pays de Comminges entre Cazères et Saint-Martory, ou bien encore Montclar au comté d'Armagnac.

## Vers 1309.

*Mention de* Pierre de Galard *dans une note de M. de Bréquigny.*

Il est parlé d'un Pierre Gualard dans une reconnoissance des droits féodaux, dus au roi dans la parroisse de Saint-Sevère, où P. Gualard avoit des possessions.

Note sur le nom de Galard, extraite des rôles gascons, recueillis par M. de Bréquigny, de l'Académie française. Archives du château de Larochebeaucourt.

---

## 8 mai 1313.

*Le droit d'arsin autorisait les bourgeois de Lille à venger ceux des leurs qui avaient été violentés par un forain ou étranger. Ce privilége coutumier étant limitatif de la puissance féodale et ecclésiastique dans les Flandres, les grands seigneurs et le clergé tour à tour demandaient depuis longtemps son abolition. Un incident, en 1313, vint fournir un nouveau grief aux réclamants. Un citadin de Lille avait été injustement maltraité par un habitant de Wavrin. Les bourgeois de Lille prirent aussitôt les armes pour aller châtier le coupable. Le bailli, qui représentait dans la cité l'autorité royale, s'opposa à l'irruption de la troupe sur le territoire du sire de Wavrin, sous prétexte que ce dernier avait pleine justice en ses domaines. Le débat fut porté devant le parlement de Paris. Le magistrat municipal, délégué par ses collègues les échevins, fit valoir, en contradiction avec le bailli, que la châtellenie de Lille englobait le fief de Wavrin et que l'officier du souverain avait manqué à ses devoirs et préjudicié aux intérêts du roi, qui percevait la totalité des amendes. Il devait être pour toutes ces causes privé de son office.* Pierre de Galard *fut commis par Philippe le Bel pour juger le différend. Il donna satisfaction à la commune de Lille, et sa sentence fut ratifiée, le 8 mai 1313, par le parlement de Paris.*

Dès 1313, le droit d'arsin fut ouvertement contesté; de tout temps, du reste, ce privilége de la commune lilloise avait soulevé les protestations du clergé et de la noblesse. En 1250, la collégiale de Saint-Pierre avait adressé des doléances à ce sujet à la papauté elle-même, et Innocent IV écrivit à l'évêque de Tournai et à la comtesse Marguerite, pour qu'ils employassent leur double influence afin d'obtenir du magistrat qu'il renonçât à « cette téméraire usurpation à laquelle il donne le nom de coutume » au moins sur les terres de Saint-Pierre. Cette tentative ne put aboutir, et ce qu'obtint la collégiale ce furent des actes de non préjudice, que le magistrat de Lille lui délivrait après l'exécution de chaque arsin sur les terres de Saint-Pierre, actes dans lesquels les échevins déclaraient que l'exécution à laquelle ils venaient de procéder n'engageait pas l'avenir.

Voici, en 1313, dans quelle condition se présenta la question; l'analyse fidèle des documents inédits que nous reproduisons à la suite de ces pages expliquera suffisamment ce qu'était ce droit dont la commune était si jalouse et qui soulevait tant d'oppositions.

Un certain Herlin de Sartiaus, habitant de Wavrin, avait battu un bourgeois de Lille, nommé Thomas de Courtrai. D'après l'enquête faite par les échevins, il fut constaté que le premier avait attaqué le bourgeois de Lille sans motif légitime; et sur le refus du coupable de comparaître et de se soumettre à la justice échevinale, le magistrat fit mettre aux fenêtres de la Halle les bannières de la commune et commanda à tous les bourgeois de s'armer pour aller prendre la vengeance de la ville. Mais au moment de l'expédition, le bailli intervint et signifia au magistrat une lettre de Philippe V, sollicitée par le seigneur de Wavrin, qui portait en substance : « Il nous a été rapporté que Robert de Wavrin a haute et basse justice de la ville de Wavrin, qu'il tient de nous en fief, et qu'au mépris de ces priviléges, les échevins de

Lille ont été procéder à une enquête sur ses terres; s'il en est ainsi,
remettez le seigneur de Wavrin dans tous ses droits, mais si un
débat s'engage entre les parties, sur la saisine même du droit,
renvoyez les parties à notre jugement devant notre parlement
de Paris. » Le magistrat répondit par une longue et énergique
doléance, adressée au roy, dans laquelle il exposait que parmi
les priviléges que la ville possède, elle est en bonne saisine de la
franchise suivante : Chaque fois qu'un homme de forain,
demeurant dans la chatellenie, frappe par colère un bourgeois
de Lille, hors de la ville, les échevins doivent procéder à une
enquête et appeler le coupable devant eux par trois sommations
successives. Si par la comparution de l'accusé et les témoignages
recueillis, il est prouvé que le bourgeois de Lille a eu tort, les
échevins le punissent; mais au contraire, si c'est le forain qui
est coupable et s'il refuse de comparaître et d'accepter la juridiction des échevins, ceux-ci doivent appeler la commune aux
armes, et au son des cloches se rendre au domicile du malfaiteur, qu'il soit noble ou non noble. A la requête des échevins, le
bailli de Lille ainsi que le chatelain doivent se joindre à l'expédition, avec des hommes d'armes, pour conduire et ramener la
commune en toute sécurité. Arrivé au domicile du coupable, on
doit appeler le malfaiteur trois fois, s'il comparaît, on le reçoit à
justice, et on lui applique la loi; mais s'il ne comparaît pas au
troisième appel, le bailli, conformément à son serment, doit
mettre le feu à la maison et raser les arbres du jardin. Sur
le refus du bailli c'est le châtelain qui doit faire l'exécution,
et à son défaut, c'est le Reward lui-même qui exécute la sentence.

Si quelque profit résulte de cette condamnation, il appartient
au roi notre seigneur.

Après cette exposition de la coutume, la doléance ajoute :
« que la ville est en possession de cet usage de si lonc temps
qu'il n'est mémoire du contraire, et qu'il importe peu que la
maison du criminel soit située sur la terre d'un seigneur haut
justicier; » puis revenant au fait particulier qui fait l'objet
du débat, le magistrat prend à partie le bailli et continue :

Si le seigneur de Wavrin eut dit dans sa requête au roi que
son fief de Wavrin fait partie de la chatellenie de Lille, il n'eut
pas obtenu la lettre qu'a montrée le bailli. Le magistrat ne nie
pas que le seigneur de Wavrin ait sur ses terres haute et basse
justice, d'autres nobles ont comme lui ce droit dans la chatellenie : mais ce droit n'a jamais, par le passé, empêché l'exécution des franchises de la ville. Le bailli a donc outre-passé son
mandat en faisant opposition à l'arsin; et en prenant le parti de
Rogier de Wavrin il a fait pis, il a trahi les intérêts du roi, son
maître, qu'il a mission de défendre. En effet, si la terre de
Wavrin ne faisait pas, comme il l'a soutenu, partie de la chatellenie, le roi perdait non-seulement les deux tiers des amendes
qui se perçoivent dans cette seigneurie, il perdait aussi la propriété de cette seigneurie elle-même, qui ne lui appartient, en
raison de la paix faite avec le comte de Flandre, que comme
partie intégrante de la chatellenie; si elle ne faisait pas partie
de celle-ci elle appartiendrait au comte de Flandre, qui pourtant n'élève sur elle aucune prétention. C'est pourquoi le bailli
a trahi à la fois et les intérêts de son maître et ceux de la ville,
en voulant la priver de celui de ses priviléges auquel elle tient
le plus, et qu'on ne pourrait lui enlever sans provoquer le courroux du peuple.

Il est même urgent de donner à la ville une satisfaction
immédiate, car les bannières sont déployées aux fenêtres de la

Halle et la commune ne voudrait souffrir à aucun prix qu'elles fussent retirées avant que la ville ait exercé son droit.

Ce n'est pas, du reste, le seul grief dont le magistrat ait à se plaindre, aussi demande-t-il que le bailli soit remplacé par un autre plus prudent et plus loyal.

L'attaque était vive, elle triompha des oppositions coalisées du bailli et du seigneur de Wavrin. Après avoir pris connaissance du mémoire du magistrat, le roi confia l'examen de cette affaire à PIERRE DE GALARD, grand maître des arbalestriers de France et capitaine du roi dans la Flandre, et celui-ci leva l'opposition à l'arsin que le bailli avait signifié à la ville. Le seigneur de Wavrin porta en vain la question devant le Parlement qui, par un arrêt en date du 3 mai 1315, confirma la sentence de Pierre de Galard. Nous verrons le débat renaître un peu plus tard [1].

*Chapitres de l'histoire de Lille.* Le livre Roisin, le privilége de non-confiscation, les comptes de la ville, titres et documents inédits par J. Houdoy, in-4°, p. 12-16.

---

1. Pour bien apprécier le rôle politique, administratif et judiciaire que joua Pierre de Galard, grand maître des arbalétriers, dans les Flandres dont il fut long-temps gouverneur, on n'a qu'à se reporter aux actes qui le concernent, tome I de cet ouvrage. Dans un inventaire des preuves faites devant M. de Montozon, commissaire préposé pour la réception des cordons bleus, sous Louis XIII, Pierre de Galard, conformément aux titres déjà recueillis, est dit fils de Géraud, seigneur de Terraube, et d'Éléonore d'Armagnac :

« Acte de partage des biens des quatre fils de GÉRAUD DE GALLARD et d'ÉLÉONORE D'ARMAGNAC, dame de Brassac, le deux octobre mil trois cent vingt, sous le règne de Philippe cinquième, par lequel la terre de Terraube resta à GÉRAUD second, la terre de Brassac à BERTRAND, et divers biens à RÉMOND DE GALLARD, premier évêque de Condom, et la terre de Limeuil à PIERRE DE GALLARD, grand maître des arbalestriers de France. » (*Archives du château de Larochebeaucourt, cahier manuscrit in-fol. de onze feuillets.*)

## 13 MAI 1313.

PIERRE DE GALARD, *grand maître des arbalétriers et capitaine au pays de Flandre pour le roi de France, déclare avoir reçu, le lundi après la Trinité 1313, les doléances des échevins de Lille sur la violation du droit d'arsin commise par le bailli du roi. Ce droit permettait aux magistrats municipaux d'appeler devant eux les forains ou étrangers qui mettaient la main sur un bourgeois de la châtellenie, et de les faire appréhender au corps dans tout le périmètre de la juridiction. Thomas de Courtray, bourgeois de Lille, avait été frappé sans raison, comme on l'a vu plus haut, par un homme du fief de Wavrin. Or le roi avait couvert le coupable par lettres délivrées à la demande de Robert de Wavrin, qui prétendait avoir la justice dominante et contestait en conséquence l'intervention pénale des échevins. Le sire de Wavrin fit pourtant amende honorable, mais il ne tarda point à raviver la querelle en soutenant que la terre de Wavrin était indépendante de la châtellenie de Lille et que le droit d'arsin ne pouvait lui être étendu ni appliqué. Les échevins de Lille exposèrent leur cas au roi de France, qui les fit réintégrer par Pierre de Galard dans la plénitude de leurs libertés et franchises.*

### DOLÉANCE DES ESCHEVINS CONTRE LE PREVOST.

*Droit d'arsin.*

### 1313.

A tous céaus qui ces présentes lettres verront et orront PIERES DE GALARD, chrs du roy de France, N. S., maistre de ses arbalestriers et capitaine de par lui ès parties de Flandres, salut.

Sacent tous, nous avoir receu en l'an de grasce MCCC et XIII, le lundi après la Trinité, une requeste des eschevins et le comunité de Lille envoié à nous entre close sur le scel du roy, No

S, laquele nous ouvrimes et contenoit la fourme qui s'ensuit : A
la roial majestei, supplient li eskevin et toute la communité
de la ville de Lille, comme ladite ville entre les autres choses
soit en bone saisine et possession d'une franchise tele qui s'ensuit : toutes fois que aucuns hom de forains manans en le castelenie de Lille, met main par ire en 1 bourgois de Lille, hors
de la ville, li eschevins de Lille pueent et doivent aler enquere
la vérité du fait et appieller li home de forain et lui el quel li fes
est avenus, 1 fois autre et tierc, pour che que s'il voloit aucune
chose dire proposer ou prouver à se délivrance li eschevin le
doivent oir et mettre à œuvre, che qui seroit bon pour luy; et
doit li baillius de Lille, tenans le liu du roy, venir u envoier son
siergant avoec eschevins et faire venir les tiesmoins à eschevins.
Et se eschevins trouvoient en veritei que li bourgois eut mespris
al home de forain, eschevin li feroient amender selonc la quan-
titei du meffait.

Et s'il trouvoie que li hom forains eust mis main de sen
tort el bourgois, se li forains ne vient par devers eschevins
pour amender le meffet et lamenge tresci au dit d'eschevins, li
dit eschevin et toute la communitez pueent et doivent par
leur seremens à son de cloke et à armes issir de la ville et venir
au lieu del malfaiteurs, soit nobles ou non nobles, et doit le
baillius de Lille, à la requeste d'eschevins par son serment, venir
avec eaus, et li castelains ausi à armes souffisamment pour communité conduire et ramener sauvement, ù il i doivent envoiier
en lor lin home souffisant et siermenté à la ville; et quant il
viennent au liu del maufaitour, ils doivent appelier le dit malfaitour 1 fois outre et le tierce que il viengne avant pour amender à le ville ce qu'il a mespris. Se il vient on le doit rechevoir
et prendre l'amande tels que boin et raisone semblera as esche-

vins par lor serement, selonc la quantité du fourfait; et se ne
vient avant dedens le tierc appiel, li baillis par son sierement, à
le requeste d'eschevins, doit bouter le feu en la maison del malfaitour et tout ardoir et sarater quanque il a dedens son pour-
pris. Et se li baillis ni voloit venir ni envoiier ne bouter le feu,
ensi que dit est, li castelains de Lille ou le tenans sen liu le doit
faire par son sierement en le défaut del bailliu. Et si le castellains
ou le tenans son liu ne le voloit faire, li Regrars de le ville, en
leur défaute, le doit faire par son sierement; et se aucuns emolu-
ments u prufis remanoit dou dit feu, il doit tourner el pourfit
du roy, No Singneur. Et en ceste saisine et possession ont il esté
gardei et maintenu de tous lor signeurs de si lonc tans qu'il
n'est mémore du contraire, ja soit ce que li lius al quel li four-
fais ciet et le maison du fourfaitour soit par desous aucun singneur qui ait en sa tiere toute justiche haute et basse.

Ore est avenu de nouviel en la ville de Wavrin, qui est
de la castelenie de Lille, et située de toutes pars en la dite castelenie que 1 hom forains manans en la ville de Wavrin
bati un bourgois de Lille. Eschevin à tout le siergant, alèrent
enquiere la vérité du fait à Wavrin et trouverent tant par bons
tiesmoins, tant par la reconnissance del malfaitour, que li forains
avoit à tort batut le bourgois. Eschevin retournèrent à Lille et
fissent faire cri notoire et commander à tous leurs subgés que
tous fussent appareilliet d'armes et de chevaus selonc lor estat,
pour aler prendre la vengance de la ville. Et si furent les
banieres boulées hors ensi que coustume est. Adonc vint li baillis de Lille et aporta une lettre du roi No Sing$^r$, que Robiers de
Wavrin avoit empétrée en taisant véritez et en deriere desche-
vins de Lille, dont la furme estoit telle :

Philippus, Dei gracia Francorum rex, baillivo Insul salutem.

Conquestus est nobis Robiertus dictus de Wavrin armiger quod
cum ipse sit in bona saisina omni modó, alte et basse justicie
ville de Wavrin et eam teneat à nobis in feodum, scabini ville
Insulensis pro eo quod dicunt quandam injuriam cuidam de
suis conburgensibus in dicta villa factam fuisse, in dicta villa
quandam veritatem de novo et indebite fecerunt, impediendo et
perturbando ipsum in sua saisina predicta, in ejus prejudicium
et gravamen : unde vobis mandamus quod, si vocatis evocandis,
vobis constiterit ita esse, impedimentum faciatis amoveri, et
quod per ipsos scabinos in hac parte in dicti Roberti et saisine
sue prejudicium factum inveneritis indebite, faciatis ad statum
debitum, justicia mediante, reduci ; si vero super dicta saisina
inter partes orietur debatum, ipso debato ad manum nostram
tanquam superiorem posito, factaque per ipsam manum nostram ressaisina que et prout rationabiliter fuerit facienda, partes
adjornetis coram nobis, vel gentibus nostris, Parisius, ad diem
ballivie Ambianensis futuri proximo parlementi in ipso negocio
ut justum fuerit processuras, et quid inde feceritis nostre curie
rescribatis. Datum apud Spiers xiiiᵃ die may anno Domini Mᵒ CCCᵒ
tertio decimo.

Car se Robiers de Wavrin eut dit et fait mention de la fran-
cise dessus dite, telle côme est, et eust dit que Wavrins fust de
la castelenie de Lille si comme elle est, en véritei la cour ne li
roi nos sires ne lui eussent pas tel lettre balliet, et se il dist qu'il
a toute justiche haute et basse en sa ville de Wavrin, li eschevin
de Lille dient que bien puet estre, et ausi ont autre noble plu-
seur en la castelanie, et pour che ne demeure pas que la ville de
Lille ne puist adonc user de ladite franchise, et usei en a toutes
fois que li cas se est offiers et encore n'a pas grand tans, que ces
meismes maufetures meffist si comme il a fait ; or en droit et à

Wavrin, avint adonc à merci par deviers la ville et fist l'amende
telle que adonc li fu enjointe par les eschevins, et jura et fiança
par la foy de sen cors que jamais à nul jour ne mesprenderoit
à son tort à bourgois de Lille, de la quel coze il est trouvé par-
jures et se il ne fut adonc venus amender, la ville fust adonc
alée prendre la vengance de l'arsin. Et quand li baillis at
aportée la dite lettre à eschevins, il lor deffendi que la ville ne
fesict nul arsin en la tiere de Wavrin, comment qu'il ne fut
point contenu en ladite lettre, en trespassant ses metes, et le
mandement qui li estoit envoiies de court, comme ausi que
adonc et avant que la dite lettre venist à lui sen fist partie
pour Robiers de Wavrin en disant et soustenant que Wavrin
n'estoit pas de la castelenie de Lille ; et en ce disant il defran-
doit le roy No Sing$^r$ tout avant, le castelain et le ville en apries,
de lor prope hiretage, en alant contre son sierement, du tout
par pluseurs raisons : premiers se Wavrins n'estoit de ledite
castelenie et aucuns bourgois de Lille se meffesist en quel
manière que ce fust, comme Robiers de Wavrin die et main-
teigne que il a toute justiche haute et basse, li rois nos sires ni
aroit prufit conniscance ne esploit, avant l'aroit le dis Robiers et
et ensi nos sires li rois n'aroit à Wavrin que li resort, mais si
Wavrin estoit de la castelenie de Lille, si comme il est en veritei,
comme elle soit située est assise de toutes pars en ladite castelenie, et aucuns bourgois de Lille si fourfaisoit, li escevins au
conjurement d'où bailliu le roy, en aroient la cognoiscance tant
seulement, li rois le pourfit et l'exécution sans moiien, c'est à
savoir les ii tiers, et li castelains le tierc. Car ensi est-il en toute
la castelenie des bourgois de Lille, de lor cors meubles, et de lor
jo soit ce que la fourfaiture soit en terre d'aucuns singneurs, qui
a en sa tiere toute justiche haute et basse, et ensi seroit frau-

dés li rois nos sires et le castelains et le ville, si Wavrins estoit ostée de ladite castelenie comme elle est en fait véritablement, et i soit de toutes pars assise et située.

*Item,* poroit estre li roi fraudés en cestui cas de son hiretage comme eschevin aient entendu que par la fourme de la pais entre le roy N. S. d'une part et le conte de Flandres d'autre, li rois nos sires tient comme son hiretage de la terre qui jadis fut au dit conte, ce qu'il en tient distinctement par casteleines, et ensi se Wavrins estoit ostée de la dite castelenie, comme elle ne soit de nulle autre, li coens de Flandres le poroit attribuer à lui, dont il n'a nulle volontei. Ancois a dit li coens qu'il n'a plain piet de tiere en Flandres, qui ne soit d'aucune castelenie, et que li ville de Wavrin est de la dite castelenie, et ensi appert il clerement que li bailli qui est serementés au roy No Sing', au castelain et à le ville, les défraudoit de lor propre hiretage en disant et soustenant que la ville de Wavrin n'estoit point de la castelenie, comme drois communs soit du contraire, pour che que elle est située en la dite castelenie et ne soit de nulle autre. Pour coi li eschevin et toute la communitez de Lille qui est et sera tous jours en l'obeiscance et commandement et el siervice del roy comme de lor bon signeur, se duellent du dit bailli tant comme len se doit ne puet plaindre de nul bailli, pour che que en ceste franchise dessus dite, laquelle est une de celles que li ville aimme plus, et plus seroit courouciée et tourblée se il la perdoient, que il les a empéciés et tourbelés non justement à tort et a peciet avant que nus mandemens lui venist de court, et que quant il vint, se trespasse-il les mètes du dit mandement, avoec autres griés et molestes plusieurs que il a fais et fait tous les jours à la ville et au paiis en blécant lor coustumes et lor lois que il a jurées et nos sires li rois promis à garder. Et ce monstrent li eschevin et la ville au roy lor S$^r$ de tant comme il lor puet touchier pour la pais et transquilitei dou commun pueple et de la ville et de tant comme il puet touchier au roy N. S. la ville le dénonche comme il soient jurei à lui et ont promis de garder son droit et pour autant le dénoncent-il pour eaus acquiter de lor serement. Pour lesqueles resons desus dites, supplient eschevin et toute la communauté de la ville de Lille au roy comme à lor bon signeur et droiturier que la franchise de l'arsin que faite est soit rappiellée, et que li rois en oste se main, par coi il puissent paisiblement user de lor franchise, dont ils sont en bone saisine si que dit est, et puissent faire cou que a eaus apiertient emprendant la vengance de la ville sour le malfaitour, et bien est besoins que ce soit fait briement, car le banière de castelain et toutes les banières de la ville sont boutées hors, et ne souffriroit la communitez pour riens que elles fussent resacies avant che que la ville en eust sen droit.

*Item,* supplient-il au roy no signeur pour les raisons dessus dites et pour autres plusieurs résons, pour la pais et transquilitei d'ou commun pueple qui ont souffert et souffrent à grant mescief et travail les griés que li baillis lor fait de jour en jour, comme cil qui pas n'en ont estei apris, que li baillis soit ostez de la baillie devant dite, car sans doute il est perilloux soudains et hastis sans mesure; et uns preudans et loyaux i soit mis et establi qui face garder les droits du roi No S et tiegne le commun pueple en pais et transquilitei et en lor coustumes et tiegne vigbereusement justiche. Et el tiemaing de chou nous avons mis à ces presentes lettres n$^e$ seel. Donné en l'en et au jour deseure dix.

*Chapitres de l'histoire de Lille.* Le livre Roisin, le privilége de nonconfiscation, les comptes de la ville, titres et documents inédits par J. Houdoy. Lille, 1872, in-4°, p. 30-36.

## Année 1313.

*Sentence de* Pierre de Galard *qui lève l'opposition du bailli de Lille*
*dans le procès pendant entre ce dernier et les échevins de la ville*
*susdite, au sujet du droit d'arsin et à propos de violences exercées*
*sur un bourgeois nommé Thomas de Courtray.*

A tous ceaus qui ces présentes lettres verront, Pières de Galard,
ch[er] du roy de France N. S., maistre de ses arbalestriers et capitaine de par luy ès parties de Flandre, salut. Sacent tous que
nous avons reçeu les lettres du roy N. S. contenans la forme qui
s'ensuit : Ph. Dei gracia Franc. rex dilecto et fideli P. de Galardo
mil. n[ro] capitan. Flandr. salut. et dilect. Ex gravi querimonia
dilectorum nost. scabinorum et communitatis ville Insulensis
accipimus litteras; cum ipsi et predicessores eorum sint et fuerint
ab antiquo in saisina pacifica approbata, et quociens causa se
obtulit usitata, certam vindictam capiendi sub certis forma et
modis contra quemcumque foraneum in castellania Insulence sub
cujusvis juridictione manentem, qui intra villam eandem animo
injuriandi in aliquem comburgensem suum dicte ville manum
injecerit violentam, prout hec in requesta dictorum scabinorum
curie nostre tradita, quam sub contra sigillo nostro vobis inclu-
sam mittimus, inter cetera plenius continentur, dictique scabini
et communitas suam continuendo saisinam contra Herbinum
des Sartiau in villa de Wavrin infra mettas castellanie Insulensis
predicta manentem, qui Thomam de Curtraco cumburgensem
suum Insulensem vileniaverat, vellent, prout moris est, proce-
dere ad injuriam vendicandam predictam, baillivus n[r] Insulensis, pretextu quarumdam litterarum a curia nostra, tacita veritate, per Robertum dictum de Wavrin, armigerum, subrepticie ut

dicitur obtentarum, ipsos super hoc impedivit et impedit indebite, et de novo in ipsorum prejudicium et gravamen. Debatum
hujus modi ad manum nostram ponens et diem partibus juxta
dictarum continentiam litterarum assignans ad proximum par-
lamentum vestrum, cum dicti scabini et communitas asserant
notoriam esse saisinam suam predictam et dictam villam de
Wavrin notorie sitam esse infra castellaniam Insulensem predictam, mandamus et committimus vobis quatenus si, vocatis
evocandis de predictis constiterit evidenter impedimentum predictum per dictum baillivum circa hoc appositum litteris et ad-
jiornamento predictis subrepticie, ut predicitur, impetratis non
obstantibus amoventes, ipsos sua uti saisina modo et forma
quibus consueverint hactenus permittatis. Actum Parisius
die jovis post Ascensionem Domini anno ejusdem m° ccc° tertio
decimo.

Par la vertu des quelles lettres, nous feismes apeler les parties
par devant nous, et oyes toutes les raisons que les deux parties
devant dictes vaurrent proposer par devant nous, et diligem-
ment entendues, nous, seloncg la teneur du dit mandement du
roy, nous enfourmames deuement de la vérité des dites choses, et
nous infourmé souffisamment, par l'information devant dite, de
libéral conseil eu sur ce avec preud'hommes et dignes de foy,
nous ostames l'empeschement en la forme et seloncq la teneur
contenue u dit mandement du roy; el tesmoing de ce nous avons
mis à ces présentes lettres n° seel. Donné le mardi devant le feste
saint Pierre et saint Pol en l'an mil trois cens et treize.

(*Registre D E F, p. n.* xiii, *v°.*)

*Chapitres de l'histoire de Lisle.* Le livre Roisin, le privilége de non-
confiscation, les comptes de la ville... Par J. Houdoy, p. 36-38.

## 6 SEPTEMBRE 1317.

*Philippe, roi de France et de Navarre, mande au sénéchal de Toulouse que son père et prédécesseur avait assigné sur le revenu de la sénéchaussée 50 livres tournois à PIERRE DE GALARD, grand maître des arbalétriers, et lui enjoint de le confirmer dans la possession de ce don.*

Philippus, Dei gratia Francorum et Navarre rex, senescallo Tholose aut ejus locumtenenti salutem. Cum carissimus dominus et genitor noster predecessori vestro per suas mandasset litteras, prout in eisdem contineri videbitis, quod dilecto et fideli PETRO DE GALARDO, militi nostro ac ballistariorum nostrorum magistro, quingentas libras turonenses annui reditus in terris, locis et rebus dicte senescallie quas sibi certa de causa assignari per se et heredibus suis et causam ab eo habituris volebat, assignaret et assideret et litteras suas super dicta assignatione et assisia eidem concederet sine difficultate quacumque. Idem cum predecessor vester licet dictas assignationem et assisiam sibi fecerit suas tum super has litteras, ut dictus miles asserit, non concessit, quod circa mandamus vobis quatenus eidem militi litteras vestras super assignacione et assisia predictis secundum informacionem super predictis factam de mandato dicti domini et genitoris nostri, de quarum vobis liquebit et tenorem littera eisdem predictarum sub sigillo vestro concedatis a nobis postmodum confirmando. Datum apud Bellosanam, die VI septembris anno Domini M° CCC^mo septimo decimo.

Per dominum regem.

BELLEYMONT.

Archives du château de Larochebeaucourt, parchemin.

## 28 JANVIER 1322.

*Le roi Charles le Bel mande à* PIERRE DE GALARD, *grand maître des arbalétriers et son capitaine ès parties de Flandre, de recevoir le serment de fidélité des échevins de Lille, de Tournay et de Mortagne. Pierre de Galard doit à son tour le prêter au nom du souverain.*

#### SERMENT DU ROI.

1322 (28 janvier). — (1322, nouv. st.), Pierre de Galard, maître des arbalétriers de France. (F° 338.)

Collationné sur l'original; Archives de Lille, titres anciens. Carton B. 1°.

PIERES DE GALARD, chevalier, nostre segneur le roy de France, mestres de nos arbalestiers et capitaine es parties de Flandres, faisons savoir à tous cheus qui ches presentes lettres verront et oront, que nous, lan de grace, mil CCC vint un, vint wit jours en jenvier, monstrames au Rewart as eschevins et a la communauté de la ville de Lille, les lettres nostre segneur le roy de France et de Navarre, contenans ceste fourme : — « Karolus, Dei gratia Francie et Navarre rex, dilecto et fideli nostro, PETRO DE GALARD, militi, balistariorum nostrorum magistro, salutem et dilectionem; commitimus et mandamus vobis quod ad partes Tornacesii, Insule et Duaci, vos personaliter visi presentibus conferentes ab hominibus et habitatoribus villarum de Tornaco, Insula, de Duaco, de Moritania et aliarum villarum Tornacesii, que nobis fidelitates prestare tenentur, fidelitates ipsas et alia jura regia Francie regi in suo adventu prestari solita nostro nomine et pro nobis recipiatis, servatis solempnitatibus in talibus fieri consuetis. Vosque, pro nobis, juramenta prestetis eisdem ad que noveritis nos teneri, super quibus vobis plenariam concedimus potestatem,

dantes omnibus fidelibus, justiciariis et subditis nostris, tenore
presentium in mandatis ut vobis in premissis et ea tangentibus
pareant efficaciter et intendant. Actum Parisius sub sigillo quo
ante susceptum a nobis dictorum regnorum regimen utebamur,
XVII die januarii, anno Domini millesimo CCC°, vicesimo
primo. » — Par la vertu desquelles lettres, nous avons fait sierement, en lame dou roy no segneur et en sen non, au Rewart as
eschevins et a la communaute de ledite ville de leur loys et coustumes warder en maniere acoustumee et depuis nous presimes
les feutes et sieremens dou Rewart, eschevins et conseil de ledite
ville pour le roy, no segneur, et en sen non par le tesmoing de
ches presentes lettres scellees de no seel, faites et donnees, lan et
jour dessus dis.

*Franchises, lois et coutumes de la ville de Lille,* ancien manuscrit...
Publié avec des notes et un glossaire par Brun-Lavainne, 1842, in-4°,
pages 350-351.

## Année 1327.

*Dans le compte des deniers payés aux officiers du roi par Thomas
Coustes, on trouve* Pierre de Galard, *grand maître des arbalétriers.*

Extrait d'un roulleau intitulé : ce sont les parties que Thomas
Coustes a faites pour nostre sire le roy, pour madame la royne,
pour M. Jean de France et pour M. Charles de Bohëme, puis le
15 jour de février l'an 1327 jusques à la Saint Jean 1328. . . . .

*Escuyers de la bataille aux mareschaux.*

Baiart de Hetru.
Guill. Le Bouteiller, etc.

*Establies.*

Jean de Mailly, capitaine de Bethune.

Jean de Bailleul mareschal de Flandres, capitaine d'Ypre.

*Deniers à recouvrer.*

M. Crespin de Rochefort.

M. Eduart, comte de Savoye.

M. Jean de Flavacourt.

Eustache de Conflans, capitaine d'Aire.

M. Bernard Jourdain, seigneur de Lille.

Bernard Dez (pour Ezy), seigneur de Lebret.

Jean, comte d'Armignac.

Gaston, comte de Foix.

*Deniers prestez à recouvrer.*

Au comte de Flandres.

A M. Robert de Flandres.

*Deniers bailliez aux commissaires de l'imposition.*

A M. Jean de Gaillon, chevalier.

*Deniers bailliez aux officiers du roy.*

A M. PIERRE GALART, chevalier et maistre de arbalestriers du roy.

Coll. de Camps, vol. 83, fol. 25 pagination ancienne et 147 nouvelle. Bibliothèque de Richelieu, Cabinet des titres.

ISSUE D'AOUT 1313.

*Ayssin de Faudoas dans son testament, où il recommande d'inhumer
son corps au monastère de la Grand-Selve, auquel il lègue son
cheval et son harnais, substitue, en cas d'extinction de sa lignée
mâle, les enfants d'AYSSIN DE GALARD et de dame Royale de Faudoas,
mais seulement pour les fiefs sis dans le diocèse de Lectoure.*

La dame de Faudoas eut de son époux (Ayssin de Faudoas)
six enfants, dont les cinq sont nommez dans le testament qu'il fit
à Beaumont de Lomagne dans la maison de Guillaume-Arnaud
de Faudoas, de l'issue d'aoust 1313, par lequel il élit sa sepulture
dans le cloître du monastère de Grandselve au tombeau de son
père et y lègue son cheval avec le harnois suivant l'usage des
nobles militaires. . . . . à ce Hugues il substitue Bertrand, son
neveu, fils de feu Béraud de Faudoas, son frère et chef de la branche
d'Avensac, et par l'extinction de leur postérité masculine, il
appelle à la succession de tous ses biens, château, terre de Faudoas et autres situés dans le vicomté de Gimois, Yspan de Lomagne
fils de Gaston, seigneur du Gimadois ; et à l'égard des terres de
Plieux, de l'Isle et autres qu'il possède dans le diocèse de Lectoure, il les substitue aux enfants mâles d'AYSSIN DE GALARD et de
dame ROYALE DE FAUDOAS ; et au défaut il veut qu'elles soient rever-
sibles au même Yspan. Il nomme pour exécuteurs testamentaires
vénérables hommes : Aynard de Faudoas, abbé du Mas-Grenier,
Hugues de Faudoas, chanoine d'Alby, Guillaume-Arnaud de Faudoas et Bernard d'Esparbez, damoiseau ; témoins entre autres :
noble Gaston de Lomagne, damoiseau, seigneur du Gimadois, etc.

*Histoire généalogique de la maison de Faudoas,* p. 17 et 18, in-4°,
Montauban, 1724.

## 5 JUILLET 1328.

*Testament de noble Pierre de Polignac, seigneur de Pouy-Petit, par lequel il recommande à son fils Géraud de ne point aliéner les dîmes dont il est possesseur dans les paroisses de GALARD ou GOALARD, du Pomaro, de Caussens, de Sainte-Raffine, de Saint-Orens, de Lialores, aux environs de Condom.*

In nomine Patris et Filii et Spiritus Sancti, amen. Anno a nativitate Domini nostri Jesu Christi millesimo trecentesimo vigesimo octavo, die quinta mensis julii, in mei notarii præsentia et testium infra scriptorum, personaliter constitutus venerabilis nobilis Petrus de Polignaco, facta confessione omnium suorum peccatorum et accepta pœnitentia, invocato prius Spiritus Sancti auxilio et imploratis suffragiis beatæ Mariæ, semper virginis, et omnium sanctorum, sanus, perfruens bona memoria, in bono statu existens et attendens ad omnes res quas possidet in hoc mundo, testamentum suum fecit ut sequitur. In nomine Domini Jesu Christi qui, ante mortem suam, condidit suum divinum testamentum, in quo includuntur omnes suæ divinæ voluntates, igitur ego nobilis Petrus de Polignaco, dominus de Podio Parvo, plena libertate et sanitate mentis perfruens, primum dono et offero animam meam et corpus meum omnipotenti Deo et beatæ Mariæ Virgini et eligo sepulturam meam in ecclesia Sancti Orentii, diocœsis Condomiensis, ad pedes patris mei nobilis Guillelmi de Polignaco, ubicumque mors attigerit me, citra more et volo et instituo in dicta ecclesia unam capellaniam ; volo quod filius meus nobilis Gerardus de Polignaco ponat et constituat unum capellanum et qualibet hebdomada singulis annis in simpiternum celebrabit unam missam defunctorum, pro redemptione

animæ meæ et animæ patris mei Guillelmi de Polignaco et
animæ uxoris meæ de Laserano et pro salute omnium parentum meorum; et dictus Gerardus filius meus constituet et assi-
gnabit fundum necessarium ad substentationem honorabilem
dicti capellani. Relinquo tantum duos filios, scilicet nobiles Gerardus et Stephanus de Polignaco, et instituo natu majorem filium
meum Gerardum de Polignaco heredem meum. Volo ut nunquam
vendat terram Podii Parvi nec decimam, quam teneo in parochia
Podii Parvi, nec mea feuda quæ percipio in urbe Codomiensi et
in parochiis sequentibus : in parochiis Sancti Orentii, Liarolis,
Sanctæ Germanæ, Sancti Laurentii, Sanctæ Livradæ, Sancti Martini, Sanctæ Raphinæ, Vici Novi, Caussentii, Pomolarensi, Galar-
densi et in Ordaco et in Sancto Podio. Et dono filio meo natu
minori, nobili Stephano de Polignaco, quinque millia librarum
turonensium parvorum solvendorum a fratre suo Gerardo de
Polignaco. Et propter peccata mea et ad obtinendum eorum
remissionem apud Deum, lego Sancti Andreæ, ecclesiæ Podii
Parvi, vigenti solidos turonenses, ut rectores flectant iram Dei
pro me; lego Sanctæ Christinæ de Ordaco decem solidos turonenses; ecclesiæ Sancti Podii triginta solidos morlas, ecclesiæ
Salvitatis duodecim solidos turonenses et ecclesiæ Sancti Orentii,
in qua jacet corpus patris mei Guillelmi de Polignaco, ducentos
solidos turonenses; rogo filium meum Gerardum ut exequatur
de puncto in punctum totam meam voluntatem ut supra pre-
criptam. Hoc testamentum factum fuit in castro nobili Podii
Parvi, in præsentia Guillelmi de Bordas, Joannis de Sarracava,
Pascalis Mamerti, Henrici Blondelli, Josephi Petracave, et aliorum multorum; et ego, Hieronimus Dubarry, notarius publicus
de Sancto Podio, hoc testamentum tenui et scripsi et illud signavi
signo meo assueto, regnante Philippo, Dei gratia Francorum

rege, et venerabili reverendissimo patre domino domino Fla-
vacour, permissione divina archiepiscopo Auscitano. *Dubarry,*
notarius.

Le présent extrait a été tiré sur son original par moy, notaire
royal de la ville du Saint-Puy soussigné, à moy exhibé et aprez
retiré par noble Jean-Marie Dorlan de Polignac, prêtre, licencié
en droit canon de l'Université de Toulouse, fils légitime et naturel de noble Joseph Dorlan de Polignac, seigneur du Boutet et
de Poipetit, diocèse et sénéchaussée d'Auch, sans y avoir rien
ajouté ni diminué, il s'est signé avec moy au Sampuy le premier
mars mille sept cents soixante. Signé : *Dorlan de Polignac,*
prêtre, et *Touja,* notaire royal.

Nous, Pierre de Soubdès, conseiller du roy, juge en chef
civil et criminel du comté de Gaure, certiffions et attestons à
tous ceux qu'il appartiendra que le seing cy-dessus apposé *Touja*
est son véritable et ordinaire seing, qu'il est notaire royal de la
ville du Saint-Puy audit comté, en la sénéchaussée et diocèse
d'Auch, que foy doit et peut y être adjoutée tant en jugement que
dehors; en témoin de quoy nous avons accordé le présent pour
servir ainsi que de raison et y avons fait apposer le sceau de la
justice et fait contresigner par M⁰ Touja, notre greffier. Au Saint-
Puy, le premier mars mil sept cens soixante. Signé : *Soubdès,*
juge, et au–dessous : par mondit sieur Soubdès, juge, *Touja,*
greffier.

Scellé à Condom, le 6 mars 1760; reçu quinze sols; signé :
*Estinguoy.*

Cahier en papier de trente rôles dont une page et demie en blanc;
archives de M. Denis de Thezan.

## 27 DÉCEMBRE 1343.

*Texte latin des statuts de* PIERRE DE GALARD, *évêque de Condom, desquels nous avons donné un résumé, d'après le manuscrit de Lagutère, dans notre tome I<sup>er</sup>. Ces règlements constituent une véritable
réforme dans l'administration claustrale. Pierre de Galard, en
effet, y détermine les modes d'élection et de serment pour les religieux, y règle la discipline du chapitre, fixe les dépenses qui sont
permises, définit les honneurs dus à l'évêque et traite les questions
d'apostasie, de sépulture et de capacité canonique.*

Noverint universi et singuli hoc presens publicum instrumentum inspecturi, visuri, vel audituri, quod anno Domini
M° CCC° XLIII°, die XXVII mensis decembris, indictione XII<sup>a</sup>, pontificatus sanctissimi patris et domini nostri domini Clementis,
Dei providentia papæ VI, anno secundo, in mei notarii et testium infra scriptorum presentia, reverendus in Christo pater
dominus dominus PETRUS, Dei et Apostolicæ Sedis gratia Condomiensis episcopus; Petrus Cloca, monachus, prior claustralis,
nec non et capitulum Condomiensis ecclesiæ supradictæ, videlicet domini Joannes Theulerii, infirmarius, Guilhermus
Ramondi de Savinhaco, operarius, Bernardus de Podio, prior
Calcidroti, Guilhelmus Ramundi de Forcessio, sacrista, Bertrandus de Montelunduno, prior Salvitatis, Bertrandus de Gotbesio, pitancerius; Vitalis de Salvinhaco, claviger, Bernardus
de Ligardis, helemosinarius, Fortius de Mosserone, camerarius,
Vitalis de Seyssos, Galabrunus de Seria, Johannes de Lato, Gualhardus de Podio, Geraldus de Seria, Petrus de Argenterio, Bernardus de Podio, junior, Bernardus de Agenno, Vitalis de Podio,
Petrus de Cantalupo, Johannes de Lamiolha, Arnaldus Auzelli,
Johannes de Fenestra, Helias Gyborelli, Arnaldus de Miranda,

Johannes Baquerii, Gualardus de Madiraco, Petrus de Sancto-
Petro, Besianus de Tribus Montibus, Johannes de Johanna, Arnaldus Guilhermi de Hugueto, Amanevus de Casanova et Gastonus
de Cuquo, in suo generali capitulo de mane hora capituli per
campanæ sonum more capitulandi in unum in capitulo ecclesiæ
congregati, ut moris est, capitulantes et capitulum facientes, quædam statuta et ordinationes fecerunt in sua Condomiensi
ecclesia, et jam diu est ut ibi dictum fuit observata sub forma
publica per me notarium infra scriptum et ordinarunt, salva in
omnibus voluntate, reverentia, dispositione, correctione, repa-
ratione et emendatione sanctæ Sedis Apostolicæ supradictæ, in
hunc modum. In Dei nomine, amen. Quoniam nulla statuto-
rum sanctio quantumcumque digesta perpenso consilio ad
humanæ naturæ varietatem et machinationes ejus inopinabiles
sufficit, nec ad decisionem luculentam suæ nodosæ ambiguitatis
attingit, eo presertim quia vix aliquid adeo certum clarumque
statuitur, quin ex causis emergentibus quibus statuta jam edita,
nec jura, quod est fortius, jam posita, mereri non possunt in
dubium revocentur; quia etiam ab adolescentia proclivis ad
malum sensualitas humana declinat per quod morum summer-
sio et clero et populo frequenter obrepsit, necessaria est supe-
rioris auctoritas, ut tam per optimæ determinationis suffragium
tollat ambigua, dissensiones auferat, altercationes dirimat, et
obscura succindat, quam prelati providi sarculum extirpet vitia,
virtutes inferat, corrigat excessus, moresque reformet. Hoc sane
nos Petrus, Dei et Apostolicæ Sedis gratia Condomiensis episcopus, modo monachorum prefate nostræ cathedralis Condomiensis ecclesiæ ad sonum campanæ, ut moris est, capitulo et plurium bonorum et proborum virorum clericorum premaxime
ibidem existentium consortio convocato, quorum monachorum

nomina sunt conscripta, capitulantes et capitulum facientes et
in capitulo dictæ nostræ Condomiensis ecclesiæ existentes,
attendentes bonæ memoriæ dominum RAYMUNDUM, felicis recordationis episcopum Condomii, predecessorem nostrum, qui primo
quam predicta nostra Condomiensis ecclesia in ecclesiam cate-
dralem erecta fuisset, abbas in predicta ecclesia presidebat, et
demum divina disponente gratia primus episcopalem dignitatem
in dicta ecclesia obtinuit, in cujus locum secundus succedimus
immediate, divina dispositione vocati, et alios prelatos abbates
ejusdem ecclesiæ ab olim providenter attendentes et provide
cupientes deformatorum reformationem prospicere et circa dispositionem prefatæ nostræ Condomiensis ecclesiæ monachorum
et conventus ejusdem et eorum status difficilia ac statuta, consuetudines et usus, questionibus et negotiis imminentibus con-
sonas promulgasse, et in scriptis non nulla statuta redegisse, et
quam plures alios usus non scriptos et per tantum tempus, de
cujus contrario memoria horum non exstit, prout plane nobis
sufficienter etiam informatis per homines monachos antiquos
providos et honestos dictæ ecclesiæ et capituli ac alios probos
viros facta fuit plena fides observasse et obtinuisse et observari et
obtineri fecisse, quæque nos quamdiu fuimus in dicto capitulo
in inferiori tam monachali quam prioratus gradu, presentes
vidimus, procul dubio observari. Cum ea quæ scripturæ præser-
tim autenticæ testimonio comprobantur, utilius memoriæ com-
mendentur, cum nequeant a posteris et successoribus conditoris
in dubium retorqueri, at humilem et instantem supplicationem
dictorum nostrorum monachorum et capituli ad finem ut nostris successoribus contradicendi materia de observando, quæ tam
predicti predecessores nostri abbates et episcopus observarunt,
et nos post ipsos incunctanter observavimus, totaliter subtra-

hatur, et ad finem ut supradictis usibus, consuetudinibus et
statutis nullum in posterum dubium oriatur pro utilitate publica
dicti capituli et nostræ ecclesiæ supradictæ, qui non immerito
desiderabiliter affectamus dictos usus, consuedines et statuta
per viros providos et discretos consiliarios nostros et dicti nostri
capituli, et qui nostram et dictæ nostræ ecclesiæ utilitatem,
prout pluries novimus et in pluribus experti fuimus, utique
zelabantur, diligentius fecimus recenseri. Et tandem pluribus
ex ipsis cum vel temporales aul sibi ipsis, aut aliis quibusdam noviter editis quoniam seu contraria seu omnino super-
flui vel superflua viderentur, penitus resecatis, reliquis quibusdam ex eis abreviatis, et aliquibus in toto vel in parte
mutatis multis, quæ connexionibus, retractationibus et additio-
nibus prout experiri vidimus factis in ipsis in unum rotu-
lum sub forma et manu publica confectum, nostro et dicti nostri capituli sigillis et ipsorum impressione cum cera rubea et
viridi impendenti in premissorum testimonium cum nonnullis
nostris constitutionibus de consensu dicti nostri capituli editis,
in quibus ad correctionem morum monachorum et nostri capituli, predictorumque quietem multa statuuntur salubria, fructus
uberes, Deo propitio in domo Domini allatura redigi mandavi-
mus et fecimus communiri et de predictis omnibus et singulis
instrumentum publicum retineri. Quorum quidem usuum, consuetudinum et statutum tenores seriatim et per ordinem sub-
sequuntur.

I.

### DE FORMA ELECTIONIS ET A QUIBUS EXPENSÆ DEBEANT MINISTRARI.

Licet jura circa electionum materiam plene declaraverint
quid agendum ne per monachos jurisperitiam non habentes

dubitari valeat quando casus electionis pastoris occurerit de quibus electionis negotium fuerit prosequendum merito, primo est
et fuit statutum, quod electione pastoris predictæ ecclesiæ de
aliqua sufficienti persona concorditer. celebrata, electus electionem suam et ipsius confirmationem et consecrationem ad expensas bonorum ad prelatum dictæ ecclesiæ dumtaxat pertinentium,
non de bonis capituli prosequatur. Si vero in discordia electio
vel postulatio fuerit celebrata, tunc de bonis electi seu electo-
rum, et postulati seu postulatorum, si plures electi fuerint vel
etiam postulati dumtaxat, non de bonis eligentium vel postulantium processus. Et alia quæ circa hoc necessaria fuerint solum-
modo non de bonis ecclesiæ nec capituli fiant et expensæ neces-
sariæ exsolvantur in tantum quod de bonis ad prelatum dictæ
ecclesiæ pertinentibus nec de bonis communibus dicti capituli
aliquid recipiatur, nec etiam eligentium vel postulantium predictorum, sed electi seu postulati suis expensis propriis et
sumptibus predicta omnia prosequantur.

## II.

### DE FORMA JURAMENTI A PRELATO ECCLESIÆ PRESTANDO.

Item, cum ab ecclesia cathedrali tanquam a capite et a prin-
cipali parte omnia membra doctrinam recipiant qualiter habeant
regulari, est et fuit statutum, quod prelatus electus et confirma-
tus sive alio modo, sive ante consecrationem sive post, primo ad
ecclesiam cathedralem predictam veniat, quam possessionem
bonorum ad prelatum dictæ ecclesiæ pertinentium recipiat ali-
qualem, et ante fores dictæ ecclesiæ antequam ingrediatur eandem
expositis sibi libro missali et evangiliis et cruce per syndicum dicti
capituli vel alium monachum ad hoc deputatum jurare teneatur et

juret, quod ipse usus, consuetudines et statuta dictæ ecclesiæ antiquos scriptos et non scriptos sub forma publica vel alios compre-
hensos tenebit et inviolabiliter observabit, et pro posse suo dictam ecclesiam et capitulum et bona, res et jura et deveria et personas ipsius defensabit, tenebit et defendet ab omnibus injuriis,
violentiis et indebitis oppressionibus et novitatibus quibuscumque, tam a se, suis familiaribus et aliis quibuscumque, jurabitque
bona, jura et deveria dictæ ecclesiæ non alienare, alienataque
ad ecclesiam pro viribus revocare et restitui dictæ ecclesiæ
facere pro posse suo, et quamdiu vivet bonus erit dictis monachis dominus et fidelis. Et si aliqua causa urgente, idem prelatus
veniret primo ad aliquem locum dictæ ecclesiæ, quod ex hoc
ideo nullum jus de novo sibi adquiratur in possessione seu proprietate bonorum ecclesiæ supradictæ, nisi quod antea habebat,
donec ad ecclesiam cathedralem venerit, et fecerit quæ superius
sunt expressa. De bonis autem et fructibus dictorum locorum
possit recipere pro suis necessariis et expensis, juramenta tamen
fidelitatis tunc a subditis non recipiat, nec utatur in aliis ut prelatus.

*En marge du paragraphe II, est écrit ce qui suit jusqu'au para-*
*graphe III.*

#### AUTRE FORMULE.

Religiose et inviolate hactenus observatum est, reverende
presul, ut episcopi nostri quando in hanc sedem sacra facturi
primum adveniant, in ipso ædis ingressu jusjurandum prestent,
quod statuta, libertates, mores, consuetudines et jura hujus
ecclesiæ cathedralis, nec non canonicorum et capituli ejusdem
comprobabunt atque servabunt, quod jura et bona episcopalia
Condomiensis episcopatus protegent, denique quod immunitati

personarum ecclesiasticarum hujus diocesis consulent et opitulabuntur, ab eisque omnem injuriam propulsabunt. Hec omnia uti ordine dicta sunt, reverende presul, te facturum, gesturum, curaturum et servaturum juras et promittis? ℟. Juro et promitto.

### III.

#### DE FORMA JURAMENTI A MONACHIS PRELATO PRESTANDI.

Item cum jura suadeant in juramenti fidelitatis prestatione dominum et vassallum esse similes et æquales, multo fortius in prelato et capitulo debet, ut vitetur calumnia, observari. Idcirco æqua ratione statutum, ut capitulum, prestito juramento predicto per prelatum, ad requisitionem dicti prelati, eidem prestet ut infra sequitur juramentum, quod præstetur in capitulo, hora qua consuetum est intrare capitulum per omnes monachos et singulos de capitulo, tenente in manibus suis regulam beati Benedicti, et quisque ipsorum genuflexus coram prelato et ipso interrogante ipsorum quemlibet et dicente : Promittis nobis obedientiam præstare? Et monachus sic interrogatus positis manibus super regulam debet dicere et respondere : Promitto. Quibus peractis, dictus prelatus ipsorum monachorum quemlibet ad osculum recipiat in signum unitatis, amicitiæ et amoris.

### IV.

#### DE SIGILLO CAPITULI TENENDO.

Item cum per impressionem adulterini seu furtivi sigilli ecclesia multa posset incommoda prout de quibusdam usum est sustinere, fuit et est statutum et ordinatum sigillum commune capituli ecclesiæ supradictæ per dictum capitulum vel certum mona-

chum unum vel plures, quem vel quos dictum capitulum ad hoc
eliget, custodiatur et fideliter teneatur et ipso sigillo dictum
capitulum utatur, et negotia capitularia et ipsum capitulum
tangentia, prout expediens fuerit, sigillo hujusmodi sigillentur et
sigillata roboris obtineant firmitatem.

## V.

### DE BONIS MONACHORUM A PRELATIS SINE LICENTIA IPSORUM RECIPIENDIS.

Item cum ab initio singula bona singulis prioratibus et administrationibus et officiis fuerint, prout expediens exstitit, depu-
tata, idcirco ne sine pleno consilio quæ ordinata fuerint ab initio revocantur, fuit salubriter ordinatum, quod prelatus dictæ
ecclesiæ per se sive per alium bona mobilia vel immobilia, ad
priores, administratores vel officia tenentes, vel ad dictos prioratus, administrationes vel officia dicta ecclesiæ vel ad quoscumque alios etiam simplices monachos pertinentia, nisi de consensu capituli, priorum et administratorum vel eorum qui alia
tenebunt officia, vel aliorum monachorum quorum bona fuerint
tradita sibi appropriare in futurum non possit perpetuo nec ad
tempus. Quod si scius fecerit, infra octo dies postquam requisitus fuerit per illum cujus res predicta fuit restituere absque difficultate aliqua teneatur.

## VI.

### DE ANNIVERSARIIS PER MONACHOS RECIPIENDIS.

Item cum qui onus respuit merito depelli debeat a mercede,
fuit et est salubri remedio ordinatum, quod nullus monachus de

anniversariis aliquid recipiat nisi diebus illis quibus infra septa dictæ ecclesiæ existens fuerit saltem hora matutinali qua monachuli seu monachi parvi a claustro de mane surgere vel tempore medio inter dictam horam in toto vel ex parte usquequo monachi post comestionem Domino laudes in ecclesia reddiderint et campana post dictam comestionem pulsata fuerit prout est in dicta ecclesia fieri consuetum, sed talium absentium portio inter presentes æqualiter dividatur. Vel si ab extra veniens antequam missa magna finita fuerit, venerit et infra septa ecclesiæ fuerit, perinde percipiat ac si presens continuo exstitisset.

## VII.

### DE EXPENSIS SOLVENDIS PER PRIORES.

Item quod prior de Neriaco, ratione sui prioratus, debet et tenetur prelato dictæ ecclesiæ semel in anno si pro suis negotiis idem prelatus personaliter et non alias ad locum de Neriaco venerit, per unam diem tantum et noctem ultra procurationem alias sibi debitam et ejusdem prelati familiæ in necessariis et non amplius providere. Si vero idem prelatus ad prioratus de Agrauleto, vel de Salvitate, vel de Calcidroto. veniret, priores dictorum prioratuum et eorum quilibet semel in anno duntaxat ac per unam diem et noctem eidem prelato et suæ familiæ providere in suis necessariis teneantur. Itaque, illo anno nec aliis procurationem, visitationem seu subventionem aliam eidem prelato solvere seu dare minime sint astricti nisi in casu proxime expressato quum a dictis procurationibus, visitationibus et subventionibus reddituum et proventuum ipsorum evidens carentia ipsos tres prioratus proxime numeratos eximat et excuset.

## VIII.

### DE HONORIBUS PRIORATUUM PRELATO PRESTANDIS.

Item fuit et est statutum et ordinatum, quod prefati priores solvendo decimas suas si et prout eas deberent vel expensas alias de quibus supra proximo est facta mentio, ad nullam aliam subjectionem seu subsidium eidem prelato prestandum vel faciendum, nisi prout supra dictum est, sint adstricti, et in casu in quo idem prelatus pluries quam semel in anno pro suis negotiis vel alias ad dictos prioratus vel ipsorum alterum haberet personaliter..... N. . . . . † *multa desunt.* . . . .

Dominus Ramundus (de Golardo)[1], quondam primus Condomiensis episcopus, nonnulla bona immobilia, decimas et jura suo laboris et ingenii exercitio predictæ Condomensi ecclesiæ duxerit perpetuo acquirenda, ut puta locum de Salvaterra, qui de costitio quinque libras turonensium parvorum, octo concatas et mediam vineæ, quæ quondam fuerunt Guilhelmi Mota, pretio $v^c$ xxxv librarum turonensium, medietatem molendinarii de Vado Arnaldi cum terris et pratis suis quæ deconstiterunt ccxx libras turonensium, et hospitium in quo officialis consuevit morari pretio $lx^a$ librarum turonensium infra locum et jurisdictionem Condomii. Et in loco de Francescanis hospitium cum viridario, quod fuit cujusdam vocati Campanes, ccx libras turonensium et unum bordile quod fuit Bigorræ, pretio xxv librarum turonensium in predicto loco de Francescanis. Et in loco d'Ens xv. concatas nemoris et quartam partem decimæ de Sarrauta, pretio ccxl librarum turonensium, et unam petiam vineæ

---

1. Le folio précédent est enlevé.

pretio xxvi librarum turonensium et aliam petiam vineæ in
dicto loco pretio xvi librarum turonensium. In loco de Retrosin-
gula, unum bordilæ cum xxij concatis terræ et nemoris pretio
v̊ᶜ ʟᵃ librarum turonensium. Et in loco de Cassanea xvj concatas nemoris, pretio ccʟᵃ librarum turonensium, et omnia ser-
vitiæ quæ Arnaldus de Tens habebat in dicto loco pretio cʟᵃ librarum turonensium. Et in loco de Garderizo terras pro uno pari
bovum pretio cxxxᵃ librarum turonensium, et quam plura alia
mensæ episcopali duxerit applicanda. . . . . per ecclesiam seu
Agennensem episcopum nullo tempore possessas. . . . decimas a
manibus laycorum qui eas tenebant.


### DE APOSTATIS NON RECIPIENDIS.


Item cum quis debeat in ea vocatione in qua vocatus est
Domino deservire ne dispar religionum observantia discordiam
generet inter fratres, fuit sano consilio constitutum quod nullus
apostata cujuscumque ordinis vel religionis, non mendicantium,
vel mendicantium, recipiatur in monasterium hujus ecclesiæ,
vel in fratrem, sed illi recipiantur dumtaxat, qui nunquam aliter
alium habitum assumpserunt.


### DE MONACHIS RECIPIENDIS.


Item, cum juris dictet ratio, ut quod omnem tangit debeat ab
omnibus approbari, fuit rationabiliter ordinatum, quod nullus
recipiatur in monachum et in fratrem dictæ ecclesiæ, nisi de
communi consensu prelati et omnium et singulorum monachorum prelibatæ tunc presentium. Quod si factum fuerit, talis
receptio nullam obtineat firmitatem. Si vero duo vel tres mona-

chi receptíonem alicujus monachi contra dicerent, quod prelatus una cum aliis monachis illum possit in monachum recipere, duorum vel trium contradictione in aliquo non obstante.

### DE CAPELLANIIS PER MONACHOS TENERI CONSUETIS.

Item, quia jura prohibent de beneficiis ecclesiasticis personis religiosis assignari consuetis, secularibus conferri personis, fuit et est statutum, quod prelatus nec ejus successes, capellanias, quas monachi tenent, neque et alicui alii, vel aliis concedere, etiam per viam collationis vel permutationis vel aliter, nisi monachis ecclesiæ supradictæ, quod verum est nedum de capellaniis infra dictam ecclesiam existentibus, sed de aliis quæ sunt in prioratibus quibuscumque.

### DE VIOLATIONE COEMETERIORUM ET ECCLESIÆ.

Item, quia cessatio divinorum officiorum et sepulturæ defunctorum fidelium extra loca sacra si fieri contingeret, damnosa et valde periculosa existit, idcirco fuit statutum quod si contingeret ecclesias Sti Petri, Sti Jacobi, Sti Bartolomæi, vel Sti Michaelis de Condomio, vel eorum claustrum vel cemeteria pollui vel violari, quod prelatus ad requestam capituli vel sacristæ qui pro tempore fuerit, ad expensas illius qui causam violationis dederit reconciliare quam cito commode poterit facta requisitione hujusmodi teneatur; si vero monachus violationis causam daret, idem prelatus teneatur reconciliare ecclesiam seu cimeterium quod pollutum fuerit suis ipsius prelati sumptibus et expensis, nisi monachus violationis seu pollutionis causam dans haberet reditus, ex quibus posset reconciliationem solvere, quod prelati arbitrio

relinquatur. Quo casu talis monachus expensas occasione recon-
ciliationis faciendas solvere sit adstrictus.

### DE MONACHIS DEPUTATIS AD ACQUIRENDAM SCIENTIAM RECEPTORUM.

Item, quoniam una ovis morbida quandoque solet inficere
totum gregem, fuit rationabiliter ordinatum, quod nullus recipiatur in monachum et in fratrem, nisi prius per duos probos
monachos et antiquos super hoc per prelatum et capitulum
deputatos per aliquod tempus ante receptionem fuerit inspectus
si est sanus corpore et in membris, et si est compos mentis, et si
est de genere sano non infecto, nec in quo sint aliqui leprosi,
vel alia turpi infirmitate infecti, et si est legitimo matrimonio
procreatus; per quos monachos interrogetur si scit legere et
cantare. Quibus concurrentibus, de consensu prelati et capituli,
prout alibi supra statutum est, recipiatur, et non aliter in monachum et in fratrem. Qui si nesciret cantare seu legere et alia
concurrerent eidem recipiendo, ad addiscendum certus termi-
nus assignetur talium monachorum examinantium arbitrio
modificandus, infra quem addiscat legere et cantare, nisi forsi-
tan talis recipiendus puer existeret, qui nesciret legere et cantare;
quo casu idem puer ceteris concurrentibus recipiatur, et eidem
habitus monachorum conferatur.

### DE NON RECIPIENDIS SECULARIBUS VEL ALIIS RELIGIOSIS IN CORRECTIONIBUS MONACHORUM.

Item, cum jura prohibeant homines disparis professionis
insimul sociari, multo fortius in inferendis correctionibus est
eorum societas evitanda. Idcirco est et fuit statutum, quod in

correctionibus monachis inferendis nullus clericus secularis, vel religiosus alterius ordinis, vel capituli seu conventus, vel quivis alius laïcus admittatur, sed illi qui vocandi fuerint, sint dumtaxat monachi ecclesiæ memoratæ, nisi de predictorum prelati et capituli vel ejusdem capituli majoris partis procederet voluntate.

### DE SEPULTURA INFRA ECCLESIAM CONCEDENDA.

Item, cum jura prohibeant infra ecclesiam concedendis casibus licite et ecclesiæ usibus defunctorum corpora sepeliri, fuit juris permissione sancitum, quod nullus sepeliretur infra dictam ecclesiam, nisi magna et eminente utilitate hoc ecclesiæ suadente, quod prelatis capituli arbitrio relinquitur vel majori parti ejusdem, et aliter nullus sepeliatur nisi de voluntate ipsorum procederet et assensu.

### DE SIGILLIS DOMINI EPISCOPI ET OFFICIALIS.

Item, cum prelati et capituli bona communia nisi discreta appareant, communiter censeantur, fuit statutum quod monachi pro sigillis domini episcopi velcuriæ officialis ejusdem teneantur solvere, sed eorum litteræ libere sigillentur sigillis superius expressatis.

### DE ADMINISTRATIONIBUS IN JUDICIO EXISTENTIBUS SINE LICENTIA PRELATI.

Item, ne recordatæ tutelæ seu defensionis suffragio prioratuum, officiorum et aliarum administrationum negotia valeant . . . . . . sine juris permissione, statutum, quod priores, operarius, sacrista, pitancerius et alii officia vel administrationes in dicta ecclesia obtinentes, possint in judiciis quibuscumque et extra, pro negotiis et rebus prioratus officia vel administrationes in dicta ecclesia obtinentes tangentibus absque alia prelati licentia agendo vel defendendo ac si habeant specialem licentiam experiri quibus per presens statutum circa predicta licentia sit concessa.

### DE SECRETIS CAPITULI PER MONACHOS NON REVELANDIS.

Item, cum multa in capitulo peragantur quæ quandoque non decet in publicum revelari, fuit et est statutum, quod monachi tractatus receptionis et correctionis monachorum, et alia quæ secrete inter prelatum et capitulum peraguntur, in secreto teneant; et si per confessionem monachi, vel aliter, constitit legitime ipsum monachum secreta hujusmodi revelasse, per duos annos continuos ab aliis tractatibus repellatur, et idem aliis servetur, si tali privato monacho secreta, quæ fierent, ipso suspenso ut præmittitur existente, vel ipsorum aliquid revelarent, ut puniantur in eo in quo irrationabiliter delinquerunt.

### DE NON COMMITENDIS MONACHIS TESTIMONIO LAICORUM.

Item, cum clericos laïcos infestos opinio tradat antiquitatis, et quemadmodum ad purgandum sunt homines similis conditionis purgatorii necessarii, cum contrariorum eadem sit ratio, fuit statutum, quod nullus monachus in aliquo crimine conjunctus valeat puniri per homines vel clericos seculares, nisi per monachos, nisi in casu in quo secreta capituli revelaret.

### DE CONSILIO CONTRA USUS ECCLESIÆ PER MONACHOS NON PRESTANDO.

Item, cum jura clericis qui contra ecclesiam in qua beneficium obtinent, si advocati vel procuratores pro extraneis esse
presumpserint tanquam ingrati permaxime ecclesiæ beneficiis
jubeant spoliari, fuit et est statutum, quod nullus monachorum
presumat dare consilium, auxilium vel favorem, contra usus,
libertates, statuta et francalitiæ et proprietates ecclesiæ memoratæ.

Quod si diabolo ausuque suo temerario contrarium fecerit,
ultra pœnas a jure statutas contra hujus modi delinquentes
arbitrio prelati et capituli puniantur.

### DE MONACHIS AD STUDIA MITTENDIS.

Item, cum juris ostendat auctoritas et facti evidentia mani-
festet, quod nonnulli recusent beneficia ecclesiastica recipere, et
religiones approbatas ingredi, cum legendi et proficiendi per
substractionem beneficiorum de prebend. . . . . . facultas sub-
strahit in grandi universalis ecclesiæ quo ad sui requiem viris
litteratis permaxime noscitur indigere, dispendium et jacturam
super hoc, nos prefati prelatus et capitulum multorum instantiis
excitati frequenter, volentes cupientibus in sciencia proficere ut
fructum in Dei ecclesia suo tempore afferre valeant opportunum
utiliter providere, presenti constitutione sanximus, ut duo
monachi docibiles, quos octo de antiquioribus monachis quibus
per prelatum hoc commissum fuerit sufficientiores et aptiores
ad studendum eligendos reputaverint ad generale studium annis
singulis transmittantur, quibus detur præbenda panis et vini in

grosso ut aliorum quæ perciperent si presentes in ecclesia interessent, seu eorum valorem, et ipsam integre percipiant ac si
residentiam in dicta ecclesia facerent personaliter. Quidem
monachi sic pro studio deputati, de biennio in biennium per
dominum episcopum et capitulum, vel alium seu alios, cui seu
quibus hoc commiserint, examinentur si bene in scienciis pro-
fecerint et honeste fuerint in studio conversati. Qui si appareant
bene et sufficienter studivisse et profecisse et laudabiliter con-
versasse, iterum ad studium si redire voluerint, transmittantur ;
si vero contrarium, quod absit, judicatum fuerit, ad claustrum
cum aliis reducantur. Inter quos monachos duos studentes
predictus monachus studens, qui per dominum nostrum summum Romanum episcopum Benedictum deputatus est, computetur.

Tales vero monachi pro eundo ad studium eligantur, qui
nullum fuerint prioratum, officium, administrationem vel alios
reditus ultra prebendam hujusmodi assecuti quibus possint in
studio sustentari.

### DE EXPENSIS PER PRELATUM MINISTRANDIS IN QUESTIONIBUS CONTRA MONACHOS MOVENDIS.

Item, cum prelato subditorum suorum tutelæ seu defensionis
suffragium sit concessum, fuit et est ordinatum quod si consules
vel alii singuli homines civitatis Condomiensis et pertinencia-
rum ejusdem, vel quivis alii consules vel singuli homines locorum quorumcumque aliorum, civitatum, castrorum vel villarum
moverent questionem contra dictum capitulum vel aliquem
priorem, vel officium, vel administrationem in dicta ecclesia
obtinentem, vel alium monachum ecclesiæ memoratæ, super

bonis, rebus, juribus, ad ipsorum prioratuum priores, administrationum vel officiorum gubernatores, vel ad ipsum capitulum
pertinentes, vel personam alicujus ipsorum vel eorum familia-
rium molestando, litigando, vel alias injuriando eisdem vel
injurias inferendo propter quod moveretur agendo vel defendendo questio contra ipsos monachos et capitulum et eorum
familiam conjunctim vel divisim, quod talis questio seu lis
ducatur sumptibus domini episcopi memorati ; quod verum est
in casu in quo ille contra quem moveretur particularis questio
non posset predictas expensas solvere, nec ejus bona sufficerent
ad predicta.

Acta fuerunt hæc in capitulo Condomiensi ecclesiæ predictæ
dictis anno, die, mense, et hora quibus supra, indictione et
pontificatu predictis, presentibus testibus ad hoc specialiter con-
vocatis et rogatis, videlicet venerabilibus et discretis viris Beziano
de Abbatia, licentiato in decretis. . . . et me Arsino de Abbatia,
clerico Auxitanæ diocesis, communi ac publico auctoritate
imperiali notario.

Archives municipales de Condom. Cartulaire ayant pour titre : *Mémoires
sur le diocèse de Condom*, M.D.CC.LXXIV, pages 423 et suivantes.

---

## 5 MAI 1344.

*Permission accordée par* PIERRE DE GOLARD, *évêque de Condom,
au prieur de la Sauvetat de fonder un obit.*

PETRUS (DE GALARDO), Dei gratia Condomiensis episcopus ,
venerabilibus et religiosis viris fratribus Bertrando de Monteas-

truco, priori prioratus de Salvitate, et Bertrando de Gotbesio, pitancerio nostri capituli ac monachio ejusdem, salutem in eo qui omnium est vera salus. Prospicientes vos et alterum vestrum sumptuosas et honorabiles mansiones seu cameras infra septa nostræ ecclesiæ construi et ædificari ex facultatibus vestris fecisse pro presentium et futurorum dictæ ecclesiæ monachorum utilitate : et idcirco vestram devotam supplicationem exaudire volentes cum effectu, de consensu dicti nostri capituli, vobis et vestrum alteri concedimus licentiam per presentes, ut super ipsis pro salute animarum vestrarum facere possitis ad summam quindecim solidorum morlanorum annualium, quam summam annualem dicto capitulo post vestrum obitum aut alterius vestrum pro dicto anniversario exsolvi volumus et mandamus annuatim in festo omnium Sanctorum per illum seu illos, qui dictas cameras tenebunt seu tenere contigerit, et per premissas ipsas cameras esse volumus obligatos et perpetuo obligamus. In quorum testimonium sigillum nostrum una cum nostri capituli sigillo presentibus duximus apponendum.

Datum Condomii, quinta die mensis madii anno Domini m° ccc° xliv° [1].

Archives municipales de Condom. Cartulaire ayant pour titre : *Mémoires sur le diocèse de Condom,* m.d.cc.lxxiv, page 254.

---

[1]. Nous avons indiqué, en notre tome I, les pièces des archives du Vatican qui concernent Raymond de Galard, premier évêque de Condom, et Pierre, son neveu et successeur. Ces actes, qui vont de 1340 à 1370, ont été catalogués par Garempi. Notre séjour à Rome n'ayant pu se prolonger, selon nos espérances, nous avons dû renoncer à transcrire le texte des bulles que nous avons signalées d'après Garempi ; mais ceux qui voudront recueillir des documents inédits pour l'histoire religieuse de la Gascogne seront tenus de faire ce que nous n'avons pas fait.

## 24 mars 1361.

*Noble Arnaud-Garsie de Benquet, damoiseau, étant à Puch de Gon-*
*taut, diocèse de Condom, transporta par une vente au chapitre et*
*au couvent de Saint-Pierre de Condom, représentés par Pierre de*
*Cantaloup, syndic chapitral, trente-deux sols et six deniers arnau-*
*dens d'oblies, douze sols et six deniers d'acaptes, ainsi que ses*
*droits seigneuriaux sur divers fiefs, dans le terroir de Damazan;*
*le prix d'achat fut de quarante-deux florins d'or du coin de Flo-*
*rence. A la suite de ce contrat viennent les reconnaissances emphy-*
*téotiques de 1361, 1362 et 1364.* PIERRE DE GALARD *est nommé, à*
*la fin de l'acte, comme occupant le siége de Condom à l'époque où*
*la susdite convention fut passée.*

Notum sit, quel senhor N'Arnaud-Garcias deu Benquet, donzel, qui esta à Puch de Gontauld, en la dioceze de Condom, no
forsat, no costret, ne enganat, ne per frau, ne per barterya, ne
per deceptio alguna ad a so amenat, mas de son bon grad et de
sa bona, franca et agradabla voluntat, certificat, certiorat et ple-
nement enstruit de tot son feyt et de tot son dreict, que dixo et
reconego lo predit N'Arnaud Garcias, donzel, certificat et certiorat
cum dessus, per si et per totz heretes et per totz sos successors qui son et qui seran, a bendut, cedit, quitat, remes, relinquit et desemparat, et en titol de perfeyta et perdurabla vendition, balhat et livrat per aras et per tot temps als ondrats senhors
de capitol et conbent del moster de mossen Sen Pé de Condom,
et à mossen Pey de Cantalop, sendic del dit capitol et conbent, segont que dixo assi present, stipulant et recebent ladita
venda per lo diit capitol, to es assaber tots aquests xxxii sos e
vi dies arnaudens d'oublias, et xii sos vi dies arnaudens d'acaptes
à senhor mudant, ab totz los devers, dreytz senhorials et

las oblias apartenens et apartener devens per à rason et per causa de algunas pessas de terra e de vinha e de prat, las quals tenant e an tenguts en fius sa en rer temps deudiit donzel, las personas de jus scriutas en aisi cum es de jus escriut e contengut. Laqual venda fé lodiit N' Arnaud Garçias deudict Benquet, donzel, venedor, per lo prets e la soma de xlii floris de bon aur e de bon pes del cung de Florensa, qu'en reconego aver agut pres e recebut deldict capitol, e conbent deldiit sendic en nom de lor per raso de la venda dessus dita, de forma e de maneyra que sen tengo per ben pagat e per ben content e per ben abandos del tot. Si renoncia l'avant diit donzel à la exception de no agut, de nos pres e de no recebut aver lordiits xlii floris de bon aur e de bon pes del cunh dessus dit, e de no tornat e de no convers en son profieit e en sa utilitat, e a tota maneyra de frau, de bausia, d'angan, de meytat e de meys e de menhs : et al dreyt perque es secourut als majors e als mendres contrahens decebutz oltra la meytat del dreyturé pretz e a totas autras causas, rasos, exceptions diffencios, tant de feyt que de dreyt, feyt e à far per los quals e ab losquals lodit donzel venedor poscos anar o benir en contra la present vendition, ni contra nulha de las causas, en questa present carta contengudas, per si ni per nulha autra enterpausada persona en judjament o defora en deguna maneyra ni en degun temps. . . . . De las quals causas totas e senglas dessus ditas las avant ditas parts bolon e requeren mi notari de jus escriut, qu'en fos tant bona carta cum poyra ni saura far ab coselh de sabis al profieit deldit capitol e conbent dedit moster de Sen Pé de Condom, loqual fi so notari predit. Actum fuit hoc apud castrum Comitale xxiiiiº die mensis martii, anno Domini mº cccº lxiº, regnante domino Edwardo, rege Angliæ, duce Aquitaniæ, Petroque (de Galardo),

Condomiensi episcopo; testibus. . . . . Et me Petro del Fonte, notario publico Castri Comitalis et in tota diocesi Agennensi citra Garumnam, qui hanc cartam, etc. . . . . .

### RECONNOISSANCES DE CES EMPHITÉOTES : 1361, 1362 ET 1364.
#### MÊME NOTAIRE.

Arnaud de la Font dit Teuler, habitant de Saint-Leau, reconnut 15 sols arnaldens d'oblies annuellement le lendemain de la Toussaints, et les acaptes, pour une piece de terre et vigne, à Pradère, parroisse de Nostra Dona santa Maria Magdalena de Bedal.

Pierre Monlong, dudit Saint-Leau, deux arnaldens d'oblies et autant d'acaptes, parroisse de Saint-Pé d'Escoubet, pres les prés de l'hopital de Saint-Leau.

Pierre deu Caul, G. Despiau, Gachie de Lord, Guillaume Narr, habitans de Saint-Leau, Navidal del Puch, du lieu de Castet Gontal, Guillaume del Poy, habitant d'Ambrus, au nom de Marquese de la Senda, sa femme, deux sols arnaldens d'oblies le lendemain de Toussaints, et autant d'acaptes à senhor mudant, pour une vigne al Pout, parroisse de Saint-Pé d'Escoubet, prez le champ de la Chapellainie de la Barte.

Vidal Canes, de Castet Gontal, quatre dinés arnaudez d'oblies le lendemain de Toussaints et autant d'acaptes à senhor mudant, als Pelagau, parroisse de Saint-Pé d'Escoubet.

Peyronne Labat, veuve de Rostaing Lafont, pour elle et ses enfans, trois sols arnaudez d'oblies le lendemain de la Toussaints et autant d'acaptes à senhor mudant, dans Castet Gontal, pour une vigne à Pelagaus, parroisse de Saint-Pé d'Escoubet.

Arnaud Lafont, de Castet Gontal, deux sols arnaudez d'oblies le lendemain de Toussaints, et autant d'acaptes à senhor mudant, pour une vigne à Pelagaus, parroisse de Saint-Pé d'Escoubet.

Guillem Arnaud d'Ayre, de Castet Gomtal, pour Franca Dastafort, sa femme, quatre deniers arnaudez d'oblies et les acaptes comme dessus, pour une vigne, même parsan, même parroisse.

Jean Durand de Castet Gontal, cinq sols arnaudez d'oblies et autant d'acaptes comme dessus pour une piece de terre, parroisse de Sainte-Marie d'Ars.

Marquese Mahanbel de Castet Contal, dix deniers arnaldez d'oblies et autant d'acaptes comme dessus, pour une vigne à Pelagaus, parroisse de Saint-Pé d'Escoubet.

Gaillard Danause, de Castet Gontaut, douze deniers arnaldez d'oblies et autant d'acaptes aux termes que dessus, pour demi casal de bois, proche de Castet Gontaut, au Malambit, parroisse de Nostra Dona sancta Maria des Vinhas.

Jean Dossan, de Castet Gontal, douze deniers arnaudez d'oblies et autant d'acaptes aux termes que dessus pour quatre casals de bois al Malombet, meme paroisse de N.-D. des Vinhas.

Item aquet mesis dia G. de Samasan, que esta de Castet Gontal, del mandement del diit N'Arnaud Garsias de Benquet, venedor, satornet envers lo dit capitol de Saint-Pé de Condom, lodit mossen Pé de Cantalop, sindic, stipulant per lo dit capitol, à pagar douze dinez arnaudez d'oblies, cada an, una bes dens Castet Gontal lendoman de la festa de Totz Santz, autant d'acaptos à senhor mudant, losquals reconego lo dit G. de Samasan deve per quoute casals de bosq que tienen lad. parroquia de Vinhas à loc aperat à Malombet. . . . . e reconego lodit G. de Samazan d'aquesta hora avant tenir lodit capitol per senhor fiusal delsdits ɪᴠ casals de bosq dessus nomentats. Actum fuit anno, die, loco et mense quibus supra, et regnantibus quibus supra.

Archives municipales de Condom. Cartulaire ayant pour titre : *Mémoires sur le diocèse de Condom,* ᴍ.ᴅ.ᴄᴄ.ʟxxɪᴠ, pages 213 et 214.

---

## 19 SEPTEMBRE 1362.

*Odon de Sérilhac ou Sedilhac, seigneur du lieu de son nom en Gaure, cède à l'ouvrier du monastère de Condom une rente féodale de vingt livres morlanes, à prélever sur divers lieux dans les juri- dictions du Saint-Puy, de la Sauvetat et de Sérilhac. Cet acte fut accompli sous l'épiscopat de* Pɪᴇʀʀᴇ ᴅᴇ Gᴀʟᴀʀᴅ, *qui y fit apposer son sceau par Bernard Barba, son notaire.*

Noverint universi hoc presens publicum instrumentum in- specturi, visuri, lecturi seu etiam audituri, quod in presentia testium infrascriptorum, coram me Bernardo Barba, notario publico Agennensi et Vasconiæ, deputato ad recipiendum, requi- rendum et conficiendum et in publicam formam redigendum instrumenta et obligationes quæ fiunt in civitate Condomii ad vices sigilli et contra sigilli communis dominorum nostrorum principis Aquitaniæ et episcopi Condomiensis, quibus utuntur in civitate Condomii ad contractus, apud Condomium personaliter constitutus nobilis vir Otho de Sedilhaco [1], dominus dicti loci de Sedilhaco, Auxitanæ diocesis, non deceptus, non vi, non dolo, non fraude, nec aliqua alia machinatione ad infrascripta induc-

---

1. La maison de Sérillac ou de Sédilhac compte plusieurs alliances avec celle de Galard, notamment en 1320 et 1587, comme on peut le voir tome I de cet ouvrage, page 352, et tome III, page 102.

tus, sed de sua pura, mera et gratuita voluntate, certus, ut dixit,
et certioratus de facto et de jure suis pro se et suis heredibus et successoribus omnibus universis, vendidit, guerpivit,
relinquit et desemparavit venerabili et religioso viro domino
Vitali de Savinhaco[1], monacho et operario Condomiensis ecclesiæ,
ibidem presenti pro se et suis heredibus et successoribus universis stipulanti et recipienti, viginti libras bonorum morlanorum
servitii sive census quas dicit se habere et habere debere, tenere
et possidere, et actenus ipse et ejus predecessores tenuisse et
possedisse ante presentem venditionem in locis de Suopodio[2],
de Salvitate et de Sedilhaco et in juridictionibus eorumdem et
de quibusdam aliis locis comitatus de Gaura et eorumdem juris-
dictionibus, quas viginti libras morlanorum servitiorum nonnulli feudatarii ipsius nobilis Othonis eidem actenus facere et
solvere consueverunt, tam conjunctim quam divisim, annis singulis de locis predictis in festivitatibus omnium Sanctorum,
Nativitatis et Paschæ Domini, et omnia jura, deveria et pertinentia
ad dictas viginti libras morlanorum . . . . . pretio et summa
sexcentorum et quinquagenta florenorum boni et legitimi ponderis . . . . . Actum fuit hoc Condomii xix die mensis septembris, anno Domini m° ccc° lxii°. . . . regnante domino Eddoardo,
rege Angliæ, domino Eddoardo ejus primogenito, principe Aquitaniæ et Walliæ, et domino PETRO (DE GALARDO) Dei gratia Condomiensi episcopo, existentibus.

Archives municipales de Condom. Cartulaire ayant pour titre : *Mémoires*
*sur le diocèse de Condom,* M. D. CC. XXIV.

1. Les de Savignac, au dernier siècle, s'allièrent aussi avec les de Galard,
branche de Saldebru.

2. *Sic,* pour Summo-Podio.

## 29 DÉCEMBRE 1359.

*Reconnaissance de la somme de 271 livres 9 sols tournois faite par
BERTRAND DE GALARD, seigneur d'Aubiac, à Jean Chauvel, trésorier
des guerres, qui lui avait compté ses gages et ceux de sa compagnie
pour service actif du 19 octobre au 19 décembre, sous la lieutenance de M. le Gallois de la Balme.*

Sachent tuit que je BERTRAN DE GALART d'Aubiac, escuier, ay
eu et reçu de Jean Chauvel, trésorier des guerres du roy, nostre
sire, pour tous les gaiges de moy, Gautier de Maissières, lors
capitaine du lieu de Pressac, VIII autres escuiers et XXIIII sergens
de pié de ma compagnie, desserviez es guerres dudit seigneur
en la garde dudit lieu, du XIXᵉ jour d'octobre M. CCC. LVIII jusques au
XIX jour de décembre, an suivant, sous le gouvernement de
Mons. Le Galois de la Balme, chevalier, sire de Vasselin, lors
lieutenant du roy ès-parties de la Langue d'oc, deux cens
soixante onze livres, neuf sols tournois, c'est assavoir pour droi-
tur VIII l. XVIII s. pour brevez VII l. VI d. tournois comptés dudit
trésorier par la main de Raoul de l'Isle, son lieutenant, en
III parties IIᶜ LXII l. III s. VI d. tournois, desquelles IIᶜ LXXI l. IX s. et
des lettres particulières à moy rendues par ces présentes, je me
tien pour bien paiez et en quitte le roy, nostre dit seigneur, son
dit trésorier et tous autres.

Donné à Toulouse sous mon scel le dernier jour d'aoust l'an
mil CCC et cinquante neuf.

## 25 DÉCEMBRE 1365.

*Arrentement de divers champs, vignes et prés situés dans les paroisses*
*de Sainte-Eulalie, de Montmagnerie, de Brassac, consenti par*
GUILLAUME DE GALARD, *baron de Brassac, moyennant 18 sols et*
*6 deniers caorsins, au profit de Bernard de la Doissière. Celui-ci*
*était neveu de Raymond de Laigue, qui tenait précédemment les*
*pièces de terre inféodées à nouveau.*

Chose cogneue soit que l'an de l'incarnation de nostre Seigneur mil trois cent soixante cinq, regnant Esdouard, par la
grace de Dieu roy d'Angleterre, et monseigneur Esdouard, son
filz ayné, prince d'Acquitaine et duc de Cornubie et comte de
Castres, le vingt cinquiesme jour du mois de décembre, comme
ainsin soit que Reymond de Laigue paroissien de l'esglize de
Sainct Pierre de Montmanherie et de la chapelle des Bretons, qui
est à Laygue en ladicte paroisse de Montmagnerie, fust et estoit
tenu en fiefs et francs fiefs des peu de temps en sa pour reson
des terres, prez, boys et vignes dessoubz confrontées et contenues en cette presente carte, iceux payables à noble baron Messire GUILHAULME DE GALARD, escuyer, seigneur de Brassac en partie, filz de noble baron GUILHAUME DE GALLARD et de dame BORGNE
DE BOSVILLE; pour reson desquels aucuns cens, rentes et achapts
luy estoient dheubz, cest à scavoir pour raison d'une pièce de
terre, size en la paroisse de Saincte Heulalie, selon qu'il se
dict, au territoire appellé de Combeamasse, qui se tient et confronte d'une part à la terre de Pierre Rocque, fils de Bernard
Rocque, deffunct, et d'autre part au chemin par où l'on va de
Castel Sacrat à Bosville. Plus pour raison d'une autre piesse de
terre, size en ladite paroisse de Saincte Heulalie, laquelle se

tient et confronte d'une part aus terres de Domes et de Vidal, du
Buguat, d'autre part aux terres de Arnaud de Laigue et de Pierre
de la Rocque, le chemin entre deux; plus pour une piece de
vinhe, laquelle est en ladicte parroisse de Saincte Heulalie,
laquelle se tient et confronte à la vinhe de Guilhaulme de
Laygue et d'autre part à la vinhe de Domeys de Vidal de Cousturas; plus pour raison d'une autre pièce de terre laquelle est size
en ladicte paroisse de Saincte Heulalie, au territoire appellé à
Fon Gauzes, qui se tient et confronte de deux parts aux terres
de syre Reymond de Laygue susdict, et d'autre part, à la terre de
Guilhaulme de Laygue, appellée de Gayraud. Plus une autre pièce
de terre, size en ladicte parroisse de Saincte Heulalie et au territoire appellé Alfact, qui se confronte d'une part aux terres que
Domeys de Laygue tient en fief dudict noble baron Guilhaulme
de Gallard, et de deux parts aux terres de Pierre de Calozenas,
d'autre part au chemin pàr lequel on va de la Negrehie a Montjoye, d'autre part au ruisseau de Saincte Eulalie. Plus une autre
pièce de terre et de bois laquelle est en la paroisse de Montmanherie qui se tient et confronte, d'une part, à la terre et au boys
des héritiers de Bertrand et Raymond de Laygue, deffuncts, et
d'autre part à la terre et boys de Arnaud de Laygue de Castel
Sacrat, et d'autre part à la terre de Guilhaume de Laigue appellée de Gayraud, et d'autre part à la terre dudict sire Raymond
de Laygue, et d'autre part au boys de Carnlole, chemin entre
deux; plus une pièce de pré et terre joignant ensemble, le tout
situé en ladicte paroisse de Montmanherie, qui se tient et confronte d'une part au ruisseau Brassacgueys et d'autre part à un
chemin communal, et d'autre part à la terre de Guilhaume de
Laygue appellée de Gayraud et avec le pré de Arnaud de Laygue
de Castel Sacrat, et d'autre part avec ledict chemin, tout ainsin

que le tout est amplement confronté et divizé par tous lieux avec
toutes leurs appartenances et despendances, debuans en toutes
choses d'entrées et d'issues et de fons et ruisseaux, de voyes et
chemins et de toutes autres choses, avoir esdites appartenances,
pour raison desquelles terres et fiefs dessus confrontez ledict sire
Raymon de Laygue avoit accoustume, selon qu'il a esté dict, en
payer et rendre audict noble baron Guilhaulme de Galard et à
ses ansestres, c'est à scavoir : dix huict solz et six deniers cahor-
sens de rente et oublies, une fois l'an, sans aucuns achapt ny
aucune somme de deniers de queste annuelle de certains fermes.
A la parfin dont, aujourd'huy, datte de cette presente carte, ledict
noble baron Guilhaulme de Galard, sans estre contrainct, de son
bon gré, bonne et agréable volonté, et de son seur scavoir de
son faict et de son droit, estant bien aconseilhé selon qu'il a
dict, voyant et regardant son profit et utilité, par quoy aujour-
d'huy en a faict faire cette presente carte, purement et simplement pour la conservation des terres, prez, boys et vignes pour
luy et tout son ordre et ses successeurs, presents et advenir, et ce
en présence de noble baron messire Gabriel de Luzech, escuyer,
seigneur de Brassac, en partie, et de Arnaud de Brus, demeurant
en la paroisse de Brassac, dont le tout a bailhé, quitté, délivré et
remis par manière d'arrentement, affranchissement, et diminution de rente et par la notte de cette presente carte, le tout délivré des a present et a perpétuité par manière de bon arrentement et de rente a Bernard de la Boyssière, nepveu dudict messire Raymond de Laygue. Combien que dicy soit absent moy,
notaire, dessoubz escript, pour luy stipulant et recepvant cette
presente carte d'affranchissement, diminution et abaissement de
rente, selon les debvoirs de mon public office, au nom et en la
personne dudict Bernard de la Boyssière absent, et pour tout son

ordre et pour tous ses successeurs présents et advenir, ainsin que le tout est dessus divisé et amplement confronté par tous lieux, et que le tout est renfermé dans les confrontations susdites : lesquelles choses ledict noble baron Guilhaulme de Galard, escuyer, pour luy et tout son ordre, a données et délivrées à franc fief de seigneur à vassal par loctroy de cette présente carte, selon le fors et les coustumes dudict lieu de Brassac, audict Bernard de la Boyssière absent, sans toutefois autre cens ou rente par dessus imposer, outre la rente, en la presente carthe contenue. Et moy notaire soubz escript, pour luy stipullant et recebvant, en nom et en la personne dicelluy, comme dessus est dict, des choses susdictes l'en ay vestu feodallement, pour luy et ceux de son ordre, sans autre cens ou rente que celle en la presente carte contenue, qui est d'un denier de petite monnoye d'achapt à seigneur muant, quant le cas adviendra, et de huict deniers de bonne petite monnoye d'oublie et de rente que ledict messire Raymond de Laygue, oncle dudict Bernard de la Boyssière absent, en nom et en personne dudict Bernard de la Boyssière, son nepveu, et pour tout son ordre, a promis et obligé comme de ce faire ayant de luy charge ladicte ranthe payer et rendre, tous les ans une foys à la feste des Innocents, payable et rendable tous les ans une fois audict terme aux couts et despens dudict Bernard de la Boyssière, absent, et de ceux de son ordre, icelle portée en la maison dudict noble baron et de ceus de son hordre. Et après ledict noble baron, pour luy et pour tous ceux de son ordre de luy ayans cause des choses susdictes, a promis audict Bernard de la Boyssière absent et à tout son ordre mesmement a moy notaire, dessoubz escript, stipulant et recepvant, en nom et en personne de luy, comme dessus est dict, luy en faire et porter bonne et loyalle garantie de tous vers tous et contre toutes autres personnes par tous lieux. . . . . . . . . . . . . . . . . . . . . . . . . .

. . . . . aux seigneuries de luy et des siens, les charges et conditions que ledict preneur repond sur les choses susdictes de fief n'imposer, ny icelles vandre, aliener, donner, ny engager en aucune manière à chevalier, ny a escuyer, ny a clerc, ny a maison d'ordre, ny aucune autre chose faire pour que ledict noble baron ny ceux de son ordre puissent aucunes choses de leurs seigneuries perdre en manière aucune. Et si par advanture il advient que, en tout ou en partie, elles viennent à se perdre en faveur de quelques autres personnes, ledict noble baron, ny ceux de son ordre ne pourront en manière aucune eschoses susdictes rien avoir ny retenir par aucun droict de seigneurie pour autant que un autre des choses susdictes, dont est seigneur, les luy voulust laisser ou bailher à mesme debvoir qu'il les tient de luy et de tous ceux de son ordre. Ce fut faict à Brassac tesmoings presens : noble baron Gabriel de Luzach, escuyer, seigneur de Brassac, en partie, Bernard Debrus, Raymond Tissendier, Raymond Delcalvel et Bertrand Cassanhol de la paroisse de Brassac. On doibt faire deux coppies d'une mesme forme et teneur des instruments receus par Cisse et maistre Guilhaume Faure, deffunct notaire public de nostre dict seigneur prince, lequel ayant receu la presente carte l'avoit mise en ses papiers, nottes et protocolles, du consentement de chacune des parties, laquelle carte je Guilhaulme de la Roche, notaire public de nostre dict seigneur prince par auctorité de la commission à moy présentée de par nostre dict seigneur, icelle carte ay grossoyée et fidellement transcripte des papiers dudict feu notaire, comme l'ayant trouvée parmy les papiers d'icelluy, laquelle j'ay reduicte et mise en forme publique à la requeste dudict Bernard de la Boyssière auquel a luy touché, sans toutefois la substance d'icelle avoir changée en manière aucune et l'ay signée de mon seing, etc.

Archives du château de Larochebeaucourt; vieille copie en papier, couverte de l'original gascon en parchemin, rongé en certaines parties et effacé en d'autres.

## 16 OCTOBRE 1381.

*Transaction dans laquelle est constaté le mariage de Esclarmonde de Rovignan avec GUILLAUME DE GALARD, qualifié noble bars ou baron.*

Transaction passée entre nobles hommes Nompar et Anissans de Caumont frères, fils et héritiers de noble Beg de Caumont et d'Esclarmonde de Rovinhan, « et la nobla dono SALAMUNDRA (pour Sclarmunda) DE ROVENHA, molher que fo del noble bars mossen Hue de Rovenha et avas molher de noble bars mossen GUILHEM DE GALART, del consentement del noble bars Anissans de Caumont, » seigneur de Tombabœuf, oncle « des dits frays », en date de 16 octobre 1381, regnante Carolo, Joanne Aginnensi episcopo.

Cabinet des titres, dossier de Galard. Mss. de l'abbé de Lespine, qui avait recueilli cette note dans les Archives du château de la Force.

## 8 JUILLET 1372.

*Louis d'Anjou, frère du roi de France, mande à Étienne de Montmejean, trésorier des guerres, de délivrer la somme de cinquante francs d'or à messire PIERRE DE GALART, pour lui et ses vingt-cinq chevaliers.*

Loys, fils de roy de France, frère de monseigneur le roy et son lieutenant en toute la Languedoc, duc d'Anjou et de Touraine et comte du Maine, à nostre amé Estienne de Monmejean, trésorier des guerres de monseigneur et de nous es-dictes parties, salut. Comme nous avons retenu nostre bien amé messire Pierre de Galart, chevalier, seigneur d'Espienx a vingt cinq hommes d'armes, nous vous mandons et commandons que tantost et sans délay, ces lettres veues et sans autre mandement sur ce de nous attenant, vous paiez, bailliez et délivrez audict chevalier ou à son certain commandement, la somme de cinquante francs d'or sur ce que l'on luy pourra devoir à cause de ses dictes gens d'armes, nonobstant qu'il ne vous apparèce de sa retenue ne de sa montre, car ainsi le voulons-nous estre fait. Et par rapportant ces présentes et quittance dudit chevalier, nous voulons et mandons ladicte somme de cinquante francs estre allouée en vos comptes et rabattue de vostre recepte par noz bien amez les gens des comptes de monseigneur, sanz aucun contredit nonobstant quelconques ordonnances, mandons inhibition et deffences ad ce contraires. Donné à Agen le treiziesme jour de juillet l'an mil trois cent soixante douze, sous nostre scel secret, en l'absence du grant.

> *Par monseigneur le Duc, présent le comte de Pardiac,*
>
> *Signé :* Tourneur[1].

Bibliothèque de Richelieu, Cabinet des titres, cartons verts, deuxième série; parchemin auquel manque le sceau.

1. Voir tome Ier de cet ouvrage, page 645, document du 16 juillet 1372. Cette même année, le bâtard de Galart ou Galand, écuyer, et Hector, bâtard de Morbeque, écuyer, comparurent sous le maître des arbalétriers de France. (De la Roque, *du Ban et de l'arrière-ban,* p. 139.

## 22 MAI 1361.

*Le testament de Lugane de Manhan ou Manhaut, femme probablement en secondes noces d'ARCHIEU DE GALARD, seigneur de Terraube, fut ouvert en 1378, à la requête d'Othon de Bonnefont, mari et procureur [fondé de LONGUE DE GALARD, fille desdits Archieu et Lugane de Manhan. Celle-ci avait dicté ses dernières dispositions le 22 mai 1361, dans la salle du château de GALARD, près Condom, ce qui prouve que le berceau de la race des Galard était encore, au milieu du XIVᵉ siècle, dans les mains de la branche aînée ou de Terraube. Lugane se préoccupe d'abord de la vie future et veut, lorsqu'elle descendra dans la tombe, être couchée à côté de son père dans le couvent des frères mineurs de Lectoure[1]. De nombreuses libéralités sont distribuées par sa piété et sa reconnaissance à la chapelle de Saint-Luper du Galard ou Goalard, aux églises de Terraube, de Lectoure, à Jean de Gauran et à quelques autres familiers. Longue de Galard, sa fille, est instituée son héritière universelle. En cas de mort prématurée, son père Archieu recueillera la succession. Les exécuteurs testamentaires nommés par Lugane sont ARCHIEU DE GALARD, son mari, Viguier de Manhan, VIGUIER DE GALARD, Giraud de Manhan, archiprêtre de Sempesserre. Au nombre des témoins on distingue Arnaud du Pouy, gardien des frères mineurs de Condom, BERTRAND DE GALARD, Arnaud d'Escomps, Pierre et Bertrand du Pouy, habitants du Galard ou Goalard, près Condom.*

In Dei nomine, amen. Noverint universi presentes pariter et futuri quod, anno Domini millesimo cccᵒ. septuagesimo octavo, regnante domino Karolo rege Francie, et domino Bernardo Condomiensi episcopo existente, die nona mensis octobris, in pre-

1. L'omission du nom d'Archieu, fils d'autre Archieu, mari de Lugane de Manhau, fait présumer que le premier Archieu était né d'un premier lit et qu'il n'était que le demi-frère de Longue de Galard. (*Voir tome II de cet ouvrage, pages 97 et suivantes.*)

sentia et testimonio Bartholomei de Podio et Johannis de Gua, nobilis Oddo de Bonofonte, domicellus, dominus loci de Sancto Avito, ut procurator et nomine procuratorio nobilis Longue de Galardo ejus uxoris, filieque et heredis domine Lugane de Manhauto condam exhibuit et presentavit mihi Jacobo de Mediavilla, publico notario regio Condomii, tanquam detentori papirorum, librorum et prothocollorum magistri Arnaldi de Mayraco, condam notarii Condomii, quasdam patentes litteras a venerabili et circumspecto viro domino Aymerico de Portanova, bacallario in legibus, judice ordinario Agennesii citra Garonam pro domino nostro rege Francie emanatas, in papiro scriptas et sigillo regio dicte judicature in dorso earumdem cum cera rubra sigillatas, michique notario predicto directas, in hunc qui sequitur modum : « Aymericus de Portanova, bacallarius in legibus, judex ordinarius Agennesii citra Garonam pro domino nostro rege Francie, dilecto nostro magistro Jacobo de Mediavilla, notario regio, salutem. Ad supplicationem Longue de Guolardo, domicelle, filie et heredis nobilis domine Lugane de Manhauto condam, vobis committimus et mandamus quatenus a papiris notariatus magistri Arnaldi de Mayraco, notarii condam, cujus dicta papira penes vos haberi dicuntur, ultimum testamentum seu ultimam voluntatem dicte domine Lugane condam, per dictum condam notarium retentum a nota dicti testamenti cancellata abstrahatis et in publicam formam redigatis, et abstractum et in formam publicam redactum dicto supplicanti, seu Oddoni de Bonofonte ejus viro et procuratori tradatis, satisfacto vobis de salario moderato ; non obstante quod alias abstractum fuerit et casu fortuito amiserit, prout dictus ejus vir et procurator nobis juravit [1]. . . . . .

---

1. Lacune provenant de lacérations du parchemin.

fraude cessantibus quibuscumque. Datum Condomii, die vii octobris anno Domini millesimo ccc<sup>mo</sup> lxxviii. . . . . . requirens preffatus nobilis Oddo nomine procuratorio que supra dicte Lon-
gue, uxoris sue . . . . quatenus contenta in dictis litteris dicti
domini judicis superius insertis explerem et testamentum predictum dicte quondam domine Lugane de Manhauto, de quo
in dictis litteris fit mentio a papiris dicti condam magistri
Arnaldi de Mayraco. . . . . quod dictum testamentum alias abstractum fuerit reabstraherem et in publicam formam reddigerem,
et abstractum et in formam publicam redactum eidem Longue
seu dicto Odoni, ejus viro, traderem et liberarem. . . . . . litteris
preffati domini judicis michi precipitur et mandatur. Quibus
quidem litteris preffati domini judicis, superius insertis, per me
notarium predictum cum debita reverentia et honore receptis,
ego idem notarius predictus obtuli. . . . . paratum contenta in
eisdem pro posse meo adimplere, et vigore et auctoritate litterarum predictarum preffati domini judicis superius insertarum,
ego idem notarius predictus dictum testamentum de quo in
dictis. . . . . dicti condam magistri Arnaldi, et a nota dicti testamenti a qua alias abstractum fuerat, in hanc formam publicam per Petrum Destarrerio, clericum meum substitutum et juratum, reabstrahere et grossare feci, cujus quidem. . . . . . tenor
sequitur et est talis : « In Dei nomine, amen. Quoniam Dei filius
unigenitus Dominus noster Jhesus Christus fons sapientie, verbum Patris, antequam in ara venerabilis sancte crucis mortem
voluisset subire corporalem, suum voluit condere testamentum,
omnibusque ipsius Christi fidelibus exemplum instituit atque
dedit, ut ad instar ejusdem Domini nostri Jhesu Christi sua vellent in extremis condere testamenta. Idcirco quia conditio
humane originis mortem non potest evadere corporalem, nec

sit qui divinum valeat effugere judicium, ideo non differat sapiens suis propriis disponere rebus, quia volubile et humanum nunquam in idem manere volens regimen tanquam sepe irruens ad debita diutius premeditata casu suo momentaneo et inevitabili, et effectum ducere non sinit; ymo ejus exitus vite mortis cogitatio in plerisque oblivione induxit, quam ob rem sagax in suo robore existens curat suorum ordinationem in vita ne post solutionem naturalis debiti ea que in sanitate vite gessit vigente varietate in dubium verteretur; quia supprema hominum judicia quibus et anime subfragiis et temporalis ejus patrimonii post vite presentis exhitum prohibetur, et languente corpore dum tamen in mente possideatur. . . . . legitime disponitur, et cum nichil sit quod magis hominibus debeatur quam suppreme voluntatis, postquam jam aliud velle non possunt libera sit salus et licitum. . . . . non reddit arbitrium quia dum corpus sanitate viget mens interior in semetipsa collecta pleniori utitur rationi, quia cogitat id quod cogitare debet, unde tunc ultimum judicium voluntatis in quo tranquile. . . . . usus igitur salubrius providetur, cum nemo sit in carne positus qui Dei terribile judicium valeat evitare, cumque nichil sit certius morte et nichil incertius hora mortis et omnium una legum sit. . . . . ut quecumque disposita sunt a testatoribus adimpleantur, et ad hoc dicit lex, disponat itaque unusquisque in suis, ut dignum est, et sit lex ejus voluntas. Ea propter, in nomine Sancte Trinitatis et ejus individue unitatis, Dei eterni Patris et Filii et Spiritus sancti, amen. Omnibus presentibus et futuris paginam hujusmodi presentis publici instrumenti visuris, lecturis seu etiam audituris sit notum et manifeste pateat universis quod constituta personaliter in aula de GOLARDO, prope civitatem Condomi, nobilis domina LUGANA DE MAUNHANCO, uxor nobilis domini

ARSINI DE GOLARDO, militis, condomini de Tarraubia, sana per Dei graciam et compos sue mentis, licet infirma et eger corpore, in suo bono sensu, memoria et cognitione existens, et per Dei graciam constituta, jacens in lecto, volens, cupiens et affectans, prout dixit, preffata nobilis domina Lugana saluti sue anime providere suumque ultimum testamentum facere et de bonis disponere et ordinare suis atque rebus, propter multa varia et diversa pericula que, fortuito et inopportuno casu, sepe evenire contingerit, et ne lis, discencio, controversia vel debatum posset oriri, moveri, vel generari pro tempore in et pro bonis suis predictis, inter aliquas personas, in modum qui sequitur hoc suum presens ultimum nuncupativum testamentum et suam ultimam voluntatem, et bonorum ac rerum suarum dispositionem et ordinationem. . . . . Et ordinavit preffata nobilis domina Lugana et declaravit, ut sequitur, revocando, cassando, et annullando in primis et ante omnia preffata domina Luchana testatrix predicta gratis et sponte eo. . . . . modo et forma, quibus potest et debet, potuit et debuit de jure, usu terre et patrie consuetudine specialiter et expresse in solidum et ex certa scientia et non per errorem, vim, fraudem neque. . . . . quodcumque aliud testamentum, codicillum, aut quamcumque aliquam aliam dispositionem vel ordinationem, si quod, que, quamve fecisset vel ordinasset, in hiis scriptis vel sine scriptis verbo thenus vel al. . . . . modo in quo seu qua suum ultimum assensum seu consensum posuisset vel posuisse diceretur vel videretur quovis modo, et pro cassis, vanis et nullis haberi voluit, teneri et reputari. Et. . . . . nobilis domina Luchana, testatrix, Dominum supremum nostrum Jhesum Christum, beatissimamque virginem Mariam ejus matrem cum toto collegio supernorum invocans et in eorum possessione et custodia ejus animam et spiritum recommendans, cui in extremo judicio nocere minime valeat hostis antiquus, ipsos in eadem heredes instituit. Deinde voluit, jussit, precepit et mandavit preffata nobilis domina Luchana, testatrix, pro omnibus et singulis suis debite querelantibus de bonis et rebus suis fiat integralis satisfactio et esmenda de bonis et rebus ipsius testatricis per exequtores et ordinatores suos infrascriptos, arbitrio et cognitioni eorumdem. Eligens eadem nobilis domina Luchana, testatrix, sepulturam sui corporis in domo fratrum Minorum Lectore in tumulo seu tumba in qua pater dicte testatricis fuit sepultus, in quo quidem tumulo seu tumba eadem nobilis testatrix, post ejus vite transitum, voluit sepeliri et tradi corpus suum ecclesiastice sepulture et reponi. Et post hec dicta nobilis domina Luchana, testatrix predicta, voluit, ordinavit et mandavit quod de bonis et rebus suis, locis et personis inferius designandis, et summe infra scripte solvantur, tam in ejus sepultura quam pro dandis distribuendis pauperibus Christi, pro Deo et anima ipsius testatricis, et in redemptionem suorum peccatorum et delictorum, prout infra continetur. Et primo legavit et jure legati reliquit dicta testatrix conventui predictorum fratrum Minorum Lectore quinquaginta florinos auri, quos de bonis et rebus suis dicto conventui exsolvi voluit et mandavit, ita quod fratres dicti conventus teneantur orare Deum pro anima ipsius testatricis et ejus animam habere in memoriam in divinis. — Item legavit dicta testatrix et jure legati reliquit fratrum Predicatorum et Carmelitarum Lectore conventibus, cuilibet ipsorum conventuum decem florinos auri, quos dicta testatrix de bonis et rebus suis exsolvi voluit et mandavit. — Item legavit dicta testatrix et jure legati reliquit ecclesie seu operi beate Marie de Taraubia quinque florinos auri, quos de bonis et rebus suis exsolvi voluit et mandavit. — Item legavit et jure legati reliquit dicta testatrix operi ecclesie beate Marie de Beuclara duos florinos auri. — Item legavit dicta testatrix et jure legati reliquit operi ecclesie beati Aviti tres florinos auri quos de bonis et rebus suis ipsius testatricis exsolvi voluit et mandavit. — Item legavit et jure legati reliquit dicta testatrix Amorosio de Vinhali et Johanni de Gaurano, servitoribus et familiariis dicte testatricis, cuilibet eorum quindecim florinos auri, eisdem Amorosio et Johanni et cuique ipsorum uno semel solvendos, quos dicta testatrix de bonis et rebus suis eisdem exsolvi voluit et mandavit. — Item legavit et jure legati reliquit dicta testatrix Femnete, ejus ancille, decem florinos auri et unum lectum condescentem, quos decem florinos auri et lectum dicta testatrix de bonis et rebus suis exsolvi voluit, jussit et mandavit. — Item legavit et jure legati reliquit dicta testatrix Bone de Bordilerio sex florinos auri quos dicta testatrix de bonis et rebus suis exsolvi voluit et mandavit. — Item legavit dicta testatrix et jure legati reliquit Honorie, ejus ancille, sex florinos auri quos dicta testatrix de bonis et rebus suis exsolvi voluit et mandavit. — Item legavit dicta testatrix et jure legati reliquit. . . . . de Bodeyssano, filie Falqueti de Bodeyssano, quatuor viginti florinos auri; quos dicta testatrix de bonis et rebus suis exsolvi voluit et mandavit pro ipsa maritanda et in matrimonio collocanda. — Item legavit. . . . . testatrix et jure legati reliquit operi ecclesie beati Lupercii de Galardo duos florinos auri, quos dicta testatrix de bonis et rebus suis exsolvi voluit et mandavit. Ceterum cum heredis institutio sit caput et fundamentum cujuslibet ultimi testamenti et ultime voluntatis et bonorum et rerum dispositionis seu ordinationis, sine quo quis vires hereditarias assumere nequit, ea propter preffata domina Luchana de Manhanco, testatrix predicta, in omnibus et singulis bonis suis mobilibus et

immobilibus, juribus, deveriis, actionibus et rationibus ipsi
eidem testatrici modo quolibet spectantibus et pertinentibus,
competentibus et competituris, quecumque vel ubicumque sint
et cujuscumque condicionis existant, Longuam de Galardo, ejusdem domine Luchane, testatricis, filiam naturalem et legitimam
et predicti domini Arsini de Galardo, ejus viri, heredem suam
universalem in omnibus bonis suis instituit atque fecit. Et voluit
et ordinavit preffata domina Luchana, testatrix, quod in casum in
quem preffatam Longuam de Galbardo, ejusdem testatricis filiam
legitimam et naturalem et heredem universalem per ipsam in
omnibus bonis suis institutam, quandocumque ab humanis decedere contingeret, eo casu preffata domina testatrix predictum
dominum Arsinum de Golardo, post decessum filie sue sic morien-
tis et descedentis, heredem suum universalem sibi instituit, et
preffate Longue filie sue descedenti substituit in omnibus et singulis bonis suis predictis. — Item voluit et ordinavit preffata
domina Luchana, testatrix, quod in casum in quem preffatus
dominus Arsinus de Galardo, ejus maritus, preffate Longue ejus
filie heres substitutus et per eamdem testatricem ipsæ Longuæ
descedentis institutus in bonis, ad ipsam testatricem spectantibus
et pertinentibus de jure aut patrie consuetudine hereditare, seu
res ipsius testatricis et hereditatem ad ipsam testatricem spec-
tantes et pertinentes obtinere non posset et tenere quavis ratione
seu causa; eo casu preffata domina Luchana testatrix legavit et
jure legati reliquit preffato domino Arsino de Galardo, ejus viro,
usufructum omnium et singulorum bonorum mobilium et immobilium, jurium, deveriorum et actionum quorumcumque eidem
testatrici modo quolibet spectantium et pertinentium quecumque
sint et ubicumque sint et cujuscumque condicionis existant; ita
quod dictus dominus Arsinus de predicto usufructu per ipsum

recipiendo nemini computum seu racionem minime reddere
teneatur nec restituere recepta per dictum dominum ejus virum
pro dicto usufructu, quamdiu predictus dominus Arsinus vitam
duxerit in humanis, nec in premissis possit a quoquam impediri seu perturbari. Et ultra hoc preffata domina Luchana, testatrix predicta, legavit et dedit et jure legati ac donationis inter
vivos irrevocabilis concessit in casu predicto post decessum preffate
Longue de Galardo, ejus filie heredis per ipsam institute quandocumque decederit, preffato domino Arsino de Galardo ejus viro
mille florinos auri et boni ponderis, pro quibusquidem mille
florinis auri, in casu predicto, preffato domino Arsino ejus viro
donatis et relictis, voluit et ordinavit dicta testatrix, in casu predicto, preffatus dominus Arsinus teneat et possideat, per se et ejus
successores, omnia et singula bona mobilia et immobilia ad ipsam
testatricem spectantia et pertinentia, donec et quousque de predictis mille florinis auri eidem domino Arsino constiterit integre
et plenarie satisfactum et absque debato et contradictione quacumque. Et nichilominus preffata domina testatrix preffata Longue ejus
filie sic descedenti et in casu predicto in quo dictus dominus Arsinus heredare in bonis ipsius testatricis non posset, eo casu Luga-
netam de Campanesio, heredem suam universalem sibi instituit et
preffate filie sue descedenti heredem suam universalem substituit
atque fecit, solutis et paccatis suis debitis et legatis et aliis modo
et forma supra contentis et expressatis[1]. Et ad exsequendum,

1. Lugane passe sous silence son fils Archieu II que le factum de Bègue de
Galard, inséré tome II, p. 527, déclare formellement fils d'Archieu Ier et frère
de Longue de Galard, femme d'Othon de Bonnefont. Ce mémoire latin, dressé pour
être produit devant la justice en 1468, c'est-à-dire quinze ans après les dispositions
de Lugane, offre des garanties d'authenticité qui ne permettent point le moindre
doute. La filiation, rapportée dans ce document, concorde d'ailleurs d'une manière

complendum et perficiendum omnia et singula supradicta et
in. . . . . presenti et publico instrumento contenta et expressata, preffata domina Luchana testatrix fecit et constituit suos
exsequtores et ordinarios spondarios et commissarios, videlicet
preffatum dominum Arsinum de Galardo, militem, ejus virum,
nec non venerabiles dominos Beguerium de Manhanco, Beguerium
de Galardo et Gerardum de Manhanco, archipresbiterum Sancti
Petri de Serra, et quemlibet eorum in solidum absque omni
eorum dampno vel interesse. Quibusquidem exsequtoribus,
ordinariis, commissariis et spondariis et eorum cuilibet, sive
tribus, duobus aut alteri ipsorum si omnes interesse aut vacare
non possent seu nollent, aut essent negligentes vel absentes,
dedit et concessit dicta testatrix, cum signo et autoritate et testimonio hujusmodi presentis publici instrumenti, plenam et liberam potestatem et speciale etiam ac generale mandatum inci-
piendi, . . . . occupandi, capiendi, recipiendi et nanciscendi
plenam et omnimodam civilem et naturalem pocessionem
omnium et singulorum bonorum suorum et rerum suarum
mobilium et immobilium, presentium et futurarum, ad ipsam
modo quolibet pertinentium et spectantium quecumque sint et
ubicumque auctoritate propria, licentia et auctoritate alterius
cujuscumque minime requisita, petita vel obtenta, et tot et tan-
tis de bonis et rebus suis, mobilibus et immobilibus seu per se
moventibus, vendendi, alienandi, distrahendi, pignorandi vel alia

très-précise avec tous les autres. La présence de Lugane de Manhan et de son
mari au château de Goalard en Condomois autorise à supposer qu'ils n'avaient pu
cohabiter avec leur hoir Archieu II à Terraube. Cette mésintelligence expliquerait
l'exclusion dont Archieu II fut l'objet de la part de sa mère et la donation entière
des biens de celle-ci en faveur de Longue de Galard, à laquelle elle substitua Lugane
de Campanès.

hypothecandi que sufficiant ad complendum, exsequendum et
solvendum omnia et singula sua debita et legata, superius a se
facta, et satisfaciendum restitutionibus et emendis quibuscumque
de ipsa testatrice qualitercumque seu etiam quovis modo querelantibus ad cognitionem exsequtorum suorum predictorum,
volens, precipiens, jubens atque mandans dicta domina testatrix,
per hoc suum ultimum nuncupativum testamentum et suam ultimam voluntatem et bonorum et rerum suorum dispositionem et
ordinationem, quod dicti exsequtores, ordinarii commissarii et
spondarii hujus sui presentis ultimi nuncupativi testamenti et
sue ultime voluntatis, vel tres, duo sive alter ex his, si omnes
insimul interesse aut vacare non possent, omnia et singula bona
sua mobilia et immobilia presencia et futura habeant, teneant et
possideant in solidum et omnino pleno jure, pacifice, quiete et
sine contradictione quacumque, quousque ipsi iidem exsequtores,
ordinarii commissarii et spondarii, superius nominati, solverint
et compleverint cum effectu omnia et singula superscripta, omnibus et singulis quorum interest, intererit aut interesse poterit in
futurum, prout superius per ipsam testatricem extitit ordinatum;
ponendo dicta testatrix dictos exsequtores, spondarios ordinarios et commissarios, et quemlibet eorum in solidum in locum
suum, constituendo eosdem veros et certos procuratores ut in
rem suam propriam pro complendis et exsequendis omnibus et
singulis supradictis; dans et concedens dicta testatrix dictis exsequtoribus, ordinariis commissariis et spondariis suis et cuilibet
ipsorum, si omnes insimul interesse aut vacare non possent,
plenam et liberam potestatem et speciale mandatum declarandi,
corrigendi et interpretandi omnia et singula supradicta, si qua
supradicta vel aliqua predictorum reperirentur aut reperiri possent dubia vel obscura, et debita sua solvendi, et si que eidem

testatrici debentur petendi, recuperandi et recipiendi, et instrumenta quitacionis eisdem debitoribus dandi et concedendi, et
procuratorem vel procuratores faciendi et constituendi ante
litem contestatam et post, tosciens quosciens videbitur eis expe-
dire, et demum omnia alia faciendi, solvendi et exsequendi que
in premissis et premissorum quolibet erunt necessaria seu etiam
opportuna, et que ipsamet testatrix faceret seu facere posset si
viva et presens personaliter interesset. Voluitque, jussit, precepit et mandavit dicta testatrix quod omnia et singula facta, distributa, exequta, vendita, distracta, ypothecata, alienata, pignori
obligata per dictos exequtores, ordinarios commissarios et spondarios aut per eorum quemlibet si omnes in exequcione presentes
(esse) et interesse non possent, sint rata, grata et firma et sta-
bilia cum effectu, et tantum habeant et perpetuo obtineant
roboris firmitatem ac si per ipsam dominam testatricem presentem et viventem facta, soluta, distributa, ypothecata, vendita,
pignori obligata vel alias alienata essent, ratum, gratum, firmum
et stabile de presenti dicta testatrix habuit et habere voluit et
perpetuo obtinere roboris firmitatem ac si per ipsam eamdem
testatricem acta fuissent, et acta exsequta seu facta per eos non
possint per aliquem seu aliquos revocari, retractari, irritari seu
etiam annullari. Voluitque dicta testatrix, jussit, et mandavit
hoc suum presens nuncupativum testamentum et hanc suam
ultimam voluntatem, et bonorum et rerum suorum ordinationem
et dispositionem pro omnibus aliis suis ultimis testamentis et
ultimis voluntatibus valere. . . . . factis quam faciendis preva-
lere et obtinere perpetuo roboris firmitatem, et in modum predictum dicta domina testatrix suum fecit, condidit et ordinavit
hoc presens ultimum nuncupativum testamentum et suam ultimam voluntatem et bonorum ac rerum suorum ordinationem et

dispositionem, in quo quave suum ultimum consensum et suam omnimodam voluntatem posuit pariter et assensum, et eundem valere voluit, jussit, precepit et mandavit jure ultimi nuncupativi testamenti, et ultime voluntatis, et si jure testamenti non valebit, voluit eundem valere jure codicillorum, si autem jure testamenti, codicillorum non valerent valebuntve, voluit quod valeant et valere possint donatione causa mortis; si jure testamenti codicillorum aut donationis causa mortis non valerent valebuntve, voluit eundem valere jure epistole aut simpliciter aut alterius cujuscumque canonice voluntatis, vel alio quocumque jure. . . . de jure, usu terre seu consuetudine patrie, quo vel quibus melius valere poterit et debebit ultimum testamentum, et perpetuo obtinere roboris firmitatem, quia in isto suo ultimo nuncupativo. . . . . suam omnimodam voluntatem et consensum posuit pariter et assensum, et ab eodem recedere non intendit nec intentionis est recedendi.

De quibus omnibus et singulis suprascriptis dicta domina testatrix. . . . . scriptum ut eidem de premissis facerem et retinerem publicum instrumentum, ita bonum et vallidum, sicut facere possit de consilio peritorum, ad utilitatem et commodum legatorum et aliorum quos tangit. . . . . ut eidem domine testatrici essent de omnibus et singulis contentis in dicto suo testamento ac secrete tenerentur eaque ordinata et dicta fuerant per eamdem donec suis loco et tempore essent dicenda. . . . . hec apud aulam de Galardo supradictam die XXII mensis martii anno Domini millesimo trescentesimo sexagesimo primo, regnante domino Johanne, rege Francie, et. . . . . existente.

Testes sunt ad premissa rogati et vocati per dictam testatricem : frater Arnaldus de Podio, gardianus fratrum Minorum

Condomii, Bertrandus de Galardo [1], Arnaldus Descumh, Petrus
Deuleg. . . . , Petrus de Podio, Bertrandus de Podio, habitatores
de Golardo, et magister Arnaldus de Mayraco, publicus notarius
Condomii, quondam qui hoc presens publicum instrumentum
retinuit et recepit, et in suis libris ad. . . . . notavit; e qua quidem nota ego idem Jacobus de Mediavilla, publicus notarius
regius antedictus, vigore et auctorirate litterarum et mandati
preffati domini judicis, superius inserti, hoc presens publicum
instrumentum per dictum Petrum. . . . . meum substitutum et
juratum, aliis negociis occupatus, non obstante quod dictum testamentum alias a dicta nota fuerit abstractum, in hanc formam
publicam reabstrahere et reddigere feci, et facta primitus collatione cum. . . . . note, ego Jacobus, notarius predictus, manu
mea propria hic me subscripsi, et deinde illud signo meo consueto, quo utor, apponere in publicis instrumentis per me receptis signavi in fidem et testimonium omnium et singulorum
premissorum. Actum ut supra. Signum vero mei Jacobi de
Mediavilla, notarii antedicti, tale est : *Jaco* ✝ *bus.*

Archives de M. le comte de Luppé au château de Saint-Avit (Gers).
Original en parchemin.

1. Ce Bertrand de Galard, seigneur de Goalard et premier baron de Condomois,
coexistait en 1352 et 1362 avec Bertrand de Galard, seigneur de l'Isle-Bozon.
Celui-ci me paraît avoir été confondu dans la notice placée en tête des documents
du tome II avec Bertrand de Galard, seigneur du Goalard. L'abbé de Lespine, qui a
commis cette méprise, ne pouvait soupçonner l'existence de ce personnage, n'ayant
pas eu comme nous à sa disposition le *Cartulaire de Condom;* or ce manuscrit est
le seul où il soit question de Bertrand, seigneur du Goalard. Ne connaissant qu'un
Bertrand de la même époque, celui de l'Isle-Bozon, l'abbé de Lespine lui a
faussement, selon moi, donné deux femmes, l'une Jeanne de Rovignan et l'autre
appelée Guiraude. Jeanne de Rovignan est indubitablement la vraie, car son nom
est remémoré dans un arrangement de comptes, passé le 22 août 1450, par Jean de

## 1379 ET AVANT.

*Dans la notice ci-après sur* VIGUIER DE GALARD, *tuteur de Marguerite de Cominges et gouverneur de ses États, il est dit petit-fils de Géraud et seigneur de l'Isle-Bozon, ce qui concorde avec un passage de l'Histoire généalogique de la maison de Faudoas.*

Quant à VIGUIER DE GALARD, qui se dit justicier de Terraube, *justiciarius Taraubiæ,* dans les deux actes de 1352, il étoit seigneur de l'Isle-Bozon et petit-fils de Géraud de Galard, chevalier, qui transigea en 1270 avec Aissieu II son frère. Ce Viguier étoit un très-puissant seigneur. En 1378, il fut institué par le duc d'Anjou curateur de la personne et des biens de Marguerite, comtesse de Cominges; le 18 août de la même année, il donna quittance au comte d'Armanhac de 140 livres d'or, en déduction de ses gages pour la garde du château de Tournon en 1379 : de concert avec Roger, bâtard de Cominges, il fit conclure un traité de paix entre les comtes d'Armanhac, de Foix et de Cominges; et c'est probablement ce même Viguier qui, sous le seul nom de Galard, est mentionné dans un accord entre le roi et la reine de Jérusalem, Cécile, comtesse de Provence, et le comte d'Armanhac en 1357, et qui, le 13 mars 1373, fut caution avec plusieurs autres seigneurs de la dot de Marthe d'Armanhac, fille de Jean II, comte d'Armanhac, qu'on marioit avec Jean, duc de Girone, fils aîné de Pierre, roi d'Aragon.

Tous ces magnifiques actes concernant Viguier de Galard sont

Galard, seigneur de l'Isle-Bozon, qui la désigne comme sa bisaïeule, avec Raymond de Léaumont. Guiraude, par conséquent, devait avoir eu pour mari Bertrand de Galard, sire du Goalard, auquel elle donna pouvoir, en 1364, de rendre hommage au roi d'Angleterre.

au bureau de la Trésorerie de Montauban. Cette branche de
l'Isle-Bozon a beaucoup plus servi que celle de Terraube; aussi
a-t-elle eu une infinité de chevaliers, des sénéchaux, des ambas-
sadeurs; mais par malheur ses archives ont péri comme celles de
Terraube.

Archives de Larochebeaucourt. Extrait d'une généalogie dressée par
l'abbé de Lespine et écrite de sa main.

## Vers 1380.

*Constatation, par de Courcelles, du mariage d'*Anne de Galard *avec
Odet de Pardaillan, et de celui de leur fils Bertrand de Pardaillan
avec Bourguine de Castillon.*

Pons, vicomte de Castillon, cinquième du nom, damoiseau,
seigneur de Caumort et en partie de Peyrusse, qu'il avoua tenir
en fief noble du comte d'Armagnac ainsi que son tènement de
Lespian, les 10 octobre 1384 et 23 août 1392 (*Bureau des finances
de Montauban, reg. d'homm. de Casteln. de Mont. n° 13, fol. 9, et
petit liv. n° 6, fol. 18*), se porta pour héritier de Pons VI, baron
de Castillon et de Montségur, son cousin, et obtint de Henri VI,
roi d'Angleterre, le 28 avril 1422, des lettres par lesquelles ce
prince abolit les peines prononcées contre lui pour cause de
rébellion, et lui donna la faculté de succéder, tant en vertu du
testament du seigneur de Castillon, son aïeul, qu'autrement
(*Bureau des finances de Bordeaux, reg. E, fol. 117*). Par d'autres
lettres du 21 juin de la même année, Henri VI lui confirma la
jouissance et propriété des terres et baronnies de Castillon, de la
Marque, de Sansat, de Molon, et en partie de Castelnau en Médoc,

avec remise des droits de confiscation qu'il pouvait exercer à l'occasion du bannissement de Jeanne de Castillon et de Jean de Lescun, son fils, lesquels prétendaient avoir des droits à réclamer sur la seigneurie de la Marque (*Suppl. de Rymer*, t. IV, n° 375). Il fut pourvu, les 12 octobre 1423 et 6 mars 1424, du gouvernement du château de Ridos. Par jugement rendu par le roi d'Angleterre en son conseil le 26 avril 1425, ce prince établit les droits de succession de Pons V, valida le testament de son aïeul et ratifia toutes les grâces qui lui avaient été jusqu'alors accordées. Le même prince le nomma, le 7 mai suivant, sénéchal d'Agenais et de Gascogne, d'après la demande que Pons avait faite de cette charge, pour réduire ce pays à l'obéissance du roi, et lui donna de nouveaux pleins pouvoirs pour prendre possession, en son nom, des villes, forteresses et châteaux de Guienne et d'Agenais. Enfin, par lettres du 16 juin 1429, ce prince renvoya, comme incompétent, par devant une commission, le jugement de l'appel porté en son conseil, d'un procès entre le même Pons de Castillon et Gaston de Foix (Grailly), comte de Longueville, à raison d'une partie de la terre de Castillon en Médoc. Pons V fit son testament en 1430, et ne vivait plus le 10 novembre 1433 (*Suppl. de Rymer*, t. III, p. 1737). Il avait épousé, vers l'an 1390, Jeanne de Montesquiou, fille de Genses de Montesquiou et de Constance de Castelbajac, et petite-fille de noble et puissant homme Ayssin, seigneur de Montesquiou, baron d'Angles, chevalier.

Leur fille unique, nommée Bourguine, dame de Castillon, baronne de Montségur, dame de la Marque, de Saint-Mambert, de Bruch et en partie de Gondrin, de Peyrusse, de Rivière, d'Eauze, de Lanepax, etc., fut mariée, vers 1420, à noble et puissant seigneur Bertrand de Pardaillan, seigneur de la Motte et coseigneur de Gondrin, fils d'ODET DE PARDAILLAN, cinquième du

nom, seigneur de Gondrin, et d'ANNE DE GALARD, sa seconde femme.
Il fut stipulé que l'aîné mâle qui naîtrait de ce mariage porterait
les nom et armes de Castillon, et qu'il succéderait à tous les biens
de Pons V., ce que ce dernier confirma, l'an 1430, par son testament. Bourguine vivait encore en 1466, et laissa une nombreuse
et illustre postérité.

*Histoire des Pairs de France,* par de Courcelles, Généalogie de Castillon, pages 22-23.

---

## ANNÉES 1380 ET 1383.

*Dénombrement fait par divers tenanciers en faveur de* LONGUE DE
GALARD *et d'Othon ou Odon Bonnefont, son mari, comme seigneurs
de Saint-Avit, fief duquel relevaient les terrains inféodés.*

Noverint universi et singuli presentes pariter et futuri, quod
Geraldus de Sancto Andrea habitator loci de Sancto Avito, personaliter constitutus in dicto loco, in mei notarii publici et testium infra scriptorum presentia, gratis sui dixit, recognovit et
in veritate confessus fuit se tenere in emphiteosim, juxta usus
et consuetudines dicti loci de Sancto Avito, a nobili LONGUA DE
GUOLARDO, condomina ejusdem loci ibidem præsenti, stipulanti et
recipienti pro se et ejus ordinio atque heredibus et successoribus suis ista que secuntur, videlicet, quandam peciam terre in
juridictione dicti loci loco vocato la Porta Domini, confrontatam
cum terris Bernardi Franquetii, ex duabus partibus, et cum itinere
publico, cum II denariis Morlanensibus obliarum et serviciorum
dandis et solvendis per dictum Geraldum et suos dicte nobili
Longue annuatim in festo Omnium Sanctorum. Item quandam
aliam peciam terre in dicta juridictione loco vocato au Sauget,

confrontatam cum vinea Bernardi de Parreto et cum duobus
itineribus publicis cum viii denariis Morlanensibus obliarum et
serviciorum dandis et solvendis per dictum Geraldum et suos
dicte nobili Longue annuatim in festo Omnium Sanctorum.
Item quandam aliam peciam terre in dicta juridictione loco
vocato a la Mota, confrontatam cum duobus itineribus publicis
et cum rivo de la Molia, cum xii denariis Morlanensibus obliarum et serviciorum dandis et solvendis per dictum Geraldum et
suos dicte nobili Longue annuatim in dicto festo omnium sanctorum. Item quoddam bordile et plateam in quo est, quod olim
fuit Sancii et Guillelmi de Cassanea, condam in dicta juridictione
loco vocato a Lartigua, confrontatum cum bordili heredis Petri
de Cassanea et cum bordili Ramundi de Cassanea. Item quamdam peciam prati et casalis dicto loco vocato a Lartigua, confrontatum cum prato Bernarde de Cassanea, et cum prato Johanne
de Calciata, et cum prato Arnaldi de Cassanea, cum tribus
mesalhis Morlanensibus, dandis et solvendis per dictum Geraldum et suos dicte nobili Longue annuatim in festo Natalis
Domini in dicto loco de Sancto Avito; et prodictis Morlanensibus
suprascriptis totidem retro acapitis, mutante domino directo et
emphiteota, juxta usus et consuetudines dicti loci. Promictens
dictus Geraldus, pro se et suis, dictas res superscriptas non vendere, submictere, impignorare nec alienare clerico vel militi,
domui ordinis nec leprosi, nec homini forcius, nec facere aliquam aliam servitutem cur prædicta nobilis Longua posset
admittere jura sua feodalia quecumque. Actum fuit hoc apud
Sanctum Avitum die tercia mensis martii anno Domini millesimo cccmo octuagesimo, regnante domino Karolo, rege Francie,
domino Johanne, comite Arminiaci, Fesenciaci et Ruthene, vicecomiteque Leomanie et Altivillaris dominante, et domino Begerio

Lactorensi episcopo existente. Hujus rei testes sunt : dominus
Vitalis de Barossis, presbiter, Ramundus de Cassanea, Bernardus
de Serrano, habitatores dicti loci de Sancto Avito ; et ego Bernardus de Ruegis, notarius publicus tocius terre domini nostri
comitis Arminiaci, Fesenciaci et Ruthenæ, vicecomitisque Leomaniæ et Altivillaris, qui hoc presens publicum instrumentum
retinui, et occupatus pluribus aliis arduis negociis per alium in
hanc formam publicam fideliter redigere feci, et facta collatione
cum originali, signo meo consueto signavi.

Noverint universi et singuli presentes pariter et futuri, quod
Bertrandus Cama, habitator loci de Sancto Avito, personaliter
constitutus in dicto loco, in mei notarii publici et testium infra
scriptorum presentia, gratis sui dixit, recognovit et in veritate
confessus fuit se tenere in emphiteosim, juxta usus et consuetudines dicti loci de Sancto Avito, a nobili Addone de Bonofonte
condomino ejusdem loci, ibidem presente, stipulante et recipiente, pro se et ejus ordinio atque heredibus et successoribus
suis, ista que secuntur : videlicet, quandam peciam vineæ cum
terra in qua est, in juridictione dicti loci, loco vocato apud Mira-
num, confrontatam cum vinea Arnaldi de Peyrosa et cum terra
Garsie de Caveas et cum vinea Petri de Aymerico, cum uno
denario Morlanensi obliarum et serviciorum dando et solvendo
per dominum Bertrandum et suos dicto nobili Addoni annuatim
in festo Omnium Sanctorum. Item quandam peciam terre in dicta
juridictione loco vocato a la Molia, confrontatam cum ingorgato
molendini nobilis Arnaldi de Bonofonte, et cum duobus itineribus publicis, et cum terra Johanne de Calciata cum una mesalha
obliarum et serviciorum danda et solvenda per dictum Bertrandum et suos dicto nobili Addoni annuatim in dicto festo Omnium

Sanctorum : et pro predictis Morlanensibus suprascriptis, totidem
retro acapitis, mutante domino directo et emphiteota, juxta usus
et consuetudines dicti loci ; promictens dictus Bertrandus, pro se
et suis, dictas res superscriptas non vendere, submictere, impignorare nec alienare clerico nec militi, domui ordinis nec
leprosi, nec homini forcius, nec facere aliquam aliam servitutem cur predictus nobilis Addo posset admittere jura sua feodalia quecumque. Actum fuit hoc apud Sanctum Avitum die
XVIII mensis novembris, anno Domini millesimo ccc^mo LXXXIII°,
regnante domino Karolo rege Francie, domino Johanne comite
Arminiaci, Fesenciaci et Ruthene, vicecomiteque Leomanie et
Altivillaris dominante, et domino Beguerio, Lactorensi episcopo
existente. Hujus rei sunt testes Jacobus de Mota, Dominicus de
Bonello, habitatores dicti loci de Sancto Avito, et ego Bernardus
de Ruegis, notarius publicus tocius terre domini nostri comitis
Arminiaci, Fesenciaci et Ruthene, vicecomiteque Leomanie et
Altivillaris, qui hoc presens publicum instrumentum retinui, et
occupatus pluribus aliis arduis negociis per alium in hanc formam publicam redigi feci, et facta collatione cum originali, signo
meo consueto signavi.

Noverint universi et singuli presentes pariter et futuri, quod
Guillelmus de Friqueto, habitator loci de Sancto Avito, personaliter constitutus in dicto loco in mei notarii publici et testium
infra scriptorum presencia, gratis sui dixit, recognovit et in veritate confessus fuit se tenere in emphiteosim, juxta usus et consuetudines dicti loci de Sancto Avito, a nobili Addone de Bonofonte, condomino ejusdem loci, ibidem presente, stipulante et
recipiente, pro se et ejus ordinio atque heredibus et successoribus
suis, videlicet, quandam peciam prati in juridictione dicti loci

de Sancto Avito, loco vocato apud Graylinum, confrontatam cum prato dicti nobilis Addonis et cum terra dicti Guillelmi et cum rivo de Labatut, cum tribus denariis Morlanensibus obliarum et serviciorum, dandis et solvendis per dictum Guillelmum et suos dicto nobili Addoni annuatim in festo Omnium Sanctorum in dicto loco, et totidem retroacapitis, mutante domino directo et emphiteota, juxta usus et consuetudines dicti loci, promictens dictus Guillelmus, pro se et suis, dictam peciam prati non vendere, submictere, impignorare nec alienare clerico vel militi, domui ordinis vel leprosi, nec homini forcius, nec facere aliquam aliam servitutem cur predictus nobilis Addo posset admittere jura sua feodalia quecumque.

Actum fuit hoc apud Sanctum Avitum, die quarta mensis februarii anno Domini millesimo trecentesimo octogesimo tertio, regnante domino Karolo rege Francie, domino Johanne comite Arminiaci, Fesenciaci et Ruthene, vicecomiteque Leomanie et Altivillaris dominante, et domino Beguerio Lactorensi episcopo existente.

Hujus rei sunt testes Bernardus de Longuo, Sancius de Bonello, habitatores dicti loci de Sancto Avito et Insulæ Bozonis, et ego Bernardus de Ruegis, notarius publicus tocius terre domini nostri comitis Arminiaci, Fesenciaci et Ruthene, vicecomitisque Leomanie et Altivillaris, qui hoc presens publicum instrumentum retinui et occupatus pluribus aliis arduis negociis per alium in hanc formam redigi feci, et facta collatione cum originali, signo meo consueto signavi.

Archives de M. le comte de Luppé, au château de Saint-Avit (département du Gers), parchemin.

## 10 MAI 1386.

LONGUE DE GALARD, *dame de Saint-Avit, femme d'Othon de Bonnefont, inféode et transporte à titre emphytéotique, suivant les us et coutumes dudit lieu de Saint-Avit, à Guilhem Friquet et à ses successeurs, deux pièces de terre appelées l'une « à la Roquette » et l'autre « au Yosin, » avec leurs entrées et leurs sorties, leurs droits et leurs devoirs, sous la redevance de cinq sols morlans et de même somme d'arrière-acaptes.*

Noverint universi præsentes pariter et futuri, quod personaliter constituta apud Sanctum Avitum, in mei notarii publici et testium infra scriptorum præsentia, nobilis LONGA DE GOLARDO, domicella, condomina dicti loci, uxor nobilis ADDONIS DE BONOFONTE, domicelli, condomini ejusdem loci de Sancto Avito, de voluntate, licentia, authoritate, et expresso consensu dicti nobilis ejus viri, ibidem præsentis, licentiam, authoritatem et assensum sibi præstantis et concedentis, ad omnia et singula in hoc præsente publico instrumento contenta faciendum, ejus mera, gratuita, libera, et spontanea voluntate dedit, cessit, transtulit, remisit, penitus relinquit, et de novo ad feudum, sive ad novam emphiteosim tradidit, juxta usus et consuetudines dicti loci, Guillelmo de Friqueto, habitatori ejusdem loci de Sancto Avito, ibidem præsenti, affeudanti, stipulanti, et recipienti, pro se et ejus ordinio atque hæredibus et successoribus suis universis et singulis, videlicet quamdam petiam terræ quam dicta nobilis Longa dixit se habere in territorio vocato de la Roqueta, loco vocato au Termo, confrontatam cum terra Joanne de Calciata, et cum Rivo de Termino et cum terra Raymundi de Cassanea. Item plus quamdam petiam terræ, quam dicta nobilis Longa

dixit se habere in juridictione dicti loci de Sancto Avito, loco
vocato au Yosin, confrontatam cum quodam itinere publico, et
cum terra Raymundi de Bonello, et cum prato dicti Guillelmi de
Friqueto ex singulis partibus, cum omnibus introitibus, et exitibus, et juribus, ac deveriis dictis rebus superius confrontatis et
affeudatis pertinentibus, et pertinere debentibus quovismodo, ad
habendum, tenendum, possidendum, fruendum, et explectandum, et quidquid eidem Guillelmo de Friqueto affeudanti, et
ejus ordinio atque hæredibus, et successoribus suis universis et
singulis deinde perpetuo videbitur faciendum, et si forte aliquis
vel aliqui facerent seu moverent dicto Guillelmo, aut suis hæredibus, vel successoribus aliquod debatum, litem, contrastum,
quæstionem, vim, violentiam, dissentionem, turbationem, aut
impedimentum in judicio, vel extra judicium, in dictis rebus
superius confrontatis et affeudatis, bonam, et firmam guirentiam
facere, dare, et portare, promisit eidem Guillelmo de Friqueto
præsenti, stipulanti, et recipienti ut supra, præffata nobilis
Longa de Golardo, de semetipsa et de omnibus aliis personis, et
ex parte dominationis directæ, sub ypotheca et obligatione
omnium bonorum ipsius nobilis Longæ, mobilium, et immobilium, præsentium ubique pariter et futurorum, et sub omni
juris et facti renuntiatione qualibet et cautela, transferens dicta
nobilis Longa de Golardo, pro se et pro omnibus hæredibus et
successoribus suis universis et singulis, de sua propria persona,
in personam dicti Guillelmi de Friqueto, omnia jura, deveria,
voces, rationes, actiones et dominationes quæcumque sint, quæ
et quas ipsa nobilis Longa habebat, et habere debebat, aut poterat, in dictis rebus superius confrontatis et affeudatis, ante hujus
præsentis publici instrumenti inquisitionem, et retentionem,
nihil sibi neque suis, dicta nobilis Longa ullatenus retinendo,

exceptis obliis et servitiis et juribus ac deveriis inferius expressatis, de quibusquidem rebus, superius confrontatis et affeudatis, dicta nobilis Longa feudaliter investivit dictum Guillelmum
de Friqueto præsentem, stipulantem et recipientem, ut supra,
per traditionem unius plumæ a manu ipsius Longæ, in manum
dicti Guillelmi, cum duobus denariis morlanis pro dicta petia
terræ, loco vocato au Termo, primo confrontata, et cum tribus
denariis morlanis pro dicta petia terræ, loco vocato au Yosin
ultimo confrontata, obliarum et servitiorum, dandis et solvendis per dictum Guillelmum et suos præffatæ nobili Longæ
de Guolardo, annuatim in festo Omnium Sanctorum, in dicto
loco de Sancto Avito, et totidem retroacapitum, mutante domino
directo emphiteota, cum tali pacto inito, et protestatione,
quod dictus Guillelmus de Friqueto neque sui nequeant dictas
res, superius confrontatas et affeudatas, vendere, impignorare,
nec alienare, clerico nec militi, domui ordinis, nec leprosis,
nec homini fortivo, nec facere aliquam aliam servitutem, cur
prædicta nobilis Longa posset amittere. . . . . suos, nec aliqua
alia jura, seu deberia feudalia sua quæcumque. Actum fuit
hoc apud Sanctum Avitum, die decima mensis maii, anno
Domini millesimo trecentesimo octuagesimo sexto, regnante
domino Carolo rege Francorum, domino Joanne comite Armaniaci, Fezensiaci et Ruthenæ, ac vicecomite Leomaniæ et Altivillaris dominante, et domino Raymundo, Lectorense episcopo
existente. Hujus rei sunt testes nobilis Arsivus de Golardo, domicellus, condominus loci de Tarraubia, Guillelmus de Bugueto,
habitator in pertinentiis civitatis Lectoræ, et ego Bernardus de
Ruegis, notarius publicus totius terræ domini nostri comitis
Armaniaci, Fezensiaci et Ruthenæ ac vicecomitis Leomaniæ et
Altivillaris, qui hoc præsens publicum instrumentum retinui,

scripsi, et in hanc formam publicam redegi, et signo meo consueto signavi.

Archives de M. le comte de Luppé, au château de Saint-Avit, près Lectoure ; parchemin.

------

## Avant 1391.

*Note de l'abbé de Lespine, qui corrige lui-même une de ses erreurs relativement à* Jean de Galard[1], *seigneur de l'Isle-Bozon. Dans celle-ci il le dit avec raison fils de* Bertrand de Galard ; *dans l'autre, qui n'était qu'un essai manqué de filiation, Jean avait été présenté comme issu d'un* Géraud de Galard *et d'Hélène de Patras.*

Bertrand de Galard, seigneur de l'Isle-Bozon, dont on peut suivre les actes depuis 1313 jusqu'en 1332, épousa N., dont :

1. On trouve vers la même époque un Jean de Galard ou Goulart, qualifié écuyer, lequel était seigneur de la Martinière, en Poitou, et issu de la famille de ce pays qui avait même nom, mais non même origine que la nôtre. Ce Jean de Goulart mourut de très-bonne heure, laissant un fils du prénom de Bouchard, dont la mère Raymonde Gésère convola en secondes noces avec Destouches d'Espelotte, natif de Gascogne. Celui-ci amena au château de Mortagne-sur-Gironde Bouchard de Galard, son beau-fils, qui paraît y avoir fait souche. Ces faits nous sont révélés par des lettres de rémission accordées en janvier 1411 par Charles VII. Bouchard, ayant embrassé avec le seigneur de Castillon le parti des Anglais, fut pris par les troupes du roi de France et jeté dans les prisons de Saint-Jean d'Angely. Après une longue détention, il demanda sa grâce et offrit comme garants de son retour définitif au drapeau national Hugues Goulart, son frère germain, et Jean, seigneur de la Martinière, son neveu, tous dévoués à la France. Charles VII lui accorda son pardon, comme on peut le voir par la charte ci-dessous :

« Charles, par la grâce de Dieu, roy de France. Savoir faisons à tous présens et advenir, nous avons reçu humble supplication des amis charnels de Bochart Goulart, estant natif du pays de Poitou, contenant qu'après le trespas de Jehan Goulart, escuier, seigneur de la Martinière, en Poitou, père dudit Bouchart Goulart,

BERTRAND, qui épousa d'abord JEANNE DE ROVIGNAN et puis GUI-
RAUDE avant 1364, de l'une d'elles :

auquel temps le roy d'Angleterre occupoit le duché de Guienne, icelui Bouchart
demoura moult jeune d'aage en la garde de Raymonde Gesère, sa mère, laquelle apres
se remaria avec Destouches d'Espelotte, né du pays de Gascoigne, lors demourant
au dit pays de Poitou, avec lesquels Destouches et Raymonde Gesère ledit Bochart
demoura jusques à ce que le dit pays de Poitou fut mis du tout en nostre obeissance et que au dit pays le dit Bochart Goulart, qui n'avoit aucune cognoissance, se
partit du dit pays de Poitou en la compaignie du dit Destouches et s'en ala demou-
rer au chastel de Mortaigne sur Gironde en l'obeissance de nostre dit-adversaire
et y a tousjours depuis demouré jusques à ce qu'il a esté mis en nostre obeissance ;
et depuis a demeuré au pays de Gascoigne avec le seigneur de Castillon et avec lui
a esté pour prendre notre ville et chastel de Talemont sur Gironde, où il a esté
priz par nos royaulx subjets dessous ville et chastel et a demouré prisonnier au
chastel de Saint-Jean d'Angely où il a esté detenu moult longuement prisonnier et
y est en adventure de finir misérablement ses jours en très grant vitupère et deshon-
neur de ses parents et amis charnels se par nous ne lui estoit sur de impartir
nostre grace et miséricorde. Se comme ils dient en tous ses autres faiz il ait tousjours esté homme de bonne renommée et honneste condition et ait suivi le parti de
nostre adversaire par jeunesse et simplice et par ignorance de savoir, dont il estoit,
où il a un sien frere et plusieurs autres gentilshommes ses parents, est de présent
bonne volonté de tenir mon party et estre vray et loyal subjet envers nous et renon-
cier au parti de nostre dit adversaire. . . . . que HUGUES GOULART, son frère germain, et que JEHAN GOULART, son nepveu, seigneur de la Martinière, sont plaizes
et cautions dudit Bochard à toujours, qu'il sera bon et loyal envers nous et nostre
couronne. Et pour contemplation de ses dits parents et amis, qui tousjours ont esté
bons et loyaulx subjets envers nous, que sur ce vueillons impartir nostre dite grace
et miséricorde ; pourquoy nous ces choses considérées, audit Bochart Goulard, etc.,
avons remis, quitté et pardonné de nostre grace especiale plaine puissance et aut-
torité royal, remettons, quittons et pardonnons, par ces présentes, le fait et cas
dessus dit avec toute peine, offense et amende corporelle, criminelle et civile que
pour ce il peut avoir encouru envers nous et la justice et le restituons. . . . et
donnons en mandement au gouverneur de la Rochelle et à nostre seneschal ou
juge de Xaintonge et à touz noz aultres juges et officiers, à leurs lieutenants presents et advenir et à chacun d'eulx, comme à lui appartiendra de recevboir dudit
Bochart Goulart le serment d'estre doresnavant bon et loyal François. . . . Et afin
que ce soit ferme chose et stable à tousjours, nous avons fait mettre nostre seel à
ces lettres, sauf en autres choses nostre droit et l'autrui en toutes. Donné à Paris au
moys de janvier l'an de grace 1411 et de nostre règne le XXXIIᵉ. » (*Trésor des*

JEAN DE GALARD, seigneur de l'Isle-Bozon[1], qui n'était plus en 1391, épousa MARGUERITE DE VIMONT, laquelle testa en 1406.

1. BERTRAND III. 1391, testa en 1446, épousa BERTRANDE DE KERVAN DE MAUVEZIN.

2. JACOBIE, dame de Terraube, 1406.

3. MARGUERITE, femme d'ASSIN DE GALARD.

Manuscrits de l'abbé de Lespine, dossier de Galard; Bibl. de Richelieu, Cabinet des titres.

*chartes, série JJ, registre 166, fol. 69, acte 108, archives de France.*) A la famille du Poitou, de même que les précédents, appartenait JACOB DE GOULART, qui, en 1464 se trouvant dans la suite de Réginald et de Louis de Chabot, eut maille à partir avec les chevaliers du guet pour avoir, en compagnie des autres gentilshommes, bâtonné et assommé les cuisiniers et palefreniers du sire de la Tour au lieu de Clairvaux, en la vicomté de Châtellerault. Emprisonnés pour ce fait de sévices et de meurtre, Jacob de Goulart, Réginald et Louis de Chabot obtinrent leur liberté de la clémence du roi, ainsi qu'il appert d'un autre document conservé dans le *Trésor des chartes,* série JJ, vol. 199, fol. 29, 30, 31, acte 42. On doit encore rattacher à la race des Galard du Poitou : Guillaume Gaillard ou Galard, chevalier de Saint-Jean de Jérusalem, commandeur d'Étampes de 1376 à 1387 (*Carton M. M., Archives de France*), Gabriel, René et Georges, membres de la même milice, d'après Vertot (*tome VII, pages 535 et 543*), en 1540 et 1589.

1. L'abbé de Lespine, dans une note enregistrée tome II, page 174, présente Jean de Galard comme fils de Géraud, seigneur de l'Isle-Bozon, et d'Hélène de Patras (mariés avant 1385), ce qui est impossible, par la raison que autre Jean, petit-fils du précédent, dans un arrangement de compte avec Raymond de Léaumont (1450), désigne Jeanne de Rovignan, son aïeule ou plutôt sa bisaïeule, comme lui ayant légué mille écus d'or en vertu d'un droit de substitution. L'extrait ci-dessus prouve que l'abbé de Lespine avait reconnu et rectifié son erreur à la suite sans doute de recherches plus approfondies. Le fragment généalogique que nous avons transcrit plus haut est le bon; celui du tome II, page 174, doit être par conséquent rejeté. Pour exécuter avec sûreté une ordonnance filiative du genre de celle-ci, il est essentiel d'avoir préalablement groupé, trié et assemblé tous les documents qui s'y rapportent. En résumé, Géraud de Galard, mari d'Hélène de Patras, personnage dont on ne trouve trace que dans les papiers de l'abbé de Lespine, ne saurait être l'auteur de Jean, mari de Marguerite de Vicmont. Il était peut-être son frère, et à coup sûr son parent et contemporain.

## 1<sup>er</sup> OCTOBRE 1418.

*Noble* GUILLAUME-BERNARD DE GALARD, *agissant pour sa femme, noble*
*Alexie de Francs, dame de Castelnau d'Arbieu, rend hommage à*
*raison de cette place au comte d'Armagnac, qui l'agrée comme*
*homme lige et vassal.*

EXTRAIT DES HOMMAGES D'ARMAGNAC DE L'ANNÉE 1418.

Ibidem nobilis GUILLELMUS-BERNARDI DE GOLARDO, ut maritus et
conjuncta persona ac dominus rei dotalis ac procurator et procuratorio nomine ut asseruit nobilis ELEXIE DE FRANCHIIS, condomine
Castri Novi Arvei, flexis genibus, capucio et zona amotis, manibus,
que suis positis junctis et inter manus dicti domini nostri comitis et vicecomitis supra missalem et supra crucem, homagium
fecit[1] eidem domino nostro, comiti et vicecomiti Leomanie et
Altavillaris, presenti et fidelitatis prestitit juramentum, modo et
forma debitis et consuetis, et pro ut superius in aliis homagiis est
contentum. Et eumdem nobilem Guillelmum Bernardi nomine
quo supra dictus, dominus comes et vicecomes, in hominem
suum recepit et vassallum, salvo in omnibus jure suo et quolibet
alieno, et recognovit nomine quo supra se tenere (1<sup>er</sup> octobre 1418).

Archives départementales des Basses-Pyrénées, série E, 241, fol. 32.

1. M. P. Raymond, dans son *Inventaire sommaire des Archives des Basses-*
*Pyrénées,* tome IV, page 62, mentionne cet hommage, ainsi que celui de GÉRAUD
DE GALARD, seigneur de Terraube.

## 1er OCTOBRE 1418.

GUILLAUME-BERNARD DE GALARD, *en qualité d'époux et de mandataire de noble Alexie de Francs, reconnut tenir en fief gentil du comte d'Armagnac le territoire de Puy-Serrant, avec la triple justice et tous les droits féodaux. Il fit également acte d'hommage pour la moitié de Pomarède, diverses terres dans la juridiction de Saint-Clar, les fiefs de Sahuque et du Frandat, enfin pour les portions de Roquavert, de las Anglades et de Francs. Cet hommage eut pour témoins Bernard de Grossolles, chancelier d'Armagnac, Bernard de Rivière, sénéchal du comté, Géraud de Lomagne, seigneur de Fimarcon.*

EXTRAIT DES HOMMAGES D'ARMAGNAC DE L'ANNÉE 1418.

Anno Domini M° CCCC°XVIII° et die prima octobris, etc., nobilis GUILLELMUS-BERNARDI DE GOLARDO, ut maritus et procurator dicte nobilis ALEXIE, ejus uxoris, ut de ejus procuratione constat instrumento, etc., dicto domino nostro fecit homagium, etc., et recognovit quo in nomine se tenere territorium vocatum de Pueg-Serran cum juridictione alta et bassa, feudis, obliis, venditionibus, laudium investiture, redditibus, agreriis medietate decime; pro quo quidem territorio consules Montisfortis eidem nobili Alexie facere tenentur juramentum fidelitatis, suo loco eveniente, et confrontat dictum territorium cum juridictione locorum de Ulmis, de Ulmis Montisfortis, de Viveriis et d'Esclinhaco, etc.

Item medietatem territorii, vocati de Pomareda, cum quarta parte decime et cum feudis, agreriis, venditionibus, obliis, laudibus investiture, etc., confrontat cum juridictionibus locorum Lactore, Castrinovi-Arvei, et cum territorio de Manhas, etc.

Item feuda que habet infra juridictionem loci Sancti Clari territorio vocato d'Arcon, in quibus percepit et consuevit percipere quascunque partes obliorum, vendarum, laudium investiture, agreriorum et alia jura, etc.

Item plus in territorio del Casso de Solares infra dictam juridictionem percepit medietatem feudorum, obliarum, agreriorum, venditionum, laudium investiture, etc.

Item feuda et oblias que et quas habet in territorio vocato del Sahugue et del Frandat de Barressac infra dictam juridictionem cum venditionibus et laudibus, etc.

Item plus medietatem feudorum que habet in territoriis de Roquavert, de las Angladas et de Franchiis, sitis infra dictam juridictionem, etc., cum obliis, venditionibus, laudibus, etc., agreriis, etc. Lactore in hospitio Ispaeti de Dulceto, presentibus dominus Bernardo de Gorsolis, cancellario, Bernardo de Riperia, senescallo Armanaci, Geraldo de Leomania, domino Feudi-Marchonis, Ottone de Monte alto, Sayssino, domino de Montesquivo, militibus.

Archives départementales des Basses-Pyrénées, série E, 241, fol. 43, v°.

---

## Année 1426.

*Mention d'une quittance de* Jean de Galard, *seigneur d'Aubiac.*

Quittance faite à Bertrand de Pardaillan par noble Jean de Galard, seigneur d'Aubiac.

Archives du séminaire d'Auch, A-27.

---

## 25 NOVEMBRE 1437.

*Noble* JEAN DE GALARD, *seigneur de Saint-Avit, et Longue de l'Isle, sa femme, transportèrent à Seigneuret de Saint-Jean l'hôtel de Saint-Avit, qui appartenait jadis à Antoine de Béon, les lieux dits* « *au Pré-Ardon, Porte-Dieu, Roquebert, la Cassagne, aux Camis,* » *sous la réserve de la suprématie seigneuriale et moyennant certaines rentes annuelles de deniers morlans et de poules, payables à la fête de la Toussaint.*

In Dei nomine, amen. Noverint universi et singuli præsentes pariter et futuri, hoc præsens publicum instrumentum inspecturi, visuri, lecturi, seu etiam audituri, quod constituti personaliter apud locum Sancti Avit, in mei notarii publici et testium infrascriptorum præsentia, nobilis JOANNES DE GOLARDO, et nobilis LONGA DE INSULA, ejus uxor, condomini dicti loci, dicta vero nobilis Longa, de licentia et authoritate dicti sui viri ibidem præsentis, licentiam et authoritatem ad omnia et singula infrascripta faciendum et complendum, dantes, præstantes, et concedentes, quatenus præsens negotium tangit et tangere potest, conjunctim vel divisim, ambo insimul, et quilibet ipsorum principaliter, et insolidum, gratis, meris, liberis, ac spontaneis voluntatibus, non coacti nec decepti, non vi, dolo, metu, neque fraude, neque aliis malis machinationibus ad hoc inducti, sed suis motibus propriis et animis deliberatis, certi de suis factis, certioratique de jure ipsorum, ut dixerunt et asseruerunt, pro nunc et in perpetuum, pro se suisque hæredibus et successoribus universis et singulis, affeudaverunt et ad novum feudum sive emphiteosim tradiderunt, et liberaverunt, juxta et secundum usus et consuetudines dicti loci Sancti Aviti, Senhoreto de Sancto Joanne, habitatori ejusdem loci, ibidem præsenti, pro se et suo ordinio stipulanti et recipienti, ad habendum, tenendum, utendum, fruendum, explectandum, possidendum et ad faciendam suam suorumque propriam voluntatem perpetuo in omnibus faciendam, videlicet totum illud hospitium, quod olim erat Antonii de Beo, situm infra dictum locum Sancti Aviti, confrontatur cum hospitio Guillelmæ de Lamota, ex una parte, et cum hospitio Bernardi de Boneu, ex parte alia, et cum duabus carreriis publicis, et hoc sub pentione quatuor denariorum morlanorum servitii. Item totam illam petiam terræ et prati sitam in pertinentiis dicti loci Sancti Aviti, loco vocato a Prat Ardon, confrontatur cum terris Vitalis de Lamota, ex duabus partibus, et cum rivo dicto de Lamolia, ex alia parte, et cum itinere publico ex alia parte, et hoc sub pentione sex solidorum morlanorum et unius gallinæ. Item aliam petiam terræ in dictis pertinentiis, loco vocato a Porta-Diu, confrontatur cum duobus itineribus publicis, ex parte una, et cum terris de Nabera de Bugueto, ex alia parte, et hoc sub pentione sex denariorum morlanorum servitii. Item aliam petiam terræ in eodem loco, confrontatur superius proxime confrontate ex parte una, et cum terris Beræ de Bugueto, ex alia parte, et cum terris Geraldi Lamota, ex parte altera, et cum itinere publico, ex singulis partibus, et hoc sub pentione sex denariorum morlanorum servitii. Item totam illam petiam vineæ in pertinentiis dicti loci Sancti Aviti, loco vocato a Roquabert, confrontatur cum vinea Joannis de Serano, ex parte una, et cum vinea Petri de Belato, ex alia parte, et cum duobus itineribus publicis, ex singulis partibus, et cum pentione trium solidorum morlanorum et unius paris gallinarum. Item aliam petiam vineæ in dictis pertinentiis Sancti Aviti, loco vocato a la Cassanha, confrontatur cum vinea domini Petri de Claveriis, ex parte una, et cum vinea dictorum conjugum affeudantium, ex parte altera, et cum vinea Raymundi de Cotono, ex parte altera, et hoc sub pentione duodecim denariorum morlanorum et unius gallinæ. Item aliam petiam terræ, in dictis pertinentiis, loco vocato aux Camis, confrontatur cum terra quæ erat magistri Bernardi de Ruegiis, ex una parte, et cum terris Vitalis de Lamota, ex alia parte, et cum terris Guillelmæ de Lamotha, ex aliis partibus, et hoc sub pentione decem denariorum morlanorum. Item aliam petiam, terræ in eodem loco, confrontatur cum terra superius confrontata et cum aliis confrontationibus superius dictis, et hoc sub pentione duorum denariorum morlanorum solvendorum, anno quolibet, per in perpetuum dictis conjugibus et suis hæredibus et successoribus, in festo Omnium Sanctorum. Quasquidem pentiones dictarum rerum, superius affeudatarum, designatarum, et confrontatarum, dictus Senhoretus de Sancto Joanne dare, facere, et solvere promisit, annuatim in festo Omnium Sanctorum, et totidem de acapitibus, domino mutanti, quando evenerit, juxta usus et consuetudines prædicti loci Sancti Aviti. Et promisit dictus Senhoretus de Sancto Joanne quod non retrofeudaret dictas possessiones superius affeudatas et designatas ac confrontatas, pro termino viginti novem annorum, nec pro magis nec pro minus, nec illas venderet, nec daret manui mortuæ, nec domino furtivo, nec alicui alteri personæ cui dicti conjuges affeudatores possent de jure suo diminui, nec aliquas alias dominationes amittere feudales, sub ypotheca et obligatione omnium bonorum, suorum mobilium et immobilium, præsentium et futurorum et dictarum possessionum superius affeudatarum, confrontatarum et designatarum. Disvestientes se dicti conjuges affeudatores de prædictis possessionibus, superius designatis et affeudatis, ponendo et inducendo ipsum Senhoretum de Sancto Joanne affeudantem, ibidem præsentem, pro se et suo ordinio

stipulantem et recipientem, in plenam, liberam, realem et corporalem possessionem et vacuam, per traditionem cujusdam
calami et cum authoritate hujus præsentis publici instrumenti,
recognoscentes prædicti affeudatores tenere et possidere dictas
possessiones, superius confrontatas, designatas et affeudatas, jure
præcario, et nomine dicti Senhoreti affeudantis, tamdiu, donec
et quousque dictus Senhoretus affeudans, de dictis possessionibus, sit in plena, quieta et in paciffica possessione et saysina
et realem et corporalem acceperit possessionem, quam accipiendi,
et nanciscendi de sua propria authoritate et deinceps retinendi,
quandocumque et quotiescumque eidem Senhoreto de Sancto
Joanne affeudanti placuerit et sibi videbitur faciendum. Et dicti
conjuges affeudatores eidem Senhoreto affeudanti dederunt et
concesserunt plenam authoritatem, licentiam et liberam potestatem et facultatem, cujus authoritate hujus præsentis publici
instrumenti, transferentes dicti conjuges affeudatores, de suis propriis personis, in personam prædicti Senhoreti affeudantis, omnia
et singula jura, deveria, rationes, et actiones reales, et persona-
les, civiles, prætorias et rei persequutorias et dominationes, uti-
les, mixtas vel directas, ad ipsos affeudatores pertinentia et pertinere debentia, et quæ sibi ipsi in dictis possessionibus, superius
confrontatis et designatis et affeudatis pertinebant, vel pertinere
debebant, seu poterant, ante hoc præsens affeudamentum, et
hujus præsentis publici instrumenti inquisitionem, nihil ibi
dicti conjuges affeudatores, in dictis possessionibus superius confrontatis, designatis et affeudatis, ullatenus retinendo, altum,
neque bassum, a cœlo usque ad terram, neque de terra usque ad
abissum, exceptis pentionibus et servitiis superius expressatis,
faciendo et constituendo ipsum Senhoretum de Sancto Joanne,
affeudantem, verum dominum et certum procuratorem, et

ipsum tamquam in rem suam propriam, ponendo et inducendo ipsum Senhoretum affeudantem in eisdem loco, jure, deverio, rationibus et actionibus ac dominationibus in quo seu quibus ipsimet conjugés affeudatores erant vel esse poterant seu debebant, de dictis possessionibus, superius expressatis, designatis et affeudatis, ante hanc præsentem affeudationem et hujus præsentis publici instrumenti inquisitionem. Promittentesque dicti affeudatores, per firmam et solemnem stipulationem, eidem Senhoreto affeudanti, ibidem præsenti, pro se et suo ordinio stipulanti et recipienti, esse guirentes et de evictione tenere, facere et portare bonam, et firmam ac validam quirentiam de se ipsis et de omnibus successoribus suis et de omnibus aliis personis, quæ litem, petitionem, demandam, vel controversiam facerent, vel moverent prædictis affeudantibus, vel eorum ordinio, vel heredibus et successoribus suis, supra proprietate et possessione dictarum possessionum superius confrontatarum et affeudatarum, vel fieri, vel moveri possent ullo modo, ullo tempore in futurum, et etiam, ex parte dominationis feudalis, sub ypotheca et obligatione omnium bonorum suorum, mobilium et immobilium præsentium et futurorum, et sub omnis juris et facti renuntiatione ad hæc necessaria qualibet pariter et cautela. Et si forte contingeret quod aliqua persona, seu personæ, faceret, seu facerent, moveret, seu moverent litem, quæstionem, petitionem, vel controversiam dicto Senhoreto affeudanti vel ejus ordinio, et lis seu causa inde moveretur per libelli oblationem, vel alias quovismodo, promiserunt dicti conjuges affeudatores in se suscipere omnem litem seu causam, ad primam, et simplicem requisitionem prædicti affeudantis vel ejus ordinii, vel ejus certi procuratoris hujus præsentis publici instrumenti portitoris eisdem conjugibus affeudatoribus factam, et omne impedimentum, seu causam removere, et cessare facere, et in judicio sisti et eam vel eas ducere, seu duci facere, suis propriis sumptibus et expensis, et sine sumptibus praedicti Senhoreti affeudantis vel ejus ordinii, et hoc ante litem contestatam, vel post, nonobstante aliqua diei assignatione vel termini, de jure, vel de consuetudine praeffixis, ad ferendam dictam guirentiam et causam in se suscipiendam, cui assignationi diei et termini dicti conjuges affeudatores expresse renuntiaverunt. Et promiserunt praedicti affeudatores eidem Senhoreto de Sancto Joanne affeudantis, ibidem praesenti pro se et suo ordine stipulanti et recipienti, resarcire, restituere et emendare omnia damna, gravamina, expensas et interesse, quae vel quas dictus affeudans faceret vel sustineret, a dicta requisitione in antea, dictas causas ducendo vel non ducendo in judicio, vel extra judicium, et credere suo simplici verbo sine testibus et juramento et sine aliqua alia judiciali cognitione seu arbitraria et sine transcripta hujus praesentis publici instrumenti. Et si non tenerent omnia et singula, supra et infrascripta, prout jacent in praesenti instrumento, voluerunt dicti conjuges affeudatores se posse cogi atque compelli per curias dominorum officialium, bajulorum et consulum civitatis Lectorae et judicis Leomaniae, et per quamqumque aliam curiam ecclesiasticam vel saecularem, tamquam pro re judicata et in judicio confessata, vel quae jamdiu in rem transivit judicatam : et renunciaverunt predicti conjuges affeudatores exceptioni dictae affeudationis, et ad novum feudum traditionis non factae, non concessae, modo et forma quibus supra, et omni aliae exceptioni doli mali, fraudis, erroris et deceptionis cujuscumque, legi *Si convenerit*, *ff*. de juridictione omnium judicum. Et dicta nobilis Longa ad plenum certiorata de jure suo, per me notarium publicum infrascriptum, de licentia et authoritate qua supra, renunciavit *Legi*

*Juliæ, de fundo dotali et senatus consulti Velleyani,* et omnibus aliis juribus canonicis et civilibus in favorem mulierum introductis seu etiam introducendis, et omni alio juri canonico et civili, per quod possent contrafacere, vel venire in toto, vel in parte, vel in aliquo, quæ omnia et singula supra et infrascripta, tenere, complere et inviolabiliter perpetuo observare et non contrafacere, dicere, seu venire in toto vel in parte. Prædicti conjuges affeudatores promiserunt ad sancta quatuor Dei Evangelia, manibus suis dextris corporaliter a se gratis tacta, juraverunt et sub virtute præstiti juramenti renunciaverunt omnibus exceptionibus, juribus, legibus, usibus et consuetudinibus quibus supra et omni alio juri canonico et civili, per quod possent contrafacere, dicere, seu venire ullo modo, ullis temporibus in futurum. De quibus omnibus et singulis præmissis et in hoc præsenti publico instrumento contentis, dictus Senhoretus de Sancto Joanne affeudans requisivit me notarium publicum infrascriptum quatenus sibi retinerem et deinde conficerem publicum instrumentum, ita bonum et validum, sicut fieri poterit cum consilio peritorum, quod et feci. Actum fuit hoc apud locum Sancti Aviti, die vigesima quinta mensis novembris, anno Domini millesimo quadringentesimo trigesimo septimo, regnante domino Carolo Dei gratia Francorum rege, et dominante domino Joanne eadem gracia comite Armaniaci, Fezensiaci, Ruthenæ et Insulæ Jordani et vicecomitatuum Leomaniæ et Altivillaris, Fezensaguellique vicecomite, et domino Martino miseratione divina Lectorense episcopo existente. Hujus rei sunt testes : Vitalis de Lamota, Bernardus Bernezii, Bertrandus de Rato, Joannes de Gaixadoat, et Petrus de Cazalibus, dicti loci habitatores, et ego Dominicus de Tronsenino, publicus civitatis Lectoræ et totius terræ dicti domini nostri comitis et vicecomitis, authoritate comitali et vicecomitali notarius, qui de præmissis requisitus, hoc præsens publicum instrumentum retinui, inquisivi, tamen pluribus aliis arduis negotiis occupatus, per alium mihi fidelem et juratum, in hanc publicam formam redigi feci, et facta prius diligenti collatione cum originali, hic me subscripsi, et signo meo consueto signavi, in fidem et testimonium omnium et singulorum præmissorum. DOMINICUS, *avec paraffe,* signé.

Archives de M. le comte de Luppé au château de Saint-Avit, près Lectoure; parchemin.

## 23 NOVEMBRE 1463.

JEAN DE GALARD, *seigneur de l'Isle-Bozon, inféoda moyennant annuité de douze sols morlas, de son propre mouvement et conformément aux coutumes de Saint-Avit, à Vital Artiguenadau, son hôtel de Saint-Avit et une pièce de terre nommée « à la Chrestiane, » avec les devoirs et les droits qu'elle comportait.*

In nomine Domini, amen. Noverint universi et singuli præsentes pariter et futuri, hoc præsens publicum instrumentum inspecturi, visuri, lecturi ac etiam audituri, quod constitutus personaliter apud locum Insulæ Bozonis, vicecomitatus Leomaniæ et diocezis Lectorensis, in mei notarii publici et testium infrascriptorum præsentia, videlicet nobilis dominus JOANNES DE GOLARDO, miles, et dominus loci Insulæ Bozonis, gratis, mera, libera et ejus spontanea voluntate, non coactus, non deceptus in aliquo, dolo, metu, fraude et deceptione cessantibus, quibuscumque aliis malis imachinationibus super hoc rejectis penitus et exclusis, certus de suo facto, certioratusque de jure suo (ut dixit et asseruit) cum sua certa scientia et cordis delibe-

ratione, vendidit et affeudavit et nomine venditionis et novi
affeudamenti, ac in emphiteosim perpetuam tradidit, pro se et
ejus ordinio, ac hæredibus et successoribus suis omnibus et singulis universis, nunc et in perpetuum, secundum usus et consuetudines loci Sancti Aviti, próvido viro Vitali Artiguanadau,
habitatori juridictionis prædictæ Sancti Aviti, ibidem præsenti,
ementi et affeudanti, pro se et ejus ordinio ac hæredibus et
successoribus suis universis stipulanti et recipienti, ad habendum, tenendum, possidendum, faciendum et complendum,
suam, suorumque in omnibus propriam perpetuo voluntatem,
sicuti de re sua propria, videlicet totum illud hospitium, situm
constructum et edifficatum infra dictum locum Sancti Aviti,
confrontatur cum hospitio Dominici de Toquono, ex una parte,
et cum hospitio Petri de Bellaco, et cum Carreria publica, ex
singulis suis partibus. Item plus totam illam petiam terræ, sitam,
et positam in pertinentiis dicti loci Sancti Aviti, et loco vulgariter vocato a la Cristiana, confrontatur cum itinere publico et
cum vinea dicti domini Joannis et cum hospitio de la Cristiana,
ex singulis suis partibus, cum omnibus introitibus, exitibus, juribus, et deveriis, eisdem possessionibus superius confrontatis,
pertinentibus et pertinere debentibus quovismodo, prætio et
summa quatuor scutorum auri boni, auri justi et recti ponderis, cugni et legis, domini nostri Franciæ regis, cum in præsenti regno cursum habentium, quam dictus nobilis Joannes de
Golardo venditor et affeudator recognovit et in veritate confessus
fuit se habuisse et recepisse a dicto emptore et affeudatario,
nomine intragiorum dicti affeudamenti prædictorum hospitii et
terræ superius venditorum et affeudatorum, et nomine affeudationis, solutionis, et prætii eorumdem; unde se habuit dictus
nobilis venditor et effeudator, ut dixit, pro bene paccato, pariter

et contento. Renuntiavitque prædictus nobilis Joannes de Golardo venditor et affeudator, gratis, exceptioni dictorum quatuor scutorum auri non habitorum et non receptorum, et in ejus utilitatem et commodum, non fore conversorum, doli mali, fraudis, erroris et cujuscumque deceptionis alterius, et omnibus exceptionibus et allegationibus juris et facti, per quas posset contravenire in toto, vel in parte, vel in aliquo, in judicio, vel extra, ullomodo. Et vigore et authoritate hujus præsentis publici instrumenti, prædictus nobilis Joannes de Golardo, pro se et ejus ordinio, de dictorum hospitii et terræ petiæ, superius venditorum et affeudatorum, juribus et deveriis eorumdem se disvestivit, excepto servitio infrascripto, et prædictum Vitalem d'Artiguanadau ibidem præsentem, stipulantem et recipientem investivit, ponens et inducens ipsum emptorem et affeudatarium, in plenam, vacuam, rectam, corporalem, vel quasi corporalem possessionem, authoritate hujus præsentis publici instrumenti. Promisitque dictus nobilis Joannes de Golardo, venditor et affeudator, se esse bonus guirens, et de emptione tenere, facereque et portare bonam et firmam guirentiam de se ipso suisque hæredibus et successoribus omnibus universis et singulis, et de omnibus aliis personis quæ litem, quæstionem, demandam aut controversiam facerent, aut moverent, vel possent facere ullo modo, prædicto emptori et affeudatario, vel ejus ordinio, aut alicui suorum hæredum et successorum, super proprietate et possessione dictorum hospitii et terræ petiæ, superius confrontatorum et designatorum, sub ypotheca, et obligatione omnium et singulorum bonorum · suorum mobilium et immobilium, præsentium et futurorum ubique et sub omni juris et facti renuntiatione ad hæc necessaria, qualibet pariter et cautela, et hoc ratione tam prædictorum quatuor scutorum auri, quæ dictus

nobilis dominus Joannes de Golardo, venditor et affeudator, pro
se et ejus ordinio, habuisse et recepisse, a dicto emptore et
affeudatario, nomine affeudamenti dicti intragiorum et venditionis dictorum possessionum superius dictarum et designatarum, venditarum, et affeudatarum, ut dictum est, recognovit,
quam ratione, cum servitio seu obliis videlicet pro dicto hospitio
superius vendito, confrontato, et affeudato, videlicet unius paris
gallinarum, et pro dicta petia terræ, duodecim denarios mor-
lanos, solvendos anno quolibet in festo Omnium Sanctorum,
quod quidem hospitium et petiam terræ superius confrontata et
designata dictus Vitalis Artiganadau, pro se et suis hæredibus
et successoribus, promisit minime retrofeudare in toto nec in
parte, nec tradere manui mortuæ, neque domino fortivo ponere,
quod dictus nobilis Joannes de Golardo venditor, dominus feudalis, nec ejus ordinium, dictum servitium et alia jura posset
amittere, nec de suo jure damnum, et si forte in aliquo loco seu
tempore, per aliquam personam seu personas, lis, quæstio, seu
controversia ac demanda fieret aut moveretur prædicto emptori,
vel alicui suorum hæredum et successorum, super proprietate,
et possessione prædictarum possessionum, superius confrontatarum, affeudatarum et venditarum, promisit dictus nobilis venditor et affeudator, pro se et ejus ordinio ac hæredibus et successoribus suis, dictam litem, quæstionem et controversiam aut
demandam in se suscipere, ad primam et simplicem requisitionem eidem venditori et affeudatorio et ejus ordinio, per dictum
Vitalem Artiganadau, seu ejus ordinium, vel ejus certum procuratorem factam, dictasque litem, quæstionem, controversiam,
seu demandam ducere, et sequi, suis propriis sumptibus et
expensis et absque sumptibus et expensis dicti emptoris et
affeudatarii seu sui ordinii, quousque dicta lis, quæstio, contro-

versia esset finita et determinata, et prædictus emptor et affeudatarius vel ejus ordinium fuerit in plenam, quietam saissinam
et possessionem de prædictis hospitio et terra superius venditis,
confrontatis et affeudatis, et hoc ante litem contestatam et post,
et credere suo simplici verbo seu ejus hæredibus et successoribus, de omnibus expensis occasione præmissorum factis, ex suo
toto simplici verbo, sine testibus et juramento et absque peti-
tione libelli ac copiæ hujus præsentis publici instrumenti. Pro
quibus omnibus et singulis supra et infra scriptis et in præsenti
instrumento contentis, tenendis, complendis, et inviolabiliter
observandis, dictus nobilis Joannes de Golardo, venditor et affeudator, pro se et ejus ordinio, se posse compelli voluit, ad ejusdem emptoris et affeudatarii vel ejus ordinii requisitionem, aut
alterius cujuscumque hujus præsentis publici instrumenti porti-
torem, per curias dominorum officialium Lectoræ, Auxis, Tolosæ,
Condomii et Agennensis, bajulorum et consulum civitatis Lectoræ et dictorum locorum Insulæ Bozonis et Sancti Aviti, judici
vicecomitatus Leomaniæ et Altivillaris, senescallorum Tolozæ,
Armaniaci, Agennensi et Vasconiæ, et per quamlibet earumdem,
tanquam pro re judicata, clara, liquida et manifesta, et quæ
jam diu in rem transivit judicatam, sub obligationibus et renun-
tiationibus juris et facti, quibus supra, et præmissa omnia et
singula supra et infra scripta et in hoc præsenti publico instrumento contenta, tenere, complere, servare, et non contra facere,
dicere, vel venire, in toto nec in parte, in judicio sive extra,
clam seu etiam manifeste, per se nec per alias personas inter-
positas, ullis temporibus, ulla ratione. Prædictus nobilis dominus
Joannes de Golardo, venditor et affeudator, ad sancta quatuor
Dei Evangelia, ejus manu propria dextra corporaliter a se tacta
gratis juravit, et sub virtute per ipsum præstiti juramenti,

renuntiavit omnibus juribus canonicis et civilibus, usibus et
consuetudinibus, cum quibus posset contravenire, vel venienti
consentire ullo tempore, ulla ratione, vel ulla causa, ullo modo.
De quibus omnibus et singulis supradictis dictus Vitalis Artiganadau, emptor et affeudatarius, requisivit notarium publicum
infra scriptum, ut sibi ipsi de præmissis retineret et deinde
conficeret instrumentum publicum seu publica instrumenta.
Actum fuit hoc apud dictum locum Insulæ Bozonis, die vigesima
tertia mensis novembris, anno Domini millesimo quadringentesimo sexagesimo tertio, serenissimo principe et domino nostro,
domino Ludovico Dei gratia Francorum rege regnante, et reverendo in Christo patre et domino domino Amalrico, miseratione
divina Lectorense episcopo præsulante, præsentibus ibidem et
audientibus Marqueto de Labarta et Gaillardo Nicola, loci Insulæ
Bozonis habitatoribus, testibus ad præmissa vocatis et rogatis,
et magistro Arnaldo de Pomareda, notario loci Insulæ Bozonis
publico habitatore, qui requisitus de præmissis, instrumentum
retinuit et in suis protocollis notavit, sed quia senio constitutus,
propterque cecitatem visus, aut alias, in dicto officio notariatus
non posset laborare, nec instrumenta per eum recepta ingros-
sare, nec in publicam formam redigere, idcirco ego Bertrandus
Mathæy, civis Lectoræ, authoritate regia notarius publicus, cui
libri, notæ et protocolla ejusdem magistri Arnaldi fuerunt collata de ipsus consensu, per magnifficum et potentem virum
Jacobum de Genolhaco, domini nostri regis consiliarium et pro
eodem senescallum et gubernatorem terrarum et patriæ Armanhaci, cum litteris collationis in pargameno scriptis, et sigillo
curiæ præsidialis dictæ senescaliæ, cera rubei coloris impendente
sigillatis, quarum tenor hic brevitatis causa inseri fuit ommissus,
vigore et authoritate jamdictarum litterarum collationis mihi

concessarum, hujus modi instrumentum emptionis et novi
feudi, per coadjutorem meum, in hac parte fidelem et juratum,
abstrahi et grossari feci, indeque hic me subscripsi, et facta collatione cum eadem originali nota, signo autentico signavi, in
fidem et testimonium omnium et singulorum præmissorum.
BERNARDUS MATHEY, *avec parraffe,* signé.

Archives de M. le comte de Luppé au château de Saint-Avit, près Lectoure; parchemin.

---

## 18 AVRIL 1466.

*Antoine de Loubessin, habitant de Sainte-Mère, reconnaît tenir en em-*
*phytéose de noble LONGUE DE L'ISLE, dame de Saint-Avit, une pièce*
*de terre appelée « la Nougarède. » L'acte fut reçu par Guillaume*
*de Ruffat, clerc du diocèse de Comminges et notaire du comte d'Ar-*
*magnac, résidant à Sempesserre.*

In nomine Domini, amen. Noverint universi et singuli
præsentes pariter et futuri, hoc præsens publicum instrumentum inspecturi, visuri, lecturi, seu etiam audituri, quod, in
mei notarii publici et testium infra scriptorum præsentia et
audientia, personaliter constitutus, apud locum Sancti Aviti, in
Leomania, diocezis Lectorensis, Antonius de Lobaycino habitator loci Sanctæ Meræ, non coactus, non deceptus, nec aliqua
alia mala imachinatione ad hoc inductus, sed gratis et sponte
suis, ut dixit, pro seipso, suisque hæredibus et successoribus
universis, dixit, recognovit et in veritate confessus fuit, quod
ipse habet, tenet et possidet in feudum sive in emphiteosim,
juxta usus et secundum consuetudines territorii Frandati de
Rupeta, a nobili LONGA DE INSULA, domina dicti loci Sancti Aviti

ibidem præsenti, pro seipsa suisque hæredibus et successoribus universis stipulanti et recipienti, videlicet totam illam petiam terræ, sitam in pertinentiis territorii Frandati de Rupeta, loco vocato a la Nogareda, prout se tenet et confrontatur cum terra Arnaldi Tornerii, ex una parte, et cum terra dicti Antonii, pro fundo, ex alia parte, et cum terra Sancii de Lobaycino, ex tribus partibus, vel infra quascumque alias confrontationes seu assignationes, dicta petia terræ sit assignata, seu confrontata, vel esse debeat, una cum omnibus et singulis suis juribus, introitibus, exitibus et aliis pertinentiis suis universis, a cœlo usque ad abissum ; pro quaquidem petia terræ, superius assignata et confrontata prædictus Antonius de Lobaycino, pro seipso suisque hæredibus et successoribus universis et singulis, promisit semper facere et solvere anno quolibet semel duodecim denarios morlanorum eidem dominæ vel ejus certo mandato, infra dictum locum Sancti Aviti, in festo Omnium Sanctorum, sub ypotheca et obligatione dicti feudi et sub omni juris et facti renuntiatione ad hæc necessaria qualibet pariter et cautela, de quibus omnibus et singulis dicta nobilis Longa de Insula, domina supradicta, requisivit me notarium publicum infrascriptum, ut sibi retinerem et deinde conficerem publicum instrumentum. Acta fuerunt hæc apud dictum locum Sancti Aviti, die decima octava mensis aprilis, anno Domini millesimo quadringentesimo sexagesimo sexto, illustrissimo principe domino nostro domino Ludovico, Dei gratia Francorum rege regnante, et egregio et potente viro domino nostro, domino Joanne, comite Armaniaci et vicecomite vicecomitatus Leomaniæ dominante, et reverendo in Christo patre domino domino Amalrico, miseratione divina Lectoræ episcopo existente, præsentibus ibidem Betono deus Camps, Berengario Arbolh, Vitale de Lamotha, dicti loci Sancti Aviti, Arnaldo, Joanne Sancio de Lobaycino et Arnaldo de Sauzeto, dicti loci Sanctæ Meræ habitatoribus, testibus ad præmissa vocatis specialiter et rogatis, et me Guillelmo de Ruffato clerico diocezis Convenarum notario publico, authoritatibus imperiali et comitali in omnibus terris domini nostri Armanhiaci comitis, locique Sancti Petri de Serris habitatore, qui de præmissis requisitus hoc præsens publicum instrumentum retinui, inquisivi, in notam recepi, in hancque publicam formam redegi, manu mea propria scripsi et signo meo præcedenti, quo utor in meis publicis instrumentis, signavi, in fidem et testimonium omnium et singulorum præ missorum. G. DE RUFFATO, notarius.

Archives de M. le comte de Luppé au château de Saint-Avit, près Lectoure; parchemin.

---

## 6 JUIN 1466.

*Testament de* LONGUE DE L'ISLE, *dame de Saint-Avit et femme de* JEAN DE GALARD, *chevalier et seigneur de l'Isle-Bozon. Elle commence par appeler sur son âme la miséricorde du divin Sauveur et de sa bienheureuse mère, désigne ensuite l'église paroissiale de Saint-Avit comme lieu de sa sépulture et fonde un obit pour le rachat de ses fautes. Ses libéralités posthumes sont réparties entre les frères prêcheurs et mineurs, les minorettes de Lectoure, l'œuvre de Sainte-Marie de Beuclar de Miradoux, la chapelle de Formiguère, où son fils* GÉRAUD *avait été chapelain. Elle ordonne en outre d'acquitter envers l'église Sainte-Marie, voisine de Castelsarrasin, un legs de six écus d'or fait par* BERTRAND DE GALARD, *son fils aîné, et destiné à l'achat d'un calice. Ces dispositions bienfaisantes sont suivies de plusieurs autres analogues, c'est-à-dire d'un caractère religieux.* AGNÈTE, *femme de Barthélemy de Montesquiou, et* MARGUERITE, *ma-*

*riée à* Ayssin de Galard, *seigneur de Terraube, toutes les deux filles de la testatrice, sont inscrites chacune pour un supplément légitimaire de vingt-cinq écus d'or. Des sommes diverses sont assignées aux petits-fils et aux petites-filles de Longue de l'Isle, notamment à deux Agnète, l'une née de Barthélemy de Montesquiou, l'autre de* Béraud de Galard *et d'Isabeau d'Yssalguier; enfin à* Ayssin de Galard, *sieur de Terraube, issu d'autre Ayssin et de Marguerite de Galard de l'Isle, sa veuve. Longue de l'Isle cède en outre à Béraud et* Géraud de Galard, *ses fils, la majeure partie de ses droits sur le château de Pardaillan en Languedoc. A* Jean de Galard, *institué son héritier universel, sont, en prévision de sa mort, substitués Béraud et Géraud de Galard. Un des exécuteurs testamentaires fut* Bernard-Guillaume de Galard, *seigneur de Castelnau d'Arbieu.*

In nomine Domini, amen. Noverint universi quod anno Domini millesimo quadringentesimo nonagesimo secundo, et die vicesima secunda mensis augusti, discretus vir magister Johannes de Miramundo, notarius ordinarius curie domini officialis Lectore juratusque dicte curie, monuit me Aymericum Jaqueti, regia auctoritate notarium habitatorem civitatis Lectore, et a libris seu prothocollis meis et a materia cancellata vel non cancellata, infra octo dierum terminum a die dicte monicionis in anthea computando, abstraherem seu abstrahi et in publicam formam reddigi facerem ultimum testamentum nobilis domine Longue de Insula, domine quondam loci Sancti Aviti et uxoris nobilis viri domini Johannis de Golardo, militis, domini dum vivebat dicti loci Insule Bozonis, avi paterni dicti nobilis Bertrandi de Golardo, per me retentum et abstractum, in dictam publicam formam traderem et liberarem dicto nobili Bertrando de Golardo, prius satisfacto michi de meo salario moderato nisi forte justam causam et rationabilem in contrarium allegare

vellem que obsisteret, ad quam allegandam certa dies michi
extitit assignata ; et hec mediantibus litteris monitionum a
dicto domino officiali Lectore et curie sue emanatis, sigilloque
dicte sue curie cum cera viridis coloris in dorso sigillatis, subsi-
gnatis manu propria dicti domini officialis et signo manuali
dicti notarii ordinarii, quarum litterarum tenor est talis : — Officialis Lectorensis canonicis Sancti Gervasii Lectore et omnibus
aliis clericisque solutis ac servientibus curie nostre juratis, salutem in Domino. Mandamus vobis quathinus ad instanciam
nobilis Bertrandi de Golardo, domini loci Insule Bozonis, canonice perhemptorie moneatis magistrum Aymericum Jacquet,
notarium Lectore, ut, infra octo dies proximos, facta sibi prius,
per vos presenti canonica monitione, a libris seu protocollis suis
et a materia cancellata vel non cancellata abstrahat seu abstrahi
et in publicam formam redigi faciat ultimum testamentum
nobilis domine Longue de Insula, domine quondam loci Sancti
Aviti et uxoris nobilis viri domini Johannis de Golardo, militis,
domini, dum vivebat, dicti loci Insule Bozonis, avi paterni dicti
nobilis Bertrandi de Golardo, per dictum notarium ut fertur
retentum, et extractum dictum instrumentum in dictam publicam formam tradat et liberet dicto nobili Bertrando de Golardo,
satisfacto sibi de suo salario moderato, maxime cum dictus de
Golardo dicto instrumento indigeat pro sui juris conservacione,
et dixit ; alioquin contra dictum monendum modo premisso
monitum per sententiam excommunicationis procedemus via
juris, nisi forte justam causam et racionabilem in contrarium
allegare voluerit, que obsistat, ad quam allegandam, si quam
habet, diem quartam juridicam post harum exequtionem, de
qua nos debite certifficetis, apud Lectoram, infra horam tercie
coram nobis et in nostra curia eidem monendo perhemp-

torie assignetis, dictam causam seu causas, si quas habet, dic-
turo et allegaturo aliasque facturo quod juris erit et racionis.
Datum Lectore die vicesima secunda mensis augusti anno Domini millesimo quadringentesimo nonagesimo secundo. Officialis
J. de Miramundo, notarius. — In dorso quarum erat descripta
quedam relatio in signum mandati completi hujusmodi tenoris.
« Anno et die retroscriptis fuit factum presens mandatum per me
Johannem de Miramundo, notarium ordinarium et juratum
curie domini officialis Lectore contra magistrum Aymericum
Jaqueti in presentibus litteris nominati, personaliter appre-
hensum, ut in presentibus fieri precipitur et mandatur ; qui
michi respondit quod erat contentus obedire mandatis domini
officialis et curie sue et minime se opposuit ; sed petiit sibi tradi
presentes litteras monitorias pro inserendo in instrumento de
quo in eisdem habetur mencio. J. de Miramundo, notarius predictus, ita reffero. » Ego vero Aymericus Jaqueti, notarius predictus, dictas monicionum litteras et mandatum michi illarum
vigore factum reverenter accepi, promptum me offerendo tanquam vere obediencie filius contenta in eisdem pro posse adimplere, vigoreque et auctoritate earumdem infra tempus michi
prescriptum instrumentum ultimi testamenti dicte quondam
nobilis domine Longue de Insula, domine loci Sancti Aviti, a
libris seu protocollis meis abstraxi et ad longum ordinavi in
libro meo ordinacionum, quo ordinato, grossari et in publicam
formam redigi feci in modum qui sequitur :

In nomine Domini, amen. Quoniam multi mundana prosperitate falluntur, nam credentes stare cadunt repentino
veniente Dei judicio, ipsisque morientibus nulloque condito
prius testamento, bonorum suorum et rerum occasione sepis-

sime questiones, rixas et discordias antiquo zisaniarum zelatore
ac pacis emulo inter futuros successores oriri contingit; et cum
humane fragilitatis condicio mortem evadere non possit, quia
nichil est quod perpetuo stare solet, nec sit qui divinum valeat
effugere judicium, cum omnia nuda et apperta sint oculis Dei
et in potestate, cum etiam nichil sit certius morte nec incertius
quam hora mortis, ea propter sapiens non differt propriis disponere rebus; et premaxime quia non est quod magis hominibus debeatur quam ut supreme voluntatis, postquam aliud
velle non possunt, liber sit stilus et licitum quod post mortem
non redit arbitrium. Igitur honesta et devota mulier nobilis
domina Longua de Insula, condomina loci Sancti Aviti, relicta
nobilis viri domini Johannis de Golardo militis, quondam
domini loci Insule Bozonis, vicecomitatus Leomanie et diocesis
Lectore, tanquam bona et fidelis christiana premissa considerans
et actendens, volens sibi per rectam prudenciam et ordinationem provideri et casum mortis prevenire ac saluti anime sue
perorare (sic), ne posita in egritudine oculto Dei tremendo
judicio, quod absit! redarguta decederet sine ordinacione, pro-
visione ac dispositione sue salutis, cum sepius mortis tractatus
contingat, aut temporis longitudo non sufficiat, aut doloris
gravitas non permittat, infirma et languens corpore, sana tamen
per Dei graciam mente ac in bona et perfecta memoria et cogni-
cione, cum bona et recta loquela existens, de suis bonis et rebus
a Deo sibi collatis disposuit et ordinavit suumque ultimum
nuncupativum testamentum, ac suam ultimam voluntatem,
bonorum suorum dispositionem et ordinationem animeque sue
salutifferam provisionem, ne imposterum aliqualis questio, rixa,
debatum aut controversia inter aliquas personas de mundo
oriri possit, et ne bona sua post ejus obitum in ruinam deve-

niant nec ad sibi ingratos devenire possint, sed pocius pace et
tranquillitate gubernari, fecit, condidit, disposuit et ordinavit in
hunc qui sequitur modum. In primis dicta nobilis domina
Longua de Insula, testatrix, signans se et nunciens signo venerabili sancte crucis sic dicendo : In nomine Patris et Filii et Spiritus Sancti, amen ; obtulit se ipsam et commendavit animam
suam omnipotenti Deo salvatori nostro Jhesu Christo, Patri,
Filio et Spiritui Sancto, et beatissime ac gloriosissime Virgini
Marie, ejusdem Domini nostri Jhesu genitricis, beatoque Michaeli
archangelo et toti collegio civium supernorum. Item elegit
suam sepulturam corpusque suum sepeliri et tumulari voluit,
dum ipsam ab hoc seculo migrare contingerit, infra devotam
ecclesiam parrochialem dicti loci Sancti Aviti, ante locum in quo
tenetur et consuetum est teneri sacrum corpus dominicum in
eadem ecclesia. Item recepit seu recipi voluit, jussit et mandavit dicta nobilis domina Longa de Insula, testatrix, per heredem
suum seu per exequtores sui presentis testamenti infrascriptos
de bonis suis sibi a Deo collatis pro dando et distribuendo, amore
Dei tam in missis de requiem pro redemptione anime sue,
patris, matris, mariti et aliorum parentum suorum, Christi fidelium de genere suo deffunctorum, quam in elemosinis et aliis
legatis piis, videlicet summam centum scutorum auri, computando pro quolibet scuto centum et decem arditos, seu viginti
septem solidos cum dimidio turon. Quam quidem summam centum scutorum dari, tradi et distribui voluit, jussit et mandavit
per heredem suum infranominandum, seu per exequtores sui
presentis testamenti infrascriptos, locis et personis, ac modo et
forma inferius descriptis, designatis et specifficatis. Primo voluit
et ordinavit, jussit et mandavit dicta testatrix quod, post ejus
decessum, die sue sepulture, dentur, tradantur, dividantur et

distribuantur de predicta summa centum scutorum duo scuta
in missis de requiem, illa die celebrandis per cappellanos ydoneos
et sufficientes ad hoc specialiter vocatos per dictum suum
heredem seu per dictos exequtores sui presentis testamenti infra
nominandos, et unum scutum in tortitiis cere pro luminaria
modo et forma fieri consuetis. Item voluit et ordinavit, jussit et
mandavit memorata testatrix quod, die Octavarum sive honorum
fiendorum post ejus sepulturam modo in talibus fieri consueto,
dividentur, dentur, tradantur et distribuantur per dictum heredem suum seu per dictos exequtores sui presentis testamenti
infra nominandos duo scuta in missis de requiem, illa die celebrandis per capellanos sufficientes et ydoneos ad hoc specialiter
noimnatos et vocatos per dictum heredem suum, et unum scutum in tortitiis cere pro luminaria, et hoc de predicta centum
scutorum auri summa superius expressata. Item pariter voluit
et ordinavit, jussit et mandavit memorata testatrix quod, in
capite anni post dictum ejus decessum, dividantur, dentur, tradantur et distribuantur in missis de requiem, illa die celebrandis
per cappellanos sufficientes et ydoneos ad hoc specialiter vocan-
dos et nominandos per dictum heredem suum seu per dictos
exequtores sui presentis testamenti infra nominandos, alia duo
scuta et unum scutum in torticiis cere pro luminaria, et hoc
de predicta centum scutorum auri summa superius expressata.
Item voluit et ordinavit, jussit et mandavit dicta testatrix quod
de predicta summa centum scutorum detur, tradatur et libe-
retur per dictum ejus heredem seu per dictos ejus exequtores
sui presentis testamenti infra nominandos rectori ecclesie predicte parrochialis Sancti Aviti duo scuta, et quod dictus rector
teneatur dicere et celebrare in eadem ecclesia unum trentenarium missarum de requiem pro redemptione anime sue et alio-

rum Christi fidelium de genere suo deffunctorum. Item legavit
dicta testatrix et jure pii legati relinquit ac de bonis suis dari et
exsolvi voluit, jussit et mandavit, amore Dei et intuitu pietatis,
dicte ecclesie parrochiali loci predicti Sancti Aviti, ob honorem
et reverenciam Domini nostri Jhesu Christi, beateque ac gloriose Virginis Marie et beati Blasii, martiris, videlicet summam
sex scutorum auri, computando pro quolibet scuto ut supra, et
hoc de predicta summa centum scutorum per eam recepta pro
emendo et fieri faciendo unum calicem argenti cum pathena
usque ad valorem dicte summe sex scutorum pro servicio dicte
parrochialis ecclesie. Item legavit dicta testatrix et jure pii legati
relinquit et de bonis suis ac de predicta summa centum scutorum per eam recepta exsolvi, dari et tradi voluit, jussit et mandavit, amore Dei et intuitu pietatis, bassino animarum Purgatorii
ejusdem ecclesie parrochialis dicti loci Sancti Aviti unum scutum computando ut supra, semel dumtaxat solvendum per dictum heredem suum infra nominandum. Item legavit dicta testatrix et jure pii legati relinquit ac de bonis suis dari et exsolvi
atque tradi voluit, jussit et mandavit, amore Dei et intuitu pietatis, conventui fratrum Predicatorum civitatis Lectore et fratribus
ejusdem conventus, summam quatuor scutorum auri, computando pro quolibet scuto ut supra, semel dumtaxat solvendam
per dictum heredem suum infra nominandum, et hec de predicta summa centum scutorum per eam recepta, ad hoc ut
fratres dicti conventus teneantur dicere missas de requiem et
alias orare Deum pro anima ipsius testatricis et animabus
parentum suorum Christi fidelium defunctorum. Item legavit .
dicta testatrix et jure pii legati relinquit ac de bonis suis dari et
tradi et exsolvi voluit, jussit et mandavit, amore Dei et intuitu
pietatis, conventui fratrum Minorum dicte civitatis Lectore et

fratribus ejusdem conventus summam quatuor scutorum auri,
computando pro quolibet scuto ut supra, semel dumtaxat solvendorum per dictum heredem suum infra nominandum, et
hec de predicta summa centum scutorum superius expressata;
ad hoc ut dicti fratres teneantur orare Deum dicendo missas de
requiem et alias oraciones devotas pro anima dicte testatricis et
parentum suorum Christi fidelium deffunctorum. Item legavit
dicta testatrix et jure pii legati relinquit ac de bonis suis dari,
tradi et exsolvi voluit, jussit et mandavit amore Dei et intuitu
pietatis conventui sororum Minoritarum sancte Clare dicte civitatis Lectore, videlicet summam duorum scutorum, computando
ut supra, semel dumtaxat solvendam per dictum heredem suum
infra nominandum de predicta summa centum scutorum superius expressata; ad hoc quod dicte sorores dicti conventus
teneantur orare Deum pro anima ipsius testatricis et parentum
suorum Christi fidelium deffunctorum. Item legavit dicta testatrix et jure pii legati relinquit ac de bonis suis dari, tradi et
exsolvi voluit, jussit et mandavit, amore Dei et intuitu pietatis,
conventui sororum monialium sancti Orientis dicte civitatis Lectore, videlicet unum scutum, computando ut supra, semel dumtaxat solvendum per dictum heredem suum infra nominandum
de predicta summa centum scutorum superius expressata, ad
hoc quod dicte moniales teneantur orare Deum pro anima
ipsius testatricis et parentum suorum Christi fidelium deffunctorum. Item legat dicta testatrix et jure pii legati relinquit, amore
Dei et pietatis intuitu, et de bonis suis dari, tradi et exsolvi voluit,
jussit et mandavit operi devote ecclesie Beate Marie de Beuclara,
scite in juridictione, loci de Miratoris, unum scutum auri, computando ut supra, semel dumtaxat solvendum per heredem suum
infra nominandum, volendo, disponendo et ordinando quod dic-

tum scutum exponatur et distribuatur per operarios ejusdem
ecclesie in aliquam necessariam et congruam reparationem dicte
ecclesie. Item voluit, disposuit et ordinavit dicta testatrix quod, in
dicta devota ecclesia de Beuclara, dicatur et celebretur unum trentenarium missarum de requiem pro anima sua et parentum suorum, et hoc per dominum Guilhermum Raygassa presbiterum,
habitatorem dicti loci de Miratoris qui percantat cappellaniam
de Formigueris in eadem ecclesia, nomine GERALDI DE GOLARDO
filii dicte testatricis, cappellani dicte cappellanie, et quod detur,
tradatur et exsolvatur dicto domino Guilhermo Raygassa, presbitero, pro dicto trentenario missarum, per eum celebrando, duo
scuta auri computando ut supra, semel dumtaxat solvenda per
heredem suum infra nominandum de predicta summa centum
scutorum superius expressata. Item dixit dicta testatrix quod
nobilis BERTRANDUS DE GOLARDO, condam ejus filius primogenitus,
in ultimis diebus suis voluerat, mandaverat et ordinaverat dari,
tradi et exsolvi devote ecclesie sive cappelle beate Marie Dalem,
sitam prope villam Castri Sarreseni, summam sex scutorum auri
pro emendo unum calicem argenti ; quapropter voluit, disposuit
et ordinavit ac expresse mandavit predicta testatrix quod, de
bonis suis et de predicta summa centum scutorum auri superius
expressata, dicta sex scuta, computando tamen pro quolibet scuto
ut supra, exsolvantur, tradentur et liberentur eidem devote
ecclesie sive cappelle beate Marie Dalem pro emendo dictum
calicem argenti ad complendum devocionem et legatum, per dictum ejus filium primogenitum factum, et hoc per heredem suum
infra nominandum semel dumtaxat. Item voluit, disposuit et
ordinavit memorata testatrix quod detur, tradatur et exsolvatur,
de bonis suis, vicario ecclesie parrochialis loci Insule Bozonis
regenti dictam ecclesiam parrochialem, nomine rectoris ejusdem

ecclesie, videlicet unum scutum, semel dumtaxat solvendum per heredem suum infra nominandum, et hoc de predicta summa centum scutorum superius expressata; et quod dictus vicarius teneatur dicere et celebrare missas de requiem pro anima ejusdem testatricis et aliorum parentum suorum Christi fidelium de genere suo deffunctorum. Item pariter voluit, disposuit et ordinavit memorata testatrix quod, de bonis suis et de dicta summa centum scutorum superius expressata, detur, tradatur et exsolvatur domino Anthonio Bosqueti, presbitero, et domino Bernardo . . . . . vicario ecclesie parrochialis loci de Pomareto, cuilibet ipsorum unum scutum, semel dumtaxat solvendum per heredem suum infra nominandum, et quod dicti presbiteri teneantur dicere et celebrare unum trentenarium missarum de requiem, quilibet pro medietate, in ecclesia parrochiali loci de Cugnomonte et in altari beati Ciricii ejusdem ecclesie, pro anima ipsius testatricis et parentum suorum Christi fidelium de genere suo deffunctorum. Item etiam voluit, disposuit et ordinavit predicta testatrix quod, de bonis suis et de predicta summa centum scutorum superius expressata, detur, tradatur et exsolvatur domino Arnaldo de Monte Motorio, presbitero, habitatore civitatis Lectore, summa duorum scutorum, semel dumtaxat solvenda per heredem suum infra nominandum, ad hoc ut dictus dominus Arnaldus de Monte Motorio, presbiter, teneatur et sit astrictus dicere et celebrare unum trantenarium missarum de requiem in ecclesia parrochiali dicti loci Sancti Aviti pro anima ipsius testatricis et aliorum parentum suorum Christi fidelium de genere suo deffunctorum. Item pariter voluit, mandavit, disposuit et ordinavit dicta testatrix quod, de bonis suis et de predicta summa centum scutorum superius expressata, detur, tradatur et realiter exsolvatur domino Fortanerio de Costali, presbitero, habitatori dicte

civitatis Lectore, summa duorum scutorum, semel dumtaxat solvenda per heredem suum infra nominandum, et cum hac dictus
de Costali, presbiter, teneatur et sit astrictus orare Deum dicendo
et celebrando unum trantenarium missarum de requiem in
ecclesia parrochiali predicti loci Sancti Aviti pro anima ipsius
testatricis et aliorum parentum suorum Christi fidelium de
genere suo deffunctorum. Item legavit memorata testatrix et
jure pii legati relinquit ac de bonis suis tradi et exsolvi voluit,
jussit et mandavit, amore Dei et intuitu pietatis, pro redemptione
anime sue, tribus hospitalibus dictæ civitatis Lectore, videlicet
hospitali Sancti Spiritus, hospitali Sancti Jacobi et hospitali
Sancti Johannis evangeliste, cuilibet unum scutum, computando
pro scuto ut supra, semel dumtaxat solvendum per dictum heredem suum inferius nominandum de predicta summa centum
scutorum superius expressata. Item voluit, mandavit, disposuit
et ordinavit testatrix predicta quod misse de Sancto Amatorio
dicantur et celebrentur per tres cappellanos sufficientes et ydoneos, vocatos et electos per dictum heredem suum infra nominandum modo et forma fieri consuetis, et hoc semel pro salute
et redemptione anime ipsius testatricis, et alia vice et secundario pro salute et redemptione anime nobilis domini Johannis
de Golardo, militis, condam domini loci Insule Bozonis mariti
sui, et quod detur, tradatur et realiter exsolvatur dictis cappellanis dictas missas dicentibus seu celebrantibus pro qualibet
vice summa duorum scutorum semel solvenda de predicta centum scutorum auri summa superius expressata, et hoc in dicta
ecclesia parrochiali dicti loci Sancti Aviti. Item legavit dicta
testatrix et jure pii legati relinquit ac de bonis suis dari, tradi et
exsolvi voluit, jussit et mandavit amore Dei et intuitu pietatis
pro redemptione anime sue quatuor hospitalibus generalibus,

cuilibet ipsorum hospitalium, unum scutum semel dumtaxat
solvendum per heredem suum infra nominandum de predicta
summa centum scutorum superius expressata. Item legavit predicta testatrix et jure pii legati relinquit ac de bonis suis dari,
tradi et exsolvi voluit, jussit et mandavit, amore Dei et intuitu
pietatis, Geralde de Berges, ejus ancille, pro serviciis eidem testatrici preterito tempore impensis per dictam Geraldam, videlicet
summam duorum scutorum auri et unam raupam panni paumele de Maseriis, semel dumtaxat eidem Geralde solvendam per
heredem suum infra nominandum de predicta summa centum
scutorum superius expressata. Item legavit memorata testatrix
et jure pii legati relinquit, amore Dei et intuitu pietatis, ac de
bonis suis dari, tradi et exsolvi voluit, jussit et mandavit Gailharde Darpit, ejus ancille, pro serviciis eidem testatrici preterito
tempore impensis per dictam Gailhardam, videlicet summam
duorum scutorum auri et unam raupam panni paumele de
Maseriis, semel dumtaxat eidem Gailharde solvendam per heredem suum infra nominandum de predicta summa centum scutorum superius expressata. Item dicta nobilis Longa de Insula,
testatrix, pia devocione mota ad laudem, gloriam et honorem
Domini nostri Jhesu Christi et beatissime ac gloriosissime Virginis Marie, ejus matris, et omnium sanctorum et sanctarum Dei
tociusque milicie celestis, et in redemptionem anime sue parentumque suorum et omnium in Christo fidelium de genere suo
deffunctorum, instituit, fecit, condidit et ordinavit unam cappellaniam de requiem vulgariter nuncupatam, in ecclesia parrochiali predicta loci Sancti Aviti, deserviendam. Quamquidem
cappellaniam memorata testatrix et fundatrix dotavit et fundavit
de triginta scutis auri, computando tamen pro quolibet scuto
viginti septem solidos cum dimidio turonensium monete regie,

sive quodlibet scutum ascendens ad dictam valorem. Quamquidem summam triginta scutorum, valoris cujus supra, post ipsius
testatricis et fundatricis decessum voluit, ordinavit et mandavit
dari, tradi et realiter exsolvi eidem cappellanie per dictum heredem suum infra nominandum, et hoc de predicta summa centum scutorum superius expressata, nominando et eligendo
memorata testatrix et fundatrix in primum cappellanum dicte
cappellanie, videlicet dominum Fortanerium de Costali, presbiterum, habitatorem civitatis Lectore, cuiquidem domino Fortanerio
de Costali, licet absenti, dedit, actribuit et concessit plenam licentiam et liberam potestatem tenendi, regendi et gubernandi ac
percantandi dictam cappellaniam fructusque, proventus et emolumenta ejusdem recipiendi quamdiu vitam ducet in humanis,
faciendo servicium in eadem cappellania, tenendoque, servando
et complendo ordinaciones et statuta ejusdem cappellanie inferius descripta per dictam testatricem et fundatricem ordinata et
statuta in presenti suo testamento dictam cappellaniam tangentia,
que voluit, precepit et mandavit teneri, compleri et observari,
per dictum dominum Fortanerium de Costali, presbiterum,
ut premittitur, per eamdem testatricem et fundatricem in primum cappellanum dicte cappellanie electum et per successores
suos futuros cappellanos ejusdem cappellanie in eadem cappellania nominandos et instituendos, ac per alios quoscumque quibus pertinebit in futurum modo et forma sequentibus. — Primo
enim voluit, mandavit, statuit et ordinavit memorata testatrix et
fundatrix quod, de predicta summa triginta scutorum principallis
dotis dicte cappellanie superius expressata, ematur renda annua
et convertatur in rendam annuam ad utilitatem dicte cappellanie
et cappellani ejusdem, et hoc per dictum heredem suum infra
nominandum immediate saltem infra breve tempus post ipsius

testatricis decessum, prout melius et citius fieri poterit. Et casu quo non reperiretur locus sufficiens pro emendo rendam et exponendo dictam summam triginta scutorum principalis dotis dicte cappellanie et convertendo in rendam infra dictum breve tempus, quod dictus heres suus infra nominandus teneatur et sit astrictus solvere, tradere et liberare, annis singulis, cappellano dicte cappellanie quicumque sit summam trium scutorum, computando pro quolibet scuto ut supra, quamdiu dictam summam triginta scutorum et principalis dotis dicte cappellanie tenebit in manibus seu possessione, et quousque de predicta summa triginta scutorum dictus heres suus emerit rendam sufficientem que possit exigi, haberi et levari ac realiter recipi, annis singulis, per cappellanum dicte cappellanie et successores suos : et hoc pro deserviendo seu deserviri faciendo eidem cappellanie juxta mentem et tenorem ac voluntatem dicte testatricis et fundatricis. Item voluit, statuit et ordinavit ac expresse mandavit memorata testatrix quod dictus dominus Fortanerius de Costali, cappellanus primus ad regendum, tenendum et gubernandum dictam cappellaniam eidemque deserviendum per dictam testatricem electus, ac ceteri in futurum cappellani post ipsius decessum in cappellanos dicte cappellanie nominandi, eligendi et instituendi, teneantur et sint adstricti, totis temporibus in futurum, semel in qualibet septimana die Mercurii dicere et celebrare unam missam de requiem in dicta ecclesia parrochiali predicti loci Sancti Aviti et in altari in quo eis melius videbitur expediens et opportunum juxta eorum devocionem infra tamen dictam ecclesiam ; et dicta seu celebrata missa, dictus cappellanus, in dicta cappellania institutus, visitet et visitare teneatur sepulturam ipsius testatricis cum ysopo et aqua benedicta : teneaturque ibidem rogare Deum, dicendo absolutionem et alias devotas oraciones

ordinatas pro deffunctis pro anima ipsius testatricis et aliorum
parentum suorum in Christo fidelium de genere suo deffunctorum. Item voluit, statuit, disposuit et ordinavit memorata testatrix quod post decessum supranominati domini Fortanerii de
Costali, primi cappellani electi, nominati et instituti in dicta cappellania per dictam nobilem testatricem, quociens et quando
contingat illam vaccare, mortuo dicto cappellano, aut alias per
mortem successorum suorum futurorum cappellanorum, dicte
cappellanie collatio, provisio et omnimoda alia dispositio pertineat et spectet, pertinereque et spectare voluit, jussit et mandavit venerabili capitulo ecclesie cathedralis sanctorum Gervasii et
Prothæsii Lectore et dominis canonicis ejusdem cappituli; pre-
sentacio vero et jus patronatus sive perpresentandi cappellanum
seu cappellanos in eadem cappellania quociens contingat eamdem
vaccare, pertinere et spectare voluit nobili JOHANNI DE GOLARDO,
filio et hæredi suo inferius nominando et instituendo futuro,
domino dicti loci Sancti Aviti, quem in patronum dicte cappellanie elegit et nominavit, existereque voluit quamdiu vitam
ducet in humanis; et inde post dicti sui heredis decessum futuris dominis ipsius loci Sancti Aviti dicti sui heredis successoribus
perpetuis temporibus in futurum. Item memorata nobilis domina
testatrix; voluit, mandavit, disposuit et ordinavit quod residuum
restans de dicta summa centum scutorum, superius expressata,
facta debita calculacione de premissis summis pecuniarum, tam
pro fundacione dicte cappellanie quam pro solutione legatorum
et funeralium et aliorum ordinatorum per eamdem testatricem
superius factorum et exsolvi ordinatorum, ponatur et convertatur in una capa missali, ita videlicet quod, ex dicto residuo,
restans ematur una capa missalis pro servicio dicte cappellanie.
Item ultra predicta memorata nobilis domina Longa de Insula,

testatrix, fecit, instituit et ordinavit certa alia legata pia que
exsolvi voluit de bonis suis ultra predictam summam centum
scutorum, superius expressatam, per heredem suum inferius
nominandum et instituendum locis et personis ac modo et forma
inferius descriptis, designatis et specifficatis. In primis legavit
dicta nobilis domina Longa de Insula, testatrix, et jure pii legati
relinquit ac de bonis suis dari, tradi et exsolvi voluit, jussit et
mandavit nobili AGNETE DE GOLARDO, filie sue uxorique nobilis
domini BARTHOLOMEI DE MONTESQUIVO, militis, domini de Salis, summam viginti quinque scutorum auri, valoris cujuslibet scuti
viginti septem solidorum cum dimidio turon. in moneta regia,
semel dumtaxat solvendam per heredem suum infra nominandum
et instituendum de predictis bonis suis, dictam Agnetam filiam
suam in predicta summa viginti quinque scutorum heredem
suam particularem substituendo et nominando; volens, mandans et ordinans dicta nobilis domina testatrix quod dicta
Agneta, filia sua, nil amplius possit seu valeat habere, petere
seu exigere de bonis suis ultra predictam summam viginti
quinque scutorum qualicumque jure, racione. seu causa. Item
pariter legavit dicta nobilis domina testatrix et jure pii
legati relinquit, ac de bonis suis dari, tradi et exsolvi voluit,
jussit et mandavit nobili MARGARITE DE GOLARDO, filie sue, domine
loci de Terraubia, uxoris quondam nobilis YSINI DE GOLARDO,
domini dum vivebat ejusdem loci de Terraubia, videlicet summam viginti quinque scutorum auri, quodlibet valoris cujus
supra, semel dumtaxat solvendam per dictum heredem suum
inferius nominandum et instituendum de predictis bonis suis,
dictam nobilem Margaritam, filiam suam, in predicta summa
viginti quinque scutorum heredem suam, particularem instituendo et nominando; volens, mandans et ordinans dicta nobilis

domina testatrix quod dicta Margarita, filia sua, nil ulterius possit seu valeat petere, levare seu exigere, in et de bonis suis, ultra predictam summam viginti quinque scutorum qualicumque jure, racione seu causa. Item pariter legavit dicta nobilis domina testatrix et jure pii legati relinquit ac de bonis suis dari, tradi et exsolvi voluit, jussit et mandavit nobili Agnete de Montesquivo, nepti sue, filie nobilis domini Bartholomei de Montesquivo, militis, domini loci de Salis, et dicte.nobilis Agnete de Golardo, conjugum, videlicet summam viginti quinque scutorum valoris cujus supra, semel dumtaxat solvendam per dictum heredem suum inferius nominandum et instituendum de predictis bonis suis, et hoc in recompensacionem plurimorum amorum, plaseriorum, serviciorum per eamdem nobilem Agnetam, neptem suam, eidem preteritis temporibus illatorum et impensorum, de quibus se tenebat pro bene paccata et contenta, ut asseruit. Item pariter legavit memorata nobilis domina testatrix et jure pii legati relinquit ac de bonis suis dari, tradi et exsolvi voluit, jussit et mandavit nobili Manaldo de Montesquivo, ejus filiolo et nepoti filioque nobilis viri domini Bartholomei de Montesquivo, militis, domini loci de Salis, et dicte nobilis Agnete de Golardo, conjugum, videlicet summam viginti quinque scutorum auri, computando pro quolibet scuto ut supra et valoris cujus supra, semel dumtaxat solvendam per dictum heredem suum inferius nominandum. et instituendum, et hoc de predictis bonis suis. Item legavit memorata testatrix et jure pii legati relinquit ac de bonis suis dari, tradi et exsolvi voluit, jussit et mandavit nobili AGNETE DE GOLARDO, ejus nepti, filie nobilis BERARDI DE GOLARDO, domini loci Insule Bozonis, superius nominati, et nobilis YSABELIS YSALGUERA, conjugum, videlicet summam sex scutorum, computando pro quolibet scuto ut supra et valoris cujus supra, semel dumtaxat solvendam

per dictum heredem suum inferius nominandum et instituendum, et hoc de predictis bonis suis. Item legavit testatrix predicta et jure pii legati relinquit ac de bonis suis dari, tradi et
exsolvi voluit, jussit et mandavit nobili Yssineto de Golardo, nepoti
suo, filio alterius quondam nobilis Yssineti et dicte nobilis Margarite de Golardo, quondam conjugum, nunc domino de Terraubia, videlicet summam duorum scutorum, computando pro scuto
ut supra, semel dumtaxat solvendam per dictum heredem suum
infra nominandum et instituendum predictis bonis suis. Item
legavit memorata testatrix et jure pii legati relinquit ac de bonis
suis dari, tradi et exsolvi voluit, jussit et mandavit, amore Dei
et intuitu pietatis, cuilibet filiolo et cuilibet filiole suis, die sui
decessus, vitam in humanis habentibus, videlicet cuilibet ipsorum
tres duplas regias, semel dumtaxat solvendas, et quod dicti filioli
et filiole teneantur orare Deum pro anima ipsius testatricis. Item
memorata nobilis domina Longa de Insula legavit et jure institucionis et hereditarie porcionis dimisit et relinquit nobili
Berardo de Golardo, filio suo legitimo et naturali, domino loci
Insule Bozonis, videlicet duas partes tocius juris et actionis, quod
et quam ipsa testatrix habet et habere potest seu debet aut sibi
competit, pertinet et spectat, quovis jure et racione seu causa, in
loco sive castro de Pardelhano, scito in patria Carcasesii, residuo
hoc est tercia parte juris et actionis premissorum reservata
nobili Geraldo de Golardo, filio suo naturali et legitimo; ita
tamen et cum tali pacto et condicione quod habita gaudentia
dictarum partium ejusdem loci sive castri de Pardalhano seu
juris et actionis, quod ipsa testatrix habet in eodem, ipse jam
dictus nobilis Berardus de Golardo teneatur dare, tradere, solvere seu liberare jam dicto nobili Geraldo de Golardo, fratri suo
et filio ejusdem testatricis, summam ducentum scutorum auri,

computando tamen pro quolibet scuto viginti septem solidos
cum dimidio turonensium, et ultra hoc teneatur dare, tradere
et liberare heredi suo infrascripto summam centum scutorum
auri, computando pro scuto ut supra. Item pariter legavit dicta
nobilis domina testatrix et jure institucionis et hereditarie porcionis dimisit et relinquit dicto nobili Berardo de Golardo, filio
suo, totum illud jus et actionem, quod et quam dicta nobilis testatrix habet habereque potest et debet seu sibi pertinet, competit
et spectat in locis de Aurade, de Bonrepaux et Montisferrandi,
scitis in comitatu Insule Jordanis et in aliis locis dicti comitatus,
ubicumque sint, infra dictum comitatum Insule Jordanis, et
quovis jure, racione seu causa sibi pertineant, sive sint rende
annue, census, feuda, agreria, dominaciones altas, medias et
bassas, jura, voces, debita auri, argenti vel alterius rei, necnon
et alia quecumque bona mobilia et immobilia cujuscumque condicionis existant, tam de feudo nobili quam alia ruralia, nulla
retencione seu resignacione per eamdem nobilem testatricem in
premissis facta, quam minime fieri voluit. Dictum vero Berardum
de Golardo, filium suum, in premissis legatis bonis et rebus superius specifficatis et declaratis, heredem suum particularem instituendo, volens et mandans dicta testatrix quod dictus nobilis
Berardus de Golardo, ejus filius, nil aliud possit seu valeat petere
in predictis bonis suis. Item legavit dicta nobilis domina Longa
de Insula, testatrix, et jure institucionis et hereditarie porcionis
dimisit et relinquit nobili Geraldo de Golardo, filio suo legitimo
et naturali, videlicet terciam partem tocius juris et actionis que
ipsa testatrix habet et habere potest seu debet, aut sibi competit,
pertinet et spectat quovis jure, racione seu causa, in jam dicto
loco sive Castro de Pardelhano; de quibus duas alias partes superius in presenti testamento legaverat, dimiserat et relinquerat

dicto nobili Berardo de Golardo, filio suo et fratri ipsius nobilis
Geraldi. Item etiam ultra premissa dicta nobilis domina testatrix
legavit et jure institucionis et hereditarie porcionis dedit, dimisit
et relinquit dicto nobili Geraldo de Golardo, filio suo, summam
ducentum scutorum, computando pro scuto ut supra, semel
dumtaxat solvendam de bonis suis per heredem suum infra
nominandum et instituendum. Item dicta nobilis domina Longa
de Insula, testatrix, voluit, statuit et ordinavit precepit atque
mandavit quod dictus nobilis Geraldus de Golardo, filius suus,
habeat victum condecenter et honoriffice juxta statum et condi-
cionem sue persone, in et super omnibus bonis suis et mansio-
nem in domo ipsius testatricis in dicto loco Sancti Aviti una
cum uno suo servitore, et simul cum dicto herede suo inferius
nominando et instituendo; in premissis legatis dictum nobilem
Geraldum de Golardo, filium suum, heredem particularem instituendo, volens et mandans dicta nobilis domina testatrix quod
dictus nobilis Geraldus de Golardo, ejus filius, nil aliud possit seu
valeat petere in predictis bonis suis. In omnibus autem aliis
bonis et rebus suis mobilibus et immobilibus, presentibus pariter
et futuris, quecumque sint et ubicumque ac quocumque nomine
censeantur dictæ nobili domine testatrici pertinentibus et pertinere debentibus quovis modo, solutis tamen prius debitis, legatis et helemosinis suis superius declaratis et specifficatis debitoribus et legatariis, ac aliis quibus pertinebit, factoque furnimento
sue sepulture condecenter et honoriffice juxta statum et condi-
cionem sue persone ac juxta ordinata per eamdem testatricem
superius, heredem suum generalem et universalem sibi instituit
atque fecit et ore suo proprio nominavit videlicet nobilem
Johannem de Golardo ejus filium legitimum et naturalem. Item
voluit, disposuit et ordinavit memorata nobilis domina testatrix,

casu quo dictus nobilis Johannes de Golardo, heres suus pre-
loquutus, decederet, quod absit, absque libero seu liberis masculis de suo legitimo matrimonio procreato seu procreatis, quod
dicta hereditas et bona sua pleno jure pertineant, deveniant et
revertantur ad dictos nobiles Berardum et Geraldum Golardo,
filios suos, superius nominatos, substituendo eo casu eosdem heredes bonorum suorum æquis porcionibus inter eos dividendis. Et
casu quo unus illorum decederet absque libero seu liberis masculis, de suo legitimo matrimonio procreato seu procreatis, quod
dicta bona et hereditas sua deveniat, pertineat et spectet ad
supraviventem, substituendo eumdem supraviventem heredem
suum in eo casu. Item voluit, disposuit et ordinavit memorata
nobilis domina testatrix quod eo casu adveniente quod dicti nobiles Berardus et Geraldus de Golardo, ejus filii ambo, decederent
absque libero seu liberis masculis, de eorum legitimo matrimonio
procreato seu procreatis, quod bona et hereditas sua deveniat et
revertatur ad nobilem Manaldum de Montesquivo, nepotem suum
superius in presenti testamento nominatum, dictum nobilem
Manaldum eo casu heredem suum substituendo. Item voluit,
disposuit et ordinavit dicta nobilis domina testatrix quod, eo
casu adveniente, quod dictus nobilis Manaldus de Montesquivo,
nepos et heres suus, ut premittitur substitutus, decederet absque
libero seu liberis masculis, de suo legitimo matrimonio procreato
seu procreatis, quod dicta hereditas deveniat et revertatur ad
filiam seu filias dicti nobilis Johannis de Golardo, filii sui et primi
heredis instituti, casu quo sint seu stent in humanis, de ejus
tamen legitimo matrimonio procreatas. Et casu quod non sint
seu non stent alique filie dicti sui primi heredis instituti in
humanis, quod in deffectu illarum filiarum dicta sua hereditas
deveniat et revertatur pertineatque et spectet pleno jure ad

filiam seu filias aliorum heredum substitutorum per ordinem, juxta substitutionem seu substitutiones superius per ipsam nobilem testatricem factas et ordinatas. Item dicta nobilis domina Longa de Insula testatrix elegit, fecit, instituit et ordinavit atque expresse voluit et mandavit esse exequtores sui presentis testamenti sueque presentis ultime voluntatis, disposicionis et ordinacionis, sine dampno et periculo bonorum suorum, sed solum ad solvendum et complendum, seu exsolvi et compleri faciendum per heredem suum superius nominatum legata sua, superius expressata hoc presenti suo testamento, ultimeque sue voluntatis, disposicionis et ordinacionis, videlicet nobilem BERNARDUM-GUILLERMUM DE GOLARDO, condominum loci Castrinovi Arbey, et dominum Arnaldum de Monte Motorio, presbiterum, habitatorem civitatis Lectore, et ipsorum quemlibet in solidum, ita quod inter eos non sit melior condicio primitus occupantis nec deterior subsequentis, sed id quod per unum ipsorum inceptum fuerit, per alium prosequi, mediari, exequi, terminari valeat et finiri. Quibusquidem exequtoribus suis antedictis et ipsorum cuilibet in solidum memorata nobilis domina testatrix pro predictis omnibus et singulis exsolvendis, exequendis, perficiendis et complendis, dedit ac tribuit et concessit plenam auctoritatem, licenciam et liberam potestatem accipiendi, impignorandi, vendendi, distrahendi et alias alienandi de bonis suis et rebus mobilibus et immobilibus, que sufficiant et sufficere possint et valeant plene et integre ad omnia et singula in hoc presenti publico instrumento sive in hoc presenti suo testamento contenta et expressata, exsolvenda, exequenda, complenda et perficienda, et quod omnis illa vendicio, pignus seu alienacio et quidquid predicti exequtores superius nominati seu alter ipsorum fecerint vel se fecisse dixerint pro omnibus et singulis supradictis faciendis, exequendis, complendis et perficiendis, ita bonum et firmum, sincerum et stabile robur et firmitatem habeant et obtineant, perpetuis temporibus in futurum, ac si ab eadem testatrice viva existente et personaliter presente fierent et agerentur. Voluit eciam et mandavit dicta testatrix quod dicti exequtores sui, superius nominati et per eam ut premittitur electi et instituti, seu alter eorumdem de toto illo quod inde circa premissa post ejusdem testatricis decessum fecerint aut se fecisse dixerint, credantur eorum et cujuslibet ipsorum solo simplici verbo sine testibus et juramento et absque alio genere probacionis. Ita tamen et in hunc modum dicta nobilis domina Longa de Insula testatrix fecit, condidit et ordinavit suum ultimum nuncupativum testamentum bonorumque et rerum suarum supremam et ultimam disposuit et explicavit voluntatem, dispositionem et ordinationem, ut superius est deductum et expressatum pro eo quia dixit et asseruit quod, in hoc presenti suo ultimo testamento suaque ultima bonorum suorum disposicione et ordinacione, suum ultimum assensum et puram sui cordis deliberacionem cum. . . . . gratuito, scienter et consulte apposuerat. Et ideo cassavit, revocavit penitus et annullavit memorata nobilis domina Longa de Insula, testatrix, tenoreque hujus presentis publici instrumenti, ac sui presentis ultimi nuncupativi testamenti et bonorum suorum ultime voluntatis, disposicionis et ordinacionis cassat, revocat penitus et adnullat eis melioribus via, modo et forma quibus de jure potuit et debuit, potest et debet, non per errorem sed ex sua certa scientia et voluntate spontanea, omnia alia testamenta, codicillos et donaciones causa mortis que seu quas olim fecerat, condiderat seu ordinaverat ante hoc presens publicum instrumentum suumque ultimum nuncupativum testamentum seu ultimam bonorum suorum voluntatem, disposicionem et ordinacionem.

Volens, ordinans et mandans eciam dicta testatrix quod omnia et singula, in hoc presenti publico instrumento suoque ultimo nuncupativo testamento contenta, desumpta et expressata, valeant et roboris firmitatem obtineant jure ultimi testamenti; et si jure ultimi testamenti non valerent, quod saltem valeant jure codicillorum; et si jure aliquorum ipsorum non valerent, quod saltem valeant jure alterius ultime voluntatis, disposicionis et ordinacionis, vel donacionis causa mortis, aut alias eo meliori modo quo de jure vel de consuetudine valere poterit, cum de jure ultime voluntates testatoris sint penitus observande et a nemine infringende.

De quibus omnibus et singulis premissis dicta nobilis domina Longa de Insula, testatrix, ore proprio cum bona loquella requisivit me notarium infrascriptum ut sibi retinerem indeque publicam formam redigerem publicum illud in prothocollo meo prius notatum seu in brevi nota retentum, ita bonum et firmum sicut fieri poterit, dictatum, correctum et bene fundatum cum consilio peritorum, facti substanciam non mutando. Actum fuit hoc apud dictum locum Sancti Aviti et in domo seu castro solite habitacionis dicte nobilis domine testatricis, die sexta mensis junii, anno Domini millesimo quadringentesimo sexagesimo sexto; illustrissimo principe et domino nostro Ludovico, Dei gracia Francorum rege regnante, reverendo in Christo patre et domino domino Amalrico, miseratione divina Lectorensi episcopo existente.

Testibus in premissis vocatis et presentibus ac per dictam nobilem dominam Longam de Insula[1], testatricem, de

---

1. Voir tome II de cet ouvrage, pages 321, 324, 325, 326, 327, les actes relatifs à Longue de l'Isle et à son mari, Jean de Galard, sire de l'Isle-Bozon.

hujusmodi suo testamento testimonium veritatis sibi portando ore proprio rogatis; videlicet domino Johanne Foresterii, presbitero, rectore ecclesie parrochialis dicti loci Sancti Aviti, Bernardo de Riqueto, Gayssia de Riqueto[1], Johanne de Manho, Bertrando de Campis, Forcio de Galhino et Johanne de Casalibono dicti loci Sancti Aviti habitatoribus, et me Aymerico Jaqueti, publico civitatis Lectore apostolica et regia auctoritatibus notario qui in premissis testamenti confectioni, ordinationi ac oblicacioni (sic), et aliis dum sicut premittitur agerentur, dicerentur et fierent una cum supra nominatis testibus presens fui, eaque sic fieri, dici et ordinari vidi et audivi, omniaque ordinata, contenta et specifficata in presenti testamento, in meo prothocollo manu propria notavi et scripsi.

A qua nota hoc presens testamenti instrumentum abstraxi et in meis libris ordinacionem ad longum ordinavi, alienaque manu michi fideli grossari, scribi et in hanc publicam formam, in istis duabus pellibus pergameni cum filo albo sutis, reddigi feci, hicque manu propria me subscripsi et signo meo authentiquo sequenti, quo utor, auctoritate regia predicta signavi, in fidem et testimonium omnium et singulorum premissorum.

A. Jaqueti.

Copia cum suo originali correcta per me.

Archives de M. le comte de Luppé, au château de Saint-Avit (Gers). Cahier de seize feuillets, dont deux blancs.

1. Bernard et Gaissie Riquet étaient également des emphytéotes de Jean de Galard, seigneur de Saint-Avit et de l'Isle-Bozon.

## Année 1429.

*Parmi les capitaines gascons qui combattaient à côté et sous la conduite de Jeanne d'Arc devant Orléans, lorsqu'elle força les Anglais à lever le siége de cette ville, on remarque La Hire, Xaintrailles et* GALARDON DE GALARD, *que nous avons vu ailleurs gouverneur de l'étendard du sire d'Albret* [1].

LE FAIT DU SECOURS SUR LES ANGLOIS DE LA VILLE D'ORLÉANS.

*Aux chefs de guerre cy apres nommés.*

Estienne de Vignolles dit La Hire [2].

Pothon de Sainterailles, escuyer.

M. Jehan de Lesgo, chevalier.

M. Raimond de Villars.

---

1. Voir sa quittance comme gouverneur de l'étendard du sire d'Albret, tome II de cet ouvrage, page 410.

2. Jeanne d'Arc marchait à la tête d'une troupe composée principalement de Gascons ou d'Armagnacs, terribles soldats qui, tout en défendant la patrie, dévastaient les campagnes, rançonnaient les cloîtres et faisaient main basse sur les chapelles. Dans leur étrange christianisme, dit Michelet, « ils pensaient que c'était bien fait de piller les saints de langue d'oïl ; qu'à coup sûr ceux de la langue d'oc ne leur en sauraient pas mauvais gré. » Ils gardaient le métal des châsses et laissaient les reliques. Telle était l'irrévérence des Armagnacs pour les choses sacrées, ce qui n'empêcha pas la Pucelle de les prendre pour compagnons d'armes. Elle exerça sur eux une influence si salutaire, qu'elle changea ces féroces capitaines en bons chrétiens. L'un d'eux, La Hire, répétait souvent : *Si Dieu était homme d'armes, il serait pillard.* La Pucelle le réforma et en fit presque un petit saint ; il n'osait plus, selon son habitude, blasphémer. Jeanne d'Arc, voyant la retenue violente qu'il s'imposait, l'autorisa à jurer par son bâton. C'était miracle de voir tous ces damnés Méridionaux, humanisés et convertis par la chaste fille, se confesser et congédier les ribaudes qui les suivaient. Bien mieux, pendant qu'on cheminait, le long de la Loire, vers la cité de Blois, un autel fut élevé en plein air, la vierge héroïque communia et tous firent comme elle.

Galabie de Panassac.

Giraud de la Pallière.

Le sire de Coraze.

GALARDON DE GOULARD, escuyer [1].

Thiebault de Termes.

Collection Gaignières, Monstres, vol. II, fol. 410, Cabinet des titres, Bibl. de Richelieu.

---

## 1435-1436.

*Mention de* GÉRAUD *ou* GUIRAUD DE GALART, *comme bailli de Berry en 1435 et en 1436, par La Thaumassière* [2].

GIRAUD DE GROULARD (pour Goulard), seigneur de Cumont [3] et de Charoste, conseiller et chambellan du roy, bailly de Berry en 1435 et 36.

LA THAUMASSIÈRE, *Histoire du Berry*, t. I, p. 349.

1. Un de ses cousins, Pierre de Beaufort, seigneur de Limeuil, et fils de Nicolas de Beaufort et de Marguerite de Galard, dame de Limeuil, de Miramont, de Clarens et de beaucoup d'autres places, est signalé parmi les seigneurs et chefs de guerre qui reçurent 1,733 écus d'or à Bourges, en décembre 1428, « pour estre venus au mandement du roy à Selles en Berry et à Issoudun, de l'armée que fit le roy à Bourges. » Voici quelques-uns des noms qui figurent sur le rôle de cette solde militaire :

| | | | |
|---|---|---|---|
| A M. d'Orval. . . . . . | 200 escus. | A E. de Vignolles (La Hire). | 150 escus. |
| Au bastard d'Orléans. . | 94 — | Aux deux Galobres. . . . | 300 — |
| A M. de Villars. . . . . | 100 — | A Pothon de Saintrailles. | 175 — |
| A M. de Limeuil et Jean | | A Corneillan . . . . . . | 40 — |
| de la Roche. . . . . | 300 — | A Giraud de la Pallière. . | 110 — |

(*Fonds Gaignières, monstres, vol. II, fol. 565; ancien 771; numérotage nouveau 20684.*)

2. La Thaumassière, on va le voir, est d'accord avec la date du titre qui suit, ce qui corrobore à ce sujet l'opinion de M. Quicherat.

3. Cumont était le fief apporté dans la maison de Galard par Marguerite de Vic-

## Année 1437.

*Richard d'Eymes ou d'Eymier, de la ville de Lectoure, avait sollicité sa grâce de la clémence du roi de France, pour avoir assisté sans le vouloir au meurtre du Petit-Rodrigue, tué par* Jean de Galard, *seigneur de l'Isle-Bozon. Le suppliant expose que Rodrigue avait précédemment mis à mort* Guiraud *ou* Géraud de Galard, *grand bailli de Berry. Ce dernier avait un frère du nom de Jean, qui profita d'une occasion pour le venger. Petit-Rodrigue s'acheminant vers Toulouse passait par Castelnau d'Arbieu, qui confine à l'Isle-Bozon, lorsque Jean de Galard lui courut sus et le laissa sur place. Richard d'Eymes faisait partie de l'escorte de Jean, sans soupçonner l'acte qu'il allait accomplir. Le roi fait droit à sa requête et lui accorde des lettres de rémission* [1].

RÉMISSION POUR LE MEURTRE DU PETIT-RODRIGUE.

Archives du royaume, Trésor des chartes, J. Reg. 198, pièce 7.

*Événements de 1437.*

Loys, par la grace de Dieu roy de France, savoir faisons à tous presents et advenir nous avoir receue l'umble supplication de Richart Deymes, de la ville de Lestore, aage de cinquante ans ou environ, contenant : Que dix-huit ans a ou environ ung nommé le petit Rodigo, pour lors de la charge et compaignée

___

mont, dame de Cumont, aïeule de Géraud ou Giraud de Galard, grand bailli de Berry.

1. Lire dans la *Bibliothèque de l'École des chartes*, t. I, p. 119-196 (1844-1845), l'étude approfondie de M. Jules Quicherat sur *Rodrigue de Villandraut*, qui fut un des plus étranges aventuriers et un des plus hardis capitaines de son temps. Il descendait des anciens seigneurs de Biscaye. Le P. Bonaventure a dit de lui : « Cet « homme était si méchant et si cruel, que son nom est tourné en proverbe dans « la Gascogne où, pour signifier un homme brutal et cruel, on l'appelait *le méchant*

de Rodigo de Villendras, cappitaine de gens de guerre, passoit par la ville de Lestore s'en alant le grant chemin à Tholose, avecques ung hérault de nostre cher et féal cousin le conte d'Armaignac et certains autres gens de guerre, jusques au nombre de sept ou huit de la compaignée dudit de Villandras; et ce venu à la cognoissance de JEHAN DE GOULART, chevalier, frère de feu GIRAULT DE GOULART, aussi en son vivant chevalier et bailly de Berry; et sachant ledit Goulart que ledit Rodigo, peu de temps par avant, avoit meurtry et tué ledit Girault, bailly de Berry, son frère, et de ce très courroucé et desplaisant, incontinant ledit Jean de Goulart requist ledit suppliant qu'il le accompaignast pour aler en aucune ses affaires, sans lui déclerer

« *Rodrigue.* » Celui-ci est jugé de même façon dans la *Complainte ou les Hélas du pauvre commun de France* :

> Hélas! sans plus vous dire hélas!
> Comment peuvent penser créatures
> Qui bien advizent nos figures
> Et ont sens et entendement,
> Et nous voyent nudz par les rues
> Aux gelées et aux froidures,
> Nostre povre vie querant?
> Car nous n'avons plus rien vaillant
> Comme aucuns veullent langaiger.
> Ilz s'en sont très mal informez;
> Car s'ils pensoient bien en *Rodrigues*
> Et Escoçois et leurs complisses,
> Et ès yvers qui sont passez
> Et autres voyes fort oblicques
> Dont tous estatz nous sont relicques,
> Comme chascun nous a plusmé :
> Ils seroient bien héréticques
> Se ilz pensoient bien en leurs nices
> Que il nous fust rien demouré.

Cette pièce, qui a été trop arbitrairement intercalée dans le chapitre 274 du livre I de Monstrelet, n'aurait jamais dû être rangée à la fin du règne de Charles VI, puisqu'elle se rapporte à celui de Charles VII. C'est l'avis de M. Quicherat et le nôtre.

où ne pourquoy; lequel suppliant fut de ce contant pour faire plaisir audit Goulart; et adont ledit Goulart et deux arbalestriers à pied et ledit suppliant en leur compaignie suivirent ledit petit Rodigo jusques auprès de Castel Manarbieu[1], distant dudit lieu de Lestore demie lieue ou environ, où ilz trouvèren ledit petit Rodigo qui s'en aloit son chemin, et eulz arrivez de prime face ledit Goulart courut sus audit petit Rodigo, et le frappa et navra tellement que il mourut incontinant sur la place, dont ledit suppliant fut moult dolant et esbay; et ne frappa nullement ledit Rodigo ne ne bailla aucun aide pour ce faire audit Goulard, mais lui dist que, s'il eust sceu sa voulenté, il ne l'eust point accompaigné pour quelque chose du monde, etc., etc...

Pour ce est-il que nous, ces choses considérées, etc...

Donné à Tours, ou moys d'octobre, l'an de grace mil cccc soixante et ung[2], et de nostre règne le premier.

Ainsi signé : Par le roy, a la relacion du conseil, P. George. *Visa. Contentor.* Chaligault[3].

*Bibliothèque de l'École des chartes,* Paris, septembre 1844, août 1845, t. I, p. 233-234.

1. Pour Castelnau d'Arbieu.

2. Fausse estimation, car elle reporte la date de l'événement à une époque où Rodrigue n'était plus en France depuis longtemps. Mais si l'on fait attention qu'il est dit plus loin que peu de temps par avant le Petit Rodrigue avait tué Girault de Goulart, on sera tout à fait autorisé à placer le fait à la fin de 1437; car, d'après les fastes du Berry dressés par La Thaümassière (*Histoire du Berry,* t. I, p. 47), on voit en effet Girault de Goulart, chevalier, seigneur de Cumont et de Charrost, bailli en 1435 et 1436, disparaître en 1437, et Saintrailles lui succéder le 19 août de la même année 1437. (*Cette note est de M. Quicherat, professeur à l'École des chartes.*)

3. Ces lettres sont très-précieuses, car elles permettent d'assigner à Guiraud ou

## Septembre 1440.

*Guillaume de Gallart est présent à la montre de 25 lances et de 69 archers passée par Édouard Bronfeild. Cette troupe devait concourir au siége d'Harfleur.*

De la montre de 25 lances à cheval et 69 archers de la retenue d'Edouard Bronfeild, ordonnez sous luy par Mᵍʳ le comte de Dorset, pour servir le roy, nostre sire, au siége tenu par ce comte devant la ville de Harfleur au mois de septembre 1440.

Guillaume Gallart [1] un des archers.

Manuscrits de l'abbé de Lespine, dossier de Galard ; Bibl. de Richelieu, Cabinet des titres.

Géraud de Galard, grand bailli de Berry, son rang véritable dans la filiation et de constater qu'il est identique au Géraud de Galard, mentionné dans le testament de son père Bertrand, en 1446, comme n'étant plus et comme père d'Hélène. En effet, puisque Guiraud était frère de Jean, seigneur de l'Isle-Bozon, il était forcément aussi le fils de Bertrand de Galard, grand maître des eaux et forêts d'Aquitaine, chambellan du roi de France, et de Bertrande de Kerven de Mauvezin.

L'abbé de Lespine, dans une note généalogique reproduite page 307 du tome II, avait bien indiqué, parmi les enfants de Bertrand de Galard, un Géraud, mais sans savoir qu'il ne faisait qu'une seule personne avec le grand bailli de Berry. S'il avait connu cette particularité, il n'aurait pas négligé de la signaler à raison de son importance.

1. Quel était ce Guillaume de Galart? Nous présumons qu'il ne fait qu'une seule personne avec Guillaume-Bernard de Galard, seigneur de Castelnau d'Arbieu ; mais, en l'absence de certitude, nous jugeons prudent de ne pas les confondre et de les tenir isolés et distincts jusqu'à plus ample information.

## 20 OCTOBRE 1446.

*Contrat matrimonial de Barthélemy de Montesquiou, chevalier, sei-*
*gneur de Salles, avec* AGNÈTE *ou* ANNE DE GALARD, *fille de Jean, sei-*
*gneur de Saint-Avit. Le père de la fiancée et son aïeul* BERTRAND DE
GALARD, *seigneur de l'Isle-Bozon, lui constituèrent une légitime de*
*1,400 moutons d'or, ayant chacun la valeur de 10 gros d'or et*
*10 jacques. Ils mirent également dans sa corbeille nuptiale des*
*ajustements et des joyaux assortis à la condition de la mariée. Il*
*fut en outre stipulé dans l'acte que l'aîné des enfants mâles issus*
*de cette union serait de droit héritier universel. Au cas où Agnète,*
*devenue veuve, convolerait en secondes noces, sa dot, ses effets et ses*
*bijoux devraient lui être restitués. Une clause particulière semble*
*impliquer que le fils né de la première alliance de Barthélemy de*
*Montesquiou serait consacré à l'ordre de Saint-Jean de Jérusalem.*
*Agnète s'était réservé la libre disposition de 300 moutons d'or*
*pour parer aux frais de ses funérailles et des œuvres pies qu'elle*
*pourrait vouloir réaliser. Parmi les personnages conviés à la céré-*
*monie on remarque Manaud de Lasséran, seigneur de Cazeaux,*
GUILLAUME-BERNARD DE GALARD, *seigneur de Castelnau d'Arbieu,*
*Léonard de Montesquiou, clerc et étudiant à Toulouse.*

In Dei nomine, amen. Noverint universi et singuli presentes
pariter et futuri hoc presens publicum instrumentum inspecturi,
visuri, lecturi, seu etiam audituri, quod cum super matrimonio
contrahendo per verba de presenti et in facie sancte matris
Ecclesie solempnizando, inter nobilem et potentem virum BAR-
THOLOMEUM DE MONTESQUIVO militem, dominum loci de Salis, ex una
parte, et nobilem AGNAM DE GOLARDO, filiam legitimam et naturalem
nobilis JOHANNIS DE GOLARDO, condomini loci Sancti Aviti Lectorensis diocesis, ex altera, nullo prout ibidem dictum fuit retento
dicti matrimonii instrumento, et dictum matrimonium fuit con-

tractum et factum sub modis et formis, conditionibus et pactio-
nibus contentis et expressatis in quodam papiri rotulo scripto
manu Periconi de Pomareda, clerici, soluti habitatoris loci de
Insula Bozonis, ut ibi dictum fuit, facto et inhito et habito inter
dictos nobiles dominum Bartholomeum de Montesquivo, militem,
et nobilem Johannem de Golardo, patrem dicte nobilis Agne de
Golardo super dicto matrimonio, cujusquidem rotuli tenor sequitur et est talis : « Aquestas son las convenensas feytas e acordadas
entre los nobles senhos mosen Bertran de Golart, senhor de la
Ylha en Boson, e de Johan de Golart senhor de Sent Avit son filh,
de una part, e lo noble mosen Berthomiu de Montesquiu, senhor
deu loc de Salas, dautra part, sus lo matrimoni, en nom de Diu
e de la vergis Maria, fazedor entre lodit mosen Berthomiu de
Montesquiu de una part, e la nobla Agna de Golart, filha deudit
Johan de Golart, senhor de Sent Avit, dautra part, en la maneyra
et en la forma que sensiet : Tot primerament fot enpres e acordat
en las dictas partidas, dessus nominatz, que lodit noble mosen
Berthomiu de Montesquiu, cavaler, prenera per molhe et per spoza
ladita nobla Agna de Golart segont que santa mayre Gleysa vol e
ordena. Item fot enpres e acordat entre los susditz que, per sup-
portar los quarse deudit matrimoni e per nom de dot losditz
noblec mosen Betran de Golart, senhor de la Ylha en Bozon, et
Johan de Golart son filh, senhor de Sent Avit, pay de ladita nobla
Agna de Golart, balharan audit mosen Berthomiu de Montesquiu
en dot e per nom de son dot mil e quatre cens motos daur
condan per moton detz gros daur et dotze jaques per gros.
Item fot enpres e acordat entre los susditz que los nobles mosen
Bertran de Golart, senhor de la Ylha en Boson, e Johan de Golart
son filh, senhor de Sent Avit, balharan realment e de feyt audit
mosen Berthomiu de Montesquiu quatorze cens motos daur

per lodit dot e los quatre cens motos davant que lodit mosen
Berthomiu de Montesquiu no fermara per molhe ladita Agna
de Golart. Item fot enpres e acordat que lodit mosen Bertran de Golart, senhor de la Ylha en Boson, e lodit Johan de
Golart, senhor de Sent Avit son filh, daran a ladita Agna de
Golart, filha deudit Johan de Golart, raubas e bistiduras, e autres
joels e hornamens rasonables segon son stat a la coneguda de
sos amix. Item fot enpres e acordat entre los nobles de susditz
que, per extimar las pagas de susditas segous deus ditz mil
quatre cens motos, losditz noblec moseu Bertran de Golart, senhor
de la Ylha en Bozon, e lodit Johan de Golart, son filh, senhor de
Sent Avit, balharan audit moseu Berthomiu de Montesquiu, senhor
de Salas, la soma cascun an sinquanta motos daur ho la valor cum
dessus en tal jorn cum ladita solempuisacion deudit matrimoni
sera solempnisat e par carnal copulation ajustat entre lor e asso
cascun an entro partant que ladita soma sia pagada dues quatorze cens motos audit moseu Berthomiu de Montesquiu, senhor
de Salas, e que no puscan demandar si a par aventura passaba
quatre ans e plus, so que los sinquanta motos cum desus es dit
per cascun an. Item fot enpres e acordat entre los dessusditz que
lo primie filh mascle, procreat de leiau matrimoni de lor cos mas
que sia abil, sera lor herete universal tant deus bes de la may
cum deu pay et de totz presens e endevenidors, e si lo primie no
era abil, lo segont e ayssimetis de la hun a l'autre e si plus ni
avia que de hun que fossau apparcelatz segont la difficultat de
lor hostau al regart deus amix de cadahuna partida. Item fot
enpres et acordat entre los desusditz que las filhas, que Dius los
dara de lor leiau matrimoni de lor cos, sian adotados segont la
facultat de lor bes a coneyssensa de los amix de cada partida.
Item fot enpres e acordat entre los desusditz que si lo matrimoni

desemparaba per la mort de moseu Berthomiu, so que Diu no placia, e remanian filhs o filhas, e ladita nobla Agna volia com- volar segondas nossas, que en aquest cas lodit dot lo fossa tornat e restituit e aquetz termes e paguatz hosemlant que sere stat paguat e ayssimetis totz hornamens, raubas, joyels e vestiduras, que ladita Agna avre portatz, e asso en la maneyra e en lestat que par labetz seren atrovatz en aquet tems, e que lasditas raubas e joyels fossan renovelatz en la valor que ira las avia portadas. Item fot acordat entre los desusditz que en lo cas que desaves primieramente deudit moseu Berthomiu que de ladita Agna que lodit moseu Berthomiu vol que lo sia balhat sus lo loc de Salas, sa vita, ab tots sas pertenensas e juridiction e rendas que tot sia son propre tant quant stara en vita viduau, casta e honesta, ses recebre marit, e ses redre conde a nulhs de sos heretes ni autres, e ses caucion prestadora a nulh jutge. Item fot enpres et acordat entre los desusditz que moseu Berthomiu de Montesquiu reconeys- sera ausdesusditz mosen Bertran de Golart e Johan son filh, senhor de Sent Avit, pay de ladita filha Agnes, las somas que prenen sus totz sos bes ayssi cum los prenga e asso per restituir en atau cas, si ni avia loc de restitucion, so que Diu no bulha. Item fot enpres e acordat entre los desusditz que lodit moseu Berthomiu, senhor de Salas, balhara a lordre de seur Johan en Rodas, son filh, qui a agut de son primie matrimoni, e la parcela sus sos bes en la soma de quatre cens scutz daur, e vol que plus noy pusca demandar sus sos bes presens ni endevenidors, si no tant sola- ment la soma desusdita ny per legitima ny per autra causa, e asso etz affermaran et e mosen Bertran tant fort cumperdret se pusca far. Item dona sus sos bes donacion feyta entre vius lodit noble moseu Berthomiu, senhor de Salas, a ladita Agna de Golart, filha del senhor de Sent Avit, aras de present e per labetz, la soma

de tres centz motos daur, co̶m̶e̶n̶ detz g̶r̶o̶s daur per moton, deus
quals vol que ladita Agna pusca far t̶e̶l̶a̶sa propria voluntat et
estat a son plaser o ab marit o ses marit. Item fot enpres e acordat que si ladita Agna more ab enfans ho ses enfans, que pusca
testar per son arma en la soma de tres centz motos a tot son plase
de l'argent deudit dot que portat avra. Item fot enpres e acordat
que si ladita Agna avia enfans, que losditz enfans agossan la resta
doudit dot, e si no y avia enfans ni enfantas que lodit dot aques
atoma aldit hostau de moseu Bertran de Golart en la maneyra
que lo seren statz paguatz o a son herete. Item fot enpres e acordat entre moseu Bertran de Golart et lodit Johan de Golart, senhor
de Sent Avit, d'una part, e lodit moseu Berthomiu de Montesquiu
que cascun de leur juraran e prometeran de tenir las convenensas de susditas e de far instrument tant fort cum per
cossel de sabi se pusca far; et sageraran de los sagetz. J. de
Golart, Berthomiu de Montesquiu. » Tandem constituti personaliter apud locum de Insula Bozonis, Lectorensis diocesis, in mei
notarii publici et testium infrascriptorum presentia dicti nobiles
dominus Bertrandus de Golardo, miles, dominus de Insula Bozonis,
et Johannes de Golardo, ejus filius, dominus loci Sancti Aviti et
pater dicte Agne de Golardo, volentes et affectantes, cupientes et
desiderantes tenere et servare pacta et conventiones per ipsos
et quemlibet ipsorum promissas et in dicto rotulo dictarum conventionum contentas, et expressatas, gratis, meris, liberis et
spontaneis voluntatibus, non vi, non metu, neque dolo, neque
fraude aliqua ad hoc inducti, sed eorum motu proprio et animis
deliberatis et benignis, certi de eorum facto, cercioratique de jure
ipsorum, ut dixerunt et asseruerunt, pro se ipsis eorumque heredibus et successoribus universis, sub efficaci ypotheca et obliga-
cione omnium et singulorum bonorum suorum et cujuslibet

ipsorum, mobilium et immobilium presentium et futurorum, et
sub omni juris et facti nunciatione ad hec necessaria qualibet
pariter et cauthela, et sub omni reffectione dampnorum, grava-
minum et expensarum curie, litis et extra, ac etiam interesse, promiserunt et convenerunt per pactum expressum firma
et solempni stipulatione et legitima interveniente vallatum
et vestitum, dareque et solvere promiserunt in pace et sine
contradictione quacumque predicto nobili Bartholomeo de Montesquivo, militi, domino loci de Salis, viro dicte nobilis Agne de
Golardo, ibidem presenti, pro se et ejus ordinio heredibusque
et successoribus suis universis legitime stipulanti et recipienti,
videlicet in terminis in dicto rotulo dictarum conventionum
contentis et expressatis, sic et prout in eodem rotulo continentur, et hoc racione et ex causa dotis et pro dote ac dotis nomine
predicte nobilis Agne de Golardo et pro honeribus dicti matrimonii supportandis ; de quibusquidem conventionibus, in
dicto rotulo contentis et expressatis, dicte partes et quelibet ipsarum se habuerunt et tenuerunt, ut dixerunt et asseruerunt, pro
bene paccatæ et contentæ, vi, dolo, fraude, deceptione et mala machinatione cessantibus quibuscumque pariter et exclusis, et renunciaverunt dicti nobiles dominus Bertrandus de Golardo, miles,
dominus loci Insule Bozonis, et Johannes de Golardo, ejus filius
dominus loci de Sancto Avito, et etiam gratis et eorum sponte
exceptioni dicti matrimonii inter predictos nobiles dominum
Bartholomeum de Montesquivo, militem, et Agnam de Golardo
non fore contracti, dictam dotem et alia arnesia nuptialia, superius in predicto rotulo dictarum conventionum contenta et
expressata racione dotis predicte Agne de Golardo, dicto nobili
domino Bartholomeo de Montesquivo, in terminis in eodem
rotulo dictarum conventionum contentis et expressatis, per ipsos

solvere non promissorum, omnique decepcioni doli mali, fraudis, erroris, lesionis et deceptionis cujuscumque, actioni in factum, condicioni sine causa ob causam, metus causa et ob turpem causam, cause date et cause non sequte et quibuslibet aliis condicionibus, exceptionibus et allegacionibus juris et facti, usibus et consuetudinibus cum quibus posset contra contenta vel aliqua de contentis in hoc publico instrumento facere vel venire, in totum, vel in parte, vel in aliquo, et nisi in dictis terminis superius in dicto rotulo dictarum conventionum contentis et expressatis et in quolibet ipsorum, dicti nobiles Bertrandus de Golardo, miles, dominus loci de Insula Bozonis, et Johannes de Golardo, ejus filius, dominus loci Sancti Aviti, et nobilis dominus Bartholomeus de Montesquivo, miles, dominus loci de Salis, ad tenendum et observandum quilibet ipsorum, et prout ad quemlibet ipsorum annuatim vel divisim pertinet et expectat, convenciones predictas et in dicto rotulo dictarum convencionum contentas et expressatas se posse et debere cogi, compelli et constringi voluerunt, et quilibet ipsorum voluit per curias dominorum officialis, bajulorum et consulum civitatis Lectore, et per curiam camere sancte Sedis Apostolice domini nostri pape ejusque camere auditoris et vice auditoris, locumtenentis et commissarii ejusdem domini nostri pape, et per vires et rigores sigilli et contrasigilli, parvi sigilli regii Montispessulani domini nostri Francie regis, et per curiam domus communis dominorum de capitulo Tholose, et per curias dominorum senescallorum, judicum ac officialium Tholose, Auxis, Agennensis, Condomiensis et Leomanie, et per exequtores et sub exequtoribus predictarum curiarum et cujuslibet ipsarum, qui nunc sunt aut pro tempore futuri fuerint, electioni dictarum ambarum partium vel earum ordiniorum, et per quamlibet earumdem et per quamcumque aliam curiam ecclesiasticam vel secularem, tanquam pro re judicata et in judicio confessata, clara, liquida, cognita et manifesta, et in judicio confessata, velque jam diu in rem transiverit judicatam, et hoc per captionem, vendicionem, distractionem et alienationem omnium et singulorum bonorum suorum et cujuslibet ambarum partium, videlicet dominorum Bertrandi de Golardo, Johannis de Golardo, ejus filii, et domini Bartholomei de Montesquivo, et cujuslibet ipsorum, bannum inquantum et guarnisiones, duorum aut plurium servientium in eisdem appositionem et continuam detentionem, et renunciaverunt dicti nobiles domini Bertrandus de Golardo, miles, et Johannes de Golardo, ejus filius, et dominus Bartholomeus de Montesquivo, miles, omnes insimul et quilibet ipsorum legi *Si convenerit* ff. de juridictione ómnium judicum ; et etiam renuntiaverunt omnes insimul exceptioni non sic celebrati contractus, aliter fuisse scriptum quam dictum et e converso et doli mali, metus, in factum actioni, indebiti sine causa et ex justa causa, privilegiis crucis et fore signate et signande, concesse et concedende, omni tempore. . . . . et quadrimesio, omni appellationis remedio, omni inhibitioni cujuscumque principis, omni consuetudini et statuto judicis, quinquennalibus majoribus et minoribus, et quatuor messium legi cepti judicii de juridictione omnium judicum, *Si convenerit,* constitutioni tam de duabus dictis editis et edendis, impetracioni quarumcumque licterarum apostolicarum, conventioni judicum et locorum, feriis messium et vindemiarum, omnibus privilegiis crucis generalis, passatgii ultra marini et novarum vastitarum factarum vel faciendarum quarumcumque, et gracie regie indulte vel etiam indulgende, et omnibus aliis privigeliis, graciis, respectibus, feriis et dilationibus, omnibusque licteris status apo-

stolicis et imperialibus, et regalibus et comitalibus, et aliis quibuscumque sub quavis verborum forma concessis vel etiam concedendis per dominum nostrum Francie regem vel per dominum
nostrum comitem Armanaci, vicecomitem Leomanie et Altivillaris,
racione guerrarum suarum, factarum vel faciendarum, aut per
quemcumque alium regem seu principem ad hoc potestatem
habentem, de non solvendo suis debitis usque ad certum tempus, et hoc tam per grandinem et temporis austeritatem quam
alia quacumque de causa, et omnibus usibus et consuetudinibus dicti loci de Insula Bozonis, et omnibus et singulis aliis
legibus et etiam observantiis curie regie et terre dicti domini
nostri comitis et vicecomitis, quibus mediantibus creditoribus
compelluntur seu etiam inducuntur ad recipiendum in solutionem pro suis debitis de bonis immobilibus suorum debitorum
ad consulum seu aliorum procerum extimationem, et denique
omni alii exceptioni, actioni et deffensioni juris et facti canonici
et civilis, et legum auxilio per que seu cum quibus contra per-
missa vel eorum aliqua venire possent, nec se in aliquo deffendere vel thueri, et juri dicenti generalem renunciationem non
valere nisi precesserit especialis. Postquam ibidem et incontinenti,
ad majorem securitatem dicti nobilis domini Bertholomei de Montesquivo, militis, et ipsius nobilis Agne de Golardo, dicti nobiles
dominus Bertrandus de Golardo, miles, dominus loci de Insula
Bozonis, et Johannes de Golardo, ejus filius, dominus loci Sancti
Aviti paterque dicte nobilis Agne de Golardo, et dictus dominus
nobilis Bertholomeus de Montesquivo, miles, et eorum quilibet,
ad majorem securitatem eorumdem et cujuslibet ipsorum, quathinus ad ipsos et quemlibet ipsorum pertinet et spectat, gratis
et eorum sponte, eis melioribus via, modo et forma de jure
quibus potuerunt et debuerunt, fecerunt, constituerunt et sol-

lempniter ordinaverunt eorum veros, certos, generales et speciales et indubitatos procuratores, actores, factores, et negocio-
rum suorum gestores et nuncios speciales, videlicet, venerabiles
et discretos viros dominum Bertrandum de Rulhia licentiatum
in legibus, magistros Guillermum de Rivali, baccallarium in legibus, Guillermum Bordein, Dominicum de Troussenio, notarios,
habitatores Lectore, et curiarum supradictarum qui nunc sunt
aut qui pro tempore erunt, et cujuslibet ipsorum, et procuratores fiscales curiarum supradictarum, absentes tanquam presentes, et eorum quemlibet in solidum, ita quod inter eos non
sit melior conditio occuppantis, sed id quod per unum ipsorum
inceptum fuerit per alium eorumdem mediari, prossequi, terminari valeat et finiri, videlicet ad comparendum pro ipsis
constituentibus et eorum nomine omni tempore, die et hora
feriatis et non feriatis, tam ante terminos in dicto rotulo dictarum conventionum contentos et expressatos, quam in ipsos terminos et post ipsos terminos, quociens et quando dicto nobili
domino Bertholomeo de Montesquivo creditori, et etiam dicte
nobili Agne de Golardo, ejus uxori, vel eorum procuratoribus
placuerit et visum fuerit faciendum, coram dictis dominis offi-
cialibus, bajulis, consulibus, senescallis, judicibus et curiis
quibuscumque et quolibet vel altero eorumdem, et dicti nobiles
dominus Bertrandus de Golardo, miles, et Johannes de Golardo,
ejus filius, et dictus nobilis dominus Bartholomeus de Montesquivo, miles, dominus loci de Salis, vir dicte nobilis Agne de
Golardo, omnes insimul dictas dotem et convenciones in dicto
rotulo contentas et expressatas confitendi et recognoscendi
semel et pluries, tosciens quosciens et quando dictis creditoribus aut eorum legitimo procuratori placuerit et visum fuerit
faciendum, et tam ante faciende solutionis dicte dotis et vestium

nuptialium et aliarum rerum in dicto rotulo dictarum conventionum contentarum et expressatarum, quam post, et ad petendum,
audiendum et recipiendum omne preceptum, monitionem,
condempnacionem, sentenciam excommunicationis et mandatum que et quam facere ferre voluerunt contra ipsas partes
eorumque heredes et successores, et bona predicta, dotem et
vestes nuptiales solvendum, et dictas convenciones tenendas et
observandas, et eis sponte acquiescendum, et ad submictendum
et resumictendum propterea ipsas partes eorumque heredes et
successores et bona juridictionibus, cohercionibus et compulsionibus curiarum predictarum et sigillorum predictorum, et
ad volandum et consentiendum quod dicti domini officialis
Lectore, bajuli et consules civitatis Lectore, judex Leomanie,
senescalli Tholose et Agennensis, et alii quicumque judices
et officiales ad electionem dicti nobilis domini Bertholomei de Montesquivo et dicte nobilis Agne de Golardo in ipsos
dominum Bertrandum de Golardo et Johannem de Golardo,
ejus filium, quoad solucionem dicte dotis dictorum quatuordecim centum mutonum et aliorum arnesiorum nuptialium
superius expressatorum, et etiam contra nobilem dominum
Bertholomeum de Montesquivo quoad restitutionem dicte dotis
et aliarum rerum in dicto rotulo contentarum et expressatarum, et juxta tenorem predicti rotuli plenarie satisfaciendum,
et generaliter omnia alia universa et singula faciendi, dicendi,
gerendi, procurandi et excercendi que in premissis et circa
premissa necessaria fuerint seu etiam opportuna, etiamsi que
mandatum magis exigerent especiale. Promictentes dicte partes
michi notario infrascripto ut publice persone legitime stipulanti
et recipienti vice et nomine omnium et singulorum illorum
quorum interest, intererit, aut interesse poterit in futurum, se

ratum, gratum et firmum perpetuo habituras quidquid per dictos procuratores suos et eorum quemlibet in solidum actum fuerit in premissis, sive gestum, ab omni onere satisdandi relevantes et relevare promictentes, in judicio sisti et judicatum solvi, cum omnibus suis clausulis universis ad hec necessariis seu etiam opportunis, sub ypotheca et obligatione omnium et singulorum bonorum suorum et cujuslibet ipsorum mobilium et immobilium, presencium et futurorum, et sub omni juris et facti renunciatione ad hec necessaria qualibet pariter et cauthela. Que omnia et singula supra scripta et in hoc presenti publico instrumento contenta tenere, servare et inviolabiliter observare, et in nullo contrafacere, dicere vel venire in totum vel in parte, vel in aliquo, nec contra facienti vel venienti in aliquo consentire de jure, clam vel etiam manifeste, et dictos procuratores suos nec aliquem ipsorum non revocare donec predicta omnia et singula et in hoc presenti publico instrumento contenta fuerint integre observata et completa, dicti nobiles domini Bertrandus de Golardo, miles, et Johannes de Golardo, ejus filius, cum licentia et auctoritate nobilis domini Bertrandi, patris sui ibidem presentis, licentiamque et auctoritatem ad omnia et singula supra et infra scripta facienda dantis, prestantis et concedentis, et dominus Bertholomeus de Montesquivo, miles, omnes insimul et quilibet ipsorum, ad sancta quatuor Dei Evangelia eorum manibus dextris propriis gratis tactis corporaliter, sponte promisserunt et juraverunt et sub virtute per ipsos prestiti juramenti renunciaverunt omnibus juribus, legibus, privilegiis, licteris gratie, respectibus, observanciis, consuetudinibus quibus supra, cum quibus posset contra premissa vel aliqua ex ipsis facere vel venire, in totum vel in parte, vel in aliquo, ullo modo, ullis temporibus in futurum. De quibus omnibus et singulis premissis dicte partes et earum quelibet requisiverunt me notarium infra-scriptum ut sibi retinerem et deinde conficerem duo publica instrumenta unius et ejusdem tenoris, cuilibet parti unum, ita bona sicut fieri posset cum consilio peritorum. Actum fuit hoc in loco de Insula Bozonis, Lectorensis diocesis, die vicesima mensis octobris anno Domini millesimo quadringentesimo quadrage-simo sexto, regnante domino Karolo dei gracia Francie rege, et domino nostro domino Martino miseratione divina Lectorensi episcopo existente. Hujus rei testes sunt : nobiles dominus Hugo de Forcès, miles, domini loci de Forcès, Manaldus de Lasserano, dominus loci de Casalibus, GUILHERMUS-BERNARDI DE GOLARDO [1], con-dominus loci Castrinovi Arbey, Leonardus de Montesquivo, cle-ricus et studens Tholose, Sauterus de Maura, habitator loci de Marssano, Johannes de Pomareda, habitator loci de Insula Bozo-nis, et ego Petrus Desperano publicus civitatis et diocesis Lecto-rensis episcopali auctoritate notarius, qui requisitus de premissis cartam istam retinui, inquisivi et grossavi, et signo meo consueto signavi.

Presens copia hujus presentis instrumenti fuit abstracta et correcta a suo vero originali, cum quo se concordat, per me Guilhermum de Bonofonte, notarium loci de Sancto Avito, habita-torem, de voluntate dicte nobilis Agne de Golardo.

G. DE BONOFONTE, *notarius.*

Archives de M. le comte de Luppé au château de Saint-Avit (Gers); parchemin.

1. Pour Guillaume-Bernard, seigneur de Castelnau d'Arbieu et fondateur de la branche de ce nom, voir tome II de cet ouvrage, pages 348 et suivantes.

## 2 JANVIER 1492.

AGNÈS *ou* AGNÈTE DE GALARD, *fille de* JEAN DE GALARD, *seigneur de l'Isle-Bozon, et de Longue de l'Isle, étant veuve de Barthélemy de Montesquiou, seigneur de Salles, donna quittance à son neveu* BERTRAND DE GALARD, *seigneur de l'Isle-Bozon, de tous les droits qui lui revenaient du chef de ses père et mère. Elle reconnut également avoir touché, à titre de dot, 1,400 moutons d'or bordelais, ses habits nuptiaux et diverses sommes de son frère* BÉRAUD DE GALARD, *héritier universel du susdit Jean, ainsi que de Bertrand, sus-nommé, qui avait parachevé le payement de sa légitime.*

In nomine Domini, amen. Noverint universi et singuli presentes pariter et futuri hoc presens publicum instrumentum inspecturi, visuri, lecturi ac etiam audituri, quod constituta personaliter apud locum Sancti Clari, vicecomitatus Leomanie et diocesis Lectorensis, in mei notarii publici et testium infrascriptorum presencia, videlicet nobilis et egregia AGNETA DE GOLARDO, relicta nobilis domini Bartholomei de Montesquivo condam militis, domini loci de Salis, Mirapiscensis diocesis, gratis, mera, libera et sponthanea voluntate, non coacta, non decepta, non vi, dolo, metu neque fraude aliqua ad hoc inducta, sed ejus motu proprio et animo deliberato et benigno, certa de suo facto et de jure suo certiorata, prout dixit et asseruit, pro nunc et in perpetuum, pro se ipsaque et omnibus heredibus et successoribus suis universis et singulis, quictavit, remisit penitus et absolvit cum hoc presenti publico instrumento nunc et omni tempore valituro et duraturo nobilem BERTRANDUM DE GOLARDO scutifferum, dominum loci Insule Bozonis, dictorum vicecomitatus Leomanie et Lectorensis diocesis, ibidem presentem, pro se et omnibus heredibus et successoribus suis universis et singulis legitime stipulantem et recipientem,

videlicet de omnibus juribus, deveriis, rationibus, actionibus
que et quas dicta nobilis Agneta habebat et habere poterat seu
debebat et petere posset sibique pertinere et competere possent
in bonis et hereditate nobilis domini JOHANNIS DE GOLARDO, condam militis domini dicti loci Insule Bozonis, patrisque ejusdem
nobilis domine Agnete de Golardo et avi paterni dicti nobilis
Bertrandi de Golardo, domini moderni ejusdem loci Insule Bozonis, et pariter in bonis et hereditate nobilis Longuete de Insula,
condam matris ejusdem nobilis domine Agnete de Golardo, ave
ejusdem nobilis Bertrandi de Golardo, ratione successionis dicti
condam nobilis domini Johannis de Golardo, patris sui, et predicte nobilis domine Longuete de Insula, condam matris sue, tam
de jure, ratione legitime, juris nature, falindre, trabellianice
quarte, aut alio quodam modo dicta nobilis domina Agneta de
Guolardo jus habere et sibi competere, pertinere et competere
possent in dictis bonis paternalibus et maternalibus, et hereditate
eorumdem, quacumque ratione, jure vel causa. Quamquidem
quictationem, remissionem et absolutionem dicta nobilis domina
de Guolardo dixit se facere et fecisse prenominato nobili Bertrando de Guolardo, nepoti suo et domino moderno dicti loci
Insule Bozonis, ibidem presenti et ut supra stipulanti et recipienti,
ratione et ex causa dotis, quatuordecim centum mutonum Burdegalensium et vestium nuptialium et aliorum jocalium nuptialium
per dictum condam nobilem dominum Johannem de Guolardo,
patrem ejusdem nobilis Agnete de Guolardo et avum dicti nobilis
Bertrandi de Guolardo, eidem nobili Agnete datorum et constitu-
torum in tractatu matrimonii, diu est contracti, et in facie sancte
matris ecclesie sollempnizati et per carnalem copulam consum-
mati, ac per obitum sive decessum predicti condam nobilis
Bartholomei de Montesquivo, mariti sui separati, inter preffatum

nobilem dominum Bartholomeum de Montesquivo, condam
dominum dicti loci de Salis, ex una parte, et ipsam nobilem dominam Agnetam de Guolardo, ex parte altera. Quamquidem dotem
dictorum quatuordecim centum mutonum Burdegalensium ves-
tiumque nuptialium et aliorum jocalium ipsa nobilis domina
Agneta de Golardo dixit et confessa fuit ascendere partem et por-
cionem sibi pertinentem et contingentem in bonis et hereditate
prenominati nobilis domini Johannis de Golardo, condam patris
sui, ac etiam in bonis et hereditate predicte nobilis domine Longuete de Insula, condam matris sue. Et pariter dixit et confessa
fuit ipsa nobilis Agneta de Guolardo, in mei notarii publici et
testium infrascriptorum presencia, dictam suam dotem superius
specifficatam fuisse solutam, tam pro dicto condam suo marito,
tempore quo vivebat, quam pro nobili Agnete post decessum
dicti condam nobilis domini Bartholomei de Montesquivo, mariti
sui; et hoc per manus predicti condam nobilis domini Johannis
de Guolardo, patris sui, quam etiam per manus nobilis Beraldi
de Golardo, condam filii et heredis universalis ejusdem nobilis
domini Johannis de Golardo, condam fratris ipsius nobilis Agnete,
ac patris ipsius nobilis Bertrandi de Guolardo, domini moderni
dicti loci Insule Bozonis, et etiam per manus dicti nobilis Bertrandi de Guolardo, facto finali compoto de solutionibus factis
ad causam dicte sue dotis usque ad diem presentem infrascriptam,
inter ipsam nobilem dominam Agnetam de Golardo, ex una
parte, et ipsum nobilem Bertrandum de Golardo, dominum
modernum dicti loci Insule Bozonis, ex parte altera, ut ibidem
dictum fuit et assertum per predictas partes in mei notarii
publici et testium infrascriptorum presencia. Et si forte contingeret in futurum, et appareret per errorem calculi vel alias quod
ipse nobilis Bertrandus de Guolardo, dominus modernus Insule

Bozonis, teneretur eidem nobili domine Agnete de Golardo in aliqua resta predicte sue dotis, ipsa nobilis domina Agneta de Golardo gratis, mera, libera et ejus sponthanea voluntate, non cohacta, non decepta, non vi, dolo, metu neque fraude aliqua ad hoc inducta, sed ejus motu proprio et animo deliberato et benigno, certa de suo facto certiorataque de jure suo, ut dixit et asseruit, pro nunc et in perpetuum, pro se ipsa suisque heredibus, ordinio et successoribus universis et singulis, dedit, cessit et remisit et donando transtulit, quietavit penitus et dereliquit ac etiam tradidit jure proprio et titulo pure, perfecte et irrevocabilis donationis, cessionis et remissionis facte simpliciter inter vivos, non facte, non coperte (*sic*), nec irrevocabilis propter ingratitudinem nec alias quovis modo, preffato nobili Bertrando, nepoti suo et domino moderno dicti loci Insule Bozonis, ibidem presenti, pro se et suo ordinio legitime stipulanti et recipienti pro suis voluntatibus faciendis, videlicet totam illam restam sibi ad solvendum restantem de dicta sua dote superius specifficata, quecunque sit, casu quo sibi deberi in futurum reperiatur. Quamquidem donationem, cessionem, quietacionem et remissionem ipsa nobilis domina Agneta, donatrix, se facere et fecisse predicto nobili Bertrando de Golardo, nepoti suo, ibidem presenti et ut supra stipulanti et recipienti pro multis variis et diversis serviciis, plazeriis, amoribus, servitatibus et benefficiis, quos ipsa nobilis domina Agneta recognovit, concessit et in veritate confessa fuit in mei notarii publici et testium infrascriptorum presencia se habuisse et legitime recepisse a predicto nobili Bertrando de Golardo, nepote suo, equivallentes dictam rem donatam; et etiam premaxime ex eo quod ipsa nobilis Agneta, ut dixit, quod ipsa erat bene certa quod dicta sua dos fuerat ex integro, ut premittitur, soluta, taliter quod prenominata nobilis domina

Agneta de Guolardo de premissis quietatione, donatione, remissione et absolutione se habuit et tenuit pro bene paccata pariter et contenta dixit et asseruit, in mei notarii publici et testium infrascriptorum presencia. Et renuntiavit preffata nobilis domina Agneta de Golardo exceptioni presentis quietationis, donationis, cessionis, remissionis et absolutionis per ipsam non facte et non concesse modo et forma quibus supra, et etiam exceptioni dictorum plazeriorum, serviciorum, amorum et benefficiorum a predicto nobili domino Bertrando de Guolardo, nepote suo, non habitorum, non receptorum et in ejus utilitatem et commodum non fore impensorum, et spei future impensionis, et doli mali, fraudis, erroris, lesionis et deceptionis et clausule male incidentis in contractibus et dantis causam contractui, et omnibus aliis conditionibus, exceptionibus, allegationibus juris et facti, per quas posset contra facere, dicere vel venire, in totum vel in parte, vel in aliquo, et de predicta resta predicte sue dotis, quæque sit, si eidem nobili domine Agnete de Golardo deberi reperiatur per ipsum nobilem Bertrandum de Guolardo, nepotem suum, ut dominum dicti loci Insule Bozonis, ut premittitur, per ipsam superius donata et cessa, ipsa nobilis domina Agneta, donatrix, se disvestivit et denudavit, et eumdem nobilem Bertrandum de Guolardo, nepotem suum, investivit tenore et auctoritate hujus presentis publici instrumenti et traditione note ejusdem. Faciensque predicta nobilis domina Agneta de Golardo dicto nobili Bertrando de Golardo, nepoti suo, ibidem presenti et ut supra stipulanti et recipienti, finem, quietationem, reffutationem specialem et generalem, absolutionem et pactum expressum, firma et sollempni stipulatione interveniente vallatum et vestitum de aliquid ulterius non petendo et de non agendo in judicio neque extra judicium ratione vel occasione premis-

sorum superius expressatorum, ymo promisit ipsa nobilis
domina Agneta de Golardo dicto Bertrando de Golardo, nepoti
suo, ibidem presenti et ut supra stipulanti et recipienti, esse
guarens, et de evictione tenere, ac facere et portare bonam
et firmam guarenciam et evictionem de seipsa et de omnibus
heredibus et successoribus suis, et de omnibus aliis personis que
litem, questionem, petitionem, demandam vel controversiam
faceret seu facerent, moveret seu moverent dicto nobili Bertrando
de Guolardo, domino moderno dicti loci Insule Bozonis, nepo-
tique suo, aut heredibus et successoribus suis, ratione premissorum superius specifficatorum et expressatorum, vel fieri, vel
moveri possent ullo tempore in futurum. Et hoc sub ypotheca et
obligatione omnium et singulorum bonorum suorum mobilium
et immobilium, presencium et futurorum, et sub omni juris et
facti renunciatione ad hec necessaria qualibet pariter et cauthela.
Et pro premissis omnibus et singulis dicta nobilis domina
Agneta de Guolardo voluit se et omnia bona sua mobilia et immobilia, presencia et futura posse et debere cogi, compelli et conveniri per curias dominorum officialium Lectore, Auxis, Tholose,
Mirapiscensis, Carcassone, Agenni et Condomi, judicis vicecomitatus Leomanie, senescallorum Armanhaci, Carcassone, Tholose
et Vasconie, et per vires et rigores parvi sigilli Montispessulani
domini nostri regis, et per quamlibet ipsarum curiarum, nec non
per quamcunque aliam curiam ecclesiasticam vel secularem,
tanquam pro re judicata, clara, liquida, cognita, maniffesta et
judicio confessata, velque jamdiu in rem transiverit judicatam.
Et renunciavit dicta nobilis domina Agneta de Golardo exceptioni non sic celebrati contractus, aliter fuisse scriptum quam
dictum et e converso, et legi *Si convenerit*. Necnon certiorata per
me notarium infrascriptum dicta nobilis domina Agneta de

Golardo renunciavit benefficio *Senatus consulti Velleyani*, et omni alii juri canonico et civili per quod posset contra premissa facere, dicere vel venire, in totum vel in parte, vel in aliquo, ullo tempore in futurum. Que omnia universa et singula scripta et infrascripta, et in hoc presenti publico instrumento contenta tenere, complere et inviolabiliter observare et non contra facere, dicere vel venire in totum vel in parte, vel in aliquo, nec aliquam petere restitutionem clam vel etiam maniffeste, nec contra facienti vel venienti in aliquo consentire dicta nobilis domina Agneta de Guolardo promisit, et super sancta quatuor Dei Evangelia juravit ejus manu dextra gratis corporaliter a se tacta. Et sub virtute per ipsam prestiti juramenti renunciavit omnibus juribus et legibus quibus supra. De quibus omnibus universis et singulis premissis preffatus nobilis Bertrandus de Guolardo, dominus antedictus predicti loci Insule Bozonis, requisivit me notarium publicum infrascriptum ut sibi retinerem publicum instrumentum ita bonum et firmum sicut fieri posset cum consilio peritorum, quod feci. Actum fuit hoc apud dictum locum Sancti Clari, die secunda mensis januarii anno Domini millesimo quadringentesimo nonogesimo secundo, regnante illustrissimo et serenissimo principe et domino nostro domino Karolo Dei gracia Francorum rege, et reverendo in Christo patre domino domino Petro, miseratione divina Lectorensi episcopo existente. Hujus rei sunt testes honorabiles viri magister Arnaldus de Pomareda, notarius, Bernardus Darvaud, Petrus de Sarranto, Philipus de Manhauto dicti loci sancti Clari habitatores; et ego Guilhermus de Sanctis, publicus et habitator dicti loci Sancti Clari auctoritatibus ducali Acquitanie et episcopali Lectore notarius, qui de premissis requisitus presens instrumentum retinui, inquisivi, in hanc notam sumpsi, et in meo prothocollo notavi, in hancque publicam formam in istis duabus pellibus, insimul assutis, manu mea propria scripsi et signo meo auctentico sequenti signavi in fidem et testimonium omnium et singulorum premissorum.

G. DE SANCTIS.

Copia est a vero originali abstracta per me.

CAMBOLINAS.

Archives de M. le comte de Luppé, au château de Saint-Avit.

24 SEPTEMBRE 1456.

*Il est question d'un* PIERRE DE GALARD *dans des lettres de Charles, roi de France, se rapportant à un procès pendant devant la Cour des grands jours des sénéchaussées de Tours, de Bourges, de Saintonge, de Périgord et d'Angoulême.*

Karolus, etc., universis presentes, etc.

Notum facimus quod, constitutis in nostra curia nostrorum magnorum dierum patriarum, baillivatuum, senescalliarum Turonensis, Bituricensis, Pictavensis, Xantonensis, Angolismensis, Marchie et Petragoricensis, Thoracii in Pictavia ordinatorum, Pasqueto de Laboulerie, Johanne Coussy, Gandono Leonardi, de Lamerlie, Durando Felix, Johanne Lerousseau, Johanne de Felix, Bernardo de Felix, Johanneto, Johanne Cabrotin, Stephano du Vasti et Johanne Lemorito, Petro Musnier, Leonardo de Villa du Boc, Johanne Tranchepie, Jacobo de Tranchepie, Tristano de Lemosurie, Petro du Fustier, Johanne de Legresignac, PETRO DE

Goular [1], Johanne de Cherdelac, Guillelmo de Pavignac, Johanne de Lasvignes, Martiale de Lavotue, Guillelmo Caillou, Johanne Arifac, Johanne d'Auriac, Martiale de Maolhas et Guidone Goneran, appellantibus a Radulpho Leparquier, serviente nostro, et anticipatis, ex una parte ; et Stephano de Lagarde, preposito de Verneil, intimato et anticipante, ex altera ; vel earumdem partium procuratoribus.

Prefata curia nostra dictorum dierum, de consensu predictarum partium, seu suorum procuratorum, appellationem supradictam in oppositionem mutavit et convertit, mutatque et con-

---

1. Le registre J. J. 179 du *Trésor des chartes* (Archives de France), page 158, acte 273, contient des lettres de grâce en faveur de JEAN DE GOULART, écuyer, portant la date de 1448. Nous ignorons s'il était de la maison qui nous occupe ; mais ils paraissent tous deux appartenir à la Saintonge. Le fait qui motiva la demande de rémission de Jean de Goulard est en outre assez intéressant pour être rapporté ici :

### REMISSIO PRO JOHANNE GOULART (1448).

« Charles, savoir faisons, etc., nous avoir reçeu humble supplication de nostre bien amé JEHAN GOULART, escuyer ;... que environ le mercredi xi jour de décembre de l'an passé, il se trouva en l'église de Genallie en Xaintonge, où il estoit alé pour oyr la messe, et quant lui et ung appelé Jehan Vigier, escuyer, eurent oys messe, ils se mirent, au partir de l'église, à chemin pour aler au lieu du fief appartenant à Jehan Attarit, oncle du dit Vigier, et ainsi qu'ils s'en alloient et passoient par devant l'ostel de un appellé Jehan Nicou, mareschal, les diz Vigier et suppliant qui n'avoient verge ne baston, fors le dit Vigier qui avoit la dague pendue à sa seinture, que toujours il avoit et a accoustumé de porter, ainsi que les gentilshommes du pays les portent, le dit Vigier s'en entra dedans l'ostel du dit Nicou et le dit suppliant avec lui, et demanda le dit Vigier à ung varlet qui estoit en la dite forge où estoit son maistre ? Et le dit varlet respondy qu'il n'y estoit pas et en après dist qu'il y estoit : et ainsi que le dit Vigier estoit comme à s'en vouloir partir et aler d'ilec, le dit Nicou sailly hors d'une chambre de la dite maison, tenant entre ses mains un grant pertuisane, et vint en outrageulx à l'encontre du dit Vigier. Et quant le dit Vigier le vit ainsi venir à lui, lui dist qu'il estoit mauvais ribault d'estre ainsi

vertit ; atque querimonia per dictum prepositum obtenta, realiter et de facto, et ante omnia furnietur, et restabilimentum fiet, ordinavit et ordinat ; atque partes antedictas coram preposito Parisiense, vel ejus locumtenente, ad quindecimam diem instantis mensis novembris, super dicta oppositione processuras et facturas ut fuerit rationis, remisit et remittit, expensas in deffinitiva reservando.

Quocirca predicto preposito Parisiensi, vel ejus locumtenenti, tenore presentium, commitimus et mandamus quatinus, supradictis partibus per eum auditis, eisdem ministret celeris justitie

sailly et venu avec la dite pertuisane à l'encontre de lui. Et après aucunes parolles dictes entre eulx le dit Vigier et Nicou s'entrecommencèrent à approcher l'un de l'autre que le dit Nicou blessa et fort le dit Vigier de la dite pertuisane en l'une des mains, et en après l'en blessa par la gorge telement que la peau de la gorge et du col pendoit bien grant contre val, et doubtoit fort le dit suppliant que Jehan Vigier feust blessé jusques à la mort ; et aiant le dit suppliant prins ung baston, qu'il trouva en la dicte maison, et en frappa le dit Nicou sur l'eschine ung coup tant seulament et en après se jugea de appaisier et départir la noise au mieulx qu'il peut. Pour ce que le dit Nicou s'est quelque deux ou trois jours après plaingt du dit coup que le dit suppliant lui avoit ainsi donné, et que à cause de la dite batterie J. Nicou ou autrement à cause de son mauvais gouvernement certain temps après est alé de vie à trespas. Le dit suppliant doubte que justice à l'occasion du dit coup et de ce qu'il fut à la dicte noise vuilhe le pugnir ou autrement poursuivre, ores ou pour le temps avenir, se nostre grace et miséricorde ne lui estoient sur ce conparties ; et pour ce nous a le dit suppliant supplié et requis que attendu que ce que dit est et que en tous autres cas il est bien famé et renommé et ne fut jamais actaint ni convaincu d'aucun autre vilain cas, blasme ou reprouche, et que à l'heure qu'il entra au dit ostel du dit Nicou il n'avoit aucune hayne et malveillance à lui aussi n'avoit le dit Vigier, et que le coup que le dit suppliant donna au dit Nicou fut pour le courroux et desplaisance qu'il eut quant il vit le dit Vigier ainsi blessé en la gorge, nous lui veuillons faire impartir nostre grace et miséricorde : pour ce est il que nous, en considération à ce que dit est, voulant miséricorde préférer à rigueur de justice, etc., avons quité, remis et pardonné... Donné en mandement au sénéchal de Xaintonge, etc. Donné à Tours au mois de février, l'an de grace mil cccc xlviii et de nostre règne le xxviie, etc. »

complementum; et insuper primo Parlamenti nostri hostiario vel servienti nostro super hoc requirendo, harum serie committendo, mandamus quatinus supradictam querimoniam, de qua sibi liquebit, realiter et de facto furniri et restabilimentum fieri faciat.

Quibus preposito vel ejus locumtenenti, ac hostiario vel servienti et eorum cuilibet, atque a dicto preposito, vel ejus locum tenente, deputandis, ab omnibus justitiariis et subditis nostris, in hac parte, pareri volumus et jubemus.

Datum Thoarcii, in diebus, sub sigillo nostro pro eisdem ordinato, decima septima die octobris, anno Domini millesimo quadringentesimo quinquagesimo quinto, et regni nostri tricesimo tertio.

Sigillatum Burdegale, in absentia predicti sigilli nostri, de sigillo nostro ordinato pro magnis diebus nostris Burdegale ordinatis, vicesima quarta die septembris, anno Domini millesimo quadringentesimo quinquagesimo sexto, et regni nostri tricesimo quarto.

*Archives historiques du département de la Gironde,* tome IX, pages 153-154.

---

## 19 NOVEMBRE 1458.

*Noble* CIBÉLIE DE GALARD, *sœur de* VIGUIER DE GALARD, *écuyer, seigneur de Flamarens, et de* BERTRAND DE GALARD, *contracta alliance avec Guillaume de Comère, en présence de* JEAN DE GALARD, *chevalier, seigneur de l'Isle-Bozon.*

Noble CIBÉLIE DE GOLART, sœur de noble BIGUIER DE GOLART, écuyer, seigneur de Flamarens, en Lomagne, et de BERTRAND DE

GOLART [1], aussi écuyer, épousa noble GUILLAUME DE COMERA, écuyer, frère de noble Antoine de Comera, écuyer, seigneur de Pinibus, en Fezensaguet, en présence de noble et discret homme JEAN DE GOLART, chevalier, seigneur de l'Isle-Bozon, par contrat de mariage reçu par Pierre de Pomarède, notaire à Saint-Clar, le 19 novembre 1458.

D. VILLEVIEILLE, *Trésor généalogique*, vol. XLIII, folio 144 v°.

# VERS 1458.

*Le roi de France se plaint au comte de Foix de ce qu'il a fait enlever et mettre en prison BERTRAND DE GALARD, qui se rendait à Pardailhan, dont ledit souverain l'avait nommé capitaine.*

### S'EN SUIVENT LES CHOSES QUE LE ROY A FAIT DIRE ET REMONSTRER A MONSEIGNEUR LE COMTE DE FOIX.

Premièrement. . . . . . . . . . . . . . . . . . . . . . . . . . . . .

XXI. — Item. Les gens du dit comte de Foix, ung an a et demi ou environ, prindrent messire BERTHRAN DE GOLART, près de la ville de Verdun, appartenant au roy sans moien, lequel messire Berthran aloit à Pardelhan, dont il est cappitaine pour le roy, et l'ont transporté en divers lieux et détiennent prisonnier de fait et contre raison et au grant préjudice et dommaige du roy.

Archives départementales des Basses-Pyrénées, série E, 441.

1. Voir tome II de cet ouvrage, pages 524 et suivantes.

## VERS 1458.

*Le comte de Foix répond au roi de France que* BERTRAND DE GALARD, *son capitaine, a été saisi et incarcéré à Verdun, comme partisan du comte d'Armagnac, par les gens du comte de Comminges, qui était en guerre avec le précédent. Le comte de Foix ajoute que l'arrestation de Bertrand n'est nullement son fait et qu'il n'y peut rien.*

RESPOSTE FEYTE PER MOSSENHOR LO COMTE DE FOIX ET DE BEGORRE A CERTAINES CAUSES QUE LE ROY L'A FEYT DISER ET DEMOSTRAR PER ARTICLES AUQUALS DITZ ET RESPON LO DIT MOSSENHOR LO COMTE AIXI ET PER LA MANEYRE QUE DEJUUS SE SEG.

Et premierement. . . . . . . . . . . . . . . . . . . . . . . .

Item au XXI art⁰ fasent mention que un an et miey a que mossenhor BERTRAN DE GOLART fot prees par las gens deu dit mossenhor lo comte, pres de la vile de Berdu, et que ditz et respon mon dit senhor lo comte que lo dit de Golart no fot prees per gens qui fossen au dit mossenhor lo comte; totebetz si fot prees per las gens de mossenhor lo comte de Comenge; lo dit de Golart thient lo partit de Armagnac et fasent guerre au dit de Comenge lo dit mossenhor lo comte non es en colpe ni na que far [1].

Archives départementales des Basses-Pyrénées, série E, 441.

1. Cet acte et le précédent sont ainsi résumés dans l'*Inventaire sommaire des archives des Basses-Pyrénées* publié par M. Paul Raymond : « Mémoires présentés au comte de Foix de la part du roi de France, touchant l'enlèvement de BERTRAND DE GALARD, capitaine pour le roi à Pardeilhan. »

## 15 JUILLET 1485.

*Pactes de mariage passés entre* BERTRAND DE GALARD, *écuyer, seigneur de l'Isle-Bozon, et noble Galène de Rivière de Labatut, fille de monseigneur de Labatut, quand vivait, sénéchal de Toulouse et d'Armagnac. Une dot de 2,000 livres est constituée à la future par son frère Bertrand de Rivière.*

Convenensas, feytas au jorn de hoey, xvᵉ jorn de juilhet l'an mil cccc LXXXV, sus lo matrimonii fazedor entre lo noble BERTRAN DE GOLART, scuders, senhor de la Hylla, en Bozon, de una part, et entra la nobla GALIANA D'ARRIBERA, filha legitima et natural dessudit monsenhor Bernat d'Arribera, senhor de Labatut, stan en son bibent seneschal de Tholosa et d'Armahac, d'autra part, accordadas et feytas per lo noble hom Bertran d'Arribera, senhor de Labatut et fray de la dita Galiana ayssi que s'en sec :

Promierament es estat acordat, que lo dit de Golart prenera por molher espoza la dita Galiana d'Arribera ayssend santa mayre gleysa et coma a ordenat;

*Item,* per sustentar las cazes deu dit mariatge lo susdit Bertran d'Arribera, fray de la dita Galiana, filli legitimi et natural deu susdit mossenhor Bernat d'Arribera et sun hereter universal et général, tant que de ordenance de son dit pay que de sa bona voluntat, balhe et constituit en dot et per nom de dot à la susdita sor la soma de dos milia libras tornesas, condan xx sols per licvra et quatre ardits per sol, etc.

*Item,* lo dit senhor de la Hylla reconneyssira spécialement espressa sus la dit loc de la Hylla et sus totz los autres bes mobles et no mobles lo dot que aparera estre pagat, etc.

*Item,* que lo dit de Galart fara se lo prume filh que salhira

deu dit mariatze procreat se es abil, sino lo segon filh, si lo prume
no ero abil, eysi de cascun à l'autre, son hereté universal et général de totz sos bes, rendas, rebennus, et esmolumens, exceptat
lo loc de Cumont; et los autres filhs et filhas seron aparcelats et
adostats segon lo facultat deus bes. Et si los susdits de Golart et
d'Arribera no aven filh mascle et ny abe filha a filhas, que lo
prumera filha descendut de los mariatze avera tant de dot que la
dita Galiana, sa may, hia portat et sera abilhada à la voluntat
deu pay et à la coneyssensa de sos autres parents et amis, etc.

*Item,* si lo cas avene que lo sus dit de Golart, senhor de la
Hylla, anaba de bita à trespassamen d'abant la dita d'Arribera et
era subrebibente a luy, que lo dit de Golart vol que la dita Galiana, sa molher, aya sa demoransa en lo sus dit loc de la Hylla ab
la meytat de las rendas, rebennus et profleyts, esmolumens deu dit
loc de la Hylla, cens ne rendre compte, stan viduamenet honesta;
et si la dita d'Arribera vole convolar a segondas nossas que aya
et receube la meytat deu dit dot que aparera estre pagat, etc.

*Item,* si lo cas avene que la dita Galiana d'Arribera anaba de
bita a trespassemen; subrebibent à luy lo dit de la Hylla, e nay
abe point de enfans que lo dit senhor de la Hylla demorara
usufructari à sa bita de la soma deu dot que aura recebuda.

*Item,* si lo cas era que lo dit de la Hylla anes de bita à trespas,
demoren la dita d'Arribera ob filhs o filhas et aquetz morian en
pupillaritat o autrament, que en aquest cas la dita d'Arribera no
pusca heretar ni demandar succession en los locs deu dit son
marit, filhs ne filhas, mes aras de present quitat tot aquest dret
sens se demandar jamès, etc.

Archives de M. le comte de Luppé, au château de Saint-Avit, arrondissement de Lectoure (Gers).

## Année 1470.

*Mention d'une reconnaissance consentie par* Jean de Galard,
*seigneur d'Aubiac et fils d'*Odon.

Reconnaissance faite par Jean de Verduzan, seigneur de
Miran, à noble Jean, fils d'Odon de Galard, 'seigneur d'Aubiac.
(1470.)

Archives du séminaire d'Auch, A-31.

---

## 9 avril 1475.

*Investiture de diverses terres donnée par* Jean de Galard *à Bernard*
*Descale. Les tènements inféodés par lesdits seigneur et dame étaient*
*ceux de Bofilhat et de la Rouquette, paroisse de Sainte-Mère.*

In Dei nomine, amen. Noverint universi et singuli præsentes
pariter et futuri hoc presens publicum instrumentum inspecturi,
visuri, lecturi, seu etiam audituri, quod constitutus personaliter
apud locum Sancte Mere, Lectorensis diocesis, in mei notarii
publici et testium infrascriptorum presentia, videlicet nobilis
Johannes de Golardo, domini loci Sancti Aviti, vicecomitatus Leomanie, Lectorensis diocesis, audita et intellecta illa venditione facta
per. . . . . matrem et heredem Sanxii Roselli, condam Bernardo
Descale, habitatori dicti loci Sancte Mere, de tota illa pecia vinee
et terre, site in pertinentiis dicti loci Sancte Mere loco vocato
Asneyas alias Abofilhat, confrontata cum uno itinere publico et
cum vinea Guilhermi Coma et cum vinea Vitalis Defis et cum terra

Johannis Darraude et cum vinea Guilhermi de Lorta et cum omnibus aliis suis confrontationibus et singulis partibus suis, et hoc pro pretio duorum scutorum; et hoc mediante instrumento publico per magistrum Bertrandum Mathey, notarium Lectore, anno et die in eodem contentis retento. Item illam venditionem eidem Descale, factam per Arnaldum de Lobayssino, de tota illa pecia terre scita in pertinentiis de la Roqueta, loco vocato a la Roqueta, confrontatam cum terris dicti Bernardi Descale empto-ris, ex tribus partibus, et cum terra Belenguerii Arbal per fondum et hoc cum tribus denariis morlanensibus servicii. Item alia ven-ditione eidem Descale, facta per dictum de Lobayssino de tota illa pecia terre, scita in pertinentiis de la Roqueta, confrontata cum terra rectorie per latus et cum terris Petri de Gastabosc, et cum terris Bertrandi de la Coma, et hoc cum duobus denariis morla-nensibus servicii. Item aliam peciam terre, scitam in pertinentiis de la Roqueta loco vocato a la Roqueta, confrontatam cum terris heredum Bernardi de Friqueto et cum terra rectorie Sancti Aviti et cum terra Belenguerii Arbal ex duabus partibus, et cum terra cappellanie domini Arnaldi de Montemotone, et hoc pro pretio inter ipsos acordato et cum octo denariis morlanensibus servicii; et hoc mediantibus instrumentis publicis per magistrum Guilhermum Ruffati, notarium Sancti Petri de Seriis, anno et die in eisdem contentis, retentis. Quasquidem nobilis Johannes de Golardo, ad supplicationem et presentationem et requisitionem dicti Bernardi Descale, emptoris, dictas venditiones laudavit et ratifficavit et approbavit, et ipsum emptorem ibidem presentem, pro se et suis heredibus et successoribus stipulantem et recipien-tem, in pocessionem realem et corporalem dictarum pocessionum posuit et feudaliter investivit per traditionem cujusdam calami, et cum auctoritate hujus presentis publici instrumenti, et dicto

Bernardo Descale, emptori, et suis successoribus facere et portare promisit bonam et firmam guarentiam ex parte dominationis feudalis, sub ypotheca feudi suprascripti. Quodquidem servicium dictus Descale, emptor, idem domino feudali et suis successoribus dare et solvere promisit, anno quolibet et in perpetuum in festo Omnium Sanctorum, et totidem reaccapitibus, domino mutante, quando evenerit locus, secundum usus et consuetudines dicti loci de Sancta Mera. Et promisit dictus Bernardus Descale, emptor, quod non retrofeudaret dictas pocessiones, superius confrontatas et laudatas pro viginti novem annis, nec pro magis nec pro minus, nec illas venderet, daret, alienaret, nec traderet manui mortue, domino . . . religioso, leproso nec alicui alteri persone, cur dictus dominus feudalis posset de jure suo diminui, nec aliquas alias dominationes suas feudales amittere, sub ypotheca et obligatione dictarum proprietatum. De quibus omnibus et singulis premissis dictus Bernardus Descale, emptor, requisivit me notarium publicum infrascriptum ut sibi retinerem et deinde conficerem publicum instrumentum ita bonum et firmum, sicut fieri posset cum consilio peritorum. Actum fuit hoc apud dictum locum de Sancta Mera, die nona mensis aprilis anno Domini millesimo quadringentesimo septuagesimo quinto, regnante domino nostro domino Ludovico Dei gratia Francie rege, et reverendo in Christo patre et domino nostro domino Amalrico, miseratione divina Lectorensi episcopo existente. Hujus rei sunt testes : Johannes de Marquade, Sanxius de Lobayssiino, Johannes Coma, alias Rodigo, Sancte Mere, Belenguerius Arbal, Sancti Aviti, habitatores; et ego Guilhermus de Bonofonte, publicus tocius diocesis Lectore auctoritate episcopali notarius, habitator loci de Sancto Avito, qui requisitus de premissis presens publicum instrumentum retinui, inquisivi, in notam sumpsi, in meumque prothocollum notarum registravi, in hancque sollemnem formam redegi et manu mea propria scripsi et grossavi, et facta diligenti collatione cum originali signo meo autentico, quo utor in meis publicis actibus, signavi, in fidem et testimonium omnium et singulorum premissorum.

G. DE BONOFONTE.

Archives de M. le comte de Luppé au château de Saint-Avit (Gers).

---

11 MARS 1480.

*Aveu fourni par Bernard le Petit à* JEAN DE GALARD, *seigneur de Saint-Avit, pour deux pièces de terre sises à la Gabie et à las Bucasses, juridiction de Castera-Lectourois. L'emphytéote reconnaît en outre devoir au feudataire de Saint-Avit douze deniers morlans de fief et dix d'acaptes et ne pouvoir aliéner aucun des terrains inféodés.*

In Dei nomine, amen. Noverint universi et singuli presentes pariter et futuri hoc presens publicum instrumentum inspecturi, visuri seu etiam audituri, quod constitutus personaliter, apud civitatem Lectore, in mei notarii publici et testium infrascriptorum presentia, videlicet Bernardus le Petit, habitator Castellarii Latorensis, gratis mera, libera et spontanea voluntate, pro se ipso et omnibus heredibus et successoribus suis universis et singulis, recognovit, concessit et in veritate confessus fuit se habere et tenere in feudum sive in emphiteosim, juxta usus et consuetudines dicti loci Castellarii Latorensis, a nobili JOHANNE DE GOLARDO, domino loci Sancti Aviti, ibidem presenti, pro se et suo ordinio heredibusque et successoribus suis universis et singulis legitime stipulanti et recipienti, videlicet totam illam peciam terre et nemoris herme, scitam in pertinenciis dicti loci Castellarii Latorensis loco vocato a la Gabia et a l˙is Buchassas, confrontatam cum terra Johannis Gos per unum latus, et cum terra heredum Colini Froart, et cum terra Petri deu Forn per fondum, et cum nemore deu Ganyos etiam per fondum.

Item unam aliam peciam terre herme, in qua solebat habere vineam, que fuit Petri de Furno condam, continentem quinque conquatas, scitam ibidem a la Gabia et a las Buchassas, confrontatam cum territorio et nemore Dominici de Podio ex duabus partibus, per unum latus et per fondum, et cum bovea Colini le Petit, et cum terra erma Arnaldi Guilhermi de la Strada et cum omnibus aliis suis confrontationibus. De quibus quidem peciis terre dictus nobilis Johannes de Golardo promisit predicto Bernardo le Petit ibidem presenti, pro se et omnibus heredibus et successoribus suis, facere et portare bonam et firmam guirentiam et evictionem, ex parte donationis feudalis, sub ypotheca et obligatione servitii infrascripti, et hoc cum duobus denariis morlanis, pro prima pecia terre superius confrontata, et cum decem denariis morlanis servitii pro alia pecia terre superius secundario confrontata; quod quidem servitium dictus Bernardus le Petit dare et solvere promisit pro dicto nobili Johanni de Golardo, domino feudali ibidem presenti, pro se et suo ordinio heredibusque et successoribus suis universis et singulis legitime stipulanti et recipienti, anno quolibet pro in perpetuum, in festo Omnium Sanctorum, et totidem de accapito domino mutante quando evenerit secundum consuetudines dicti loci Castellarii Latorensis.

Et promisit predictus Bernardus le Petit predicto nobili Johanni de Golardo, domino feudali antedicto, non retrofeudare dictas pecias terre et nemoris, superius confrontatas, pro viginti novem annis nec pro magis nec pro minus, nec illas vendere, nec dare, nec tradere manui mortue, nec domino . . . nec alicui alteri persone, cur dictus dominus feudalis posset de jure suo in aliquo diminuere nec aliquas alias dominationes suas feudales amictere, sub ypotheca et obligatione dicti feudi. De quibus omnibus et singulis premissis dictus nobilis Johannes de Golardo requisivit me notarium publicum infrascriptum, ut de premissis sibi retinerem publicum instrumentum. — Actum fuit hoc apud dictam civitatem Lectore, die undecima mensis martii anno Domini millesimo quadringentesimo octuagesimo, regnante domino nostro domino Ludovico, Dei gracia Francie rege, et reverendo in Christo patre et domino nostro domino Amalrico, miseratione divina Lectorensi episcopo existente.

Hujus rei sunt testes Guilhermus Babini, barbitonsor Lectore, Arnaldus Guillelmus de la Strada, Geraldus Sentis, clericus, Ramundus de Cruce, Sancti Aviti habitator, et ego Guilhermus de Bonofonte, publicus tocius diocesis Lectore auctoritate episcopali notarius, loci Sancti Aviti habitator, qui requisitus de premissis presens instrumentum retinui, inquisivi, in notam sumpsi, in meoque prothocollo notavi et registravi, et in hanc publicam formam redegi, manuque mea propria scripsi et grossavi, et facta diligenti collatione cum originali signo meo autographo, quo utor in meis publicis actibus, signavi, in fidem et testimonium omnium et singulorum premissorum.

G. DE BONOFONTE.

Archives de M. le comte de Luppé au château de Saint-Avit, arrondissement de Lectoure.

# Vers 1480.

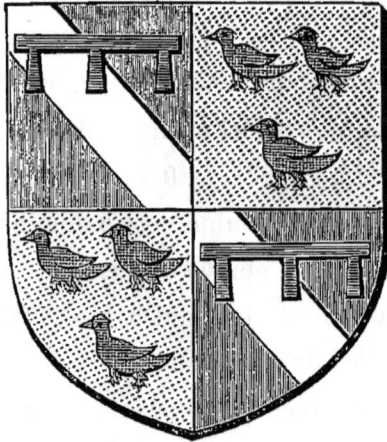

*Écartelé aux 1 et 4 de gueules a la bande d'argent chargée d'un lambel d'azur
a trois pendants, aux 2 et 3 d'or, à trois corneilles de sable, becquées et membrées de gueules[2].*

1. Le château de Saint-Avit actuel aurait donc été construit ou restauré par
Jean de Galard, seigneur de Saint-Avit. — Voir, pour ce personnage, tome II, de
de cet ouvrage, pages 287, 296, 512, 513, 514, 515, 516.

2. Ces armes qui sont très-frustes ont été restituées en partie; nous avons du
notamment rétablir le lambel qui n'est plus apparent. On sait que le lambel, adopté
déjà par plusieurs membres de la maison de Galard et notamment par Viguier,
co-seigneur de l'Isle Bozon, gouverneur et régent du Comminges, était une brisure
que prenait les premiers cadets de grandes familles pour se distinguer de leurs
aînés. — Voir tome I de cet ouvrage, pages 428, 444, 464; tome II, pages 7, 11
et 15.

## 1500-1504.

JEAN DE GALARD, *seigneur de Saint-Avit, dans l'espoir d'éviter les peines*
*éternelles et de pourvoir au salut de son âme, fait son testament,*
*dans lequel il ordonne tout d'abord de désintéresser ses créanciers,*
*d'inhumer ses restes dans l'église de Saint-Avit, de célébrer, le jour*
*de sa mort, et une semaine après, trente messes de « requiem » qui*
*devront être illuminées avec douze torches de cire. Il prescrit, en*
*outre, de payer une valeur de 110 deniers à l'évêque de Lectoure*
*et la somme de deux écus à l'œuvre de Sainte-Marie, dans la juri-*
*diction de Mauroux. Des largesses analogues sont faites au profit des*
*chapelles de Saint-Avit, de l'Isle-Bozon, du chapitre de la cathé-*
*drale de Lectoure, du couvent des frères mineurs et sœurs mineures*
*de la même ville, de divers régents de paroisses. Le testateur fonde*
*également un obit pour la mémoire de son père* JEAN DE GALARD *et*
*de sa mère Longue de l'Isle. Son serviteur,* GAILLARD DE GALART[1], *est*
*inscrit pour une somme de douze écus, et Antoine de Palaso, un de*
*ses autres valets, pour celle de six. Jean de Galard lègue à Florette*
*de Gélas, sa femme, cent écus, sept vaches, vingt brebis et autres*
*animaux domestiques. Il l'investit en outre de l'administration et*
*de l'usufruit de ses biens tant qu'elle persistera dans le veuvage.*
*Il institue finalement dans toutes ses possessions, prééminences et*
*dignités,* AGNÈTE DE GALARD, *sa fille, à laquelle il adjoint pour con-*
*seiller et exécuteur testamentaire Déodat de Varun et Guillaume*
*de Pujol, habitants de Lectoure. Il rappelle que lui et son frère*
BÉRARD DE GALARD *s'étaient mutuellement donné quittance de leurs*
*droits successoraux; il veut, dans le cas où ces deux actes seraient*
*contestés, qu'Agnète de Galard, sa fille, recouvre la troisième*
*partie de l'Isle-Bozon, de Cumont, de la Mothe, du moulin d'Arre-*
*passat et de toutes les rentes et profits perçus dans la juridiction*
*de Lectoure.*

In nomine sancte Trinitatis, Patris et Filii et Spiritus sancti,
amen. Quoniam per suprema hominum judicia anim . . . . .

1. Voir tome II de cet ouvrage, page 522.

poralis cura provideatur neo est aliquis carne conditus vel creatus
qui possit evadere aut valeat effugere metas vel terminos mortis,
cum. . . . . sit principium, finis vero mori, et nichil sit certius
morte nec incertius hora mortis, cumque ante diem judicii
divini cui nullus latet nec latere potest. . . . . et rationibus ibi
totaliter inauditis quilibet sapiens debeat saluti anime sue providere et totaliter eidem cum elemosinis et aliis suffragiis et benefficiis. . . . in hoc mundo existente et vitam ducente ad fines ne
ostis antiquus eidem nocere valeat, nec aliquid in contrarium
possit coram eterno judice allegare, ea propter noverint universi et singuli presentes pariter et futuri hoc presens publicum
instrumentum inspecturi, visuri, lecturi seu etiam audituri,
quod, in notarii publici et testium infrascriptorum presentia
existens et personaliter constitutus, apud locum Sancti Aviti Lectore diocesis et Armanhaci senescallie et in castro habitationis
nobilis JOHANNIS DE GOLARDO, domini ejusdem loci Sancti Aviti,
videlicet : idem nobilis Johannes de Golardo, dominus anthedictus
predicti loci Sancti Aviti, qui gratis et sponte per Dei gratiam
sanus corpore membrisque suis et mente, volens, ut dixit, evitare
penas per altissimum creatorem statutas et pericula hujus mundi,
et saluti anime sue providere, recolens de celestibus cupiensque
ad eterne gaudium beatitudinis cum Dei electis pervenire, cum
mors tam ducibus quam principibus communis habeatur, volens
ut dixit de suis disponere bonis et rebus, et pauperibus Christi
pro sua anima dividere, ne post ejus obitum atque decessum, ob
sui negligentiam seu culpam aliqua questionis materia inter
superstites seu parentes et amicos suos oriretur, sed ut ejus bona
et res clara remaneant et expedita, et ne de negligentia valea-
deprehendi; ideo predictus de Golardo Jhesum Christum Dei
filium et beatissimam virginem Mariam ejus matrem, cum ange-

lis et arcangelis et tota celesti curia invocando hos heredes
anime sue instituit, spiritumque suum in eorum manibus commendavit, ne in extremo judicio hostis antiquus nocere non
valeat, fecit, condidit, et ordinavit suum ultimum nuncupativum
testamentum et suarum rerum ultimam dispositionem de bonis,
rebus et juribus sibi pertinentibus in modum qui sequitur. In
primisque dictus nobilis Johannes de Golardo testator voluit et
ordinavit, jussit et mandavit quod omnia sua debita solvantur
de bonis et rebus suis omnibus, omnibus et singulis suis creditoribus, et quod fieret condecens satisfactio et emenda omnibus et
singulis de se ipso querelantibus, si qui sint vel appareant die
sui obitus, de re tamen clara, liquida, notoria et manifesta. Item
elegit dictus nobilis Johannes de Golardo testator predictus sepulturam sui corporis infra ecclesiam loci Sancti Aviti et anthe
altare magnum. Item plus dictus testator recepit de bonis suis a
Deo sibi collatis pro dando, legando et distribuendo locis et personis infrascriptis amore Dei et intuitu pietatis, pro salute anime
sue, parentumque suorum et omnium Christi fidelium de genere
suo deffunctorum, videlicet legata et summas que secuntur. Et
prius dictus nobilis Johannes de Golardo testator anthedictu-
voluit, ordinavit, jussit et mandavit quod die sui obitus dicantur
et celebrentur triginta misse de requie per aliquos cappellanos
sufficientes et idoneos, ad hoc specialiter vocatos per heredem
suam infra institutam, seu per exequtores sui presentis testamenti, et quod emantur et comburantur dicta die viginti intorchilia cere quodlibet medie libre pro luminaria, modo et forma
consuetis, et quod solvantur cuilibet cappellano pro missa decem
arditos. Item plus dictus testator voluit, ordinavit, jussit et mandavit quod in die octava dicti sui obitus dicantur et celebrentur
viginti misse de requie et quod incendantur et comburantur

modo fieri consueto duodecim intorchilia cere quodlibet unius
libre. Item plus dictus testator voluit, ordinavit, jussit et mandavit quod die capitis anni sui decessus dicantur et celebrentur
pro salute sue anime parentumque suorum et omnium Christi
fidelium de genere suo deffunctorum triginta misse de requie
et quod incendantur et comburantur viginti intorchilia cere quodlibet unius libre. Item plus idem testator legavit et dari jussit et
mandavit et jure pii legati reliquit reverendo in Christo patri
domino episcopo Lectorensi videlicet unum scutum computando
tamen pro dicto scuto centum et decem arditos, semel tantum et
dumtaxat post ejus decessum solvendum. Item plus dictus testator
legavit et amore Dei dari voluit, jussit et mandavit et jure pii
legati relinquit operi devote cappelle sive ecclesie beate Marie
de Bau Clara, in juridictione loci de Miratoris diocesis Lectore,
sive videlicet summam duorum scutorum, prout supra computando, semel tantum et dumtaxat post ejus decessum solvendam,
et quod distribuantur pro operariis dicte ecclesie in aliqua repa-
ratione ejusdem ecclesie. Item plus preffatus testator legavit et
jure pii legati relinquit luminarie beate Marie et beati Blasi ecclesie Sancti Aviti videlicet summam quatuor scutorum ut supra
computando, semel tantum et dumtaxat post ejus decessum solvendam. Item plus dictus testator legavit et jure pii legati relinquit basino animarum Purgatorii ecclesie Sancti Aviti videlicet
summam unius scuti ut supra computando, semel tantum et
dumtaxat post ejus decessum solvendam. Item plus idem testator
legavit et jure pii legati relinquit luminarie ecclesie Insule Bozonis videlicet summam duorum scutorum prout supra computando,
semel post ejus decessum solvendam. Item plus dictus testator
legavit et amore Dei et intuitu pietatis dari voluit, jussit et mandavit, et jure pii legati relinquit venerabili capitulo ecclesie

cathedralis sanctorum Gervasi et Prothasi Lectore videlicet summam decem scutorum, pro quolibet scuto computando centum
et decem arditos, semel tantum et dumtaxat solvendam, ad fun-
dandum unum obitum, ad hoc ut domini canonici et prebendarii
dicti capituli teneantur dicere unam missam de requie anno
quolibet per in perpetuum pro salute sue anime et parentum
suorum. Item plus predictus testator legavit ac jure pii legati
relinquit amore Dei et intuitu pietatis conventui fratrum minorum
Lectore, videlicet summam quinque scutorum ut supra computando, semel tantum et dumtaxat post ejus decessum solvendam,
ad hoc ut fratres dicti conventus teneantur Dominum orare pro
anima sua et parentum suorum. Item plus dictus testator legavit
et jure pii legati relinquit conventibus Carmelitarum et Predicatorum Lectore videlicet cuilibet conventui summam quinque
scutorum ut supra computando, semel tantum et dumtaxat post
ejus decessum solvendam, ad hoc ut fratres dictorum conventuum teneantur Dominum orare pro anima dicti testatoris e
suorum parentum. Item plus dictus testator legavit et jure pii
legati relinquit conventui fratrum de Mercede de Tarrauba videlicet summam quinque scutorum semel solvendam post ejus
decessum, ad hoc ut fratres dicti conventus teneantur Dominum
orare pro anima dicti testatoris et parentum suorum. Item plus
dictus testator legavit et jure pii legati relinquit conventui sororum Minoretarum beate Clare Lectore, videlicet summam unius
scuti ut supra computando, semel post ejus decessum solvendam.
Item plus legavit dictus testator ac jure pii legati relinquit rectori ecclesie Sancti Aviti videlicet summam duorum scutorum
prout supra computando, semel post ejus decessum solvendam,
ad hoc quod dictus rector teneatur dicere unum trentenarium
missarum de requie pro salute sue anime et suorum parentum.

Item plus idem testator legavit ac jure pii legati relinquit domino Arnardo de. . . . . presbitero summam duorum scutorum ut supra computando semel post ejus decessum solvendam, et quod dictus dominus Arnadus de . . . . . teneatur dicere unum trentenarium missarum in ecclesia Sancti Aviti pro redemptione anime dicti testatoris et suorum parentum. Item plus dictus testator legavit ac jure pii legati relinquit domino Guilhermo. . . . presbitero summam duorum scutorum ut supra computando, semel post ejus decessum solvendam, et quod dictus dominus Guilhermus. . . . . teneatur dicere unum trentenarium missarum de requie in ecclesia Sancti Aviti pro redemptione anime dicti testatoris et parentum suorum. Item plus dictus testator legavit ac jure pii legati relinquit domino Ramundo de Galabruno presbitero Sancti Petri de Serris habitatori, videlicet summam duorum scutorum prout supra computando, semel tantum post ejus decessum solvendam, et quod dictus dominus Ramundus de Galabruno teneatur dicere unum trentenarium missarum de requie pro salute anime sue et suorum parentum. Item plus dictus testator legavit et jure pii legati relinquit domino Petro. . . . . presbitero Sancti Aviti habitatori, videlicet summam duorum scutorum ut supra computando, semel post ejus decessum solvendam, et quod dictus dominus Petrus. . . . . teneatur dicere unum trentenarium missarum de requie pro salute anime dicti testatoris et parentum suorum. Item plus idem testator voluit, ordinavit, jussit et mandavit quod misse de Sancto Amatorio dicantur et celebrentur per tres cappellanos sufficientes et ydoneos eligendos per heredem suam infra institutam seu per exequtores hujus presentis sui testamenti, et quod dicantur semel pro redemptione anime dicti testatoris et alia vice pro redemptione quondam nobilis Johannis de Golardo,

domini Insule Bozonis, ejus patris, et alia vice pro redemptione
anime nobilis Longue de Insula, matris dicti testatoris, et quod
dicantur modo et forma fieri consuetis, et quod detur et realiter
exsolvatur cappellanis predictas missas dicentibus pro qualibet
vice summam duorum scutorum prout supra computando. Item
plus dictus testator legavit ac jure pii legati relinquit quatuor
ospitalibus generalibus, videlicet cuilibet ipsorum ospitalium
summam unius scuti ut supra computando, semel post ejus
decessum solvendam. Item plus dictus testator legavit ac jure
pii legati relinquit provido viro GALHARDO DE GOLARDO, servitori
suo, videlicet summam duodecim scutorum ut supra computando
pro serviciis per eum sibi factis, semel post ejus decessum solvendam. Item plus dictus testator legavit ac jure pii legati relinquit Anthonio de Palaso, servitori suo, pro serviciis per eum sibi
factis, videlicet summam sex scutorum ut supra computando,
semel post ejus decessum solvendam. Item plus dictus testator
legavit ac jure pii legati relinquit cuilibet filiolo et filiole vitam
ducentibus die sui obitus, videlicet decem arditos semel post ejus
decessum solvendos. Item plus preffatus testator quictavit et
remisit magistro Guilhermo de Bonoffonte, notario loci Sancti
Aviti habitatori, videlicet omnia et quecunque areragia serviciorum usque ad diem presentem. Item plus dictus testator voluit
et ordinavit quod quilibet mercator credatur de suo debito juramento medio usque ad summam quatuor scutorum. Item plus
dictus testator voluit et ordinavit quod exsolvatur Samsoni et
Arnaldo de Larcada resta eorum solvade prout aparent deberi
compoto finali facto et scripto in libro dicti testatoris et quod
credatur eorum juramento. Item plus legavit dictus testator
Katerine de Gaslon ancille, videlicet unam raupam parvam de
pannela, unum capuchium parvum rubri coloris, unam cosnam

cum uno traverserio quando maritabitur. Item plus dictus tes-
tor legavit ac jure pii legati relinquit nobili Florete de Gelanis
ejus uxori videlicet summam centum scutorum, pro quolibet scuto
computando centum et decem arditos, sex capita vacarum quelibet cum cequela, viginti quatuor oves et quatuor troyas. Item
plus voluit dictus testator et ordinavit quod dicta Floreta de Gelanis, ejus uxor, sit et remaneat domina maioressa usuffructuaria
omnium et singulorum bonorum suorum, tandiu quod vitam in
humanis duxerit vidualiter vivendo, et absque ingressu cujuscumque ordinis et religionis. Et casu quo non posset morari nec
se concordare cum herede sua, inferius instituta, in eo casu voluit
dictus testator quod maneat et moram trahat in domo vetere
sive antica, quoad vixerit, cum toto servicio basso et alto predicte
domui vetere pertinente et spectante quovismodo; et, in eo casu
adveniente, voluit dictus testator quod dicta ejus uxor habeat et
recipiat medietatem omnium rendarum ejusdem testatoris ubicumque sint et medietatem laborum et fructuum suarum bor-
darum, et quod dicta ejus uxor teneatur, in eo casu, solvere medietatem omnium suorum legatorum et laborari facere dictas
suas (bordas) sive earum terras medium per medium cum dicta
sua herede infra instituta. In omnibus autem aliis bonis suis
mobilibus et immobilibus presentibus et futuris, juribus, deveriis, rationibus et actionibus realibus et personalibus, et dominationibus ubicumque sint et quocumque nomine nuncupentur ac
cujuscumque condicionis et dignitatis existant, ad eandem testatorem pertinentibus et spectantibus quovismodo, solutis autem
primitus debitis et legatis suis supra scriptis, dictus nobilis
Johannes de Gohardo, testator predictus, ore suo proprio nominavit heredem suam universalem et generalem nobilem Agnetam
de Golardo, ejus filiam legitimam et naturalem, ad omnes suas

voluntates faciendas in vita pariter et in morte, instituit atque
fecit. Item plus dictus testator elegit, instituit et esse voluit
excequutores ordinarios seu spondarios hujus presentis sui testamenti et sue ultime voluntatis, sine dampno et periculo suorum
bonorum, videlicet magistrum Deodatum de Varuno, et dominum
Guilhermum de Puzolis, civitatis Lectore habitatores, et eorum
quemlibet in solidum. Quibusquidem excequtoribus et eorum
cuilibet in solidum dictus testator dedit et contribuit plenam et
liberam potestatem ac generale et speciale mandatum omnia et
singula sua debita solvendi omnibus et singulis suis creditoribus,
emendisque et restitucionibus omnibus et singulis de seipso
testatore querelantibus faciendis, et predicta legata omnia et singula supradicta et in hoc presenti publico instrumento contenta
omnibus et singulis suis legatariis dandi et solvendi, et in judicio
standi coram quibuscumque judicibus ordinariis vel extraordi-
nariis, delegatis vel subdelegatis, ecclesiasticis vel secularibus, et
aliis quibuscumque, cujuscumque condicionis sint aut dignitatis
existant, tam in agendo quam in deffendendo, ratione excequtio-
nis hujus sui ultimi testamenti et sue ultime voluntatis, (ut) esset
integraliter completa et satisfacta. Voluitque etiam et mandavit
dictus testator quod quicquid esset venditum, distractum aut alie-
natum pro dicta excequtione complenda et fienda per dictos
excequtores suos aut eorum alterum, si alter eorumdem interesse
non posset, habeat tantam vim et roboris firmitatem quantam
haberet aut habere posset si per ipsummet testatorem facta et
vendita essent. Item plus dixit dictus testator quod ipse et nobilis
BERARDUS DE GOLARDO, ejus frater germanus, inter se fecerant et
dederant alter ipsorum alteri quictacionem, videlicet quod dictus testator quictavit dicto nobili Berardo de Golardo, fratri suo,
omne jus et totam suam cotam partem eidem pertinentem et

spectantem quovismodo in bonis et rebus nobilis Johannis de
Golardo quondam militis ejus patris qui decesserat ab intestato.
Et etiam dictus nobilis Berardus de Golardo quondam ejus frater
etiam quietavit eidem testatori omne jus et totam suam cotam
partem, eidem pertinentem et spectantem in bonis et rebus nobilis Longue de Insula, quondam matris dicti testatoris et dicti
Berardi de Golardo, et hoc mediante instrumento per notarium
publicum scripto et retento : et casu quo heres dicti quondam
nobilis Berardi de Golardo nollet tenere predictam quictacionem
ut premittitur factam, quod dicta nobilis Agneta de Golardo, heres
sua superius instituta, possit et valeat petere terciam partem locorum de Insula Bozonis, de Cumonte et de Mota, et molendini
Darpassat et serviciorum Lectore cum tertia parte omnium rendarum, serviciorum, profiquorum et emolumentorum dictorum
locorum, pertinentium et spectantium in dicta tercia parte. Et
hoc casu quod dictus heres dicti quondam nobilis Berardi de
Golardo veniret contra premencionatam quictacionem. — Et hoc
dixit ac esse voluit et ordinavit testator predictus velle fore
suum ordinium et suum ultimum nuncupativum testamentum
et suam ultimam voluntatem, perpetuo valiturum, quod et
quam valere voluit jure testamentorum, et si non valebat aut
valere non poterat jure testamentorum, voluit quod valeret et
valere posset jure codicillorum vel jure donationis causa mortis
facte, vel jure alicujus alterius ultime voluntatis seu dispositionis
et ordinacionis, quia dixit et asseruit dictus testator quod in hoc
suo ultimo testamento suum ultimum assensum et suam ultimam voluntatem scienter et consulte apposuerat; et cassavit,
revocavit penitus et annullavit testator predictus omne aliud testamentum, codicillum, donationem, vel quamlibet aliam disposicionem factum seu factam ante istud vel istam, si quod vel

quam fecerat retroactis temporibus. Et quia sciebat, ut asseruit, quamlibet aliam voluntatem per aliam ultimam voluntatem revocari posse, et ipsam ultimam voluntatem perpetuo valere voluit modo et forma quibus supra, vel eo meliori modo et forma quo valere poterit de jure, usu vel consuetudine in talibus observatis. De quibus omnibus et singulis premissis et in hoc publico presenti instrumento contentis dictus testator peciit et requisivit notarium publicum infrascriptum ut sibi retineret publicum instrumentum ita bonum et firmum sicut fieri possit cum consilio peritorum, quod et fecit. — Actum fuit hoc presens ultimum testamentum apud dictum locum Sancti Aviti et in domo sive castro dicti testatoris die quinta mensis junii anno Domini millesimo quingentesimo, in presencia et testimonio proborum virorum Sanxi de la Peyrera, Arnardi et Guilhermi de Cruce, Petri deu Cayron, Vitalis de Cruce, Vitalis de Bonoffonte et Anthonii Daurio loci Sancti Aviti habitatorum, testium ad premissa vocatorum specialiter et rogatorum, et magistri Guilhermi de Bonoffonte, notarii publici loci Sancti Aviti dum viveret habitatoris, qui de premissis requisitus presens instrumentum retinuit et in notam sumpsit, sed morte cito preventus grossare illud neque in publicam redigere formam minime potuit. Quare ego Petrus de Pinu, auctoritate regia notarius publicus locique Sancti Petri de Serris habitator ac collationarius librorum, instrumentorum, cedarum, notarum et prothocollorum dicti quondam de Bonoffonte, hoc prescens publicum instrumentum in hanc publicam formam redegi, manu mea propria scripsi et signo meo publico quo in publicis utor scripturis sequenti signavi in fidem omnium premissorum.

Anno Domini millesimo quingentesimo quarto et die decima

sexta mensis augusti, existens personaliter constitutus apud predictum locum Sancti Aviti[1], videlicet nobilis et devotus vir Johannes de Golardo, dominus predicti loci Sancti Aviti, testator predictus, in suis bonis sensu, memoria, intellectu et sanitate existens, qui gratis et sponte codicillavit et per modum codicilli accepit et precedenti testamento ultimo suo addidit, videlicet summam centum scutorum parvorum, computando tamen pro quolibet scuto centum et decem, et hoc fecisse dixit idem testator ad solvendum omnia sua legata superius in presenti suo ultimo testamento mencionata, specificata et declarata, et residuum dicte summe dictorum centum scutorum voluit dictus testator quod dividatur ad voluntatem suorum excequtorum, superius in presenti instrumento institutorum, in missas de requie pro salute et redemptione anime sue et parentum suorum, et omnium Christi fidelium de genere suo deffunctorum. Item plus preffatus Johannes de Galardo, testator anthedictus, legavit ultra dictam summam dictorum centum scutorum ac jure pii legati relinquit honeste mulieri Luguete de Focarel, ancille sue, loci Sancte Mere habitatori, pro diversis serviciis per dictam Luguetam tam sibi factis, videlicet summam viginti francorum burdegalensium, pro quolibet franco tamen computando viginti solidos turonenses, et pro solido, quatuor arditos semel tantum et dumtaxat post ejus decessum solvendam.

De quibus omnibus et singulis in hoc presenti codicillo contentis, idem nobilis Johannes de Golardo, codicillator predictus, peciit et requisivit instrumentum publicum sibi fieri

---

1. Le grand fief de Saint-Avit forme aujourd'hui la commune du même nom, comprise dans l'arrondissement de Lectoure et bornée, au levant et au midi par cette dernière ville, au couchant par le Castéra Lectourois, et au nord par Sainte-Mère.

et retineri per notarium publicum infrascriptum, quod et fecit.
— Actum fuit presens codicillum ubi supra, anno die et mense
quibus supra, in presencia et testimonio proborum virorum
Johannis de Lausa, Johannis de Cordas, Johannis de Montelug-
duno, Arnardi de Cruce, et Dominici de Bezolibus, loci Sancti
Aviti habitatorum, testium ad premissa vocatorum, et magistri
Guilhermi de Bonoffonte, notarii anthedicti, qui de premissis
requisitus presens instrumentum codicilli retinuit et in suis prothocollis regestravit, sed morte cito preventus in formam authen-
ticam reddigere non potuit.

Quare ego Petrus de Pinu, notarius et collationarius anthedictus, presens codicillum in hanc formam, in qua in prothocollis
dicti quondam de Bonoffonte annotatum reperi, reddegi, sub
sequenti signo meo publico, in fidem et testimonium omnium
singulorum premissorum.

P. DE PINU, † notarius.

Archives de M. le comte de Luppé au château de Saint-Avit (Gers).
Original en parchemin [1].

---

1. Ce parchemin est endommagé à l'angle supérieur de droite. La vieille cote,
qui paraît être de même écriture que l'acte, est ainsi conçue : « Testamentum nobilis Johannis de Golardo, domini Sancti-Aviti. » On trouve également aux archives
du château de Saint-Avit, sous la cote A 53, l'original sur parchemin des pactes de
mariage de Jean de Galard, seigneur de Saint-Avit, avec Florette de Gélas, fille du
sire de Bonas. L'extrait que nous avons reproduit, tome II de cet ouvrage, page 513,
d'après le *Cartulaire de la Maison de Gélas*, qui est à la bibliothèque Mazarine,
nous dispense de donner ce contrat *in extenso*.

## 26 AVRIL 1478.

*Le testament de* BÉRARD *ou* BÉRAUD DE GALARD, *seigneur de l'Ile-Bozon, remontant au 26 avril 1478, fut ouvert le 23 avril 1494, en vertu d'un monitoire de l'official de Lectoure, sur l'ordre d'*ÉTIENNE DE GALARD, *prêtre ordinaire de l'Isle-Bozon, et à la demande de* JEAN DE GALARD, *seigneur de Saint-Avit, frère dudit Bérard. Ce dernier, tout d'abord, recommande son âme au divin Sauveur et à la bienheureuse vierge Marie. Il choisit pour sépulture la chapelle de Saint-Eutrope, dans l'église de l'Isle-Bozon. L'évêque, les frères mineurs, prédicateurs, les carmes, les sœurs Sainte-Claire de Lectoure et les augustins de Florence, sont l'objet de divers dons en argent, de même que les luminaires de Saint-Avit, de Cumont, au diocèse de Montauban, etc. Le testateur laisse à Isabeau d'Isalguier, sa femme, mille moutons d'or et la terre de Cumont, avec ses rentes et émoluments.* JEAN DE GALARD, *prêtre,* AGNÈS *et* CATHERINE DE GALARD, *tous les trois fils ou filles de Bérard, reçoivent, le premier 500 écus, la seconde 2,000, la troisième 1,500 francs royaux. L'héritier universel devra en outre compléter le payement légitimaire d'Agnès, femme de Barthélemy de Montesquiou, et de Marguerite, mariée à* EYSSIEU *ou* EYCHINET DE GALARD, *seigneur de Terraube. Bérard de Galard ordonne encore de vendre les oblies de Lectoure, Magnas, Pommarède et Pardaillan, pour acquitter certains arrérages dus à ses frères Jean de Galard, seigneur de Saint-Avit, et* GUIRAUD DE GALARD, *seigneur de la Mothe. Si* BERTRAND DE GALARD [1], *fils aîné et héritier universel de Bérard, venait à mourir sans postérité, le patrimoine de l'Isle-Bozon devrait passer auxdits Jean et Guiraud de Galard, sires de Saint-Avit et de la Mothe.*

In nomine Domini amen. Noverint universi et singuli presentes pariter et futuri, quod anno Domini millesimo quadrin-

---

1. L'abbé de Lespine a placé le mariage de Béraud de Galard en 1478 (voir t. II, p. 489), c'est-à-dire dans l'année où il fit son testament. Or le contrat authen-

gentesimo nonagesimo quarto et die vicesima tercia mensis aprilis, in loco de Plius, Lectorensis diocesis, dominus STEPHANUS DE GOLARDO, presbiter habituatus loci Insule Bozonis, mediantibus quibusdam patentibus et apertis monitionum licteris in papiro scriptis a circumspecto et profundo sciencie viro domino officiali Lectorensi et ecclesia sua emanatis, ac sigillo ejusdem curie sue cum cera viridis coloris in earum dorso sigillatis, quarum monitionum licterarum et expleti earum tenores tales sunt : Officialis Lectorensis cappellanis Insule Bozonis et omnibus aliis clericis quam solutis notariis ac hujusmodi curie nostre juratis, salutem in Domino. Mandamus vobis quathenus ad instantiam nobilis JOHANNIS DE GOLARDO, domini Sancti Aviti, coexequtori ultimi testamenti nobilis BERARDI DE GOLARDO, condomini dicti loci Insule Bozonis, ex parte nostra canonice et peremptorie moneatis magistrum Arnaldum de Pomareda, notarium ejusdem loci Insule Bozonis, ut infra octo dies proximos monitionem nostram hujusmodi sibi factam, extrahat, redigat et ingrosset ultimum testamentum dicti nobilis Berardi de Golardo, quondam ejus fratris, per ipsum de Pomareda, ut asseruit, retentum, et hujusmodi instrumento suo in publicam formam redacto eidem instanti tradat et liberet, satisfacto sibi prius de suo salario moderato et competenti, quo quidem testamento idem instans indiget pro

---

tique, dont nous avons donné des extraits page 483, tome II de cet ouvrage, porte la date du 14 juillet 1460. Cette erreur de l'abbé de Lespine, qui n'avait pu réunir un ensemble suffisant de pièces justificatives, en a fatalement engendré une autre. Il a également attribué à Béraud de Galard un fils (Béraud) et deux filles de Bertrand son successeur, et de cette façon leur aïeul est devenu leur père. Cette confusion était du reste facile à commettre, par le motif qu'aux deux degrés représentés par Béraud et Bertrand, on rencontre sur chacun d'eux une Catherine de Galard. La distinction est aujourd'hui très-aisée, grâce à la lumière apportée sur ces points obscurs par notre moisson de documents nouveaux.

sui juris conservatione; et hoc sub pena excommunicationis
quam indicta monendo modo premisso monitione ferimus
inscripto si huic monitioni nostre contento .... suorum per-
venerit cum effectu, nisi forte justam causam et rationabilem in
contrarium allegare valuerit, cur ad premissa minime teneatur,
ad quam allegandam, si quam habet, ante hujusmodi juridicam
dictorum octo dierum eidem moneatis peremptorie assignari.
Datum Lectore die quindecima mensis aprilis, anno Domini
millesimo quadringentesimo nonagesimo quarto.

Anno retroscripto et die vicesima tercia mensis aprilis fuit
factum presens mandatum per me Stephanum de Golardo presbiterum ut in presenti monitione continetur. — Monuit me
Arnaldum de Pomareda auctoritatibus ducali Acquitanie et episcopali Lectore notarium loci Insule Bozonis habitatorem, ut infra
certum terminum licteris contentum a libris et prothocollis meis
et a materia non cancellata abstraherem seu abstrahi facerem et
in publicam formam reddigerem ultimum testamentum nobilis
Berardi de Golardo, quondam domini loci Insule Bozonis, et abstractum et in publicam formam redactum traderem et liberarem
nobili Johanni de Golardo, domino loci de Sancto Avito, satisfacto
de meo salario moderato, nisi forte justam causam et rationabilem in contrarium allegare vellem, ad quam allegandam certa
dies michi extitit assignata, et alia prout in dictis monitionum,
litteris juxta posse adimplere ; et virtute dictarum monitionum
litterarum et mandati michi facti dictum testamentum a libris et
prothocollis meis et a materia non cancellata abstrahi, in formam-
que publicam reddigi feci modo quo infra sequitur : In nomine
Domini, amen. Quoniam multi mundana prosperitate falluntur,
quia credentes stare cadunt, judice reppentino veniente, quare
ipsis motibus nullo condito testamento occasione bonorum

suorum et rerum, sepe sepius sepissime questiones et discordias
contingit oriri ; et quia etiam humane originis condicio mortem
evadere non potest, nec est qui divinum valeat effugere judicium ;
idcirco sapiens non differt propriis disponere rebus potissime
cum nichil sit quod magis humano generi debeatur quam ut
suppreme voluntatis stillus libet efficiatur et saluti animarum
provideatur ob legatorum piorum et elemosinarum distributio-
nem. Idcirco noverint universi et singuli presentes pariter et futuri
hoc presens publicum instrumentum inspecturi, visuri, lecturi,
seu etiam audituri, quod nobilis Berardus de Golardo, dominus
loci Insule Bozonis vicecomitatus Leomanie et Lectorensis diocesis, et intra barbacana ante castrum sive aulam habitationis
dicti nobilis Bernardi de Golardo, dictus nobilis Berardus de
Golardo, sanus per Dei graciam mente et corpore, in suo bono
sensu et perfecta memoria, volens suam ultimam voluntatem,
dispositionem et ordinationem exponere, et de rebus suis ordinare, ne occasione ipsorum bonorum suorum inter aliquas personas lis, questio, sive controversia imposterum oriatur, sed
expedita omnia bona sua remaneant, dum ipsum ab hac luce
miserabili migrare contingerit, suum fecit, condidit et ordinavit
ultimum testamentum, suamque suppremam et ultimam voluntatem exposuit in modum qui sequitur : In presencia mei notarii
publici et testium infrascriptorum ad hoc specialiter vocatorum
et rogatorum per dictum testatorem, imprimis siquidem testator
memoratus signans et muniens se signo venerabilis sancte Crucis sic dicens : In nomine Patris et Filii et Spiritus Sancti, amen,
obtulit seipsum et commendavit animam suam omnipotenti Deo
Salvatori nostro, et gloriose virgini Marie ejus genitrici, et toti
collegio supernorum civium ; item sepulturam suam elegit dum
ab hoc seculo migrare contingerit in sancto siminterio seu in

sancta parrochiali ecclesia ejusdem loci Insule Bozonis et ante
altare sancti Eutropii, et in loco ubi parentes ejusdem testatoris
fuerunt sepulti et tumulati. Item recepit dictus testator de bonis
suis a Deo sibi collatis pro dando, legando et distribuendo amore
Dei et intuitu pietatis et pro salute anime sue parentum que
suorum et omnium Christi fidelium deffunctorum, videlicet
summam centum scutorum auri boni auri, justi et recti ponderis, cugni et legis domini nostri Francie regis; quam quidem
summam dictorum centum scutorum auri preffatus testator ore
suo proprio divisit, legavit, voluit et distribuit locis et personis
infrascriptis in hunc qui sequitur modum :

Et primo leyset lodit testador au reverent payre en Diu mos-
senor de Laythora dotze dines tornes, una vetz pagatz per son
herete de jus escriut. Item plus leyset lodit testador au convent
deus frays Menos de la ciutat de Laythora vint e sinc escutz, una
vetz pagatz per son herete de jus scriut. Item plus leyset lodit
testador au convent deus frays Predicados de la ciutat de Laythora
vint e sinc escutz, una vetz pagatz per son herete de jus scriut.
Item plus leyset lodit testador au convent deus frays Carmes de
la ciutat de Laythora vint e sinc escutz, una vetz pagatz per son
herete de jus scriut. Item plus leyset lodit testador au convent
deus frays Augustiis de la villa de Florensa, de contat de Gaura,
hoeyt escutz, una vetz pagatz per son herete de jus scriut. Item
plus leyset lodit testador au convent de las sors Menoretas de
Sancta Clara de la ciutat de Laytora hoeyt escutz, una vetz pagatz
per son herete de jus scriut. Item plus leyset lodit testador au
convent de las sors Menoretas de Sant Thorens de la ciutat de
Laytora dus escutz, una vetz pagatz per son herete de jus
escriut. Item plus leyset lodit testador à la lumenaria de la
Vergis Maria de la gleysa parroquial deu loc de Laylha quatre

escutz, una vetz pagatz per son herete de jus scriut. Item plus
leyset lodit testador à la lumenaria de la Vergis Maria de la
gleysa parroquial deu loc de Cumont dus escutz, una vetz pagatz
per son herete de jus escriut. Item plus leyset lodit testador à
la lumenaria de la Vergis Maria de la gleysa parroquial deu loc
de Sant Avit hun escut, una vetz pagat per son herete de jus
escriut. Las qualas leysas lodit testador voloc he ordenec que totz
los legatz eleysas de sus scriutas fossan pagadas condan deu jorn
deu son obit infra quatre ans, so es assaber cascun an vint et sinc
escutz. Item plus lodit testador leyset voloc e ordenec à la nobla
YSABEU YSALGUIERA, molhe deudit testador, lo loc de Cumont en la
diocessa de Montauban, am totz los emolumens, errendas apper-
tens audit loc, e asso per tota sa vita tenent vita vidual e honesta,
autramens no, he apres sa fin que lodit loc de Cumont am totz
los emolumens errendas retornen intierament a son herete de
jus scriut sens nulha contradiction. Item plus lodit testador
voloc e ordenec que la dita nobla Ysabeu fessa sa residencia am
son herete en lo loc de Laylha, e lo cas que totz dus no fossan
dacordi que la dita nobla Ysabeu sen avessa demora audit loc de
Cumont ho la on a luy plagora a sa voluntat. Item lodit testador
leyset voloc e ordenec he asignec a la dita nobla Ysabeu, sa
molhe, sobre totz sos bes la soma de milla motos d'aur condan
per cascun moton detz gros d'aur, e asso per amors plazeis conju-
gals e servicis feytz en los temps passatz, he esperansa en los
temps avenir. Item plus lodit testador leyset he ordenec au noble
JOHAN DE GOLART, filh deudit testador, e mandec que fossa caperan
e lo assignec sobre totz sos bes la soma de sinc cens escutz, et
vita he vestiduras audit Johan de Golart he ha hun servido que
lo servissa, deus quals sinc cens escutz fossa tengut de los pagar
audit Johan de Golart e de lo balha vita e vestiduras en sa

mayson son herete de jus scriut ; en tropertant que lodit Johan
de Golart agossa renda en tro la soma de cent escutz ; et daqui
en avant lodit Johan de Golart ne posca autra causa demandar
en sos bes ny a son herete sino tant solament las causas susditas.
Item plus lodit testador, leysec e ordenec a la nobla AGNA DE
GOLART, filha deudit testador, en dot la soma de dus milla franx
darey, condant per cascun franc xxiii doblas, he sos abilhamens
he raubas aychi cum la nobla Ysabeu Ysalguiera, molhe deudit
testador, abe portadas lo jour de la solempnisacion de son matra-
moni. Item plus lodit testador leysec he ordenec à la nobla
KATHALINA DE GOLART, filha deudit testador en dot la soma de
quinze cens franx darey, condant per cascun franc xxiii doblas,
he sos abilhamens, he raubas aychi cum la nobla Ysabeu Ysal-
gniera, molhe deudit testador, abe portadas lo jorn de la solempnisacion de son matrimoni. Item plus lodit testador voloc he
ordenec que son herete fossa tengut de pagar la resta deu dot
que era degut à la nobla AGNA DE GOLART, molhe deu noble Mosseu
BERTHOMIU DE MONTESQUIU, senhor de Salas. Item plus lodit testador
volec he ordenec que son herete fossa tengut de pagar la resta
deu dot que era degut a la noble MARGARIDA DE GOLART, molhe que
era deu noble LYSIU DE GOLART, senhor de Tarauba. Item plus lodit
testador voloc, leysec he ordenec que son herete fossa tengut de
pagar a mosseu Guillem Delavit, marchand de Tholosa, la soma
de vint e sinc escutz he hoeyt gros d'aur, los qualz vint et sinc
escutz et hoeyt gros lo debe per marchandizas que abe prezas de
son obrade. Item plus lodit testador leysec, voloc he ordenec que
sa part deu molin Darrapassac fossa venduda he aychi medis
fossan vendudas las rendas he oblias deu feyt de Laythora, de
Manhas et de Pomareda appertenens audit testador, he asso per
pagar los legatz he deutes deu present testament. Item plus lodit

testador voloc, leysec he ordenec que lo loc de Pardelhan fossa
vendut, e de la soma que sen agora que son herete nagossa a
balha au noble Johan de Golart, senhor de Sant Avit, la soma de
cent escutz, he au noble GUIRAUD DE GUOLART nagossa a balha la
soma de dus cens escutz, he otra a quo per son arma deudit
testador cent escutz, he la resta sia de son herete de jus escriut.
Item plus lodit testador leyssec, voloc he ordenec que si lo cas
sen devene que lodit noble BERTRAN DE GOLART, son filh he herete
de jus escriut, morisso he sens heret de son lial matrimoni, he
si era prens de filha que fossa adotada deudit testador fossa
prens de filh mascle que fossa herete apres la fin deudit Bertran,
si non abe heret de son lial matrimoni, he si era prens de
filha que fossa adotada a coneguda deus parens he amix da lor
linatge. Item plus he otra a quo voloc he ordenec lodit testador
que si lo cas fossa que la dita nobla Ysabeu no fossa prens cum
de sus es dit, voloc lodit testador que apres la mort deudit Bertran, si no y abe heret de son lial matrimoni, instituit e fec sos
heretes generals he universals los nobles Johan de Golart senhor
de Sant Avit, et Guiraud de Golart, senhor de la Mota, pres de
Cumont, frays deudit testador, tant lo hun tant lautre de totz sos
bes mobles he non mobles presens et avenidors. Item plus lodit
testador leysec, voloc he ordenec que si lo cas sen devengossa
que son herete morissa davant que Agna, he Katarina de Golart,
sas filhas, no agossan agutz maritz que losditz nobles Johan de
Golart he Guiraud de Golart, frays deudit testador, fossan tengutz
de los donar maritz he de las adotar a la coneysensa de los amix
he parens. Item, in omnibus autem bonis suis mobilibus et
immobilibus presentibus et futuris, ubicumque sint, quecumque
sint et quocumque nomine censeantur, dicto testatori pertinentibus et pertinere debentibus quovismodo, solutis tamen primitus

debitis, legatis et helemosinis superius declaratis, factoque for-
nimento sue sepulture decenter et honoriffice, juxta statum et
conditionem persone sue et facultatem bonorum suorum, heredem suum generalem et universalem sibi instituit atque fecit et
ore suo proprio nominavit, videlicet dilectum filium suum legitimum et naturalem nobilem Bertrandum de Golardo[1], filium
suum primogenitum, pro omnibus suis voluntatibus penitus et
perpetuo faciendis.

Item plus dictus testator elegit, fecit, nominavit et voluit
dictus testator esse exequtores presentis sui testamenti et sue
ultime et supreme voluntatis sine dampno et periculo bonorum
suorum ad solvendum legata supradicta, videlicet nobiles BER-
TRANDUM DE GOLARDO, dominum de Glatenx, diocessis Montisalbani
et Johannem de Golardo, dominum loci Sancti Aviti, diocesis
Lectorensis, et quemcumque ipsorum in solidum; quibusquidem
exequtoribus suis antedictis et eorum cuilibet in solidum predictus testator, pro premissis omnibus et singulis exsolvendis,
perficiendis ac etiam exequendis, dedit, transtulit et concessit
plenam auctoritatem, licentiam et liberam potestatem vendendi,
impignorandi alias alienandi tot et de bonis et rebus suis mobilibus et immobilibus presentibus et futuris que. sufficiant et
sufficere possint et valeant ad omnia et singula in hoc presenti
publico instrumento contenta et expressata, tenenda, complenda

---

1. Ce Bertrand eut pour successeur Béraud, filleul de son grand-père.

Dans le résumé qui précède le testament de Bertrand de Galard, seigneur de
l'Isle-Bozon, inséré page 703 du tome II de cet ouvrage, nous avons commis une
erreur en annonçant que Jean de Galard, protonotaire apostolique, était l'unique
enfant mâle issu dudit Bertrand. Or à la fin de l'acte latin, page 705, Béraud de
Galard, chevalier, l'aîné des enfants de Bertrand, est désigné par son père comme
héritier universel et comme étant au service du roi le 21 avril 1518, date du testament. Nous sommes heureux d'avoir une occasion de nous rectifier.

et quod omnis illa venditio, pignus et alienatio, et quicquid inde
predicti exequtores seu eorum alter fecerint aut se fecisse dixerint pro omnibus et singulis predictis tenendis, complendis et
observandis, sit adeo ita bonum et firmum ac stabile per imper-
petuum, ac si ab eodem testatore vivo existente et presente
fierent et personaliter agerentur et credantur inde predicti
exequtores et eorum quilibet in solidum de omni quod inde
fecerint aut se fecisse dixerint eorum solo et simplici verbo
sine testibus et juramento, et alio quocumque probationis genere;
ita tamen quod in hunc modum dictus testator fecit, condidit et
ordinavit suum ultimum nuncupativum testamentum et suarum
rerum ultimam voluntatem, dispositionem et ordinationem, ut
superius est expressum; cassans, revocans, irritans penitus et
annullans memoratus testator cum hoc presenti publico instrumento et suo ultimo nuncupativo testamento ac suarum rerum
ultima voluntate, dispositione et ordinatione eis meliore via,
modo, jure, forma quibus potuit et debuit, et non per errorem,
sed ex ejus certa scientia, omnia alia testamenta et codicillos et
causa mortis donationes, quod, quam seu quas olim fecerat,
condiderat, ordinaverat ante hoc presens publicum instrumentum et suum ultimum nuncupativum testamentum seu suam
ultimam voluntatem, dispositionem et ordinationem, voluitque
et ordinavit ac etiam mandavit predictus testator quod omnia
et singula, in hoc presenti publico instrumento seu suo ultimo
nuncupativo testamento et sua ultima voluntate, dispositione et
ordinatione contenta et expressata, valeant jure testamenti, et si
jure testamenti non valerent quod saltem valeant jure codicillorum, et si jure aliquorum predictorum non valerent, quod saltem
valeant jure alterius ultime voluntatis, dispositionis et ordinationis vel donationis causa mortis, vel eo meliori modo quo de

jure vel consuetudine seu usu dicti loci Insule Bozonis aut alterius loci sive patrie valere poterit et teneri ; cum ultime voluntates testatoris sint penitus conservande et a nemine infringende. De quibus omnibus et singulis premissis, in hoc presenti publico instrumento contentis et expressatis, dictus nobilis Berardus de Golardo, testator, requisivit me notarium publicum infrascriptum, ut sibi de premissis retinerem et deinde conficerem publicum instrumentum ita bonum et firmum sicut fieri posset cum consilio peritorum. Actum fuit hoc apud dictum locum Insule Bozonis die vicesima sexta mensis aprilis, anno Domini millesimo quadringentesimo septuagesimo octavo, illustrissimo principe domino nostro domino Karolo Dei gracia Francie rege, et reverendo in Christo patre et domino domino Hugo, miseratione divina Lectorensi episcopo, existente. Hujus rei sunt testes nobilis Senhoretus de Sancto Johanne loci de Flamarenxis, Johannes de Cauboa senior, Joannes Desparberiis, Bertrandus Lacosta faber, Petrus de Castilhono, Benedictus Bernie, et Johannes de Cauboa junior, loci predicti Insule Bozonis habitatores, et ego Arnaldus de Pomareda, clericus publicus loci Insule Bozonis auctoritatibus ducali et episcopali Lectore notarius, qui de premissis requisitus hoc presens publicum instrumentum retinui, inquisivi et in notam recepi, ac in mea prothocollo notavi, manuque aliena michi fideli in hanc publicam formam reddigi feci, et facta diligenti collatione cum originali signo meo autentico, quo utor in meis publicis instrumentis, signavi, in fidem et testimonium omnium et singulorum premissorum.

Archives de M. le comte de Luppé, au château de Saint-Avit (Gers). Original en parchemin.

## 17 JANVIER 1498.

*Contrat de mariage de Béraud de Voisins[1], seigneur de Grave, avec noble* AGNÈTE DE GALARD, *fille de* JEAN, *seigneur de Saint-Avit, et de Florette de Gélas. Les parents d'Agnète la constituent d'avance héritière universelle de tous leurs biens. C'est par suite de cette clause sans doute que la terre de Saint-Avit sortit de la Maison* DE GALARD. *Les témoins de ces pactes furent Philippe de Voisins, chevalier, seigneur de Montaut, Manaud de Montesquiou, seigneur de Salles, Philippe de Gélas, seigneur de Rozès,* GÉRAUD DE GALARD.

In nomine Domini, amen. Noverint universi et singuli presentes pariter et futuri, quod cum, ut ibidem dictum fuit pariter et assertum per partes infrascriptas, tractatum fuerit matrimonium per verba de futuro et nondum in facie Sancte Matris Ecclesie solempnizatum et per carnalem copulam copulatum inter nobilem et potentem virum dominum Berardum de Vicinis, militem, dominum de Grava, dicti loci de Grava habitatorem ex una; et nobilem AGNETAM DE GOLARDO, filiam legitimam et naturalem nobilis JOHANNIS DE GOLARDO, domini de Sancto Avito, partibus ex altera, nullo tamen super hoc retento instrumento, nec alias precedente, hinc igitur fuit et est quod anno et die infrascriptis existentes et personaliter constituti apud locum de Sancto Avito vicecomitatus Leomanie et diocesis Lectore, in mei notarii publici et testium infrascriptorum presentia, videlicet dictus nobilis et potens vir dominus Beraldus de Vicinis miles, dominus de Grava, et nobilis Agneta de Golardo ejus uxor ex una, et

---

1. Ce Béraud, par suite d'une erreur typographique, est devenu Géraud dans le tome II, page 516, erreur qui a été ensuite répétée à la table, page 882 du même volume.

nobilis Johannes de Golardo, dominus de Sancto Avito, et nobilis
Floreta de Gelas, ejus uxor, pater et mater dicte Agnete de Golardo,
dicte vero Floreta et Agneta de Golardo, mater et filia, de licentia et auctoritate dictorum nobilium virorum suorum ibidem presentium, licentiamque et auctoritatem maritalem ad infrascripta
peragenda dantium et prebentium ac concedentium, ac sic fieri
volentium; que ambe partes in simul et quelibet ipsarum, vi,
dolo, metu, fraude cessantibus quibuscumque, sed gratis ex
eorum certis scientiis ac spontaneis voluntatibus, ut ibidem dixerunt et asseruerunt, pro se, et eorum et cujuslibet ipsorum
heredibus, ordinio et sucessoribus quibuscumque, ibidem presentes, stipulantes et solempniter recipientes, quod initio et
contemplatione ac favore dicti eorum matrimonii fecerint ad
invicem et inter se dicte partes, superius nominate, pacta et convenciones infrascriptas de verbo ad verbum in verbis romanciis
declaratas, per me notarium publicum infrascriptum sumptas et
scriptas, ac manu mea propria et signo meo manuali signatas,
et etiam dictarum ambarum partium et cujuslibet ipsarum manibus propriis signatas, sub anno et die ac coram testibus in eisdem pactis et conventionibus contentis. Quasquidem conventiones sive pacta dicte ambe partes et quelibet ipsarum tradiderunt
michi notario publico infrascripto in uno folio papiri scriptas
et ad partem descriptas pro inserendo in hujusmodi instrumento.
Quequidem pacta seu conventiones sequuntur et sunt tales :
« Seguensen los pactes et convenensans matrimonials tractadas,
acordas et appunetadas entre lo noble et puissant senhor mosseu
Beraud de Vezis chevalier, senhor de la Grava, en Albeges, de una
part, et al lo noble home Jehan de Golart, senhor de Sant Evit en
Lomanha, de lautra part, feytas cum de jus sen siet. Tot primerament es estat feyt pacte, convent, tractat et acordat entre lasditas

partidas que lodit noble Jehan de Golart, senhor de Sant Evit, donara per molher et per sposa audit noble mosseu Beraud de Vezis sa filha Agneta de Golart, la et quant que sancta may gleysa aura feyt son deber, et lodit noble mosseu Beraud de Vezis scera son marit et la sposara la et quant que la una partida a requirira a lautra. Item plus es estat feyt pacte, convent, acordat et tractat entre lasditas partidas que en favor et contemplation deudit matrimoni lodit noble Jehan de Golart dona de present et fe donation, a causa de nossas, a ladita nobla Agneta de Golart sa filha, totz sos biens mobles et immobles, presens et avenir, reservat la soma de dus centz scutz de monda corenta, deus quals dus centz scutz posca testar por son arma. Item plus es estat feyt pacte, convent, tractat et acordat entre lasditas partidas que siera lo cas que Dieu permictent que lodit noble Jehan de Golart mourissa primie que ladita nobla Floreta de Gelas, sa molhe dona de Sant Evit, que en aquel cas ladita nobla Floreta de Gelas sera usuffructuare de la mytat de totz losditz biens dessus donatz tant quant que demorara vidua vidualement et honesta. Item plus es estat fayt pact, convent, tractat et acordat entre lasditas partidas que ladita nobla Agneta de Golart, sa filha, scera heretera universale et generala de totz los biens de ladita nobla Floreta de Gelas, sa may, reservat la soma de dus centz franx de rey que posca testar et far testament por son arma. Item plus es estat feyt pacte, convent, tractat et acordat entre lasditas partidas que lodit noble mosseu Beraud de Vezis, senhor de la Grava, portara de mariage audit noble Jehan de Golart, senhor de Sant Evit, la soma de mila franx de rey lesquals metra et pagara alos cargos et pleytz de la maysson, et metutz que los aia, lodit noble Jehan de Golart, senhor de Sant Evit, les reconeyssera subre totz sos biens. Item plus es estat feyt pacte, convent, tractat et acordat

entre lasditas partidas que lo prime filh qui sera procreat deudit
matrimoni scera heretè universal de totz los biens, si es abil, et
si lo cas era que no fos abil, que le segont susceydera en totz losditz biens, et deu segont autros, et aussi de la hun a lautra, et
los autres filhs si ny a auren lor legitima en argent segont la
facultat deusditz biens deu pay et de la may. Item plus es estat
feyt pacte, convent, tractat et acordat entre lasditas partidas que
si era lo cas que deudit mariage no y avet filhs mascles et y avet
filhas, que la primera filha sera heretera, si es abila, et si no es abila
la segonda de la segonda à la tersa, *et sic de singulis,* et las autras
seran adotadas à la coneyssansa deus amitz de totas partidas et
segont la facultat deus biens. Item plus es estat feyt pacte, convent, tractat et acordat entre lasditas partidas que si era lo cas lodit
noble mosseu Beraut de Vezis mourissa premié que ladita nobla
Agneta de Golart, sa molhe, que ladita noble Agneta demourera
dua maioressa et ususfructuaria deudit loc de la Grava, tant
quant que ela menera vita viduala et honesta. Las qualas convenansas son estadas feytas, passadas et acordadas per totas duas
partidas en lo loc de Montaut. Et ont juratz, subra lòs quatre santz
evangeliz à Dieu, de las tenir, complir et observar de peinct en
peinct, et de non y contravenir, lo detz sept jour de mes de
Javier lan mil quatre centz nonanta ho huyt, en la presensa deus
nobles homes de mosseu Phelip Vezis, chivalier senhor de Montaut, Manaud de Montesquiu, senhor de Salas, Jehan de la Roqua
de Fontanilhas, Phelip de Gelas, senhor de Rozès, Domenges de
Lamote, senhor de la Briffa, et deu my Guilhem Ravel, notari
public deu loc d'Aubinet habitant, que de la voluntat de totas
duas partidas las presentas convenansas ay escriptas et senhadas
de mon senhal manuel, et des metis que las an senhadas de lor
propria ma lan et lo jour dessusditz. Jehan de Golart, Phelip de

Vezis, Fontanilhas, Beraud de Vezis, Manaut de Montesquiu, Phelip de Gelas, Domenges de Lamote, G. Ravelli notarius. »

Quequidem pacta et conventiones dicte partes et ipsarum
quelibet, quantum et quamlibet ipsarum tangit aut tangere
potest, conjunctim seu divisim, una alteri et e contra vicissim et
vice versa tenere, complere et inviolabiliter observare, perficere, et in nullo contra venire, directe nec indirecte, tacite vel
expresse, per se nec per aliquam aliam interpositam seu inter-
ponendam personam de mundo, ullo modo, ullis temporibus in
futurum promiserunt, convenerunt prezie et perhemptorie etsine
quacumque contradictione ; et hoc totum sub expressa ypotheca
et obligatione omnium et singulorum bonorum et cujuslibet
ipsorum et ipsarum partium, mobilium et immobilium, presentium et futurorum, et sub omni reffectione dampnorum, grava-
minum et expensarum curie litis, et extra, ac etiam interesse, et
sub omni juris et facti renuntiatione ad hec necessaria qualibet
pariter et cauthela. Et renunciaverunt inde dicte partes contrahentes omnes insimul et quelibet ipsarum exceptioni dicte obli-
gationis omnium et singulorum supra et infra scriptorum non
ita factorum, gestorum et per modum predictum non concessorum, dictorumque pactorum et conventionum per et inter dictas
partes non factorum et per modum predictum non concessorum
tenere et servare non promissorum, et aliis exceptionibus doli
mali, metus, fori fraudis, conditioni indebiti ob causam aut sine
causa, et in factum actioni, peticioni, oblationi libelli, copieque
hujus presentis instrumenti publici et ejus nota non petende,
requirende nec abende, omnique et cuicumque provocationi et
appellationi future interponende, et juribus quibus deceptioni
in contractibus subvenitur, judiciis quinquennalibus majoribus
vel minoribus, feriisque messium et vindemiarum, ac de eorum

debitis non solvendis usque ad certum tempus, sub quavis verborum forma generali seu etiam speciali, tam per dominos nostros summum Pontificem seu ejus legatum vel subdelegatum,
Francie regem seu ejusdem locumtenentem, causis et rationibus
premissis, seu ratione quarumcumque guerrarum factarum
seu fiendarum, tempestatum et aere frigide, sterilitatis fructuum,
quam vel alias ex quacumque causa per alios dominos debita pro-
rogandi potestatem veram super hoc pabentes concessis seu etiam
concedendis, benefficioque crucis sumpte seu etiam assumende
ratione passagii ultramarini in subsidium terre sancte vel alterius
peregrinationis et transfretationis cujuscumque, et demum ac
generaliter omnibus aliis legibus et juribus tam canonicis quam
civilibus, usibus, statutis libertatibus, privilegiis, exceptionibus,
appellationibus, protestationibus, oppositionibus, cavillationibus
et aliis quibuscumque impedimentis contra tenorem hujus presentis publici instrumenti nunc et in perpetuum valituri et
minime revocaturi interponendis, quibus mediantibus contra
premissa vel premissorum aliqua possent facere, dicere, vel se
juvare, deffendere atque thueri, de jure vel de facto, ullo modo,
ullis temporibus in futurum. Et pro premissis omnibus universis
et singulis melius tenendis, actendendis, complendis, et inviolabiliter de puncto ad punctum cum effectu observandis, dicte partes contrahentes earum et quelibet ipsarum voluerunt et
expresse consentierunt se ipsas ad invicem vicissim et vice
versa et una alteri ad requisitionem alterius, ac etiam ypothe-
cando et obligando omnia earum et cujuslibet ipsarum partium
bona mobilia et immobilia, jura, res et nomina presentia et futura,
eorumque heredes et successores posse et debere cogi, constringi
et compelli per omnes vires, rigores, districtus et compulsiones
earumdem curiarum et sigillorum venerabilium dominorum offi-

cialium Tholose, Auxis, Lectore, Lumbariensis et eorum suffra-
ganeorum, camereque Sancte Sedis Apostolice domini nostri Pape
ejusque auditorum et vice auditorum, et per curiam beati Anthonii ruthenensis sigillique et contrasigilli, sigillorumque majoris
regie senescallie et vicarie Tholosane et Albinensis, domus communis dominorum de Capitulo Tholose, parvique sigilli Montispessulani, dominorumque judicum et senescallorum Tholose,
Armanhaci, civitatum Lectore, Agennensis citra et ultra Vasiam,
Verduni, Convenarum, Fezansei, Fezensaguelli et Corensagesi, et
cujuslibet ipsorum et ipsarum in solidum, tam conjunctim quam
divisim, per quasquidem curias earum et quamlibet ipsarum
summarie, simpliciter et de plano, ita et taliter quod exequtio
in una dictarum curiarum incepta seu etiam inchoata fuerit vel
alias per exequtionem alterius curie minime impediatur, nec
aliquod impediri valeat seu possit, sed ad aliam vel alias possit
haberi recursus, una exequtioni curia seu curiis pro alia non
cessante vel cessantibus absque strepitu et figura judicii. Et hoc
tanquam pro re clara, liquida, notoria et manifesta, in judicio et
extra judicium confessata et que jamdiu est in rem transierit
judicatam et per dictas curias spirituales, monitiones, citationes,
excommunicationes, sententias, gravamina, interdicta, et per
quamvis aliam censuram ecclesiasticam et alias prout vires et
rigores dictarum curiarum est fieri consuetum, necnon per
bonorum suorum et cujuslibet ipsarum partium, quorumcumque
pignorum captione, vendicione, substitutione, distractione et
alienatione ac explectatione eorumdem, bannique inquestus et
guarnissionis unius aut plurium servientium regiorum ; de quolibet sigillo et de qualibet curia supradicta in et super eorum
bonis et rebus alterius partis contenta in presenti instrumento
pro parte sui adimplere recusantis appositione et continua deten-

tione ad vadia, salaria et emolumenta regia consueta, tamdiu
donec et quousque pars recusans aut differens omnia et singula,
in hoc presenti publico instrumento contenta ad effectum deduxe-
rit, nonobstante quocumque saysina de bonis mobilibus seu
immobilibus facienda, portasque domorum suarum et cujuslibet
ipsarum et ipsorum aperiendo, claudendo, desbotando, sigil-
lando, et per vim aut alias si necesse fuerit ad terram ponendo, et
omnibus aliis juris remediis necessariis et opportunis per que
melius fieri poterit et debebit, et alias prout vires et rigores
dictarum curiarum et sigillorum et cujuslibet ipsorum et ipsarum
volunt, postulant, exigunt et requirunt, una curia seu curiis
pro alia non cessante, nec altera aliam impediente; excepta
tamen arrestatione suarum propriarum personarum solum et
dumtaxat. Et voluerunt prenominate partes et earum quelibet
quod licet rigore seu mandato unius seu judicio sigillorum predictorum virtute hujus presentis publici instrumenti et contentorum
in eodem incepta fuerit exequtio contra alteram partem contenta in presenti instrumento adimplere et tenere recusantem,
ac bona ipsius, nichilominus alterius vigore seu mandato retineri et per quamlibet ipsarum compleri, continuari valeat et
finiri, et hoc primo tam in omnibus bonis immobilibus quam
in bonis mobilibus vel e contra, et facta vel non facta requisitione vel perquisitione bonorum mobilium, juris ordine servato
vel non servato, modo et forma quibus exequtio super hoc depu-
tanda placuerit faciendum, et sic factam seu fiendam dicte partes
et ipsarum quelibet valere voluerunt in judicio et extra judicium,
ac si juris ordine in nullo pretermisso facta fuisset; renunciando
super hoc expresse juridictionibus quod nemo pro uno et eodem
debito seu contractu in diversis curiis seu coram diversis judicibus trahi nec conveniri debet et exequtionem quamcumque

civilem primo fore inchoandam in bonis mobilibus quam immobilibus.

Et ad confitendum omnia et singula in hoc presenti publico
instrumento supra et infra contenta, et juramenta infrascripta
esse licita et honesta et in casu licito et honesto fore prestita, in
judicio vel extra in curiis et sigillis predictis et in quacumque
alia curia ecclesiastica vel seculari dicte partes contrahentes
omnes in simul et ipsarum quelibet gratis ex earum certa scientia
ac spontaneis voluntatibus fecerunt, constituerunt, creaverunt et
solempniter ordinaverunt suos veros, certos, legitimos et indubitatos procuratores, videlicet honorabiles et discretos viros
dominos et magistros procuratores fiscales, omnes notarios ordinarios et eorum substitutos, servientes, juratos et advocatos
dictarum curiarum et sigillorum predictorum, et cujuslibet
eorumdem qui nunc sunt et pro tempore futuro erunt, absentes
tanquam presentes et eorum quemlibet in solidum, ita et taliter
quam inter eos melior seu potior conditio non existat primitus
occupantis, sed id quod per unum inceptum fuerit per alium
seu alios eorumdem potest persequi, mediari, terminari valeat et
finiri ; quibusquidem procuratoribus superius constitutis et
eorum cuilibet in solidum dicte partes contrahentes et ipsarum
quelibet dederunt et attribuerunt plenam licentiam et liberam
potestatem ac etiam speciale et generale mandatum semel et
pluries ipsarum partium constituentium et pro ipsis omni die
et omni tempore feriato vel non feriato ut ipse constituentes vivæ
vel non existentes in predictis curiis seu coram judicibus ecclesiasticis et secularibus et in qualibet curia aut altera ipsarum,
coram quolibet aut altero ipsorum, eorumque locatenentibus
et commissariis ad hoc deputandis semel vel pluries compariendi
et personaliter se representandi et omnia universa et singula

in hoc presenti instrumento contenta et expressata et obligata
fore vera confitendi et asseverandi, omneque preceptum et
injunctiones seu mandatum judicum et condempnationes contra
ipsas proferendas a quibuscumque curiis et judicibus tenendi,
servandi, premissa gratis actendendi et in se assumendi cete-
raque omnia alia universa faciendi, dicendi, procurandi et excercendi que in premissis et circa premissa erunt necessaria seu
etiam opportuna, et que boni ac veri ac legitimi procuratores ad
talia vel similia constituti faciunt et facere possunt et debent,
et que ipsemet partes constituentes et earum quelibet facerent
et facere possent, si in premissis et quolibet premissorum presentes personaliter interessent. Promictentesque inde dicte
constituentes et ipsarum quelibet michi notario publico infrascripto tanquam communi et publice persone pro dictis procuratoribus superius constitutis et pro omnibus aliis quorum interest,
intererit aut interesse poterit in futurum stipulanti et solempniter
recipienti se habere ratum, gratum, stabile atque firmum et
perpetuo habituras totum id et quicquid per dictos procuratores
suos superius constitutos, aut alterum eorum dictum, actum,
comparitum, acceptatum, confessatum, procuratum fuerit seu
gestum in premissis et circa premissa, que erunt necessaria et
opportuna, remque ratam haberi et . . . . . . . et judicatum
solvi ac confessatum compleri et teneri, cum omnibus et singulis
suis universis clausulis, eosdemque procuratores suos superius
constitutos et eorum quemlibet ab omni et quolibet onere satisdandi penitus relevando, et hoc totum sub omni ypotheca et
obligatione, retentione ac renunciationibus ac compulsionibus
quibus supra. Et ad majorem omnium et singulorum premissorum roboris firmitatem habendam et obtinendam dicte partes
contrahentes et ipsarum quelibet juraverunt ad et supra sancta

Dei quatuor Evangelia, earum et cujuslibet ipsarum partium singulis manibus dextris gratis corporaliter tactis, predicta omnia universa et singula in hoc presenti publico instrumento contenta firma, rata et grata habere, tenere, complere, facere et de puncto ad punctum inviolabiliter observare et in nullo contra facere, dicere vel venire, nec venienti aliqualiter consentire, aliqua ratione vel causa, de jure vel de facto quibus mediantibus contra premissa aut premissorum aliqua venire possent aut in aliquo se juvare, deffendere, atque thueri, ullo modo, ullis temporibus in futurum. De quibus premissis omnibus universis et singulis dicte partes et ipsarum quelibet petierunt et requisiverunt eis et suis fieri, confici et retineri publicum instrumentum per me notarium publicum infrascriptum, quod possit et valeat fieri, reffici, dictari, ordinari, corrigi et emendari semel vel pluries, totiens quotiens fuerit opportunum, productum in judicio vel non productum, cum clausulis, vocalibus, dictionibus et renun- ciationibus huic presenti instrumento necessariis et opportunis, de materia dicti instrumenti cancellata vel non cancellata, et ordinationem quamcumque faciendam, facti tamen substantia seu veritate in aliquo non mutata, et licentia alicujus persone de mundo minime petita, requisita, seu etiam obtenta, quod et feci. Acta fuerunt hec apud dictum locum de Sancto Avito, die decima quarta mensis aprilis, anno ab Incarnatione Domini millesimo quingentesimo nono, regnante illustrissimo principe et domino nostro domino Ludovico Dei gratia Francorum rege, et reverendissimo in Christo patre et domino domino. . . . . miseratione divina Lectore episcopo existente, in presentia et testimonio nobilis Dominici de la Monte, domini de Briffa, Anthonii de Palaso, Martini de Virduno, Pey Darrende, et Géraldi DE GOLARDO, dicti loci de Sancto Avito habitatorum, testium ad

premissa vocatorum et per dictas partes rogatorum ; et mei
Guilhermi Ravelli, notarii publici dicti loci de Albineto habitatori,
qui, de premissis requisitus, hoc presens publicum instrumentum
retinui et in meis libris sive prothocollis registravi, et per alium
michi fidelem manu aliena scribi et grossari feci, deindeque
signo meo autentico, quo utor in publicis instrumentis per me
retentis, in fidem et testimonium omnium et singulorum premissorum signavi

## 24 JUIN 1505.

*Testament d'*ANNE *ou* AGNÈTE DE GALARD, *dame de Saint-Avit, femme de
Béraud de Voisins*[1]*, fait à Grave, diocèse d'Albi, sénéchaussée de
Carcassonne. Elle règle d'avance ses funérailles et fixe la chapelle
de Sainte-Ségolène de Grave pour lieu de sépulture. Les frères
mineurs de Lectoure, les sœurs de Sainte-Claire de la même ville,
les églises de Saint-Avit, de Notre-Dame du Mourla, de Castelsarrasin et ses serviteurs des deux sexes, toucheront après sa mort
diverses sommes déterminées. La testatrice désigne pour ses héritiers particuliers noble* BÉRAUD DE GALARD, *seigneur de l'Isle-
Bozon, noble Barthélemy de Montesquiou, seigneur de Salles, et
noble* GILLES DE GALARD, *seigneur de Terraube. Noble et puissant
Béraud de Voisins, son mari, est investi de la libre disposition de
ses biens, et Jean de Voisins, son fils, nommé son héritier universel.*

In nomine Domini, amen. Noverint universi et singuli presentes pariter et futuri, quod ego Durandus de Vindemiis, publi-

1. Les de Voisins sont inscrits, à la salle des Croisades de Versailles, avec les
armes que voici : *De gueules, à quatre fusées d'argent rangées en face.* Cette maison

cus auctoritate dominorum et capituli Tholose notarius loci de
Florentinhio, diocesis Albiensis et senescallie Carcassone habitator, collationarius et subrogatus in libris, cedis, notis et prothocollis ac instrumentis publicis per vita functum magistrum
Sebastianum Gleysalis, condam notarium dicti loci de Florentinhio, sumptis et receptis ex collatione michi facta per egregium
virum dominum Phelipum Austrun, in legibus licentiatum, domini
nostri regis consiliarium et procuratorem, judicem terre basse
Albigesii et Castresii, prout e dicta collatione constat per quasdam
pactentes et appertas litteras in pergameno scriptas, signatas et
sigillatas manu et sigillo dicti domini judicis. Quarum quidem
licterarum dicte collationis tenor sequitur et est talis : Philipus
Austrun in legibus licentiatus, consiliarius domini nostri regis
ejusque judex terre basse Albigesii et Castresii, dilecto nostro
magistro Dinando de Vindemiis, loci de Florentinhio nostre judicature, salutem. Ad nostri pervenit noticiam quod discretus vir

---

de Voisins est non moins ancienne qu'illustre. D'Hozier cite dans son *Armorial
général,* registre V, art. *Rigaud de Vaudreuil,* ce dicton populaire :

> Les Hunaud, les Lévis et les Rigauds,
> Ont chassé les Visigoths ;
> Les Lévis, les Rigauds, les Voisins,
> Ont chassé les Sarrasins.

Ce quatrain vulgaire ne contient pas la vérité absolue, puisque les de Voisins,
originaires de l'Ile-de-France, ne se fixèrent en Languedoc qu'à la suite de Simon
de Montfort, dont ils avaient accompagné la bannière et partagé la fortune ; mais
antérieurement, ils avaient joué un rôle en Terre sainte, ce qui proclame la péren-
nité de la race des Voisins dans le Nord, sinon dans le Midi.

Ceux qui voudraient étudier plus intimement le passé des de Voisins n'ont qu'à
consulter le *Trésor généalogique* de dom Villevielle, la *Collection Doat,* vol. CLIII,
fol. 305 v°, et vol. CLIX, fol. 1, 21, 150 ; l'*Histoire de Malte,* par Vertot, édit. in-4°,
t. IV, p. 406 ; le *Cartulaire de Carcassonne,* par Mahul, t. I, p. 175 ; l'*Histoire
généalogique de la Maison de Faudoas,* etc.

magister Sebastianus Gleysalis, notarius predicti loci de Florentinhio dicte nostre judicature, dies suos in Domino clausit extre-
mos, verum quod dictus Gleysalis ut notarius plura et diversa
diversorum contractuum, dum viveret, recepit instrumenta, processus et scripturas, quorum et quarum aliqua seu aliquas in
suis registris et prothocollis scripsit. . . . . alique ad plenum
ordinavit et partibus quarum intererat restituit et alia que
nondum ad plenum ordinavit nec partibus restituit, et etiam
habuit et habebat plures alias collationes deffunctorum notariorum et scripturarum ac prothocollorum eorumdem per predecessores nostros factas pluresque persone quarum interest dictis
instrumentis, contractibus et scripturis dietim indigent, et
non valent illas pretextu decessus dicti vita functi magistri
Sebastiani Gleysalis recuperare nec habere in forma publica et
approbata, cum sint illi libri, note et scripture adhuc in manibus heredum ejusdem Gleysalis aut alterius illarum detentoris;
nos igitur confidentes ad plenum de probitate, sufficientia et
ydoneitate vestris et bene merito hujusmodi libros, cedas, protocolla, contractus, processus et alias scripturas per dictum vita
functum Gleysalem et alios notarios a quibus collationem habebat
receptas, quas et quos ac que per illarum et illorum detentores
vobis tradi et deliberari volumus, harum tenore per presentes et
loco dicti Gleysalis subrogamus et in comendam et custodiam
tradimus, donec aliter per nos fuerit provisum, dantes et concedentes vobis licentiam, auctoritatem, facultatem dictos contractus et instrumenta ingrossandi et a notis seu prothocollis dicti
Gleysalis non viciatis nec cancellatis extrahendi et in mandum,
seu publicam, formam redigendi, abreviaturasque et los. . . . . .
juxta morem formam et praticam per dictum Gleysalis servari
solitam suplendi, et in notis que se refferunt de anno et die et

testibus ac aliis clausulis, aliis precedentibus notis inserendi et suplendi, prout potuisset ipsemet Gleysalis facere in suo viventi, quibus tantam et talem fidem et robur adhiberi volumus in judicio et extra ac si per ipsum Gleysalis principalem aut ut subrogatum aliorum notariorum ingrossata fuissent; dum tamen signo vestro consueto signentur, et partibus quarum intererit, ipsis tamen requirentibus tradendo et deliberando, vobis tamen ac heredibus dicti Gleysalis satisfacto de salario moderato. In quorum premissorum fidem et testimonium hujusmodi surrogationi sive collationi decretum nostrum sive auctoritatem judiciariam interposuimus et interponimus, salvo jure domini nostri regis, nostro heredumque seu dicti condam Gleysalis et quolibet alio, et has nostras presentes litteras sigillo nostro sigillatas per notarium infrascriptum scriptas jussimus dicto de Vindemiis concedendas, presentibus dominis Amando. . . . . Anthonio Ginesta, presbiteris, ac providis viris Johanne Rastauh, mercatore dicti loci de Florentinhio, et notario infrascriptis, mandantes presentium tenore universis justiciariis et officiariis nostre judicature, quathinus dicto de Vindemiis dictos notas et prothocolla per illarum detentores tradi et expediri faciant compellendos ad hoc compellendo omnibus viis juris et remediis justicie opportunis. Actum et datum in loco de Florentinhio die penultima mensis octobris anno Domini millesimo quingentesimo quinto, etc., de dicti domini judicis mandato et quia presens fui. A. Frum. . . ti, notarius, F. Austrun judex, inveni et reperi in dictis libris, cedis et prothocolis quamdam brevem notam testamenti nobilis ANNE DE GOLART, domine de Sancti Aviti, cujus tenor dicte breve (sic) note sequitur (et) talis est : Anno Domini millesimo quingentesimo quinto et die vicesima quarta mensis junii, regnante domino Ludovico, apud et infra locum de Grava

diocesis Albiensis et senescallie Carcassone, in mei notarii, etc.,
existens et personaliter constituta nobilis ANNA DE GOLART, domina
loci de Sancti Vite et de Grava, uxor nobilis et potentis viri
domini Beraudi de Vicinis, baro (*sic*) baronie loci de Grava, et
dicta nobilis domina Anna de Golart, jacens in suo lecto in ca-
mera dicte domus fecit et instituit suùm testamentum sana
mente et intellectu, et in sua bona memoria. Et primo signans
se venerabili signo sancte Crucis sic dicendo: In nomine Patris
et Filii et Spiritus sancti, amen. Et primo voluit sepulturari in
ecclesia sancte Segolene de Grava coram corpus sancte Segolene
in coro dicte ecclesie sancte Segolene. Item legavit idem (*sic*)
domina testatrix in die sepulture sue, in die novene, in capite
anni pro quolibet die, quinquaginta libras presbiteris qui missas,
obsequia et alia divina officia celebrabunt, et voluit dari cuilibet
pro quolibet die tres duplos monete currentis cum reffectione cor-
porali. Item legavit idem in die sepulture sue dicta domina Anna,
in capite anni pro quolibet die viginti quatuor torchas cere ponderis quolibet torcha unam libram cere. Item legavit idem testatrix luminarie et omnibus luminaribus dicte ecclesie sancte
Segolene de Grava, et etiam animarum purgatorii dicte ecclesie,
quolibet (*sic*) lumini quinque solidos turonenses semel solvendos.
Item legavit idem testatrix (conventibus) fratrum Minorum Lectore, fratrum Predicatorum et fratrum Carmelitarum, cuilibet
ordini viginti septem solidos et sex denarios turonenses semel
solvendos. Item plus sororibus sancte Clare dicte ville Lectore
viginti septem solidos seu denarios turonenses. Item legavit idem
testatrix ecclesie loci de Sancta Vite duo scuta parva semel solvenda. Item plus ecclesie sancte Segolene de Grava unum scutum
parvum de viginti septem solidis et sex denariis. Item plus sancte
Trinitati de Larla quinque solidos. . . . . semel solvendos. Item

plus ecclesie de Mòntau viginti septem solidos sex denarios turonenses semel solvendos. Item nostre Domine de Mourla quinque solidos turonenses semel solvendos. Item ecclesie sancti Laurentii in Gasconia, quinque solidos turonenses semel solvendos. Item ecclesie de Sancta Vite unam raupam suam novial de veloto negre pro faciendo unam capam, etc. Item ecclesie de Grava unam vestem de damas nigro pro faciendo unam capam. Item pro caritate sua decem sacos bladi mustoli, et duas pipas vini, solvendos medietatem in loco de Sancta Vite et aliam medietatem in loco de Grava. Item legavit idem testatrix servitoribus suis et servitricibus, tam masculis quam feminis, dedit ad voluntatem domini de Grava, ejus viri, et etiam illis qui facerent. . . . . Item legavit ecclesie Castri Sarrasseni unam calix et-sex scuta parva, quem dictum calix. . . pro. . . . . . sua vela sive ongola dimisit. Item plus legavit et dimisit unam raupam ecclesie de Roses de camelot negre quam dimiserat ejus mater et voluit quod solvatur. Item legavit idem testatrix jure institutionis et hereditarie portionis nobili Beraudo de Goalart, domino de Insula Bozonis in Gasconia, duo scuta parva semel solvenda, cum quibus constituit heredem particularem. Item legavit nobili. . . de Montesquio, domino de Salas, viginti solidos turonenses semel solvendos, et etiam aliis heredibus et ejus parentibus omnibus, etc., cuilibet vigenti solidos turonenses semel solvendos, cum quibus instituit heredes particulares super omnibus bonis suis. Item plus, jure institutionis, nobili Gilis de Golart viginti solidos turonenses semel solvendos, cum quibus constituit heredem particularem super omnibus bonis suis. Item super omnibus aliis bonis suis mobilibus et immobilibus, tam paternalibus quam maternalibus et fraternalibus, instituit heredes suos universales et generales et ore suo proprio no-

minavit, videlicet nobilem et potentem virum dominum Berau-
dum de Vicinis, dominum de Grava, et nobilem Johannem
de Vicinis, ejus filium naturalem, equis partibus, et voluit
quod solvant ejus legata et ejus patris et matris. Item voluit
idem testatrix quod si dictus Johannes non velit se guber-
nare pro dicto domino Beraudo de Vicinis, quod dictus dominus
Beraudus sit magister ut usufructuarius omnium bonorum suorum. Item voluit quod si unus ipsorum descederet sine liberis
naturalibus, quod dicta bona veniant alio (*sic*), etc. Et voluit quod
istud testamentum valeret jure testamenti et codicilli sive donationis causa mortis, et rogavit dictos probos, etc., testes et me
notarium infrascriptum. Testes, dominus Bertrandus de Campo-
bono rector de Grava, dominus Johannes Segoizac presbiter,
Anthonius Teisseyre, Bastardus Montisfortis, Guillelmus Telho
Castri Novi, Bernardus Cavat de Bastida, Guillelmus Ebrardi
jurisperitus de Florentinhio, Bartholomeus Segoizac, Petrus de
Gue, Ramondus Marclat, Johannes de Ga de Grava, et magister
Sebastianus Gleysalis, notarius condam loci de Florentinhio, qui
de premissis requisitus instrumentum in notam retinuit et recepit, sed quia morte preventus dictum instrumentum grossare nec
in formam publicam reddigere non valuit, idcirco ego Durandus
de Vindemiis, collationarius antedictus, virtute et auctoritate
preinsertarum litterarum collationis mee preinsertum testamentum a dicta nota originali extraxi et grossavi manu mea propria
indeque hic me subscripsi, et facta correctione cum dicta nota
originali signo meo publico et auctentico sequenti signavi in
fidem et testimonium omnium et singulorum premissorum.

† De Vindemiis.

Archives de M. le comte de Luppé au château de Saint-Avit (Gers).
Original en parchemin.

## DE 1515 A 1520.

*D'après une note de M. Bourrousse de Laffore, qui accompagne le texte*
*d'une montre de 1703, le mariage d'Amanieu Sacriste de Malvi-*
*rade avec* LIZONNE DE GALARD *dut avoir lieu de 1515 à 1520,*
*puisque celui de leur fils Pierre de Sacriste avec Catherine de*
*Sapas fut célébré le 28 septembre 1545.*

MONTRE FAITE PAR ALEXANDRE DE LANSAC, SÉNÉCHAL D'ALBRET.

23 juin 1703.

« Cejourd'huy, vingt-troisième juin mil sept cens trois,
Alexandre de Lansacq, seigneur marquis de Roquetaillade, sénéchal
d'Albret, en conséquence des ordres du roy et de monseigneur
de Sourdis, commandant en Guienne, ayant mandé au sieur de
Mothes, lieutenant général au siége de Casteljaloux, de convoquer à ce jour la noblesse de ladite sénéchaussée et gens vivant
noblement; il nous a représenté avoir satisfait à nos ordres, et
avoir escript à tous les gentilshommes et gens vivant noblement
pour se rendre cejourd'huy dans la ville de Casteljaloux, siége
principal de ladite sénéchaussée, pour faire la première moitié
du ban et arrière-ban, où nous nous sommes transportés, et en
présence de messire Pierre Sacriste de Malvirade, seigneur du
Grézet, Bardis et autres places, et de messire André de Lauver-
gnat, seigneur et baron de Labescau, gentilshommes, qui ont
esté par nous reconnus du nombre de trois, qui nous ont esté
présentés par les autres gentilshommes de ladite sénéchaussée,
qui se sont rendus en la présente ville, suivant nos ordres, en
conformité de ceux que nous avons receus de mondit seigneur
de Sourdis; nous avons procédé à la montre de tous les gentilshommes et gens vivant noblement qui ont esté mandés par ledit

sieur de Mothes, lieutenant général, où se sont trouvés les sy-
dessous nommés, qui sont :

« ... Monsieur de Malvirade... »

Pierre Sacriste de Malvirade, seigneur de Grézet, etc., était
petit-fils de Gabriel Sacriste, seigneur de Malvirade, du Grézet et
de Samazan. Un de ses auteurs, Pierre Sacriste, écuyer, seigneur
de Malvirade, capitaine de trois cents hommes de pied, marié le
28 septembre 1545, avec Catherine de Sapas, était fils d'Amanieu
Sacriste et de Lizonne de Goulard. La maison noble de Malvirade,
dont les Sacriste portaient le nom, était située dans la paroisse
de Cavagnan, juridiction de Bouglon. — Le Grézet est un moulin, commune de Bouglon, situé sur l'Avance.

*Archives historiques du département de la Gironde,* t. X, p. 257.

---

### 3 janvier 1553. — 17 septembre 1566.

*Louis-Guy Sacriste de Tombebœuf de Samazan préluda à son admis-
sion, en qualité de page, dans la grande écurie du roi, par la
représentation de ses titres de noblesse. Le produisant releva sept
degrés en ligne ascendante et masculine. Dans un des derniers on
remarque qu'il eut pour cinquième aïeul noble Amanieu de Sacriste,
marié, bien avant 1533, à Lizonne de Galard, qui, étant veuve le
30 mars 1544, acquit au nom de son fils Pierre et au sien divers
héritages dans la juridiction de Marmande. On présume que ce
Pierre Sacriste, sieur de Marquès, est celui qui épousa Catherine
de Sapas. Dans tous les cas, ce fut lui qui recueillit plusieurs
domaines de sa tante, Luce de Galard, qui les avait rachetés de
Laurent de Larroque, au profit duquel ils avaient été aliénés tempo-
rairement par ledit Pierre de Sacriste.*

Preuves de la noblesse de Louis-Gui Sacriste de Tombebeuf
de Samazan, présenté pour estre élevé page du roi dans sa

grande écurie, sous le commandement de S. A. monseigneur le prince Charles de Lorraine, grand écuyer de France.

Iᵉʳ DEGRÉ.

PRODUISANT.

LOUIS-GUI SACRISTE DE TOMBEBEUF DE SAMAZAN (1714).

ARMES : *D'azur, à trois lions d'or passant l'un au-dessus de l'autre ;*
*Casque de deux tiers.*

Extraits du registre des baptêmes de la paroisse de Samazan, au diocèse de Bazas, portant que Louis-Gui Sacriste, fils d'Henri Sacriste, écuyer, seigneur de Tombebeuf, de Montpouillan et de Samazan, et de dame Marie de Briquemont, sa femme, fut batisé le quatorziesme de septembre, de l'an mil sept cens quatorze. Cet extrait signé Carrère, curé de ladite église, et légalisé.

IIᵉ DEGRÉ.

PÈRE ET MÈRE.

HENRI SACRISTE, SEIGNEUR DE TOMBEBEUF,
MARIE DE BRIQUEMONT, SA FEMME (1707).

ARMES : *De gueules, à trois fasces d'or et une bande d'hermine brochant*
*sur le tout.*

Contract de mariage d'Henri Sacriste, seigneur de Tombebeuf et de Samazan, fils de Pierre Sacriste, vivant seigneur desdits lieux, et de dame Marguerite Gachon, sa femme, accordé le vingt-troisiesme de novembre de l'an mil sept cens sept, avec demoiselle Marie de Briquemont, fille de Marc-Auguste de Briquemont, seigneur de Tauvency et de Saint-Loup, et de dame Claude Nompar de Caumont-la-Force, etc.

Hommage de la terre et seigneurie de Tombebeuf, en Agenais, mouvante du roi à cause de son duché de Guienne, fait à Sa Majesté en son bureau des finances et du domaine à Bordeaux, le sixiesme de septembre de l'an mil sept cens dix-sept, par André de Vizan, fondé de la procuration de dame Marie de Briquemont, veuve d'Henri Sacriste, seigneur de Tombebeuf et de Samazan, tutrice de ses enfants. Cet acte signé : Boyer.

Certificat donné à Fontainebleau le vingtiesme d'octobre de l'an mil sept cens par le marquis du Chatelet, colonel de cavalerie, brigadier des armées du roi, portant que le sieur de Tombebeuf avoit servi pendant tout le temps de la guerre en qualité de capitaine dans le régiment, qu'il avoit fort bien fait son devoir et qu'il avoit toujours tenu sa compagnie en très bon état. Ce certificat signé : Le marquis du Chatelet.

Testament olographe de Pierre Sacriste, écuyer, seigneur de Samazan et de Tombebeuf, et de Marguerite Gachon, sa femme, fait le premier avril de l'an mil six cens soixante-dix-sept, par lequel ils instituent leur héritier universel Henri Sacriste, leur fils aîné, auquel ils substituent André, Maurice, Jean-Jacques et Jacques-Auguste Sacriste, leurs autres enfants. Cet acte signé : Samazan et Gachon.

### III<sup>e</sup> DEGRÉ.

AYEUL.

PIERRE SACRISTE, SEIGNEUR DE SAMAZAN; MARGUERITE GACHON, SA FEMME (1658).

ARMES : *D'azur, à une fasce d'argent chargée de trois roses de gueules.*

Articles de mariage de Pierre Sacriste, écuyer, seigneur de Samazan, fils de Gabriel Sacriste, seigneur de Malvirade et du

Grézet, et de dame Catherine de la Lande, sa femme, accordés le douziesme de février de l'an mil six cent cinquante-huit, avec demoiselle Marguerite Gachon, fille de Pierre Gachon, conseiller au parlement et chambre de l'Édit de Guienne, et de dame Sibile de Bacalan. Ces articles reconnus devant Ragot, notaire au lieu du Puy, juridiction de Sainte-Ferme, en Bazadois.

Commission donnée par le roi, à Versailles, le treiziesme d'avril de l'an mil six cens soixante-quatorze au sieur baron de Samazan, pour assister de la part de Sa Majesté au Sinode qu'elle avoit permis à ses sujets de la religion prétendue réformée de la Basse-Guienne, de tenir dans la ville de Tonneins-Dessous, ledit neuviesme de septembre suivant, et pour veiller à ce qu'il n'y fut fait aucunes propositions et délibérations contraires au service de Sa Majesté et au bien public, etc. Cette commission signée : Louis, et plus bas Phelypeaux.

Ordonnance rendue à Agen, le quinziesme de mars de l'an mil six cens soixante huit, par M. Pellot, maître des requêtes et commissaire départi dans la généralité de Guienne, par laquelle il donne acte à noble Jean Sacriste, écuyer, sieur de Malvirade, et Pierre Sacriste, son frère, écuyer, sieur de Lane, de la représentation qu'ils avoient faite des titres justificatifs de leur noblesse, et il ordonne qu'ils seront inscrits dans le catalogue des nobles de ladite généralité. Cette ordonnance signée : Pellot.

Testament de Catherine de la Lande, dame du Grézet, fait le vingt-huitiésme de décembre de l'an mil six cens quarante-cinq, par lequel elle veut estre enterrée dans l'église de Malvirade, en la chapelle où étoit inhumé noble Gabriel Sacriste, son mari, seigneur de Malvirade et du Grézet; elle lègue à noble Pierre Sacriste, son second fils, seigneur de Samazan, tous les biens fonds qu'elle avoit acquis dans la juridiction dudit lieu de Samazan, et elle institue son héritier noble Alexandre Sacriste, son fils aîné, seigneur de Malvirade. Cet acte reçu par Dandiran, notaire audit lieu de Malvirade.

### IVe DEGRÉ.

#### BISAYEUL.

#### GABRIEL SACRISTE, SEIGNEUR DE MALVIRADE; CATHERINE DE LA LANDE, SA FEMME (1617).

ARMES : *De gueules, à trois bandes d'argent, et au chef d'azur chargé d'un lion d'or passant.*

Contrat de mariage de noble Gabriel Sacriste, écuyer, fils de noble Jean Sacriste, écuyer, sieur de Malvirade, et de demoiselle Marie Bacouë, sa femme, accordé le quatriesme de décembre de l'an mil six cens dix sept, avec demoiselle Catherine de la Lande, fille de noble François de la Lande, et de demoiselle Jeanne de Testa. Ce contrat passé devant Danci, notaire au lieu de Montpouillan, en Bazadois.

Contrat de mariage de noble Jacques du Lion, écuyer, seigneur de Campet et de Geloux, accordé le vingt-uniesme du mois d'aoust de l'an mil six cens trente-huit, avec demoiselle Catherine Sacriste de Malvirade, fille de noble Gabriel Sacriste, seigneur de Malvirade et du Grézet, et de demoiselle Catherine de la Lande, sa veuve, et assistée de nobles Alexandre et Pierre Sacriste, ses frères, écuyers, seigneurs de Grézet et de Samazan. Ce contrat passé devant Dandiran, notaire de la juridiction de Bouglon, en Bazadois.

Testament olographe de Gabriel Sacriste, écuyer, seigneur de Malvirade et de Bacouë, coseigneur de Grézet, fait le vingtiesme

de janvier de l'an mil six cens trente-cinq, par lequel il déclare
que de son mariage avec demoiselle Catherine de la Lande il
avoit eu six enfans, savoir : Alexandre, Pierre, Catherine, Jeanne,
Esther et Françoise Sacriste ; il lègue à ladite Catherine Sacriste
la somme de neuf mille livres, y comprise celle de mille livres qui
lui avoit été donnée par demoiselle Marie Bacouë, mère de lui
testateur. Il laisse l'usufruit de tous ses biens à ladite Catherine
de la Lande, sa femme ; il institue son héritier ledit Alexandre
Sacriste, son fils aîné, et il lui substitue successivement ses autres
enfans.

Cet acte fut reçu par S. Dandiran, notaire de la juridiction de
Bouglon.

## Vᵉ DEGRÉ.

### TRISAYEUL.

#### JEAN SACRISTE, SEIGNEUR DE MALVIRADE ;
#### MARIE BACOUË, SA FEMME (1573).

ARMES : *D'or, à un chevron de gueules, accompagné en chef de deux pigeons de sable,
et en pointe d'une rose de gueules, tigée et feuillée de même.*

Contrat de mariage de noble Jean Sacriste, seigneur de Malvirade, accordé le vingtiesme d'octobre mil cinq cens soixante-
treize, avec Marie Bacouë, fille de Jean Bacouë, et assistée de
Gabriel Bacouë, son grand-oncle, lieutenant au siége de Casteljaloux.

Ce contrat passé devant Modet, notaire à Marmande.

Transaction faite le dix-septiesme d'aoust de l'an mil six cens
huit, entre noble Jean Sacriste, écuyer, seigneur de Malvirade
et de Bacouë, et noble Hugues Sacriste, son frère, écuyer, sieur
de Marquès, par laquelle ils consentent l'exécution d'une sen-

tence arbitrale qui avoit été rendue le jour précédent sur les différends qu'ils avoient tant à cause d'une somme de cinq cens écus que ledit sieur de Malvirade justifioit avoir payée à feue demoiselle Catherine de Sapas, leur mère, le quatriesme de novembre de l'an mil cinq cens quatre-vingt-sept, que par rapport à une somme de trois mille livres, qu'il avoit payée aux créanciers dudit sieur de Marquès. Cet acte reçu par Briouzet, notaire à Marmande.

Sentence arbitrale rendue le septiesme de février de l'an mil cinq cens quatre-vingt-onze, sur les différends qui étoient entre demoiselle Catherine de Sapas, veuve de Pierre Sacriste, sieur de Malvirade, et Jean Sacriste, écuyer, sieur de Malvirade, et Hugues Sacriste, écuyer, sieur de Marquès, par laquelle les arbitres, après avoir vu le contrat de mariage dudit feu sieur de Malvirade, accordé avec ladite Catherine de Sapas, le vingt-huitiesme de septembre de l'an mil cinq cent quarante-cinq; son testament du vingt-quatre octobre mil cinq cens soixante-deux, et le compte-rendu par ladite Catherine de Sapas, après le décès de sondit mari, ils ordonnent que la grande maison paternelle, située dans la ville de Marmande, appartiendroit par préciput audit Jean Sacriste et adjugent à ladite Catherine de Sapas, pour remplacement de sa dot, la somme de 333 écus un tiers, etc.

## VI° DEGRÉ.

Extrait du registre des délibérations de la maison commune de la ville de Mas d'Agenois, portant que le 28 avril 1577, noble Jean Sacriste, écuyer, sieur de Malvirade, que le roi de Navarre, coseigneur de ladite ville y avoit envoyé pour l'exécution de l'édit de pacification et veiller à la conservation de ladite ville,

en avoit été élu gouverneur par les habitants d'une voix unanime. Cet acte signé : Jean de. Sacriste, Nérac, Pommarède,
Baque et de Lestrade.

Testament de noble Pierre Sacriste, écuyer, sieur de Malvirade, capitaine de trois cens hommes de pied et natif de la
ville de Marmande, en Agenais, fait le 24 octobre 1562, par lequel
il veut que dame LIZONE DE GOULARD [1], sa mère, soit dame et
maîtresse de ses biens; il institue ses héritiers universels Jean
et Hugues Sacriste, ses enfants, ensemble l'enfant dont étoit
enceinte dame Catherine de Sapas, en cas que ce fût un mâle.
Cet acte fut reçu par Godin, notaire de la prévôté d'Issodun.

Acquisition d'héritages faite, le 17 septembre 1566, par demoiselle Lizone de Goulard et demoiselle Catherine de Sapas,
veuve de Pierre Sacriste, écuyer, sieur de Marquès, et tutrice de
ses enfans. Cet acte reçu par Dabeu, notaire à Marmande.

Accord fait le 3 janvier 1553 entre demoiselle LUCE DE GOULARD
et noble Pierre de Sacriste, son neveu, demeurant à Marmande,
par lequel elle lui cède certains héritages, situés dans la juridiction de Marmande, et dont elle avait fait le retrait sur Laurent
de la Roque, auquel ils avoient été vendus par ledit Pierre
Sacriste. Cet acte reçu par Sandrin, notaire à Marmande.

Acquisition d'héritages dans la juridiction de Marmande, faite
le 3 mars 1544, par Lizone de Goulard, veuve de noble Amanieu Sacriste, tant en son nom que pour noble Pierre Sacriste,
son fils. Cet acte reçu par Sandrin, notaire à Marmande.

---

1. Voir t. III de cet ouvrage, p. 424, une autre alliance des de Galard, seigneurs
de Balarin, avec les Sacriste de Malvirade.

## VIIᵉ DEGRÉ.

### CINQUIÈME AYEUL.

NOBLE AMANIEU SACRISTE; LIZONE DE GOULARD, SA FEMME (1543).

ARMES : *De gueules, à une bande d'argent, écartelé d'or,*
*à trois corneilles de sable, posées 2 et 1.*

Acquisition d'héritages dans la juridiction de Marmande, faite le troisiesme de mars de l'an mil cinq cens quarante-quatre, par LIZONE DE GOULARD, veuve de noble AMANIEU SACRISTE, tant en son nom que pour noble Pierre Sacriste, son fils. Cet acte reçu par Sandrin, notaire à Marmande.

Bail à rente d'une pièce de terre plantée de vigne, au lieu de Milhain, fait le dix-neuviesme de janvier de l'an mil cinq cens quarante-trois, à Blaise Seguin, bourgeois de Milhain, par noble homme Amanieu Sacriste, demeurant à Marmande.

Nous, Louis-Pierre d'Hosier, juge général d'armes de France, chevalier de l'ordre du roi, son conseiller, maître ordinaire en sa chambre des comptes de Paris, généalogiste de la maison et des écuries de Sa Majesté et de celles de la reine,

Certifions au roi et à S. A. monseigneur le prince Charles de Lorraine, grand écuyer de France, que Louis-Gui Sacriste de Tombebeuf de Samazan a la noblesse nécessaire pour être admis au nombre des pages que S. M. fait élever dans sa grande écurie, ainsi qu'il est justifié par les actes qui sont énoncés dans cette preuve, laquelle nous avons vérifiée et dressée à Paris, ce 22 avril 1734 (signé) d'Hozier.

Preuves de noblesse des pages de la grande écurie du roi, registre coté 280 (non paginé), art. *Sacriste.* Cabinet des titres, Bibl. de Richelieu.

## 6 SEPTEMBRE 1522.

*Dans la revue passée à Montreuil-sur-Mer le 6 septembre 1522,*
*on distingue* BÉRAUD DE L'ISLE *(Béraud de Galard).*

| HOMMES D'ARMES. | ARCHERS. |
|---|---|
| M<sup>gr</sup> le vicomte de Lavédan. | Bernard d'Andoins. |
| BÉRAUT DE L'ISLE. | Pierre de Gimont. |
| Arnaud de Castelbajac. | Jehan de Montaut. |
| Le baron d'Encausse. | Jehan d'Antin. |
| Le baron de Montespan. | Bernard du Puy. |
| Bertrand de Cazaux. | P. de Montgaillard. |
| La Mothe-Gondrin. | Etc. |
| Manauld de Gaussan, etc. | |

*Histoire de Gascogne,* par Monlezun, t. VI, p. 153.

---

## AVANT 1525.

*Reconnaissances consenties par divers tenanciers en faveur*
*de* JEAN DE GALARD, *seigneur de Castelnau d'Arbieu.*

1510-1525. — Grand rouleau contenant des reconnaissances faites à noble homme « JEAN DE GOLARDO, coseigneur de Castelnau, loci de Castronovo Arbey ». La première est du 6 août 1510.

Ces reconnaissances, au nombre de 11, sont toutes de même date, c'est-à-dire du 6 août 1510 à 1525, et passées à Terraube.

Manuscrits de l'abbé de Lespine, dossier de Galard ; Bibl. de Richelieu, Cabinet des titres.

---

## 14 JUIN 1534.

*Accord conclu entre* JOSEPH, JEAN, GABRIELLE *et* MADELEINE DE LART DE
GOULARD, *et leur mère Renée de Boursolles, veuve d'*ANTOINE DE
LART DE GALARD, *au sujet de la succession paternelle et avitine
demeurée indivise. Cette transaction eut lieu par l'entremise de
Pierre Reclus, avocat au présidial d'Agen, de messire Clémens
de la Lande, lieutenant principal, de Michel et d'Antoine Boysso-
nade, magistrats de la même cour, de Jean de Montlezun, seigneur
de Barannau, sénéchal d'Armagnac. On voit dans cet acte que
Joseph de Lart de Galard était l'aîné des quatre enfants ci-dessus
énoncés, que Gabrielle de Lart de Galard, sa sœur, fut mariée à
Charles de Bazon, et Catherine, morte en 1534, au sieur de
Montpeyran.*

Comme soit ainsi que aux pactes de mariage, passés le quatorziesme de iung mil cinq cens trente-quatre, d'entre feu noble
ANTOYNE DE LART, dict DE GOULARD, sieur de Birac, et damoiselle
Renée de Boursolles, dicte de Costin, le dict de Lard et ANNE DE
GOULARD, damoyselle, sa mère, ayant ordonné que l'eney des enfans
malles, habille à subcéder qui proviendroit dudict mariage et que
bon sembleroit audict de Lard, seroit héritier de la moytié de tous
et chacuns des biens desdits de Lard et de Goulard, mère et fils,
avec la clause que, où ledict de Lard mourroit sans faire testament
et élisoit des lors son héritier, en ladicte moytié, le premier enfant
malle habille. Despuis ledict de Lard par contract, du second
jour d'octobre l'an 1547, auroit transferé ladicte élection et choix
à ladicte de Boursolles et sans faire autre disposition seroit
décédé, dellessant a luy survivant icelle de Boursolles, ensemble
Joseph, Jehan, Gabrielle, Magdelaine et feu Quaterine de Lard,
enfans du susdict mariage. Aussy ledict feu de Lard, père, eut

vandu et aliené la terre de Baulens, depandant de la maison d'Aubiac, qui soulloit appartenir à ladicte Anne de Goulard, et semblablement que ledict feu de Lard ait colloqué en mariage ladicte Gabrielle, constitué et payé deux mil livres en deniers contant, et pour quatre mil livres cedé et transporté à ladicte fille ou a feu Carle de Bazon, son mary, une maison dans la ville de Nérac et une méterie en mesme juridiction dicte au Grésau. Semblablement que ladicte feue Catherine eut esté mariée avec le sieur de Monpeyran, lequel par ledict décès, en vertu des pactes de son mariage, auroit acquis la somme de dus mil livres qui luy auroit esté payée, outre que ladicte de Boursolles eusse depuis esleu et nommé, pour la moytié desdicts biens desdicts de Lard et de Goulard, héritier ledict Joseph, son filz aysné, comme appert par instrument du. . . . .

Lesdicts biens de Goulard et de Lard, estans encore confus et ensamble, desirans les susdicts enfans les diviser et savoir chescun sa part pour leur proffit, et mesmes lesdicts Jehan, Gabrielle et Magdelene ayant obtenu letres de monsieur le sénéchal d'Agenois ont fait appeler et convenir ledict Joseph, leur aysné, et a esté procedé que, par apointement dudict sénéchal, les parties ont esté condamnés venir à division et partage d'iceuls, et à chescun desdicts enfans adjugé les cotités que de droit leur peuvent conpéter et apartenir, et ayant esgard aux susdicts contrats et autre faict en la maison et pour se liquider les parties conviendroient de parans et autres persones expers suivant ledit accord. Lesdits Jehan et Magdelene conseillés et de l'authorité de mestre Piere Reclus, licencié advocat en la court presidialle dudict Agen, curateur à eux doné, et avec lesdits Joseph et Gabrielle ayant convoqué et assamblé messire Jean de Monlezun, sieur de Barannau, chevalier de l'orde du Roy, sénéchal d'Armagnac, et messire Clemens de

Lalande, chanoyne ès dus esglises dudit Agen, monsʳ. mestre Bernard d'Aspremont, lieutenant principal en la sénéchaussée dudict Agen, et Bertrand d'Astugue, sieur du Corné, parans prochens desdits parties, et par eux avec l'assistance de ladicte damoyselle Renée de Boursolles, mère, ansamble dudict Reclus et de mestres Michel et Antoyne de Boyssonade, avoquat audict siège, entandu desdits Joseph, Jehan, Guabrielle et Magdelene les droits que respectivement ils pretendent esdits biens, savoir iceluy Joseph auroit dict qu'il comme aysné desdits de Lard et Boursolle, etc.

Fait ès présance des sus nommés sieur du Barannau, Lalande, d'Aspremont, Boyssonade, mestre François d'Armau, procureur du roy en la sénéchaussée d'Armagnac; signés à la cède des parties : Renée de Boursolles, Joseph de Lard de Goulard, contractant, Gabrielle de Lard de Goulard, Magdelene de Lard de Goulard, Jehan de Lard de Goulard, du Barannau, Reclus curateur, Corné, G. de Lalande, d'Armau, d'Aspremont, de Las Boyssonade, A. Boyssonade, et moy Quoey, notaire royal.

Archives du séminaire d'Auch, H² 6, sept feuillets papier.

---

## Année 1535.

*Mention du mariage de JEAN DE GALARD, seigneur de l'Isle,
avec Madeleine de Sainte-Colombe ou Colome.*

Mariage de JEAN DE GALARD, seigneur de l'Isle, avec demoiselle MAGDELAINE de SAINTE-COLOME.

Archives du séminaire d'Auch, B-3.

## ANNÉE 1536.

*Extraits d'un vieux livre terrier de la commune de Condom, relatif à la terre du GOALARD, à monseigneur JEAN DE GALARD et à ses héritiers.*

### ALIURAMENT DE MIQUEU DEU DROT, MARCHANT.

Plus una pessa de vinha, au loc apperat a Font-Barque, en lo parsan de GOLLART, confronta ab lo camp et vinha de MONSENHOR DE GOLLART. . . . .

### LO ALIURAMENT DE VIDAU DEU LUC, DICT MARTIN LO MARCHANT.

Plus una borda en la parroqui de GOLLART, au loc aperat a Clauet. . . . . confronta. . . . . et dab las terras de MONSENHOR DE GOULLART. . . . .

### LO ALIURAMENT DE GUILHEM DEU POY, FILH ET COHÉRITIER DE FEU RAMOND DE POY.

Plus una pessa de terra et prat,. en lodict parsan de Gollart au loc apperat au Poy, confronta ab la terra deu capito de Sanct-Pe de Condom et ab la terra de MONSENHOR DE GOLART. . . . .

### LO ALIURAMENT DEUS HERETS DE GASSION DE LA BOBEA.

Plus una pessa de terra en lodict parsan (de la bocaria), au loc apperat a la Mota confronta. . . . . et ab la terra de MONSENHOR DE GOLLARD. . . . .

### LO ALIURAMENT DE JOHANNA DEU POY, RELICTA DE BERNON.

Plus una petita pessa de terra, en lo dict parsan (de la bocaria) au loc aperat à la Mota de Gollart, confronta ab la carrera publica et ab la terra de Monsenhor de Guollart[1]. . . . .

LO ALIURAMENT DEUS HABITANS EN LO BARRI DE BARLET.

Quirotina de Oliu tien una petita maison. . . . .

Plus ung petit cazau en lo barri de la bocaria et carrera deus escots, confronta ab lo cazau de Symon de Pys et ab lo cazau deus herets de Monsenhor Johan de Guollart. . . . . .

Ancien livre terrier de la commune de Condom, à partir de l'année 1536, fol. 23 v°, 44, 201, 202 v°, 207, 231. (Registre manuscrit, Archives de l'hôtel de ville de Condom[2].)

1. Voir, pour le même Jean de Galard, tome III de cet ouvrage, pages 778 et 779; il résidait à Cassagne, près Condom.

2. Le volume n'a pas de titre. Il y a sur le dos, en écriture beaucoup plus récente : Cadastre, 1536; mais la date de 1536 paraît exacte, puisque dans le corps du volume on trouve que des habitants se sont fait décharger à une date postérieure d'un très-petit nombre d'années à 1536.

On trouve dans ce registre cadastral des personnes qualifiées comme suit :

« Nobla damaysella Franceza de Castet Bayac (Castelbajac), may deus heretiers... de noble Pierron de Mercier...

« Noble Bernat de Lescot.

« Nobla Catherina de Castet Bayac.

« Nobla Catherina de Ombrac, relicte de feu Peyronet de Gessac, grand'mère de Anthoyne de Gessac, escuyer. »

Pierron de Mercier, ci-dessus, était coseigneur de Balarin, et Bernard de Lescout, un rejeton de la maison d'Aux, originaire de la Roumieu. Cette race compte, entre autres illustrations, le cardinal Arnaud d'Aux, évêque d'Albane, camerlingue de la sainte Église romaine, légat de France en Angleterre sous Philippe-le-Bel, Mathurin d'Aux de Lescout, surnommé *Romegas,* grand bailli de l'ordre de Malte dans la deuxième moitié du xvie siècle, et plusieurs autres hauts dignitaires ecclésiastiques et militaires. Cette illustre race est aujourd'hui représentée par M. le marquis d'Aux, marié à Mlle de Salvandy, fille de l'ancien ministre de l'instruction publique, et par M. le comte d'Aux, qui réside au château de Rouquettes, près Valence (Gers).

## 15 NOVEMBRE 1558.

BERTRAND DE GALARD, *seigneur de Terraube, est compris dans la revue passée le 15 novembre 1558 par René de la Place, chevalier, et commandée par le roi de Navarre. François de Ranconis, trésorier des guerres, fit compter à chacun des combattants « leurs gages et souldes » pour leur service durant les mois de juillet, août et septembre de ladite année. Les hommes d'armes, dont était Bertrand de Galard, reçurent cent neuf livres tournois par tête et les archers cinquante-quatre livres dix sols.*

Rolle de la monstre et reveue faicte en robbe en la ville de Chartres le quinzième jour de novembre, l'an mil cinq cens cinquante huict, de quatre vingtz dix neuf hommes d'armes et de sept vingtz sept archers, du nombre de cent lances fournies des ordonnances du roy, nostre sire, estans sous la charge et conduicte du roy de Navarre, leur cappitaine, sa personne y comprise, par nous, René de la Place, chevalier, seigneur dudit lieu, commissaire ordinaire des guerres, commis et ordonné à faire ladicte monstre et reveue, icelle servant en l'acquit de Me François de Raconis, conseiller du roy, nostre seigneur, et trésorier ordinaire de ses guerres, suyvant laquel le payement a esté faict ausdicts hommes d'armes et archers de leurs gages et souldes pour le quartier de juillet, août et septembre dernier passé, par Jehan Drondelle, payeur des susdictes cent lances, desquelz les noms et surnoms ensuivent :

Le roy de Navarre, capitaine.
Jacques de Renty, capitaine.
Guillaume de Launoy, soubz-lieuten.
Pierre de la Vieville, enseigne.
Claude de Crevant, guydon.
J. de Roquemorel, maréchal de logis.

HOMMES D'ARMES.

Bertrand de Marsenac.
Jean de Rivière.
Carbon de Luppé dict Arblade.
Bertrand de Campagnol.

Bertrand de Gollard (Geolard).
Alin de Beart.
Antoine de Cazaux.
Carbon de Luppé dict Marabat.
Pierre de Batz.
Auger de Touges.
Antoine de Lustrac.
François de Cours.
Frison de Cazaux.
Jacques de Beart.
Loys de Teron.
Loys de Barbotan.
Antoine de Lomagne.
François de Luppé.
Jehan de la Porte.
Jehan de Beaumont.
Etc.

### ARCHERS.

François de Francières.
Bertrand d'Astugues.
Bonaventure d'Anglars.
François de la Neuville.
Jehan de Peyrie.
Bernard de Sabazan.
Charles de Luppé.
Jehan de la Roque.
Jehan de la Fitte.
Joseph de Noaillan.
Jacques de Beaulieu.
Jehan de Patras.
Bernard de Casenave.
Jehan d'Aspremont.
Jehan de Baradat.
Jehan du Luc.

Pierre de Laborde.
Claude Beraud.
Manieu de Besolles.
Hubert de Breul.
Jehan de Mons.
Jehan d'Esperut.
Georges de Sobiran.
Loys de Mons.
Jehan de la Roche.
Guillaume de Brunet.
François d'Albert.
Olivier d'Arbieu.
Ogier de Luppé.
Remond de Piis.
Arnaud de Betbèze.
Bernard de Cavagnan.
Pierre de Las.
Gaston de Roquefort.
Guillaume de Pujol.
Pierre de Belleforest.
François de Maravat.
Jehan de Laur.
Jehan de Poussan.
Carbon d'Espaignet.
Claude de Troys.
Charles de Canterac.
Jehan de Castelnau.
Jacques de Bruet.
Gilbert de Casenave.
Germain de Vidar.
Pierre de Labay.
Pierre d'Ossun.
Estienne de Marsan.
Gilles de Bournezien.
Etc.

Nous, René de la Place, chevalier, seigneur dudit lieu; commissaire dessus nommé, certiffions à nos sieurs les gens des comptes du roy, nostre sire, à Paris, et autres à qui il appartiendra, avoir veu et visité par forme de monstre et reveue en robbe tous les dessus nommez et escriptz, 99 hommes d'armes et 727 archers du nombre de cent lances fournies des ordonnances du roy, nostre seigneur, estant soubz la charge et la conduicte du roy de Navarre, leur cappitaine, sa personne y comprise, lesquels nous avons trouvez en bon et suffisant estat pour servir le roy, nostre dict seigneur, partout où il luy plaira les employer, cappables d'avoir, prendre et recevoir les gaiges et souldes à eulz ordonnez par icelluy sieur, pour le quartier de juillet, aoust et septembre dernier passé, qui est à raison de cent neuf livres tournois pour chacun hommes d'armes et cinquante quatre livres dix solz tournois pour chacun archer, suyvant l'ordonnance dernièrement faicte de la gendarmerie ; en tesmoing de ce nous avons signé ce présent roolle de nostre main et faict sceller du scel de noz armes, les an et jour dessus.

*Signé :* DE LA PLACE.

*Fonds français,* nº 21524, fol. 1702; Cabinet des titres, Bibl. de Richelieu.

---

## ANNÉE 1594.

*Mention d'*ANNE DE GALARD *comme mère de Jean de la Sudrie, seigneur de Glatens.*

Jean de la Sudrie, sieur de Glatens, fils d'ANNE DE GALARD, épousa Marguerite de Faudoas, qui avait pour mère Anne de Montesquiou, dame d'Avensac.

Archives du château de Malliac. Manuscrits de M. Benjamin de Moncade, cahier AA 4, art. *de la Sudrie.*

## 15 DÉCEMBRE 1567.

GUY DE GALARD *et plusieurs autres gentilshommes, indignés des moyens de gouvernement employés par Catherine de Médicis, avaient ouvertement protesté contre cette politique, qui entretenait la guerre civile. Guy de Galard fut, pour ce crime de lèse majesté, condamné à la décapitation. La sentence porte que l'exécuteur des hautes œuvres promènera le patient par les rues de Toulouse la hart au col. Après cette exhibition, la tête du condamné devra être tranchée et exposée au bout d'une pique aux portes de la ville de Lectoure.*

### EXTRAIT DU REGISTRE DU PARLEMENT.

Entre le procureur général du roy, demandeur en crisme de lèze magesté, d'une part, et GUY DE GOLARD, escuyer, seigneur de Castelnau Lectorez, prisonnier à la Conciergerie, défendeur, d'autre; veu le procès, audition et response dudit de Golard, confessions y contenues, auditions de Guillaume Sarrault, dict Berrasat, Blaise Faget, Robert la Garrigue, Guillaume de Thomas, Jean Mymon, dict la Force, Guillaume Montmoton et Gabriel Pataud, prisonniers pour mesme faict, faictes devant le séneschal de Tholose ou son lieutenant juge criminel; procédure faicte par le lieutenant de vice séneschal de Guyenne à Pierre la Force, codempné et exécuté à mort; et ledict de Golard ouy dans la chambre de la Tournelle, il sera dict : que la court a évocqué et évocque à elle la procédure faicte par ledict séneschal de Tolose ou son dict lieutenent, ausdictz Sarrault, Faget, la Garrique, Thomas, Mymon, Montmoton et Pataud, et a retenu et retient la cognoissance de la cause; en laquelle, avant dire droict quant à eulx, a déclairé et déclaire ledict de Golard attainct

et convaincu dudict crime de lèze magesté ; et pour réparacion
de ce que l'a condempné et condempne à estre délivré ez mains de
l'exéquteur de la haulte justice, lequel luy fera faire le cours par
les rues et carrefours accoustumez dudict Tholose, attaché sur
une clée ayant la hard au col, l'admènera à la place publicque
Sainct Georges, ou sur le pilori luy tranchera la teste et son
corps metra à quatre quartiers, ses biens confisquez au roy.
Laquelle teste sera aprez mise sur la poincte d'une lance qui sera
attachée audict pilori, pour illec demeurer tant que sera possible,
et ses autres membres et parties diceulx portéz au devant des
portes de la ville de Lectore. Prononcé à Tholose en Parlement
le quinziesme jour du mois de décembre l'an mil cinq cens
soixante-sept.

LACROIX.

Archives de M. le marquis de Galard au château de Magnas, parchemin.

---

17 MARS 1568.

*La reine de Navarre fit opposition au parlement de Toulouse qui attri-*
*buait au roi de France les biens confisqués sur* GUY DE GALARD,
*lesquels revenaient à Jeanne d'Albret en qualité de comtesse d'Arma-*
*gnac. Charles IX fit droit à la demande de la souveraine, qui s'em-*
*pressa de restituer les fiefs saisis à la fille de Guy de Galard,*
*ancien gentilhomme de sa chambre.*

Charles par la grace de Dieu, roy de France, au premier
huyssier de nostre Parlement ou nostre sergent sur ce requis,
salut. Comme nostre très aymée dame la royne de Navarre, tant à
son nom que comme mère et légitime administraresse de nostre
très cher et amé cousin le prince de Navarre, son filz, nous a

faict dire et remonstrer que, par priviléges deuement vériffiez et conffirmez par nous et noz prédécesseurs, leur sont deubz et appartiennent les confiscations, condempnations et amandes adjugées contre les habitans de ses terres et comtez d'Armaignac, Rodez et Fesensaguet, et comme telle vouldroit estre reçue à opposition envers l'exécution de l'arrest donné par nostre court de Parlement. . . . . à la poursuite de nostre procureur général contre feu Guy de Golard[1], quand vivoit seigneur de Castelnau dudit Fesensaguet : mais l'exécuteur différe à ce recepvoir, si par nous ne luy est pourveu de nostre recueil convenable. Pour ce est il que nous te mandons et commandons sans prendre placet, visat, ne pareatis, faire exprès commandement de par nous sous certaines et grandes peynes à nous applicquer, à l'exécuteur dudict arrest admectre et recepvoir ladicte Dame à opposition envers icelluy, adjourné nostre dict procureur général et autre ce qu'il appartendra à certain et compétant jour ès nostre dicte court pour veoir, recepvoir ladicte suppliante à opposition et autrement procéder et aller avant. . . . . laquelle certifie deuement de tes exploictz. Car ainsi nous plaist il, pourveu que la dicte exécution dudict arrest contre les comprins et nommez en icelluy ne soit retardée ; mandons et commandons à tous noz justiciers, officiers et subjectz à toy ce faisant obéyr. Donné. . . . . le xviie jour de marzs l'an de grace mil cinq cens soixante huict et de nostre règne le huictiesme.

*Par le Conseil :*

Bertier.

Archives de M. le marquis de Galard au château de Magnas, parchemin.

1. Guy de Galard n'est pas le seul de sa race dont la carrière ait eu un dénoû-

## 3 JUILLET 1583.

*Agésilas de Narbonne, mari d'*HENRIE-RENÉE DE LART DE GALARD, *dame d'Aubiac, fut institué héritier universel par son frère Aymeric de Narbonne.*

Noble Gezillau de Narbonne fut institué héritier universel de noble Emericq de Narbonne, fils de feu messire Bernard de Narbonne, chevalier de l'ordre du Roy, marquis de Fieumarcon, son frère, par son testament fait au château de la Graulas en la comté de Fezensac, diocèse d'Aux, sénéchaussée d'Armagnac le 3 juillet 1583, par-devant Jean des Fieux, notaire royal habitant de la ville de Lannepats, par lequel ledit Émericq, testateur, demanda à être inhumé dans l'église paroissiale de Bezolles, légua à noble Jean de Narbonne, chevalier de l'ordre du Roy, seigneur et marquis de Fieumarcon, son frère aîné paternel, la somme de 3 écus un tiers d'écu sol, semblable somme à noble Jean-François de Narbonne, son frère, seigneur de Talayran, pareille somme à damoiselle Marguerite, dame de Montcorneilh, Jehanne dame de Feudeilh, Paule dame de Bezolles, Marguerite dame de Vaudruilh, Brandelize dame de Flamarens, autre Jeanne plus jeune à marier, toutes de Narbonne, ses sœurs; à Constance de Narbonne, religieuse au monastère de la Grasse, Izabeau, religieuse au monastère de Paravis, aussi ses sœurs, pareille somme de 3 écus un tiers d'écu sol, et à Françoise de Narbonne, aussi sa sœur, religieuse au monastère de Proilhan, lès la ville de

ment tragique. On a vu plus haut, page 197, que Guiraud de Galard, grand bailli du Quercy, fut assassiné par le petit Rodrigue qui, à la tête de ses routiers, mettait ledit pays à feu et à sang. Joseph de Galard, marquis de l'Isle-Bozon, expia le crime d'aristocratie en portant, en 1794, sa tète sur l'échafaud.

Condom, la somme de 100 écus sol, institua son héritier universel le noble Gezillau, son frère puisné, lui substitua ledit Jean-François de Narbonne, son autre frère, et nomma pour ses exécuteurs testamentaires nobles Jean de Bezolles, seigneur dudit lieu, et Herard de Greselles (Grossolles), seigneur de Flamarens, ses beaux-frères.

Archives des Basses-Pyrénées, série EE, de Narbonne, barons de Taleyrand, cahier manuscrit.

---

## 19 OCTOBRE 1610.

*Constatation du mariage de* DIANE DE GALARD, *fille du baron de l'Isle et de Jeanne de Gauléjac* [1], *avec Jacques de Mauléon, seigneur de Savailhan.*

Denis de Mauléon, seigneur de Savailhan, gouverneur de la ville de Lectoure pour le roi de Navarre en 1588, épousa, le

1. L'appellatif patronymique de Jeanne de Piac était Gauléjac comme on l'a vu page 1 du tome III ; Piac était donc une désignation terrienne ou un surnom. Les de Gauléjac ont marqué dans les annales du Quercy. D. Villevieille les signale dans son *Trésor généalogique;* c'est à lui que nous allons emprunter quelques-uns des détails ci-après :

Noble Isabelle de Bar, femme de noble Pierre de la Garde, seigneur de La Vergne et de Saigne, au diocèse de Cahors, fit un legs de cinquante écus, le 11 juin 1479, à noble Cécile de la Garde, sa fille, mariée à noble Jean de Gauléjac, seigneur de Puycalvel. Cécile avait pour sœurs Antoinette, veuve de Jean de Fresville et Hélène de la Garde, toutes les deux inscrites dans le testament de leur mère qui institua pour son héritier universel son fils Barthélemy de la Garde. Cécile sus-nommée dicta ses dernières volontés presque en même temps que sa mère, c'est-à-dire le 14 juillet 1479. Elle laissa cent écus d'or à son mari Jean de Gauléjac, dix à son frère, vingt-cinq à ses filles Jeanne, Isabelle et Marie, et la même somme à Olivier et à Bertrand de Gauléjac, ses fils ; son légataire universel fut Jean de Gauléjac, leur aîné. Ce dernier concourut, le 25 juillet 1490,

15 octobre 1576, Catherine de Montlezun, fille de Bernard, seigneur du Castera, dont :

1° JACQUES DE MAULÉON [1], seigneur de Savailhan, épousa DIANE DE

aux noces de noble Jean de Chaunac, damoiseau, seigneur de Lansac, avec Bernote
de Floyras qui avait pour auteurs Jean de Floyras et Jeanne d'Auriol. (*D. Villevieille, Trésor généalogique, vol. XLIII de la collection, 130 du Cabinet des titres,
fol. 76, Bibl. de Richelieu.*)

On trouve dans le *Nobiliaire de Montauban et d'Auch* plusieurs maintenues en
faveur de diverses branches sorties du vieil estoc des Gauléjac; nous n'en citerons qu'une relative au rameau qui nous occupe et de laquelle il appert que *Piac*
était, nous le répétons, le nom circonstanciel ou seigneurial et *Gauléjac* le patronymique.

« Noble Antoine de Gauléjac, sieur de Barrière ; veu les déclarations, etc., testament de noble Raymond de Gauléjac, dit du *Piac*, dans lequel il est fait mention
de noble Jeanne Barrière, sa femme, et de Clément de Gauléjac, leur fils, du seize
avril mil cinq cent trente-six. Testament de noble Pierre de Gauléjac, sieur de
Barrière, dans lequel il est fait mention de demoiselle Catherine de Faudoas,
femme dudit Pierre, et de noble François de Gauléjac, un de leurs fils, du deux
août mil cinq cent quatre-vingt-quinze. Contrat de mariage de noble François de
Gauléjac, sieur de Barrière, avec demoiselle Marguerite le Comte, du 29 novembre
mil cinq cent quatre-vingt-dix-neuf. Contrat de mariage dudit noble Antoine de
Gauléjac, assisté de noble François de Gauléjac, sieur de Barrière, et de la demoiselle Marie le Comte, ses père et mère, avec mademoiselle Marie du Camp, du
4 juin mil six cent trente-neuf. » (*Nobiliaire de Montauban et d'Auch, tome III,
fol. 945, recto et verso, Bibl. de Richelieu, Cabinet des titres.*)

1. Un Géraud de Mauléon rendit hommage au comte de Foix en juillet 1216.
(*Cartulaire des archives de Foix pour l'abbaye de Bolbone, fol. 72. Bibl. de la
ville de Toulouse, Mss.*) D'après la même source, fol. 43-71, un N. de Mauléon était
sénéchal de Saint-Gaudens en 1290.

« On trouve, dit M. Curie Seimbre, dans les compilations du paléographe
« Larcher, devenues la propriété du séminaire d'Auch, l'analyse d'un titre du
« 3 juin 1295, par lequel Odon d'Aure, chevalier, vendit à Bernard de Mauléon la
« terre appelée Galaset, située entre les lieux nommés Gotta, Segura, Galès, Cla-
« rens et Bonrepaux ; mais on ne rencontre nulle part la qualification de seigneur
« de Galan. Cette circonstance explique, jusqu'à un certain point, pourquoi l'on ne
« peut découvrir que cette ville ait jamais eu de coutumes particulières écrites, ou
« une charte municipale, parce que ces chartes étaient ordinairement débattues
« entre les communes et leurs seigneurs féodaux ; néanmoins, de même que toutes

Goulard, fille de Jean de Goulard, baron de l'Isle, et de Jeanne de Gauléjac.

« les villes et la plupart des communes du Midi, Galan jouissait d'institutions
« municipales, car, en cette matière, le droit existait par tradition antique et sans
« qu'il dût nécessairement émaner d'une concession spéciale. » (*Notice sur Galan,
par M. Curie-Seimbre, Revue d'Aquitaine*, t. VII, p. 39-40.)

Un membre de la famille de Mauléon apparaît entre les années 1335 et 1338
parmi les gens d'armes et de pied dans le volume 7,877 du Fonds français, au Cabinet des titres. Othon de Mauléon était sénéchal de Foix le 1er novembre 1413. (*Cartulaire des archives de Foix pour l'abbaye de Bolbone, fol. 171.*)

Bertrande de Vise, fille de Géraud, s'allia à Carebrunus ou Savaric de Mauléon
vers 1450.

Jeanne de Mauléon fut élue, le 9 mars 1539, abbesse de Fabas et bullée au mois
d'août 1540; elle mourut en 1558. Dans l'ordre chronologique, elle est rangée la
vingtième.

Catherine de Lomagne Terride, appelée de Comminges dans quelques actes,
eut des démêlés judiciaires avec Anne de Mauléon, qui lui céda le prieuré de Fabas
le 25 septembre 1558.

Jean de Mauléon, prédécesseur d'Urbain de Saint-Gelais, évêque de Comminges, fit de grandes dépenses pour la cathédrale, l'abbaye et les autres établissements religieux de Saint-Bertrand de Comminges, dit une plainte adressée par le
chapitre à Saint-Gelais. On reprochait à ce dernier prélat son incurie, son abandon
du diocèse, la pauvreté des églises; on ne voyait chez lui que des tapissiers et des
peintres.

Jacques de Mauléon Labastide, commandeur d'Espalion et de Saint-Christol en
1610, reçut les reconnaissances de ses emphytéotes. (*Arch. de la Haute-Garonne,
fonds de Malte, 62 actes, n° 150.*)

Plusieurs maintenues de noblesse se rapportant à la race de Mauléon ont été
enregistrées dans le *Nobiliaire de Montauban et d'Auch*. La plus intéressante
pour nous est celle qui se rapporte au seigneur de Savailhan. La voici :

« Testament de Jacques de Mauléon, sieur de Sabailhan, qualifié noble, par lequel
« il paroist que noble Perette de Ferrières estoit sa femme et que Denis de Mau-
« léon estoit l'un de ses fils. Ledit testament, receu par Lusol, notaire de Mauvezin,
« le 20 février mil cinq cent cinquante-huit. Contrat de mariage dudit Denis de
« Mauléon avec demoiselle Catherine de Montlezun, par lequel il paroist qu'il
« estoit fils dudit Jacques de Mauléon et de ladite demoiselle de Ferrières. Ledit
« contrat passé par-devant Pierre Fitte, notaire de Saint-Sauby, le 2 octobre mil
« cinq cent soixante-seize. Testament dudit noble Denis de Mauléon, sieur de
« Sabailhan et de Saint-Sauby, par lequel il paroist que Catherine de Montlezun

2° Pierre de Mauléon marié le 13 mars 16.. à N... d'Astugue. Il testa le 16 novembre 1653.

Jacques fut père de : I. Henri de Mauléon, seigneur de Savailhan et de la Bastide, au pays de Foix, qui épousa Catherine de Persin, fille de Pierre-Paul de Persin, baron de Montgaillard. — II. François de Mauléon, seigneur de Savailhan, marié en 1686 avec Marthe Parfait, fille d'un conseiller au parlement.

Fonds bleu, dossier de Mauléon; Bibl. de Richelieu, Cabinet des titres.

---

## 9 JANVIER 1639.

*Contrat de mariage de noble* FRANÇOIS DE GALARD, *fils de noble* CHARLES, *baron de l'Isle-Bozon, et de Catherine du Bouzet, avec demoiselle Charlotte de Saint-Géry, fille de Joseph de Saint-Géry, seigneur de Magnas, et de Jeanne de Montaut.*

A la louange de Dieu ensuivent les articles et pactes de mariage accordés entre noble FRANÇOIS DE GOULARD, seigneur et

« estoit sa femme et que Pierre de Mauléon estoit un de ses fils. Ledit testament « du 7 février mil cinq cent quatre-vingt-neuf. Testament dudit noble Pierre de « Mauléon, sieur de Saint-Sauby, par lequel il paroist que mademoiselle d'Astugue « estoit sa femme et que noble Paul de Mauléon estoit son fils. Ledit testament « receu par Lapierre, notaire de Saint-Sauby, le 5 novembre mil six cent cinquante. « Mariage dudit Paul de Mauléon, sieur de Saint-Sauby, avec demoiselle Marie « d'Escorbiac, le 15 décembre mil six cent cinquante-trois. Transaction passée « entre ledit Paul de Mauléon, son fils, et noble Charles du Bédat... Fait à Mon- « tauban le 10 janvier seize cent quatre-vingt-dix-neuf. LE PELLETIER DE LA HOUS- « SAYE. » (*Nobiliaire de Montauban et d'Auch, vol. III, fol. 689. Bibl. de Richelieu, Cabinet des titres.*)

Il existe encore une autre maintenue de noblesse en faveur de Jean de Mau- léon, sieur de Saint-Sauby, à la date du 6 juin 1699, rendue par le même inten- dant. (*Nobiliaire de Montauban et d'Auch, vol. III, fol. 1052, Cabinet des titres, Bibl. de Richelieu.*)

baron de Lisle, fils légitime et naturel de noble Charles de Goulard, seigneur de Lisle, et de damoiselle Catherine de Bouset, assisté dudit sieur de Lisle, son père, d'une part, et damoiselle Charlotte de Sainct-Géry, fille légitime et naturelle de noble Joseph de Sainct-Géry [1], seigneur de Magnas, Lamothe, Urdens et autres places, et

1. Nous trouvons dans la *Revue de Gascogne* et nous transcrivons ici un article de l'abbé Barrère sur les Saint-Géry de Magnas qui complète les notes que nous avons consacrées à cette famille, tome II de cet ouvrage, page 655.

## LES SAINT-GÉRY DE MAGNAS DANS L'AGENAIS ET LE CONDOMOIS.

« Quand on suit la route qui conduit d'Agen à Layrac, on rencontre à droite, à deux ou trois kilomètres, une grande maison qu'on oserait à peine aujourd'hui décorer du nom de château. Toutefois elle porte encore quelques marques de son ancienne splendeur. Mais, disons-le bien vite, sa splendeur d'autrefois était le reflet, moins de ses formes architectoniques que du renom des personnages qui l'habitaient. Je les aurai nommés en disant de ce manoir : la Mothe-Magnas.

« C'est bien ainsi qu'on appelle encore la vieille habitation des barons de Saint-Géry.

« C'est à la Mothe-Magnas qu'habitait de temps en temps noble Jean de Saint-Géry, qui contracta une alliance avec Marguerite de Las de Brimont, d'une des plus honorables familles d'Agen. C'était avant 1590. Un peu plus tard sont connues les relations qu'il entretenait avec les Saint-Gilles de Grave. Les minutes de Me Despan conservent une obligation du seigneur de Magnas envers noble Bertrand de Saint-Gilles, pour la somme de 58 écus sol deux tiers.

« Noble Jean de Saint-Géry fut capitaine, d'autres disent lieutenant-colonel, au régiment de Picardie. S'il faut en croire le continuateur de Moréri, l'abbé Goujet, qui a donné les quatre volumes de supplément au *Grand Dictionnaire historique*, Jean fut tué au siége de Montpellier. Ce ne peut être que sous Louis XIII qui, en 1622, assiégea cette ville, vigoureusement défendue par Calonges, gentilhomme du Condomois, des environs du Mas-d'Agenais. Cependant d'autres documents, que j'ai dépouillés il y a quelques années, m'avaient laissé croire que Jean de Saint-Géry vivait encore en 1625. Il est question, dans des actes de cette date, de son épouse, Marguerite de Las, et rien ne me faisait supposer qu'elle fût veuve alors. J'ai pu me tromper, mais cette circonstance mérite d'être examinée de près.

« Il y avait dans le voisinage de la Mothe-Magnas, près d'Agen, un riche domaine

damoiselle Jeanne de Montaut, assistée desdits sieur et damoiselle de Magnas, ses père et mère, d'autre part ; est accordé
entre lesdits sieur François de Gollard et ladite damoiselle
Charlotte de Sainct-Géry, du vouloir et consantemant desdits
sieurs leurs père et mère susdits, que mariage sera solempnisé

du nom de Lacassaigne, appartenant à la maison de Sarrau. Jacob de Sarrau, receveur des consignations d'Agenais, oncle de Claude Sarrau, si connu dans la répu-
blique des lettres, avait épousé Éléonore de Timbrune de Valence. Le premier
fruit de cette union fut un fils nommé, comme son père, Jacob de Sarrau. Ce nom
biblique, perpétué dans la famille, indique suffisamment qu'elle n'appartenait pas
à la religion catholique : elle avait embrassé la doctrine de Calvin.

« Jacob fut baptisé par Sylvius, ministre d'Agen et de Layrac. Le parrain fut
Jean de Sarrau, oncle paternel, conseiller et secrétaire du roi, maison et couronne
de France ; la marraine, dame Marguerite de Las, femme de noble Jean de Saint-
Géry, seigneur de Magnas, oncle maternel, capitaine d'une compagnie au régiment
de Picardie. « Laquelle de Las, ajoute l'extrait de baptême, estant de la religion
« contraire, c'est-à-dire catholique, damoiselle Marthe de Larroque, vefve de feu
« sieur de Lespinasse, l'a présenté au lieu de ladite Las. »

« Venons aux possessions des Saint-Géry dans le Condomois. Et d'abord, remarquons que dans le Moréri on ne trouve pas la généalogie de cette famille, — j'ignore
si on la trouve ailleurs, — mais seulement un article sur Joseph de Saint-Géry,
fils de Jean dont je viens de parler, et commandant pour le duc d'Épernon son
régiment de Guienne. Joseph eut plusieurs frères jouant un rôle, aussi bien que
lui, dans l'histoire de la ville de Mézin, qui, sous l'occupation anglaise, disputa
souvent la suprématie à la ville de Condom.

« Après Joseph, trois autres sont plus ou moins mentionnés dans les archives
de Mézin : Jean, que je suppose être l'aîné, parce que seul il est qualifié seigneur
baron de la Mothe-Magnas ; un autre, toujours appelé le chevalier ; enfin le père
Archange, capucin renommé par ses prédications.

« Jean, seigneur baron de la Mothe-Magnas, s'établit à Mézin vers le milieu du
XVIIe siècle. Il contracta une alliance avec l'ancienne famille des Maubin, qui lui
porta le superbe domaine de Bégué. Le château de ce nom se voit encore sur la
route de Condom à Mézin, à trois kilomètres de cette dernière ville, et ce domaine
avait de nombreuses dépendances.

« Mais Joseph est le premier que nous révèlent nos archives. C'était en 1637,
lors de la guerre d'Espagne, La Valette venait de lui donner le commandement de
son régiment de Guienne. Située sur la route de Bayonne, la ville de Mézin était

entre eux en face de Saincte Mère l'Esglise à la simple réquisition de l'ung et de l'autre. Item est passé (et) accordé que, pour le suport des charges dudit mariage, lesdits sieur et damoiselle de Magnas, père et mère, ont ensemble constitué en dot, pour tout droit paternel et maternel, à ladite Charlotte de Sainct-Géry, leur

déjà écrasée par les cotisations et par les logements de troupes, quand elle reçut de La Valette l'ordonnance et la lettre suivantes :

« *Le duc de La Valette, pair et colonel général de France, gouverneur général pour le roy en Guienne et général de l'armée de Sa Majesté.*

« Il est mandé et ordonné aux consuls et habitants de Mézin de recevoir et « loger la compaignie colonelle et celle de Mons, du régiment de Guienne, et de « leur fournir les vivres nécessaires, conformément à l'ordre du roy, dont copie « collationnée par l'ung de nos secrétaires, est cy attachée. Enjoignons très-expres- « sément aux capitaines, officiers et soldats des dites deux compaignies, de garder « et observer les ordonnances, et de vivre et se comporter en telle sorte que le « peuple n'en reçoive point d'oppression. Fait au camp de Saint-Jean-de-Luz, le « 28 novembre 1637. Signé : *le duc de La Valette,* et plus bas : *Therouenne.* »

« *A Messieurs, Messieurs les consuls de Mézin.*

« Messieurs les consuls, j'ay envoyé une ordonnance au sieur Descanaux, lieu- « tenant-général de Condom, pour le logement et fourniture des vivres nécessaires « à six compaignies du régiment de Guienne et une de Sarlasboust, laquelle « (ordonnance), avec la lettre que je luy escrips, vous sera communiquée. Je vous « ordonne de tenir la main à ce que les ordres, que je luy envoie, soient exécutés en « ce qui vous regarde, conformément aux intentions du roy; à quoy ne doubtant « pas que vous contribuez tout ce qui despendra de vostre soing et affection au « service de Sa Majesté, je vous assureray que je suis, messieurs, vostre plus fidèle « et affectionné amy.
			« LE DUC DE LA VALETTE. »

« M. de Mons, dont il est ici question, est sans doute celui qui, en 1632, était premier consul de Condom et commissaire de guerre. Sa compagnie et la compa- gnie colonelle, commandée par Joseph de Saint-Géry, arrivèrent à Mézin le 9 dé-

fille, la somme de vingt-un mil livres, à scavoir ledit sieur de
Magnas, de son chef, dix-neuf mil livres, et ladite damoiselle de
Montaut, sa femme, deux mil livres, revenant à la susdite somme
de vingt-un mil livres. En payemant de laquelle somme ledit
sieur de Saint-Géry a cédé, remis et transporté, céde et trans-

cembre suivant. Sans trop m'écarter de mon sujet, comme d'ailleurs nous sommes
ici en plein Condomois, je puis bien signaler quelques particularités du séjour de
ces compagnies dans leur cantonnement.

« Fatigué sans doute d'une course pénible, ou simplement pour se donner
quelques distractions, le lieutenant-colonel, quatre jours après son arrivée à Mézin,
manifesta le désir d'aller se reposer à son château de la Mothe-Magnas. Les consuls,
jaloux de gagner l'affection de ce seigneur, s'empressèrent de lui offrir un cheval
et un domestique pour l'accompagner.

« Cependant les consuls de Mézin, — je suis toujours nos archives municipales,
— trouvèrent beaucoup de difficultés auprès des villes qui leur étaient données
pour aides, pour l'entretènement de leur garnison. Vainement ils avaient demandé
main-forte à MM. de Magnas et de Mons : ces capitaines ne voulurent pas prendre
sur eux, bien que cela se pratiquât quelquefois, des mesures qui pouvaient entraîner
des conséquences fort graves.

« Les bastilles les plus éloignées étaient naturellement les plus récalcitrantes,
et au mois d'avril de l'année suivante (1638), faisant le rôle de collecteur, le consul
Bertrand Lafite, accompagné d'un sergent royal et de deux recors, partit pour les
villes du Bazadais, cotisées par le règlement de M. Descanaux.

« Arrivé à Lerm, du côté de Grignols, Lafite fait sommer les consuls du lieu
de payer le premier trimestre. A cette sommation on répond par le tocsin. Aux
habitants de Lerm se joignent ceux de Castelnau, et soixante ou quatre-vingts
paysans accourent, armés d'épées et de bâtons ferrés. C'était plus qu'il n'en fallait
pour arrêter les quatre collecteurs dans leur périlleuse exécution. Ils furent tous
plus ou moins gravement blessés. Le consul reçut un coup d'épée à la tête, et sur
le corps plusieurs coups de bâton ferré. On fit plus, on lui enleva cinquante-cinq
livres en or qu'il avait reçues des consuls d'Auros et d'une autre juridiction. Une
somme égale fut prise au sergent royal : voilà la cotisation.

« Une assemblée générale fut convoquée à Mézin le 23 avril, pour délibérer sur
cette grave circonstance. Sur les représentations des capitaines de Magnas et de
Mons, on délibéra d'envoyer le sieur de Gerbous vers le duc d'Épernon, père de
La Valette, et de poursuivre vigoureusement cette affaire aux frais de la commune.

« Dans cette cruelle perplexité, les consuls de Mézin reçoivent l'ordre de loger

porte, par ces présantes, auxdits sieurs de Goulard, père et fils,
à ce acceptant, scavoir est la somme de treitze mil livres, scavoir
sur monsieur Me Isaac de Garros, lieutenant particulier en
ladite cour, monsieur Me Jean de Garros, sieur de la Garde, conseiller oussy en ladite cour; la somme de troix mil livres et autres,

encore deux compagnies d'infanterie du régiment d'Épernon. Mais l'ordre était à
peine arrivé que le père Bastart, cordelier, aumônier du régiment de Guienne,
attaché à la compagnie colonelle, remettait aux consuls un contre-ordre de logement; ce n'était qu'une substitution : deux compagnies du régiment d'Épernon s'en
allaient à Francescas remplacer deux autres compagnies du régiment de Guienne,
et celles-ci venaient loger à Mézin, par ordre du prince de Condé, qui avait le commandement général de l'armée d'Espagne.

« Les deux nouvelles compagnies arrivèrent à Mézin à quatre heures du soir, le
22 du mois de mai. Le lendemain on envoyait à Bordeaux une députation au prince
de Condé, pour le supplier de lever les exemptions faites aux villes cotisées au préjudice de la ville de Mézin. D'un autre côté, les officiers de la garnison refusant
toujours de prêter leur concours à la levée des cotisations, on envoyait bientôt
après une seconde députation au prince, pour le supplier de faire un nouveau département pour la subsistance des quatre compagnies. En même temps on envoyait à
Condom, vers M. d'Espenan, maréchal de camp de l'armée royale, pour le prier
« de faire injonction aux capitaines de la présente garnison d'aller aux villes et bas-
« tilles, à main armée, pour contraindre les refusans. »

### LES SAINT-GÉRY DE MAGNAS A MÉZIN, LORS DES GUERRES D'ESPAGNE ET DE LA FRONDE.

« Joseph de Saint-Géry passa plus de cinq mois à Mézin, à la tête de la compagnie colonelle et des autres compagnies du régiment de Guienne. Il dut enfin
partir pour l'expédition d'Espagne. Cependant le prince de Condé ne voulut pas
traverser le pays si riche en souvenirs d'Henri IV, sans pousser une pointe au
rendez-vous de chasse du Béarnais. Il passa par Durance, où sans doute il voulut
courre le cerf, et en repartit le 11 juin pour se rendre à Condom, où l'armée
royale l'attendait. Les consuls de Mézin allèrent à sa rencontre jusqu'à Higaro,
et le premier d'entre eux, André Laffite, reçut la faveur de l'escorter jusqu'à
Condom.

« M. de Saint-Géry l'y avait déjà précédé pour aller prendre le commandement

qu'ils doibvent par contrat rettenu par Bégué, notaire oudit Lectoure, le dernier de may seize trente huict; quatre mil cinq cens
livres sur ledit sieur de Pérès, lieutenant particulier, monsieur
Mᵉ Jean de Castaing présidant en ladite cour, ledit sieur de
Garros, lieutenant principal et autres dudit Lectoure, qu'ils

du régiment de Guienne. Bientôt après tout s'ébranlait pour l'expédition d'Espagne.
Le marquis d'Espenan, dont nous avons déjà parlé, s'y distingua par la prise du
passage. Mais l'issue fut malheureuse pour La Valette, qui s'enfuit en Angleterre,
fut condamné à mort par contumace, et exécuté en effigie à Paris, à Bordeaux et à
Bayonne. Ce fut un coup de foudre pour son lieutenant-colonel.

« Cinq ans plus tard, Louis XIV venait de monter sur le trône, quand Bernard
de La Valette appela de la sentence qui l'avait trop cruellement frappé; elle fut
déclarée injuste et cassée, et le noble duc alla reprendre son gouvernement de
Guienne.

« C'était en 1643. Le sieur Gendreau, jurat de Mézin, fut député à Agen auprès
du gouverneur. Il avait aussi pour mission d'aller présenter au sieur de Magnas
« les affections du corps de ville. » M. de Saint-Géry apprit au député que le père
Archange, capucin, son frère, était envoyé à Mézin pour y prêcher l'Avent et le
Carême. Il pria Gendreau de s'intéresser auprès du corps de ville pour qu'il fît un
bon accueil au prédicateur et qu'il lui préparât un logement convenable, l'assurant que tout ce que la ville ferait pour son frère, il le tiendrait fait pour lui-
même.

« Les consuls de Mézin, voulant donner à ce religieux un appartement digne de
sa naissance et de la recommandation du seigneur de Magnas, lui procurèrent un
asile dans le monastère des bénédictins, où il fut reçu avec tous les honneurs qu'il
méritait.

« J'ai déjà dit que la terre et le château de Bégué étaient passés en la possession de noble Jean de Saint-Géry par son alliance avec la maison de Maubin. C'est
la veuve même du sieur de Maubin qu'il avait épousée. Cette alliance est constatée
dans la jurade du 13 mai 1651. On était alors en pleine Fronde, et comme tant
d'autres, la ville de Mézin éprouva les plus cruelles perplexités. Le 10 juillet, le
prince de Condé, Louis de Bourbon, celui qui plus tard mérita le nom de Grand,
annonçait aux consuls de Condom la reprise des armes, qu'il attribuait aux intrigues
de Mazarin.

« Cette nouvelle se répandit comme un éclair dans la contrée, et les plus fidèles
à la monarchie se virent un moment ébranlés. Une petite garnison de la grange
de Lannes, dans la juridiction de Mézin, se déclara pour le prince avec certaines

doibvent par autre contrat, rettenu par Malus, notaire ou
dit Lectoure, le sixiesme de juillet an susdit mil six cent trente-
huict; quatre mil huict cens livres sur monsieur Me Guilhaume
de Linas, jugé criminel en ladite seneschaussée, monsieur
Me François de Linas, procureur aussi en ladite sénéchaussée,

---

démonstrations bruyantes. La grange de Lannes dépendait des Prémontrés de Saint-
Jean de la Castelle. La ville de Mézin elle-même recevait tout à la fois les injonc-
tions les plus sévères, et du marquis de Saint-Luc, lieutenant général pour le roi
en Guienne, et du parlement de Bordeaux, révolté contre son roi.

« Plusieurs fois dévastée et complétement ruinée par les guerres de la
prétendue Réforme, cette ville se trouva dans la nécessité de subir de nouveaux
assauts ou de recevoir alternativement des garnisons de la Fronde et des garnisons royales.

« Tous ces logements ne se firent pas sans beaucoup de frais et d'oppressions :
celles-ci furent quelquefois excessives. Dans l'assemblée du 7 décembre 1651, on
délibéra longuement sur les moyens à prendre pour éviter ces désastres, dont on
ne prévoyait pas la fin. Un personnage de considération, intéressé comme les autres,
avait déjà promis, moyennant une honnête récompense annuelle, d'obtenir du
prince une sauvegarde, proposant d'ailleurs de ne rien accepter si la sauvegarde
venait à ne pas recevoir d'exécution.

« Ce personnage, qu'on voulait d'abord ne pas faire connaître, était le baron
de Saint-Géry de Magnas. On lui députa à son château de Bégué, où il faisait sa
résidence ordinaire, un membre du corps de la ville, avec mission de lui offrir cent
écus par an, tant que l'exemption sortirait son effet, en temps de paix comme en
temps de guerre.

« M. Gendreau fut encore chargé de ce message et vint en rendre compte
à la jurade du 12 décembre. M. de Magnas voulait se servir d'un intermédiaire
qui avait beaucoup de crédit auprès du prince, et c'est à ce personnage qu'il
voulait que fût offert ce présent. Mais quand on lui parla de trois cents livres,
il détourna la tête, et déclara qu'on ne pourrait obtenir cette sauvegarde qu'au
prix de mille livres pour la première année et cinq cents livres pour les années
suivantes.

« Cependant les événements se précipitaient; Louis XIV écrivit lui-même une
lettre aux consuls de Mézin, et dès ce jour commencèrent à s'affaiblir, pour disparaître bientôt, les affections envers le prince de Condé. Il ne fut plus question de la
sauvegarde qu'on voulait lui demander.

« Ici commence une série de documents d'un grand intérêt pour l'histoire de

monsieur Mᵉ Jean de Linas, conseiller oussi en la court de parlement de Thoulouse, qu'ils doibvent par contrat rettenu par du
Basières, notaire oudit Lectoure, le treitziesme aout an susdit
seize trente huict; troix cens nonante-sept livres quatorze sous sur
la communauté dudit Lisle qu'elle doibt, scavoir troix cens livres

la Fronde. Disons seulement ce qui regarde le chevalier de Magnas, frère du sieur
de Bégué.

« Le régiment du baron de Moncassin ne délogea de la juridiction de Mézin que
pour faire place à une compagnie du régiment de Champagne, commandée par le
chevalier de Magnas.

« Le régiment de Champagne avait pour lieutenant-colonel ce brave La Mothe-
Védel qui prit part à la défense de Miradoux et mourut si généreusement, quelque
temps après, au siége de Villeneuve. Ce fut ce lieutenant-colonel qui donna l'ordre
au capitaine Magnas d'aller loger avec sa compagnie à la grange de Lannes, et d'y
vivre aux dépens du monastère et non aux dépens du peuple, qui avait obtenu une
sauvegarde de S. A. Henri de Lorraine, comte d'Harcourt.

« Cet ordre fait pressentir que les religieux n'étaient pas restés étrangers aux
démonstrations de leur garnison en faveur de la Fronde. Mais l'argent et les vivres
du monastère furent bientôt consommés, et, sans égard pour la sauvegarde, les
soldats de Magnas se répandirent dans la juridiction de Mézin pour y vivre à dis-
crétion.

« Le corps de ville fut ému des plaintes qui vinrent retentir dans son sein.
Cahelle et Descamps, tous deux avocats au parlement de Bordeaux, plaidèrent cha-
leureusement, dans l'assemblée du 2 juin (1652), la cause des habitants. Ils furent
députés à la grange avec le consul Dépère et les jurats Darodes, Navarre et
Dubarry :

« Estant entrés dans ladite grange, se seroient adressés au sieur chevalier de
« Maignas, auquel ledit sieur Dépère auroit donné entendre le subject desdites
« plaintes, et prié d'empescher que les soldats ne fissent de telles courses, prenant
« le bestail tant gros que menu par les mestairies, volailhe et autres choses, en
« telle sorte que le pauvre peuple est grandement oppressé et incommodé, battant
« et assommant les païsans, qui sont contraints de quitter leurs maisons et mes-
« tairies. Lequel sieur lui dit qu'il falloit que ses soldats vesquissent et s'en
« prissent où ils en trouvoient...

« Au préjudice de quoy les dits soldats auroient de plus en plus continué à
« désespérer les païsans, qui, estant oppressés extraordinairement, se sont mis en
« défense. Mesme le dernier may dernier, il feut tué ung soldat, qui fut cause

par contrat rettenu par Cauboue, notaire dudit Lisle, le neuf-
viesme de mars seize trente et le restant pour les inthérets et
dépans liquidés ; deux cens deux livres six sous sur Aymeric de
Capdeville, Bertrand Jean Jazède, Jean Arguil et autres de Saint
Clar, qu'ils doibvent de reste de plus grande somme, par contrat

« que ledit sieur chevalier leur escrivit de se transporter sur le lieu, pour voir et
« visiter le corps, et faire recherche de celuy qui auroit fait le meurtre, ce qu'ils
« auroient fait.

    « Estant arrivés sur la rue qui va de la présente ville à Poy sur Losse, et vis-
« à-vis de la mestairie de Goubin et maisons appelées de Claverie, ils auroient
« rencontré noble Jean de Saint-Géry, sieur de Maignas, ledit sieur chevalier son
« frère, deux soldats et autres subjets dudit sieur de Maignas. Et s'adressant ledit
« Dépère audit sieur chevalier, luy auroit dit qu'ils et la communauté estoient
« bien marris de cet accident, mais qu'il le pouvoit empescher, ainsi qu'il en avoit
« esté prié, il y a de longs jours, en ne permettant point de courses à ses soldats;
« et ainsi, qu'il en estoit la cause.

    « A quoy ledit sieur de Maignas s'en prit à tel point contre ledit Dépère, qu'il
« l'appela couquin, pendard, indigne de sa charge, et qu'il en avoit menti ; et
« qu'il quittât sa livrée, que ledit sieur Dépère avoit sur ses épaules, et le trai-
« teroit de bonne façon, et levé sa main droite audit Dépère, ayant mis gant
« en icelle, et qu'il s'en souvînt, qu'il ne seroit pas toujours consul... Ensemble
« aussi lesdits sieurs de Maignas se retirant, trouvant les nommés Lamore
« et Dieudé sur le chemin, les ont prins, et ceste nuit passée, le métayer de
« Goubin qu'ils s'en ont admené, et murtrissent et assomment tous ceux qu'ils
« rencontrent. »

    « Il fut délibéré qu'on dresserait procès-verbal de tous ces faits pour se pour-
voir ensuite par conseil. Cependant les sieurs Dépère et Garoste furent députés à
Condom auprès du sieur La Mothe-Védel, pour le prier de faire mettre en liberté
les prisonniers, promettant de leur faire leur procès s'ils étaient reconnus coupables. Ils devaient aussi le prier de donner des ordres pour éviter les violences
de la garnison.

    « Il y eut encore quelques jours de tiraillements; mais on finit par obtenir le
délogement de cette compagnie. En même temps on apprenait que le lieutenant-
colonel du régiment de Champagne, La Mothe-Védel, faisait lui-même auprès du
comte d'Harcourt de grands efforts pour obtenir de venir loger à Mézin. Il ignorait
sans doute que d'Harcourt était alors à la veille d'aller assiéger Villeneuve. Le
défenseur de Miradoux avait là sa place marquée, où l'attendait une mort glorieuse.

reltenu par moi notaire soubzigné le unziesme de juin dernier passé mil six cens trente-huict : revenant toutes les susdites sommes à ladite somme de treitze mil livres, promectant ledit seigneur de Saint-Géry, cédant, de leur porter bonne et ferme garantye desdites sommes pendant et durant l'espace d'un an ;

Ses cendres, environnées d'un cortége funèbre, furent portées à l'abbaye d'Eysses et déposées sous les dalles du monastère carlovingien.

### JEAN DE SAINT-GÉRY, BARON DE LA MOTHE-MAGNAS.

*L'abbé de Besmeaux; collége de Mézin; équipée de quelques habitants de Montréal.*

« Les graves altercations dont j'ai parlé, survenues entre le chevalier de Magnas et le consul Dépère, n'avaient pas seulement pour cause les incidents que j'ai fait connaître; elles avaient leur principe dans une circonstance qui nous est révélée par les archives de Mézin. Il est bon de la rapporter ici, car elle explique encore les faits qui vont survenir.

« L'année précédente (1651), une terrible querelle s'était élevée entre un habitant de Mézin et un gentilhomme du voisinage. Celui-ci fut tué par son adversaire, que les consuls firent arrêter et jeter en prison. Déjà on lui faisait son procès, quand les sieurs de la Mothe-Magnas (Jean) et Lartigue de Cazaux, irrités de la mort du gentilhomme, tentèrent auprès des consuls de vains efforts pour que le meurtrier fût livré entre leurs mains. Ils avaient sans doute résolu d'en avoir bonne et prompte justice. Le refus des consuls augmenta l'irritation des sieurs de Magnas et de Cazaux, qui firent serment « de nuire les officiers de la justice et autres habi- « tants en toute rencontre. »

« Il y avait alors à Mézin un homme de grand cœur, expérimenté dans le fait des armes. C'était Jean-Pol de Casmont, ancien capitaine-major, gentilhomme servant de la chambre du roi. Ses compatriotes désiraient l'avoir pour gouverneur. Le 28 novembre 1652, il fut député à Sos auprès des généraux de l'armée royale, pour en recevoir les ordres; mais il n'était pas initié dans le secret de cette députation. Quand il reçut l'invitation de prendre le gouvernement et le commandement général de la ville de Mézin, avec l'obligation de tenir au moins pendant huit jours en cas de siége, il sentit se réveiller toute l'ardeur de son humeur guerrière. Il accepta sous le bon plaisir du corps de ville, qui, le lendemain, convoqua une jurade

durant lequel an lesdits sieurs de Lisle, père et fils, seront obligés
de faire les poursuittes nécessaires pour le recouvrement desdites
sommes cédées ; en desfaut de ce faire ledit sieur de Magnas sera
deschargé entiéremant de ladite garantye. En oultre ledit sieur de
Sainct-Géry a cédé et transporté, céde et transporte auxdits sieurs

générale pour entendre le résultat de cette députation. Quand on apprit à quelles
conditions le capitaine-major était chargé du commandement général, un cri d'en-
thousiasme retentit dans l'assemblée, et l'on fit serment non-seulement de tenir
pendant huit jours, mais de s'ensevelir sous les ruines de la ville plutôt que de la
livrer aux ennemis du roi.

« Cependant l'armée royale se disposait à partir de Sos pour aller porter son
camp à Bruch, entre Agen et Lavardac ; elle arriva à Mézin le 2 décembre. Les
lieutenants généraux de Tracy et de Mérinville logèrent chez le nouveau gouverneur. Mais à l'armée royale se trouvaient les sieurs de Magnas et de Cazaux,
s'efforçant, disent nos archives, de contrarier les délibérations de la jurade, surtout en ce qui touchait à la défense de la ville, aux garnisons, aux logements et
cotisations de gens de guerre. Je passe sous silence toutes les charges écrasantes
que la ville eut à supporter, et dont les consuls, à tort ou à raison, accusèrent les
influences des sieurs de Magnas et de Cazaux.

« Le 29 décembre, on venait de tenir une jurade ordinaire, quand le sieur de
la Mothe-Magnas arrive à Mézin, porteur d'une lettre de créance du duc de Candale, qui avait remplacé le duc d'Harcourt dans le commandement général des
armées de Sa Majesté. Le baron demande aux consuls la convocation immédiate
d'une assemblée générale, pour y faire sa communication. On eut des appréhen-
sions, mais on ne pouvait se dispenser d'obéir. Le sieur de Magnas entre dans la
chambre des délibérations et dépose sur le bureau la lettre de créance dont il est
fait lecture ; elle est vieille de quelques jours.

« Messieurs les consuls de Mézin ayant prié le sieur de Lamothe-Maignas, de
« ma part, de vous entretenir de quelque chose qui regarde le bien du service du
« roy, je vous prie de donner créance à tout ce qu'il vous dira et de croire, messieurs
« les consuls de Mézin, que je suis vostre très fidelle amy à vous faire service.

« Du camp de Bruch, ce 10 décembre 1652.

« *Signé :* LE DUC DE CANDALE. »

« A ce moment, tous les regards se tournent du côté de M. de Magnas, qui
déclare « que l'intention de Son Altesse est que le sieur de Lartigue de Cazaux
« soit eslu pour premier consul, et que les habitants lui obéissent en qualité de

de Lisle, père et fils, à ce aussy estipulant et acceptant, la somme
de huict mil livres a luy due par monsieur M⁹ Jean de Goudis,
présidant de l'eslection de Lomaigne, M⁹ Jacques Bérot, receveur
des tailles en l'eslection de Lomaigne, par deux contrats rettenus
par Chabarros, notaire de Couloigne, dacttés du onziesme feb-

« gouverneur, en ce qui concerne le fait des armes. Et ledit sieur de Maignas a
« signé : MAIGNAS. »

« Jean-Pol de Casmont était l'idole des Mézinois. La communication du baron
frappa l'assemblée de stupeur et l'on se sépara sans vouloir délibérer. Le lendemain, les consuls convoquent une autre grande assemblée, y rappellent l'incident
de la veille, et représentent « que Son Altesse pourroit avoir esté surprise, ne
« saichant point qu'avant son arrivée MM. de Sauvebœuf et de Tracy, lieutenants
« généraux des armées du roy, ont pourvu le sieur de Casmont de la charge de
« gouverneur de la ville, sur l'instante prière qui leur a esté faite par les habi-
« tants d'icelle de leur donner ledit sieur Casmont pour commandant en ce qui
« concerne le fait des armes, à cause de son expérience et capacité, et de l'affection
« ardente qu'ils ont trouvée en luy pour le service du roy et pour le bien
« public, etc. »

« Il fut délibéré que l'on surseoirait à l'élection de l'année suivante, jusqu'à ce
que les députés qu'on envoyait à Son Altesse fussent de retour. Ils devaient très-
humblement la supplier de maintenir le sieur de Casmont en qualité de gouverneur; de laisser aux magistrats la liberté des élections consulaires; ils devaient
faire connaître au duc de Candale la source des inimitiés que le baron de Magnas
entretenait contre le corps de ville de Mézin.

« Et au cas, ajoute le procès-verbal que j'analyse, où Son Altesse tesmoignera
« qu'elle désire d'une volonté absolue que ce qui leur a esté dit de sa part par ledit
« sieur de Maignas soit exécuté, que lesdits sieurs députés luy tesmoignent, que les-
« dits sieurs consuls et tout le corps de ville désirent obéir aveuglément à ses ordres.»

« Les députés portèrent de bonnes paroles de la part du duc de Candale; mais,
au fond, ils le trouvèrent inébranlable dans sa résolution. Dès le 12 janvier (1653),
les consuls reçoivent du lieutenant général de Tracy l'ordre de loger, pour le
quartier d'hiver, quatre compagnies du régiment de Boisse-Pardaillan, et bientôt
après, une cinquième compagnie, déjà logée à Pouy-sur-l'Osse, qui dépendait alors
de la juridiction de Mézin. Cet ordre fut reçu le matin, et le soir du même jour,
le sieur d'Arconques, lieutenant-colonel de ce régiment, se présentait avec ses
compagnies aux portes de la ville. Les consuls et la plupart des jurats s'y ren-
daient pour les recevoir, quand le peuple, qui avait eu connaissance de l'approche

vrier seize vingt-huict, et vingt-huictiesme décembre seize trente, faisant les susdites cessions en tout la somme de vingt-un mil livres constituée. Pour le recouvrement de laquelle somme de huict mil livres, lesdits sieurs de Lisle, père et fils, fairont les actes et diligences requises avec pacte que si, dans le premier de

des troupes, et qui voulait conserver le commandement au sieur de Casmont, se précipite à son tour, arrache les clefs des mains des consuls et ferme les portes au lieutenant-colonel et à ses compagnies.

« Cette révolte faillit causer la ruine de la ville. Heureusement le colonel était prudent : il alla camper dans la juridiction et attendre les explications de cette mutinerie. Le lendemain, d'Arconques entrait dans la ville avec ses compagnies, et toute la bourgeoisie était en armes pour les recevoir et courre sus aux perturbateurs.

« A cette nouvelle, le duc de Candale hâte l'ordre qu'il a fait porter aux consuls de Mézin par le baron de Magnas. Il leur écrit une lettre pressante pour la nomination de Lartigue de Cazaux, et déclare formellement qu'il n'entend plus que le sieur de Casmont garde le commandement de la ville. C'était blesser au cœur les habitants de Mézin, pourtant si fidèles à la monarchie, et peu s'en fallut que cette blessure ne les jetât dans les bras de la Fronde. Le brave Casmont a compris ce danger. Ce gentilhomme servant de la chambre du roi ne trahira pas son maître. Son intérêt privé, son amour-propre froissé ne sont rien devant l'intérêt général, et il donne sa démission de gouverneur. Le 22 janvier suivant, Jean-Charles de Lartigue, sieur de Cazaux, est porté au premier rang de la charge consulaire.

« La paix était revenue à la surface, mais au fond l'agitation grondait sourdement. Le baron de Magnas ne manquait pas de récriminations contre la commune de Mézin ; mais il avait trop d'honneur pour vouloir l'anarchie dans cette ville. Si les consuls l'ont accusé d'influencer le lieutenant général des armées du roi, qu'il me soit permis de croire à son influence, quand ce lieutenant ordonne la radiation, sur les registres de l'hôtel de ville, de la lettre qui a causé tant d'émotion. Depuis plus de quinze jours, le duc de Candale connaissait l'élection du sieur de Lartigue, et cependant il écrit aux consuls comme si l'élection était encore à faire.

« Pour être dans le vrai, il faut dire aussi que le sieur de Casmont n'était pas d'humeur à voir son nom rester taché d'une flétrissure dans les archives de l'hôtel de ville. Il alla trouver le duc de Candale, et comme d'ailleurs le baron de Magnas n'avait pas de grief personnel contre le sieur de Casmont, celui-ci n'eut aucune peine à obtenir la lettre en question. La voici avec l'apostille relative à la radiation de la première lettre :

« Messieurs les consuls, estant important pour le bien du service du roy que

juillet prochain la susdite somme de huict mil livres (ne) leur a
esté payée, lesdits sieurs de Lisle ne seront point obligés d'en
faire la poursuitte, mais pourront, si bon leur semble, remettre
ez mains dudit sieur de Saint-Géry les actes et obligations et
exploitz de dilligence par eux faicts, et ledit seigneur de Sainct-

« vous nommiez dans la charge de premier consul de vostre ville le sieur de Lar-
« tigue de Cazaux, j'ay voulu vous escrire ces lignes, pour vous dire que vous pro-
« cédiez promptement à la dite nomination, et que pour les autres rangs, vous
« fassiez choix de personnes capables et bien intentionnées pour le bien et service
« du roy et du public, en la forme et manière accoustumée. Le sieur de Casmont
« s'étant volontairement desmis du gouvernement de ladite ville, et demeurant
« satisfait de sa conduite, je n'adjouteray à ces lignes autre chose, et vous assureray
« seulement que je suis, messieurs les consuls, vostre très-affectionné à vous faire
« service.

« A Agen, le 10 février 1653. »

« On lit en apostille :

« Messieurs les consuls, j'adjouste ces mots pour vous dire que vous faites rayer
« des registres de l'hôtel de ville ma première lettre. »

« La Fronde touchait à sa fin, et avec elle disparurent les dissensions civiles et
domestiques. Charles de Lartigue, Jean-Pol de Casmont et Jean de Saint-Géry se
succédèrent dans le consulat. Noble Jean de Saint-Géry, seigneur baron de la
Mothe-Magnas, occupait cette charge en 1670. Cette même année, il agrandit ses
possessions, — déjà nombreuses dans la juridiction de Mézin, — par l'acquisition
du domaine de Sabathé, près de l'église de Saint-Julien. Il s'intéressa vivement au
collége de Mézin, déjà florissant sous Henri IV. Il fut puissamment secondé dans
cette tâche par l'abbé de Besmeaux, prieur commandataire du prieuré Saint-Jean
de cette ville.

« L'abbé de Besmeaux, qui joue un rôle important dans l'histoire de la ville de
Mézin, nous venait d'Auch. Il était originaire de Besmeaux, aujourd'hui dans la
commune de Pavie. D'accord avec le premier consul de Saint-Géry, il procura au
collége un régent du nom de Castel, « prebstre fort intelligent pour l'instruction
« de la jeunesse, ayant grand méthode et expérience. »

« Castel succédait au sieur Blosson, dont le grand-père, Dominique Blosson,
gouvernait le collége sous Henri IV. Dominique eut pour successeurs plusieurs
régents qui se ressentirent très-vivement des troubles de la minorité de Louis XIII.
Je citerai particulièrement, et pour l'intérêt de la *Revue de Gascogne,* deux régents
qui gouvernèrent ensemble le collége ou les escoles, comme on disait plus souvent

Géry reprandra en ce cas ladite cession et faira le payemant desdits huict mil livres en son propre (nom), à peyne de tous dépans, domaiges et inthérests, comme il a esté convenu entre eux. Pour la poursuitte desdites sommes, les termes des contrats cédés escheuz ledit sieur de Sainct-Géry a bailhé et deslivré présante-

alors. C'étaient Géraud Malleville, du marquisat de Fimarcon, et le sieur Lafargue, de la ville même d'Auch, « lesquels ayant posé thèses, et icelles soubtenues en « dispute publique, suyvant la coustume de tout temps observée en la présente ville, « ont esté jugés capables pour tenir les escoles. » Les consuls voulaient des régents suffisants et capables de ladite charge, et aussi personnes bien versées aux bonnes lettres et mœurs (2 novembre 1614).

« C'était la coutume, à Mézin, de ne jamais confier la régence du collège qu'après avoir soumis les candidats à des joutes publiques. On le voit très-souvent dans les archives de cette ville, et cette coutume, de tout temps observée, permet de faire remonter assez haut l'établissement de ce collége.

« Il y avait entre Montréal et Mézin la même rivalité qu'entre Mézin et Condom. On peut s'en convaincre en lisant le procès-verbal de l'assemblée des trois ordres, tenue au mois d'août 1614, dans la cathédrale de Condom, relativement à la convocation des états généraux. Le sénéchal, d'Esparbès de Lussan, comte de Lasserre, fut obligé d'intervenir. Il fit un règlement qui établissait désormais l'ordre des préséances aux assemblées des bastilles du Condomois, entre les consuls de Mézin et ceux de Montréal. Ce règlement ne satisfit ni les uns ni les autres, et c'est peut-être à cette circonstance qu'il faut attribuer l'équipée d'une douzaine de perturbateurs de Montréal.

« C'était le 15 novembre de la même année (1614), alors que les sieurs de Malleville et Lafargue venaient à peine de prendre la direction du collége. Laissons parler nos archives.

« Dix ou douze hommes (de Montréal) s'en allarent dans la maison de ville où « l'on tient les escoles, ayant chescun une épée à la main, et entrarent par la « fenestre. Estant dedans, se saisirent de Lafargue ung des régents de la présente « ville, auquel ils ruarent force coups de pied et coups de poing et du plòmbeau de « leurs espées; et l'ayant tiré par force hors desdites escoles, le traînarent par la « rue hors la porte du pont de ladite ville, le frappant toujours, et plusieurs d'euls « ayant les espées nues en la main. »

« Le protégé de l'abbé Besmeaux et du noble baron, le sieur Castel, enseignait les humanités et il avait un second régent pour les classes de français. Il eut l'imprudence d'en demander un troisième pour les classes élémentaires de la

mant auxdits sieurs de Lisle, pére et fils, extraict des susdites obligations, signées desdits notaires, en présance de moy notaire et témoings bas nommés et s'en sont contantés; auquel estraict ledit sieur de Sainct-Géry les a subrogés en son lieu et place, droicts, actes et hipothecque, et moyennant la susdite constitution, lesdits futturs mariés ont resnoncé a tous autres droicts paternel et maternel desdits constituants, comme par la teneur du présant acte ils y resnoncent, saulf et réserve la futture succession, si en y eschoit.

Item est pacté que en faveur et contamplation du présant mariage, ledit sieur de Goulard, père, ayant déclaré qu'il a ci-devant par son contract de mariage avec damoiselle Catherine de Bouset, faict et passé par. . . . . . ., notaire, le [1]. . . . . . fait donation de la moytié de tous ses biens mubles et immubles présants et advenir à un des enfans masles qui proviendront de leur mariage, soy réservant la nomination d'icelluy. Il a, con-

langue latine. C'était convenable, car dans l'assemblée du 9 novembre, on lui rendait cette justice qu'il avait déjà fait prospérer le collège, et il était nécessaire de prendre des mesures en rapport avec l'augmentation sensible du nombre des élèves. Tout le monde le comprit. Girard Salles fût proposé et appuyé par le premier consul, baron de Saint-Géry.

« Une voix discordante s'éleva dans l'assemblée : celle de Jean-Pol de Casmont, dont nous avons déjà parlé. Voyant tous les consuls et les jurats trop dociles pour cette acceptation, il protesta qu'il poursuivrait l'opposition à ses dépens, jusqu'à ce que le sieur Salles fût agréé par l'évêque de Condom.

« Le vieux capitaine-major tint parole. Girard Salles ne fut pas agréé, et Castel ne tarda pas à donner sa démission. Il fut remplacé par un enfant de la ville, qu'une ancienne cabale avait écarté; cabale odieuse, à laquelle, grâce à Dieu, et l'abbé de Besmeaux et le baron de Magnas étaient complétement étrangers. »

L'ABBÉ BARRÈRE.

Revue de Gascogne, t. XIV, pp. 415-420, 442-457 et 556-563.

1. Ces lacunes existent dans l'original.

formément ausdits pactes, nommé et nomme ledit sieur François
de Goullard, son fils présant et acceptant; veut et entend que
ladite donnation apposée ausdits pactes sorte à son plain et
entier effaict en faveur d'icelluy François et, en tant que de
besoing, de nouveau luy donne par le présant contract et par
donnation pure, simple et à jamais irrevocable, la moytié de tous
et chascun ses biens, droicts, voix, noms, raisons et actions,
mubles et immubles présans et advenir, franche et quitte ladite
moytié desdits biens donnés de toutes charges et hipothecques
généralément, exepté l'hipothecque de la dot de la damoiselle
du Bouset, sa femme, soy réservant ledit sieur de Lisle la jouissance de ses biens donnés sa vie durant. Item, est pacté que,
oultre ce par-dessus, la moytié des sus-dits biens donnés, ledit
sieur de Lisle donnera à son fils, futur espous, pareilhe portion
du restant de ses biens qu'en pourra avoir noble Pouls de Goulard, son autre fils ayné, en cas qu'il reviendra. En contemplation dudit mariage, constitue en personne noble Jacques de
Mauléon, seigneur de Sabailhan et conseigneur dudit Lisle,
lequel, au nom et comme procureur de ladite damoiselle Catherine du Bouset, mère dudit sieur futur espous, ainsy que de sa
procuration a faict apparoir, retenue par Bordes, notaire dudit
Lisle, le huitiesme du présant mois, laquelle a remise ès mains
de moi notaire, et qui sera incérée au pied du présant acte, a
donné et donne présantemant, par donation pure, simple et à
jamais irrévocable, audit sieur François de Goulard, son fils, icy
présent et acceptant, la moytié de tous et chascuns les biens de
ladite damoiselle la constituante, noms, droits, voix, raisons et
actions et autres quelquonques, mubles et immubles, présants et
advenir, soy réservant la jouissance d'iceux sa vie durant et
celle du sieur de Lisle, son mari. Et pour ce que ledit sieur de

Goulard, père, a déclaré entandre que les deniers de ladite constitucion soint employés en acquisitions de biens, au proffict desdits fulteurs mariés, il a esté accordé que tous les biens qui pourront estre acquis des deniers de ladite constitucion, comme généralement tous les autres biens, par ledit sieur de Lisle donnés, seront affectés en hipothecques au payemant dudict dot et augmentés d'icelluy, comme dors et déjà demeurent affectés et hipothecqués. Et au cas ou ledit sieur de Lisle vint au contraire de ce dessus et employast autremant lesdits deniers de ladite constitucion à son utillité, le reste de ses autres biens non donnés et réservés seront affectés et hipothecqués au payemant des sommes qu'il se treuvera avoir receues. Item est aussy arresté que, ledit sieur de Lisle nourrissant lesdits futturs mariés en père de famille, jouira tant des biens par luy donnés que de la dot et biens qui en seront acquis. En cas que lesdits futteurs mariés vivront séparément dudit sieur de Lisle, il est accordé qu'ils jouiront la métairie dite à Latour, appartenances et dépendances et bestiaux y estans, plus le molin à eau sur le ruisseau de l'Auroue, appelé de Bes, avec le revenu et fruict d'icelluy, plus la pryée (sic) du château dudit Lisle, les prés appellés du prat Barrat et du Bernet, la grande vigne qui est sur le chemin de Plieux, et généralement tout ce que jouissoit la desfunte damoiselle de Lisle, mère dudit sieur de Lisle. Et oultre ce, ledit sieur de Lisle, père, sera tenu, comme il promet, de luy bailler annuellement la quantité de cinquante sacz avoigne, mesure dudit Lisle, et en oultre jouiront des deniers dotaux et biens acquis dûment; et en cas (que) ledit sieur de Lisle, père, eust receu entièremant ladite dot, lesdits fulteurs maris jouiront de la moytié des biens donnés entièremant; et en cas (que) ledit sieur de Lisle, père, eust receu partye de ladite et employé à son utillité, lesdits fulteurs mariés jouiront des biens si-dessus mentionnés et du restant de dot; et de plus, ledit sieur de Lisle sera tenu leur bailler du revenu à proportion des sommes par luy receues. Item est pacté (et) accordé qu'en faveur de la conserva- tion de son nom et famille, le sieur de Lille, fulteur époux, donne par donation, pure et simple et irrévocable, à l'un des enfans masles dessandans du présant mariage, qu'il pourra nommer et eslire, s'il en a plusieurs, la moytié de tous et chascuns ses biens mubles et immubles, droits, voix, noms, raisons et actions présans et advenir, soy réservant l'usuffruict, sa vie durant, et à deffaut des nommés, ladite donation demeurera en faveur de l'enfant masle aisné, ou à faute de l'aisné au second nay, et en deffaut du second au tiers et autres consécutifs de l'un à l'autre et habiles à suc- céder. Et advenant que ny auroit poinct d'enfans dudit mariage et y eust filles, en ce cas ladite donation auroit lieu en faveur de la fille, qui sera nommée par lesdits sieurs futeurs espous, et en defaut de la nommée, sera en faveur de la première, et, en defaut de la première, à la seconde, à la trois et autres consécutifves de l'une à l'autre, habiles que soient à succeder. Pacte accordé que ledit sieur de Lisle, fulteur espous, au cas de prédécèz de ladite damoiselle Charlotte de Sainct-Géry vienne à convoler à seconde, à tierces nopces, ny ayant poinct d'enfans masles de son premier mariage et qu'il y en eust du second ou tiers mariage, que les biens dessus donnés apartiendront à tel enfant masle qu'il plaira nom- mer audit sieur de Lille, futeur espous, et en defaut d'un nommé au premier nay, et en defaut du premier au second ou tiers, et ainsin consécutifvement des autres (qui soient) habiles à succéder, nonobstant la donation des filles du premier mariage; desquelles filles l'aisnée sera advantagée de la somme de six mil livres, et les autres dottées suivant la faculté des biens dudit

sieur de Lisle. Item, est pacté que advenant que ledit sieur de
Goullard, futteur espous, prédécède à ladite damoiselle de·Sainct-
Géry avec enfans du présant mariage, en ce cas (ladite damoiselle), vivant viduellemant, jouira entièrement des fruicts des
biens dudit sieur de Goulard, en nourrissant et entretenant lesdits enfans, les faisant instruire, enseigner et eslever, selon leur
calité, sans estre sujette à recdition des comptes ny prétention
de rellicquat; et en cas (qu'elle) ne pourroit vivre contente avec
les enfans, descendans de leur mariage, que pendant la vi-
duitté elle jouira des deniers à elle constitués en dot et de l'augmant d'iceux, licquidés et accordés à la somme de sept mil livres,
qu'est le tiers de ladite constitucion; duquel augmant il est
accordé que ladite de Sainct-Géry pourra disposer en faveur de ses
enfans ou tel d'eux que bon luy semblera, comme aussy, en cas
de prédécès dudit sieur de Goulard, tous les habits et bagues et
autres joyaux que ladite de Sainct-Géry aura en son pouvoir luy
appartiendra (sic) en propre. Les sus–dits pactes, après que la
lecture en aura esté faicte aus-dits sieurs et damoiselle fulteurs
mariés, ay (sic) an (sic) leur presance et de leurs bien chers et
honnorés père et mère et de ladite damoiselle de Sainct-Géry et
d'autres, leurs bons seigneurs, parans bas nommés, par moi dit
notaire royal héréditaire de la ville de Sainct-Clar-de-Lomaigne,
soubsigné.

Lesdits pactes ont promis garder et observer et entretenir le compteneu d'iceux de point en point, selon leur forme
et teneur, et ne venir ni faire venir au contraire. Et pour plus
grande sûreté et validité d'iceux partyes ont volleu qu'ils soinct
insinués et enregistrés en la cour de M. le séneschal d'Armaignac;
et pour requérir et consantir ladite insinuation et registre, ont
constitué, scavoir: ledit sieur de Lisle, maistre Arnaud Laborie,

et les sieurs fulteurs mariés, Me Bénard Molan, procureur en ladite cour, leur donnant pouvoir de ce faire, aussy l'avoir agréable, ausquelles fins lesdites partyes ont obligé et ypothéqué tous et chascuns leurs biens mubles et immubles présans et advenir. . . . .

Et de quoy et de tout ce dessus a esté par moi, dit notaire, retenu le présent dans le chateau seigneurial dudit Magnas, diocèse de Lectoure, le neuviesme jour de jeanvier seize cent trente-neuf, avant midy, regnant Louis, par la grâce de Dieu, roy de France et de Navarre, le tout ès présance dudit Molan, procureur, et François Bernès, habitant dudit Lisle, signés à la céde avec lesdites partyes et les seigneurs cy-bas soupsignés avec moi dit notaire requis : du Bouset, de Lisle, contractans, Charlotte de Magnas de Lisle, Magnas de Castelnau, Savaillan, procureur susdit, M. de Lar Monborau, Latour, Esclinac, Castelnau, Latour Senpesserre, Maravat d'Esclignac, Julle Pins, Merens de Savaillan, Lamothe Magnas, Lascabanes, Molan, procureur, Bernès, Darquier, notaire royal, ainsin signé à l'original de feu Pierre Darquier, notaire dudit Sainct-Clar, sur lequel le présant extrait a esté tiré par moy, notaire dudit Sainct-Clar soubsigné, détenteur et héritier des actes et offices dudit feu Darquier, sans y avoir rien adjousté ny diminué. En foy de ce, audit Sainct-Clar, ce vingt-unième jour du mois de novembre mil six cent soixante-cinq.

DARQUIER,

Notaire royal.

Archives de Mme la comtesse Marie de Raymond, à Agen.

## 14 MARS 1645.

*La mort prématurée de Charlotte de Saint-Géry, femme de* FRANÇOIS
DE GALARD, *baron de l'Isle, est constatée dans l'inscription obituaire
ci-après.*

L'an mil six cent quarante-cinq et le quatorziesme de mars,
noble CHARLOTTE DE SAINT-GÉRY, femme à FRANÇOIS DE GOLARD, sieur
et baron de Lisle, agée de vingt-quatre ans est trespassée en la
communion de nostre mère Sainte Église, trois heures après
midi; le corps de laquelle fut enseveli le lendemain de son décès
dans le cœur de l'église parrochielle de Lisle, munie des sacre-
mens de l'église et exhortée jusqu'au dernier souspir de sa vie. —
Comau, recteur : Rousseau, vicaire, ainsi signés au registre.

Anciens registres ecclésiastiques de la paroisse de Saint-Pierre de l'Isle-
Bozon.

––––––––––

## 12 JUILLET 1644.

*L'illustration du nom de* GALARD *était telle, que les de Narbonne
l'avaient annexé au leur et le portaient en l'année ci-dessus.*

Messire Jean de Narbonne reçut la sommation qui lui fut
faite ainsi qu'à messire Jean de Narbonne, Marguerite de Narbonne, dame de Gouhas, Catherine de Narbonne, dame de Bats, et
messire Ramond de Lupiac, conseiller du roy, grand prevôt en
Guyenne, seigneur de Moncassin et autres places, père et légitime
administrateur de ses enfants et de feue dame Marthe de Narbonne, sa femme, ses frère, sœur et beau-frère, par messire François de Narbonne, seigneur de Birac, Aubiac et autres lieux, leur
frère aîné, par actes passés au château d'Aubiac et à celui de

Durance, les 5 janvier 1634 et 19 du même mois, devant Troians, notaire royal, de procéder à l'inventaire de messire Agesilau de Narbonne, décédé le 26 décembre précédent, dans lesquels actes est rappellée dame HENRI-RENÉE DE GOULLARD, leur mère.

Jean de Narbonne et Jeanne de Nouailhan, son épouse, sont nommés dans l'extrait baptistaire de François de Narbonne, leur fils, du 15 janvier 1638.

Dame Jeanne de Nouaillan, veuve de messire Jean de Narbonne, seigneur de Reaup, capitaine au régiment des gardes du roy, tutrice et administratresse des personnes et droits de leurs enfans passa un accord, le 12 juillet 1644, au château et maison noble d'Aubiac [1], devant Fontailles, notaire royal, avec messire

1. La terre d'Aubiac est demeurée dans la maison de Narbonne jusques à la révolution de 1789. Elle fut érigée en comté en faveur de messire Jean-François de Narbonne, comte d'Aubiac, Birac et autres places. Celui-ci transigea le 28 juin 1691 avec Jean-François du Lin, comte de Marsan, au sujet de la succession de Catherine de Narbonne. Il avait épousé, le 18 août 1675, Charlotte d'Esparbès de Lussan, fille de noble Annibal d'Esparbès de Lussan, seigneur de Limport, et de demoiselle Sirène ou Sereine de Redon. Leurs enfants furent : 1° Messire François, comte de Narbonne, seigneur d'Aubiac, Birac, Papon, Las Martres, etc., marié le 15 août 1716 avec demoiselle Olive-Angelique du Gout, née de François, seigneur d'Aubèze, et de dame Catherine de Bergue; 2° N. de Narbonne, qui participa à la guerre de succession et se trouvait encore à l'armée d'Espagne en 1715 ; 3° demoiselle Jeanne-Marie de Narbonne. — L'aîné, François, comte de Narbonne, fit son testament au château d'Aubiac, le 3 mai 1744. Il constata dans cet acte avoir épousé, en premières noces, sa cousine Octavie-Iphygénie de Fimarçon, et, en secondes, Olive-Angélique du Gout. Du premier lit sortirent deux filles, décédées avant 1744 au couvent de Sainte-Ursule de Fleurance où elles avaient pris le voile. Sa deuxième femme lui donna : 1° Jean-François de Narbonne, capitaine au régiment de Monaco, maréchal des camps et armées du roi, chambellan et premier gentilhomme du duc de Parme ; colonel à celui de Soissonnais ; 2° François, évêque d'Évreux, premier aumônier de Madame Victoire de France ; 3° autre François, abbé de Saint-Sernin de Toulouse, confesseur du roi ; 4° Jeanne-Marie, religieuse à Condom en 1744 et plus tard abbesse d'Origny ; 5° Catherine de Narbonne, supérieure d'un couvent en Normandie ; 6° Autre Catherine, légataire de son père. Elle contracta union le 9 février 1752,

FRANÇOIS DE NARBONNE DE GOULLARD, seigneur de Birac, d'Aubiac
et autres places : par lequel ledit seigneur d'Aubiac reconnut
être débiteur envers ladite dame de la somme de 7302<sup>tt</sup> 2<sup>s</sup> pour
le restant de la légitime dudit feu seigneur de Reaup sur la
succession de ses père et mère.

Archives des Hautes-Pyrénées, série EE, de Narbonne, barons de Talayrand, cahier généalogique.

## AVRIL 1680.

*Extrait de naissance de* CHARLES DE GALARD, *fils de* JEAN DE GALARD,
*baron de l'Isle, et de Catherine de Cous. Il fut tenu sur les fonts
baptismaux par Charles, comte de Moncassin, et Marie de Magnas.*

Le troisieme du susdit mois et an (avril 1680) fut baptisé
noble CHARLES DE LISLE, fils à noble JEAN DE LISLE et à madame
CATHERINE DE COUZ, mariés. Son parrein fut noble Charles de
Moncassin, sa marreine madame Marie de Maignas, signés présens. Noble Jean-François de Castillon, noble BERNARD DE GOULARD
et noble Jean-Baptiste-Gaston de Savaillan, signés. Il naquit le
vingt huictiesme du mois de mars mil six cens huitante. Marie

avec Marc-Antoine, comte de Montesquiou-Fezensac et de Marsan. Jean-François
de Narbonne, héritier universel de son père, le 3 mai 1744, et dont nous avons
énoncé les hauts grades militaires, fut créé duc de Narbonne par brevet du mois de
décembre 1780. Il s'était allié avec très-haute et très-puissante dame Françoise de
Chalus, dame d'honneur de M<sup>me</sup> Adélaïde de France, qui le rendit père de :
1° Philippe-Louis-Christophe-Innocent, duc de Narbonne, capitaine au régiment de
la Reine (dragons), marié le 3 janvier 1771 à Antoinette-Françoise de la Roche-
Aymon, fille d'Antoine-Louis-François, comte de la Roche-Aymon, maréchal des
camps et armées du roi, chevalier de ses ordres, et de Françoise-Charlotte Bedald-
d'Asfeld ; 2° Louis, comte de Narbonne. (*Archives des Hautes-Pyrénées, série EE,
DE NARBONNE, barons de Talayrand, Cahier manuscrit.*) L'histoire de cette maison
est imprimée dans les *Grands Officiers de la couronne,* t. VII, p. 760 et suivantes.

Maignas, chevalier de Moncassin, de Savaillan, Riberon, de Castillon, Manquié, curé, ainsi signés au registre du mois d'avril de ladite année mil six cens quatre-vingts[1].

Communiqué par M. Adolphe Magen, secrétaire de la Société d'agriculture, sciences et arts de Lot-et-Garonne.

---

## 7 AVRIL 1688 ET AVANT.

*Extraits de l'inventaire de l'Isle relatifs à Catherine de Cous, femme de* JEAN DE GALARD, *marquis de l'Isle-Bozon, à sa sœur Françoise de Cous, mariée au marquis de Bonas, et à leur mère Catherine de Lupiac, de la maison de Montlezun.*

Un extrait du testament clos de la dame de Cous de l'Isle avec l'acte de souscription, retenu par Lafargue, avec l'acte d'insinuation n° 24.

Inventaire des pièces justificatives des sommes à distraire sur le patrimoine de la dame de Cous n° 438.

On observe qu'à la liasse n° 436 dans l'inventaire il y a un expédié d'acte portant ratification de la dame CATHERINE DE COUS[2],

---

1. L'extrait ci-dessus est suivi d'une attestation de M. Courrent, curé de Lisle-Bouzon, affirmant, sous la date du 28 avril 1789, qu'il l'a pris dans les registres de son église tel quel et sans y changer un mot.

L'inscription est, en outre, légalisée par « M. Jean de Gauran, conseiller du roi et son lieutenant particulier en la sénéchaussée et cour présidiale d'Armagnac, siége de la ville de Lectoure, dans l'absence du juge mage au siége, et ce, pour cause de maladie du lieutenant principal, 14 mai 1789. »

2. Le nom de Catherine de Cous, femme de Jean de Galard, marquis de l'Isle-Bozon, a été si souvent faussé par les généalogistes et les jurisconsultes que nous éprouvons le besoin de reprendre la question et de l'élucider de nouveau. La conversion de Cous en Cours a dû être déterminée par une lecture distraite des textes

épouse de JEAN DE GOALARD, de la transaction passée par ce dernier en qualité de procureur fondé avec la dame Catherine de Lupiac, mère de ladite de Cous, et dame Françoise de Cous, épouse du seigneur de Bonas, retenue par Me Dupuy, notaire de la ville de Condom, le 4 septembre 1686. Le susdit acte de ratification passé devant Laforgue, notaire royal de l'Isle, le 7 avril 1688.

Notes prises sur l'inventaire de l'Isle, Archives du château de Magnas.

primitifs ou par la pensée que les de Cous et les de Cours, familles distinctes du Limousin, n'en faisaient qu'une. Cela est vrai pour les de Cours de Gascogne et du Limousin, issus d'une souche unique; mais non pour les de Cous, qui n'ont rien de commun avec eux. La cause de l'orthographe vicieuse du nom de de Cous dans les notices et les mémoires de la fin du dernier siècle, peut avoir été l'oubli de l'illustration des de Cous cent ans après l'établissement de deux de leurs filles dans le Condomois. La notoriété locale des de Cours, au contraire, leur a valu d'être préférés aux de Cous, dont l'apparition en ce dernier pays avait été passagère. Les extraits tirés de l'*Inventaire de l'Isle*, écrits à une époque où vivait encore Catherine de Cous, ont un caractère d'authenticité irrécusable. Ils sont en outre concordants avec un document des archives de Magnas ayant pour titre : *Consistances des terres et des valeurs constituant une partie des biens possédés en 1720 par Antoine de Galard, marquis de l'Isle.* (Voir t. III de cet ouvrage, p. 451.) Dans ce relevé terrien un article particulier est consacré au patrimoine de Catherine de Cous, laquelle est indiquée comme première femme de Jean de Galard, et un autre à l'hérédité de la dame de Maravat (Percide de Luppé), avec laquelle ledit Jean avait convolé en secondes noces. Ceux qui ont écrit Cours au lieu de Cous ont commis cette méprise en la reproduisant d'après un *factum* imprimé où elle fut d'abord commise. L'abbé de Lespine et M. Benjamin de Moncade, avec leur discernement, ont évité cet exemple fautif.

Nous aurions pu nous dispenser de faire les réflexions et rapprochements qui précèdent et donner tout d'abord une décision dominante et décisive, en démontrant par l'identité des auteurs de Catherine qu'elle était une de Cous et non pas une de Cours.

Catherine de Cous, en effet, était fi le d'Antoine de Cous, seigneur de Tranchet, neveu de l'évêque de Condom, et de Claire-Catherine de Montlezun, dame de Lupiac, née elle-même de Charles de Montlezun, seigneur de Moncassin, et de Marguerite de Foix-Candale, dame de Tournecoupe La dame de Lupiac se rattachait par son père aux anciens comtes de Pardiac et par sa mère à la maison de Foix.

## 22 février 1702.

*Le duc de Roquèlaure, par l'entremise de son intendant, reconnaît*
*relever du marquisat de Terraube pour une pièce de terre ap-*
*pelée á Gratusour.*

Dans la ville et citté de Lectoure, cejourd'hui vingt-deuxième
du mois de janvier mil sept cent deux, après midy, regnant très-
chrestien prince Louis par la grâce de Dieu, roy de France et de
Navarre, pardevant moy notaire royal de laditte ville soubzigné,
présans les tesmoins bas nommés, constitué en sa personne
M. Charles-Louis Hargenvillier, intendant de la maison et affaires
de très-haut et très-puissant seigneur messire Anthoine Gaston
de Roquelaure, duc et pair de France, marquis de Biran et de
Puyguilhem, comte de Montfort, d'Astarac, de Pongibaut et de la
Tour, lieutenant-général des camps et armées du roy, gouverneur de ladite ville et citadelle de Lectoure, lequel, pour et au
nom dudit seigneur duc de Roquelaure, a recogneu et confesse
tenir en fief de messire Louis de Goalard, seigneur marquis de Terraube et autres places, icy presant stipulant et acceptant, sçavoir
est : une pièce de terre dépandante de la metterie de Crusos,
apartenant audit seigneur duc, size et sittuée dans la juridiction
dudit Lectoure lieu dit à Gratusour ou à las Coumes de Reilhas,
de la contenance de dix livrals qui sont cinq cartelades ou une
concade deux tiers de terre perche ordinaire dudit Lectoure,
confrontant, du levant, terre restant dudit seigneur duc des
dependances dudit Crusos, midy chemin public allant de Lectoure à Terraube, couchant à terres de Jean Gairaud, sieur de
Lanat, dependante de la Salle de Lanat, et septentrion à terres
dependantes de ladite metterie de Crusos avec ses autres confron-

tations, sy de plus vraies en y a soubs le fief annuel et perpetuel de six liards, qui est dix-huit deniers paiable chaque année à la feste de Toussaint, avec les lots et vantes ou autrement alienés a raison de doutze un. Promettant ledit sieur Hargenvillier audit nom de ne mettre fiefs sur fiefs sur ladite pièce de terre, ny la mettre en main morte ny autre de droit prohibée pour faire aux droits et directe dudit seigneur de Terraube ladite pièce de terre, ayant été cy devant recogneue par Nicolas de Chastenet, sieur de Puisségur, le penultième de mars mil cinq cens trente un par acte retenu par de Plantin et par Jean de Labat en mil quatre cens huictante sept, retenu par Sabatery et encore par Jean et Jeannet de Vignes, frères, l'an mil quatre cens soixante et le doutziesme novembre par acte retenu par Bilhères, notaire, lequel acte contient encore un plus grand tenement, possedé par ledit sieur de Lanat; lesdites parties estans demurées d'accord de ladite contenance, situation et confrons de ladite pièce de terre après deue vérification sur le lieu avec l'adaptation des anciens confrons avec les modernes.

Et du surplus ledit seigneur de Terraube tient quitte ledit seigneur duc de tous arrérages de fiefs lods et vantes. Et pour l'observation de ce dessus, ledit sieur Hargenvillier a obligé les biens dudit seigneur duc et par exprès la susdite pièce de terre sy dessus recogneue, qu'a soubmis aux rigueurs de justice et ainsin la promis. Fait et passé en présence de M. Pierre de Lacourt, docteur et avocat, et Joseph Fabry, praticien, habitans dudit Lectoure, signés à la cèdde avec lesdites parties et moi.

Retenu et expédié lesdites présantes declarant qu'elles ne pourront estre mises à exécution sans estre expédiées en parchemin timbré et que l'original de ce controlle est enregistré au bureau dudit Lectoure le vingt-quatre dudit mois de février par Gauran, commis ; receu cinq sols.

BARBALANE, notaire royal.

Scellé à Lectoure ce 26 février 1702, receu.

GAURAN.

Archives du château de Terraube, carton I, pièce 89.

15 JUIN 1757.

Inscription de naissance de noble ARNAUD-LOUIS DE GALARD, fils de mes-
sire</i> FRANÇOIS-SATURNIN DE GALARD, <i>marquis de Terraube, et de haute
et puissante dame Marie-Anne de Lostange de Saint-Alvaire.

L'an mil sept cents cinquante sept et le sept juillet les cérémonies du baptême ont été supplées à noble ARNAUD-LOUIS DE GALARD,
né le quinze du mois de juin dernier, baptisé le seize dudit dans
le chateau noble de Terraube, par permission de monseigneur
l'évêque, fils naturel et légitime de haut et puissant seigneur
messire FRANÇOIS-SATURNIN DE GALARD, marquis de Terraube, baron
d'Arignac, seigneur de Crampagnac, etc., et de haute et puissante
dame MARIANNE DE LOSTANGES DE SAINT-ALVAIRE, mariés ; parrain
très-haut et très-puissant seigneur messire Arnaud-Louis de Lostanges, marquis de Saint-Alvaire et de Montpezat, baron de Lostanges, de Limeuil, de Vigan, de Prés et de la Bouffie, seigneur
de Puidiège, d'Ussel, Quadrieur, La Boissonnade, Cazelles, Cen-
drieux, Pressignac et autres places, grand sénéchal et gouverneur
pour le roi du pays du Querci ; maraine haute et puissante dame
Marguerite-Victoire de Moret de Montarnal, marquise de Ter-

raube. Présents : Jean de Castarède, La Gressie, prêtre docteur en
théologie, doyen du chapitre de Moissac, Antoine-Gabriel de
Pauilhac, René Le Blanc, docteur de la maison et société de Sor-
bonne, archidiacre de Lectoure, grand vicaire de Narbonne,
signés avec nous : Montarnal de Terraube, Saint-Alvaire, l'abbé
de la Gressie, l'abbé Le Blanc, Pauilhac, de Peyrecave, Vacqué,
vicaire, Gariepuy, curé, signés au registre.

Extrait par nous, Jérôme Toulan, adjoint au maire, officier
public de l'état civil de la commune de Terraube.

A Terraube, le 10 juin 1825.

TOULAN, adjoint.

Archives du château de Terraube, carton K 18.

SEPTEMBRE 1764.

*Lettres de prêtrise délivrées à* MARIE-JOSEPH DE GALARD *par Monseigneur
de la Rochefoucauld, archevêque de Rouen.*

Dominicus de la Rochefoucauld, miseratione divina et Sanctæ
Sedis Apostolicæ gratia archiepiscopus Rothomagensis, Norman-
niæ primas, abbas, caput, superior generalis et administrator
perpetuus sacræ abbatiæ et totius ordinis Cluniacensis, etc., universis præsentes litteras inspecturis, salutem et benedictionem
in Domino. Notum facimus quod, anno Domini millesimo septingentesimo sexagesimo primo, sabbato quatuor temporum
decima nona mensis septembris in sacello palatii nostri archiepiscopalis Rothomagensis, sacros omnes et missam in pontifica-
libus celebrantes, dilectum nostrum magistrum MARIAM-JOSEPHUM
DE GOALARD DE TERRAUBE, diaconum, diocesis Lectorensis, rite

dimissum, capacem et idoneum in examine repertum, ad sacrum presbyteratus ordinem, rite et canonice, Deo juvante, promovendum duximus ac promovimus. Datum Rothomagi in palatio nostro archiepiscopali, die et anno supra dictis.

Dominicus, archiepiscopus Rothomagensis.

*De Mandato, etc.,*

Aubry.

Archives du château de Terraube, n° 6, K 33, papier.

## 9 SEPTEMBRE 1764.

*Diplômes émanant de nos seigneurs de Jumilhac, évêque de Lectoure, et du cardinal de Gesvres, évêque de Beauvais, se rapportant à la réception de* Marie-Joseph de Galard *dans les ordres.*

Petrus Chapelle de Jumilhac de Cubjac, Dei gratia et Sanctæ Sedis Apostolicæ auctoritate episcopus Lectorensis, regis ab omnibus consiliis, dilecto nobis in Christo Mariæ-Josepho de Goalard de Terraube, diacono nostræ diœcesis, salutem in Domino; ut ab illustrissimo et eminentissimo cardinali de Gesvres, episcopo Bellovacensi, ad sacrum presbyteratus ordinem promoveri possit et valeat etiam non servatis interstitiis vel de ejusdem illustrissimi et eminentissimi cardinalis licentia ab alio quocumque illustrissimo ac reverendissimo antistite atque eidem illustrissimo et eminentissimo cardinali vel de ejusdem licentia alteri cuicumque illustrissimo ac reverendissimo antistite ut tibi supradictum presbyteratus ordinem libere et licite conferre possit et valeat, per præsentes facultatem concedimus idque eo lubentius, quod nobis compertum est, te esse ad illum suscipiendum maxime idoneum et capacissimum. Datum Parisiis, sub signo sigilloque nostris ac

secretarii nostri subscriptione, anno Domini millesimo septingentesimo sexagesimo primo, die vero nona mensis septembris.

† Petrus, episcopus Lectorensis.

De mandato illustrissimi ac reverendissimi domini<br>domini episcopi,

D. Collignon.

Nos cardinalis de Gesvres, episcopus comes Bellovacensis, par
Franciæ, visis retroscriptis litteris, ut illustrissimus ac RR. DD.
archiepiscopus Rothomagensis præfatum magistrum Mariam-
Josephum de Goalard de Terraube, diœcesis Lectorensis, diaconum, ad sacrum presbyteratus ordinem promovere velit et dignetur licentiam et facultatem impertimur per præsentes. Parisiis,
die decima quarta septembris anni Domini millesimi septingen-
tesimi sexagesimi primi.

Steph. Ren., cardinalis de Gesvres.

De mandato, etc.,

Vaslin.

Archives du château de Terraube, papier. -

---

## 21 octobre 1761.

Lettres de canonicat, accordées à Marie-Joseph de Galard-Terraube<br>par Christophe de Beaumont, archevêque de Paris.

Decanus et capitulum insignis et metropolitanæ ecclesiæ
Parisiensis ad Romanam Ecclesiam immediate pertinentis, universis presentes litteras inspecturis, salutem in Dño. Notum facimus quod nos die datæ præsentium, in capitulo nostro ad sonum

campanæ, more solito congregati et capitulantes, mediantibus litteris, de visa nuncupatis, collationis et provisionis canonicatus et præbendæ ecclesiæ Parisiensis per illustrissimum ac reverendissimum D. Dominum archiepiscopum Parisiensem domino Marie-Joseph de Goalard de Terraube, presbytero Lectorensi, sacræ facultatis Parisiensis baccalaureo theologo, socio sorbonico Sorbonæque priori concessis, nobis præsentatis et traditis, ac sub eo qui sequitur tenore conceptis :

Christophorus de Beaumont, miseratione divina et Sanctæ Sedis Apostolicæ gratia Parisiensis archiepiscopus, dux sancti Elodoaldi, par Françiæ, regis ordinis Sancti Spiritus commendator, Sorbonæ provisor, etc., dilecto nostro magistro Mariæ-Josepho de Goalard de Terraube, presbytero diœcesis Lectorensis, sacræ facultatis Parisiensis baccalaureo theologo, socio sorbonico Sorbonæque priori salutem et benedictionem. Canonicatum et præbendam ecclesiæ nostræ metropolitanæ Parisiensis, quorum occurrente vacatione collatio, provisio et quævis alia dispositio ad nos pleno jure spectant et pertinent, liberos nunc et vacantes per obitum magistri Francisci-Julii Taboureau, presbyteri, illius ultimi possessoris pacifici, qui hoc præsenti mense octobri, gradualis assignato diem suum clausit extremum, tibi qui formulario Alexandri VII pure et simpliciter subscripsisti tanquam graduato, nominato debite qualificato et insinuato super archiepiscopatu nostro aliasque sufficienti, capaci et idoneo, pleno jure contulimus et donavimus conferimusque, donamus ac de illis illorumque juribus et pertinentiis universis providimus et providemus per præsentes quo circa dilectis nostris venerabilibus fratribus decano, canonicis et capitulo præfatæ ecclesiæ nostræ Parisiensis præsentium tenore mandamus quatenus te . . . . . . curatorem tuum legitimum nomine tuo et pro te in dictorum canonicatus et præbendæ illorumque jurium et pertinentium universorum corporalem, realem possessionem ponant et inducant seu poni et induci faciant et mandent, ut moris est, adhibitis solemnitatibus, jureque cujuslibet salvo. Datum Parisiis in palatio nostro archiepiscopali sub signo sigilloque nostris ac secretarii archiepiscopalis nostri subscriptione, anno Domini millesimo septingentesimo sexagesimo primo, die vero mensis octobris vigesima prima, præsentibus ibidem magistris Petro Ludovico Banjard, presbytero, et Ludovico Maria Gillot, Parisiis commorantibus, testibus ad præmissa vocatis et nobiscum in minuta præsentium signatis (sic signatum) † Cnr. archiepiscopus Parisiensis.

Et infra :

*De mandato illustrissimi et reverendissimi domini*
*mei archiepiscopi Parisiensis,*

DE LA TOUCHE.

Cum syngrapha et sigillo.

Nos eumdem dominum Mariam-Josephum de Goalard de Terraube ad dictos canonicatum et præbendam recipimus et admisimus, recipimus et admittimus per præsentes illiusque vel procuratorem ejus legitimum ejus nomine et pro eo in signum veræ, realis, corporalis et actualis possessionis dictorum canonicatus et præbendæ illorumque jurium et pertinentium universorum in choro ecclesiæ nostræ Parisiensis, a parte dextra, postquam tamen per ipsum vel procuratorem ejus legitimum ejus nomine et pro eo præstitum nobis fuerit juramentum per dominos canonicos Parisienses in eorum receptione præstari solitum, installari, etc.

Archives du château de Terraube (Gers), K³⁴ *bis*.

## 22 AOUT 1774.

*Procès-verbal du serment de fidélité prêté au roi par* MARIE-JOSEPH DE GALARD, *après sa nomination à l'évêché du Puy.*

Les gens des comptes du roi, notre sire, au principal juge royal du Puy ou son lieutenant, procureur du roi, receveur du domaine audit lieu ou autres officiers qu'il appartiendra, salut. Il nous est apparu par lettres patentes de Sa Majesté, données à Marly le vingt-huitième jour du mois de juillet, présente année mil sept cent soixante quatorze, signées et scellées, à la copie collationnée desquelles les présentes sont attachées sous contre-scel, MARIE-JOSEPH DE GALARD DE TERRAUBE, évêque du Puy, avoir fait ès mains dudit seigneur roy les foy et serment de fidélité qu'il lui étoit tenu faire pour raison et à cause dudit évêché, auquel serment Sadite Majesté l'a reçu comme à lui agréable et qu'elle tient féal. Si vous mandons et enjoignons à chacun de vous comme à lui appartiendra, que si, pour cause dudit serment non fait, les fruits et revenus du temporel dudit évêché sont ou étoient saisis, arrêtés et mis en la main de Sadite Majesté ou autrement empêchés, vous, en cela les mettiez et faites mettre incontinent et sans délai audit sieur évêque à pleine délivrance, à commencer du jour de la présentation qu'il vous fera de ces présentes, pourvu que ledit évêque ait satisfait au droit de régale et qu'il n'y ait autre cause de légitime empêchement, lequel au cas qu'il y fût nous écrirez à fin duë, et aussi à la charge de faire les foy et hommage pour les terres et fiefs qu'il tient du roy à cause dudit évêché, en bailler aveu et dénombrement, même par déclaration, le revenu du temporel dudit évêché et icelle apporter ou envoyer à ladite chambre, ainsi qu'il est accoutumé, etc. . .

Donné à Paris en la chambre des comptes le vingt-deuxième jour d'août mil sept cent soixante-quatorze.

GUYOT.

Archives du château de Terraube (Gers), K 68, parchemin.

·ANNÉE 1785.

*Au sujet du mandement de monseigneur* JOSEPH-MARIE DE GALARD,
*évêque du Puy, pour le Jubilé de 1785.*

Monseigneur MARIE-JOSEPH DE GALARD DE TERRAUBE, évêque et seigneur du Puy, comte de Velay et de Brioude, suffragant immédiat de l'Église de Rome, conseiller du roi en tous ses conseils, . . . — tels sont les titres qu'il prenait habituellement, — n'attendit pas le mois de février 1785 pour lancer un mandement annonçant le jubilé qui devait s'ouvrir au mois de mars de cette année dans l'Église Angélique dont il était pasteur. Ce mandement avait vu le jour dès le 15 décembre 1784.

Le prix de la grâce jubilaire est le sujet traité dans cette instruction pastorale, qui est une œuvre de premier mérite. Noble dans son style, profond dans ses pensées, incisif dans ses expressions, l'évêque du Puy apprécie avec autant de sagesse que de science l'état où se trouvait alors la société, et le besoin qu'elle avait de se réconcilier avec Dieu et redemander à la Vierge et aux saints des mérites satisfactoires qu'elle ne trouvait plus dans les œuvres personnelles de chacun de ses membres. Les accents de sa voix s'élèvent peu à peu, ils grandissent, ils empruntent pour ainsi dire à la Divinité une vague connaissance des tristes événements qui doivent suivre de près ce jubilé de 1785. Qu'on en juge par les lignes suivantes, que nous transcrivons fidèlement :

« . . . . . Au milieu des désordres et des scandales qui dévas-
« tent l'héritage de Jésus-Christ, dans ces jours de deuil et de
« désolation pour l'Église, dans ce siècle pervers où le libertinage
« et l'impiété semblent avoir formé le projet d'effacer les mœurs
« et la religion de dessus la terre, hélas! lorsque la licence et la
« dépravation, qui ne connoissent presque d'autres bornes que
« l'impuissance de porter plus loin leurs excès, arment contre
« nous le bras du Très-Haut, lorsque nous devrions nous attendre
« à nous voir écrasés sous les foudres d'un Dieu justement irrité
« par les crimes qui couvrent la face de la terre, Marie oublie
« en quelque sorte la gloire de son fils pour ne s'occuper que
« des intérêts de son peuple; . . . . . elle forme le sublime et
« tendre projet d'éteindre et d'abolir l'immensité de nos dettes
« envers la justice divine; . . . . . elle place son fils, elle se met
« elle-même entre nos crimes et les vengeances, entre le juge et
« les coupables, entre Dieu et nous. . . . . .

« . . . . . Ah! nos très-chers frères, si le touchant spectacle
« des miséricordes du Seigneur ne fait aucune impression
« sur vos cœurs, il ne nous reste donc d'autre ressource que
« d'invoquer contre vous le tonnerre de ses vengeances : car,
« hélas! nous ne pouvons vous le dissimuler, les bienfaits du
« Seigneur comme sa divine parole ne retournent jamais vuides
« dans son sein : il faut qu'ils y rapportent des fruits de salut ou
« de perdition, qu'ils fassent de nous des vases de gloire ou
« d'ignominie. Après le désespoir, l'abus des grâces est le plus
« grand des crimes; lorsque la miséricorde du Seigneur ne
« désarme pas sa colère, elle l'enflamme. Eh! quelle doit être la
« colère d'un Dieu qui ne s'irrite que par le mépris qu'on fait
« de son amour! »

Le dispositif du mandement est en tout conforme au cérémonial tracé dans le Mémoire de M. Pouderoux. Il est clos par les deux phrases qui suivent :

« Et sera notre présent mandement publié au prône dans « toutes les paroisses, lu dans toutes les communautés régulières « de notre diocèce, se disant exemptes ou non exemptes, et « affiché partout où besoin sera.

« Donné à Montpellier, où nous sommes retenus pour les « affaires de la province et de notre diocèse, le 15 décembre 1784.

« † MARIE-JOSEPH, *évêque du Puy.*

« *Pour Monseigneur :*

« GIRAUD, *secrétaire.* »

Le mandement de monseigneur de Galard et le livre d'instructions pour le jubilé de 1785 forment une brochure in-12 de quarante-quatre pages. Au Puy, chès (*sic*) G.-B. Clet, impr. de monseigneur l'évêque, le 1er janvier 1785.

*Tablettes historiques du Velay.* Mémoire sur le Jubilé de Notre-Dame du Puy, t. IV, p. 323-325.

---

## 22 DÉCEMBRE 1772.

FRANÇOIS-SATURNIN DE GALARD, *marquis de Terraube, en sa qualité de patron lai de la chapelle de Martissens, au diocèse d'Auch, nomme pour desservant Alexis-Dominique Fondère, clerc minoré du diocèse de Pamiers.*

L'an mil sept cens soixante douze et le vingt septième jour du mois de décembre, après midi, dans le lieu de Crampagnac,

païs de Foix, diocèze et sénéchaussée de Pamiers, par-devant
nous notaire royal et apostolique de la ville de Tarascon, au dit
païs de Foix, qui requis nous sommes portés sur les lieux, présens
les témoins bas nommés, fut présent très-haut et très-puissant
seigneur François-Saturnin de Galard, chevalier[1], seigneur marquis de Terraube, baron d'Arignac, Menac, Bonpas, etc., habitant au dit Terraube, de présent, au présent lieu, lequel, en qua-
litté de patron laïque de la chapelle de Sᵗᵉ Croix ou de Martissens,
fondée dans l'église paroissiale de Réjaumont, au diocèze d'Auch,
attendu le décez de Mᵉ Henry Lasmastres, dernier titulaire, et
paisible possesseur de la ditte chapelle, a nommé par ces présentes pour chapellain d'icelle le sieur Alexis-Dominique Fondère, clerc minoré du présent diocèze de Pamiers, natif de la
ditte ville de Tarascon, priant Mᵍʳ l'archevêque d'Auch de vouloir luy accorder le viza pour et en vertu d'icelluy prendre la
possession canonique et civile de la ditte chapelle et jouir
d'icelle, aux honneurs, fruits, proffit, et revenus y attachés, tout
ainsi et de même que le dit feu Lasmastres en a joui ou dû
jouir ; à la charge par le dit sieur Fondère d'en faire ou faire
faire le service porté par la fondation de la ditte chapelle. Fait et
passé dans le château noble du dit seigneur, au dit Crampagnac,
en présence de Mᵉ Jean Dépis, notaire royal du dit Terraube, et
du sieur Jaques Hudry, de présent aussi au présent lieu, signés
avec le dit seigneur marquis de Terraube, et nous notaire, qui
avons retenu et fait expédier le présent par duplicata après avoir
été controlé au bureau du dit Tarascon par Pilher, qui a reçu
sept livres, en foy de ce, etc.

Archives du château de Terraube, K 62.

---

1. Voir tome III de cet ouvrage, pages 567 et suivantes.

## 6 JUILLET 1776.

JEAN-JACQUES DE GALARD, *lieutenant-colonel au régiment de Picardie, est pourvu de la lieutenance de roi en la ville de Bastia.*

Louis-Charles-René, comte de Marbeuf, premier gentilhomme de la chambre du feu roi de Pologne, duc de Lorraine et de Bar, lieutenant de roi des quatre évêchés de la Haute-Bretagne, commandeur de l'ordre royal et militaire de Saint-Louis, lieutenant général des armées du roy et de l'isle de Corse, commandant en chef dans ladite isle et ses dépendances.

Étant nécessaire pour le bien du service de pourvoir à la lieutenance de roy de Bastia, vacante par le départ du régiment de Bourbonnois, nous, en vertu du pouvoir à nous accordé par Sa Majesté, avons commis et commettons par ces présentes M<sup>r</sup> DE GALARD [1], lieutenant-colonel au régiment de Picardie, pour remplir les fonctions de lieutenant de roy dans ladite place de Bastia, sous les ordres de M<sup>r</sup> le baron de l'Hopital, brigadier des armées du roy, commandant à Bastia, qui le fera reconnoître et obéir en cette qualité de tous et ainsi qu'il appartiendra.

Fait à Bastia, le 6 juillet 1776.

Archives du château de Terraube (Gers), L 2.

1. Voir tome III de cet ouvrage, pages 739 et suivantes.

FIN DES DOCUMENTS HISTORIQUES.

# ORIGINE DUCALE

DE LA

# MAISON DE GALARD

————

I

## EXPLICATION PRÉLIMINAIRE

Après avoir reconstruit à l'aide des matériaux les plus anciens, les plus divers et les plus authentiques le passé monu-
mental de la maison de Galard, nous avons le devoir de cou-
ronner notre œuvre par une étude approfondie de son origine,
et de démontrer que cette race est sortie de la dynastie des
vicomtes de Lomagne, issus eux-mêmes des ducs de Gascogne.
Ce sera pour nous une excellente occasion de rectifier, pièces en
main, la Chronologie des vicomtes de Lomagne, un peu faussée
par Oïhénart, le P. Anselme et l'abbé Monlezun. Qu'il nous
soit permis, par exception, d'intervertir notre méthode ordinaire, qui consiste à produire et appareiller tout d'abord les
documents, base fondamentale de tout travail historique du

genre, et à les cimenter ensuite. Si nous procédons dans l'espèce d'une manière différente, c'est dans le but de simplifier notre tâche et de faciliter l'intelligence du lecteur. Nous allons donc, sans autre préambule, présenter une esquisse filiative des princes de Gascogne et des vicomtes de Lomagne[1], jusqu'au degré où s'opéra la jonction ou la disjonction des sires du Goalard, c'est-à-dire montrer comment leur rameau se détacha de la souche ducale. Les degrés primitifs étant ainsi révélés à l'avance, il sera plus aisé de suivre l'enchaînement de nos commentaires et de nos pièces justificatives. En résumé, nous commençons par indiquer la solution du problème, nous continuerons par son développement, et nous finirons par la preuve ou plutôt par les preuves qui consolident nos assertions.

§

I. — GARCIE-SANCHE, dit *le Courbé*, partagea ses États entre les trois enfants qu'il avait eus d'AMUNA ou HONORETTE, et qui furent :

1° SANCHE-GARCIE, qui eut pour sa part la grande Gascogne ;

2° GUILLAUME-GARCIE, qui fut apanagé du comté de Fezensac ;

3° ARNAUD-GARCIE, surnommé *Nonat* ou *Nonné*, qui reçut l'Astarac.

On voit que Sanche-Garcie, à raison de son droit d'aînesse, eut le lot le plus important.

1. Telle qu'elle doit être d'après les chartes que nous reproduirons dans le cours et à la fin de cette étude, et non d'après certains chronologistes qui, hélas ! ont beaucoup erré.

§

II. — SANCHE-GARCIE recueillit la Gascogne, amoindrie par le démembrement de l'Astarac et du Fezensac. Il procréa :

1° SANCHE-SANCHEZ, qui, privé de postérité, transmit ses États au suivant;

2° GUILLAUME-SANCHE, auquel incomba le duché à la mort du précédent, avait épousé URRAQUE [1], fille du roi de Navarre. Il associa à sa puissance Gombaud, son frère cadet, et fit renaître de ses cendres l'abbaye de Saint-Sever ou Cap de Gascogne. Son fils *Bernard-Guillaume* lui succéda, en 983 ou 984 [2], sous la tutelle de *Guillaume*, né de Gombaud. La fin tragique de Ber-

1. Nous saisissons l'occasion qui se présente pour relever, à propos d'Urraque, une grosse erreur commise par nous dans une note de la page 10. A-t-elle été produite par une distraction de notre esprit ou une lecture fautive de notre copie, toujours est-il que la ligne ci-après, dont nous sommes responsable, porte :

« Nous croyons devoir terminer cette note par quelques extraits de Marca relatifs « à Sanche - Garcie, duc de Gascogne, *à sa femme Urraque*, fille du roi de Navarre. » Au lieu de ces mots : *à sa femme Urraque*, il faut lire : *à sa bru Urraque*.

2. Marca en son *Histoire de Béarn*, p. 229, estime que Guillaume-Sanche n'était plus en 983 : « Le duc Guillaume laissa deux enfans masles de sa femme Urraque, scavoir Bernard et Sance, nommés en la Charte de S. Sever. Il eut encore deux filles, l'une nommée Brisce, qui fut seconde femme de Guillaume IV, duc de Guienne, ainsi qu'a remarqué Ademar en sa chronique; l'autre est sans nom, qui fut mère d'un certain Garcia, comme le sieur Besli a observé en sa table des ducs de Guienne. Il mourut le dixième des calendes de janvier, ou le 22 de décembre suivant le martyrologe de Saint-Sever, sans que l'année de l'Incarnation y soit consignée, quoiqu'en un autre endroit on ait adjousté d'une main recente, que ce comte mourut l'an 1017, en quoi l'escrivain rencontre aussi heureusement qu'à lui bailler le tiltre de duc d'Aquitaine. Mais suivant ce que j'ai vérifié ci-dessus, que ce prince estoit proche de la fin de ses jours en l'an 977, son décès ne peut-estre beaucoup éloigné de l'an 983. »

nard, attribuée au poison et advenue le jour de Noël 1010, fit
passer la couronne ducale sur la tête de son frère *Sanche-
Guillaume*, appelé *Sanxion*[1] dans la charte de Hugues, en 1011.
Sanche-Guillaume trépassa, le 4 octobre 1032, ne laissant que
deux filles : l'une fut *Garsie* ou *Sancie*, femme de *Bérenger-
Raymond I*[er], comte de Barcelone ; l'autre *Alausie*, mariée à
*Alduin II*, comte d'Angoulême, lui donna un fils du nom de
*Bérenger* ou *Berlenger*, qui hérita du duché de Gascogne après
son oncle Sanche-Guillaume [2].

3° GOMBAUD, associé au duché de Gascogne par son frère
Guillaume-Sanche, après s'être allié à une femme dont il eut
lignée, fut élevé à l'épiscopat et cumula dans la dernière période
de sa carrière le pouvoir ducal avec l'évêché de Gascogne.

4° AMANEU DE GASCOGNE. Son existence nous est révélée
par le double nom de ses fils, Vézian-Amaneu et Arnaud-
Amaneu, car à cette époque le deuxième appellatif désignait le
père, tandis que le premier était toujours personnel, ainsi que
nous l'expliquerons péremptoirement un peu plus loin. Amaneu

---

1. Voir à la suite de cette étude la PREUVE I.

2. Voir à la suite de cette étude les PREUVES I, II et III, toutes relatives à la filiation des ducs héréditaires de Gascogne. Dans cette chronologie, empruntée à l'*Art de
vérifier les dates*, qui constitue la PREUVE III, on trouvera des notices particulières,
non-seulement sur les membres de la dynastie qui ont régné, mais encore sur les
cadets tels que Gombaud, frère du duc Guillaume-Sanche, et sur ses enfants
qui furent : Guillaume, marquis des Gascons, régent du duché en 984, et Hugues,
évêque d'Agen, comte de Condomois.

Voir aussi la PREUVE IV. C'est un extrait de l'*Historia abbatiæ Condomiensis*,
éditée dans le *Spicilegium* de Luc d'Achery. La vie de Gombaud, abréviativement
appelé GIMB. SANCTII (issu de Sanche) s'y trouve rapportée ainsi que celle de son
fils Hugues, évêque d'Agen. D'après la chronique susdite, la femme de Gombaud
était du plus haut lignage : « Uxorem duxit nobilibus ortam natalibus. »

de Gascogne eut les deux enfants déjà nommés, c'est-à-dire : —
I. *Vézian-Amaneu.* — II. *Arnaud-Amaneu.* Marca les qualifie
princes tous les deux ; ils vivaient de 960 à 1015 environ, et
furent les coopérateurs de leur oncle, le duc Gombaud, dans la
fondation du prieuré de La Réole en 977 [1]. Vézian-Amaneu et
Arnaud-Amaneu signèrent en outre une supplique adressée au
pape pour faire confirmer les privilèges du même monastère [2], et
l'année suivante (978) un contrat d'échange par lequel Gombaud
inféodait aux religieux de La Réole la moitié de l'église Sainte-
Marie [3].

§

III. — GOMBAUD, comte d'Agen et de Bazas, fut appelé par
Guillaume-Sanche, son aîné, à partager son pouvoir souverain [4].
Tous les annalistes lui donnent un frère cadet qui aurait été,
d'après eux, le sujet initial de la maison de Galard. Nous verrons tout à l'heure que cette supputation approchait beaucoup
de la vérité. Gombaud, s'arrachant aux séductions des richesses
et des honneurs et à l'affection des enfants, qu'il avait eus d'un
mariage antérieur à son entrée au sacerdoce, se nomma ou se
fit nommer évêque de Gascogne, fonction multiple qui concen-
trait dans ses mains tous les siéges de la région, notamment

1. Voir à la suite de cette étude, V et XXIV, les textes des chartes de La
Réole et de l'investiture de l'Astarac.

2. Voir PREUVE VI, page 507 de ce volume.

3. Voir PREUVE VII, page 509.

4. Factus Ergo Guillelmus princeps patriæ, consortem honoris et dignitatis germanum comitem Gimbaldum (GIMB. SANCTII) voluit habere concedens illi ad supplementum vitæ Agennense solum et Basatense cum omnibus appendiciis. (*Voir*
plus loin PREUVE IV, page 502.)

ceux de Bazas, de Dax et d'Agen. Sous l'inspiration de son zèle religieux il restaura le monastère de Squirs qui, transformé et réformé, prit le nom de La Réole [1]. Avant son avénement à l'épiscopat, il avait eu, nous l'avons dit, d'une alliance inconnue :

1° GUILLAUME, duc et marquis des Gascons, qui prit la régence du duché pendant la minorité de son cousin Bernard-Guillaume, fils de Guillaume-Sanche ;

2° GARCIA, comte d'Agen, que Marca a fait naître d'une sœur de Gombaud, on ne sait trop pourquoi ; nous établirons, en rapprochant un extrait du *Cartulaire de La Réole* de l'*Inscription de Sainte-Quiterie d'Aire*, qu'il était issu de Gombaud, frère de Guillaume et par conséquent de Hugues. Par suite d'une erreur graphique qui saute aux yeux et que nous relèverons plus loin, Garcia est signalé dans le titre de La Réole comme neveu de Guillaume-Sanche et de Gombaud, quand il ne l'était que du premier ;

3° HUGUES, évêque d'Agen, comte de Condomois, qui réédifia en 1011 l'abbaye de Saint-Pierre de Condom, dont il était cénobiarque, et l'enrichit de ses possessions en Lomagne au détriment des siens et notamment des sires de Galard. Dans presque tous ses actes il appelle Gombaud : *genitor meus*.

§

IV. — GUILLAUME, fils de Gombaud, comte et marquis des Gascons, administra le duché pour le compte de Bernard-Guillaume, son cousin, qui ne put, à cause de son jeune âge, gouverner après son père Guillaume-Sanche. Il résulte de l'In-

1. Voir PREUVE V, PREUVE VI et PREUVE VII, pages 504, 507, 509.

scription de Sainte-Quiterie d'Aire et du Cartulaire de La Réole, que nous citerons fréquemment dans le cours de cette étude, que Guillaume, régent du duché en 984, était frère de Garcia, comte d'Agen, et que tous deux aussi bien que Hugues étaient nés de Gombaud [1]. De même que Guillaume-Sanche avait fait participer Gombaud au gouvernement ducal, Guillaume, pendant la minorité de Bernard, s'adjoignit Hugues pour la gestion des affaires. Il engendra le suivant.

§

V. — ARNAUD *alias* ARNAUD-GUILLAUME est nommé dans une donation faite en 980, par l'abbé de Blasimont; il est dit vicomte de Gascogne dans une aliénation terrienne, faite l'an 982 au bénéfice du même couvent. Enfin Hugues, évêque d'Agen et comte de Condomois, dans sa charte de 1011, déclare Arnaud vicomte, prince de sa race et père d'un autre Arnaud. Le prélat énumère les membres de sa famille dont il a pris le conseil avant de les exhéréder, au profit de l'abbaye de Saint-Pierre de Condom, des immenses biens qui devaient leur échoir. Dans cette nomenclature de parents, on remarque d'abord Arnaud, évêque de Bazas, ensuite Arnaud, le vicomte susnommé, son fils, autre Arnaud, et Adalias ou Adalais, épouse de celui-ci. Après eux défilent Bernard et Arnaud-Loup, vicomtes, Amnard, Gaucelme et Arhuin, vicomtes aussi et héritiers terrestres de Hugues (*terrenis heredibus*) qui leur préfère le Christ. Ainsi le deuxième

1. Voir plus loin, p. 385 et 390. Voir aussi PREUVE III, qui est une Chronologie des ducs héréditaires de Gascogne tirée de l'*Art de vérifier les dates*. L'article de Bernard-Guillaume (quatrième degré) se rapporte beaucoup moins à ce duc qu'à son tuteur et cousin Guillaume, fils de Gombaud.

Arnaud tient, dans la parenté de Hugues, le second rang ou plutôt le premier, puisque le prélat, placé avant lui, était le conseiller intime du testateur. Arnaud, vicomte, était, par conséquent, l'héritier présomptif du prince-évêque et le plus lésé par la cession de la Lomagne et du Condomois. Ce dernier pays comprenait la baronnie du Goalard, dont Hugues, en sa qualité de suzerain, détacha plusieurs alleux au détriment des siens, sires de ce lieu, pour les offrir à l'abbaye de Saint-Pierre de Condom. Le fief dominant du Goalard était si bien l'apanage des cadets de la maison ducale de Gascogne, que Hugues, simple dépositaire, ne put disposer d'une partie qu'avec l'assentiment de ceux qui en étaient dépouillés dans le présent et l'avenir. Les princes intéressés, loin de se plaindre, s'associèrent eux-mêmes au sacrifice en le ratifiant. L'exclusion dont ils furent l'objet de la part de Hugues démontre donc une fois de plus qu'ils étaient ses proches selon la chair. Ils n'auraient pu, en effet, être privés de la majeure partie de leur héritage et d'une portion de la terre du Goalard par un étranger. S'ils le furent, c'est à raison de leur affinité avec Hugues, dont Arnaud, le vicomte, était certainement le neveu. A l'aide de documents irrécusables, nous établirons que cet Arnaud, issu de Guillaume, eut les deux hoirs ci-après :

1° RAYMOND-ARNAUD, selon Oïhénart et l'*Art de vérifier les dates*, fut vicomte de Lomagne vers 990, mais, pour des raisons que nous exposerons ailleurs, Raymond-Arnaud ne dut exercer sa domination sur le pays de Lomagne qu'aux environs de l'an 1000 et plus tard. Héritier de Hugues, il transporta, après la mort de celui-ci, advenue vers 1018, le château de Nérac aux moines de Condom. En 1035 environ, on le trouve caution, en compagnie de son frère Arnaud, d'une cession d'alleux que firent au prieuré de La Réole Roger, vicomte de Gabarret, et sa femme Adalais. Raymond-Arnaud fit un don à l'abbaye de Condom en 1045[1] et fut père d'*Arnaud*, qui lui succéda dans le gouvernement de la vicomté : il ne faut pas confondre cet Arnaud, comme l'ont fait plusieurs chronologistes, avec le suivant.

2° ARNAUD, qui va revenir au degré ci-après.

§

VI. — ARNAUD DE GASCOGNE *alias* DE LOMAGNE est désigné dans la charte de 1011 comme proche de Hugues, fils d'autre Arnaud, vicomte, et époux d'Adalias. On le voit concourir vers 1014 à la pénitence de Guillaume, comte d'Astarac, qui avait transgressé les saints canons en épousant sa cousine. Arnaud coopéra aussi avec Raymond-Arnaud à la cérémonie de 1035 dans laquelle Roger, vicomte de Gabarret, inféoda à l'abbaye de La Réole les honneurs de Saint-Vincent et de Crespiac[2]. Il eut d'ADALIAS ou ADALAIS, entre autres enfants :

1° GARSIE-ARNAUD, dit GUALIAR (GALARD), qui succéda, bien avant 1062, dans la baronnie du Goalard ou Galard à son père Arnaud, qui avait dû recevoir cette terre, comme apanage principal, dans la première moitié du XIe siècle ;

2° AYMERI DE GALARD, qui cautionna, vers 1062, ou 1068,

1. D. LUC D'ACHERY, *Spicilegium,* tome XIII, page 594, 2e col., édit. in-folio.
2. Voir aux PREUVES la *Charte de Crespiac.*

avec son frère Géraud une largesse de Pons et Bertrand d'Olbion envers le monastère de Condom ;

3° Géraud de Galard, co-garant de l'acte ci-dessus[1].
Arnaud eut d'autres enfants qui seront énoncés ailleurs.

§

VII. — GARSIE-ARNAUD[2] dit GUALIAR ou GALARD figure,
avec son parent Hunaud, vicomte de Brulhois, frère de Centulle,
seigneur souverain de Béarn, dans la charte de 1062 dont il
vient d'être question. Il y prend le surnom de *Gualiar* ou de
*Galard*, emprunté à sa baronnie ; or, l'usage des appellatifs
patronymiques ne remontant qu'au xi° siècle, nous sommes
autorisés à conclure que son père Arnaud fut le premier baron
du Goalard ou Galard et le sujet initial de cette illustre race.
Nous démontrerons tout à l'heure, textes en main, l'authenticité de cette filiation ; mais avant de prouver que d'Hozier,
l'abbé de Lespine, Moréri et tant d'autres historiographes
avaient raison d'assurer que les de Galard étaient du même
sang que Gombaud, duc de Gascogne, nous croyons utile
de jeter un coup d'œil sur l'état mystique des esprits avant
l'an 1000 et sur la désolation sociale qui précéda et suivit cette
date terrible. Les faits généraux expliqueront les faits parti-

1. Voir tome I de cet ouvrage, page 4.
2. Voir plus loin, pages 372 et 481, les paragraphes V et XVIII. Voir aussi le
document de 1062, tome I, page 1 de cet ouvrage.

culiers de donation ou de spoliation qui réduisirent, au profit
de l'Église et au détriment des cadets, les plus grands héritages
féodaux.


## II


### DE L'ÉTAT MYSTIQUE DES ESPRITS AVANT L'AN 1000.


Au déclin du xe siècle, la croyance universelle était que la
fin du monde arriverait l'an 1000 ou peu de temps après, puisque les deux mots *et plus* de la prophétie ne pouvaient repré-
senter qu'une période des plus courtes. La société d'alors,
effarée par l'approche de la date sinistre, était en outre affolée
par les visions et les légendes dans lesquelles elle se complai-
sait à mettre en scène Dieu et le diable sous les formes les plus
bizarres et les plus menaçantes.

Des révolutions atmosphériques troublaient l'ordre des sai-
sons, et l'épidémie fauchait les populations que la famine lais-
sait debout. Ces calamités diverses et inouïes étaient autant de
signes précurseurs pour ces âmes malades de mysticisme et pré-
parées de longue main à la peur de Dieu. Tout semble donc
annoncer que l'extinction de l'humanité est imminente, et que
l'univers, comme le grain d'encens brûlé par le lévite, va être
réduit en fumée par le Tout-Puissant. Chacun travaille de son
mieux à opérer sa rédemption par le sacrifice et cherche à
gagner son salaire pour le jour terrible où le maître viendra
inspecter l'ouvrage. On s'empresse de rendre à Dieu des richesses.

mobilières et immobilières désormais inutiles, de rompre avec
le luxe et la luxure de la bête. Les aiguières d'argent n'étant
pas bonnes pour laver les péchés, on donnait tout : les biens aux
abbayes et l'orfévrerie aux autels. « Le monde (disait-on) s'en
retournera demain dans le néant, l'espérance est partie, mais la
foi reste. Moi, duc, comte ou baron, je cède à telle église ou à
tel couvent, pour la délivrance de mon âme, etc. »

La puissance temporelle pesait sur les épaules de ceux qui
la détenaient comme un manteau de plomb. Les empereurs, les
rois, les princes et les hauts barons la trouvant trop lourde, à
la veille du jugement dernier, se présentaient dans les monastères pour échanger leur couronne ou leur dignité contre la ton-
sure, leur palais contre une cellule. Redoutant de voir les
peuples abandonnés à eux-mêmes, sans autorité militaire ni
civile, les abbés résistaient à cette inclination presque unanime
des grands pour le cloître. Celui de Jumiéges refusa d'admettre
Guillaume Ier, duc de Normandie; Hugues Ier, duc de Bourgogne, fut détourné également par le pape de son intention de
prendre le froc. Henri Ier, empereur d'Allemagne, voulut se
retirer dans l'abbaye de Saint-Vanne de Verdun. En mettant
le pied sur le seuil de l'église, il s'écria avec le Psalmiste :
« Voici l'asile que j'ai choisi et ma demeure au siècle des
siècles. » Puis, s'adressant à l'abbé accouru pour le recevoir, il
lui dit en sanglotant : « J'ai résolu de déposer l'habit du monde
pour revêtir le vôtre et m'inféoder à Dieu. — Promettez-
moi, répondit l'abbé, conformément aux statuts de notre ordre
et en imitation de Jésus-Christ, obéissance jusqu'à la mort.
— Je le jure, ajoute l'empereur. — Eh bien, je vous

accepte comme religieux, et, dorénavant, mon âme sera responsable de la vôtre; mais il faut que, par amour du Sauveur, ma volonté soit faite. Or je vous ordonne de retourner dans votre empire, de continuer à le gouverner et de veiller à son salut. » — L'empereur, engagé par son serment, se résigna avec peine à reprendre le sceptre.

Les cœurs n'aspiraient donc plus qu'au repos de l'église ou de la tombe. En Gascogne, l'exaltation du renoncement aux choses d'ici-bas était encore plus fiévreuse que dans les autres parties de la France. Aussi les libéralités pieuses faites au profit des monastères de La Réole, de Saint-Sever, de Fleury, de Saint-Savin de Lavedan, de la Grand'Selve et de Simorre, étaient-elles innombrables!

Gombaud, frère de Guillaume-Sanche, duc de Gascogne, et associé à sa puissance, avait eu pour apanage particulier et viager les pays de Bazadais et d'Agenais[1]; ce dernier territoire englobait dans son vaste périmètre la Lomagne et le Condomois. Entraîné par le courant religieux de son temps et croyant sans doute le métier de pasteur des âmes aussi avantageux que celui de pasteur des peuples, Gombaud se fit revêtir de l'évêché de Gascogne, dignité collective qui comprenait les siéges de Bazas, de Lescar, de Bayonne, d'Oleron, d'Aire, de Dax et d'Agen[2]. Un tel cumul, à cette époque de ténèbres, n'a rien

---

1. Voir à la suite de cette étude, page 502, PREUVE IV.

2. Voici ce que dit M. de Marca au sujet de cet évêché multiple de Gascogne :

« Pour esclaircir davantage ce point, il faut considérer qu'il y avoit non seulement un comte des Gascons, mais aussi un evesque des Gascons, qui a signé la charte de Saint-Sever. Il est vrai que l'establissement d'un seul evesque des Gascons est abusif; d'autant que les douze cités de la Novempopulanie estoient épisco-

d'étrange, puisque la réunion de l'autorité séculière et spirituelle dans une seule main permettait de relever d'abord et de
protéger ensuite les couvents et les églises, jadis incendiés ou
rasés soit par les Arabes, soit par les Normands. Avant d'entrer
dans le sacerdoce, Gombaud avait eu une femme et des enfants,
dont deux nous sont particulièrement connus; ce sont: Guillaume, duc pendant la pupillarité de Bernard-Guillaume, son cousin, et Hugues qui succéda à son père dans les dignités ecclésiastiques. L'évêque Gombaud, peu de temps après son sacré,

pales. Mais comme les Sarrasins et les Normans avoient ruiné les villes, où estoient
les siéges de ces eveschés, et que les comtes, et les autres seigneurs particuliers
s'estoient saisis de tous les revenus ecclesiastiques, l'abus s'introduisit et fut toléré
sous pretexte de nécessité, scavoir que tous les eveschés du comté des Gascons,
pris au sens que je l'explique, estoient possédés par une seule personne, qui prenoit le nom général d'evesque de Gascogne, pour exclurre dans les paroles l'incompatibilité de plusieurs eveschés. Je ne propose pas cela de mon creu; mais suivant
les anciens papiers de La Reole, qui font voir Gombaud evesque de Gascogne, et
encore selon la foi des tiltres de Lascar et d'Acqs, qui font mention d'un evesque
Raimond le vieux, qui possédoit tous les eveschés de Gascogne, suivant la coûs-
tume de ses prédécesseurs, à scavoir, les eveschés de Lascar, d'Acqs, d'Ayre, de
Bayonne, de Bazas et d'Oloron, comme porte formelement la charte de Lascar qui
sera produite en son lieu. C'est pourquoi l'an 1032, en la prise de possession du
comté de Bourdeaux, par le comte Odo, l'evesque Raimond signe l'acte en ces
termes : Raimond evesque de Gascogne. Encore peut-on justifier que le Bearn estoit
compris dans le comté des Gascons, par les papiers de Lascar, desquels on apprend que le comte de Gascogne Sance, et Garciarnaud, comte de Bigorre, limi-
tèrent l'un et l'autre comté, pour user des termes de l'acte, par le village de Moncaup, qui sépare le Bearn de la Bigorre. De manière que l'on peut assurer, que
l'ancien comté des Gascons qui avoit esté possédé par le comte Siquin, du temps
de Loüis le Debonnaire, comprenoit non seulement l'evesché de Bayonne qui est
assis en Labour, et dans les vallées de Cise, Baigorri et Arberoue au païs des Basques,
et les eveschés d'Oloron et d'Acqs, une portion desquels entre dans le reste de ce
païs des Basques; mais aussi les eveschés de Bearn et d'Ayre, qui estoient conjointement possédés par l'evesque de Gascogne. Pour l'evesché de Bazas j'y fais quelque doute; à cause que la charte de Saint-Sever représente l'evesque de Bazas,

résolut, de concert avec son frère Guillaume-Sanche, de réédifier le monastère de Squirs ruiné par les Normands en 848[1]. Soucieux également du réconfort des âmes, il replaça le prieuré sous la domination de l'abbé de Fleury, comme cela existait primitivement. Deux envoyés du duc vinrent en 977 trouver le chef régulier et le prièrent, au nom de leur maître, de faire réoccuper l'édifice nouvellement restauré par quelques-uns de ses religieux. La même année, toujours conjointement avec le duc Guillaume-Sanche, Gombaud dota le prieuré de Squirs de

separé de celui de Gascogne, d'où l'on doit aussi conclurre que Gombaud, frère de Guillaume-Sance, estoit décédé. Tant qu'il n'est point dénommé, en cette fondation en qualité de duc ou de comte; ce qui n'eust pas esté obmis, encore qu'il eust esté absent, à cause de la société des frères au duché, comme les empereurs d'Occident et d'Orient le pratiquoient en leurs constitutions; que parce aussi principalement, que les evesques d'Agen, de Bazas et de Gascogne estoient présens en personne à la confirmation de cette fondation. Or Gombaut seul remplissoit ces eveschés pendant sa vie ainsi qu'il a esté veu ci-desseus. Cependant on les voit en cet acte tenus séparément par trois evesques, par celui d'Agen, par celui de Bazas, et par celui de Gascogne. D'où l'on doit aussi recueillir, que les eveschés du comté des Gascons estoient encore unis sous un seul nom, et occupés par une personne : qui estoit à mon avis l'evesque Arsius, ou bien Arsias Raca, dont la charte de Lascar a fait mention et qui paroîtra dans celle de Bayonne.

« On peut encore remarquer que Guillaume prétendoit posséder sa terre en souveraineté sans relever des rois de France, d'autant que d'un costé il dit au commencement, qu'il fait cette fondation pour le remède de son ame, pour la manutention et tranquillité de son royaume, qui sont des termes qu'un homager n'oseroit employer dans ses lettres, quoique les auteurs se dispensent quelquefois de nommer roïaume l'estenduë de quelque duché. » (*Histoire de Béarn*, par Marca, page 220.)

1. Après la destruction du monastère de Squirs par les Normands en 848, le comte Bertrand, assisté de sa femme Berthe, de ses fils Guillaume, Gausbert, Arnaud et Bernard, confia le soin de réorganiser le couvent d'après les statuts de saint Benoît à l'abbé Adacius; mais les murailles étaient restées chancelantes et les ravages intérieurs du cloître n'avaient point été réparés C'est à ce désolant état de choses que le duc Gombaud voulut remédier.

tout le territoire qu'il possédait jadis, avec les églises et les bourgs qui s'y trouvaient compris. La discipline fut également réformée, et le nom de Squirs converti en celui de *Regula* ou de *La Reole*[1], en commémoration du rétablissement de la règle.

A l'exemple de Gombaud, tout le monde se purifie par des offrandes ou des actions saintes pour se rendre propice le grand justicier du ciel.

1. Gombaud plaça la ville nouvelle sous la dépendance de l'abbé et la soumit à de curieux statuts qu'il rédigea, dit-on, lui-même, et dont on trouvera les articles principaux dans l'extrait ci-après :

### LE CHATEAU DE SQUIRS.

C'était le premier couvent des Bénédictins, fondé par Charlemagne en 777. Ce prince, avant de partir pour son expédition d'Espagne, parcourut les rives de la Garonne et notamment le bourg d'Aillard (*pagus Aliardensis*). Charmé de la beauté du lieu qu'il visitait en compagnie de son précepteur Alcuin, et de Richard, abbé de Fleury, il prescrivit à celui-ci d'y édifier un monastère, auquel il donna le bourg d'Aillard et les lieux adjacents, depuis le ruisseau du Lizos jusqu'à la rivière du Drot, avec haute, moyenne et basse justice. Après sa destruction par les Normands, arrivée en 848, ce couvent devint la possession du comte Bertrand, qui, voulant y rétablir une discipline régulière, le remit entre les mains de l'abbé Adacius, du temps de Louis d'Outre-mer. Il fut reconstruit par Gombaud, évêque de Bagas, et Guillaume-Sanche, duc de Gascogne, son frère, en 977 et 978, et remis aux moines de Fleury-sur-Loire, auxquels Charlemagne l'avait d'abord concédé. En confirmant les donations déjà faites aux Bénédictins, Gombaud rédigea d'amples règlements ayant pour objet la bonne administration de la ville :

« Toute personne convaincue de menaces faites dans une dispute, avec couteau, « épée, lance, javeline, hache, etc., payera VI sous au prieur; si elle a fait usage « de l'une de ces armes, et s'il y a effusion de sang, elle payera LXVI sous au « prieur et indemnisera pleinement le blessé. Dans le cas où elle ne puisse payer « l'amende et les dommages-intérêts, elle sera privée d'un membre, *uno membro* « *curabitur*, porte le texte. Si celui qui a été frappé vient à mourir, le coupable « sera déshérité, et tous ses biens appartiendront au prieur.

« Il est défendu, à qui que ce soit, de guerroyer, soit gratuitement, soit avec « salaire, et de défendre ou attaquer aucune place fortifiée, sans le consentement « du prieur. Celui qui en sera convaincu et qui aura fait quelque blessure payera « l'indemnité au blessé et LXVI sous au prieur. Tous ses biens seront confisqués

# III

## DÉSOLATION DU MONDE APRÈS L'AN 1000.

Le terme fatal de l'an 1000 était cependant passé sans produire le cataclysme attendu; mais en 1010 les fléaux qui

« au profit de ce dernier, s'il a tué un homme. Si quelqu'un, entraîné par l'orgueil,
« a eu l'imprudence de s'enfuir de la ville, sous prétexte que le prieur ou les bour-
« geois ont commis à son égard des injustices dont il ne veut pas déférer la pour-
« suite au juge, conformément aux statuts, qu'il soit dès lors, après deux avertis-
« sements successifs du prieur ou de ses représentants, exilé de la ville durant le
« reste de ses jours, et que son hérédité soit dévolue en entier au prieur.

« Tout juif qui passera par la ville payera IV deniers.

« Il n'est permis à personne d'entrer dans le jardin ou la vigne d'autrui, ni
« d'y rien prendre, ni légumes, ni porreaux, ni fruits, ni raisins, ni échalas, ni
« autre chose. Celui qui sera convaincu de l'avoir fait payera le dommage de
« VI sous au prieur, et s'il ne le peut, il perdra une oreille.

« En cas de corruption d'une jeune fille par violence, si la femme est de plus
« basse condition que l'homme, celui-ci lui donnera un mari, d'après l'avis de ses
« amis, ou la prendra pour épouse. Si au contraire la femme est d'une classe supé-
« rieure, suivant la décision du prieur et des amis de la femme, il lui donnera
« satisfaction et payera LXVI sous au prieur.

« Tout homme, quel qu'il soit, qui aura violé une femme, paiera VI sous au
« prieur et accordera satisfaction à la femme. S'il a enlevé une femme mariée et
« s'il a pris la fuite avec elle, il perdra tous ses biens, qui seront confisqués au
« profit du prieur. »

« Nous avons remarqué dans ces mêmes règlements d'autres articles qu'il nous
paraît utile de reproduire :

« Les hommes de Lavizon, W. Tissérand, Pierre Ogan, W. Garcies et Vital
« Julian doivent porter le prieur par eau (*per mare*), avec ses compagnons, par-
« tout où il voudra, et également le reconduire.

« Helies de Bareille (*de Barela*) doit s'acquitter d'une redevance annuelle de
« vingt-quatre pains, de douze lamproies et d'une saumée (*saumata*) de vin par
« envers le couvent de La Réole, le jour des Rameaux.

avaient précédé la date redoutée s'acharnaient encore et plus
que jamais sur le pays de France. Le mal des ardents [1], qui
s'était si épouvantablement manifesté en 991, n'avait disparu
par intervalles que pour reparaître avec une intensité nouvelle.
En 1010 il refrappe avec une rage effroyable et dépeuple presque entièrement l'Aquitaine. On avait l'enfer dans les membres.

« Les hommes d'armes de Bordes doivent prêter au prieur un cheval, lorsqu'il
« enverra des esturgeons à Saint-Benoît, et si le cheval vient à mourir en route,
« le prieur leur en payera la valeur. Vital de Neiris et les siens, et Jean Debès por-
« teront lesdits esturgeons.

« Si le prieur a une guerre particulière pour exhérédation de terre, les bour-
« geois feront la moitié des frais et le prieur l'autre moitié. Les seigneurs de Gi-
« ronde, de Taurinag et de Delbernet sont obligés de se présenter pour une telle
« guerre. »

« Enfin au nombre des autres droits et redevances dues au prieur, et relatées
dans les statuts de Gombaud, on trouve que « tous les cordonniers doivent lui
« apporter les meilleurs souliers, chaque année, et le jour de Saint-Martin, et
« tous les tailleurs lui doivent également une bonne robe de chambre fourrée
« (*pelliciam*), chaque année, le jour des Rameaux, et les fêtes des apôtres Pierre et
« Paul et de saint Pierre ès Liens. » (*Notice historique et statistique sur La
Réole, par M. Dupin, p. 107-113.*)

1. Besly prétend que l'exhumation des restes de saint Martial calma les ravages
du mal des ardents qu'il décrit ainsi :

« Là dessus courut une maladie estrange et inouïe, au païs de Limousin, la-
« quelle on appelloit en langage vulgaire, *Lou mau de las boialas,* en françois *le
« feu volant,* à Paris *les ardons.* C'estoit un feu invisible qui embrasant les en-
« trailles et le dedans du corps, emporta plus de quarante mille personnes en
« moins de rien. L'évesque Alduin par le commandement du duc ordonna un jeûne
« de trois jours : cependant tous les évesques de Guyenne mandez vindrent trouver
« le duc à Limoges, avec processions solennelles. A leur arrivée le corps de saint
« Martial fut levé de son cercueil, et remis le.... de décembre, faisant prières et
« oraisons à Dieu : on fut tout esmerveillé que ce furieux mal cessa. Lors le duc,
« les princes et seigneurs, jurèrent paix entre eux et de garder justice entre leurs
« sujets, se lians d'une mutuelle confédération l'an 994, indiction 6. La nouvelle en
« ayant couru parmi la France, elle servit d'exemple à plusieurs de faire le sem-
« blable.» (JEAN BESLY, *Histoire des comtes de Poictou et des ducs de Guyenne,* 1647,
in-fol., p. 58.)

Sous l'action d'un feu invisible, la moelle se séchait dans les os, et, au-dessus, la chair se détachait par lambeaux. Les moins malades, qui pouvaient se traîner, et ceux qui avaient, par miracle, échappé à la contagion, se réfugiaient dans les églises avec l'espoir de se guérir ou de se mieux préserver en touchant les reliques. L'infection devint générale et les chapelles regorgeaient de cadavres. La famine, de son côté, moissonnait ceux que l'épidémie n'avait pas atteints. Le prix du muid de blé monta jusqu'à 60 sols d'or. Les plus grands feudataires récoltaient à peine de quoi subsister misérablement. Les pauvres mâchaient les racines et broutaient l'herbe. Une folie furieuse s'empara des affamés, qui couraient sus à leurs semblables plus faibles, aux femmes et aux enfants, et les dévoraient. On débita de la viande humaine sur un marché de Tournus. Le boucher fut brûlé pour ce fait, mais un de ses clients le déterra et le mangea à son tour. On faisait du pain avec un peu de farine et beaucoup de craie blanche, de même que certains nègres de Guinée font aujourd'hui des galettes avec de la terre glaise. Les loups avaient pris goût à la chair humaine et se ruaient sur les passants. Des familles entières, répugnant au meurtre par crainte de Dieu, creusaient d'immenses fosses et s'y précipitaient vivantes pêle-mêle. Les souffrances sont plus grandes que les forces physiques. Tout un peuple gisant et expiant râle le *Miserere*. Le monde n'est plus qu'une immense messe des morts et presque tous les champs sont devenus des cimetières. En présence de tant d'horreurs, de ruines et de désolation, les évêques se réunirent en concile et décidèrent qu'on tâcherait, dans la mesure du possible, de nourrir les hommes les moins éprouvés pour leur faire ensemencer la terre, toujours plus inféconde, et qu'on abandonnerait les autres à la grâce de Dieu.

Les grands succombaient derrière les murs crénelés de leurs châteaux aussi bien que les pauvres gens en rase campagne. Chaque père transmettait à ses fils, avec le patrimoine féodal ou roturier, un inévitable héritage de larmes et de douleurs. Aussi tous les actes de cet âge sont-ils inspirés par le dégoût de la vie présente et la terreur de la vie future. Dans la plupart de ces monuments, ainsi que dans la charte de 1011 accordée par Hugues, évêque d'Agen, comte de Condomois, fils de Gombaud ancien duc de Gascogne, et cousin du nouveau, Sanche ou Sanxion[1], revient sans cesse cette comparaison désespé-

1. Vers la même époque (en 1022, d'après l'*Art de vérifier les dates*), Sanche ou Sanxion-Guillaume, duc de Gascogne et cousin de Hugues, voyant que la science humaine était impuissante à lui rendre la santé perdue, résolut de s'adresser à la bonté divine. Le lieu de Génerez, la plus austère des solitudes pyrénéennes, étant alors réputé pour la fréquence de ses miracles, le prince s'y rendit en saint pèlerinage et recouvra ses forces après quelques jours de recueillement et de prière dans cette salubre retraite. Sanche, voulant donner à Dieu une marque durable de sa gratitude, fit élever dans le vallon de Génerez, sur les confins du Béarn et de la Bigorre, à l'endroit même où s'était opéré son rétablissement merveilleux, une abbaye qu'il dédia au prince des apôtres et qui fut, pour ce motif, appelée *Saint-Pé de Génerez*. Le monastère fut pourvu par son bienfaiteur de plusieurs territoires et villages exempts de toute redevance et servitude. Sanche poussa encore plus loin ses largesses : il offrit pour décorer la chapelle vingt-cinq vases d'argent, quatorze de cristal, deux chandeliers d'ivoire, une croix d'or et des habits sacerdotaux. Il déposa en outre sur l'autel, à titre de présent, ses armes de bataille niellées d'or, sa lance, son bouclier et sa ceinture. La charte de consécration, à laquelle on peut assigner approximativement la date de 1030, fut souscrite et corroborée par les plus grands seigneurs de Gascogne. Le duc mit sous sa protection et celle de ses héritiers les visiteurs qui, guidés par leur foi, viendraient dans ce sanctuaire rendre grâces à Dieu. Il infligea d'avance une amende de 500 livres d'or à tous ceux qui se permettraient de violenter les pèlerins ou de contrarier les manifestations de leur

rante : « L'herbe qu'on arrache a plus vécu que la créature de Dieu. » A quoi servent dès lors les vastes royaumes, les hauts domaines, les titres glébés, quand les angoisses sont plus affreuses le lendemain que la veille, le soir que le matin ; quand les possesseurs du sol les mieux apanagés vont être réduits à un fief de six pieds de terre? Les exhérédations s'accomplissent en présence de ceux qui en sont les victimes. Les spoliés s'y associent et les confirment souvent eux-mêmes dans l'intérêt du ciel. C'est ainsi que les parents de Hugues, évêque d'Agen, assistent et consentent à la donation de 1011[1], qui les prive en partie de la vicomté héréditaire de Lomagne et qui confinera quelques-uns de leurs cadets dans une haute baronnie, celle du Goalard. Bien qu'elle fût la première du Condomois, elle n'était

piété. La garde de la maison nouvelle de Saint-Pé ou Saint-Pierre de Génerez fut confiée au comte de Bigorre et au vicomte de Béarn. (Voir aux PREUVES qui suivent cette étude la Charte de Saint-Pé de Génerez.)

Le duc Sanche ne se crut pas quitte envers Dieu par la fondation de Saint-Pé de Génerez, sa générosité s'étendit encore à plusieurs couvents et en particulier à celui de Saint-Jean de Sordes, auquel il donna successivement les églises et les villes de Saint-Pantaléon, de Sainte-Marie, de Sandoz et de Bordes. (Voir un peu plus loin les notes des pages 405 et 422.)

1. L'avis de Marca, que je partage, est que la charte de 1011 se trouve un peu antidatée par la double raison que Hugues l'octroya sous le pontificat de Benoît VIII et sous le règne de Robert, roi de France, et d'Henri, empereur d'Allemagne. Or l'avènement du pape Benoît n'eut lieu qu'en 1012, et Henri ne prit la couronne impériale qu'en 1014. Il est donc probable que le texte primitif de la charte portait un X de plus après MXI ou tout au moins trois III ou un V. Le ou les chiffres disparus ayant été effacés ou rognés par l'action du temps, le copiste aura reproduit le millésime de MXI qui est un peu inexact. Il ne peut en tous les cas s'écarter de la vérité que de quelques années puisque Benoît VIII trépassa en 1022 et Raymond, évêque d'Agen, successeur de Hugues, en 1023. Nous maintiendrons néanmoins la date de 1011 parce qu'elle est très-connue, tout en invitant le lecteur à la reporter un peu en avant. (Voir plus loin l'Extrait de Marca, PREUVE XIV.)

pas moins un mince patrimoine pour des rejetons des anciens
ducs de Gascogne[1].


## IV

HUGUES, DANS LA CHARTE DE 1011, ASSIGNE, PARMI LES PRINCES
SES PARENTS, LE PREMIER RANG A ARNAUD, VICOMTE, ET A
SON FILS AUTRE ARNAUD. CETTE PLACE PRIVILÉGIÉE PROUVE
QUE LES DEUX ARNAUD ÉTAIENT LES HÉRITIERS LES PLUS PROCHES
DE L'ÉVÊQUE D'AGEN, COMTE DE CONDOMOIS.


Aucune charte ne révèle mieux le caractère de cette époque,
désintéressée de la terre et avide du ciel, que celle dont nous
parlons. Hugues, au détriment des siens, donne tous ses apanages, notamment ceux de Lomagne, à l'abbaye de Saint-Pierre
de Condom. Il a eu soin de prendre l'avis de Sanxion ou Sanche,
duc de Gascogne[1], avant de procéder à cette œuvre pie. Il ne
l'accomplit pas du reste pour le rachat exclusif de son âme; les
grâces qui en résulteront doivent s'étendre aux comtes de Gascogne ci-après trépassés ou vivants : GARSIE-SANCHE, SANCHE-

---

1. La maison de Galard n'est pas la seule qui à cette époque se trouvait pourvue
de possessions inférieures à sa haute origine. Azémar, vicomte de Polastron,
en 1062, malgré son titre et sa provenance présumée de la maison de Gascogne, n'avait que le fief de son nom dont l'étendue devait correspondre à peu près
à la baronnie du Goalard. Un cadet des comtes d'Armagnac avait été réduit à
celle de Fourcès, ce qui n'empêcha pas un des enfants ou des petits-enfants de ce
seigneur de Fourcès d'épouser en premières noces Azeline de Lomagne, héritière
de cette vicomté. Celle-ci devenue veuve se remaria à Géraud II, comte d'Armagnac, avec lequel elle vivait en 1070.

GARSIE, GUILLAUME-SANCHE, GOMBAUD, évêque, GUILLAÚME et GARSIE, comtes, BERNARD-GUILLAUME. Hugues remémore en outre la comtesse URRAGUE ou URRAQUE, sa tante, femme de Guillaume-Sanche et fille de Garsie Ier, roi de Navarre [1]. Cet acte solennel que nous allons traduire ici textuellement débute ainsi :

« C'est pourquoi l'an de l'Incarnation dominicale 1011, le glorieux Henri étant empereur des Romains, Robert roi de France, et Sa Sainteté Benoît occupant le trône Apostolique, illustre Sanxion gouvernant le duché de Gascogne, et moi, évêque indigne, lié étroitement à ce même duc par le sang, après avoir pris son conseil, celui des prélats, des abbés de la province et des autres princes de Gascogne, c'est-à-dire d'Arnaud, évêque, d'Arnaud, vicomte, de sa femme, de son fils Arnaud, d'Adalias, épouse de ce dernier, de Bernard, vicomte, d'Arnaud-Loup, vicomte, d'Amnard, Gaucelme, Arhuin, d'autre Gaucelme, vicomte, et de tous les hommes honorables qui étaient présents, j'ai écarté tous mes successeurs selon la chair et j'ai fait le Christ unique héritier de tous mes biens pour me conformer à ces paroles du

---

1. « Pro obedientia tradita et remedio animæ meæ meorumque parentum, item « Garsiæ Sanctii comitis, et filii sui Sanctii Garsiæ comitis, et Guillermi Sanctii « comitis et Gombaldi episcopi, et Guillelmi comitis, et Garsiæ comitis, et Bernardi « Guillermi comitis, et Urachæ comitissæ. » Voir aux PREUVES I, II et III, la filiation des ducs de Gascogne, qui correspond en tout point à la nomenclature que HUGUES fait de ses ancêtres à partir de GARSIE-SANCHE dit le Courbé, fils de SANCHE II, surnommé Mitarra, comme son père SANCHE Ier. Celui-ci était petit-fils de LOUP-CENTULE, duc de Gascogne, spolié de ses États par Louis le Débonnaire. Hugues énumère ensuite SANCHE-GARCIE son aïeul, GUILLAUME-SANCHE son oncle et GOMBAUD son père, tous les trois ducs. GUILLAUME et GARCIA qui suivent étaient frères de Hugues. Le premier fut marquis des Gascons et le second comte d'Agen. Après eux viennent BERNARD-GUILLAUME, fils de Guillaume-Sanche et de la princesse URRAQUE; celle-ci se trouve aussi rappelée dans les deux chartes de Saint-Sever. (Voir plus loin, pages 514 et 519, PREUVES XI et XII, le texte de ces chartes.)

Psalmiste : « J'aime mieux être le dernier dans la maison de
« mon Dieu que d'habiter sous la tente des pécheurs. » J'ai
donné pour ce motif la portion de mon héritage sise en Lomagne[1]
librement et sans rien réserver en faveur de mes proches à
Dieu, à Pierre, prince des apôtres, au Saint-Siége et à l'église
de Saint-Pierre, ainsi que le lieu appelé Condom, c'est-à-dire
*maison élevée*, avec toutes ses dépendances. »

Hugues, on le voit, nomme les proches qui vont être lésés
par cette donation et qui néanmoins l'approuvent ; ce sont, en
dehors du duc Sanxion ou Sanche qui est amplement pourvu,
Arnaud, évêque, d'abord, et ensuite les suivants qualifiés *vicomtes*
et *princes :* ARNAUD père et ARNAUD fils, Adalias, femme de
celui-ci, Bernard, Arnaud-Loup[2], Amnard[3], Gaucelme[4], Arhuin,
autre Gaucelme. Tous les personnages de ce groupe ou du
moins les premiers sont évidemment des cousins germains, des
neveux ou des petits-neveux, qui tous ont été consultés. Or, si
Hugues leur a demandé conseil, ou plutôt renonciation, c'est

---

1. Voir plus loin aux *Pièces justificatives* la bulle de Grégoire VII. On y trouve
une autre charte de Hugues et le dénombrement des terres patrimoniales données
par lui à l'abbaye de Condom.

2. ARNAUD-LOUP était vicomte de Dax. Il souscrivit la charte de Saint-Pé de Génerez : « Arnaldus vicecomes Aquinsis, » et celle de Saint-Sever : « Arnaldi Lupi de
Aquis ; » il reparaît à celle de Saint-Seurin de Bordeaux avec le premier nom seulement, « Arnaldus Aquensis. »

3. AMNAR, ASNAR ou ARSENAR coopéra à la charte de Saint-Pé de Génerez où il est
surnommé l'Ours : « Asnardus cognomine Ursus. » Il s'était déjà montré en 980
dans une donation de l'abbé de Blasimont. (Voir PREUVE IX.)

4. GAUCELME paraît être le même que « Aichelinus Guillelmi, » l'un des signataires de la charte de Saint-Seurin de Bordeaux. Cette conjecture en entraîne une
autre, c'est que d'après son deuxième appellatif il devait être né de Guillaume,
duc et marquis des Gascons, frère de Hugues.

qu'il craignait de leur part des revendications ultérieures. Celui qui dispose du comté de Condomois et ceux auxquels ce pays devait échoir en partage sont d'accord pour se démettre de leurs droits réciproques, présents et futurs, en faveur du Christ. Dans cette circonstance, qui leur fait perdre la moitié de leur patrimoine, les cadets de Gascogne désignés ci-dessus obéissaient donc au courant fiévreux de ce temps extatique, au désir de Sanxion, chef de la dynastie, à la volonté formelle du plus saint des leurs, l'évêque Hugues, à la perspective d'une récompense dans un monde meilleur. En s'appauvrissant dans celui-ci ils s'enrichissent dans l'autre. Aussi les voit-on coopérer à la cession du comté de Condomois, auquel ils pouvaient en partie prétendre. Le plus atteint d'entre eux doit être Arnaud, vicomte, et son fils, autre Arnaud, car son degré d'affinité avec l'évêque paraît supérieur à celui des autres. Nous allons dire pourquoi. A cette époque de stricte hiérarchie dans l'ordre de préséance[1], de primogéniture et de consanguinité, il n'est pas indifférent de considérer le rang qu'occupaient ces Arnaud dans la nomenclature des proches dont Hugues sollicita l'acquiescement avant de consommer sa donation. Celui qui marche en tête est Arnaud, évêque de Bazas, ami du testateur; même en le supposant de la famille ducale, il ne saurait compter puisqu'il

---

1. L'importance des personnages dans les cérémonies publiques est, surtout aux Xe et XIe siècles, marquée par le rang qu'ils occupent dans le groupe des témoins. Marcher en tête d'un cortège fut toujours essentiellement honorifique et Faget de Baure a eu raison de justifier la suprématie des vicomtes de Béarn par le motif suivant : « Enfin les vicomtes de Béarn tenaient le premier rang parmi les seigneurs du comté de Gascogne. Leur nom est placé, dans la charte de Saint-Pé, avant celui des vicomtes de Marsan, d'Acqs, etc., etc. Il me semble que ce titre établit leur prééminence. » (FAGET DE BAURE, *Essais hist. sur le Béarn*, p. 56.)

ne put contribuer à la filiation. Le second Arnaud devient par conséquent le premier sous le rapport du lignage. Pour qu'il eût été ainsi classé, il fallait que sa proximité avec Hugues fût plus immédiate que celle des autres. On ne doit donc pas oublier qu'Arnaud ou Arnaud-Guillaume, vicomte, passe avant tous les parents en compagnie de sa femme et de son fils Arnaud, marié à Adalias. Nous allons tout d'abord établir l'identité de ces deux Arnaud et celle de leurs ascendants, issus directement de la souche des ducs de Gascogne. Nous prouverons ensuite, à l'aide de l'histoire et de la philologie combinées, que le premier de ces Arnaud fut l'aïeul et le deuxième le père de Garsie-Arnaud Gualiar ou Galard, qui figure dans la charte de 1062 placée en tête des documents du tome I$^{er}$. En vertu de cet acte, Hunaud, vicomte de Brulhois et frère du vicomte de Béarn, mit toutes les églises, disséminées dans ses domaines, sous le patronage du monastère de Moissac dont il était alors simple profès et dont il devint abbé plus tard. Cette inféodation religieuse n'eut que trois garants, qui furent : Hugues, vicomte de Brulhois, frère du donateur, Aladain, sa mère, et Garsie-Arnaud de Galard, incontestablement lié par le sang avec les autres signataires. S'occupant de Garsie-Arnaud de Galard, l'abbé de Lespine[1] n'avait point trouvé le point de raccordement du rameau puîné des barons du Goalard avec la souche illustre des ducs de Gascogne, mais il l'avait entrevu grâce à la clarté projetée sur le problème par l'appellatif Garcie-Arnaud, si fréquent parmi les rejetons de la dynastie de Gascogne, et d'après d'autres indices. Le savant paléographe

1. Voir en ce tome IV, p. 15.

avait même poussé la clairvoyance jusqu'à deviner que la maison de Galard était sortie de l'un des princes que Hugues désigne, en 1011, comme étant ses proches. Bien que l'opinion intuitive de l'abbé de Lespine ait été déjà produite dans l'*Introduction* du tome I<sup>er</sup> de cet ouvrage, il ne sera peut-être pas oiseux de la répéter ici :

« La généalogie de cette maison imprimée dans le *Diction-*
« *naire de la Noblesse,* par La Chesnaye-des-Bois, tome VII,
« page 18, la fait sortir d'un frère cadet de Gombaud, souve-
« rain du Condomois, fils de Sanche-Garcie, duc héréditaire de
« Gascogne dans le x<sup>e</sup> siècle et père de Hugues, dernier comte
« de Condomois, qui donna son comté à l'abbaye de Saint-
« Pierre de Condom, en 1011, au préjudice de ses autres
« parents. L'auteur de l'*Histoire de l'Abbaye de Condom,*
« publiée par D. Luc d'Achery, dans le XIII<sup>e</sup> tome du *Spici-*
« *lége,* ne fait à la vérité mention que de trois fils du duc
« Sanche-Garcie, qui sont : Sanche-Sanchez, mort sans posté-
« rité, Guillaume-Sanche, qui continua la descendance des ducs
« de Gascogne, et Gombaud qui fut comte de Condom. Mais le
« silence de cet auteur ne prouve pas que Sanche-Garcie n'au-
« rait pas eu d'autres enfants. Au reste, quand l'un de ces sei-
« gneurs n'aurait eu que ces trois enfants, on pourrait supposer
« que la *Maison de Galard descend d'un de ces comtes de Gas-*
« *cogne que Hugues appelle ses parents* et dont il fait le dénom-
« brement dans la charte de 1011, que M. de Marca place un
« peu plus tard. »

L'abbé de Lespine avait deviné juste en émettant l'opinion que le premier auteur de la race des barons du Goalard ou du

Galard était un rejeton de la dynastie de Gascogne et un des
princes de l'entourage de Hugues, évêque d'Agen, accomplis-
sant l'acte de donation de 1011. Nous espérons, en avançant
dans cette étude historique, prouver que l'Arnaud-Guillaume
ou Arnaud, fils de Guillaume, présent à deux donations au profit
du prieuré de La Réole en 980 et 982, est le même que l'Arnaud,
vicomte, inscrit dans la charte de Hugues, évêque d'Agen, lorsqu'il dota l'abbaye de Condom au détriment des siens. Nous
démontrerons ensuite que cet Arnaud fut l'aïeul de Garsie-
Arnaud de Galard (sujet initial de la maison de ce nom), qui,
seul avec trois autres membres de la dynastie de Gascogne et
de Béarn, souscrivit l'acte par lequel Hunaud, vicomte de
Brulhois, plaça les églises de ce grand fief sous la mouvance
de l'abbaye de Moissac.

## V

### DU MÉCANISME DES NOMS AVANT LE XIe SIÈCLE, C'EST-A-DIRE AVANT L'INSTITUTION DES NOMS PATRONYMIQUES.

Pour bien déterminer l'identité de plusieurs personnages
homonymes, contemporains et presque tous vicomtes de Gascogne et de Lomagne, nous croyons utile de donner tout
d'abord une explication philologique. Avant l'institution des
noms patronymiques, adoptés au commencement du xie siècle,
lorsqu'on trouve deux prénoms appliqués à un homme, le second
(qu'il soit ou non au génitif) indiquait toujours la paternité.
Ainsi le nom du père accompagnait celui du fils et l'appellatif

complété et géminé de cette manière représentait à la fois deux personnes et deux générations. Il serait facile de généraliser nos exemples; mais, pour qu'ils soient plus concluants, nous les prendrons uniquement dans la maison de Gascogne. SANCHE-*Garsie*, dit Mitarra, procréa *Garsias*-SANCHE Ier, roi de Navarre, et *Garsias*-SANCHE le second, surnommé *le Courbé*, qui eut dans son lot la Gascogne. Les deux enfants de Mitarra, on le voit, portent la double dénomination de *Garsias*-SANCHE, dont la dernière, c'est-à-dire SANCHE, rappelle leur auteur. GARSIE-*Sanche*, *le Courbé*, eut trois hoirs : l'aîné, qui eut en partage la grande Gascogne, se nommait *Sanche*-GARSIE, le deuxième *Guillaume*-GARSIE, le troisième *Arnaud*-GARSIE, lequel retourné est identique à *Garsie-Arnal*, porté par le membre de la famille de Galard qui assista en 1062 à l'inféodation des églises du Brulhois, faite par Hunaud, frère du vicomte de Béarn, au profit de l'abbaye de Moissac. L'usage de dénommer le père après le fils était donc constant[1]. Dom Brugèles fait remarquer cette règle à propos de Loup-Centulle, duc de Gascogne, en 818 : « *Lupus*-CENTULLI, « c'est-à-dire *fils de Centulle*; car anciennement le nom du « père servoit de cognom au fils.» Faget de Baure est encore plus expressif à ce sujet : « GASTON-*Centulle* eut pour succes- « seur (983) *Centulle*-GASTON; ces doubles noms, répétés à la

---

1. On trouve à la fin du IXe siècle et au début du Xe deux ou trois cas d'inversion où le nom du père au génitif précède celui du fils au nominatif, comme *Sancii Wilhelmus* et *Sancii Amanevus*, ce qui signifie le *fils de Sanche appelé Guillaume ou Amaneu*. Ces exceptions sont tellement rares qu'elles ne font que confirmer la règle. Peut-être aussi proviennent-elles de transpositions faites par les copistes.

« manière des Grecs, indiquent à la fois le fils et le père ; ainsi
« Centulle était fils de Gaston, comme Gaston était lui-même
« fils d'un autre Centulle[1]. »

L'opinion de Marca, précieuse entre toutes, est encore plus
longuement et mieux motivée : « On pourroit, — dit l'histo-
« rien du Béarn, — demander pourquoi on redouble son nom,
« et qu'on ne se contente pas de l'appeler *Sance* simple-
« ment. Pour satisfaire à cette curiosité, il est nécessaire d'ob-
« server pour une bonne fois que l'on rencontre dans la lec-
« ture des vieux actes une semblable dénomination des autres
« ducs ou comtes de Gascogne, qui est formée en joignant le
« nom propre avec le patronymique de leurs pères. Car c'est en
« ces termes de Priscian qu'il faut expliquer une observation de
« grammaire, qui profite aussi beaucoup pour l'intelligence de
« l'histoire d'Espagne. C'est pourquoi je me servirai des anno-
« tations qu'a fait sur ce sujet Hierosme Blanca, en la seconde
« partie de ses *Commentaires d'Aragon*. Il dit donc que l'an-
« cien usage d'Espagne avoit reçu les noms patronymiques
« dérivés du nom des pères ou des ayeux, en telle sorte qu'en
« suite du nom propre, on adjoustoit le nom propre du père ou
« de l'ayeul ; tantost terminé en *ez*, tantost sans changer la ter-
« minaison. Par exemple, *Sance*, fils de *Garcia*, se nommoit
« *Sance-Garces*. Mais on ne changeoit pas la terminaison de
« ces patronymiques, s'ils eussent sonné mal aux oreilles par ce
« changement, comme Miguel Guillen, et autres semblables.
« Les escrivains, lorsqu'ils vouloient exprimer ces patrony-

1. *Essais historiques sur le Béarn*, par M. Faget de Baure, p. 46.

« miques en termes latins, le faisoient assez acortement à la
« mode des Grecs, adjoustant au nom propre le génitif du nom
« du père; par exemple, pour *Sance* fils de *Loup,* ils énonçoient
« *Sancius Lupi*. Quelquefois, par une corruption barbare, ils ter-
« minoient le patronymique en *onis,* ou bien *ones,* comme pour
« dire *Garcias* fils d'Ennecus, ils écrivoient *Garcias Ennecones*.
« Nous trouvons cet usage fort receu dans les tiltres qui restent
« des comtes de Gascogne, où *Garcias* Curvius, fils de SANCE
« second, est nommé *Garcias* SANCII. Les trois enfants de GAR-
« CIAS sont appelés *Sancius* GARCIÆ, *Guillelmus* GARCIÆ et
« *Arnaldus* GARCIÆ. Ceux de SANCE *Garcia* sont nommés *San-*
« *cius* SANCII, et son frère GUILLELMUS *Sancii;* dont les enfans
« seront qualifiés, l'un *Bernardus* GUILLELMI et l'autre *Sancius*
« GUILLELMI. De cette manière que j'ai esté obligé de traduire
« le nom de Sancius Sancii à l'espagnole, par Sance Sances,
« quoique, dans la prononciation vulgaire de ce temps-là, on les
« prononçast sans aucune inflection, Garcia Sans et Sans Garcie,
« comme il apert par l'acte de Hugues, évêque d'Agen, qui
« sera produit en son lieu. »

Pour mieux faire ressortir le mécanisme des noms particuliers combinés avec les noms successifs ou paternels[1], nous

1. Cette manière de compléter le nom du fils par celui du père était un moyen
de sauvegarder l'unité des familles. On la trouve pratiquée dans les sociétés
antiques et chez quelques peuples modernes; le président de Brosses le témoigne
en ces termes :

« La Grèce, presque partout peuplée de colonies orientales, suivoit le même
usage. Les Grecs employoient souvent aussi la forme patronymique : c'est-à-dire
qu'ils appeloient une personne *fils d'un tel,* en y joignant le nom de son père :
*Æacides, Pelides, Atrides, Heraclides;* coutume suivie par les Russes (*Alexiowitz,*
fils d'Alexis, *Fœdorwitz,* fils de Fœdor, *Petrowna,* fille de Pierre; *Iwanowna,* fille

allons reprendre et aligner ceux de Garsie-Sanche le Courbé et
de ses trois enfants.

Père :    GARSIE-*Sanche,* duc de Gasgogne;

Fils :
    *Sanche*-GARSIE,        id.
    *Guilhem*-GARSIE, comte de Fezensac;
    *Arnaud*-GARSIE, comte d'Astarac.

Le premier nom, comme on le voit, étant personnel, varie;
le second, marquant la paternité commune, demeure immuable.

Dans toutes les branches de la dynastie de Gascogne, de
même que dans les dynasties de France et d'Espagne, cette loi
est absolue : en 978, *Garsie*-ARNAUD était comte d'Astarac; son
nom individuel étant *Garsie,* on sait qu'il eut pour père un
ARNAUD. Ce père s'appelait, en effet, *Arnaud*-GARSIE. Ce dernier,
à son tour, devait avoir été procréé par un GARSIE, ce qui est
justifié par l'histoire puisqu'il était issu de GARSIE-*Sanche* le
Courbé, duc de Gascogne. Les *Cartulaires d'Auch* et de *Lescar*
nous donnent encore pleinement raison quand ils énumèrent les
premiers comtes d'Astarac : « ARNALDUS *Garsias,* comes Astariaci,
genuit *Garsiam* ARNALDI, genuit ARNALDUM, etc. » Sans le fil con-
ducteur des noms alternatifs, il serait impossible de réintégrer
les membres d'une même race dans leur vraie place filiative.

de Jean), par les Hollandois (*Jansson,* Johannis filius; *Arisclasz,* Adrianus Nicolai
filius; *Diricz,* Theodorici filius), et fréquemment aussi par les Anglois (*Richardson,
Thomson, Filtz-James, Filtz-Moris*), et par les Juifs (*Maimonides ben Ezra ben
Israël...*) Selon cet usage, chaque personne portoit trois noms, un personnel
(*prænomen*), un de famille, successif du père aux enfants et qui ne changeoit pas,
c'était le nom véritable (*nomen*), un d'épithète ou de sobriquet par lequel on
distinguoit les branches d'une même race (*cognomen*); nous en usons à peu près
de même en France. » (*Traité de la formation méchanique des langues et des
principes physiques,* t. II, p. 260-207.)

## VI

ARNAUD-AMANEU, NEVÈU DES DUCS GUILLAUME-SANCHE ET GOM-
BAUD, EST UN PERSONNAGE DISTINCT DE SON COUSIN ARNAUD-
GUILLAUME, PETIT-FILS DUDIT GOMBAUD ET FILS DE GUILLAUME,
QUI FUT RÉGENT DU DUCHÉ DE 984 A 1000 ENVIRON.

Nous avons vu que Gombaud, duc et évêque de Gascogne,
avait reconstruit le monastère de Squirs en 977 et donné à la
maison restaurée et réformée le nom de La Réole. Parmi les
signataires de la charte importante souscrite à l'occasion de
cette œuvre pie, on trouve un *Arnaud*-AMANEU ou *Arnaud*, fils
d'AMANEU. Le cortége des deux ducs, Gombaud et Guillaume, se
compose en effet de Garsia, leur neveu, de Roger, juge, de
Vézan ou Vézian-Amaneu, d'Ezii et d'Aërolidat, qualifié comte,
et enfin d'Arnaud-Amaneu. Tous ces personnages, depuis le
premier jusqu'au dernier, sont par Marca appelés princes.
Arnaud-Amaneu présente pour nous un intérêt particulier, car
c'est à lui, ou plutôt à son père Amaneu, que la plupart
des généalogistes ont dû faire allusion quand ils ont donné
pour sujet initial à la maison de Galard un frère de Gombaud.

Bornons-nous à rapporter de nouveau l'opinion de d'Hozier
de Sérigny, recueillie en tête de ce volume et conforme à celle
du grand d'Hozier (insérée dans l'*Introduction* du tome Ier de
cet ouvrage), ainsi qu'à celle de Moréri, Chazot de Nantigny,

l'abbé de Lespine, Lainé, etc. D'Hozier de Sérigny s'exprime de la manière ci-après : « GALLARD, GALARD, et, quelquefois, GOLARD ou GOUALARD, de Béarn, de Brassac, maison des plus illustres. La tradition du pays est qu'elle tire son origine des princes souverains du Condomois, cadets des ducs d'Aquitaine. Il y a toute apparence que cette maison vient d'un frère cadet de Combaut (pour Gombaud), souverain de Condomois, lequel Combaut eut un fils nommé Hugues, comte de Condom, qui donna son comté à l'abbaye de Condom en 1011. On a nommé depuis des temps immémorials *Tours de Gallard*, celles qui sont auprès de Condom, et qui faisoient la demeure des anciens souverains de cette province. Les seigneurs de la maison de Gallard ont toujours possédé la terre de ce nom jusqu'au siècle dernier, qu'elle a passé dans d'autres mains. Il reste dans le Condomois plusieurs branches de cette maison, entre autres celle des Terraube, premiers barons du Condomois, et, en Quercy, celle des Galard de Brassac, qui possède cette ancienne baronnie depuis environ 1268. Il y a encore, en Angoumois, plusieurs branches des seigneurs de Gallard de Brassac, comtes de Béarn, seigneurs, en ce pays, de la terre de la Rochebaucourt. »

D'Hozier ne dit pas quel fut le frère de Gombaud, mais son assertion, on va e reconnaître, était tout à fait voisine de la vérité. Arnaud-Armaneu, en effet, a pu être facilement confondu avec Arnaud-Guillaume, fils de Gombaud. Avant de relever cette erreur, rappelons qu'Amaneu, auteur d'Arnaud-Amaneu, était ce frère puîné de Guillaume-Sanche et de Gombaud qui assista avec eux en 920 à la charte par laquelle Garsie-Sanche le Courbé assigna le comté d'Astarac à Arnaud-Garsie, le plus jeune de ses fils[1]. Les religieux de la Réole adressèrent, en 1046 ou 1047, une supplique au pape Clément II[2], pour obtenir une bulle confirmative des priviléges de La Réole. Arnaud-Amaneu, dont la présence a déjà été constatée à la consécration de Saint-Pierre de La Réole, est rappelé avec Gombaud et Guillaume-Sanche dans la requête au Saint-Siége. En l'année 978, le duc Gombaud dota le monastère de La Réole de la moitié de l'église Sainte-Marie qu'il avait acquise d'Arsia, un de ses vassaux, et donna en retour à celui-ci la chapelle de Saint-Paul, sise au lieu d'Andrie[3]. Ce contrat fut corroboré par Guillaume-Sanche, duc de Gascogne, par plusieurs vicomtes, et notamment par Vézian Amaneu et Arnaud-Amaneu[4]. Ce dernier nom, étant paternel, indique que Vézian et Arnaud étaient fils d'Amaneu. Ils suivent fidèlement Gombaud et sont toujours à ses côtés dans la plupart de ses faits et gestes, tandis que les autres vicomtes changent à chaque charte et ne font qu'apparaître dans l'une pour disparaître dans l'autre. La permanence de Vézian et d'Arnaud-Amaneu dans le cortége de Gombaud implique communauté de vie domestique et partant rôle de cadets. Ainsi le double nom de Vézian-Amaneu et d'Arnaud-Amaneu et leur situation à la cour de Gas-

1. Voir à la suite de cette étude, PREUVE XXIV.

2. Comme l'indique une note des *Archives historiques de la Gironde*, t. V, p. 145. Clément II Suidger, Saxon, évêque de Bamberg, fut élu au concile de Sutri, convoqué sous Henri le Noir en 1046, il mourut en 1047.

3. Voir à la suite de cette étude, pages 504 et suiv., PREUVES V, VI, VII.

4. Leur père Amaneu ou leur oncle Ezy ont toute l'apparence des premiers sujets de la maison d'Albret dont M. Luchaire a recherché les origines sans mentionner ces deux personnages qui auraient dù cependant attirer et retenir toute son attention.

cogne révèlent qu'ils étaient nés d'Amaneu, frère de Gombaud[1],
ce qui est conforme à l'opinion de d'Hozier, de l'abbé de Lespine,
de Chazot de Nantigny, de Lainé et autres historiographes
de la noblesse. Tous, en effet, sont unanimes pour reconnaître
que la maison de Galard est issue d'un frère puîné de Gombaud, duc de Gascogne. Nous ne demanderions pas mieux
qu'il en fût ainsi, puisque Arnaud-Amaneu était de la lignée
ducale. Toutefois la vérité historique, établie par un acte de
980, nous oblige à reconnaître que les de Galard descendent
non d'un frère de Gombaud, mais de Guillaume, l'un de ses
deux fils. Guillaume, en effet, toujours conformément à la règle
des noms, est désigné comme père de l'Arnaud qui souscrivit
en 980, immédiatement après Guillaume-Sanche, duc de Gascogne, une charte[2] relatant diverses libéralités de l'abbé de
Blasimont, appelé Fort-Arsin. Arnaud signe en effet : *Arnaldo
Guillelmo*, c'est-à-dire *Arnaud* provenu de *Guillaume*, de même
que Guillaume-Sanche est énoncé : *comite Guillelmo Sancio*,
c'est-à-dire *Guillaume* issu de *Sanche*. Deux ans après, nous
retrouvons cet Arnaud, qui tient la seconde place parmi les

---

1. Il est présumable qu'Amaneu était mort avant 977, et que Gombaud, à cette
date, s'était entouré de ses enfants. On m'objectera peut-être que Vézian et Arnaud-
Amaneu ne sont pas désignés dans les actes comme neveux de Gombaud ; cela est
vrai, mais Vézian-Amaneu et Arnaud-Amaneu étaient certainement frères, et pourtant ils ne sont pas mentionnés tels. Une signature du reste, avant l'usage des
sceaux, qui se généralisa seulement au xiie siècle, consistait dans une croix accompagnée du nom personnel simple ou suivi du nom paternel. Un tel seing ne comportait guère les détails. Cela est si vrai que les princes, signant eux-mêmes, prenaient rarement leurs titres, tandis que dans le corps de l'acte le clerc ou le scribe
n'omettait guère de qualifier ducs, comtes ou vicomtes ceux qui l'étaient.
2. Voir page 512, PREUVE IX.

garants de la donation abbatiale, qualifié vicomte dans la cession d'une pièce de vigne au monastère de La Réole. Ce même Arnaud ne pouvait avoir été procréé par Guillaume-Sanche, dont le fils aîné et successeur, nommé Bernard-Guillaume, était encore en bas âge l'an 983, époque de la mort du duc son père[1]. Sa minorité ne lui ayant pas permis de gouverner le duché, la régence et la tutelle du jeune prince furent confiées à son cousin Guillaume, issu de Gombaud et père de l'Arnaud qui nous occupe. Il résulte de l'examen des autres cautions dans l'œuvre pie de 980 qu'Arnaud-Guillaume[2] était le parent le plus proche du duc Guillaume-Sanche. Arsnard ou Amnard (Arsenaro Sancio), qui comparaît dans le même acte et dans la charte de Hugues en 1011 comme un de ses proches, ne vient qu'à la suite d'Arnaud-Guillaume. Il était pourtant fils de Sanche-Sanchez, frère aîné de Guillaume-Sanche et de Gombaud. Il est vrai qu'Arsnard devait être le fruit d'une conjonction illégitime, puisque la succession de son père, au lieu de lui échoir, passa à son oncle Guillaume-Sanche. Voici le dernier alinéa de la charte en question :

« Facta carta ista in mense madio in die sabbatho, regnante comite Guillelmo Sancio. Signum ARNALDO GUILLELMO, signum

---

1. Je cite Marca : « Les enfans de Guillaume Sance estans en bas aage, Guillaume, leur cousin germain, prit la conduite des affaires avec la qualité de comte, marquis et duc des Gascons, qui lui est donnée en l'inscription que l'on voit dans l'église S. Quiteire près la ville d'Ayre. » (MARCA, *Histoire de Béarn,* p. 230.)

2. Les généalogistes, ayant peu approfondi l'origine de la race de Galard, ont dû identifier Arnaud-Amaneu, fils d'Amaneu, avec Arnaud-Guillaume, fils de Guillaume, marquis des Gascons, et petit-fils de Gombaud. Cette confusion a peut-être fait croire que le point de départ de la maison de Galard était ledit Amaneu. Il est

Custabulo, levita. Signum Guillelmo Sancio[1]. Signum Arsenario Sancio. Signum Rotberto. Signum Berquino Forti. Signum Garsia Donato[2]. » (*Voir, à la suite de cette étude*, PREUVE IX.)

En résumé, *Arnaldo-Guillelmo,* que l'on rencontre au bas du texte latin ci-dessus dans le groupe des témoins, est un nom propre composé qui signifie *Arnaud,* né de *Guillaume.* Or ce dernier prince ne pouvait être que Guillaume, marquis des Gascons, qui gouverna le duché de Gascogne jusqu'à la majorité de Bernard-Guillaume, son cousin. Il nous reste maintenant à prouver que ledit Guillaume était fils de Gombaud et frère de Hugues, évêque d'Agen, et comte de Condom.

## VII

ERREUR DE BESLY, DE MARCA, DU P. ANSELME ET D'OÏHÉNART, RELATIVE A GUILLAUME, COMTE ET DUC DES GASCONS[3], ET A GARSIA, COMTE D'AGEN, QUI ÉTAIENT FILS DE GOMBAUD ET NON POINT SES NEVEUX.

Hugues, évêque d'Agen et comte de Condomois, était fils de Gombaud, duc de Gascogne, d'après tous les actes du temps qui se rapportent à eux et aussi d'après tous les historiens sacrés ou

encore possible que la méprise ait été occasionnée par un autre motif que nous expliquerons quand il sera plus opportun.

1. La meilleure preuve que le deuxième nom représentait le père, non-seulement au génitif, mais à tout autre cas, c'est l'exemple du duc Guillaume qui signe deux fois *Guillelmo-Sancio,* c'est-à-dire Guillaume, fils de Sanche.

2. *Cartulaire de La Réole,* fol. 8, verso. — *Archives historiques de la Gironde,* t. V, p. 109.

3. Voici les réflexions de Marca, à propos du comté des Gascons :

« Le troisième point que l'on aprend de ce tiltre, est la preuve peremptoire du

profanes sans exception, tels que Oïhénart, dom Luc d'Achery, Marca, le P. Anselme. La paternité de Gombaud est également relatée dans la Charte de Condom, le *Gallia christiana*, l'*Art de vérifier les dates,* etc. La haute naissance de Hugues est donc patente au superlatif; nous allons néanmoins ajouter quelques pièces justificatives à celles déjà fournies et traiter cette question en particulier pour bien déterminer la situation dynastique et généalogique des trois fils de Gom-

comté des Gascons, distinct et séparé des autres comtés de Gascogne. Il comprenoit nécessairement les terres qui estoient du costé de l'Océan, hors les limites des autres comtés qui sont ici dénombrés, à sçavoir Bigorre, Fezensac, Laictoure, Agen, et Bourdeaux. Je dis du costé de l'Océan; d'autant que les pairs de Commenge et de Coserans avoient esté distraits de son obéissance et soubsmis à l'hommage des comtes de Carcassonne, dont les héritiers transigèrent, l'an 1068, des droits qui leur pouvoient apartenir sur les terres de Comenge et de Coserans, comme l'on voit chés François Diago. Guillaume Sance semble insinuer assés cette distraction, et monstrer qu'il ne possedoit pas actuelement tous les comtés, et droits de supériorité, qui lui apartenoient en qualité de duc de Gascogne, lorsque donnant au monastère de Saint-Sever toutes les églises, qu'il avoit en ses comtés, il use d'un terme limité, *que je possède maintenant,* dit-il, *quas modo teneo.* Laissant donc à part le comté de Comenge et de Coserans, Guillaume Sance possédoit en patrimoine, ou en homage et supériorité, tout ce qui est compris entre la rivière de Garonne et la Dordogne entre deux mers, l'Océan et les Pyrénées. L'estendue de son duché est designée dans la charte par les comtés de Bigorre, de Fezensac, et de Laictoure, dont les limites sont assez connues, par le moyen de celles des eveschés de Tarbe, d'Aux et de Laictoure, par le comté d'Agen, qui comprend dans la Gascogne tout ce qui dépendoit de son evesché deça la rivière de Garonne, et qui a esté depuis attribué à l'evesché de Condom, érigé par le pape Jean XXII, par le comté de Bourdeaux, qui respond à l'estendue du diocèse et à celui de Bazas : et enfin par le comté des Gascons, qui doit embrasser tout ce qui n'est pas compris dans le dénombrement des autres parties. Sçavoir, les Basques, Bearn, Aire et Acqs. De fait, puisque Guillaume asseure d'avoir appelé tous les evesques et les principaux seigneurs de ces comtés, et que Gaston Centule de Bearn et Garcias Alanii de Bergui, qui est une baronie en Navarre, annexée à celle de Gramont, ont signé cet acte, sous quel comté peut-on les ranger que sous celui des Gascons? » (MARCA, *Hist. de Béarn,* p. 220.)

baud qui furent Hugues[1], Garsia, comte d'Agen, et Guillaume, duc et marquis des Gascons. L'identité de ces deux derniers a été viciée par quelques annalistes. Dans un article du *Cartulaire de La Réole,* Garsia est déclaré fils de Gombaud; il est dit en outre frère de Guillaume dans l'inscription de l'église Sainte-Quiterie d'Aire. Mon but est donc d'établir que, Garsia étant, de même que Hugues, issu de Gombaud, Guillaume, par voie de conséquence, l'était aussi au même titre.

Postérieurement à la charte de 1011, en faveur de l'église de Saint-Pierre de Condom, Hugues dénombra les diverses possessions dont il l'avait dotéé. Il déclare dans cet acte solennel, où la foi chrétienne et le mépris des richesses éclatent partout, qu'indigne du pontificat, dont il est revêtu, et comblé de biens et d'honneurs, son premier devoir est de les consacrer à son salut et de les convertir en œuvres pies. Hugues rappelle sommairement que son père Gombaud et lui offrirent jadis le territoire de Condom à saint Pierre, prince des apôtres, et que leurs concessions sont détaillées et conservées dans les archives du cloître. Il constate, non-seulement qu'il est fils de Gombaud, mais encore neveu de Sanche et de Guillaume-Sanche, tour à tour ducs de Gascogne[2], lesquels ratifièrent successivement ses libéralités en faveur du monastère. Ce titre important, au point de vue spécial où nous nous plaçons, dut être écrit vers 1014 : il se trouve intercalé dans une bulle du pape Grégoire VII qui confirma, le 8 mars 1076, les donations de do-

1. Voir à la suite de cette étude, PREUVE II.
2. Voir aux pièces justificatives, qui accompagnent cette étude sur l'*Origine de la Maison de Galard,* la PREUVE XVIII, pages 534 et suiv.

maines patrimoniaux faites par Hugues en 1011. Dans la charte de 1014 (environ), reproduite par le diplôme pontifical et émanant de Hugues, celui-ci désigne par deux fois Gombaud comme son père, MEUS GENITOR GUMBALDUS, et Sanche et Guillaume-Sanche, ducs de Gascogne, comme ses oncles : MEUS PATRUUS ET VASCONIÆ COMES SANCTIUS... SUCCESSIT ILLI FRATER GUILLELMUS SANCTIUS MEUS ET IDEM PATRUUS. Les qualités de père et d'oncle ne sauraient être exprimées d'une façon plus explicite. Oïhénart, dans son échelle filiative des ducs de Gascogne, nous apprend aussi que Gombaud procréa, d'une femme morte avant son épiscopat, Hugues, évêque d'Agen[1].

Une pierre des murs intérieurs de l'église Sainte-Quiterie d'Aire portait autrefois l'inscription suivante :

III IDUS NOVEMBRIS OBII[2]

GUILLELMUS COMES C... AR

CHIO DUX GUASCONORUM

ET OBITUS GARSIE FRATR

IS EJUS COMITIS

AGENNENSIUM[2].

1. Fragment généalogique tiré de la *Notitia utriusque Vasconiæ* par Oïhénart; Paris, 1638, in-4, p. 429 :

| GARSIAS-SANCTII curvus, comes Gasconiæ : Uxor AMUNA. | | |
|---|---|---|
| SANCTIUS-GARSIÆ, comes Majoris Vasconiæ. | WILIELMUS-GARSIÆ, comes Fidentiacensis. | ARNALDUS-GARSIÆ, comes Astaracensis. |
| SANCTIUS-SANCTII, dux et comes Gasconiæ. | WILIELMUS-SANCTII, dux totius Gasconiæ et comes Burdigalensis : Uxor URRACA. Hujus ducis memoria extat ab anno 961 ad annum usque 980. | GUMBAUDUS, dux Gasconiæ cum fratre Willielmo : Uxor N. qua mortua fit episcopus Agennensis et Vasatensis. Hugo, episcopus Agennensis. |

2. Pour *obiit*. L'inscription était, d'après Oïhénart, auquel nous l'empruntons,

S'appuyant sur ce monument épigraphique, Marca observe, avec raison, que Garsia, comte d'Agen, mentionné dans la charte de La Réole et dans celle de Hugues en 1011, était frère de Guillaume, duc des Gascons; mais il se trompe quand il fait ce même Garsia et ce même Guillaume, non pas fils de Gombaud, ce qui eût été vrai, mais d'une sœur inconnue de ce prince[1]. L'historien du Béarn a eu tort de recourir à l'hypothèse, quand, à l'aide du *Cartulaire de La Réole* auquel il a emprunté plusieurs preuves, il pouvait définitivement fixer ce point filiatif. C'est à cette même source que nous allons puiser les nôtres

disposée comme ci-dessus. Pour faciliter l'intelligence de ceux qui ne sont pas épigraphistes, nous la copions ici comme la prose ordinaire, sans nous préoccuper de la coupure ou de l'effacement des mots, ainsi qu'elle existe à l'état lapidaire : *III idus novembris obiit Guillelmus comes consors, marchio dux Guasconorum, et obitus Garsiæ, fratris ejus, comitis Agennensium.* (Voir Marca, note de la page 132.)

1. Citons le passage de Marca que nous allons critiquer :

« Les enfans de Guillaume Sance estans en bas aage, *Guillaume, leur cousin germain*, prit la conduite des affaires avec la qualité de comte, marquis et duc des Gascons, qui lui est donnée en l'inscription que l'on voit dans l'église S. Quiteire, près la ville d'Ayre. Le tiltre de marquis estoit en usage dès le temps de Louis le Débonnaire, que l'on donnoit aux comtes ou gouverneurs des marches ou frontières du roiaume telle qu'estoit la Gascogne, comme l'on peut voir dans les Annales d'Eginhard et ailleurs. *Garcia, comte d'Agen, estoit frère de ce duc Guillaume*, ainsi que l'on aprend de l'inscription que j'ai alléguée. D'où l'on peut recueillir le degré de parenté de Guillaume avec les enfants de Guillaume Sance. Car dans le tiltre de La Réole, produit au nombre 4 du ch. 5, on voit la souscription de Garcia, neveu des ducs Guillaume Sance et Gombaut, qui est sans doute ce *Garcia, comte d'Agen*. D'où s'ensuit que le duc Guillaume, son frère, estoit au mesme degré, et que l'un et l'autre estoient issus d'une sœur des ducs, et non pas de leur frère, le duc Sance, qui estoit décédé sans enfans. Hugues, evesque d'Agen, fils du duc Gombaut, dénombre ces deux comtes, Guillaume et Garcia, parmi ses parens et les place entre Guillaume Sance et le duc Bernard, en la charte de Condom. »

J'avais déjà soupçonné l'erreur de Marca, et exprimé mon doute à ce sujet, page 2 et page 6 de ce volume.

pour combattre l'historien de Béarn et démontrer que Garsia, comte d'Agen[1], eut pour père Gombaud.

On lit en effet dans le titre d'un acte conservé dans le Cartulaire actuel de La Réole, publié par M. Balguerie dans les *Archives historiques de la Gironde*, tome V, page 111 : « Garsia Gombaldus dedit unam petiam de vinea in Lubanaigo Sancto Petro de Regula. » *Garsia Gombaldus* sont deux noms accouplés qui, d'après l'usage du temps, doivent être traduits par *Garsie, fils de Gombaud*.

Nous pouvons légitimement conclure de l'indication filiative contenue dans le double appellatif que Guillaume, énoncé frère de Garsia sur l'inscription de Sainte-Quiterie d'Aire, avait le même auteur que lui; c'est-à-dire qu'il était également né de Gombaud, dont la paternité à l'égard de Garsia et de Guillaume devient non moins évidente qu'à l'égard de Hugues, évêque d'Agen et comte de Condomois. Besly, et à sa suite Marca, n'avaient donc pas besoin d'inventer une sœur des ducs pour expliquer la provenance de Garsia. Ce n'est pas tout : Guil-

---

1. Denis de Sainte-Marthe prétend que Gombaud laissa le comté d'Agen aux évêques, ses successeurs. Or Hugues, son fils, qui occupa ce siége, ne prit jamais d'autre qualité que celle de comte de Condom, par la raison bien simple que le comté d'Agen avait été le lot de Garsia, frère de Hugues, dans la distribution des territoires patrimoniaux. Denis de Sainte-Marthe eut le tort de ne pas réunir les éléments de lumière dont s'était entouré D. Clément, qui a constaté que Guillaume, duc et marquis des Gascons, était fils de Gombaud. Si Denis de Sainte-Marthe s'était édifié sur ce point, il aurait pu, à l'aide de l'inscription de Sainte-Quiterie d'Aire, établir que Garsia, qualifié comte d'Agen sur ce monument, y est dit aussi frère de Guillaume; Garsia par conséquent était également né de Gombaut qui lui légua directement le comté d'Agen, bien qu'il ne l'eût reçu qu'à titre viager. Ce qui s'explique quand on sait qu'à la fin du xe siècle et au commencement du xie, la plupart des dignités devinrent héréditaires.

laume-Sanche avait donné à son frère Gombaud, non-seulement
une partie de l'autorité ducale, mais encore tout l'Agenais et le
Bazadais, ainsi qu'il appert de l'extrait qui suit : « Factus ergo
« Guillelmus princeps patriæ consortem honoris et dignitatis
« germanum comitem GIMBALDUM SANCII volens habere, con-
« cedens illi, ad supplementum vitæ, Agennense solum et Basa-
« tense cum omnibus appendenciis suis. » Comment dès lors
Garsia eût-il pu devenir comte d'Agen, s'il n'avait été que le
neveu de Gombaud, celui-ci étant vivant et possesseur viager
de tout le territoire agenais? Gombaud eût certainement favorisé
ses fils préférablement à celui de sa prétendue sœur dont
l'existence est plus que problématique. Ainsi en rapprochant
le *Cartulaire de La Réole* et l'inscription de Sainte-Quiterie
d'Aire, nous sommes parvenus à dégager la vérité absolue.
De cette façon en effet tout s'enchaîne, se rectifie et se complète,
et la clarté dissipe le nuage qui couvrait deux générations de
la Maison de Gascogne. Marca, nous le répétons, avait eu en
main la preuve contraire de ce qu'il avançait touchant Garsia
et sa mère supposée, puisqu'il a enregistré dans son histoire
l'*Inscription d'Aire* et divers extraits du *Cartulaire* de La Réole,
notamment la charte de ce nom; il a seulement négligé de
comparer et de combiner les deux textes dont l'un renfermait la
vérité. La cause et l'excuse de l'erreur de Besly et de Marca est
la conversion fautive d'un singulier en pluriel. Dans la charte
de La Réole, en effet, Garsia est présenté comme neveu de
Gombaud et de Guillaume-Sanche quand il ne l'était que de ce
dernier.

Le monument épigraphique et l'extrait du *Cartulaire,* dont

il vient d'être question, sont d'une authenticité irrécusable; ils proclament que Guillaume et Garsia étaient, de même que Hugues, fils de Gombaud. La charte de La Réole reproduite par Marca, au contraire, indique Garsia comme son neveu :

« Signum GUMBALDI épiscopi, et totius provinciæ ducis, qui hanc donationem devoti cordis instantia Deo redemptori concessit. Signum WILLELMI, Vasconiæ ducis, *fratris ejusdem*, qui donum Deo traditum mire corroboravit. Signum GARCIÆ, *nepotis ipsorum.* Signum Rotgarii, judicis. Signum Vizan Amaneu. Signum vicecomitis Ezii. Signum Areolidat, vicecomitis. Signum Arnaldi Amaneu. »

D'où vient cette contradiction entre les deux chartes tirées du *Cartulaire de La Réole?* La réponse me paraît bien simple. Le scribe du moyen âge, qui a transcrit le Cartulaire de La Réole, ou bien Marca lui-même, auront mal déchiffré une abréviation et lu sans doute par inadvertance *ipsorum* quand il fallait *ipsius*. Ce dernier pronom en effet ne pouvait se rapporter qu'au dernier des ducs, c'est-à-dire à Guillaume-Sanche. Cette terminaison incorrecte, ou plutôt inexacte, a dévoyé Besly, Marca, le P. Anselme et à leur suite l'abbé Monlezun, qui semble avoir une prédilection marquée pour les hérésies historiques. Toutes les fois que le trop crédule chanoine en trouve une, il la ramasse avec un soin jaloux et l'ajoute à sa collection. Il n'est donc pas étonnant qu'on les récolte à poignées dans ses six volumes.

La conversion fautive d'*ipsius* en *ipsorum*, qu'elle vienne de Marca ou du clerc du moyen âge qui nous a transmis la charte de La Réole, ressort du passage précité du *Cartulaire de La*

*Réole* où il est dit que « Garsia Gombaldus dedit unam petiam de vinea in Lubanaigo Sancto Petro de Regula[1]. » Cette donation, qui dans les *Archives de la Gironde* porte la date de 1030, toujours accompagnée d'un point d'interrogation, trahissant l'incertitude du chronologiste, est probablement antérieure. Quoi qu'il en soit, *Garsia* GOMBALDUS signifie *Garsie*, fils de GOMBAUD. Cette affirmation s'accorde absolument avec l'inscription de Sainte-Quiterie d'Aire qui proclame Garsia frère de Guillaume, duc et marquis des Gascons, lequel était né de Gombaud, et détruit toutes les hypothèses de Besly, de Marca et des autres.

Oïhénart lui-même a vicieusement interprété un passage de la charte de 1011, dans laquelle Hugues fait acte de commémoration envers Guillaume et Garsia, immédiatement après le duc Guillaume-Sanche et avant Bernard-Guillaume. Sans nulle autre preuve que cette nomenclature purement chronologique, Oïhénart a présumé que Guillaume et Garcia, qualifiés comtes, étaient les fils de Guillaume-Sanche et les frères aînés de Bernard-Guillaume. Je ne saurais pousser mon respect pour la grande autorité d'Oïhénart jusqu'à absoudre ses écarts de vérité. Sa méprise relative à Guillaume, marquis des Gascons, et à Garcia, comte d'Agen, dépasse en gravité celle des autres annalistes. Les documents renversent la manière de voir d'Oïhénart et la logique la repousse. Si Guillaume et Garcia eussent été les premiers-nés parmi les enfants de Guillaume-Sanche, la succession ducale de celui-ci aurait dû être recueillie par eux. Or on sait qu'elle échut directement à Bernard-Guillaume, sous la tutelle de ce

1. *Archives historiques de la Gironde,* t. V, p. 111.

Guillaume, né de Gombaud et non de Guillaume-Sanche. Guillaume exerça la puissance pendant quelques années et la restitua à son pupille et cousin quand il eut atteint sa majorité. C'est dans l'échelle filiative des ducs de Gascogne, dont, nous avons donné les premiers degrés à la note de la page 385, qu'Oïhénart s'est pareillement abusé[1].

L'auteur de l'*Art de vérifier les dates* s'est bien gardé d'adopter l'opinion, soit d'Oïhénart, soit de Marca, en ce qui concerne l'identité de Guillaume, régent du duché dès 984. Il l'énonce frère de Hugues et partant fils de Gombaud dans la *Chronologie des ducs héréditaires de Gascogne*. On voit qu'il s'est inspiré d'une source qui fortifie la nôtre et qui a été adoptée avec raison par M. O'Reilly. Je cite D. Clément :

« 984 ou environ. Bernard-Guillaume, fils de Guillaume-Sanche, lui succéda en bas âge sous la tutelle de Guillaume,

1. Voici l'extrait généalogique dans lequel Oïhénart a commis l'erreur que nous venons de relever :

WILIELMUS SANCTII, dux
Totius Gasconiæ et comes
Burdigalensis. Uxor URRACA.
Hujus ducis memoria extat
Ab anno 961 ad annum
Usque 980.

| GUILIELMUS. | GARSIAS. | BERNARDUS, dux |
|---|---|---|
| Dux Gasconiæ. | Comes Agennensis. | Gasconiæ et comes Burdig. Uxor BERTA. |

2. Voir PREUVE II. O'Reilly, dans son *Essai sur l'Histoire de la ville et de l'arrondissement de Bazas,* a su également éviter de tomber dans l'erreur de Besly et de Marca : il a préféré, avec raison, la version de l'*Art de vérifier les dates,* tout à fait conforme aux documents primitifs : « Bernard-Guillaume, dit O'Reilly, succède à son père en bas âge sous la tutelle de Guillaume, son cousin, fils de Gombaud. » Voir aussi PREUVE III.

fils de Gombaud, qui prit pendant quelque temps les titres de
comte, marquis et duc de Gascogne. »

Je crois avoir restitué deux membres de la famille de Gascogne à leur place respective dans la descendance, et prouvé
surabondamment que Guillaume et Garsias aussi bien que
Hugues[1] étaient des enfants de Gombaud. Nous allons maintenant passer à Arnaud, vicomte de Gascogne, et montrer qu'il avait
été engendré par Guillaume, duc des Gascons, et que Hugues,
évêque d'Agen, et Garsia, comte de la même ville, étaient ses
oncles.

## VIII

### DE L'IDENTITÉ D'ARNAUD-GUILLAUME, FILS DE GUILLAUME, DUC
### ET MARQUIS DES GASCONS.

L'identité de Guillaume, duc et marquis des Gascons, de
même que celle de son père Gombaud et de ses frères Hugues
et Garsia, a été, dans le chapitre précédent, clairement déterminée. Il reste maintenant à faire pour la personnalité de son
fils Arnaud-Guillaume ou Arnaud une constatation analogue.
Arnaud-Guillaume, en 980, contribua, ainsi qu'on l'a vu plus

---

1. Ma conscience m'impose, après avoir critiqué autrui, de confesser que je ne
suis pas moi-même sans reproche. Dans mon *Introduction,* page xix, après avoir
cité plusieurs extraits qui déclaraient Hugues fils de Gombaud, je vois aujour-
d'hui, à ma grande surprise et honte, que j'ai fait Hugues neveu de Gombaud. Il
est probable que j'avais voulu dire neveu de Guillaume-Sanche, ce qui ne serait
qu'un *lapsus d'attention*. Dans tous les cas, que ce soit par inadvertance ou autrement, je ne dois pas moins faire mon *mea culpa*.

haut, aux divers dons de l'abbé de Blasimont en faveur de
Saint-Pierre de La Réole. Son rang à la suite immédiate du
duc Guillaume-Sanche montre son degré d'affinité avec lui. Cet
Arnaud-Guillaume, selon nous, est identique à l'Arnaud, vicomte,
qui apparaît en 982 dans la cession d'une vigne au profit de
l'abbaye de La Réole. Cette pièce de terre était située dans la
juridiction de Frimont. Cet acte fut accompli sous le règne de
Guillaume-Sanche, comte, et sous le protectorat d'Arnaud,
vicomte de Gascogne. Ce dernier était certainement le même
que l'Arnaud-Guillaume de 980, garant des largesses de l'abbé
de Blasimont; or l'Arnaud-Guillaume que l'on trouve à la date
de 980 était fils de Guillaume et petit-fils de Gombaud. La
charte de 982, qui le proclame vicomte, se termine ainsi :

« Facta carta ista in mense novembris die sabbatho, regnante
Guillelmo Sancio, comite, captenentia ARNALDO, *vicecomiti.*
Signum Fortdean. Signum Donato Asnario, presbitero, qui est
testis, et credencia Rainaldus. R. G. signum[1]. »

Les éditeurs des *Archives historiques de la Gironde,* recueil
de documents dont les textes sont scrupuleusement transcrits,
ont, dans une note, arbitrairement, selon nous, converti le titre
général de vicomte de Gascogne, porté par l'Arnaud dans la
charte ci-dessus, en celui de vicomte de Vézaumes. Or cette qualification restreinte ne peut être légitimée par aucune preuve.
Avant l'an 1000, du reste, le titre de vicomte de Gascogne donné
aux princes cadets était commun, tandis que celui de comte ou
de vicomte de tel lieu était plus que rare.

---

1. *Archives historiques de la Gironde,* tome V, p. 104-105. — *Cartulaire de La
Réole,* fol. 7. — Voir le texte de la charte de 982, PREUVE X, page 513.

La charte de 982 fut souscrite sous le règne de Guillaume-Sanche, frère de Gombaud, et le protectorat d'Arnaud, vicomte. L'illustre extraction de celui-ci est mise en lumière, non-seulement par la place qu'il occupe après le duc son oncle, mais encore par ces mots : « Captenentia Arnaldo, vicecomiti. » Or cette lieutenance féodale n'était que le pouvoir suzerain s'exerçant de seconde main et s'étendant à toute la Grande-Gascogne, qui constituait la principauté de Guillaume-Sanche. Cette signification générale de « captenentia » a été, nous le répétons, faussée et rétrécie dans la note des *Archives historiques de la Gironde*, car la dignité provinciale de vicomte a été attribuée à un prétendu vicomte de Vezaume. Cette interprétation, hardie autant que fantaisiste, échappée un jour à l'abbé Larrieu, ne méritait pas les honneurs de l'examen. Rien ne l'autorise dans le texte primitif[1].

En 1026 le bourg de Bezaume ou Vezaume n'avait pas encore été érigé en vicomté spécial ou spéciale, car le mot vicomté est des deux genres. Les feudataires qui possédaient cette terre indivise avec d'autres plus importantes ne portaient que le titre général de vicomte, sous-entendu de Gascogne. L'un deux, Rodolphe, fils du vicomte Amauvin qui fut élu protecteur du prieuré de La Réole avant 1004 par Abbon, abbé de Fleury, aliéna en 1026, au profit dudit couvent, l'église Saint-Hilaire le Moustier, sise au bourg de Bezaume. Rodolphe se qualifie simplement vicomte et appelle le lieu de Bezaume *hameau* et non *vicomté :* « in pago Bezelmelsi. »

A la fin du XIe siècle l'institution des vicomtes de Gascogne

1. Voir à la suite de cette étude la note de la page 468.

est tombée en désuétude et les vicomtes locaux surgissent partout. La nécessité de l'appellatif patronymique a forcé les grands seigneurs à revêtir leur nom de la forme nouvelle et ils se sont appropriés de préférence ceux de leurs fiefs, qui devinrent ainsi la marque indélébile des familles. Nous ne citerons comme exemple que les sires de Bezaume. En 1086 le titre de vicomte, au lieu d'être indéterminé, selon le mode usité avant l'an 1000, se trouve affecté à des subdivisions territoriales plus petites qu'autrefois, et Bezaume est maintenant l'appellatif héréditaire des rejetons d'Amauvin. En 982 par conséquent la terre de Bezaume pouvait appartenir à Arnaud avec beaucoup d'autres domaines en Agenais et Lomagne, mais ne constituait pas une vicomté particulière. C'était sur l'ensemble de ses possessions et sur certains droits de co-suzeraineté que reposait la captenance d'Arnaud. Ses petits-fils purent seuls s'intituler vicomtes de Bezaume. Nous avons déjà vu Rodolphe employer cette qualité en 1026 ; un de ses descendants la continuait en 1086. A cette date-ci fut rédigée la charte par laquelle Raymond, seigneur de Gensac, cédait Pierrefite au monastère de La Réole. On lit au bas du diplôme qu'il fut dressé sous le règne de Philippe, roi de France, dans la première année de la domination de Guillaume, duc des Gascons, et aussi sous la première année de la lieutenance de Bernard de Bezaume, qui paraît être un de Bouville : « ac primo anno vicecomitis Bernardi Bezalmez[1]. » L'assertion de l'abbé Larrieu au sujet des vicomtes de Bezaume, antérieurs à l'an 1000, est donc tout à fait infondée.

1. *Archives historiques de la Gironde,* t. V, p. 126-127.

Revenons maintenant à l'Arnaud de 980 et 982, qui, selon nous, est bien encore le même que celui désigné en 1011 dans la donation de Hugues avant tous les autres vicomtes, ses proches selon la chair. L'Arnaud de 1011, en effet, était déjà vieux à cette date puisqu'il est dit père d'un second Arnaud, marié avec Adalias. Il eut un autre fils du nom de Raymond-Arnaud, qu'il dut appeler de bonne heure, en qualité d'aîné et d'après l'usage du temps, à partager l'autorité vicomtale. Raymond-Arnaud l'exerçait, d'après Oïhénart, pendant que Guillaume, fils de Gombaud, était duc et tuteur de Bernard-Guillaume, son cousin. La régence de Guillaume se prolongea de 984 à l'an 1000 environ, puisque les gestes de Bernard-Guillaume, son pupille, ne deviennent très-apparents que vers 1002 ou 1004. Oïhénart, en plaçant la carrière vicomtale de Raymond-Arnaud au milieu de celle de Guillaume, administrant la Gascogne pour le compte de son cousin, doit avoir antidaté de quelques années l'existence de Raymond-Arnaud, qui paraît avoir coïncidé avec celle de Bernard-Guillaume, de Sanche èt d'Odon, ducs de Gascogne, de 1000 à 1040.

Allons à la rencontre d'une objection possible. Pourquoi, nous dira-t-on, si l'Arnaud-Guillaume de 980 ne forme qu'un seul individu avec l'Arnaud de 982 et de 1011, n'est-il pas qualifié vicomte à la première de ces dates comme il l'est dans les deux autres? Il est rationnel de penser que peut-être à cette époque il n'avait pas été encore revêtu de cette dignité effective, par la raison que son grand-père Gombaud existant encore cumulait tous les titres de sa famille, moins peut-être celui de comte d'Agen qu'il avait laissé à Garsia, et de vicomte à Guillaume, tous deux ses enfants. Ce ne fut qu'à la mort de Gombaud, advenue vers 982, que Guillaume put recueillir des dignités plus élevées et abandonner à Arnaud-Guillaume ou Arnaud, son fils, celle de vicomte.

## IX

L'ART DE VÉRIFIER LES DATES A MAL INTERPRÉTÉ LES MOTS « HERES CONSANGUINEUS, » APPLIQUÉS A RAYMOND-ARNAUD, VICOMTE DE LOMAGNE, PAR HUGUES, ÉVÊQUE D'AGEN, QUI ÉTAIT SON GRAND-ONCLE.

La filiation des cadets des ducs de Gascogne et surtout des vicomtes de Lomagne a été bien plus obscurcie qu'élucidée par Oïhénart, le P. Anselme, l'abbé Monlezun. Il n'était pas prudent, du moins sur ce terrain, de s'aventurer sans examen préalable à la suite de ces guides, dont les deux premiers sont d'habitude excellents, mais non pas infaillibles. C'est avec l'espoir d'approcher un peu plus de la vérité que nous avons parcouru attentivement tous les textes manuscrits et imprimés, se rattachant de près ou de loin à notre question, recueilli et comparé les chartes qui pouvaient éclairer les ténèbres de cet âge lointain, enfin relevé tous les noms qu'elles contenaient. Nous avons en outre poursuivi l'identité des personnages, mal ou peu connus jusqu'à nous, en combinant l'unité de lieu, de temps et de situation sociale avec les actes et l'appellatif paternel quand il se trouvait annexé à celui du fils, ce qui était usuel au xᵉ et au xıᵉ siècle. Notre but sera pleinement atteint si nous parvenons à remettre dans leur vrai jour et dans leur relief particulier les figures les plus effacées des vicomtes de Lomagne.

Les auteurs de l'*Art de vérifier les dates* ont judicieusement observé que la vicomté de Lomagne était divisée en plusieurs parties ayant chacune un possesseur particulier et un seigneur dominant exerçant la souveraineté. Cet État correspondait au territoire des anciens Lactorates et comprenait dans son ensemble le comté de Condomois, la vicomté de Brulhois, celle de Gimoez et d'Auvillars, une portion de Gavardan, les châtellenies ou baronnies de Batz, de Fimarcon et de Rivière-Verdun. Au début du XIᵉ siècle, Arnaud-Odon était vicomte de Gimoez, Hugues, comte de Condomois et grand feudataire en partie de la Lomagne, Raymond-Arnaud était seigneur effectif du reste et suzerain du tout. Ainsi Arnaud-Odon tenait la vicomté de Gimoez et Roger celle de Gavarret, sous la suprématie dudit Raymond-Arnaud, vicomte de Gascogne et de Lomagne[1]. Un frère cadet de ce dernier avait été également apanagé dans le dernier pays

---

1. « Les vicomtes (dit Faget de Baure) n'étaient dans les comtés que les lieutenants du comte. L'autorité, la juridiction et la souveraineté résidaient en entier dans la personne du comte : que le comte de Bigorre soit le protecteur dans sa patrie, que le vicomte de Béarn soit le protecteur dans ma patrie. Ces expressions, employées par le duc, marquent la différence et la nature des pouvoirs exercés par les comtes et les vicomtes. Les meilleures définitions ne pourraient pas en donner une idée plus exacte.

« Nous n'avons pas besoin d'observer que la dignité de vicomte était héréditaire à cette époque. C'étaient des fiefs, et l'hérédité des fiefs était devenue en France une loi générale sous les faibles descendants de Charlemagne. Ces dignités avaient dans le duché de Gascogne un autre caractère encore qui en assurait la transmission héréditaire; c'étaient des apanages assignés aux descendants de la race des rois. Aussi avons-nous vu jusqu'ici les Centulles et les Gastons succéder au titre de vicomte comme à l'héritage de leur père. » (*Essais historiques sur le Béarn, par M. Faget de Baure*, p. 55-56.)

ainsi que dans le Condomois, óù la baronnie du Goalard paraît
lui avoir été assignée. Moins bien partagé que les autres, il ne
portait pas le titre de vicomte. Il se nommait Arnaud, de même
que son père et son cousin, né de Raymond-Arnaud. La variété
des Arnaud dans cette illustre race des vicomtes de Lomagne,
qui avait le droit de frapper monnaie, fit qu'on appela leurs
pièces *Arnaudès* ou *Arnaudens*. Cette qualification si commune,
donnée à des parents contemporains, a dérouté tous les
chronologistes et les historiens tels que Oïhénart, l'auteur de
l'*Abrégé de la généalogie des vicomtes de Lomagne*, le P. Anselme, l'abbé Monlezun, etc. Pour quelques-uns d'entre eux,
Arnaud-Odon, Raymond-Arnaud et Arnaud, frère de celui-ci,
n'ont été qu'une trinité réunie en une seule et même personne.
D. Clément a montré plus de discernement, car il a reconnu la
dualité existant entre Raymond-Arnaud et son frère, Arnaud.
Dans cette mêlée d'Arnaud, on ne peut se reconnaître qu'à l'aide
des preuves spéciales qui complètent cette étude et qu'en tenant
compte de la règle qui présidait à l'ordre et à la transmission des
noms. A cette époque, en effet, nous l'avons démontré plus
haut, le premier nom était celui de l'individu qui le portait, le
deuxième celui du père,. et le troisième, chose rare, celui de
l'aïeul. Raymond-Arnaud et Arnaud-Odon étaient donc parfaitement distincts, puisque l'un était issu d'un Arnaud et le second
d'un Odon.

Toutes ces méprises ont été occasionnées par la quasi-homo-
nymie et le synchronisme d'Arnaud, vicomte de Gascogne en
980 et 1011, de Raymond-Arnaud, autre vicomte de Gascogne
en 990 selon Oïhénart, et bien plus tard, d'après nous, et

ènfin d'Arnaud-Odon, autre vicomte, qui vivait encore l'an 1030.
Même erreur a été commise pour Arnaud, vicomte de Lomagne,
existant de 1040 à 1060, lequel était fils de Raymond-Arnaud,
et pour le frère de ce dernier, Arnaud, époux d'Adalias ou
Adalais, cité dans la charte de Hugues en 1011, ainsi que
son père Arnaud, engendré lui-même par Guillaume, lequel avait
pour père le duc Gombaud. Nous espérons établir d'une manière
concluante, dans ce chapitre et le suivant, que les cinq personnages portant le nom d'Arnaud, isolé ou accolé, soit devant, soit
derrière, à ceux de Guillaume, Raymond et Odon, ont été à tort
enchevêtrés par les historiens, puisqu'ils constituaient des indi-
vidualités absolument distinctes.

Dans la période brumeuse de la féodalité naissante, les indications de date sont souvent indéterminées ou seulement appro-
ximatives. Les chartes marquent simplement qu'elles furent
souscrites sous le règne d'un tel souverain ou la domination de
tel duc. Les erreurs sont donc faciles si le chronologiste place à
la fin d'une carrière royale ou ducale un fait se rapportant à son
début.

Oïhénart, par exemple, dit en parlant de Raymond-Arnaud,
vicomte de Lomagne, qu'il coexistait avec Guillaume, duc de
Gascogne, vers 990[1]. Dans sa pensée ce Guillaume était évi-

---

1. Extrait de la chronologie des vicomtes de Lomagne par Oïhénart; le deuxième
*Raymond-Arnaud* (*Raymundus Arnaldus*) est le seul qui nous occupe pour le
moment. Le tour des autres viendra aussi en temps et lieu.

### VICECOMITES LEOMANIENSES.

ODEATUS, tempore Willielmi Sancti, comitis Vasconiæ, circa annum 960.
RAYMUNDUS ARNALDUS, tempore Guillielmi, comitis Vasconiæ, circa annum 990.
ARNALDUS anno 1011, item tempore Garciæ archiepiscopi Ausciensis. ARNAL-

demment le fils de Gombaud et le frère de Hugues. On sait qu'il exerça l'autorité ducale au nom de Bernard-Guillaume, son pupille et son cousin, de 984 à l'an 1000 environ, car les premiers gestes de Bernard-Guillaume n'apparaissent dans les monuments du temps que vers cette dernière époque. Le cognom d'Arnaud, donné à Raymond, révèle qu'il était fils d'autre Arnaud; or ce dernier ne peut être que celui dont nous avons, au chapitre précédent, poursuivi la trace à travers les chartes de 980, 982, 1011, et reconstitué la personnalité dispersée comme les membres de la statue antique. Cet Arnaud ou Arnaud-Guillaume qui, dans la donation de 1011 en faveur du monastère de Condom, marche en tête des héritiers terrestres (*heredibus terrenis*) de Hugues, avait, on ne l'a pas oublié, pour père Guillaume, duc des Gascons, pour aïeul Gombaud et pour oncle Hugues, évêque d'Agen. En 1011 ou plus tard, puisque la libéralité de Hugues est postérieure de quelques années, Arnaud était déjà avancé en âge; il avait à sa droite, non pas Raymond-Arnaud, mais un autre de ses enfants appelé également Arnaud et marié à Adalias, dont le nom nous a été conservé en l'acte susdit.

Nous allons citer tout d'abord la notice consacrée par l'*Art de vérifier les dates* à Raymond-Arnaud qui fut, selon les uns, le

---

DUS II, Arnaldi primi filius, habens filiam nomine *Adaletam;* ODO temporibus Bernardi Tumapalenrii, comitis Armaniensis, et Guillelmi, Ausciencis archiepiscopi, circa annum 1063. Hic habuit filiam *Azelinam* quæ fuit uxor 1º *Bernardi Forcesii* ex quo procreavit filios *Hugonem* et *Odonem;* deinde nuptias iteravit cum *Geraldo*, comite Armaniacense, ex quo suscepit *Bernardum de Armaniaco* et *Otonem de Leomania.* Habuit Odo aliam filiam nuptam *Geraldo Erbelsani.*

VIBIANUS, anno 1103.

premier vicomte de Lomagne, et le deuxième d'après Oïhénart. Nous critiquerons ensuite deux assertions hasardées qui se trouvent contenues dans cet extrait.

### RAYMOND-ARNAUD.

« Raymond-Arnaud, dont Oïhénart (page 480) fait mention « sous la date de 990, et auquel il donne un prédécesseur « nommé Odon ou Odoat, vivant en 960, est le premier de ces « vicomtes depuis lequel la filiation soit certaine. Il fut un des « héritiers de Hugues, sire de Condom, qui fonda, l'an 1011, « le monastère de cette ville (*Histoire de Béarn*, p. 234 et 235). « Il est qualifié *heres consanguineus Hugonis, quondam domini* « *de Condomiense*, dans une charte qui sera rapportée à l'article « suivant. On croit devoir observer que le mot *consanguineus* « ne signifiait alors qu'une parenté quelconque, même par « femmes, et qu'on n'en doit point conclure qu'Arnaud fut de « la même race que son cousin Hugues de Condom qui était de « la maison de Gascogne. Le pape Jean XIX écrivit, l'an 1030, « à Guillaume Taillefer, comte de Toulouse, pour l'engager à « porter ce vicomte, son vassal, pour la vicomté de Gimoës, à « restituer à l'abbaye de Moissac les églises de Riols et de Fla- « marens qu'il avait usurpées (*Histoire de Languedoc*, tome II, « p. 185, preuv.). Il le nomme Arnaud-Odon; mais la qualité « de vicomte de Gascogne, qu'il lui donne, ne permet pas de le « méconnaître pour le même que Raymond-Arnaud. On ignore « le nom de la femme de ce vicomte, mais il est certain qu'il « eut un fils nommé Arnaud, qui suit. »

Raymond-Arnaud qui, suivant Oïhénart, tenait le rang de vicomte de Gascogne en 990, fut donc un des héritiers de Hugues, comte de Condom et évêque d'Agen, qui, en 1011, transmit la plupart de ses possessions de Lomagne à l'abbaye de Condom à l'exclusion de tous ses parents. Raymond-Arnaud ne put donc recevoir qu'une partie des domaines inaliénables du prélat ou que la puissance suzeraine dont Hugues ne pouvait destituer sa famille. Dans une charte dont l'*Art de vérifier les dates* nous a transmis la substance, Raymond-Arnaud est qualifié *heres consanguineus Hugonis, quondam domini de Condomiense*. Le mot *consanguineus* (d'après D. Clément dans l'ouvrage précité) « ne signifiait alors qu'une parenté quel-« conque, même par femmes, et on n'en doit point conclure « qu'Arnaud fut de la même race que son cousin Hugues de « Condom qui était de la maison de Gascogne. » Une telle conclusion est singulière et en opposition avec tous les lexico-graphes latins-français, car les mots *heres* et *consanguineus* juxtaposés impliquent que Raymond-Arnaud était non-seule-ment de la même tige que Hugues, mais encore du même rameau. Ouvrons d'abord le *Dictionnaire latin de Forcinelli* : nous y voyons que *consanguineus*, le plus souvent, veut dire : *frère* en ligne masculine, cousin germain ou à un autre degré[1].

---

1. CONSANGUINEUS, A, UM, adj. συγγενὴς, ὁμογενὴς, ὁμοπάτριος, sanguine hoc est vinculo junctus. Stricte *consanguinei* dicuntur, etc. ; fratres et sorores eodem patre geniti, quamvis fortasse non eadem matre. Hinc sæpe prosertim a poetis *consangui-neus* ponitur pro fraterno... Ov., *Her.*, 14, 121... Late autem *consanguinei* vocantur quicumque sanguine inter se connexi sunt... latissime vero omnes conjuncti sive cognati sive affines. *Cic. Inv. 1, 24.*

Consanguinitas, atis, f. συγγένεια, sanguinis conjunctio, etc. Stricte pro fra-

Freund donne au mot *consanguineus* une signification semblable à celle de Forcinelli, c'est-à-dire celle de frère ou de
très-proche parent du côté paternel :

« Consanguineus, a, um (genit. plur. *consanguineûm*,
« Lucr. 3. 73), adj., *issu, né du même sang, parent par nais-*
« *sance*. — 1° Dans le sens restreint, en parlant de frères et
« sœurs; *fraternel* (dans ce sens il est le plus souvent poé-
« tique) : — umbræ, *ombres de parents*, Ovid., *Met.* VIII, 476;
« — turba, *frères*, id., *Her.*, 121; — scelus, Stat., *Theb.*, II, 407 :
« — I, *consanguineus, i*, m., *frère (consanguin)* : *consangui-*
« *nea, æ*, f., *sœur*, Catull., 64, 118. — 2° Dans un sens plus
« large, *parents en gén.*[1] »

Les dictionnaires classiques à l'usage des colléges confirment
la définition de Freund et de Forcinelli.

« Consanguineus, a, um. Cic. De même sang, race ou parenté.
« *frater*. C. Jct, *Frère consanguin, de père*, par opposition avec
« *uterinus*, utérin, frère de mère : — *lethi sopor*. Virg. Le som-
« meil, frère de la mort. *Consanguineum scelus*. Stat. Les deux
« frères criminels. — Cousin, cousin germain. »

Le duc Bernard-Guillaume, dans la charte de Saint-Sever,
ratifia l'établissement de l'abbaye construite en ce lieu par son
père Guillaume-Sanche, et là combla de ses bienfaits person-
nels avec l'assentiment de son frère Sanche ou Sanxion, de sa
mère Urraque et de ses cousins Annon et Aimoin. « Item eccle-

---

ternitate. *Ulp. Dig.* 38, 8, 4. Consanguinitatis jura a patre oriuntur, proximitatis
autem nomine mater. (Forcinelli, *Totius latinitatis lexicon*, t. I, fol. 561, col. 2.)

1. *Grand Dictionnaire de la langue latine*, par Freund, édition F. Didot, 1855,
t. Ier, p. 612, 1re colonne.

« siam aliam de Nervis castello concedo, confirmantibus ger-
« mano meo SANCIO, et beate memoriæ matre mea URRACA, cum
« duobus *consanguineis* nostris ANNONE scilicet et AIMOINO[1]. »
Marca, en analysant ce document, page 232 de son *Histoire
de Béarn*, a traduit absolument comme nous le mot *consanguineus*. « Ce duc confirma aussi la fondation du monastère de
« Saint-Sever, que son père avait faite, et, avec l'avis et le
« consentement de sa mère Urraque, de son frère Sance[2] et de
« ses deux *cousins* Annon et Aimoin[3], augmenta les revenus de

1. MARCA, *Histoire de Béarn*, p. 233.

2. Le *Cartulaire de Sordes* marque que l'église Saint-Jean et le bourg de Saint-Pantaléon furent dédiés au couvent de Sordes par Sanche, dit à tort neveu de la princesse Urrache.

« *De Sancto-Pantaleone* 1010 a 1032.

« SANCIUS, comès, nepos suprascripte URRACHE, donavit Deo et sancto Johanni ecclesiam et totam villam que appellatur de Sancto-Pantaleo cum appendiciis, tam in terris quam in aquis ac redditibus ecclesiasticis, etc. » (*Cartulaire de l'abbaye de Saint-Jean de Sordes*, par Paul Raymond.) Il est bien évident que cette désignation de *nepos* est fautive, car il ne pouvait être ni le petit-fils, ni le neveu de la princesse Urraque. A la susdite charte de Saint-Sever où Sanche assista, le duc Bernard-Guillaume se déclare *frère* de Sanche et fils de Guillaume-Sanche et de la duchesse Urraque. Sanche était donc issu de celle-ci aussi bien que Bernard-Guillaume son aîné. Il ne pouvait être né d'un autre lit, puisque Urraque survécut à son mari; étant mère de Bernard-Guillaume, elle le fut forcément de Sanche, son frère cadet.

Guillaume Sanche avait fondé le monastère de Saint-Sever par gratitude envers Dieu, qui lui avait accordé de vaincre les Normands. Son fils Bernard-Guillaume consolida et compléta l'œuvre paternelle en octroyant la charte dite de Saint-Sever. Ce document est d'une grande importance au point de vue dynastique, car la famille de Gascogne s'y trouve groupée en grande partie. Bernard-Guillaume y rappelle son père Guillaume-Sanche : « genitor Guillelmus Sancius, » sa mère Urraque : « matre mea Urraca, » son frère Sanche : « germano meo Sancio, » et ses deux cousins, « consanguineis nostris, » Annon et Amoin. Au nombre des adhérents ou des signataires, on remarque en outre Arnaud-Loup de Dax, Lobaner vicomte de Marsan et son fils Guillaume-Loup.

3. Amnar et Arhuin, témoins de la donation de Hugues, en 1011, sont certaine-

« ce couvent, avec les donnations de plusieurs églises qui sont
« dénombrées dans l'acte. »

*Consanguineus* et *consanguinea* étaient si bien, au commencement du XI<sup>e</sup> siècle, l'équivalent de *cousin* et de *cousine,* que tous les historiographes des grandes dynasties méridionales, tels que le P. Anselme, D. Brugèles et D. Clément lui-même, ont traduit les deux termes latins *consanguineam suam* par *sa cousine.* Voici à quel propos : Guillaume, comte d'Astarac, qui vivait entre l'an 1000 et l'an 1040, avait été censuré par Garsie, archevêque d'Auch, pour avoir épousé une de ses pa-

ment les mêmes princes que Annon et Amoin présents à la charte de Saint-Sever. Ils y confirmèrent les concessions de rentes nouvelles accordées par Bernard-Guillaume, duc de Gascogne, qui les appelle ses cousins; ce qui prouve que ces deux personnages avaient des droits juridictionnels sur les églises ou les terrains inféodés au couvent de Saint-Sever. Arhuin ou Amoin, dont le nom a été altéré par les copistes, nous semble encore identique au vicomte Amauvain, qu'Abbon, abbé de Fleury, avait préposé à la garde du prieuré de La Réole lors de son premier voyage. On sait que ce saint homme fut assommé d'un coup de pieu, en 1002, par les moines de La Réole dont il avait voulu réprimer les désordres et rectifier la discipline. Annon et Amoin, nous le répétons, ne paraissent faire qu'un avec Amnar et Arhuin, que Hugues, dans la charte de 1011, nomme parmi ses proches selon la chair. Ces héritiers du prince-évêque et ces cousins du duc Bernard-Guillaume devaient être nécessairement frères. Or l'un d'eux, Amnard, était fils d'Ezy ou En Eci dit frère de Gombaud dans la donation de l'Astarac, en 920, faite par Garsie-Sanche à Arnaud-Garsie, le dernier de ses enfants. Il ne faut point confondre cet Amnard ou Asnar avec un autre prince du même pronom né d'une conjonction illégitime de Sanche Sanchez, duc de Gascogne avant Guillaume Sanche, son cadet. Amoin, Arhuin ou Amauvain, vicomte, dut avoir des possessions dans le Bazadais et le Béarn, puisque le protectorat de La Réole lui fut confié par Abbon et puisque Bernard-Guillaume eut besoin de son assistance et de celle d'Amnard, pour valider les revenus ecclésiastiques dont il gratifia le couvent de Saint-Sever. Cet ensemble de faits et de considérations nous autorise à penser que lesdits Annon ou Amnar et Amoin ou Arhuin étaient cousins germains de Hugues et parents de Raymond-Arnaud, vicomte de Lomagne, ainsi que d'autre Arnaud, époux d'Adalias. (*Voir charte de Saint-Sever,* PREUVE XII, page 519.)

rentes à un degré défendu par les saints canons, et, en conséquence, très-rapproché. Le prince, dans un but expiatoire,
offrit au prélat, qui lui avait imposé pénitence, le lieu de Venance
ou Aurance. La charte par laquelle ce territoire fut annexé à
l'église d'Auch porte : « Nuper denique accedit ut Guillelmus
« filius Arnaldi, comes Astariacensis, uxorem ducere *consangui-*
« *neam suam*[1]. » D. Brugèles interprète le mot *consanguineam*
conformément à nous *consanguineus* : « Guillaume succéda à
« son père; il épousa, sans dispense, une sienne proche parente,
« *consanguineam*[2]. »

L'*Art de vérifier les dates* se contredit lui-même ailleurs.
On a lu, en effet, dans l'article RAYMOND-ARNAUD détaché de
cet ouvrage, la remarque ci-après : « Le mot *consanguineus*
« exprimait une parenté quelconque, même par les femmes. »
Oubliant cette déclaration étrange, D. Clément se range à un
avis tout à fait différent dans la *Chronologie des comtes
d'Astarac*, et adopte la définition de D. Brugèles, qui a traduit
*consanguineam* par *proche parente*. « Guillaume, dit-il, fils et
« successeur d'Arnaud II, ayant épousé sa proche parente. »
D. Clément a bien pu ne pas s'inspirer directement du texte
latin de la charte insérée aux preuves des *Chroniques ecclésiastiques du diocèse d'Auch*, mais il a du moins connu les lignes
de la page 535, dans lesquelles D. Brugèles a soin de noter qu'il
a traduit *consanguineam* par *proche parente*. D. Clément s'est

1. Voir à la suite de cette étude, page 547, la PREUVE XX, tirée des *Chroniques
ecclésiastiques du diocèse d'Auch*, par D. Brugèles, preuves de la première partie,
p. 15 et 16.

2. BRUGÈLES, *Chroniques ecclésiastiques du diocèse d'Auch*, p. 535. — MONLEZUN,
*Hist. de Gascogne*, t. VI, p. 335.

donc démenti lui-même. L'abbé Monlezun, au risque d'ano-
malie, s'est rallié à la manière de voir de D. Clément, touchant
Raymond-Arnaud, vicomte de Lomagne, et à celle de D. Brugèles pour la femme de Guillaume, comte d'Astarac, sans soupçonner que l'une excluait l'autre. L'auteur de l'*Histoire de
Gascogne* est allé plus loin, il a reproduit la charte de concession de Venance ou Aurance en 1037. Or cet acte justifie la tra-
duction de *consanguineam* par *parente*, et condamne celle de
*consanguineus* par *parent éloigné*. En somme, Monlezun et
D. Clément[1] ont des manières diverses de rendre et de com-
menter le mot *consanguineus*. Il est heureusement facile de
reconnaître la bonne.

Nous pourrions très-bien, sans priver la maison de Galard
d'aucun de ses avantages originels, renoncer à la vraie signification de *consanguineus*, synonyme généralement de *frère*, et
quelquefois de *cousin germain* ou de *neveu*, surtout lorsque le
mot *heres*, comme dans notre espèce, rend encore l'acception
plus précise. En ce temps-là surtout, il n'était point d'usage de
disgracier les proches dans les successions, pour favoriser des
parents lointains ou de simples alliés. Or Hugues n'avait que
l'embarras du choix entre ses nombreux cousins, si l'on s'en
rapporte à la charte de 1011, dans laquelle il les énumère
comme suit : ARNAUD, vicomte; autre ARNAUD, fils du précédent,
accompagné de sa femme ADALIAS; BERNARD, vicomte; ARNAUD-
LOUP, vicomte; AMNARD OU ASNAR, GAUCELME, ARHUIN, GAUCELME,
autre vicomte, etc. Sans parler de Sanxion, duc de Gascogne,

---

1. *Art de vérifier les dates,* réimprimé avec des corrections et des annotations,
par M. de Saint-Allais, 1818, in-8°, 2ᵉ série, t. IX, p. 337-339.

son cousin germain. Il est évident que si Arnaud, vicomte, se présente le premier, en vertu du droit de primogéniture, strictement observé en ce temps, c'est qu'il touche de plus près que les autres à Hugues, le donateur; il est évident que si Raymond-Arnaud est *hœres consanguineus*, c'est par la raison qu'il est son frère, son cousin germain ou son neveu. Le nom d'Arnaud, qui dans Raymond-Arnaud complète celui de Raymond, éclaire l'identité de son père, qui était Arnaud le vicomte, cité dans les chartes de 980, 982 et au nombre des consentants à l'acte de 1011. Toutes ces raisons nous forcent à rejeter comme inadmissibles la thèse et l'hypothèse de l'*Art de vérifier les dates*. Raymond-Arnaud est dit *hœres consanguineus*, c'est-à-dire héritier du chef de père, puisque *consanguineus* veut dire le plus souvent *frère germain*. Freund et Forcinelli, nous l'avons prouvé, ne laissent aucun doute à cet égard. Comment dès lors Raymond-Arnaud pourrait-il ne pas être de la race de Gascogne? Comment ne serait-il qu'un allié plus ou moins éloigné? Le mot *hœres* seul repousse l'interprétation de D. Clément, car à cette époque où les dynasties se montraient si jalouses de conserver la puissance dans leur lignage, c'était toujours le parent le plus immédiat qui recueillait la succession. Le qualificatif *consanguineus*[1], corroboré par celui *d'hœres*, est donc tout à fait explicite et formel. Il exprime forcément la parenté la plus étroite: quand Hugues, en effet, désigne le duc Sance ou Sanxion, fils de son cousin germain Guillaume-Bernard, il l'appelle

---

1. Voir plus loin, note de la page 441, la fondation du monastère de Sainte-Dode, où le mot *consanguineus* est aussi employé dans le sens de *proche*.

*propinquus* et *affinis,* ce qui est beaucoup moins caractéristique que *consanguineus* précédé d'*hœres.*

## X

RAYMOND-ARNAUD, VICOMTE DE LOMAGNE ET HÉRITIER DE HUGUES, ÉVÊQUE D'AGEN, EST UN PERSONNAGE DISTINCT DE RAYMOND-ARNAUD, VICOMTE DE PESSAN, FILS D'ARNAUD II, COMTE D'ASTARAC.

Si l'on acceptait le sens inacceptable donné par D. Clément au mot *consanguineus,* il faudrait chercher parmi les autres Raymond-Arnaud ou fils d'Arnaud, contemporains, celui qui pourrait avoir été confondu avec le personnage qui nous occupe. Le seul que l'on trouverait serait le quatrième fils d'ARNAUD II, comte d'Astarac, qui combla de ses largesses le monastère de Simorre en 982. Sa femme, TALÈSE ou TARAISE, lui donna, en effet, plusieurs hoirs qui furent : — I. *Guillaume,* son successeur au comté d'Astarac, « lequel, nous le savons déjà, épousa « sans dispense une sienne proche parente, *consanguineam,* de « quoi l'archevêque Garsie I<sup>er</sup> lui imposa une grande pénitence, « sans toutefois rompre le mariage ; au contraire, il leur donna « sa bénédiction[1]. » — II. *Odo, Eudes* ou *Othon,* qui entra dans la vie monastique et fonda le couvent de Saramon. — III. *Bernard d'Astarac,* dit *Pélagos,* auquel son père assigna

---

1. D. BRUGÈLES, *Chroniques du diocèse d'Auch,* p. 535.

le comté de Pardiac. — IV. *Raymond,* déjà mentionné, qui porte ce nom unique et personnel, en 1034, à la fondation de Sainte-Dode, par l'abbé de Simorre. Il prit celui de Raymond-Arnaud (*Raymundi-Arnaldi, vicecomitis ejusdem civitatis*) ou de Raymond, fils d'Arnaud, et le titre de vicomte de Pessan en 1037[1], lorsque le monastère de Sordes fut placé sous la dé-

1. Cet acte et le suivant permettent de distinguer Raymond-Arnaud, vicomte de Pessan, fils d'Arnaud II, comte d'Astarac, de son homonyme et contemporain Raymond-Arnaud, vicomte de Lomagne, né d'Arnaud, vicomte de Gascogne, issu lui-même de Guillaume, duc et marquis des Gascons.

FONDATION DU MONASTÈRE DE SAINTE-DODE, EN 1034,
POUR L'ABBAYE DE SIMORRE.

« Notum fieri cupio tam laicis quam clericis ac universis catholicæ fidei cultoribus, quatenus divina misericordia, ego Guillelmus Astariacensis, comes, præventus et inflammatus pro meorum ac parentum remissione peccatorum, construo monasterium illam ecclesiam ubi requiescit Virgo Christi Doda, quæ videlicet ecclesia sita est in prædio Oriovallo antiquitus nominato : et hoc facio cum abbate Othone, et Daconis concilio una cum consensu ac jussione genitoris mei Arnaldi, comitis, et genitricis meæ Taratiæ, et germanorum meorum Bernardi et RAYMUNDI, et aliorum fratrum, omniumque fidelium, ut sit perpetualiter monasterium regimine cœnobitarum in commune viventium ; et dono illud ad regendum et ad providendum omnium abbatum Cimorritanorum, et hoc decretum pono, ut nullus successor meus, nullusque consanguineus invadere nec desolari locum audeat, nec mutare propositum. Quicumque ergo infidelis hæc temerare præsumpserit, sit sicut Ætnicus et Publicanus, et sciat se damnandum, et divino judicio percutiendum, et cum Juda Scariothis, et cum Dathan et Abiron cruciandum. Hoc donum factum est regnante Henrico, Francorum rege, et in diebus Benedicti papæ : et Garsiono Auxiensi, archipræsule. (D. BRUGÈLES, *Chroniques ecclésiastiques du diocèse d'Auch,* preuves de la seconde partie, p. 12.)

*L'abbaye de Sordes fut placée en 1037, sous la dépendance de celle de Pessan.*

*A cette solennité comparaît* RAYMOND-ARNAUD D'ASTARAC, *vicomte de Pessan.*

« Ecclesia Sancti Michaelis Pecianensis, qualiter monasterium S. Joannis de Sordua sit sui juris, comprobatione, relationeque honestissimorum virorum verissimam notitiam continere videtur. Antiquitus enim altari Sancti Michaelis locum S. Joannis fuisse subditum, a possessoreque cui ejus prædium erat certissima carta

pendance de celui de Pessan. — V. *Garcie-Arnaud*. — VI. *Gé-raud-d'Astarac*. — VII. *Dacon,* moine de Simorre et premier abbé de Sainte-Dode. Revenons maintenant à Raymond, le qua-trième des rejetons sus-énoncés. Pour admettre qu'il pût devenir héritier de Hugues, on serait forcé de présumer qu'il le fut, non à cause de sa parenté distante, mais par suite d'une alliance

hæreditario jure firmatum, pluribus judiciis est divulgatum. More autem solito abbas Pecianensis, nomine Arsivus, monachos S. Joannis de Sordua ad S. Michaelis locum, atque Pecianenses monachos ad S. Joannis monasterium transmutans, quemdam fratrem S. Joannis Sacrasclinium, sacristam S. Michaelis loci constituere curavit; qui, antiquo hoste suadente, indignans locum S. Joannis alterius, mona-sterii potestati subditum, furtive cartam S. Joannis fugiens subduxit, quam in monasterio Sancti Caprasii de Pontos hospitatus, de nocte requiescens in lecto incendio nefandæ candelæ combussit, quæ cándela in lectum cadens divina ultione eumdem monachum soporatum, omneque S. Caprasii monasterium eodem incendio consumpsit. Quapropter loco S. Michaelis præfatum Johannis monasterium· pessimi invasores violentia rapacitateque sua subduxerunt; atque per plurima tem-pora hujusmodi injuriam Deo et archangelo Michaeli inferre studuerunt. Postea vero Remundus, Pecianensis abbas, super abbatia S. Joannis conquestus in concilio Aquensi, judicio Auxiensis archiepiscopi Remundi Cop, atque domini Gregorii ejus-dem sedis Aquensis episcopi, omniumque episcoporum in consilio existentium, ab abbate S. Joannis Willelmo potestatem prælationemque diu amissam recuperavit, et sibi per manum suam consilio salvo jure S. Michaelis eidem præfato abbati Guillelmo monasterium commisit. Signum Remundi, Copæ Auxiensis archiepiscopi, Sig. Guilelmi abbatis Colæ-Medulphi. Sig. Remundi ejusdem monasterii Pecia-nensis abbatis. Sig. Fortii, prioris. Sig. Florentii, monachi. Sig. REMUNDI-ARNALDI, vicecomitis ejusdem civitatis. Sig. plurimorum aliorum. » (Dom BRUGÈLES, *Chro-niques du diocèse d'Auch,* preuves de la seconde partie, p. 37-38.)

Le Raymond ou Raymond-Arnaud, vicomte de Pessan, témoin des deux événe-ments religieux ci-dessus, est donc différent du Raymond-Arnaud, vicomte de Lomagne. Le premier de ces Raymond-Arnaud occupe sa vraie place dans la *Chro-nologie des comtes d'Astarac*, par le P. Anselme; mais l'*Art de vérifier les dates* lui a substitué un Raymond-Garcias qui appartenait à la génération précédente et qui était né de Garcie-Arnaud, deuxième comte d'Astarac. Ce dernier, contemporain de Raoul, Louis et Lothaire, rois de France, vivait encore l'an 975. Son fils Raymond-Garcias, ainsi qu'il ressort de son second appellatif, se montre vers 978 et 980 à la fondation du monastère de Saramon : « quorum vocabula hista sunt : Guillelmus,

avec une sœur ou une nièce de l'évêque d'Agen. Nous ne
nions point que ces sortes d'unions, dont nous venons de donner un exemple, ne fussent fréquentes entre les membres de la
maison de Gascogne, jaloux de conserver la puissance dans leur
propre race[1]. Ce Raymond-Arnaud d'Astarac serait donc l'unique
dont l'identification serait possible avec le vicomte de Gascogne,
légataire de Hugues et signalé dans l'*Historia utriusque Vasconiæ* et dans l'*Art de vérifier les dates* d'après les anciennes Archives du château de Nérac. Il nous importerait peu
que Raymond fût sorti des comtes d'Astarac au lieu de l'être
des vicomtes de Lomagne, issus d'une souche commune, puisque, dans les deux cas, notre Raymond-Arnaud serait toujours
de la maison de Gascogne. Raymond d'Astarac, en effet, avait
pour aïeul paternel Garcie-Arnaud, comte d'Astarac, qui existait
au temps de Raoul, Louis et Lothaire, rois de France, et qui
*régnoit*, dit D. Brugèles, de 937 à 975, et pour bisaïeul Arnaud-
Garcie, surnommé Nonnat ou Nonné, troisième fils de Garcie-
Sanche le Courbé, qui découpa son duché en trois parts pour
apanager chacun de ses enfants. Celle d'Arnaud-Garcie fut le
comté d'Astarac. Un rapprochement attentif entre la dynastie
de Lomagne et celle d'Astarac, et surtout entre Raymond-

Bernardus, RAYMONDUS-GARCIAS, Guiraldus » (*D: Brugèles, preuves, première partie;*
p. 45). Il est évident que le Raymond-Garsias de 978 ne saurait être le même
que le Raymond-Arnaud, vicomte de Pessan, témoin en 1037 de l'acte par lequel
l'abbaye de Sordes fut placée sous le patronage de celle de Pessan. D. Brugèles a
négligé de parler de Raymond-Garcias, mais il a mentionné Bernard et Arnaud,
deux de ses frères, et classé régulièrement Raymond-Arnaud, vicomte de Pessan,
parmi les enfants d'Arnaud II, troisième comte d'Astarac.

1. On sait que les femmes dans l'Aquitaine, de même qu'en Espagne, étaient
au même titre que les hommes habiles à succéder.

Arnaud, vicomte de Gascogne, *consanguineus* de Hugues, et son menechme le vicomte de Pessan, permet de distinguer clairement leur individualité : grâce aux actes de l'époque que nous avons analysés, chacun des deux homonymes peut être remis à sa place dans sa branche particulière. Finalement Raymond-Arnaud, vicomte de Gascogne, et plus tard de Lomagne, était de la souche des ducs et non du pampre des comtes d'Astarac. Il fut le point de départ du rameau vicomtal de Lomagne, de même que son frère cadet Arnaud le fut des sires du Goalard.

## XI

### ERREUR DES CHRONOLOGISTES AU SUJET DES PREMIERS VICOMTES DE LOMAGNE EN GÉNÉRAL ET DE RAYMOND-ARNAUD EN PARTICULIER. CELUI-CI A ÉTÉ TOUR A TOUR CONFONDU AVEC ARNAUD, SON PÈRE, ET AVEC ARNAUD-ODON, COMTE DE GIMOEZ.

La seconde charte de Saint-Sever, accordée par Guillaume-Bernard, rappelle que certaines concessions, inscrites dans la première et faites en 982 par son père Guillaume-Sanche, reçurent l'approbation d'Odoat[1] ou d'Odon, vicomte (sous-entendu de Gascogne). Ce titre, à cette époque, était uniquement

---

1. Odoat était à coup sûr un rejeton de la souche ducale, d'abord parce qu'il était vicomte de Gascogne, dignité exclusivement réservée aux princes cadets, et ensuite parce que le duc Guillaume-Sanche eut besoin de l'assentiment d'Odoat pour doter le monastère de Saint-Sever de certaines possessions environnantes. On sait que ce couvent était voisin du château de Palestrion, résidence habituelle du duc Guillaume.

porté par les cadets de la maison ducale, qui avaient soit de grands fiefs de dignité, soit la lieutenance ou la haute justice d'une région. L'Odoat susnommé, d'après Oïhénart, existait en 960, c'est-à-dire au temps de Guillaume-Sanche. D. Clément (*Art de vérifier les dates*) n'est pas sûr que ce personnage ait été le premier vicomte de Lomagne. Aussi dans le doute s'abstient-il sagement de le mettre en tête (à l'exemple d'Oïhénart) de la succession chronologique des grands feudataires de Lomagne[1]. Le savant bénédictin se contente de la faire partir de Raymond-Arnaud, qui, selon Oïhénart, succéda vers 990 à Odoat ou Odon. Après ce dernier on trouve, outre le susdit Raymond-Arnaud, un autre vicomte du nom d'Arnaud-Odon. Le pape Jean XIX, en effet, réclama l'an 1030 l'entremise de Guillaume Taillefer pour obtenir d'un Arnaud-Odon, vicomte de Gascogne, son vassal pour le Gimoez, la restitution des églises de Riols et de Flamarens, dont il avait dépossédé l'église de Moissac[2]. Ce fait est constaté dans l'*Histoire de Languedoc,*

1. L'auteur anonyme de l'*Abrégé de la généalogie des vicomtes de Lomagne*, qu'il partage en trois races, donne à ces grands feudataires les trois variétés d'armes suivantes : la première race porta : un *Écusson sans aucune pièce héraldique;* la seconde : *Deux boucs;* et la troisième, sortie des comtes d'Armagnac, conserva les armes de cette maison qui étaient : *D'argent, à un lion de gueules.*

2. Voici le seul acte à notre connaissance dans lequel apparaisse Arnaud-Odon, vicomte de Gascogne.

VERS L'AN 1030.

Lettre du pape Jean XIX au comte Guillaume.

Johannes episcopus servus servorum Dei, domino Guillelmo, glorioso comiti, karissimam salutem et apostolicam benedictionem. Mittimus ad tuam benignitatem veluti ad karissimum filium, ut audias nostram exortationem, et benefacias monasterio sancti Petri de Moyssiaco, ut ipse beatus Petrus, qui est pastor et nutritor omnium fidelium, benefaciat de te cum a presenti vita substraxeris. ARNALDUS-ODDO,

tome II, page 185 des *Preuves*. Le document, transcrit par
D. Vaissète, porte que le vicomte de Gascogne s'appelle, non pas
Raymond-Arnaud, mais Arnaud-Odon. Ce cognom d'Odon prouve
qu'Odoat ou Odon[1] procréa Arnaud-Odon et non Raymond-
Arnaud. La supputation de l'historien de la haute et basse Vasconie n'est point plausible lorsqu'il fait reculer cet Odoat jusqu'en 960. Il n'est évoqué nulle autre part que dans la ratification
de la charte de Saint-Sever par Bernard-Guillaume, duc de Gascogne. Or c'est vers 1002 que ce prince sanctionna et compléta
la fondation du monastère de Saint-Sever, opérée par son
père Guillaume-Sanche en 982 avec le concours du vicomte
Odoat[2]. Oïhénart, en reportant à 960 le rôle d'Odon ou d'Odoat,

vicecomes Gasconiæ, miles tuus, possidet injuste duas ecclesias quæ pertinent jam
dicto monasterio sancti Petri : una est edificata ad honorem sancti Martini, in loco
qui dicitur Orriolo, alia sancti Saturnini in Flamalingis. Manda Arnaldo ut reddat
sancto Petro duas ecclesias cum omnibus pertinentiis illarum, ut fratres commo-
rantes in prædicto monasterio habeant de eisdem ecclesiis quod rectum est, et
propter tuam animam cothidie supplicent Domini clementiam, ut cum per divinam
vocationem de hac luce deportaberis ab angelis sanctis, æternam habeas requiem ;
quod si non peregeris secundum quod tibi per præsentem epistolam transmisimus,
ex auctoritate Petri apostoli, scias te esse excommunicatum, ita ut in ecclesiam non
ingrediaris, neque communionem accipias. Vale. (*Histoire générale de Languedoc*,
preuves, éd. in-fol., t. II, colonne 185.)

1. Voir les deux chartes de Saint-Sever, PREUVES XI et XII, p. 514 et suiv.
Odoat ou Odon, vicomte de Gascogne, n'est pas énoncé dans la première charte
de 982, mais il l'est dans la seconde en 1002 :

« Unamque abbatiam, in comitatu suo, genitor meus in Lactoratensi civitate,
« ubi pretiosissimus confessor Genius corpore quiescit humatus, ODDATO viceco-
« mite consentientibus et Arnaldo abbate, huic sacratissimo contulit loco, cum
« omnibus appendiciis quæ ad ipsum pertinebant monasterium. » (MARCA, *Histoire
de Béarn*, p. 233, note 5, deuxième colonne.)

Rien dans les lignes qui précèdent ne révèle qu'Odoat ou Odon fût pourvu en
Lomagne et Oïhénart a été un peu osé en lui attribuant spécialement cette vicomté.

2. Cet Odoat est-il ou n'est-il pas le même que le vicomte appelé Forton-Guil-

vicomte de Gascogne, qui n'en joua aucun avant 982, s'est par trop éloigné de la vraisemblance et de la vérité en conjecturant que ce vicomte, remémoré en 1002 comme présent à l'acte de 982, devait exister vingt ans auparavant. Cette hypothèse aura eu pour conséquence l'écart chronologique en arrière que nous n'admettons pas. Tout contribue à prouver que le milieu de la carrière d'Odon ou d'Odoat était en 982 et non en 960. Si on rapproche en effet l'Odoat de 982 et l'Arnaud-Odon de 1030, on ne trouve guère entre eux que l'espace d'une génération et l'on arrive à la quasi-certitude que l'un était le père de l'autre.

Dans l'*Art de vérifier les dates,* D. Clément a été bien avisé en n'acceptant point le dire d'Oïhénart et en expulsant Odoat de la succession directe des vicomtes de Lomagne. Par contre, il incline à penser que Raymond-Arnaud et Arnaud-Odon pour-

Jaume par Expilly (t. III, p. 404), qui en fait le sujet initial des vicomtes de Gimoez et de Terrides? On ne saurait l'affirmer et encore moins le nier. L'auteur du *Dictionnaire des Gaules* pourrait cependant très-bien avoir lu ou écrit *Forton* pour *Othon.* Cette faute me surprendrait d'autant moins que d'Expilly s'est trompé derechef dans le même article, en donnant arbitrairement pour successeur à Forton-Guillaume un Raymond-Arnaud, qui, en 1071, fit un don au couvent de Mas-Garnier (*Gallia christiana*), et qui, en 1089, faisait à la même maison une restitution dans laquelle il se titrait « prince de Verdun-sur-Garonne. » On le retrouve, en 1095, dans le groupe des grands seigneurs qui assistèrent à la dédicace des autels de Sainte-Marie de Sos. On n'oserait admettre que Forton, dont les faits et gestes sont visibles en 993, époque à laquelle il devait avoir des enfants, ait eu un fils existant encore en 1095. Il est évident que d'Expilly a sauté une génération entre Odon ou Forton (qu'ils soient ou non identiques) et le Raymond-Arnaud dont les actes s'échelonnent de 1071 à 1095. Le degré omis est celui que représente Arnaud-Odon que nous avons vu, dans la bulle de 1030, possesseur du Gimoez, et qui était nécessairement fils de l'Odon ou de l'Odoat improprement appelé Forton. Si on se demande maintenant de qui pouvait être issu Forton ou

raient bien ne faire qu'un. L'abbé Monlezun, en son *Histoire de Gascogne*, a répété et aggravé cette erreur. Nul du reste n'était plus naïf et plus distrait que le bon chanoine d'Auch. Parlant de Raymond-Garsie, l'un des enfants de Garsie-Arnaud, vicomte d'Aure, qui vivait de 937 à 975, il a soin de noter que *Raymond-Garsie* voulait dire : *Raymond, fils de Garsie*. Plus tard s'occupant d'un Raymond, évêque de Lectoure, il signale une donation faite par un *Raymond, fils d'Arnaud* qui se qualifiait, en 1089, prince de Verdun-sur-Garonne. Or le *Gallia christiana*, auquel ce détail a été emprunté, écrit simplement *Raymundo Arnaldi*. L'historien de la Gascogne a traduit ces deux mots par *Raymond, fils d'Arnaud*, chose parfaitement exacte, puisque la deuxième désignation était commémorative du père. Sans tenir compte de cette règle des x$^e$ et xi$^e$ siècles, qu'il a deux fois observée, l'abbé Monlezun la viole un peu plus loin, comme on le verra

Odon-Guillaume, la réponse est rendue facile par le deuxième nom (Guillaume), lequel indique que le père était le duc Guillaume-Sanche ou Guillaume fils de Gombaud. Si Odon dérivait du premier, il ne pouvait être que le fruit d'une liaison illégitime antérieure au mariage de ce duc avec Urracca, princesse de Navarre. A cette époque, les enfants venus au monde dans cette condition ne succédaient que rarement au trône, mais ils restaient membres de la dynastie et étaient modestement apanagés. Monlezun parle aussi du Raymond-Arnaud de 1071 et de 1089, dans son *Histoire de Gascogne*, t. II, p. 57.

« Vers cette époque, 1071, nous trouvons un seigneur nommé Raymond-Arnaud et son fils Arnaud, faisant une donation au monastère de Mas-Garnier, en présence de Raymond, évêque de Lectoure, et de Guillaume Bernard, prince de Savès. Ce Raymond-Arnaud est vraisemblablement le même qui, en 1089, s'intitulait prince de Verdun-sur-Garonne, et restituait à ce monastère le quart de la seigneurie de cette ville; le prince de Savès est un vicomte qui possédait des terres le long de la Save, sans qu'on puisse assigner sa famille ou ses domaines. Les titres n'étaient pas encore invariablement fixés. Dans le même siècle, quelques comtes d'Astarac se disaient tantôt comtes et princes, tantôt comtes et marquis d'Astarac. » (*Histoire de la Gascogne*, t. II, p. 57.)

tout à l'heure. Avant de faire ressortir ces contradictions, il est
juste de reproduire le texte délictueux.

« A la tête des seigneurs qui se pressaient autour de Hugues,
« nous trouvons un vicomte Arnaud et sa femme, ainsi que le
« vicomte Arnaud, leur fils, et Adelaïs, leur belle-fille. Où était
« placée leur seigneurie ? La charte ne le dit pas, mais nous
« pensons que c'était la Lomagne, l'ancien territoire des Lacto-
« rates, ayant la ville de Lectoure pour chef-lieu. S'il fallait en
« croire les auteurs de l'*Art de vérifier les dates*, ce pays eût
« eu précédemment deux comtes, Arnaud-Hatton, sous Louis le
« Débonnaire, et Eudes, du temps de Sanche le Courbé. Suivant
« les mêmes auteurs, les maîtres de la Lomagne descendirent
« plus tard, on ne sait trop pourquoi, au rang de vicomtes ; mais
« sous ce titre ils conservèrent le droit de battre monnaie. Leurs
« pièces s'appelaient des Arnaudins (solidi Arnaldenses), d'un
« nom assez commun dans cette maison. Ce qui nous fait pré-
« sumer que les deux vicomtes désignés dans l'acte précédent
« sont les seigneurs de la Lomagne, c'est que vers l'an 999[1] ce
« pays était possédé par un vicomte *Arnaud* ou *Raymond-*
« *Arnaud*, ayant un fils nommé comme lui, qui fut son succes-
« seur. Une charte passée sous celui-ci désigne le père comme
« héritier et parent de Hugues, jadis maître du Condomois,
« *hæres et consanguineus Hugonis de Condomiense domini*. Le
« mot latin marque une parenté quelconque, même par les
« femmes. Mais en voyant ses descendants prendre rang parmi
« les grandes familles seigneuriales de la Gascogne, traiter

---

1. Différence de neuf années avec Oïhénart qui fixe à 990 le milieu de l'existence de Raymond-Arnaud. Monlezun cette fois est le plus près de la vérité.

« d'égal à égal avec les comtes d'Armagnac, d'Astarac et de
« Béarn, s'allier avec eux, porter pour armes, comme les
« d'Armagnacs, *d'argent au lion de gueules,* nous ne saurions
« douter qu'Arnaud et les siens n'appartinssent à la souche
« mérovingienne, vraisemblablement par Hatton, frère de
« Hunald, dont la postérité occupa quelque temps le comté
« d'Agen. La haine qui poursuivit les descendants d'Eudes sous
« les premiers Carlovingiens, et les ténèbres qui suivirent, nous
« expliquent assez pourquoi les anneaux de la chaîne qui lie les
« diverses branches ne sont point connus. Quoi qu'il en soit, le
« pape Jean XIX écrivit en 1030 à Guillaume Taillefer, comte
« de Toulouse, pour l'engager à porter Arnaud-Odon, vicomte
« de Gascogne, son vassal pour le vicomté de Gimois ou Gima-
« dois, à restituer à l'abbaye de Moissac les églises de Riols et
« de Flamarens. Le titre de vicomte des Gascons, par lequel le
« souverain pontife le désigne, ne permet pas de se méprendre ;
« d'autant plus que Oïhénart lui donne pour prédécesseur et
« pour père un Odoat ou Odon, vivant en 960. On ignore le
« nom de sa femme et l'époque de sa mort, mais il est certain
« qu'il fut remplacé par son fils, nommé Arnaud comme lui.
« L'existence et les titres de celui-ci sont incontestables ; nous
« le verrons se mêler à la grande lutte qui arma toute la Gas-
« cogne. »

Ainsi l'abbé Monlezun avance que : « vers l'an 999 ce pays
« (Lomagne) était possédé par un vicomte Arnaud ou Raymond-
« Arnaud, ayant un fils, nommé Arnaud comme lui, qui fut son
« successeur. » Aux yeux de l'abbé Monlezun, par conséquent,
aucune différence n'existait entre l'Arnaud qui se montre en

diverses chartes de donation sous les années 980, 982 et 1011, et
Raymond-Arnaud, vicomte de Lomagne, que toutes les preuves
précitées proclament son fils. On n'a pas oublié sans doute
qu'Arnaud en avait un autre du même nom que lui, avec lequel
il figure en 1011 parmi les parents les plus immédiats de
Hugues. Une autre raison décisive aurait dû empêcher l'abbé
Monlezun et d'autres annalistes de confondre Raymond-Arnaud,
vicomte de Lomagne et après l'an 1000, avec Arnaud, fils de
Guillaume, présent à la munificence de l'abbé de Blasimont
en 980 et qualifié vicomte en 1011 dans la donation de Hugues.
Quand un personnage, dans les vieilles chartes, est désigné par
un nom unique, c'est toujours le nom individuel qui est conservé
et le nom successif sacrifié. Ainsi Arnaud-Loup de Dax qui
comparaît à la confirmation de la charte de Saint-Sever par
Bernard-Guillaume en 1002 et à la restauration de l'abbaye de
Condom en 1011, y prend son double nom. Lors de l'investiture de
Sanche, duc de Gascogne, comme comte de Bordeaux, cérémonie
relatée dans le *Cartulaire de Saint - Seurin de Bordeaux,*
ARNAUD-LOUP devient ARNAUD (de Dax). Gombaud, dans les anciens
diplômes, est appelé simplement GIMBALDUS ou GUMBALDUS. On
ne trouve qu'une ou deux fois le nom de son père accompagnant
le sien. L'*Historia ecclesiæ Condomiensis,* publiée par D. Luc
d'Achery en son *Spicilége,* le dit abréviativement GIMB. SANCII,
c'est-à-dire GOMBAUD, fils de SANCHE. Hugues est dans le
même cas : son nom personnel de HUGUES est presque toujours
seul, et lorsqu'il est indiqué comme fils de Gombaud, c'est
à l'aide du mot *filius.* Sanxion ou Sanche-Guillaume avait,
comme tout le monde en son temps, deux noms, le sien et celui

de son père. Lorsqu'il signe d'un seul, c'est constamment l'appellatif personnel SANCIUS qu'il emploie et jamais celui de son auteur. Les extraits du *Cartulaire de Sordes* et d'autres monuments de l'époque que nous confinons au rez-de-chaussée de cette page sont plus que probants[1].

Adhémar, dans sa *Chronique*, toutes les fois qu'il parle du duc Sanche-Guillaume, le nomme simplement SANCIUS, et quand Hauteserre désigne BERNARD-GUILLAUME, son frère, il fait de

---

1. Extraits du *Cartulaire des Sordes* se rapportant à Sanche :

### 1010 A 1032.
#### DE FAIXENS ET DE ARRENOS.

Iterum venit supradictus comes SANCIUS et dedit ecclesiam de Sancto Petro de Faisenxs et ecclesiam de Sancto Aniano de Arramos, cum redditibus suis, Deo et Sancto Johanni Sordue, et hoc pro redemptione anime sue et omnium parentum suorum. (*Cartulaire de l'abbaye de Saint-Jean de Sorde,* publié par Paul Raymond, p. 3.)

#### DE VILLA DE BORTES.

Igitur ego SANCIUS, comes, timens Dominum et amorem habere cupiens sancti Johannis, dedi hoc donum Deo et beato Johanni, scilicet villam que vocatur Bortas, quam in pignus tenebat miles ipsius ville Aiquem Fort per centum solidos. Conquisitor hujus ville fuit Brasco abbas, qui dedit centum solidos ad comitem et comes ad Aiquem Fort et solvit villam et dedit illam in franquitatem Sancto Johanni, ut jure perpetuo det unusquisque septem panes et duas concas vini et quatuor civade et singulos porcos et singulos boves foras provinciam et fidejussores ad preceptum abbatis et sint Deo et Sancto Johanni in secula seculorum. (*Cartulaire de l'abbaye de Saint-Jean de Sorde,* publié par Paul Raymond, p. 11.)

#### DE ECCLESIA ET VILLA SANCTI-VINCENTII DE BORTES.

Iterum SANCIUS, comes et dominus tocius Vasconie, dedit Deo et Sancto Johanni de Sordua ecclesiam et decimam Sancti Vincentii de Bortes et totam villam, tam in silvis quam in aquis et in terris. E sunt et Bortes XIII casales qui debent dare sensum, facere dreit e lei, et dare fidejussores ad voluntatem domini abbatis, sicut plane antea scriptum est. Et Bortes habet terminos scilicet rivum de Caunelle et serram de Faucausit usque ad pontem deu Basec, et usque ad terram domini de

même et l'appelle Bernard. Si les deux chroniqueurs eussent appliqué le nom paternel de Guillaume à ces deux enfants, on devine les effets désastreux d'un tel abus. C'était par nécessité et non par préférence que l'on procédait ainsi. Cet usage était une condition d'ordre universel. Supposons en effet une habitude contràire, et la dénomination paternelle uniquement pratiquée à l'exclusion de l'autre, le père et le fils se trouvaient identiquement nommés, et, la marque merveilleuse qui les faisait

Pollon. (*Cartulaire de l'abbaye de Saint-Jean de Sorde*, publié par Paul Raymond, p. 126.

### ENTRE 1119 ET 1136.

*Donum quod fecit* Sancius, *comes, de ecclesia Sancte Marie de Sendos.*

Cum multi alii probissimi viri darent Deo et Sancto Johanni, pro redemptione anime sue, alius ecclesiam, alius rusticos, Sancius, bone memorie, comes Vasconie, dedit Deo et Sancto Johanni ecclesiam Sancte Marie de Sendos et terram, ubi collocavit quidam abbas Gilermus, nomine de Goron, unum rusticum, nomine Filium Paucum. Mortuo autem Sancio comite et defunctis omnibus abbatibus ejusdem cenobii, usque ab abbatem W. Martelli, insurrexit quidam clericus, nomine Filius Bonus, cum sorore sua, nomine Ricsenda, de progenie ipsius rustici, qui dixit se debere possidere, hereditario jure, missecantaniam supradicte ecclesie, quam nemo unquam sui generis possedit, etc. (*Cartulaire de l'abbaye de Saint-Jean de Sorde,* publié par Paul Raymond, p. 126.)

Extrait de la *Chronique d'Adhémar :*

Item : Itaque dum inventum ostenderetur caput S. Joannis, omnis Aquitania, et Gallia, Italia, et Hispania ad famam commota, ibi occurrere certatim festinat; rex quoque Robertus ac regina, rex Navarræ, duc Vuasconiæ Sancius, Odo Campanensis, comites et principes cum episcopis, et abbatibus, omnesque dignitates terrarum eo confluxerunt, ubi omnes offerebant munera preciosi generis.

Siguino vero Burdegalensi defuncto archiepiscopo, et Arnaldo post eum ordinario, et non longe post vita privato, dux Aquitaniæ *Willelmus,* et dux Vuasconiæ Sancius, aggregato conventu apud Blaviam constituerunt archiepiscopum Gotefridum natione Francum, moribus honestum, qui ibidem consecratus est a suffraganeis episcopis. (*Chronique d'Adhémar,* cap. xi, n° 5. — Marca, *Histoire de Béarn,* p. 239, notes 1 et 4.)

A la fondation de l'abbaye de Saint-Pierre de Génerez, voici comment il se nomme lui-même : « Ego Sancius præordinatione Dei, totius Gasconiæ princeps et

reconnaître n'existant plus, le désordre se serait introduit dans les familles, les contrats devenaient impossibles, et l'hérédité, sentiment qui primait tous les autres au moyen âge, était à jamais rompue. La suppression du nom particulier eût donc amené des conséquences terribles, puisque la société par suite se serait abîmée dans le chaos. Si D. Clément et l'abbé Monlezun s'étaient préoccupés de la règle qui consistait, aux xᵉ et xiᵉ siècles, à sauvegarder avant tout l'appellatif particulier et à laquelle je ne connais pas d'exception, ils auraient évité de travestir le Raymond-Arnaud, vicomte de Lomagne, en Arnaud tout court et de l'identifier ensuite à l'Arnaud, vicomte, de 982 et 1011. Si dans RAYMOND-ARNAUD en effet nous retranchons le nom héréditaire d'ARNAUD, il reste RAYMOND. Comment dès lors peut-on supposer que RAYMOND et ARNAUD sont homonymes et qu'ils constituent une personne unique? Nous aurions compris cette assimilation si *Raymond-Arnaud* se fût appelé *Arnaud-Raymond*, mais dans l'espèce cela ne peut être. La méprise, en ce qui concerne ARNAUD-ODON, était beaucoup plus facile, car en

---

dux. » Plus loin, prêtant le serment de fidélité et de protection, il dit: « Ego igitur SANCIUS totius Gasconiæ princeps et dux primus juro. » Un extrait du Cartulaire de Saint-Seurin de Bordeaux nous apprend que Sanche fut selon la coutume de ses prédécesseurs investi du comté de ladite ville et pays bordelais dans l'église Saint-Seurin : « SANCIUS hujus civitatis Dei gratia comes accepit consulatum, velut antiqua consuetudo sanxerat a beatissimo archipræsule Severino. » (MARCA, page 250, notes.) Dans les lettres de 1101 en faveur de l'abbaye de Condom, Hugues appelle son cousin « SANCTIONE illustri viro ducatum obtinente, » et ailleurs : « SANCTIONE duce jubente. » L'évêque d'Agen, comte de Condomois, se qualifie simplement : « Dei gratia episcopus HUGO. ». Dans cette même charte et dans une postérieure que l'on trouvera aux pièces justificatives, on lit : « Ego itaque UGO, quamvis indignus, officium gerens præsulatus. » Le nom particulier est celui que, dans la société d'alors, on attribue à chaque prince et que chaque prince s'attribue.

éliminant le nom successif d'Odon, il ne reste plus que celui d'Arnaud, semblable à celui de l'Arnaud de 982 et de 1011.

Quoi qu'il en soit, l'abbé Monlezun, au mépris de toutes les lois de la philologie et des documents contemporains, déclare identique l'Arnaud, dont nous avons retrouvé les antécédents en 980, 982 et 1011, et Raymond-Arnaud, dont le deuxième appellatif nous apprend que l'Arnaud susdit était son père. Sur un autre point le même écrivain exécute une troisième métamorphose; il nous présente Arnaud-Odon[1], vicomte de Gimoez, comme étant le même que Raymond-Arnaud, tout en lui attribuant pour père Odon ou Odoat, ce qui est d'accord avec la vérité et la maxime linguistique qu'il avait exprimée à propos de Raymond-Garsie d'Aure. L'abbé Monlezun a conclu des fausses prémisses posées par lui, que Raymond-Arnaud, d'abord vicomte de Gascogne, et de Lomagne postérieurement, n'était autre que notre Arnaud de 982 ou 1011 et que l'Arnaud-Odon de 1030. Un tel raisonnement est inacceptable; il signifierait que Raymond-Arnaud et Arnaud-Odon, le premier engendré par un Arnaud et le deuxième par un Odon, constituaient un phénomène à deux têtes, puisque les deux princes raccordés ensemble par une ligature peu scientifique de l'abbé Monlezun

---

1. Arnaud-Odon fut père de Raymond-Arnaud dont il a été question, note de la page 418, et que l'abbé Monlezun mentionne ailleurs en ces termes : « Enfin, à Jean avait succédé Raymond Ier. Celui-ci est plus connu que ses quatre prédécesseurs. Il était prévôt de l'église de Saint-Étienne de Toulouse lorsqu'il fut appelé à l'épiscopat; et suivant un usage dont ses contemporains nous offrent de nombreux exemples, et qui, créé pour des besoins, deviendra bientôt un abus, il garda sa prévôté en s'éloignant de Toulouse. Il signa, en 1061, une donation due à la libéralité d'un certain *Raymond*, fils d'*Arnaud*. » (Monlezun, *Histoire de Gascogne*, t. II, p. 46, 47.)

s'amalgament et se changent en un seul être. En compensation,
il est vrai, l'historien de la Gascogne, sans s'en douter, laisse
ce personnage singulier avec deux pères sur les bras.

En y regardant cependant de plus près, en se souvenant du
mode qui régissait les noms de cet âge lointain, il était aisé de
reconnaître qu'Arnaud-Odon, comte de Gimoez, sur lequel Oïhénart garde le silence, était né d'Odon ou Odoat, vicomte de Gascogne, et qu'il n'y avait entre lui et Raymond-Arnaud, issu d'un
Arnaud, que des dissemblances sous le rapport des possessions
et des appellatifs. C'est pour ces motifs que nous séparons la
personnalité d'Arnaud-Odon de celle de Raymond-Arnaud, et
que nous l'écartons de la descendance directe des vicomtes de
Lomagne [1].

Si l'*Art de vérifier les dates* a eu le tort de ne pas assez distinguer Raymond-Arnaud d'Arnaud-Odon, il est juste toutefois
de noter que Raymond-Arnaud et son successeur Arnaud sont
très-correctement rangés dans la filiation des princes de Lomagne. D. Clément a même poussé la clairvoyance jusqu'à
laisser de côté un des deux Arnaud qu'Oïhénart et le P. Anselme
font fils et petit-fils de Raymond-Arnaud. Ce membre était de
trop dans cette branche, car il n'est autre, on le verra tout à
l'heure, que l'Arnaud mentionné dans la charte de 1011, et
frère de Raymond-Arnaud. D. Clément a donc été très-perspi-
cace en le mettant en réserve. Il l'a été moins lorsqu'il a sur-
chargé Raymond-Arnaud des faits et gestes appartenant à

---

1. C'est la première fois, croyons-nous, que la critique relève ces erreurs et
répand quelque clarté sur l'origine de la dynastie de Lomagne, mal déterminée par
la chronologie et très-embrouillée par la fréquence du nom d'Arnaud dans la souche
et les branches.

Arnaud-Odon. Ce mélange heureusement ne modifie en rien la personne de Raymond-Arnaud comme sujet initial de la race de Lomagne. Aussi, malgré nos légères critiques de détail, notre échelle généalogique des vicomtes de Lomagne sera-t-elle en tous points conforme à celle de l'*Art de vérifier les dates.*

## XII

DE TOUTES LES CHRONOLOGIES DES VICOMTES DE LOMAGNE, CELLE
DE « L'ART DE VÉRIFIER LES DATES » EST LA SEULE CONFORME
AUX ANCIENS DOCUMENTS, SUR LESQUELS NOUS AVONS DRESSÉ
LA NÔTRE.

Dans le groupe des parents énumérés par Hugues, en 1011, lorsqu'il dota le monastère de Condom avec ses domaines de Lomagne et du Condomois, on voit un Arnaud, vicomte (identique à celui de 980 et 982), en compagnie de son fils, autre Arnaud, marié à Adalias. Ce signalement suffira pour faire reconnaître ces deux personnages, qui sont déjà intervenus plusieurs fois dans le cours de cette étude. Le premier de ces Arnaud, on le sait, était père de Raymond-Arnaud, et le second son frère. Oïhénart, qui avait dû avoir en main un document des anciennes Archives de Nérac, cité par l'*Art de vérifier les dates,* nous fait connaître que Raymond-Arnaud procréa un autre Arnaud, auquel il transmit la vicomté de Lomagne. S'appuyant sans doute sur ce titre, Oïhénart a présumé, à cause de la similitude des noms, que l'Arnaud, vicomte de 1011, dont il igno-

rait l'existence antérieure, s'identifiait avec le fils de Raymond-
Arnaud, et que l'autre Arnaud était le petit-fils de ce dernier
vicomte. Or l'Arnaud né de Raymond-Arnaud avait au contraire
pour aïeul le vicomte Arnaud de 980 et de 1011 et pour oncle
Arnaud, fils du précédent et mari d'Adalias. Le P. Anselme et
d'autres ont suivi trop fidèlement Oïhénart, et récidivé son
erreur historique[1]. Bien que nous ayons cité ailleurs un fragment
de la succession des vicomtes de Lomagne, d'après la *Notitia
utriusque Vasconiæ*, p. 479, nous allons le replacer sous l'œil
du lecteur en l'allongeant de quelques degrés.

1. Ce n'est pas la seule erreur qu'on puisse imputer à Oïhénart; sa filiation
des ducs de Gascogne est défectueuse à presque tous les degrés. Il a fait de Guillaume, marquis des Gascons, et de Garsia, comte d'Agen, deux fils du duc Guillaume-Sanche, dont la postérité masculine se composa uniquement de Bernard et
de Sanche. Ces deux enfants, issus d'une deuxième union, étaient si jeunes à la
mort de leur père, que Bernard fut placé sous la tutelle de son cousin, le susdit
Guillaume né de Gombaud. Si ce dernier eût été l'aîné des hoirs de Guillaume-
Sanche, il aurait pris la couronne et non la régence. Sur la foi des historiens
aragonais, Oïhénart a donné pour successeur à Sanche ou Sanxion, en 1030,
Sanche le Majeur, roi de Pampelune : « Sanctio Gasconiæ duce ac Burdegalensis
« comite Wilielmi Sanctii filio, absque mascula prole, circa annum 1030, extincto,
« successit in principatu Gasconiæ Sanctium major Pompelonensis rex. » Sanche,
duc de Gascogne, ne mourut qu'en 1032, et son grand héritage incomba à
Bérenger ou Berlanger, fils d'Alduin II, comte d'Angoulême et d'Alausie, fille,
selon M. de Marca, et sœur, d'après d'autres, de Sanche, dernier duc de Gascogne.
Marca, page 42 de son *Histoire de Béarn*, a réfuté d'une manière victorieuse les
assertions des annalistes d'Aragon, qui ont fait de Sanche le Grand le conquérant
de la Gascogne où il ne mit jamais les pieds, et de son fils Bérenger ou Berlenger,
qu'ils ont confondu avec le comte d'Angoulême, le continuateur des ducs de
Gascogne. Je demande la permission de citer quelques lignes de Marca à ce
sujet :
« Le duc Sance estant décédé sans lignée, la succession de Gascogne fut ouverte
« par sa mort au comte Berlenger ou Bérenger, dont il est fait mention dans le
« Chartulaire de Sorde. Il est difficile de marquer précisément l'origine de ce comte:
« n'ayant point apparence de se persuader qu'il fust né du mariage de Béranger-

### VICECOMITES LEOMANIENSES.

« ODOATUS, tempore Willielmi Sanctiï, Vasconiæ comitis,
« circa annum 960.

« RAIMUNDUS ARNALDUS, tempore Guilielmi, comitis Vasconiæ,
« circa annum 990.

« ARNALDUS, anno 1011, item tempore Garciæ, archiepiscopi
« Ausciensis.

« ARNALDUS, Arnaldi primi filius, habuit filiam nomine
*Adalesam.*

« Raymond, comte de Barcelone, avec Sancie, que l'on prétend avoir esté sœur du
« duc Sance; d'autant que si cette grande province fust entrée dans la maison de
« Barcelone, Diago, qui a fait l'histoire de ces comtes, auroit rencontré dans les
« archifs de Barcelone quelque tiltre qui en auroit fait mention; et, sans doute,
« la Gascogne ne seroit point tombée sans bruit après le décès de Bérenger, entre
« les mains d'Odon ou bien Eudes, comte de Poitiers, si les Catalans l'eussent
« possédée. Aussi, est-il plus raisonnable que Sancie, femme de Bérenger de Bar-
« celone, que les anciens actes asseurent avoir esté fille du très-puissant comte
« Sance, selon le rapport de Surita, estoit fille de Sance comte de Castille, que
« non pas de celui de Gascogne; qui est aussi l'opinion de Diago et des autres
« historiens d'Espagne. J'aimerois mieux croire que ce duc Berenger estoit fils
« d'Alauzie, femme d'Alduin VI, comte d'Angoulesme, que la chronique manuscrite
« de ces comtes donne pour fille à Sance-Guillaume, et qu'il dit avoir porté en
« dot à son mari la terre de Fronsac.

« Après le décès du duc Berlenger, qui peut avoir tiré ce nom du comte de Bar-
« celone, son parrain, la succession de Gascogne fut recueillie par Odo, comte de
« Poitiers, fils de Guillaume IV, comte de Poitiers, et de Brisse, sa femme, fille du
« duc Guillaume Sance, et sœur de Sance, comme j'ai vérifié par la chronique
« d'Ademar, et que le sieur Besli a observé en sa Table des ducs d'Aquitaine. »
(MARCA, *Histoire de Béarn*, p. 249.) Lire dans le même ouvrage, p. 42, les légitimes raisons invoquées par Marca pour repousser Béranger, comte de Barcelone,
comme successeur de Sanche, duc de Gascogne.

« Odo, temporibus Bernardi Tumapalerii, comitis Armenia-
« censis, et Guilielmi, Ausciensis archiepiscopi, circa annum 1065.
« Hic habuit filiam *Azelinam* quæ fuit uxor : 1.º *Bernardi For-*
« *cesii* [1] ex quo duos procreavit filios, *Hugonem* et *Odonem.*
« Deinde nuptias iteravit cum *Geraldo*, comite Armaniacensi, ex
« quo suscepit *Bernardum de Armaniaco* et *Otonem de Leo-*
« *mania;* habuit etiam Odo aliam filiam nuptam *Geraldo Erbel-*
« *sani.*

« VIBIANUS [2], anno 1103, etc. »

1. Le P. Anselme a traduit *Bernardi Forcesii* par *Bernard de la Force*, quand
il fallait *Bernard de Fourcès.* Celui-ci était sorti de la grande famille de ce nom,
cadette des d'Armagnac, qui tenait la baronnie de Fourcès, entre Condom et Mézin,
dès l'ère primitive de la féodalité, et qui contracta postérieurement plusieurs
alliances avec la maison de Galard. Les de Fourcès et les de la Force n'ont jamais
rien eu de commun.

2. On ne sait point au juste si ce Vivian, vicomte de Lomagne, était neveu ou
petit-fils d'Odon, seigneur dominant de ce pays, mais on peut assurer qu'il était
l'un ou l'autre. Une donation collective en faveur du monastère de Cluny, consentie en 1084 par Guillaume, métropolitain d'Auch, Raymond, évêque de Lectoure,
Odon, vicomte de Lomagne, et Vivian, son neveu ou son petit-fils (*et nepote Vi-*
*viano*), lève tous les doutes, sauf celui qui se rapporte à la signification double de
*nepote.* Voici la teneur de cet acte, conservé dans le Fonds Doat, vol. 128, fol. 191 :

*Donation faite par Guillaume, archevêque d'Auch, Raymond, évêque de Lectoure,*
ODDO, *vicomte, et* VIVIAN, *son neveu, à Saint-Pierre et Saint-Paul de Cluny*
*ès-mains de Hugues, abbé des lieux de Saint-Géniès, et de Saint-Clar avec*
*leurs appartenances.*

« Anno 1084 indictione 12ª, regnante Philippo, rege Francorum, imperante autem
Domino nostro Jesu Christo.

« Quoniam inter alia quæ humano generi ad auxilium divina providentia clemen-
ter providit sanctorum etiam patrocinia misericorditer concessit, scilicet ut pro sibi
famulantibus non infimum apud se intercedendi locum ipsi obtinerent, qua propter
ego Willelmus, Dei gratia Auxiensis archiepiscopus, necnon et ego Raymundus, Lactorensis episcopus, una cum ODDONE, *vicecomite, et nepote* VIVIANO, donamus Deo et
sanctis Apostolis ejus Petro et Paulo ad locum Cluniacum, in manu domini Hugonis

D. Clément observe que l'identité de l'Arnaud ci-dessus (Arnaldus, anno 1011), dit contemporain de Garcie, archevêque d'Auch, avec Raymond-Arnaud est fort douteuse, aussi l'ôte-t-il de la ligne directe des vicomtes de Lomagne. L'auteur de l'*Art de vérifier les dates* estimait nécessairement, pour conclure ainsi, qu'Oïhénart, loin de faire de cet Arnaud un chef de degré à l'instar du père Anselme et d'autres, l'avait placé là uniquement pour compléter la personnalité de Raymond-Arnaud, dont ledit Arnaud de 1011 n'était qu'une partie détachée, mais intégrante. D. Clément ne s'est pas associé à cette manière de voir; en revanche l'abbé Monlezun n'a vu dans l'Arnaud en question qu'une moitié ou qu'un tiers de Raymond-Arnaud et les a si bien ajustés ensemble par la magie de son encre qu'ils ne font plus qu'un; Raymond-Arnaud et les deux Arnaud étagés après lui forment cependant trois personnes dans la descendance des

ejusdem Cluniacensis loci venerabilis abbatis locum de Sancto Genio cum omnibus appendentiis suis, libero jure et quieto, scilicet ut isdem dominus Hugo, abbas, seu omnes post cum ipsius successores locum ipsum, sicut jam dictum est, cum omnibus appendentiis suis jure perpetuo teneant et possideant; hoc autem, ut superius præfati sumus, ideo faciemus quatenus ab ipso Sancto Genio apud Deum pro hoc opere in ultimo judicio aliquam misericordiæ partem mereamur percipere; nam cum locus ipse Sancti Genii monachorum prius cœnobium fuerit, ad hoc secularitate crescente jam priidie devenerat ut ipsius necessitate victus cogente derelictus potius videretur quam destructus. Præterea concedimus etiam et donamus eidem domino abbati Hugoni, ad locum Cluniacum, locum similiter de Sancto Claro, ut sicut jam supra prælibavimus de Sancto Genio, ab ipso et ejusdem successoribus omnibus deinceps quieto jure eodem modo teneatur et possideatur. Facta est autem hæc carta anno Incarnationis dominicæ millesimo octuagesimo quarto, indictione duodecim, regnante Philippo, rege Francorum, imperante autem Domino nostro Jesu Christo cujus regnum est in sæcula sæculorum. S. Raymundi Guillelmi, S. Bernardi, S. Hugonis, S. Oddonis, Hunaldi abbatis, Viviani. » (*Collection Doat*, vol. 128, fol. 191, Bibliothèque de Richelieu, Cabinet des titres.)

L'abbé Monlezun, en résumant cet acte, nous a prouvé une fois de plus sa

vicomtes de Lomagne. Elles ne sont pas toutefois à leur place
véritable dans la *Notitia utriusque Vasconiæ*, par la raison que
les deux Arnaud, père et fils, sont substitués à un autre Arnaud,
issu de Raymond-Arnaud. La paternité de celui-ci à l'égard de
celui-là est déterminée de la manière la plus précise par les documents des anciennes archives du château de Nérac, de même que
la paternité de l'Arnaud, vicomte de 1011, à l'égard d'Arnaud,
époux d'Adalias, est indiquée authentiquement dans la charte
de Hugues. Si l'on n'a pas perdu la mémoire des arguments phi-
lologiques et diplomatiques à l'aide desquels nous avons essayé
de préciser la position généalogique de Raymond-Arnaud, il
sera facile de découvrir les liens d'affinité qui attachaient Raymond-Arnaud à l'Arnaud de 980, 982 et 1011 et au fils de ce
dernier, nommé également Arnaud. Le premier de ces Arnaud
était le père de Raymond-Arnaud et le deuxième son frère. Indé-

faillibilité historique. Le millésime de 1084 a été inscrit en chiffres romains dans
le titre de la charte copiée par Doat, et ensuite en toutes lettres dans le texte latin
ci-dessus. L'abbé Monlezun n'en a pas moins antidaté l'acte de 1084 en le faisant
rétrograder jusqu'en 1074, comme on peut le voir par cet extrait de son *Histoire de
Gascogne* :

« Le duc Guillaume avait jadis donné l'église de Saint-Gény aux moines de
« Saint-Sever, à condition qu'ils y bâtiraient un monastère, condition qu'ils
« avaient scrupuleusement remplie; mais la misère avait chassé les religieux, et la
« maison abandonnée était tombée sous les coups du temps plutôt que sous la
« hache des hommes. Cet état durait depuis longues années, lorsque l'évêque
« Raimond, aidé de l'archevêque Guillaume, d'Odon, vicomte de Lomagne, et de
« Vivien, son neveu ou son petit-fils, donna à Saint-Hugues de Cluny Saint-Gény
« et Saint-Clar, libres et francs l'un et l'autre de tout droit et de toute redevance.
« Cette charte est de *1074,* six ans après la rentrée de l'évêque dans son palais et
« dans sa cathédrale. Il ne paraît pas que l'abbé de Saint-Sever ait réclamé contre
« cette donation, quoique ce fût Saint-Gény qui lui appartint et non le monastère
« de la ville, évidemment différent, puisque le premier était désert et le second
« habité. » (*Histoire de Gascogne*, par l'abbé Monlezun, t. Ier, p. 49-50.)

pendamment de ces Arnaud, on en trouve un troisième, lequel était fils et héritier de Raymond-Arnaud.

« Le P. Anselme a copié Oïhénart et donné comme lui à Raymond-Arnaud un pseudo-père qui est toujours Odon ou Odoat, ainsi qu'un fils et un petit-fils, qui ne sont pas les siens[1]. On les connaît déjà; ce sont les deux Arnaud rangés après le *Raymundus-Arnaldus* dans l'extrait d'Oïhénart. Les réflexions critiques appliquées à celui-ci s'étendent donc au P. Anselme, dont nous allons reproduire la page qui nous intéresse.

## ANCIENS VICOMTES DE LOMAGNE.

« La Lomagne est un petit pays de la Gascogne, situé entre « le comté d'Armagnac, le pays de Verdun et la Garonne, qui « sépare l'Agenois. Elle avoit autrefois la ville et forteresse de « Lectoure pour principale place, suivant Oïhénart, en sa notice, « page 478. Elle comprend encore celles de Vic de Lomagne et « de Beaumont. C'est ce qui a fait croire qu'on pouvoit joindre « ici, à la suite des ducs de Gascogne, une généalogie des « anciens vicomtes de Lomagne, et de ceux qui en ont porté le « nom, parce qu'on n'a pas trouvé où les placer plus naturelle- « ment[2].

I

« ODOAT, vicomte de Lomagne, est le plus ancien seigneur « qui ait possédé ce vicomté, suivant Oïhénart, qui dit qu'il

1. Voir la note de la page 400 et page 429.
2. Cet aveu, bon à recueillir, prouve combien le P. Anselme, dans sa grande conscience, se défiait de l'exactitude de son assertion.

« vivoit du tems de Guillaume-Sance, comte de Gascogne,
« environ l'an 960.

## II

« RAYMOND-ARNAUD, vicomte de Lomagne, étoit vivant
« environ l'an 990, du tems de Guillaume, comte de Gas-
« cogne, comme rapporte le même auteur, dont la meilleure
« partie de ceci est tirée.

## III

« ARNAUD étoit vicomte de Lomagne du tems de Garcie,
« archevêque d'Auch, l'an 1011; il fut père du vicomte qui
« suit.

## IV

« ARNAUD II du nom, vicomte de Lomagne[1], laissa une fille
« nommée *Adalèse*, dont l'alliance est inconnue.

1. L'*Abrégé de la Généalogie des vicomtes de Lomagne*, page 1, à l'exemple
d'Oihénart et du P. Anselme, attribue à Raymond-Arnaud, vicomte de Lomagne,
un fils du nom d'Arnaud et un petit-fils ayant même prénom.

### PREMIÈRE RACE.

#### I.

ODOAT, vicomte de Lomagne, est le plus ancien seigneur qu'ait possédé ce
vicomté, selon Oyhénard dans son livre intitulé : *Notitia utriusque Vasconiæ*.
Cet auteur dit qu'il vivoit du tems de Guillaume Sance, duc de Gascogne, vers
l'an 960. Ainsi le démembrement de la Lomagne est postérieur à Garcias Sance,
qui vivoit en l'an 904, et ne peut avoir été fait que du temps de Śance Garcie,
duc de Gascogne, qui peut avoir été père ou grand-père d'Odoat, premier vicomte
de Lomagne.

#### II.

RAYMOND-ARNAUD succéda à Odoat et fut vicomte de Lomagne vers l'an 990, du
tems de Guillaume, duc de Gascogne.

## V

« Eudes ou Odo de Lomagne, du tems de Bernard, dit
« Tumapaler, comte d'Armagnac, et de Guillaume, archevêque
« d'Auch, vivoit encore l'an 1065.

« Femme, Adelais, dont deux filles.

« 1. *Azeline* de Lomagne épousa en premières noces *Ber-*
« *nard de la Force,* duquel elle eut deux fils, *Hugues* et
« *Odon.* Elle se remaria avec Géraud II du nom, comte d'Arma-
« gnac, avec lequel elle vivoit l'an 1070. Elle donna à l'abbaye
« de S. Mont, ordre de Cluny, l'église de Sainte-Marie d'Arem-

### III.

Arnaut, vicomte de Lomagne, vivoit du temps de Garcie, archevêque d'Auch,
vers l'an 1011, et fut père du vicomte qui suit.

### IV.

Arnaut, second du nom, vicomte de Lomagne, laissa une fille nommée *Adalèze,*
dont l'alliance est ignorée.

#### SECONDE RACE.

### V.

Odon, vicomte de Lomagne, succéda à Arnaud second. On ne sait pas de qui il
étoit fils. Il vivoit du tems de Bernard Tumapaler, comte d'Armagnac et duc de
Gascogne, et de Guillaume-Bernard, archevêque d'Auch vers l'an 1065. Le nom de
sa femme est ignoré; ce pourroit être Adalèse, fille d'Arnaut II. On le croit père
de *Vibian* qui suit.

### VI.

Vibian, premier du nom, fut vicomte de Lomagne après Odon et vivoit en
l'an 1103. Il fut vicomte de Lomagne avant l'an 1091. On trouve dans le *Cartulaire de l'abbaye d'Userche* une donation de la terre de Goudaville, qu'il fit à cette
abbaye en l'an 1130, du tems de Vivian, évêque de Lectoure. Il eut pour femme
Béatrix, qui le rendit père d'*Odon,* alias *Othon,* qui suit. » (*Abrégé de la Généalogie des vicomtes de Lomagne.* Paris, 1757, in-12, p. 1 et suivantes.)

« baut, la cinquième férie du mois d'octobre du tems du roi
« Philippe, de Guillaume duc de Gascogne, et de Guillaume,
« archevêque d'Auch. Il paroît cependant par l'acte de cette
« fondation qu'elle fut faite du tems du premier mari d'Azeline.

« 2. *N.... de Lomagne,* mariée à *Géraud d'Erbelsan*[1], du
« consentement duquel elle donna à l'abbaye de S. Mont, en
« présence de Bernard Tumapaler, auparavant comte d'Arma-
« gnac, et lors religieux en cette abbaye, l'église de Coirantian,
« la troisième férie du mois de septembre, du tems du roi
« Philippe et de Guillaume, archevêque d'Auch[2]. » (P. ANSELME,
*Histoire des Grands officiers de la couronne,* t. II, p. 667
et 668.)

Ainsi, d'après Oïhénart et le P. Anselme, les deux générations qui suivent Raymond-Arnaud sont représentées par les
deux Arnaud de la charte de 1011, où nous les avons trouvés
réunis.

Cette intrusion généalogique de deux Arnaud, l'un comme
père et l'autre comme fils, dans la lignée des vicomtes de
Lomagne est combattue par la logique aussi bien que par
les textes du temps. Raymond-Arnaud eut en effet un rejeton du
nom d'Arnaud, lequel engendra non un autre Arnaud, mais
un Odon. Il y a donc tout d'abord un Arnaud de trop dans
les chronologistes précités auxquels nous allons opposer D. Clément, qui a très-scrupuleusement gradué les divers degrés de
la maison de Lomagne.

1. Pour d'Orbessan.
2. Voir ci-dessus la note de la page 445.

CHRONOLOGIE HISTORIQUE DES COMTES ET VICOMTES DE LECTOURE
ET DE LOMAGNE.

*Extrait de l'Art de vérifier les dates.*

RAYMOND ARNAUD.

« RAYMOND-ARNAUD, dont Oïhénart (p. 480) fait mention
« sous la date de 990, et auquel il donne un prédéceseur
« nommé Odon ou Odoat, vivant en 960, est le premier de ces
« vicomtes depuis lequel la filiation soit certaine. Il fut un des
« héritiers de Hugues, sire de Condom, qui fonda, l'an 1011, le
« monastère de cette ville. (*Hist. de Béarn*, p. 234 et 235.) Il
« est qualifié *heres consanguineus Hugonis quondam domini de
« Condomiense* dans une charte qui sera rapportée à l'article
« suivant. On croit devoir observer que le mot *consanguineus*
« ne signifiait alors qu'une parenté quelconque, même par
« femmes, et qu'on n'en doit point conclure qu'Arnaud fût de
« la même race que son cousin Hugues de Condom, qui était de
« la maison de Gascogne. Le pape Jean XIX écrivit, l'an 1030,
« à Guillaume Taillefer, comte de Toulouse, pour l'engager à
« porter ce vicomte, son vassal, pour la vicomté de Gimoës, à
« restituer à l'abbaye de Moissac les églises de Riols et de Fla-
« marens qu'il avait usurpées. (*Hist. de Lang.*, t. II, p. 185,
« preuv.) Il le nomme Arnaud-Odon; mais la qualité de vicomte
« de Gascogne, qu'il lui donne, ne permet pas de le mécon-
« naître pour le même que Raymond-Arnaud. On ignore le
« nom de la femme de ce vicomte, mais il est certain qu'il eut
« un fils, nommé *Arnaud,* qui suit.

### ARNAUD.

« ARNAULD fut le dernier de sa race qui porta le titre de
« vicomte de Gascogne, dont il céda les droits à Bernard Tuma-
« paler, comte ou duc de Gascogne, ainsi que la suzeraineté des
« vicomtés de Brulhois et de Gimoës, *honores vicecomitatuum*
« *Brulhesii et Jumadesii.* Ce traité, qui fut confirmé, l'an 1073,
« par *Odon,* fils du vicomte Arnaud, avait eu lieu avant 1060,
« puisque le vicomte Arnaud ne prenait plus, même avant cette
« époque, le titre de vicomte de Gascogne; il est simple-
« ment qualifié vicomte de Lomagne et d'Auvillars, dans une
« charte par laquelle il restitua, le mercredi, veille de saint
« Martin, du temps de Henri Ier, roi de France [1], le château
« de Nérac qu'il reconnut détenir injustement au préjudice
« du monastère de Condom. Il confirma en même temps la
« donation faite auparavant par RAIMOND-ARNAUD, *son père,*
« vicomte de Gascogne, à ce monastère, de tous les droits qu'il
« avait sur le Condomois, à titre de cohéritier de Hugues, sire
« de Condom, ainsi que de tous les honneurs qu'il pouvait y
« avoir en qualité de vicomte de Gascogne et de Lomagne.
« (*Archives de Nérac,* liasse I, cot. LL.)

### ODON Ier.

« ODON, premier du nom, vicomte de Lomagne et d'Auvil-
« lars, avait succédé au vicomte *Arnaud,* son père avant 1073.
« Il transigea cette année, le mardi, fête de saint Barnabé, avec
« Gérard, comte d'Armagnac, sur l'exécution du traité par
« lequel le vicomte Arnaud avait cédé ses droits, comme

« vicomte de Gascogne, sur les vicomtés de Brulhois et de
« Gimoës et sur le château de Gavarret, à Bernard Tumapaler,
« alors comte de Gascogne et père du comte Géraud. Ce dernier
« ratifia ce traité, et en dédommagement de certaines condi-
« tions qui n'avaient pas encore été remplies, il abandonna au
« vicomte Odon tout ce qu'il pouvait prétendre du chef d'Aze-
« line de Lomagne, sa femme, sur la ville de Lectoure et sur la
« vicomté de Lomagne. (*Orig., Arch. de Montauban*, art.
« *Lomagne*, l. Ier). Cette Azeline était fille d'Odon, vicomte de
« Lomagne, probablement descendant et dernier représentant
« des vicomtes Arnaud, et un autre Arnaud, dont parle Oïhé-
« nart, p. 480, et dont l'identité n'est pas prouvée avec Rai-
« mond-Arnaud, mentionné ci-dessus, vivant en 990. On croit
« devoir observer que la vicomté de Lomagne était parta-
« gée entre divers propriétaires. Trois portions distinctes en
« sont connues dès le xe siècle. La première était celle des
« vicomtes de Gascogne, qui en avaient la suzeraineté ; la
« seconde, celle dont Hugues, sire de Condom, fit donation au
« monastère de cette ville, suivant une charte du cartulaire de
« ce monastère rapportée en entier dans les manuscrits d'Oïhé-
« nart, à la Bibliothèque du roi ; la troisième, celle de ces
« vicomtes de Lomagne, dont Azeline fut l'héritière, et dont
« l'héritage passa aux vicomtes dont on donne ici la suite.
« Azeline de Lomagne n'était donc pas héritière unique de la
« vicomté de Lomagne, comme quelques auteurs l'ont écrit,
« puisqu'elle ne possédait du chef de son père qu'une portion
« de cette vicomté. Le vicomte Odon, dont on parle, n'était
« donc pas le fils du comte d'Armagnac, comme ces mêmes

« auteurs l'ont prétendu, puisqu'il était fils du vicomte Arnaud
« précédent, et qu'il possédait, du chef de son père, la suze-
« raineté et la majeure partie de la vicomté de Lomagne, et
« celle d'Auvillars qu'il transmit à ses descendants. Il en
« résulte que c'est par erreur qu'on a tenté de faire descendre
·« ces vicomtes de Lomagne des comtes de Fézensac, en substi-
« tuant au vicomte Odon, premier du nom, un père qui n'était
« pas le sien. Odon vivait encore l'an 1090 ; et ce fut alors qu'il
« fortifia la ville de Lupiac, dépendante de la châtellenie de
« Batz. On ne sait point le nom de sa femme. On n'est pas
« même bien certain du nom de son fils. Mais la filiation est
« prouvée par son petit-fils, nommé Odon comme lui.

## VEZIAN Ier.

« VEZIAN Ier, ainsi nommé par Oïhénart, p. 480, était
« vicomte de Lomagne dès l'an 1091, suivant le *Cartulaire*
« *d'Uzerche,* fol. 38. Il assista à la convocation faite l'an 1103,
« par Guillaume IX, duc d'Aquitaine, contre Bernard, vicomte
« de Benauges, à l'occasion d'un péage établi sans droit sur la
« Garonne par ce dernier [1]. »

D. Clément présente Odon, qui recueillit un peu avant 1073
la vicomté de Lomagne, comme le continuateur et dernier rejeton « des vicomtes Arnaud et d'un autre Arnaud dont parle
« Oïhénart, p. 480, et dont l'identité n'est pas prouvée avec
« Raimond-Arnaud, mentionné ci-dessus, vivant en 990. »

---

1. *L'Art de vérifier les dates,* réimprimé avec des corrections et annotations, et
continué jusqu'à nos jours, par M. de Saint-Allais, 1817, in-8°, deuxième série,
t. IX, p. 330-333.

D. Clément n'accepte donc pas l'assimilation de Raymond-Arnaud
avec l'Arnaud qu'Oïhénart appelle Arnaud Ier pour le différencier d'Arnaud II qui le suit. Le docte bénédictin n'admet pas
davantage que cet Arnaud ait été le fils de Raymond-Arnaud,
puisqu'il le supprime dans la filiation vicomtale où un seul
Arnaud apparaît, alors que dans Oïhénart et le P. Anselme deux
Arnaud se succèdent immédiatement après Raymond-Arnaud.
Or, pour nous comme pour D. Clément, la figure de celui-ci
existant en 1000 et bien plus tard est tout à fait distincte de celle
d'Arnaud le vicomte, que nous avons rencontré en 980 et 982[1],
dans des donations en faveur du prieuré de La Réole et aussi,
en 1011, dans la charte de Hugues, en compagnie d'un de ses
enfants, nommé également Arnaud et époux d'Adalias. La
manière dont Oïhénart a rédigé et disposé sa nomenclature des
vicomtes de Lomagne prouve d'abord qu'il connut la charte
de 1011[2] et celle dans laquelle Garcie, archevêque d'Auch,
imposa pénitence à Guillaume, comte d'Astarac, pour avoir con-
tracté un mariage illicite[3]. Les deux époux furent tenus de jeûner
trois fois par semaine, de boire de l'eau le vendredi et de nourrir cent pauvres. Ils devaient en outre en régaler douze de plus
le vendredi saint, leur laver préalablement les pieds et leur
compter un denier. Guillaume, toujours dans une intention
expiatoire, restitua au prélat, qui l'avait puni et absous, le lieu
et la chapelle de Saint-Venance ou Aurance. On remarque au
nombre des garants de cet acte un ARNALDUS LOMANIACENSE[4], qui

1. Voir plus loin PREUVES IX et X, pages 512 et 513.
2. Voir plus loin PREUVE XV, page 527.
3. Voir plus loin PREUVE XX, page 547.
4. *Ibid.*

était bien l'*Arnaldus II* dont parle Oïhénart, et le fils du vicomte Arnaud de 1011. Ni l'un ni l'autre, il est vrai, n'étaient les rejetons directs de Raymond-Arnaud, lequel procréa uniquement l'Arnaud mentionné dans le document des Archives du château de Nérac et dans l'*Art de vérifier les dates*. Si Oïhénart avait pu analyser ce titre, de même qu'il analysa la donation de 1011 par Hugues et celle de Saint-Venance ou de Saint-Orens par le comte Guillaume d'Astarac, il eût évité la méprise dans laquelle il est tombé. De l'identité de nom entre les trois Arnaud, Oïhénart aura certainement déduit l'identité de personne et de situation dans la famille de Lomagne. Un seul des Arnaud appartenant à cette trinité était issu de Raymond-Arnaud; les deux autres, provenus du même estoc, étaient père et frère de ce dernier. L'erreur d'Oïhénart[1] est donc d'avoir fait un classement vicieux au point de vue filiatif.

Dans le but de rendre notre leçon plus compréhensible et de montrer les erreurs successives et particulières des chronologistes, nous croyons utile de dresser, d'après chacun d'eux, les premiers degrés des vicomtes de Lomagne et de mettre en regard ces petits tableaux généalogiques pour faire ressortir leurs variantes.

---

1. Répétée par le P. Anselme (voir plus haut, page 433) et par l'auteur de l'*Abrégé de la Généalogie des vicomtes de Lomagne*. Voir plus haut, note de la page 434.

L'abbé Monlezun, tout en identifiant Raymond-Arnaud avec le vieil Arnaud ou Arnaud-Guillaume de 1011 et l'Arnaud-Odon de 1030, a suivi l'*Art de vérifier les dates* pour la descendance des vicomtes de Lomagne.

FILIATION DES VICOMTES DE LOMAGNE.

| D'après Oïhénart, le P. Anselme et l'abrégé de la généalogie des vicomtes de Lomagne. | D'après « l'Art de vérifier les dates », qui supprime Odoat et un des deux Arnaud. | D'après nous ou plutôt d'après les chartes contemporaines et la loi des noms aux xᵉ et xıᵉ siècles. |
|---|---|---|
| I. — ODOAT, vicomte de Gascogne en 960. Il n'existait d'après la deuxième charte de St-Sever qu'en 982. C'est cet Odoat que D. Clément a évincé comme suspect. | | I. — ARNAUD ou ARNAUD-GUILLAUME, vicomte de Gascogne (980-1011), dont : 1° *Raymond-Arnaud;* 2° *Arnaud,* époux d'*Adalias,* mentionné tel dans la charte de 1011 et auteur des sires de Galard |
| II. — RAYMOND-ARNAUD, vicomte de Gascogne, 990. | I. — RAYMOND-ARNAUD, vicomte de Gascogne, 990. | II. — RAYMOND-ARNAUD, vicomte de Gascogne, de 1,000 à 1045. |
| III. — ARNAUD, vicomte de Lomagne au temps de Garcie, archevêque d'Auch, en 1011. | II. — ARNAUD, vicomte de Lomagne et d'Auvillars sous Henri Iᵉʳ, de 1035 à 1060. | III. — ARNAUD, vicomte de Lomagne et d'Auvillars, sous le règne de Henri Iᵉʳ, de 1045 à 1060. |
| IV. — Autre ARNAUD, vicomte de Lomagne, père d'*Adalèse.* | III. — ODON, vicomte, avant 1073. | IV. — ODON, vicomte de Lomagne, de 1060 à 1091. |
| V. — ODON, mari d'ADALAIS, père d'*Azeline,* femme de *Géraud,* comte d'Armagnac. | IV. VIVIAN ou VIVIEN, vicomte, de 1091 à 1103. | V. — VIVIAN ou VIVIEN, neveu ou petit-fils du précédent, tint la vicomté de 1091 à 1103. |
| VI. — VIVIAN ou VIVIEN, vicomte de Lomagne, 1103. | | |

Oïhénart et ses imitateurs, ne nous lassons pas de le répéter,

ont remplacé Arnaud, fils de Raymond-Arnaud, par les deux
Arnaud de la charte de 1011, dont l'un était le père et l'autre
le frère dudit Raymond-Arnaud. Ils ont de plus donné à l'Arnaud qu'Oïhénart appelle *Arnaldus II* une fille Adalèse qui a
bien l'air d'être l'Adalias, femme d'Arnaud et bru d'autre
Arnaud, vicomte, qui marche en tête du cortége de Hugues, dans
la donation de 1011. La netteté de ce document est complète sur
ce point : « ARNALDO vicecomite, et cum conjuge sua, eorumque
filio ARNALDO, ejusque conjuge ADALIAS. » Si maintenant on met
cette Adalias ou Adalaïs en présence ou à côté d'Adelèse, fille
du deuxième Arnaud signalé par Oïhénart, on leur trouve, je le
répète, une ressemblance par trop frappante pour ne pas suspecter le chronologiste précité d'une nouvelle confusion quand
il écrit : « ARNALDUS II, ARNALDI primi filius, habuit filiam
nomine *Adalesam.* » Cette transformation importe peu dans l'espèce, puisque l'Arnaud en question, mal classé par Oïhénart,
n'est au demeurant que le collatéral des vicomtes de Lomagne.
D. Clément, dont la vigilance avait surpris ces erreurs, s'est
abstenu d'attribuer à l'Arnaud, véritablement issu de Raymond-
Arnaud, une fille du nom d'Adalèse. Il s'est borné à nous faire
connaître que ledit Arnaud, vicomte de Lomagne, succéda à
Raymond-Arnaud et engendra Odon. Ces trois degrés dans l'*Art
de vérifier les dates* sont étayés par des citations solides tirées
des anciennes *Archives du château de Nérac, liasse 1, cotée LL,*
et de celles de *Montauban, article Lomagne, n° 1.* Nous sommes
arrivés par une voie différente au même résultat généalogique
que D. Clément, qui seul entre les chronologistes a vu clair dans
l'obscurité des noms, des dates et des faits se rapportant à la

dynastie de Lomagne. Le savant bénédictin n'a butté qu'une seule fois, c'est contre le mot *consanguineus*.


# XIII

LE VICOMTE ARNAUD DONT NOUS AVONS MARQUÉ LES APPARITIONS EN 980, 982 ET 1011, NE SAURAIT ÊTRE LE MÊME QUE L'ARNAUD, VICOMTE DE LOMAGNE DE 1045 A 1060 ENVIRON, CAR A CETTE DERNIÈRE DATE LE PREMIER DE CES ARNAUD AURAIT ÉTÉ QUASI CENTENAIRE.


Il résulte du titre des anciennes Archives du château de Nérac que Raymond-Arnaud avait doté, en Lomagne et en Condomois, le couvent de Saint-Pierre de Condom, de plusieurs domaines qui lui avaient été légués par Hugues, évêque d'Agen, ainsi que de certaines redevances inhérentes à sa fonction de vicomte de Gascogne. Raymond-Arnaud vécut donc longtemps après que Hugues, son grand-oncle, eut rendu son âme à Dieu vers 1018. Nous prouverons tout à l'heure que Raymond-Arnaud était encore à la tête de sa vicomté en 1040 et 1045. Les faits et gestes de son fils Arnaud ne sont d'ailleurs visibles qu'au milieu et à la fin du règne d'Henri Ier, roi de France, de 1045 à 1060, et que sous la domination de Bernard Tumapaler, comte d'Armagnac, qui eut une carrière presque parallèle à celle du petit-fils de Hugues Capet, quoique plus longue[1].

---

1. Bernard Tumapaler apparaît, pour la première fois, à la fondation de Saint-Pé de Générez vers 1020, et la dernière à la charte de Sainte-Foy de Morlas, octroyée

Arnaud, successeur de Raymond-Arnaud, fut le dernier de sa
race qui exerça le titre de vicomte de Gascogne. Il transporta,
vers 1050 ou 1051, cette prérogative insigne et ses droits de
suprématie féodale sur le Brulhois et le Gimoez, *honores vicecomitatuum Brulhesii et Jumadesii*, à Bernard Tumapaler, pour
fortifier la compétition de celui-ci au duché de Gascogne que
revendiquait Guy Geoffroy, comte de Poitiers, mais que le comte
d'Armagnac administrait effectivement depuis 1039, époque où
le comte Odon, neveu du duc Sanche, succomba devant Mauzé.

en 1079 par son neveu Centulle IV, vicomte de Béarn. Il aurait livré en 1070,
suivant quelques auteurs, en 1073, selon d'autres, une bataille à Guy Geoffroy, son
compétiteur au duché de Gascogne, sur les rives de l'Adour au lieu dit de la
Castelle, dans le Tursan. Le comte d'Armagnac, d'après les historiens sus-désignés,
aurait été vaincu par son ennemi. La constatation de ce combat ne repose que sur
un passage fort peu explicite du *Cartulaire de Saint-Sever*, où il est dit : « Le
« comte Geoffroy, duc de toute l'Aquitaine et de la Gascogne, confirma les dona-
« tions de Guillaume Sance et de Bernard Guillaume, estant au monastère de la
« Castelle, où ce duc triomphoit, ayant remporté sur les ennemis une victoire
« remarquable, regnant Philippe, roi de France, et Alexandre tenant le Papat à
« Rome, l'an 1073, aux nones de may, la lune 21, épacte 6, indiction 8, ferie 4. »
Rien n'indique que Guy Geoffroy, comte de Poitiers, eût dans cette circonstance
pour adversaire, Bernard Tumapaler ; il est présumable, au contraire, que leur
différend était réglé depuis 1052, époque à laquelle le comte d'Armagnac abandonna à son rival tous ses droits sur le duché, moyennant une somme de quinze
mille sous. Nous trouvons, en effet, dans le *Gallia christiana* un instrument qui,
à notre point de vue, fixe la question en ces termes : « Hæc descriptio facta
est IV Non. maï, luna prima, feria secunda, Indictione XV, temporibus
« papæ Leonis IX, Guidone duce Pictaviensi Aquitaniam et totam Guasconiam
« regente per commutationem venditionis nostræ scilicet Guasconiæ. » L'*Art
de vérifier les dates*, commentant cet acte, ajoute avec raison : « Tous ces
« caractères, à l'exception de l'indiction qui est fautive et qui doit être V au lieu
« de XV, se rapportent à l'an de Jésus-Christ 1052. On voit par là l'erreur de ceux
« qui mettent en 1070 l'acquisition que fit Guï Geoffroi du duché de Gascogne. »
Marca, du reste, n'a relaté la lutte de 1070 qu'avec restriction. Il observe qu'il
pourrait se faire « que cette bataille ne fût pas gagnée sur Bernard Tumapaler,
« mais sur quelques factieux de la province. » En l'absence du texte précis, il serait

Le traité en vertu duquel Arnaud s'était dessaisi de l'autorité et du titre de vicomte de Gascogne fut ratifié, l'an 1073, par Odon, fils du vicomte Arnaud, qui, même avant de renoncer à la susdite qualité de vicomte de Gascogne, avait cessé d'en faire usage. Arnaud revêt l'unique dignité de vicomte de Lomagne et d'Auvillars dans une charte octroyée le mercredi, veille de Saint-Martin, sous Henri Ier, qui régna en France de 1031 à 1060. Arnaud réintégra par cet acte les moines de Condom dans le château de Nérac, dont il avait été, de son propre aveu, le dé-

---

risqueux d'admettre la défaite personnelle de Bernard Tumapaler, surtout après le pacte de 1052. Ce pacte fut évidemment postérieur à l'acte inscrit dans le Cartulaire de Lescar où Bernard Tumapaler, offrant le casal de Salies en la cathédrale Sainte-Marie de Lescar, se qualifie comte de Gascogne : « Casal de Salies dedit Bernard Tumapaler comes Gasconiæ. » (*Marca*, p. 280.) Ce qui rend la lutte de Bernard Tumapaler et de Guy Geoffroy improbable en 1070, c'est d'abord le traité de 1052, et ensuite la déclaration du premier de ces prétendants. Celui-ci, à la fondation de Saint-Mont en 1061, dit qu'il fut autrefois duc de Gascogne, d'où il faut induire qu'il ne l'était plus : « Bernardus cognomento Tumapalerius totius *quondam Guasconiæ* comes. » (*Gallia christiana*, t. I, instrumenta, p. 166, col. 2.) La victoire de la Castelle, en 1070, fut donc remportée non sur le comte d'Armagnac par celui de Poitiers, mais par ce dernier sur un ennemi inconnu ou mal connu, peut-être sur des rebelles, ainsi que l'a supposé Marca.

Bernard Tumapaler avait eu d'abord un autre concurrent pour le duché de Gascogne, c'était Centule, vicomte de Béarn. Celui-ci ne tarda pas, il est vrai, à se désister au profit du comte d'Armagnac, sous la condition que l'indépendance du Béarn serait désormais absolue. « Deux prétendans, dit à ce propos Faget de Baure, se disputaient ce titre (duc de Gascogne). Centule le réclamait du chef de sa femme Angèle, et Bernard Tumapaler, comte d'Armagnac, croyait devoir l'obtenir, comme étant lui-même le chef de la Maison de Gascogne. Ces deux rivaux conclurent un accord entre eux. Centule reconnut les droits de Bernard sur le comté des Gascons et se désista de ses prétentions; Bernard promit sa sœur Adelaïs en mariage à Gaston, fils de Centule, et l'on présume qu'il renonça à la souveraineté du Béarn. Depuis cette époque on ne voit aucun acte de juridiction exercé dans le Béarn par les comtes de Gascogne.» (*Essais historiques sur le Béarn,* par M. Faget de Baure, p. 58.)

tenteur illégitime. Le sire de Lomagne renouvela en outre l'abandon fait par son père, Raymond-Arnaud, vicomte de Gascogne, de tous les droits qu'il pouvait avoir sur le Condomois, comme cohéritier de Hugues, comte de Condom, et de toutes les prééminences attachées à son rang de vicomte de Gascogne et de Lomagne[1].

L'abbé Monlezun, malgré ses distractions fréquentes et les défaillances de sa logique, a très-bien expliqué, après d'autres il est vrai, la division de la Lomagne en trois parties : la première, provenant de la donation de Hugues, appartenait à l'abbaye de Condom; la seconde se trouvait aux mains des vicomtes de Gascogne; le troisième lot avait pour maîtres les sires de Lomagne, qui, durant leur vicomtat de Gascogne, tinrent sous leur mouvance le Gimoez, le Brulhois et portion du Condomois. Ce morcellement du pays de Lomagne condamne l'abbé Monlezun lorsqu'il enchevêtre le vieil Arnaud, Raymond-Arnaud, et Arnaud-Odon, tous trois vicomtes, mais il permet de comprendre comment ces différents princes portaient le même titre et dominaient simultanément dans la même région. C'est ainsi qu'Arnaud, fils de Raymond-Arnaud, avait, outre son grand fief de Lomagne, des droits de prépotence féodale, à titre de vicomte de Gascogne, sur le Gimoez et le Brulhois qui avaient leurs feudataires particuliers. Arnaud de Lomagne exerçait par conséquent des prérogatives militaires, judiciaires et politiques

---

1. Archives du château de Nérac, liasse 1, cotée L⁰. — *Art de vérifier les dates*, réimprimé et continué par M. de Saint-Allais, édition in-8°, 2ᵉ série, t. IX, p. 330 et suivantes.

sur ses deux voisins, possesseurs du sol sous la condition de vasselage.

La convention entre le vicomte Arnaud et le comte Bernard Tumapaler se rapporte à la période de 1050 à 1052 environ. C'est alors que s'accentua la rivalité entre le comte de Poitiers et celui d'Armagnac. La lutte, on l'a vu plus haut, se dénoua par une cession du dernier prince contre beaux deniers d'or[1]. C'est durant cette querelle, un peu avant 1052, qu'Arnaud, vicomte de Lomagne et successeur immédiat de Raymond-Arnaud, avait renoncé à l'autorité prépondérante qu'il exerçait sur diverses contrées pour favoriser les prétentions de son cousin Bernard Tumapaler. La participation d'Arnaud à ces événements nous autorise à placer sa carrière entre 1045 et 1060. Nous avons même un motif de croire qu'elle outre-passa cette dernière date, puisque le premier geste de son fils Odon se trouve plus près de 1073 que de 1060. Un autre fait concluant, que l'on connaît déjà, fortifie notre manière de voir. Nous le rappelons pour mémoire. Après avoir arraché à l'abbaye de Condom le château de Nérac, le vicomte Arnaud, repentant, la rétablit dans les possessions qu'elle tenait de la munificence de son auteur Raymond-Arnaud. Cette réparation s'effectua sous Henri Ier, qui porta la couronne de France de 1031 à 1060. Selon toute vraisemblance, l'acte d'Arnaud dut coïncider plutôt avec la fin qu'avec l'avénement du susdit règne et avoir lieu, ainsi que le sacrifice de la suprématie féodale en faveur du comte d'Armagnac, vers 1050 ou 1051. Supposons un instant que

---

1. Et non par une bataille livrée sur les bords de l'Adour, à proximité du lieu où s'élevait jadis l'abbaye de Saint-Jean de la Castelle.

l'Arnaud, qualifié vicomte dans la charte de 1011, eût été le fils de Raymond-Arnaud ainsi que le prétend Oïhénart ; cet Arnaud, on ne l'a pas oublié, possédait et avait près de lui, à la même date, un de ses enfants, également appelé Arnaud, lequel était marié à Adalias. Pour mettre en relief la différence du vicomte Arnaud l'ancien, père d'autre Arnaud et beau-père d'Adalias, avec l'Arnaud (véritable fils de Raymond-Arnaud) qui renonça à la suzeraineté du Brulhois avant 1060, on n'a qu'à mesurer approximativement l'âge qu'aurait eu, à cette époque, le vieux vicomte Arnaud. Pour que son fils, en effet, eût pris femme en 1011, il fallait que son auteur eût, au moins, quarante-cinq ou quarante-six ans. Si l'on ajoute les quarante-sept ou quarante-huit autres qui courent de 1011 à 1060, époque où se manifestent principalement les faits et gestes d'Arnaud, vicomte de Lomagne, héritier immédiat de Raymond-Arnaud, on trouve que le vicomte Arnaud, de la charte de 1011, s'il avait été le même que le successeur de Raymond-Arnaud, aurait été presque centenaire, ce qui est possible, mais non plausible.

Pour ce motif de longévité et tant d'autres, le vicomte Arnaud de 1011 ne peut être maintenu dans la filiation directe. Son fils Arnaud, mari d'Adalias, doit être forcément éconduit avec lui d'une ligne à laquelle il ne se rattache pas immédiatement. On peut donc, sans crainte de se tromper, rejeter les deux Arnaud, introduits furtivement par Oïhénart dans la chronologie des sires de Lomagne, et les remplacer en toute légitimité par l'Arnaud qui restitua avant 1060 des biens usurpés au monastère de Condom et qui fit un pacte avec le comte d'Armagnac.

# XIV

## OÏHÉNART A ANTIDATÉ L'EXISTENCE DE RAYMOND-ARNAUD EN LA PLAÇANT VERS 990.

Étant données les rares dates qui constellent les ténèbres épaisses du IXᵉ siècle, on pourrait déterminer approximativement l'âge de la plupart des membres de la maison de Gascogne qui nous intéressent. D'après le P. Anselme et divers chronologistes, Garcie-Sanche, dit le *Courbé,* existait en 904. D. Brugelès et beaucoup d'autres nous montrent ses trois enfants investis en 920 de leurs parts respectives dans l'héritage paternel. Les deux puînés, Guillaume-Garsie[1] et Arnaud-Garsie, dit

---

1. Chérin, dans la *Généalogie de Montesquiou-Fezensac,* dit que Guillaume-Garsie, deuxième fils de Garsie-Sanche le Courbé, et frère de Sanche-Garsie, duc de Gascogne, tenait le comté de Fezensac en 925, ce qui concorde avec Dom Brugèles. Oïhénart dit (p. 489) que Guillaume-Garsie, comte de Fesensac, vivait au temps de Charles le Simple, qui ceignit la couronne en 893 et mourut en 929. Ce fait de synchronisme est aussi constaté dans la donation de l'église d'Espais, que Chérin, dans la *Généalogie de la Maison de Montesquiou-Fezensac,* fixe à l'année 926. Le comte Guillaume-Garsie se préoccupait déjà en 926 de gagner les bonnes grâces de Dieu et offrait dans ce but à l'archevêque d'Auch l'église de Saint-Jean d'Espais ou d'Espas. L'esprit dans lequel la charte est conçue trahit le souci de la mort, ce qui autorise à penser que Guillaume-Garsie en 926 avait déjà accompli la moitié de son existence.

### DE SANCTO JOHANNE D'ESPAIS.

« Omni ordini, sexui atque etati placuit notificari quomodo Guilelmus Garsie, comes de Fidentiaco, compunctus timore Dei, ut darem de rebus meis ad Beatam Sanctam Mariam de Auscia civitate, de alodio meo proprio quod habeo de juxta Elsa, in loco qui dicitur Spanis, dono ipsam ecclesiam, que est fundata in honore Sancti

Nonat, tenaient, le premier le Fezensac, et le second l'Astarac.
L'aîné, Sanche-Garsie, possédait à la même époque et sans nul
doute précédemment la Grande-Gascogne avec le titre de duc.

Le partage, opéré par Garsie-Sanche, leur père commun, en
faveur de ses deux aînés du moins, était donc antérieur à 920.
On peut par conséquent assigner à l'avénement ducal de Sanche-
Garsie une date intermédiaire entre 904 et 920, comme celle de
914, avec la certitude d'approcher autant que possible de la
vérité, surtout quand on sait que Garsie-Sanche se déchargea
de sa puissance bien avant sa mort[1]. Garsie-Sanche néanmoins
n'acheva de la répartir entre ses fils qu'en 920, époque où il remit
l'Astarac à Garsie-Sanche[1]. Il est certain encore que Sanche-
Garsie avait eu progéniture avant 920, puisque ses enfants
Guillaume-Sanche, Gombaud, Eci ou Ezy et Amaneu assistaient
à la donation de l'Astarac, faite par Garsie-Sanche en faveur de
Arnaud-Garsie. Sanche-Garsie, dont nous avons déjà parlé, eut

Johannis Baptiste et aliorum Sanctorum, simul cum ministerium ecclesiasticum,
cellas, cellarios... curtes, curtilles, ortos, ortales, orreos, intratum et exitum, terras cultas et incultas, silvis, pascuis, pratis, fontibus, aquis aquarum vel decursibus suis, omnia dono ad Sanctam Mariam, suisque presbiteris vel diachonibus vel
subdiachonibus qui Sanctam Mariam deserviunt ad usum Sancte Ecclesie, ut ante
Dominum nostrum Jhesum Xpm merear videre in diem Judicii et de meis peccatis mercedem habere. Facta donatio ista in mense madio, regnante rege Karolo,
comite Guilelmo Garsia de Fidentiaco, qui cartam istam rogavit scribere vel firmare
propter animam suam. Signum Oriolodatus, vicecomite... signum Oriolo Else,
Centulus, presbiter; rogatus scripsit. » (*Cartulaire blanc de l'église Sainte-Marie*
d'Auch, coté Y, n° III, f° 36, r° et v° de la cote ancienne, fol. 38 r° et v° de la cote
moderne. *Chroniques du diocèse d'Auch*, par D. Brugèles, preuves, 1re partie, p. 12.
*Généalogie de la Maison Montesquiou-Fezensac*, par Chérin, preuves, p. 3.)

1. « Après le décez du comte Garsie-Sanche, ses descendans continuèrent de
jouir des mêmes possessions, quoique leur aliénation n'eût été faite que pour le
tems de la vie du comte Garsie-Sanche. » (D. Brugèles, *Chroniques du diocèse
d'Auch*, seconde partie, p. 276-277.)

trois enfants; Sanche-Sanchez, l'aîné, ne tint que passagèrement les rênes du pouvoir et décéda prématurément sans postérité, laissant le duché à son frère Guillaume-Sanche. Celui-ci, qui était déjà vieux lorsqu'il s'associa Gombaud, son cadet, devait l'être aussi quand il épousa Urraque, sœur du roi de Navarre, si on en juge par l'âge de ses enfants, qui étaient encore mineurs lorsque leur père passa de vie à trépas. Les fils de Gombaud au contraire étaient déjà majeurs depuis longtemps, puisque Guillaume, l'un d'eux, fut pourvu de la tutelle de son cousin Bernard-Guillaume, né de Guillaume-Sanche et d'Urraque [1].

Sanche-Sanchez, Guillaume-Sanche et Gombaud touchaient donc presque à l'adolescence en 920, puisqu'ils prirent part à l'investiture du premier comte d'Astarac, leur grand-oncle. Sanche-Sanchez n'était plus vers 960 et les deux autres étaient morts en 983, après soixante et quelques années d'existence. Gombaud s'était marié de très-bonne heure, aux environs de 935. Il avait eu, on ne saurait trop le répéter, avant de s'asseoir sur l'évêché de Gascogne, des hoirs qui avaient atteint la maturité quand ceux de Guillaume-Sanche étaient encore en bas âge. Aussi Guillaume, l'un des fils de Gombaud, fut-il choisi, vers 984, pour administrer le duché au nom de Bernard, Guillaume, fils de Guillaume-Sanche, trop jeune pour gouverner lui-même. Si Guillaume, cousin de l'héritier légitime, fut jugé digne de cet honneur, c'est qu'il avait acquis l'expérience résultant des années. Il est donc permis de conjecturer de tous ces faits que Gombaud, né avant 920, dut engendrer Guillaume

1. Marca croit qu'il avait préludé à cette union par une autre, inconnue et stérile, ce qui le décida à la fin de ses jours à convoler en secondes noces.

bien avant 940[1] et que le susdit Guillaume avait plus de quarante ans en 984 lorsqu'il prit la régence. Il serait mort vers l'an 1000, si l'on s'en rapporte au P. Anselme[2]. Son fils Arnaud, lors de sa première apparition en 980, était nécessairement jeune et son petit-fils Raymond-Arnaud bien davantage en 990, car Oïhénart le fait vicomte de Gascogne vers cette époque, *circa 990*. Je sais bien, que la vicomté de Gascogne étant devenue héréditaire, un enfant pouvait la trouver dans son berceau[3]. Ce n'est pas toutefois un motif suffisant pour accepter la supputation d'Oïhénart. Cet annaliste, par l'intrusion de deux Arnaud, consécutifs dans la filiation des vicomtes de Lomagne, l'a surchargée d'un degré parasite que Dom Clément a supprimé avec raison et que nous supprimons aussi. L'erreur généalogique d'Oïhénart l'a forcé à antidater le rôle de Raymond-Arnaud, qu'il a placé vers 990 au temps de Guillaume, duc et marquis des Gascons et régent pendant la minorité de Bernard-Guillaume qui ne prit en main l'autorité effective que vers l'an 1000. C'est tout au plus à la fin de la tutelle de Guillaume, c'est-à-dire vers

---

1. Et Hugues, évêque d'Agen peu de temps après.

2. Le savant bénédictin prétend en effet que Guillaume n'était plus lorsque Bernard-Guillaume eut atteint sa majorité et devint duc de Gascogne.

3. Les princes, dès leur bas âge, je ne le nie point, étaient mêlés aux événements politiques et religieux. Aussi voit-on Bernard-Guillaume et Sanche, son frère, participer à la première charte de Saint-Sever en 982, quand ils étaient à peine sortis de l'enfance, car en 984, après la mort de leur père, ils furent pourvus d'un tuteur et le duché d'un régent. Cette double charge incomba à Guillaume, fils de Gombaud et cousin germain des deux mineurs. Il serait donc possible, à la rigueur, que Raymond-Arnaud eût apparu en 990, mais la date d'Oïhénart n'est appuyée par aucun titre ancien et tous ceux relatifs à Raymond Arnaud nous le montrent tenant sa vicomté de 1000 à 1045. Aussi persistons-nous dans notre rectification chronologique.

999 ou 1000, que l'on pourrait admettre les premiers gestes de Raymond-Arnaud, dont l'existence n'est visible que dans la première moitié du xɪᵉ siècle. On le trouve en effet après la mort de Hugues, entre 1018 et 1030, faisant acte de bienfaisance à l'égard du monastère de Condom, auquel il abandonna le château de Nérac ainsi que divers cens et rentes provenant de l'apanage de Hugues dont il avait été un des héritiers. Comment se fait-il que, dans la *Notitia utriusque Vasconie*, Raymond-Arnaud ait été mentionné comme vivant en 990, alors que tous les événements auxquels il se rattache sont de beaucoup ultérieurs? Le motif est facile à découvrir. Oïhénart, avec une bonne foi qu'on n'oserait suspecter, a insinué dans la descendance de Lomagne deux Arnaud irréguliers à la place d'un Arnaud légitime et deux générations quand il n'en fallait qu'une. Cette erreur a forcé l'historien de la haute et basse Vasconie à serrer les rangs pour faire de la place aux deux usurpateurs et à reculer jusqu'à leur extrême limite et même au delà les représentants des degrés qui précédaient les deux Arnaud dans sa chronologie, c'est-à-dire Raymond-Arnaud et Odoat. Or les traces de Raymond-Arnaud vivant, d'après Oïhénart, en 990, ne sont apparentes qu'après l'an 1000, et celles d'Odoat que dix-huit ans avant. La deuxième charte de Saint-Sever est en effet la seule qui signale un Odoat comme ayant participé à la première en 982. Il n'est question de ce personnage nulle autre part, ce qui n'a pas empêché Oïhénart de le faire rétrograder jusqu'en 960. La ligne consacrée par Oïhénart à Raymond-Arnaud porte : « Raymundus-Arnaldus, tempore Guillielmi, comitis Vasconiæ, circa annum 990. » Il est possible que l'acte com-

pilé par Oïhénart indiquât « Guillielmi comitis » et qu'il ait pris ce Guillaume pour le comte et marquis des Gascons, fils de Gombaud, alors qu'il était le comte d'Astarac, du même nom, existant entre 1000 et 1040. Il arrive du reste souvent qu'Oïhénart détermine ses dates par induction, c'est-à-dire en rappelant le synchronisme de telle individualité avec un duc, comte ou- prélat dont la chronologie est plus sûre. Ainsi Oïhénart observe que l'Arnaud de 1011 était contemporain de Garcie, archevêque d'Auch. « Arnaldus, anno 1011, item tempore Garciæ, archiepiscopi Ausciensis. » Ailleurs il fait des réflexions analogues : « Rogerius Gavaretti, vicecomes, temporibus Guilielmi Astanovæ, comitis Fidentiacensis, circa annum 1050[1]. »

Il est certain que Raymond-Arnaud coexistait avec Guillaume, comte d'Astarac, lorsque ce dernier prince eut à subir la pénitence imposée par Garcie, archevêque d'Auch. Arnaud de Lomagne[1], frère de Raymond-Arnaud, se trouve parmi les assistants. S'il avait été vicomte de Lomagne, le clerc rédacteur de l'acte n'eût pas manqué de le qualifier tel. Raymond-Arnaud, ayant ce titre et cette dignité à cette époque, Arnaud, qu'il fût son fils ou son frère, ne pouvait le prendre. Dom Clément a si bien compris que la carrière de Raymond-Arnaud était plus voisine de 1030 que de 990, qu'il l'a confondu avec Arnaud-Odon de 1030. Quoi qu'il en soit, Raymond-Arnaud, dont le fils était vicomte après 1060, ne peut, sous peine d'anachronisme, être reporté en deçà de l'an 1000. Tous les faits qui le concernent, comme la cession du château de Nérac au monastère de Condom, sont postérieurs à la donation de Hugues en 1011 et à sa mort vers 1018. Nous allons voir maintenant Raymond-

Arnaud et Arnaud de Lomagne, son frère, intervenir dans des actes de 1035 et 1045, ce qui va réduire à néant la date de 990, assignée par Oïhénart au rôle vicomtal de Raymond-Arnaud.

## XV

### RAYMOND OU RAYMOND-ARNAUD ET ARNAUD, SON FRÈRE PUINÉ, EXISTAIENT ENCORE VERS 1035 ET MÊME DIX ANS PLUS TARD.

La charte des Archives de l'ancien château de Nérac, citée par l'*Art de vérifier les dates*, nous a montré Raymond-Arnaud, vicomte de Gascogne et de Lomagne, faisant, après la mort de Hugues, des largesses envers l'abbaye de Condom avec les parts qui lui étaient échues dans l'héritage du prélat. Un document, dans lequel figurent Raymond ou Raymond-Arnaud et son frère Arnaud, va nous prouver une fois de plus que ce vicomte de Lomagne vivait au temps de Roger, vicomte de Gabarret ou Gavarret, et de sa femme Adalais, lesquels ne purent être mariés avant 1035. Ces deux époux offrirent au couvent de la Réole les alleux de Saint-Vincent et de Crespiac avec partie d'une chapelle mouvante de ce dernier lieu. Les cautions de cet acte furent Raymond[1] ou Raymond-Arnaud, Arnaud, son frère, et Amauvin, vicomte dont parlent Amoin et Marca à propos du meurtre d'Abbon, abbé de Fleury, qui fut

---

1. Dans cette charte il ne prend que le nom personnel de *Raymond*, le seul qu'il pût du reste employer isolément, en vertu de la règle et de la force des choses ainsi que nous le prouverons tout à l'heure.

occis, en 1002, par les moines révoltés de La Réole. Les trois princes ci-dessus sont ainsi rangés dans la charte de Crespiac[1]: Raymond, Amauvin, Arnaud. Après eux viennent Garsie-Sanche de la Molère, Grimoard de Bordères, Loup-Garsie de Ferrussac.

La place que tient Raymond indique que dans la famille il était le mieux pourvu en honneurs et que dans l'ordre de primogéniture il venait avant les autres. Il était en effet l'aîné des petits-fils de Guillaume, comte et marquis des Gascons, et l'héritier des ducs, au cas où leur descendance masculine ou féminine viendrait à faire défaut. Avant de procéder à l'examen de cette charte, nous allons en détacher la partie finale qui est pour nous la plus importante.

« Hic sunt testes et hujus donationis confirmatores † Signum « Oriolo, sacerdotis, qui fuit missus ROLGARII † ADELAIG[2] uxorem « Rotgarii, qui supradictas res Sancto Petro dederunt. Signum «AREGEMUNDO, † Signum AMALBINI[3], † Signum ARNALDI, † Signum « Garsie Sanci de Molera, † Signum Grimoardi de Borderes, « † Signum Lupo Garsias de Ferruzac[3]. »

1. Voir PREUVE XXI, page 549 de ce volume.

2. « Géraud I, dit Trencaléon, engendra Bernard et Adélaïde, laquelle épousa « Gaston III, vicomte de Béarn, et après son décès elle se maria avec le vicomte « Roger. » (D. BRUGÈLES, *Chroniques du diocèse d'Auch,* p. 517.)

3. Le passage dans lequel Marca parle du comte Amauvin, sous le protectorat duquel Abbon, abbé de Fleury, avait placé, en son absence, le prieuré de La Réole, est le suivant :

« Après le décès du duc Guillaume, le duché de Gascogne vint entre les mains de Bernard-Guillaume, fils de Guillaume-Sance, duquel Aimoin et Ademar font mention honorable comme d'un prince affectionné à l'avancement de l'Église. Car celui-là rapporte en la vie d'Abbo, qui estoit abbé de Fleuri, que ce bon abbé, fort zélé à l'observation de la discipline régulière, prit un soin extrême de maintenir dans leur devoir les moines de l'abbaye de La Réole sur Garonne qui avoit

Oïhénart n'est pas le seul qui se soit égaré dans la nuit des
xe et xie siècles. Un collaborateur des *Archives historiques de la
Gironde* est tombé dans une erreur semblable à propos de Roger,
vicomte de Gabarret, et de sa femme Adalaïs. Le correspondant
du recueil précité, il est vrai, a soupçonné son inexactitude lorsqu'il a fait remonter l'existence des deux époux en 990. Aussi le
lecteur a-t-il été prévenu par un point d'interrogation placé à la
suite de la date de son peu de précision. La précaution était fort
sage si l'on considère que Roger et Adalaïs n'avaient pu être con-
joints avant 1035, puisque la dite Adalaïs, mariée en premier
lieu à Gaston III, fils de Centulle-Gaston, vicomte de Béarn, ne

esté soumise à la disposition et conduite de l'abbé de Fleuri, par le comte Guillaume-Sance, et que pour cet effet il s'estoit transporté sur les lieux et avoit
ordonné les règlements nécessaires, suivant le désir des comtes Bernard et Sance.
Mais après qu'il se fut retiré, les moines françois, qu'il avoit laissés dans le convent, furent harcelés par les moines gascons, de sorte qu'ils avoient intention
d'abandonner le convent. Néantmoins avant que de se porter à cette extrême résolution, ils suivirent l'avis des comtes, faisant rapport à leur abbé de l'estat auquel
ils se trouvoient, et le supplians de venir sur les lieux avec asseurance que tout
ce qu'il ordonneroit seroit exécuté, et que ces princes et le vicomte AMAUVIN, qu'il
avoit establi en son premier voyage pour advocat et protecteur du monastère,
feroient sortir de la maison et y retenir celui qu'il aviseroit. Abbo se met en chemin accompagné de quelques moines et entre autres d'Aimoïn, escrivain de sa
vie et de l'*Histoire de France*. Il est receu au lieu d'Aubeterre par Géraud, seigneur
de ce bourg, parent d'Aimoïn, d'où estant parti et ayant passé le mesme jour le
ruisseau Ella, il arrive au lieu dit nommé *ad Francos*, et loge en la maison de la
dame Annenrudis, mère d'Aimoïn. Le jour suivant il passe la rivière de Dor-
doigne, et entre dans les terres de Gascogne, selon la phrase d'Aimoïn (c'est-à-
dire dans le Bourdelois, qui estoit des apartenances du duché de Gascogne); et
approchant du monastère de La Réole, le bon abbé dit en sousriant, qu'il estoit
plus puissant en cette contrée que son seigneur le roi de France, parce qu'en ces
quartiers personne ne reconnoissoit l'autorité du roi. Comme il fut arrivé au monastère, les moines gascons firent partie de harceler tellement l'abbé de Fleuri,
que ni lui ni les siens n'eussent plus envie d'y revenir. Or, comme l'un de ces
moines nommé Auersans, qui estoit l'auteur de tous ces désordres, fut sorti du

devint veuve que vers.cette époque, elle ne put donc convoler
en secondes noces, comme on le sait, avec Roger, vicomte de
Gabarret, que vers 1035 au plus tôt. L'*Art de vérifier les dates*
est très-catégorique sur ce point et constate que Gaston III des-
cendit dans la tombe peu de temps avant son père Centule-Gaston, qui périt tragiquement en 1058. « Centulle-Gaston, dit le
« Jeune, succéda vers l'an 1012 à Gaston II son père... Centulle-
« Gaston ayant entrepris de soumettre le pays de Soule, les
« habitants l'assassinèrent vers l'an 1058 (Marca) et non 1068
« comme le marque un moderne. Il avait perdu quelques années
« auparavant *Gaston III, son fils aîné et son collègue, dont la*

monastère et eut pris son repas hors la maison sans la permission de l'abbé, il le
tança de cette faute ; celui-ci témoigna de recevoir la censure en bonne part, mais
il tint quelques discours fascheux à ceux de la compagnie. Cependant une clameur
de femmes s'éleva faisant un cri semblable, comme dit Aimoïn, à celui que ceux
du païs ont accoutumé de faire lorsqu'il arrive quelque sédition ou quelque
meurtre. C'est le cri de *Biahore* ainsi qu'a fort bien observé Pithou au marge du
Fragment de Fleuri qu'il a publié à la teste de la poësie d'Abbo, duquel cri je
parlerai amplement ailleurs. Cette émeute arriva à l'occasion d'un bruit, qui survint entre les François et les Gascons qui se provoquoient par injures mutuelles ;
mais un certain François n'ayant pu souffrir quelque parole fâcheuse avancée contre
l'honneur de son maître Abbo, assomma ce causeur avec un coup de baston, qu'il
lui assena entre la teste et les épaules ; sur cela on en vint aux pierres, de part et
d'autre. Abbo entendant le bruit quitte son travail, qu'il avoit en mains, sur les
calculs du Compot, et accourt en haste pour arrester les siens. Comme il s'appro-
choit d'eux, un Gascon le blessa d'un coup d'espieu au bras gauche et lui trans-
perça les costes. Il ne chancela point, ni ne dist mot, fors ces paroles, « que cet
homme avoit fait cela tout de bon. » Estant reconduit au monastère, il y mourut le
même jour. Les séditieux rompirent les portes, entrèrent dedans et assommèrent
de coups Adelare, valet de chambre d'Abbo, qu'il tenoit sur ses genoux, dont il
mourut trois jours après. Cette narration est extraite d'Aimoïn. Le Fragment de
Fleuri adjoute que le jour de son décès est le 13 novembre et que le 18 du mesme
mois fut dédié par les moines pour celui de la Feste. Sigebert, en sa *Chronique*,
escrit qu'il fut martyrisé en l'année 1002 et Glaber asseure que plusieurs
miracles se faisoient à son tombeau. » (*Histoire de Béarn*, par Marca, p. 230-231.)

« *femme, Adelaïde, fille de Géraud Trancaléon, comte d'Arma-*
« *gnac, et sœur de Bernard II, épousa en secondes noces le*
« *vicomte Roger,* après avoir eu de son premier mariage : 1° Cen-
« tule, qui suit ; 2° Raymond-Centule, que l'église de Saint-Pé
« de Generez compte entre ses bienfaiteurs ; 3° Hunaud, vicomte
« de Brulhois[1]. »

On voit par les lignes ci-dessus que Centulle-Gaston exerça
l'autorité vicomtale et souveraine en Béarn de 1012 à 1058, et
que son fils Gaston III s'était allié à Adalaïs avant que celle-ci
ne donnât sa main à Roger, vicomte de Gabarret[2]. D'après Marca

---

1. *Art de vérifier les dates,* annoté par Saint-Alais, t. IX, p. 250 et 252.

2. D. Brugèles parle en ces termes de Roger de Gabarret qu'il fait dominer
dans sa vicomté de 1020 à 1060, époque à laquelle Pierre-Roger, son fils, lui
succéda :

« 1020. — Roger, vicomte, épousa Adelaïde, sœur du comte Bernard Tumapaler,
« veuve de Gaston III, vicomte de Bearn. Il est vrai qu'on ne trouve point que ce
« Roger, qui est qualifié par les historiens de vicomte, l'ait été de Gavarret; on peut
« néanmoins le présumer en ce que les autres vicomtez de la province étoient pos-
« sedez chacun par son propre vicomte, parmi lesquels on n'en trouve point aucun
« qui porta le nom de Roger; et encore en ce que le suivant porta le surnom de
« Roger étant en ces tems là ordinaire que *les enfants portassent pour surnom le*
« *nom de leur père.* Roger engendra de son épouse Hugues, Hunaud et Pierre. Il
« survéquit à l'aîné, le second embrassa l'état ecclesiastique et le dernier lui
« succéda.

« 1050. — Pierre Roger, vicomte de Gavarret, fut présent à l'exemption et pri-
« vilége accordé au monastère de Saint-Mont, l'an 1050, par Bernard Tumapaler,
« comte d'Armagnac. » (*Choniques du diocèse d'Auch,* p. 553.)

D. Brugèles s'est trompé quand il dit que Roger n'est nulle part désigné comme
vicomte spécial de Gabarret, bien que tout tende à le faire supposer tel. L'auteur
des *Chroniques du diocèse d'Auch,* s'il avait bien cherché, aurait trouvé la mention
qu'il n'a pas su découvrir dans un arrangement conclu, l'an 1045, entre Seguin,
abbé de Condom, et Guillaume Astanove, comte de Fezensac. Les deux seuls garants
de ce traité (dont nous donnerons le texte d'après D. Luc d'Achery et le *Gallia*
*christiana* aux *pièces justificatives* de cette étude, preuve XXII) furent « vicecomitem *Rugerium de Gavaret* et Guillelmum Arnaldum de Vilera. »

et D. Clément, Gaston III avait précédé de peu d'années dans la tombe son père, qui succomba en 1058. Pour faire une large concession, nous supposons qu'Adalaïs perdit son mari vingt-cinq ans auparavant, c'est-à-dire en 1035, et que son union avec Roger eut lieu presque immédiatement. C'est donc après cette dernière date que le vicomte de Gabarret et sa noble compagne transportèrent les alleux de Crespiac à Saint-Pierre de La Réole ; d'où il suit que Raymond ou Raymond-Arnaud, vicomte de Lomagne, et Arnaud, son frère, présents à cette cérémonie, étaient encore sur terre à cette époque.

Tout le monde sait que l'adoption des noms patronymiques par la noblesse ne devint usuelle que dans le courant du xie siècle. Quant à la classe moyenne, elle ne les pratiqua que cent cinquante ans après, et le menu peuple que beaucoup plus tard. Ce fut donc postérieurement à l'an 1000 que l'on éprouva le besoin de remédier aux inconvénients de l'homonymie, qui compromettait l'unité des familles, et de marquer celles-ci d'un signe indélébile qui les fît reconnaître dans le passé, le présent et l'avenir. C'était d'ailleurs le seul moyen de relier entre elles les générations et de sauvegarder le principe d'hérédité qui fit la puissance du monde féodal. Cette renaissance du nom d'après la manière des Romains, quoique impérieusement nécessaire, ne s'opéra que très-lentement. La bourgeoisie et les manants, nous le répétons, n'appliquèrent cette réforme qu'à la longue ; les princes et les grands feudataires, de leur côté, certains que l'illustration de leur naissance les préserverait des suites fâcheuses de la confusion, poursuivaient les anciens errements et restaient fidèles à l'emploi exclusif du

nom de baptême. Les rois de France et des autres pays, en
signant : LOUIS, CHARLES, ÉDOUARD, HENRI, FRÉDÉRIC, EMMANUEL,
ont gardé l'habitude primitive du moyen âge. On ne doit donc
pas être étonné de voir, dans la charte de Roger et d'Adalaïs,
bienfaiteurs du prieuré de La Réole, les trois premiers souscripteurs, rejetons des ducs de Gascogne, s'abstenir de la forme
patronymique, tandis que les autres témoins font le contraire et
se servent de double nom ou du surnom héréditaire. Un simple
coup d'œil sur les signatures apposées au bas de l'acte aurait
dû révéler au computiste des *Archives historiques de la Gironde*
que la donation de Roger ne pouvait avoir précédé les premiers
essais du nom patronymique, c'est-à-dire l'an 1000. Cette considération aurait suffi ensuite pour le détourner d'inscrire au
fronton du petit monument le chiffre 990 même avec des points
interrogatifs.

La coexistence de Raymond-Arnaud et de son frère Arnaud
avec Roger, vicomte de Gabarret et de Brulhois, est certaine.
Nous trouvons ce dernier vicomte présent en 1045 dans un
traité passé entre Séguin, abbé de Condom, et Guillaume Astanove, comte de Fezensac, au sujet de plusieurs honneurs et en
particulier de celui de Saint-Pierre de Cahusac. Ces biens
avaient été jadis donnés par Gombaud et Hugues à l'abbaye de
Condom. Le duc Sanche les avait repris pour les offrir à une de
ses sœurs : celle-ci les avait plus tard aliénés à Aymeric de
Fezensac, père de Guillaume Astanove. Grâce au désintéressement
de ce dernier possesseur, le monastère put recouvrer en 1045
les domaines perdus[1]. Le vicomte de Gabarret, contemporain

---

1. « Rogerius Gavaretti vicecomes, temporibus Guilielmi Astanova comitis

de Raymond-Arnaud, fut donc un des garants de la convention
de 1045. Il est fort possible toutefois que Raymond-Arnaud ait
moins vécu que Roger, lequel était encore sur terre vers 1050,
d'après Oïhénart, mais qui dut expirer cette même année, car
Pierre-Roger (c'est-à-dire Pierre, fils de Roger), prend le titre
de vicomte de Gabarret à cette date dans un acte où Bernard
Tumapaler affranchit le monastère de Saint-Mont de toute dépendance temporelle et le place sous l'autorité unique et directe des
apôtres saint Pierre et saint Paul[1]. Il reste donc acquis, tout en
laissant à Roger, vicomte de Gabarret, l'avantage d'une longue
survivance, que Raymond-Arnaud était encore de ce monde
en 1035 au moins.

Nous pourrions même prouver que Raymond-Arnaud lui-
même vivait au temps de l'abbé Séguin, c'est-à-dire dix ans
plus tard. L'extrait ci-après de l'*Historia abbatiæ Condomiensis*
rappelle que Raymond-Arnaud fit des largesses à Saint-Pierre de
Condom et à Séguin, son cénobiarque, en présence du comte
Guillaume, qui doit être Guillaume Astanove, comte de Fezensac,
lequel, d'après Oïhénart, existait en 1050.

« In finibus Lactoratensis hæc est memoria illarum terrarum
« quæ vocantur *cumbe* quas dedit *vicecomes* RAIMUNDUS ARNAL-
« DUS omnino sicut olim beato Petro atque abbate Seguino cæte-

---

Fidentiacensis, circa annum 1050, duos habuit filios Petrum et Arnaldum Rogerii. »
(Oïhénart, *Notitia Vasconiæ*, p. 484.)

1. Voir à la fin de cette étude, PREUVE XXII, les lettres de Seguin, abbé de
Condom, conservées dans un manuscrit du xivᵉ siècle, qui a pour titre : *Historia
abbatiæ Condomiensis* (qui se trouve au Cabinet des titres), et dans les copies impri-
mées du *Spicilége*, t. XIII, p. 459 de l'édition in-4°, et du *Gallia christiana*, t. II,
PREUVES, p. 442-443.

« rosque pertinentes ad eas, præsente ac regnante Guillelmo,
« comite, pro Dei amore et suæ animæ, episcopo, etc. » (D. Luc
D'ACHERY, *Spicilegium*, t. II, fol. 594, 2ᵉ col.)

Le *Gallia christiana*, t. II, p. 957, nous apprend que Séguin
de Caussade, abbé de Condom, fut bullé au milieu du XIᵉ siècle :
« Seguinus, seu Siguinus, et aliquando Siginus de Calsada
cognominatus in *Historia Condomiensi*, medio seculo XI Condomiensis abbas electus est. » La conséquence forcée de ces lignes
est que Raymond-Arnaud, vicomte de Lomagne, vivait en 1045,
puisqu'il fit acte de bienfaisance dans les mains de l'abbé Séguin
postérieurement à son élection[1].

Nous concluons maintenant de tout ce qui précède que la
date de 930 appliquée par Oïhénart à Raymond-Arnaud et par
les *Archives de la Gironde* à Roger et à sa femme Adalaïs n'est
justifiée par rien. Celle de 1000 à 1045 est au contraire authen-
tiquée par trois titres irréfragables tels que la charte des
anciennes Archives du château de Nérac, la donation que
firent au prieuré de La Réole les deux nobles époux dont
l'alliance ne put avoir lieu avant 1035, et enfin le passage
précité de l'*Historia abbatiæ Condomiensis*, qui nous montre,
dix ans plus tard, Raymond-Arnaud mettant le comble à ses
générosités envers le couvent de Condom.

---

1. Séguin, abbé de Condom, était contemporain de Guillaume Astanove, comte
de Fézensac, dont Oïhénart fixe le rôle en 1050. On retrouve Guillaume en 1060,
dans la donation de l'église de Sparsac à l'abbaye de Pessan, dans diverses chartes
du *Cartulaire blanc de l'église métropolitaine d'Auch*, sous l'année 1065; et enfin
dans une restitution postérieure faite à la cathédrale d'Auch. Tous ces faits sont
rapportés dans le *Spicilége* de D. Luc d'Achéry, t. II, p. 592, col. 2, dans la *Généalogie de la Maison de Montesquiou-Fézensac* par Chérin, Preuves, p. 2, 8, etc.

## XVI

ENCORE UN MOT SUR LES PERSONNALITÉS DISTINCTES DE L'ARNAUD
DE 1011, MARI D'ADALIAS, DE RAYMOND—ARNAUD ET DE SON
FILS ARNAUD, VICOMTE DE LOMAGNE.

Nous avons insisté plusieurs fois déjà sur la dualité de
Raymond-Arnaud *hæres consanguineus Hugonis* et de l'Arnaud
qui dans la charte octroyée par le prince-prélat en 1011 est dit
mari d'Adalias. L'abbé Monlezun les a tous les deux confondus,
ce qui lui a valu nos justes critiques ; l'*Art de vérifier les
dates*, mieux avisé, a retranché cet Arnaud de la ligne directe
des vicomtes de Lomagne sans toutefois constater qu'il se rattachait à un rameau collatéral. Il était bien de l'évincer, mais il
eût été mieux de le transposer. D'autres chronologistes ont pris
cet Arnaud les uns pour le fils, les autres pour le petit-fils de
Raymond-Arnaud. Nous avons fait ailleurs justice, du moins en
partie, de ces erreurs regrettables ; nous allons derechef faire
ressortir l'individualité dudit Arnaud, indépendante de celle de
Raymond-Arnaud, vicomte de Gascogne et de Lomagne, à l'aide
de deux pièces concluantes.

Guillaume, comte d'Astarac, avait épousé vers 1012 une de
ses proches, nonobstant les prohibitions de l'Église qui inter-
disait les unions entre parents jusqu'à un certain degré. Garsie,
archevêque d'Auch, l'admonesta pour cette infraction canonique
sans l'obliger toutefois à répudier sa femme. Le prélat exigea,

outre la pénitence, la restitution du lieu d'Aurance ou Saint-Venance. Le prince accepta cette expiation et toutes les autres. Ce contrat fut scellé par les frères du comte et d'autres princes parmi lesquels on distingue Arnaud de Lomagne [1], « Arnaldus Leomaniencense, » qui était évidemment le deuxième Arnaud de la Charte de 1011, puisque Oïhénart dit qu'il coexistait en ladite année avec Garcie, archevêque d'Auch [2], celui-là même qui infligea punition spirituelle et temporelle à Guillaume, comte d'Astarac.

Chose digne de remarque, Oïhénart, qui a fait, des deux Arnaud de la charte de 1011, l'un fils et l'autre petit-fils de Raymond-Arnaud, a négligé de nommer Adalias ou Adalais, femme du dernier. En compensation il lui donne une fille du nom d'Adalais ou Adalèse, qui offre une telle ressemblance avec la précédente qu'il est permis de suspecter une seconde méprise de la part d'Oïhénart. D. Clément a su tourner cet écueil en repoussant de la descendance directe des vicomtes de Lomagne l'Arnaud de 1011, mari d'Adalias, et en rejetant du même coup l'Adelèse, fille douteuse d'Arnaud, issu de Raymond-Arnaud et après lui vicomte de Lomagne.

Un texte qui prouve encore plus péremptoirement que tout autre l'impossibilité de réunir en une seule personne, ainsi que l'a fait l'abbé Monlezun, Raymond-Arnaud et l'Arnaud de 1011, époux d'Adalias, c'est la présence simultanée des deux frères à la charte par laquelle Roger, vicomte de Gabarret, et sa femme an-

---

1. Voir à la fin de cette étude, PREUVE XX, page 547.

2. « Arnaldus anno 1011, item tempore Garciæ, archiepiscopi Ausciensis. » (OÏHÉNART, *Notitia utriusque Vasconiæ*.)

nexèrent au monastère de La Réole les alleux de Saint-Vincent et une portion d'église voisine de Crespiac. Dans cet acte, qui ne put avoir lieu qu'en 1035[1], souscrivirent trois princes de la maison de Gascogne : Raymond ou Raymond-Arnaud, Amauvin, tous deux vicomtes, et enfin Arnaud, frère de Raymond, « Signum AREGEMUNDO × Signum AMALBINI [2] × Signum ARNALDI. » Ce texte démontre l'impossibilité d'identifier Raymond-Arnaud et l'Arnaud en question.

La dualité de Raymond-Arnaud, vicomte de Lomagne, et de l'Arnaud cité dans la charte de 1011, en compagnie de son père et de sa femme Adalias, devient indiscutable quand on les voit côte à côte à la solennité de 1035.

La distinction entre ledit Arnaud de 1011 et l'Arnaud, successeur de Raymond-Arnaud en la vicomté de Lomagne, est également très-évidente, d'abord parce que le premier, dans la donation de Hugues, est dit issu du vicomte Arnaud, tandis que le

---

1. Voir notre démonstration à ce sujet, pages 457 et suivantes de ce volume. Voir aussi le texte de la charte, PREUVE XI, page 549.

2. Amauvin est le vicomte établi protecteur du prieuré naissant de La Réole, dont nous avons parlé un peu plus haut, pages 405 et 406. Il épousa Rosembergue, parente d'Amoin, historien de l'abbaye de Fleury, qui était originaire de Francs près Libourne. Il en eut les vicomtes Guillaume et Rodolphe. Ce dernier, par suite de l'imposition des noms patronymiques, avait dès 1026 adopté celui d'Artaud. Il donna à cette époque l'église Saint-Hilaire-le-Moustier au prieuré de La Réole, et devint la tige des vicomtes de Vézaume, terre dont il était possesseur, mais dont aucun des siens ni lui-même n'avaient encore pris le titre. Rodolphe, dans la cession de l'église Saint-Hilaire, déclare que cet acte de bienfaisance lui est dicté par le souci de racheter son âme, celle de son père Amauvin, de sa mère Rosembergue et du vicomte Guillaume, son frère : « pro remedio anime mee et patris mei Amalvini et matris mee Rosenberge et fratris mei Guillelmi, vicecomitis, dono, etc..... Data mense maio, anno XXX Rotberti regis, Sanctione comite. » (*Archives historiques de la Gironde*, tome V, p. 110.)

second, dans le document des anciennes Archives du château de Nérac, est énoncé fils de Raymond-Arnaud. Il n'est pas non plus admissible que l'héritier de celui-ci fût marié avant 1011, quand on sait que l'avénement d'Odon, son successeur immédiat, ne précéda que de très-peu de temps l'année 1073, époque à laquelle Odon ratifia le compromis passé par son père Arnaud et par Bernard Tumapaler, comte d'Armagnac, au sujet de la dignité de vicomte de Gascogne et des droits de suprématie qu'elle comportait.

Après les réflexions que nous venons d'émettre, nous estimons qu'aucun doute n'est plus permis sur la personnalité de l'Arnaud de 1011 et qu'il est impossible, avec les éléments dont nous disposons sur cet âge lointain, de mieux différencier et de mieux séparer les trois figures de Raymond-Arnaud, d'Arnaud, son fils, et de l'Arnaud de 1011, frère de l'un et oncle de l'autre.

## XVII

### LES HISTORIOGRAPHES DE LA NOBLESSE A L'UNANIMITÉ AFFIRMENT L'ORIGINE DUCALE DE LA MAISON DE GALARD, DONT LE SUJET INITIAL FUT GARSIE-ARNAUD DE GALARD.

Tous les historiographes de la noblesse se trouvent d'accord pour affirmer l'origine ducale des Galard et leur provenance de la branche de Gombaud. Cette unanimité d'opinion va être corroborée par des preuves irrécusables, qui nous montrent les de

Galard sortant du rameau des vicomtes de Lomagne, cadets des ducs de Gascogne. Nous verrons aussi la très-noble race qui nous occupe cousinant en 1062 avec les comtes d'Armagnac et les vicomtes de Brulhois dans la personne de Garsie-Arnaud[1], dit Gualiar ou Galard. Nous établirons en temps et lieu que ce Garsie-Arnaud, le premier ou le deuxième qui ait porté le nom de la baronnie du Goalard ou Galard, en Condomois, avait pour père Arnaud, fils du vicomte Arnaud de 980, 982 et 1011, pour mère Adalias, présente à la donation de Hugues, et pour oncle Raymond-Arnaud, vicomte de Lomagne. Remarquons d'abord en passant que tout va concourir à la justification de notre thèse ; l'unité de nom, de temps et de lieu, aussi bien que l'authenticité des documents.

Commençons par remettre sous les yeux du lecteur les pages consacrées dans l'INTRODUCTION du tome I<sup>er</sup> de cet ouvrage à l'examen de l'acte capital de 1062.

« La charte de l'an 1062[2], relative à l'extraction primitive des Galard, a été également commentée par l'abbé de Lespine. On peut observer pour la première fois, dans ce document, le prénom de GARSIE-ARNAUD, si habituel à la famille ducale de

---

1. Le nom de Garsie-Arnaud était également très-fréquent dans la race des comtes de Bigorre, à la fin du x<sup>e</sup> siècle et au commencement du xi<sup>e</sup> :

Garcie-Arnaud I<sup>er</sup>, successeur de Raymond au comté de Bigorre, souscrivit en 983 la charte par laquelle Guillaume, comte d'Astarac, soumettait l'abbaye de Pessan à celle de Simorre. (*Art de vérifier les dates*, tome II, p. 268.)

Garcie-Arnaud II, successeur de Louis, concourut l'an 1020 à la fondation du monastère de Saint-Pé-de-Génerez, au diocèse de Tarbes, faite par le duc Sanche-Guillaume. Garcie-Arnaud avait cessé de vivre en 1036, sans laisser de lignée. (*Ut supra*, p. 268.)

2. Voir le texte de cette charte, tome I<sup>er</sup> de cet ouvrage, en tête des documents.

Gascogùe, suivi de l'appellatif patronymique de GUALIAR ou de GOUALARD, plus conforme au vieux texte de 1062, dont une phrase implique cousinage entre les de Galard et Centulle, vicomte de Béarn. Le frère utérin de ce dernier, Hunaud, vicomte de Brulhois [1], fit cession de toutes les églises réparties dans ses domaines au monastère de Moissac, dont il était abbé. Cette libé-

---

1. Marca, malgré sa grande perspicacité, Aymeric de Peyrat, Jules Marion, M. Lagrèze-Fossat et tous ceux qui se sont occupés de Hunaud, abbé de Moissac, l'appellent Hunaud de Béarn, parce que le *Cartulaire de Moissac* porte en divers endroits : « Hunaldus fuit frater domini de Bearnio, » et aussi « Hunaldus frater Centulli comitis Bearnensis. » Cette fraternité de Hunaud avec Centulle de Béarn n'était qu'utérine. Ils étaient issus d'une mère commune, mais de pères différents. ADALAÏS ou ALADAIN, en effet, épousa en premières noces GASTON III, fils de Centulle, dit le Jeune, vicomte de Béarn. Elle lui donna deux enfants : *Centulle,* qui succéda à son aïeul, par suite de la fin prématurée de Gaston III, son auteur, et *Raymond,* qui mourut jeune. Adalaïs, étant veuve de très-bonne heure, se remaria à Roger, vicomte de Gabarret, duquel naquirent Hugues et Hunaud, tous deux vicomtes de Brulhois. Nul doute à cet égard n'est possible, puisque Hunaud, dans la charte de 1062, rappelle son père Roger par deux fois en ces termes : « Pro redemptione animæ meæ, et patris mei ROGERII, et matris meæ ALADEIN, et fratris mei Hugonis, et avunculi mei Saxetonis. » Son père Roger est encore remémoré à part un peu plus loin : « Ideo ut omni anno memoria anniversarii patris mei ROGERII in eisdem locis Moysiaco... »

Marca dit que Hunaud était frère de Centulle et fils de Roger. Il laisse entendre néanmoins que Hunaud appartenait à la branche de Béarn, lorsqu'il fait remarquer que cette race possédait le Brulhois, dont fut pourvu en partie l'abbé de Moissac. Un écrivain de mérite et de conscience, mais desservi, comme la plupart de ceux qui opèrent en province, par l'insuffisance des bibliothèques et des archives, est allé beaucoup plus loin que Marca. Il nous a présenté Hunaud comme issu directement de la dynastie de Béarn, et Roger, son père, qui était vicomte de Gabarret, comme l'étant de Béarn. M. Lagrèze-Fossat, quand il traçait ces lignes, n'a pas songé qu'à cette époque aucun grand feudataire de Béarn n'eut le nom de Roger, et qu'Adalaïs, précédemment femme de Gaston III, ne pouvait s'unir, sans risque d'affronter les foudres de l'Église, à un parent de son premier mari. Il est d'ailleurs patent que Roger était vicomte de Gabarret. (*Voir ci-dessus note de la page 461, et ci-dessous note de la page 553.*) Nous reconnaissons que Hunaud avait pour frère Centulle, vicomte de Béarn, mais c'était du chef maternel seulement. Il ne peut en

ralité lui fut dictée par le désir d'attirer les grâces célestes sur son âme, celles de son père Roger, de sa mère Aladaïn, de son frère Hugues, de son oncle Saxeton et de tous ses parents.

Dans cet acte, d'un caractère purement domestique, on remarque quatre signataires ou quatre garants, évidemment liés

conséquence être qualifié *Hunaud de Béarn*. M. Lagrèze-Fossat s'est donc mépris quand il l'a déclaré tel.

Ce qui doit avoir égaré un peu Marca et beaucoup M. Lagrèze-Fossat, c'est d'avoir présumé que la vicomté de Brulhois était déjà une dépendance du Béarn au temps de Roger, vicomte de Gabarret, c'est-à-dire de 1020 à 1050. La chose n'est nullement prouvée. On voit même le contraire lorsqu'on fouille un peu profondément dans les annales de l'époque. L'*Art de vérifier les dates* nous apprend que le Brulhois relevait en partie des vicomtes de Lomagne, puisqu'avant 1060, Arnaud, fils et héritier de Raymond-Arnaud, se dépouilla des prérogatives féodales qu'il exerçait sur ce pays au profit de Bernard Tumapaler. Cette cession de droits cosouverains en faveur du comte d'Armagnac prouve que celui-ci était plus que tout autre intéressé à les accaparer, sans doute parce qu'il possédait déjà la majeure partie du territoire et de la suzerainé. D. Clément assure ailleurs que les sires d'Armagnac réunirent primitivement au grand fief de leur nom le Brulhois, l'Eauzan, etc. Il est permis de supposer, à l'aide de ces notions quoique confuses, que la dot d'Adalaïs, sœur de Bernard Tumapaler, femme de Gaston III de Béarn, en premier lieu, et en second, de Roger, vicomte de Gabarret, lui avait été assignée sur le Brulhois. Nous avons encore un autre motif de penser que le Brulhois faisait partie des biens paraphernaux de cette princesse, car Centulle IV, vicomte de Béarn, fils de Gaston III et d'Adalaïs, avait des droits sur le Brulhois, concurremment avec Hugues et Hunaud ses demi-frères. Il n'en eût pas été de même si la vicomté eût appartenu à Roger de Gabarret. Centulle IV, se considérant comme lésé par la donation de Hunaud en faveur de l'abbaye de Moissac, se vengea terriblement au rapport d'Aymeric de Peyrat, puisqu'il fit couper un bras à son oncle. Quoi qu'il en soit, le Brulhois ne fut définitivement rattaché au Béarn que vers 1097, époque où Guiscarde, veuve de Pierre, vicomte de Gabarret, et mère d'autre Pierre, se trouva, par le décès de son frère Centulle V, vicomte de Béarn, maîtresse de cette dernière principauté. Pierre, fils de Guiscarde, concentra ainsi dans ses mains l'héritage de son oncle Centulle et celui de son père Pierre de Gabarret, seigneur dominant du Gabardan et du Brulhois. Ce fut donc au XIIe siècle et non au XIe que le Brulhois devint en totalité une annexe du Béarn.

Faget de Baure a mieux particularisé les enfants sortis des deux lits d'Adalaïs :

par une étroite consanguinité. Ce sont : Hunaud, le donateur[1], Aladain ou Adalaïs, sa mère, Hugues, vicomte, son frère, et Garcie-Arnaud, surnommé *Gualiar*, c'est-à-dire *Gualard* ou *Galard*.

La phrase finale, où ces quatre personnages se trouvent seuls groupés, mérite ici transcription : « Ego ipse Hunaldus « propria manu decrevi; firmavit etiam viva voce Aladain, mater

---

« Centulle eut deux enfants, Gaston et Raymond; aucun des deux ne lui survécut. Gaston paraît avoir eu quelque part à l'administration pendant la vie de son père..... Gaston avait épousé la sœur du comte d'Armagnac; il eut un fils qui fut vicomte de Béarn, sous le nom de Centulle IV. Adélaïs, veuve de Gaston, se remaria avec Roger, vicomte de Brulhois. De ce mariage naquirent Hugues de Brulhois et Hunaud, abbé de Moissac. » (*Essais historiques sur le Béarn,* par M. Faget de Baure, p. 60.)

Hunaud était donc simplement frère utérin ou demi-frère de Centulle, vicomte de Béarn. Par sa mère il tenait aux d'Armagnac, et par son père aux vicomtes de Gabarret. On ne peut par conséquent l'appeler d'une façon légitime *Hunaud de Béarn.* Quant à son père Roger, c'est bien pire encore, car ceux qui lui ont attribué le nom de Béarn ont perverti complétement sa personnalité.

Dans la charte de 1062 il est question de Centulle, vicomte de Béarn, né du mariage de Gaston III avec Adalaïs, de Hugues et de Hunaud, issus de la susdite princesse et de Roger, vicomte de Gabarret. Deux autres enfants de celui-ci, Pierre et Arnaud, ne figurent point à la donation de Hunaud. Ce Pierre et cet Arnaud étaient aussi demi-frères de Hunaud, puisqu'ils provenaient d'une première alliance de Roger de Gabarret avec une femme dont le nom n'est point arrivé jusqu'à nous. Ce qui démontre bien qu'ils étaient les aînés, c'est qu'ils eurent en partage le Gabardan, fief patrimonial, tandis que Hugues et Hunaud reçurent le Brulhois, bien maternel. Ce fut Pierre qui succéda à son père Roger. Il est fait mention de lui et de son frère Arnaud dans les franchises et immunités accordées au monastère de Saint-Mont par Bernard Tumapaler en 1050, à la fondation de celui de Gabarret en 1080, à la dédicace des autels de Sos en 1095. On sait que Pierre mourut le 14 des calendes de mai 1097, par une libéralité de sa veuve Guiscarde, comtesse de Gabarret et de Béarn. Celle-ci, voulant expier les violences commises par son mari sur l'église de Nogaro, offrit à l'archevêque d'Auch un de ses fils pour en faire un chanoine de Sainte-Marie, en présence d'Arnaud-Roger, dit frère du vicomte défunt. (*Voir plus loin, note de la page 554, la teneur des actes auxquels assistèrent isolément ou ensemble Pierre, vicomte de Gabarret, et Arnaud son frère.*)

« mea; Hugo vicecomes, frater meus, signavit; GARSIA ARNAL,
« cognomento GUALIAR, signavit. »

Pour être ainsi appelé en qualité de caution et admis dans
l'intimité de la famille, il fallait nécessairement que Garsie-
Arnaud de Galard fût un de ses proches.

L'abbé de Lespine fait à ce sujet la remarque suivante, qui
nous semble d'une importance capitale pour l'antique et illustre
origine de la maison de Galard :

« Le plus ancien seigneur de Galard, dont le souvenir soit
« parvenu jusqu'à nous, est GARSIAS ou GARSIE-ARNAUD, sur-
« nommé GUALIAR (Guallar), qui souscrivit une charte, datée de
« la veille des ides de janvier de 1062, par laquelle Hunaud,
« vicomte de Brulhois [1], frère de Centulle, comte de Béarn,
« entrait en religion à Moissac, en Quercy, dont il devint abbé
« dans la suite. Il fit don à ce monastère des églises, qui étaient
« de son héritage dans la vicomté de Brulhois, et notamment de
« celle de Saint-Martin de Leyrac, et ajoute qu'il fait cette dona-
« tion pour son âme, celle de son père Roger, de sa mère
« Aladain (Adélaïde), de Hugues, vicomte, son frère, et de Saxe-
« ton, son oncle. Ce Garsie-Arnaud, qui apposa sa signature à

---

1. Il est important de savoir, au point de vue de l'extraction ducale de la Maison
de Galard, quel était son milieu social et quelles étaient ses affinités en 1062,
époque où Garsie-Arnaud de Galard apparaît dans la familiarité ou plutôt dans
la parenté de Hunaud et Hugues, vicomtes de Brulhois, ainsi que de leur frère
utérin Centulle, vicomte de Béarn. C'est dans le but de faire connaître Hunaud
que nous avons reproduit (à la fin de cette étude, PREUVE XXIII, page 556) sa vie
d'après Marca, bien que l'historien du Béarn ait négligé de mentionner Garcie-
Arnaud de Galard, personnage pour lui secondaire, mais pour nous principal. Nous
avons accompagné l'extrait de Marca d'une autre notice sur Hunaud par M. Lagrèze-
Fossat, qui nous le présente sous un aspect moins édifiant que l'annaliste du Béarn.

« cette charte, était sans contredit un de leurs proches parents
« et allié à leur famille, et le nom de Garsie-Arnaud, si commun
« parmi les princes de la maison des ducs de Gascogne, ne
« permet pas de douter qu'il était issu d'un cadet de cette illustre
« maison. »

Dans une note du même abbé de Lespine on trouve, pour la
dernière phrase ci-dessus, la variante que voici : « Garsie-
« Arnaud, qui apposa sa signature avec la mère et le frère du
« donateur, était probablement leur proche parent, et était,
« selon toute apparence, un cadet des ducs de Gascogne, qui
« prit le premier le nom de Galard. Celui de Garsie-Arnaud était
« commun parmi les princes de la maison des ducs de Gas-
« cogne [1]. »

Ces réflexions sur le lointain point de départ de la race des
Galard émanent, je le répète, d'un savant autorisé entre tous, de
l'abbé de Lespine, professeur à l'École des chartes, et réputé
autant que Chérin pour la science paléographique, pour la conscience de ses recherches et la prudence de son jugement.

Ailleurs, le même abbé de Lespine devient encore plus
affirmatif; voici le titre qu'il place au-dessus de trois ou quatre

---

1. L'abbé de Lespine a répété son opinion sur Garsie-Arnaud de Galard, rejeton
des ducs de Gascogne, dans une Généalogie irréprochable de la maison de Galard.
Voici comment il s'exprime à nouveau :

« Je vous ai déjà parlé d'un Garsias-Arnaud, surnommé Gualiar, qui en 1062
« souscrivit une charte avec le comte de Béarn, son frère et sa mère. Cet homme
« ne peut être qu'un cadet des ducs de Gascogne, qui prit le premier le nom de
« Galard, ou Goulard, ou Goualard, ou Gaillard, car vous savez que les vôtres ont
« porté tous ces différents noms. Celui de Garsias-Arnaud était commun parmi les
« princes de la maison des ducs de Gascogne » (*Voir au commencement de ce
volume*, p. 15.)

notices sur Jean de Galard, baron de Limeuil, et autres membres
du même estoc :

« Abrégé de quelques faits intéressants et historiques qui
« concernent la maison de Galard de Brassac, issue des comtes
« de Condomois, cadets des ducs de Gascogne. »

La provenance ducale de la race des Galard est tour à tour
attestée par d'Hozier et Lainé, par les *Dictionnaires* de Moréri, de
la Chesnaye-des-Bois, les *Tablettes historiques* de Chazot
de Nantigny. Avec les témoignages ci-dessus s'accordent le
*Gallia christiana*, le *Spicilegium* de D. Luc d'Achery, le
*Mercure de France*, etc.

En matière généalogique, et pour des questions aussi déli-
cates, on ne saurait trop déployer et multiplier les preuves. C'est
pour ce motif que nous allons transcrire les textes des auteurs
ou des ouvrages précités. Commençons par un extrait de la collection d'Hozier :

« La maison de Brassac, du nom de Galard, tire son origine
directe, prouvée par contrats de mariage et testaments, de père
en fils, des anciens comtes de Condomois, comme on le voit par
les archives de l'hôtel de ville de Condom, et même par les
vestiges de l'ancien château et demeure desdits comtes, qu'on
appelle encore aujourd'hui Tours de Galard, qui sont de vieilles
tours sur une colline au-dessus de la ville de Condom [1]. »

Passons maintenant à Moréri :

« GALARD, GALLARD, et quelquefois GOLARD ou GOALARD,
« maison des plus illustres de Guienne et de Gascogne. Elle tire

---

1. Bibliothèque de Richelieu, Manuscrits; papier portant le timbre de la
Bibliothèque du roi et du cabinet de M. d'Hozier.

« son nom de la terre de Galard, en Condomois, qu'elle a possédée
« jusqu'au siècle dernier. La tradition du pays la fait sortir des
« anciens comtes du Condomois, cadets des ducs d'Aquitaine.
« Ce qui appuie cette tradition, c'est qu'on a toujours appelé
« Tours de Galard celles qui sont près de Condom et qui étaient
« la résidence des anciens souverains de ce pays. On voit encore
« sur ces tours les mêmes armes que porte la maison de Galard,
« qui sont : *D'or, à trois corneilles de sable, membrées et becquées*
« *de gueules* [1]. »

Ce dire de d'Hozier et de Moréri a été adopté par Chazot de
Nantigny [2].

Lainé, dont les travaux généalogiques sont estimés à juste
titre, partage l'avis de l'abbé de Lespine, tout en étant bien
plus explicite :

« De Galard de Béarn, de Brassac, grande, illustre et puis-
« sante maison qui, selon la tradition, tire son origine des
« comtes de Condomois, issus des ducs de Gascogne, et son nom
« de la terre de Galard, située dans le Condomois. Hugues,
« dernier comte de Condomois, donna son comté à l'abbaye de
« Saint-Pierre de Condom, l'an 1011, au préjudice de tous ses
« autres parents, comme il le dit dans sa donation, où il com-
« prend les biens qu'il avait dans la terre de Galard. Les Tours
« de Galard, qui subsistaient encore avant la Révolution près de
« Condom, et sur lesquelles on voyait les armoiries de cette
« maison, étaient de l'ancien apanage des comtes de ce pays.

---

1. Moréri, *Dictionnaire historique,* tome V, p. 18.
2. Chazot de Nantigny, *Tablettes historiques,* tome IV, p. 367.

« C'est d'un frère de Gombaud, père de Hugues, dernier
« comte de Condomois, que l'on fait descendre la maison de
« Galard, dont plusieurs seigneurs ont été successivement bien-
« faiteurs de l'abbaye de Condom, depuis 1060 jusqu'en 1247. »

M. Edmond Bézian, ancien élève de l'École des chartes,
quoique fort sceptique en matière nobiliaire, s'exprime ainsi dans
une correspondance avec un érudit du Midi, M. Benjamin de
Moncade :

« Plusieurs auteurs rattachent l'origine de la maison de
« Galard à la souche des ducs de Gascogne. Le sujet initial de
« leur lignée serait un frère de Gombaud de Gascogne, père de
« Hugo, bienfaiteur de l'abbaye naissante de Condom. Gombaud
« prit le froc après mariage et devint évêque d'Agen. Hugo,
« comte de Condom et abbé de Saint-Pierre, en même temps
« qu'évêque d'Agen, donna à son abbaye la plus grande partie
« de ses biens, et particulièrement ceux qu'il possédait aux envi-
« rons de Goalard, à l'exclusion de tous les autres membres de
« sa race. Les toparques de Goalard se trouvaient évincés,
« puisqu'on donnait des terres environnantes de leur château.
« Ils étaient donc de la famille, c'est-à-dire qu'ils étaient cousins
« et que leur père était frère de Gombaud. »

Chérin, le juge d'armes qui eut toujours pour guide l'amour
de la vérité et ne se prononça jamais que sur pièces extra-authen-
tiques, parle de la race des de Galard dans les termes ci-
après :

« La maison de Galard, l'une des plus anciennes et autrefois
« des plus puissantes de Guienne, a pris son nom d'une terre
« située au Condomois. L'abbaye de Condom compte un nombre

« de sujets de cette race parmi ses bienfaiteurs, depuis l'an 1062,
« et les monuments de l'histoire de France, dans les xiiiᵉ et
« xivᵉ siècles, représentent leurs descendants figurant avec les
« grands vassaux de cette province, soit comme appelés à la
« défense et au gouvernement de leur patrie, soit comme garants
« des traités faits entre les rois de France et d'Angleterre. »

Une bulle, confirmant les possessions de l'abbaye de Condom,
au xiiᵉ siècle, fortifie ce qui vient d'être énoncé touchant
l'extraction primitive des de Galard. Parmi les donations territoriales faites par Hugues, fils de Gombaud et évêque d'Agen, se
trouve l'église de Galard avec ses dépendances :

« Ex dono Hugonis, quondam Aginnensis episcopi, quidquid
« in pago Leumaniæ et jure patrimonii sui vobis contulit, vide-
« licet ecclesiam quoque du Goalard, cum appenditiis suis. »

Le *Gallia christiana* fait sortir les Galard de la race des
toparques de Goalard, voisins du monastère de Condom :
« Montasinus de Goalard e gente toparcharum de Goalard Condo-
« miensi cœnobio vicina et sæpius infensa natus. » Or Toparque,
d'après le *Glossaire de Du Cange,* voulait dire préfet ou gouverneur d'une région, en basse latinité, et prince ou souverain d'un
lieu (loci princeps) durant le moyen âge. Ainsi les Galard étaient
toparques du territoire de leur nom au même titre que les
d'Albret le furent plus tard de Sainte-Bazeille. Ce qualificatif
impliquait toujours éminence de rang et d'extraction. Aussi, dès
les âges les plus obscurs, les Galard apparaissent-ils revêtus de
l'une des plus hautes dignités féodales, de celle de baron. Ce
dernier mot, dit Lévesque, simple latinisation de l'adjectif *ber*
ou *berth* (*illustre*), est le synonyme barbare de *princeps.* René

Chopin, dans son livre du domaine, donne le titre de baron aux plus puissants fieffeux du pays, à ceux qui primaient tous les grands dans la nation.

Le *Spicilége* de D. d'Achery constate que l'abbaye de Condom reçut plusieurs biens, entre autres ceux du Goalard, au détriment de la famille de Hugues[1] : « Item, in alio loco nomine Gua-« lardo, possidet alaudes plurimos, terras, vineas, casas, prata, « pascua, aquas et decursus aquarum certo tramite currentium. » Ainsi Hugues dota le monastère, dont il était le restaurateur, avec des alleux, domaines et dépendances du Goalard qui auraient dû échoir aux siens par succession. Or les toparques du Goalard n'auraient pu être déshérités par Hugues, comte de Condomois, s'ils n'avaient été ses cousins. La charte dont nous avons donné un fragment et l'*Historia abbatiæ Condomiensis* proclament le même fait et lui prêtent un double appui. En résumé, ces récits divers et concordants proclament que la Maison de Galard ou Goalard fut une branche cadette de la dynastie ducale de Gascogne.

1. Longtemps après Hugues, les grandes dignités ecclésiastiques de la province furent presque toujours occupées par des rejetons de la maison de Gascogne ou de ses branches cadettes d'Armagnac, d'Astarac, de Lomagne ou de Galard. Nous ne parlerons que des deux dernières. L'épiscopat d'Agen, jadis si dignement rempli par Gombaud, duc de Gascogne, et son fils Hugues, était exercé, en 1235, par Arnaud de Galard, pendant que Montassin, son frère, administrait l'abbaye de Condom, où il avait eu pour prédécesseur son cousin Arnaud *alias* Othon de Lomagne. Raymond de Galard fut bullé abbé dudit monastère de Condom en l'année 1306, et sacré évêque de la même ville en 1317. Pierre de Galard, son neveu, lui succéda en 1340. Cette occupation permanente des évêchés de la région par des cadets de Gascogne, de Lomagne et de Galard complète les preuves de l'origine princière de cette dernière race.

## XVIII

GARSIE-ARNAUD [1], DIT GUALIAR OU GALARD, SIGNATAIRE DE LA
DONATION DE HUNAUD, VICOMTE DE BRULHOIS, EN 1062, ÉTAIT
FILS DE L'ARNAUD QUI FUT TÉMOIN, AVEC SON FRÈRE RAYMOND-
ARNAUD, DE LA CHARTE DE CRESPIAC CONSENTIE EN 1035 PAR
ROGER ET ADALAIS, PÈRE ET MÈRE DUDIT HUNAUD.

La charte par laquelle Roger, vicomte de Gabarret, et Adalaïs ou Aladain, sa femme, abandonnèrent au prieuré de La

1. L'abbé de Lespine avait raison de dire que le nom de Garsie-Arnaud abondait
dans la dynastie de Gascogne. Nous avons montré sa fréquence dans la branche
d'Astarac; on la retrouve dans celle de Dax. Nous avons vu dans la charte de Hugues,
en 1011, qu'Arnaud le vicomte fut père d'autre Arnaud, époux d'Adalias, lequel
avait pour frère Raymond-Arnaud, vicomte de Lomagne, et pour fils Garsie-
Arnaud de Galard. Dans la même charte, à côté des deux Arnaud, on remarque
Arnaud-Loup, proche de Hugues et par conséquent sorti comme lui de la souche
ducale de Gascogne. Arnaud-Loup fut le point de départ des vicomtes de Dax.
De même que le vicomte Arnaud de 1011, il eut un fils appelé Arnaud (1025) et
un petit-fils Garsie-Arnaud (1050). Ses deux arrière-petits-fils furent Raymond-
Arnaud et Garsie-Arnaud vivant en 1070. Les dénominations de la branche de
Lomagne et du rameau du Goalard se reproduisent donc exactement dans la ligne
vicomtale de Dax. Oihénart va le prouver pour nous.

« SERIES VICECOMITUM AQUENSIUM.

« Ernaldus Lupi, temporibus Wilielmi-Sanctii, Vasconiæ ducis, circa an-
« num 980.

« ARNALDUS, Sanctii-Guilielmi ducis ævo, circa annum 1025.

« GARSIAS ARNALDI, sub Bernardo Tumâ Palerio Vasconiæ comite, circa an-
« num 1050, habuit filium nomine Leofrancum, de quo non constat an patri
« successerit.

« ARNALDUS, vicecomes Aquensis, tempore Centulli, comitis Bigorrensis et

Réole les alleux de Saint-Vincent et de Crespiac, fut contre-
signée par Raymond ou Raymond-Arnaud, vicomte de Lomagne,
par Arnaud, son frère, et par Amauvin, vicomte de Gascogne,
vraisemblablement proche des deux précédents. Il est essentiel
de retenir les noms des trois souscripteurs du titre de 1035,
que nous venons de citer, et ceux des trois signataires de la
charte de 1062, qui furent Adalaïs, déjà présente à l'acte précédent, Hunaud et Hugues, issus d'elle et de Roger, enfin Garsie-
Arnaud-Gualiar ou Galard, fils de l'Arnaud ci-dessus, comme le
révèle son deuxième nom. La princesse Adalaïs, accompagnée de
son mari en 1035, ne l'est plus en 1062. Le vicomte Roger est
mort dans l'intervalle, mais sa mémoire est honorée d'un souvenir par son fils Hunaud, qui déclare inféoder à Dieu et à
l'abbaye de Moissac les églises de Brulhois pour la rédemption
de l'âme de son père Roger, de son oncle Saxeton, et pour le
salut de la sienne. Raymond-Arnaud et son frère Arnaud, qui
avaient concouru, en 1035, au bienfait de Roger et de sa femme,
sont trépassés également depuis et ne se retrouvent plus auprès
d'Hunaud comme ils s'étaient trouvés en 1035[1] à la droite de
son père Roger. Un membre de leur famille les remplace, c'est
Garcie-Arnaud, dont le nom signifie, je le répète, qu'il était fils

---

« vicecomitis Bearnensis, circa annum 1070, duos reliquit filios, RAIMUNDUM
« ARNALDI et GARSIAM ARNALDI.

« Raimundus Arnaldi, vicecomes, annis 1077 et 1080, liberi, Navarrus et Navarra. » (OÏHÉNART, *Notitia utriusquæ Vasconiæ*, p. 471.

Cette nomenclature des vicomtes de Dax témoigne qu'à la fin du xIe siècle,
l'usage de rappeler le nom paternel à la suite du nom filial était encore en
vigueur.

1. Voir le texte de cette charte, PREUVE XXI.

de l'Arnaud de 1011 et de 1035, et, par conséquent, neveu de
Raymond-Arnaud. Jamais peut-être une jonction filiative ne
s'est mieux ajustée que celle-ci, jamais anneau d'une chaîne n'a
été ressoudé d'une manière plus heureuse. Tout, en effet, se
tient et s'agence avec une solidité à toute épreuve dans ce raccordement du rameau des Galard avec la branche des vicomtes
de Lomagne sortie de la souche des ducs de Gascogne. L'évidence résulte des deux faits précités : Arnaud fut témoin de
l'œuvre pie de Roger en 1035 ; Garsie-Arnaud, né dudit Arnaud,
prêta son concours dans une circonstance pareille à Hunaud, né
dudit Roger. Adalaïs ou Aladain, femme de ce dernier, assista
aux deux cérémonies ayant toujours pour coadjuteurs dans chacune d'elles un membre de la race de Lomagne ou un membre
de celle de Galard, qui se touchaient de bien près puisque l'un
était le père et l'autre le fils. La présence d'Arnaud de Lomagne
à la charte de 1035, émanant de Roger et d'Adalaïs, et celle de
Garsie-Arnaud, dit Gualiar ou Galard, à la munificence d'Hunaud en 1062[1] attestent que les deux familles de Lomagne de
Brulhois et de Gavarret étaient non-seulement liées par l'amitié,
mais encore par le sang. Nous pouvons fournir d'autres exemples
à l'appui.

Le fief de Cahusac, autrefois cédé à l'abbaye de Condom par
Gombaud, duc de Gascogne, et plus tard arraché par le duc
Sanche aux mains de ses légitimes possesseurs, était passé dans
celles de Guillaume-Astanove, comte de Fezensac. Seguin, abbé
de Condom, revendiqua le susdit domaine et le récupéra en 1045

---

1. Voir aussi le texte de cette charte, t. I de cet ouvrage, p. 1.

par une convention dont Roger de Gavarret fut caution. Ainsi
les vicomtes de Gavarret et de Brulhois se trouvent toujours mêlés directement aux affaires des ducs de Gascogne, des comtes
de Fezensac, d'Armagnac et d'Astarac[1], de même qu'ils le sont
fréquemment aux actes intéressant les descendants de Gombaud, qu'ils soient vicomtes de Lomagne ou barons du Goalard.

Un autre fait caractéristique, c'est qu'un siècle après Garsie-
Arnaud de Galard ses arrière-petits-fils sont encore en possession de terres considérables en Lomagne, en Condomois, Gimoez
et Brulhois, c'est-à-dire dans tous les pays dont les anciens
vicomtes de Gascogne et de Lomagne avaient été seigneurs
effectifs ou suzerains. Les de Galard en effet tenaient les terres
de Terraube, de l'Isle, de Saint-Léonard et de Sempesserre en
Lomagne, la baronnie de Galard en Condomois, les fiefs d'Es-
piens, de Puy-Fontain, d'Aubiac et de Galard en Brulhois.

L'*Historia abbatiæ Condomiensis* témoigne que Garsie-Arnaud
de Galard voua à Saint-Pierre de Condom un de ses fils ainsi
qu'un quart de l'église Saint-Martin du Goalard, sise au Pouy,
lieu du voisinage. Quelques années auparavant, Roger de Gavarret avait fait une libéralité semblable et offert un manoir au
même monastère pour l'absolution de ses péchés, qualifiés crimes
par la vieille chronique. Partout les de Lomagne, les de Gabarret
et les de Galard agissent ensemble et de concert. Garsie-
Arnaud, non content d'avoir offert à l'abbaye de Condom l'église

---

1. « Deinde in eodem Podio super Sanctum Gurgurum *Arsiarnaldus* quidam
offerens filium beato Petro et cum eo quartam partem ecclesiæ Sancti Martini de
Gualians (pour Gualiar ou Galard) et donum quoddam et unum casalem quod
dicitur Aumal et duas culturas et dedit in eodem Podio vineam unam. » (D. Luc
d'Achery, *Spicilegium*, t. II, p. 596, 2ᵉ col.)

Saint-Martin, du Goalard, plaça en 1076 sous l'autorité du couvent de Moissac la chapelle de Saint-Martin de Cristinac[1], située au diocèse d'Agen sur la Garonne. Il abandonna en outre au même monastère des dîmes et une condamine. (ANDURANDY, n° 6791.)

Dans une donation de plusieurs redevances faite au profit de Vézian ou Vivien de Blaziert, présumé petit-fils d'Odon, vicomte de Lomagne, par Guillaume et Bernard de Montagnac, ainsi que par Bertrand de Moncaup, on voit un Garsie-Arnaud qualifié *official d'Agen*[2], mais il serait risqueux d'en faire une seule individualité avec Garsie-Arnaud de Galard.

Reprenons maintenant Hunaud, vicomte de Brulhois, dont l'intimité en 1062 avec Garsie-Arnaud, baron du Goalard, n'était que la continuation des rapports étroits et anciens existant entre leurs parents et qui se maintinrent longtemps après entre les deux maisons. Le rapprochement de la charte de 1035 avec celle de 1062 a eu pour résultat de préciser le point de départ de la race des Galard et sa sortie de la branche de Lomagne, qui elle-même dérivait des ducs de Gascogne[3].

Le degré de cousinage entre Arnaud de Lomagne, père de Garsie-Arnaud, et Adalaïs, mère de Hunaud, fille de Géraud Trenqueléon, comte d'Armagnac, peut être déterminé par une

1. « Cette église (dit M. Lagrèze Fossat), située dans le voisinage de celle de Saint-Loup, en était une annexe. (Andur., n° 6560 à 6569.) L'une et l'autre étaient comprises autrefois dans le diocèse de Condom. Saint-Loup est une commune du canton d'Auvillars, arrondissement de Moissac. »

2. *Cartulaire de Condom*, fol. 263, Archives communales de cette ville.

3. « Garsie-Sanche, surnommé le Courbé, épousa Honorette, dont il eut trois enfans, ausquels il partagea son comté de son vivant. » (D. BRUGÈLES, *Chroniques du diocèse d'Auch.*) Voir le *Tableau filiatif* à la page qui suit.

généalogie parallèle des deux branches de Lomagne et d'Armagnac, à partir de leur auteur commun, Garcie Sanche le Courbé, duc de Gascogne.

## I.

GARSIE SANCHE, dit le *Courbé*, fit trois lots de son duché et les distribua à ses enfants, dont deux seulement vont être mentionnés.

## II.

SANCHE-GARSIE eut la Grande Gascogne en 920 et engendra : — 1° *Sanche-Sanchez*, qui fut son successeur ; — 2° *Guillaume-Sanche* ; — 3° *Gombaud*, qui personnifie le prochain, degré et autres.

## III.

GOMBAUD, duc de Gascogne, eut d'un mariage antérieur à son épiscopat : — 1° *Guillaume*, duc et marquis des Gascons ; — 2° *Garsia*, comte d'Agen ; — 3° *Hugues*, évêque de cette dernière ville et comte de Condomois.

## IV.

GUILLAUME, régent de Gascogne pendant la minorité de Bernard, son cousin, de 984 à 1000, laissa :

## V.

ARNAUD, vicomte de Gascogne, qui est connu par des actes de 980, 982 et 1011. Il eut deux fils : — 1° *Raymond-Arnaud*, comte de Lectoure et vicomte de Lomagne ; — 2° *Arnaud*, qui va revenir.

## II.

GUILLAUME-GARSIE, le cadet, eut en 920 le Fézensac qui comprenait l'Armagnac. De lui vinrent : — 1° *Othon* ou *Odon*, surnommé *Falta* ; — 2° *Bernard*, dit le *Louche* ; — 3° *Frédelon*[1].

## III.

BERNARD DE FEZENSAC, appelé le *Louche*[2], eut en partage le pays d'Armagnac, et fut le fondateur des comtes de ce nom. Sa résidence ordinaire était la ville d'Auch, dont il s'intitulait comte. Sa femme EMMERINE lui donna :

## IV.

GÉRAUD, dit TRENQUELÉON, qui fut père : — 1° de *Bernard Tumapaler* ; — 2° d'*Adalaïs* ou *Adélaïde* qui suit.

## V.

ADALAÏS épousa d'abord GASTON III, vicomte de Béarn, et ensuite ROGER, vicomte de Gabarret. Des deux lits sortirent les trois rejetons qui vont être énoncés à la génération ci-dessous.

1. Qui reçut pour sa part le comté de Gaure.
2. D. Brugèles fait Bernard le Louche fils d'Othon-Falta, comte de Fezensac, ce

## VI.

Arnaud, désigné dans la charte de 1011 comme issu du précédent, époux d'Adalias et petit-neveu de Hugues, procréa : — 1° *Garsie-Arnaud,* dit Gualiar ou Galard, ci-dessous; — 2° *Aymeric* de Galard; — 3° *Géraud,* etc.

## VII.

Garsie-Arnaud, dit Gualiar ou Galard dans la charte de Hunaud en 1062, était parent de ce dernier au septième degré et de sa mère Adalaïs d'Armagnac au sixième.

## VI.

Centulle, vicomte de Béarn, Hugues, vicomte en partie du Brulhois, Hunaud, vicomte du même pays et abbé de Moissac. Tous les trois sont déclarés frères dans l'acte de 1062. Ils étaient cousins au sixième degré de Garsie-Arnaud de Galard ci-contre.

qui ajouterait un degré à la filiation des grands feudataires d'Armagnac. Si cette assertion eût été fondée, le nombre des générations dans l'échelle des vicomtes de Lomagne aboutissant en ligne collatérale à Garcie-Arnaud, premier ou deuxième sire du Goalard, serait égal à celui des comtes de Fezensac et d'Armagnac mis en regard. Mais la régularité doit passer après l'authenticité qui proclame Bernard, comte d'Armagnac, frère d'Othon-Falta, comte de Fezensac, et de Frédelon, comte de Gaure. Le *Cartulaire blanc de l'église Sainte-Marie d'Auch,* Y n° 3, fol. XXXIV, XXXV et XXXVI de la cote ancienne, et fol. 36, 37 et 38 de la nouvelle, contient une donation des églises de Saint-Jean et de Saint-Martin de Berdale faite aux chanoines d'Auch par Othon-Falta. On lit, au chapitre 54, que Odon ou Othon, Bernard et Frédelon étaient frères :

### DE SANCTO MARTINO DE BERDALA.

.... Ego .... in Dei nomen Oddo comes .... dono atque concedo ad Beate Sancte Dei Genetrice Marie, vel canonicis suis qui ibidem ecclesiam Deo serviunt vel adveniendi sunt, dono ibi aliquid de proprietate mea qui visus sum habere vel possidere infra pago Auscience, in loco que dicunt Sancti Johannis et Sancti Martini in Berdale ipsas ecclesias cum ipso fundamento, cum intratus et exitus vel eicientias, cum pratis, pascuis, silvis, aquis, aquarum vel decursibus earum, cum omni jure vel eicientias earum. Ista omnia superius nominata trado atque concedo ad Sanctam Mariam in sede pontificale vel a canonicis suis, ut hoc perpetualiter habere debeant, ut de hodierno die pars ecclesie hoc habeant, teneant, possideant, ut quicquid exinde facere voluerint, liberam et firmissimam habeant potestatem ... Facta Cartula ista in mense madio, regnante TRES FRATRES GERMANOS ODDONE

Garsie-Arnaud, dit Gualiar ou Galard, était conséquemment fils d'Arnaud, nommé dans la charte de 1011, et d'Adalias, signalée comme étant sa femme dans le même titre. Garsie-Arnaud de Galard était donc parent au sixième degré de Centule, vicomte de Béarn, et de ses demi-frères Hugues et Hunaud. Arnaud de Lomagne, père de Garsie-Arnaud, et l'un des enfants du vicomte Arnaud, cité dans les diplômes de 980, 982 et 1011, était cousin au cinquième d'Adalaïs d'Armagnac, qui épousa successivement Gaston III, vicomte de Béarn, et Roger, vicomte de Gabarret. Il existait probablement entre ce dernier et les dynasties de Lomagne et d'Armagnac d'autres affinités, car le Roger, grand justicier et vicomte, qui apparaît tour à tour à côté de Gombaud dans la charte de La Réole, en 977, et dans l'échange de 978[1], était, selon toute apparence, le neveu des ducs Guillaume-Sanche et de Gombaud. Ce Roger dut être aussi l'aïeul de son homonyme, mari d'Adalaïs. Si cette consanguinité était certaine autant que présumable, Arnaud, père de Garsie-Arnaud

COMITE, BERNARDO COMITE, FREDELONE COMITE, rege Lothario Francorum. Facta superius scripta Auriolo Uciandus, eo vivente, data sunt ad Sanctam Mariam Auscis, ad suos servientes et advenientes; et post mortem Auriolo Uciandi item ibidem aderant, Bernardus archiepiscopus ibi fuit. Siguinus episcopus. Signum Fredulo comite ... Signum Oddone comite, qui contraditione ista fieri rogavit. Et si ullus homo vel ulla femina vel ulla persona ad ista carta inquietare voluerit, iram Dei in primis incurat omnipotentis et Judas Scarioth participetur in infernum hic et in perpetuum, et sic sicut Etnicus et Publicanus et absorbeat eos terra viventes, sicut Datan et Abiron quos terra deglutivit.

Cartulaire de l'église Sainte-Marie d'Auch, chapitre xxv. — D. BRUGÈLES, Chroniques du diocèse d'Auch, preuves de la première partie, page 14. — Généalogie de la Maison de Montesquiou-Fézensac, preuves, p. 4.

L'extrait ci-dessus est confirmé par le Cartulaire de Lescar (voir PREUVE I).

1. Voir plus loin, PREUVES V et VII.

de Galard, aurait été en ligne paternelle cousin très-rapproché de Roger[1]. Nous ne pouvons toutefois affirmer qu'une seule chose, c'est qu'il l'était à un degré plus lointain, mais aussi plus sûr, d'Adalaïs d'Armagnac, provenue comme lui des ducs de Gascogne.

A la génération suivante Bernard de Galard, de même que ses prédécesseurs, vit dans la familiarité des ducs d'Aquitaine, des comtes d'Armagnac et des vicomtes de Lomagne. En 1070, Bernard de Fourcès[2], sur l'avis de sa femme Azeline, du père de celle-ci, qui était Odon, vicomte de Lomagne, de Bernard Tumapaler, comte d'Armagnac et moine de Cluny, soumit les églises du Rimbez et de Ricau au monastère de Saint-Mont[3]. Cet acte eut pour garants : Guy Geoffroy, comte de Poitiers et duc de toute la Gascogne ; Bernard Tumapaler, que le donateur appelle son oncle : *Domini Bernardi Tumapalerii avunculi mei* ; Arnaud, évêque d'Agen ; Raymond d'Albio[4], abbé de Con-

---

1. L'abbé Monlezun en son *Histoire de Gascogne,* tome ii, page 100, constate que, vers le milieu du xiᵉ siècle, Bernard Tumapaler, comte d'Armagnac, céda à Roger, son beau-frère, les seigneuries de Manciet et de Dému avec le château de Gabarret, qui était auparavant la propriété des vicomtes de Lomagne. Il est probable que Roger avait le Gabardan, mais que les anciens vicomtes de Lomagne, en leur qualité de suzerains, avaient conservé la forteresse de Gabarret, ce qui était l'unique moyen d'exercer la prépondérance féodale.

2. Fils de Guillaume et de Brigite, son épouse. Bernard de Fourcès donne à Bernard Tumapaler la qualité d'*oncle,* d'où il suit que le susdit Guillaume, père de Bernard de Fourcès, était frère du comte d'Armagnac. Nous avons donc eu raison de dire que les sires de Fourcès étaient un rameau de la branche d'Armagnac.

3. Voir le texte de cette charte, tome I de ce recueil, p. 6.

4. Albio, Olbio et Albuhon sont trois formes du nom appliqué dans l'*Historia abbatiæ Condomiensis* et ailleurs tantôt au même personnage, tantôt à la même famille qui pour nous était celle d'Aubignon. Elle tirait son nom d'un ruisseau qui séparait jadis les confins de l'Albret et du Brulhois.

dom ; Odon, vicomte de Lomagne ; Bernard de Galard ; Fort ou
Forton, comte d'Auch, Géraud, comte d'Armagnac, et Arnaud-
Bernard, frère de ce dernier[1]. Bernard de Galard fut certainement convoqué à cette solennité à cause de son cousinage avec
Azeline qui, peu après, perdit son premier époux, recueillit la
vicomté de Lomagne et la porta en dot à son second mari
Géraud, comte d'Armagnac, fils de Tumapaler. Rien n'est plus
naturel que la présence de Bernard de Galard à la cérémonie
de 1070, dans laquelle Azeline joue un rôle important, puisque
cette princesse et Bernard de Galard étaient tous deux descendus directement du vicomte Arnaud que Hugues, dans son testament, en 1011, nomme le premier entre tous les siens.

En l'année 1115 les de Galard et les vicomtes de Gabarret
se retrouvent encore ensemble. Pierre de Gabarret, après avoir
plusieurs fois ravagé les dépendances du couvent de Moirac et
avoir fait main basse sur une partie, se détermina à faire pénitence et à rendre aux moines ce qu'il leur avait pris. La charte
qui relate ces faits constate aussi que Pierre de Gabarret et sa
femme Guiscarde, princesse et héritière du Béarn, furent dans
cette œuvre de réparation deux fois assistés par Guillaume de
Galard. En tout et partout on découvre des attaches de famille
entre les ducs d'Aquitaine, les comtes d'Armagnac, les vicomtes
de Lomagne, ceux de Gabarret et les barons du Goalard ou
de Galard. La qualité de toparques ou princes donnée aux de
Galard dans le *Gallia christiana* nous semble donc amplement

---

1. Ils étaient tous les deux nés de Bernard Tumapaler et de sa femme Ermen-
garde.

justifiée. Leur auguste origine nous permet de comprendre comment et pourquoi Guillaume de Galard fut, en l'année 1200, choisi et livré comme pleige par Philippe-Auguste au roi d'Angleterre, en compagnie de Robert, comte de Dreux, et de Geoffroy, comte du Perche. Guillaume de Galard en effet, par sa haute extraction, était le pair des deux autres otages.

La conclusion à tirer des preuves et des arguments déployés dans cette étude est que Garsie-Arnaud, dit Gualiar ou Galard, avait pour père l'Arnaud de 1011, époux d'Adalias, pour oncle Raymond-Arnaud, vicomte de Lomagne, pour aïeul Arnaud, vicomte de Gascogne[1] en 980, 982 et 1011, pour bisaïeul Guil-

---

1. Ici se dresse une question difficile à résoudre : Arnaud, vicomte de Gascogne, qualifié tel dans la charte de Hugues, en 1011, fût-il vicomte de Lomagne avant son fils Raymond-Arnaud? Il est rationnel de penser qu'il possédait ce pays du chef de son père Guillaume, duc et marquis des Gascons, régent du duché dès 984, frère de Hugues, et qu'il était en même temps vicomte de Gascogne et de Lomagne. Le titre de vicomte de Gascogne était plus général et s'exerçait sur tous les domaines féodaux du titulaire et même sous le rapport militaire sur des contrées qui ne lui appartenaient point, mais confiées à sa garde. Voilà pourquoi le rang de vicomte de Gascogne dut être d'abord préféré à des dignités glébées plus spéciales et moins étendues, comme celles de vicomte de Lomagne, de Gimoez, de Gabardan, etc. Au commencement du xie siècle le besoin d'ordre social imposa le nom patronymique ou héréditaire et le seigneur dominant prit celui du fief qui constituait la meilleure partie du patrimoine et qui était le gage des générations futures. Il n'est donc pas étonnant que les cadets des ducs de Gascogne, devenus vicomtes de Lomagne, aient laissé tomber en désuétude la qualité amovible de vicomte de Gascogne pour retenir celle de vicomte de Lomagne qui était effective et transmissible. Nous devons admettre qu'Arnaud, surnommé de Lomagne, *Arnaldus Lomaniacensis,* dans l'expiation de Guillaume, comte d'Astarac, en 1014, était le même qu'Arnaud de Gascogne, fils du vicomte Arnaud et mari d'Adalias, dont nous avons maintes fois constaté la présence dans la donation de Hugues, en 1011. Cet Arnaud qui était aussi frère de Raymond-Arnaud, vicomte de Lomagne, dut abandonner le nom transitoire de Lomagne, aussitôt que la baronnie de Goalard lui fut dévolue. Voilà pourquoi nous voyons son fils aîné, Garsie-Arnaud, en 1062,

laume, duc et marquis des Gascons, fils de Gombaud et frère de Hugues, évêque d'Agen, comte de Condomois.

porter le cognom de Gualiar ou Goalard, ou Galard. Ce cadet, en effet, confiné dans une grande seigneurie, s'assimila sa dénomination et abandonna l'appellatif de Lomagne, comme son cousin Arnaud avait abandonné celui de Gascogne. On pourrait du reste retrancher des faits et gestes d'Arnaud de Gascogne celui qui se rapporte à la pénitence du comte d'Astarac, sans que sa personnalité, comme rejeton de la Maison de Gascogne, fût en rien altérée.

FIN DE L'ORIGINE DUCALE.

# PREUVES

## DE L'ORIGINE DUCALE

### DE LA

## MAISON DE GALARD

---

## PREUVE I.

*Filiation dynastique des ducs de Gascogne. D'après le Cartulaire blanc de l'église Sainte-Marie d'Auch,* GARCIE, *le deuxième des enfants de* GARCIE-SANCHE *le Courbé, omis dans la charte de Condom, est énoncé dans celle-ci comme ayant été apanagé du comté de Fezensac, tandis que ses frères l'avaient été, l'aîné de la Grande Gascogne et le puîné de l'Astarac. Cette généalogie se termine par la descendance des grands feudataires de Fezensac et d'Armagnac.*

### DE CONSULIBUS GUASCONIE.

Priscis temporibus, cum Guasconia consulibus esset orbata, et Francigene timentes perfidiam Guasconum, consules de Francia adductos interficere solitorum, consulatum respuerint, maxima pars nobilium virorum Guasconie, Ispaniam ad consulem Castelle ingressi sunt, postulantes, ut unum de filiis suis eis in dominum daret. Hic autem, quamvis audita perfidia eorum, sibi et filiis suis timeret, si quis ex ipsis venire vellet, concessit. Tandem Sancius Mitarra minimus filiorum ejus, cum viris illis Guasconiam venit : ibique consul factus, filium, qui Mitarra Sancius vocatus est, genuit. Hic Mitarra Sancius genuit Garsiam-Sancium Curvum, qui tres filios genuit, Sancium-Garciam et Guillelmum-Garsiam et Arnaldum-Garsiam, quibus Guasconiam divisit. Sancio-Garsie dedit majorem Guasconiam, Guillelmo-Garsie dedit Fidentiacum, Arnaldo-Garsie dedit Astaracum. Sancius-Garsias genuit duos filios manzeres, Sancium-Sancium et Guillelmum-Sancium. Guillelmus-Sancius genuit nobilem ducem Guasconie Sancium et fratres, sorores ejus.

### DE CONSULIBUS FEDENCIACI.

Guillelmus-Garsias, consul Fidenciaci, genuit Otonem cognomine Faltam, et Bernardum Luscum qui construxit monasterium Sancti Orientii et divisit illis consulatum suum; Otoni, dedit Fidentiacum; Bernardo, dedit Armaniacum. Oto genuit Bernardum-Otonem, cognomine Mancium-Tineam; Bernardus-Oto genuit Aimericum; Aimericus genuit Guillelmum Astamnovam, qui cum Austendo, archiepiscopo, majorem edificavit ecclesiam Auxitanam, quæ prius parva erat. Guillelmus Astanova genuit Aimericum, qui et Forto nominatus est. Iste Aimericus genuit Astamnovam. Astanova filium non genuit, sed filiam nomine Adalmur, matrem Benetricis, quæ non genuit.

### DE CONSULIBUS ARMANIACI.

Bernardus Luscus, consul Armaniaci, genuit Geraldum Trencaleonem. Bernardus Geraldus genuit Bernardum Tumapaler. Tumapaler genuit Geraldum. Geraldus genuit Bernardum. Bernardus genuit Geraldum et sorores ejus.

*Cartulaire blanc de l'église Sainte-Marie d'Auch,* vélin in-fol., écriture du xiii⁰ siècle, coté Y n. III, fol. 1 v⁰ et r⁰ et fol. 2 r⁰ de la pagination ancienne, fol. 3 r⁰ et v⁰ et fol. 4 r⁰ de la pagination nouvelle, chapitres ii, iii et iv. — *Cartulaire du chapitre de Lescar.* — *Titres de la Maison d'Alençon.* — *Chroniques ecclésiastiques du diocèse d'Auch,* par D. Brugèles, preuves de la troisième partie, p. 80 et 81. — *Recueil des Historiens de France,* tome XII, p. 385 et 386. — *Voyage littéraire de deux religieux bénédictins de la Congrégation de Saint-Maur.*

# PREUVE II.

*La charte de Condom ci-dessous est pour nous particulièrement intéres-
sante au point de vue généalogique; elle atteste que Gombaut était
frère de Sanche-Sanchez et de Guillaume-Sanche, qui le prit pour
coadjuteur. La même lettre nous apprend que Gombaud fut marié
avant d'entrer dans le sacerdoce, et qu'il eut un fils du nom de
Hugues auquel il laissa les évêchés d'Agen et de Bazas.*

### AVANT ET APRÈS 904.

Ecclesia Condomiensis à Normandis vastata, ab HONORETA, uxore
GARSIÆ, cognomento *Curvi,* Vasconiæ comitis, restituta est, in honorem
nostri Salvatoris, sub invocatione B. Petri. Illius Garsiæ Curvi cognomento, Vasconiæ comitis, et Honoretæ, ejus uxoris, filius fuit ARNALDUS,
comes Astariacensis, cognomento *Nonnatus,* quod cæso matris ventre,
extractus fuerit. Garsiæ cognomento Curvo, in Vasconiæ principatu
non Arnaldus filius, sed SANCIUS, dicti Arnaldi-Garsiæ frater, successit.
Sancius iste tres habuit filios, SANCIUM SANCII, majorem natu; GUIL-
LELMUM et GOMBALDUM. Saucius Sancii, major natu, patri Sancio in
comitatu Vasconiæ successit, et sine liberis decessit. Sancio Sancii Guillelmus frater successit, qui Gombaldum fratrem, in finem vitæ in societatem adscivit. Iste Gombaldus HUGONEM, filium ex legitimo matrimonio genuit, deinde episcopatus Agennensem et Vasatensem obtinuit :
tandem in societatem comitatus Vasconiæ à GUILLELMO fratre adscitus
est.

Ancien Cartulaire de Condom. — MARCA, *Histoire de Béarn,* page 200. — D.
BRUGÈLES, *Chroniques ecclésiastiques du diocèse d'Auch,* preuves de la troisième
partie, page 82.

# PREUVE III.

*Série des ducs héréditaires de Gascogne d'après « l'Art de vérifier les dates,» à partir de 872, époque où* SANCHE, *dit Mitarra, vint de Castille pour se mettre, selon le désir des populations, à la tête des États de Gascogne. Dans l'extrait ci-dessous il est établi que* GOMBAUT, *après l'avénement de son frère* GUILLAUME-SANCHE *au duché, fut associé à son gouvernement et pourvu de l'évéché d'Agen. D. Clément assure que Gombaud, marié avant son épiscopat, eut deux fils : l'un,* HUGUES, *comte de Condom, succéda à son père sur le siége d'Agen; l'autre,* GUILLAUME, *comte et marquis des Gascons, fut régent du duché pendant la minorité de* BERNARD GUILLAUME.*

### DUCS HÉRÉDITAIRES DE GASCOGNE.

### SANCHE, SURNOMMÉ MITARRA.

872. SANCHE, surnommé *Mitarra,* c'est-à-dire en gascon le montagnard, suivant Ohienhart, petit-fils de Loup-Centule, duc de Gascogne, qui avait été dépouillé, comme on l'a dit, par Louis le Débonnaire, fut appelé de Castille par les Gascons, vers l'an 872, pour les gouverner. Une ancienne généalogie, publiée par D. Martenne (1er voyage litt., par. 2, p. 40), dit qu'il était fils d'un comte de Castille. Ce comte était par conséquent fils ou gendre de Loup-Centule. Mais ce qu'elle ajoute, que le motif qui porta les Gascons à aller chercher un duc en Espagne, était le refus que les seigneurs du pays faisaient de cette dignité, à cause de la perfidie de cette nation, accoutumée, dit-elle, à tuer ses maîtres, est de la plus grande fausseté. On ne voit pas un seul exemple qui puisse appuyer cette assertion. Sanche Mitarra se comporta toujours en souverain dans son duché, sans vouloir reconnaître l'autorité des rois de France; en quoi il fut imité par ses successeurs.

## SANCHE II.

SANCHE II, surnommé aussi Mitarra, comme son père, lui succéda au duché de Gascogne. On ignore l'année de sa mort.

## GARCIE-SANCHE.

GARCIE-SANCHE, dit *le Courbé*, fils de Sanche II, fut son successeur, et vivait en 904, comme le prouve une charte par laquelle, au mois d'octobre de cette année, Walafride, abbé de Sorèze, lui aliéna pour sa vie l'abbaye de Saramon avec ses dépendances. (*Gall. chr. no., tome I, Pr., p. 178.*) AMUNA, sa femme, nommée aussi HONORATE, lui donna trois fils : SANCHE-GARCIE, qui suit; GUILLAUME-GARCIE, comte de Fezenzac, qui a donné l'origine aux comtes propriétaires de Fezenzac, et ARNAUD-GARCIE, comte d'Astarac. (*D. Bouq., tome XII, p. 386.*) Amuna mourut en couches de ce dernier. Bordeaux était alors le siége des ducs de Gascogne. Cependant il y avait des comtes particuliers que les ducs établissaient en cette ville.

## SANCHE-GARCIE.

SANCHE-GARCIE, successeur de Garcie-Sanche, son père, au duché de Gascogne, eut trois fils, SANCHE-SANCHEZ, GUILLAUME et GOMBAUD, dont les deux premiers lui succédèrent. La généalogie citée plus haut les donne pour bâtards, et ne parle pas du troisième. Mais on sait d'ailleurs qu'étant passé du mariage, après le décès de sa femme, à l'état ecclésiastique, Gombaud fut pourvu par le duc Guillaume-Sanche, son frère, l'an 977, des évêchés d'Aire, de Bazas et d'Agen, et mourut au plus tard dans les premiers mois de l'an 982, laissant de son mariage un fils nommé Hugues, qui lui succéda dans ses évêchés, après avoir été abbé de Condom, le tout par le choix du duc son oncle; car au X⁰ siècle, suivant la remarque de D. Vaissète, les grands vassaux s'étaient emparés de la nomination des évêchés et des abbayes. (*Marca, Hist. de Béarn, liv. III, ch. XI et XII. — Gall. Ch. no., tome I, col. 1192, 1193.*)

### SANCHE-SANCHEZ,

SANCHE-SANCHEZ, fils aîné de Sanche-Garcie, mourut (on ne sait en quelle année) sans postérité.

### GUILLAUME-SANCHE.

GUILLAUME-SANCHE remplaça Sanche-Sanchez, son frère, au duché de Gascogne. L'an 977 au plus tard, il associa Gombaud, son frère, au gouvernement. Celui-ci, devenu veuf, embrassa l'état ecclésiastique, et posséda, comme on l'a dit, les évêchés d'Aire, de Bazas, d'Agen, et généralement tous ceux de la Novempopulanie; ce qui le fit qualifier évêque de Gascogne. L'an 977, les deux frères, voulant réformer le monastère de Squirs ou de La Réole, le soumirent à l'abbé de Saint-Benoît-sur-Loire. GOMBAUD eut un fils nommé *Hugues,* qui fut comte et abbé de Condom, et qui après la mort de son père, arrivée avant l'an 982, lui succéda aux évêchés d'Agen et de Bazas, et se démit ensuite de ce dernier sur les remontrances du pape Benoît VIII. Guillaume-Sanche, l'an 982, renouvela ou fonda pour la seconde fois l'abbaye de Saint-Sever Cap-de-Gascogne, ainsi nommée, de même que la ville à laquelle elle donna naissance, parce que c'est là ou commence proprement la Gascogne, et peut être aussi parce que c'était le lieu ou se tenaient les états de la Novempopulanie, sous les ducs de Gascogne, même depuis que les Anglais furent maîtres de ce duché. Sur quoi il est à remarquer que le droit de convoquer ces assemblées appartenait aux abbés de Saint-Sever en qualité de viguiers du duché de Gascogne. Voici comme Guillaume-Sanche raconte lui-même l'occasion, le motif et les circonstances de cette fondation dans la charte qu'il fit expédier à ce sujet « La Nation impie des Normands, dit-il, ayant fait irruption dans les « terres que je tiens de Dieu par droit héréditaire, « quas mihi Deus jure « hereditatio tradere dignatus est, » je suis venu au tombeau du saint « martyr Sever pour implorer sa protection contre ces barbares, pro- « mettant, s'il me rendait victorieux, de lui assujettir tout l'État soumis « à ma domination, comme avait fait Adrien, roi (c'est-à-dire vraisem-

« blablement gouverneur romain) du même pays, et m'engageant à
« construire, au lieu d'une petite église que ce prince avait élevée en
« son honneur, un ample et magnifique monastère. Ayant, après ce
« vœu, livré bataille à cette troupe maudite, je vis paraître à la tête de
« la mienne le saint martyr, monté sur un cheval blanc et couvert
« d'armes brillantes, avec lesquelles il terrassa plusieurs milliers de ces
« méchants, et les envoya aux enfers. Parvenu au comble de mes
« souhaits par une dernière victoire, je m'empressai de m'acquitter de
« mon vœu ; et dans ce dessein, ayant convoqué les chevaliers qui pos-
« sédaient ce lieu sacré, je les priai de me vendre le (tombeau du) saint
« avec le territoire qui en dépendait. Mais comme ils refusaient d'alié-
« ner un terrain qu'ils disaient franc et libre entièrement de cens, je
« me mis en colère, soutenant que ce terrein était dans l'alleu de mon
« château. Enfin, il fut convenu qu'on s'en rapporterait au jugement de
« l'eau froide. Le jour et l'heure marqués pour cette épreuve étant
« arrivés, j'envoyai pour y assister ma femme et mes enfants avec les
« évêques, les seigneurs et les princes de toute la Gascogne et des com-
« tés du voisinage. Pour moi, je restai dans mon château. Chose
« merveilleuse ! comme l'évêque était sur le point de plonger l'enfant
« dans l'eau, voilà que le ciel, qui était si serein qu'il n'y paraissait
« aucun nuage, s'obscurcit tout à coup, et qu'il en sort des éclairs et
« des tonnerres qui effrayent tellement l'assemblée, que, pour se sous-
« traire aux coups de la foudre, ils se sauvèrent dans la petite église de
« Saint-Germain. Instruit de ce prodige à leur retour, et surpris comme
« je devais l'être, je m'informai s'il n'y avait pas quelque ancien
« livre de la passion de saint Sever ; et on m'en montra un où il était
« marqué comment l'ancien monastère de Saint-Sever avait été détruit
« par les Français ennemis. » (Ce qui doit se rapporter, dit M. de Marca,
aux guerres que les rois de France eurent avec les Gascons pour châtier leur rébellion). « En conséquence, j'ai acquis ce lieu de ses pos-
« sesseurs et ses dépendances pour la somme de trois cents sous d'ar-
« gent, de douze deniers chacun, quarante-cinq vaches, et autres
« effets. » Il dit ensuite que, voulant édifier en ce lieu un nouveau
monastère plus considérable que le premier, il a assemblé les arche-

vêques de Bordeaux et d'Auch, avec les évêques de ses États et les comtes des Gascons (c'est-à-dire, suivant M. de Marca, des Basques de Béarn, d'Aire, et de Dax), de Bigorre, de Fezenzac et de Lectoure, en présence desquels, et avec leur consentement, il a soumis immédiament ce monastère au Saint-Siége, avec défense à toute personne ecclésiastique ou séculière, excepté l'abbé, d'y exercer aucun acte d'autorité civile ou spirituelle. Entre les dons qu'il fait à cet établissement, on remarque la dîme du pain, du vin, et de toutes les choses décimables qu'il consommerait dans sa maison. Une autre observation à faire, d'après M. de Marca, sur cette charte, c'est qu'il y avait, non-seulement un comte des Gascons, mais aussi un évêque des Gascons qui la signa. « Il est vrai, dit-il, que l'établissement d'un seul évêque des Gascons « est abusif, d'autant que les douze cités de la Novempopulanie étaient « épiscopales. Mais comme les Sarrasins et les Normands avaient ruiné « les villes où étaient les siéges de ces évêchés, et que les comtes et les « autres seigneurs particuliers s'étaient saisis de tous les revenus ecclé- « siastiques, l'abus s'introduisit, et fut toléré sous prétexte de néces- « sité, savoir que tous les évêchés du comté des Gascons, pris au sens « que je l'explique, étaient possédés par une seule personne qui pre- « nait le nom général d'évêque de Gascogne, pour exclure dans les « paroles l'incompatibilité de plusieurs évêchés. Je ne propose cela, « ajoute-t-il, de mon cru, mais suivant les anciens papiers de La Réole « qui font voir Gombaud évêque de Gascogne, et encore selon « la foi des titres de Lescar et Dax, qui font mention d'un évêque, « Raymond le Vieux, qui possédait tous les évêchés de Gascogne, sui- « vant la coutume de ses prédécesseurs, à savoir les évêchés de Lescar, « de Dax, d'Aire, de Bayonne, de Bazas et d'Oleron. » (*Hist. de Béarn*, liv. III, chap. VIII.) Revenons à Guillaume-Sanche. Il mourut, non pas l'an 1017, comme le marque D. de Sainte-Marthe, mais vers l'an 984, laissant de sa femme URRAQUE[1], fille de Garcie Ier, roi de Navarre, BERNARD-GUILLAUME, qui suit; SANCHE-GUILLAUME; BRISQUE, femme de GUILLAUME LE GRAND, comte de Poitiers; et deux autres filles.

---

1. Voir plus haut, page 347, la note 1.

### BERNARD-GUILLAUME.

984 ou environ. BERNARD-GUILLAUME, fils de Guillaume-Sanche, lui succéda en bas âge sous la tutelle de GUILLAUME, fils de Gombaud, qui prit pendant quelque temps les titres de comte, marquis et duc de Gascogne. L'an 1004, Bernard-Guillaume exerça une sévère vengeance contre les meurtriers de saint Abbon, abbé de La Réole, qu'il avait appelé deux ans auparavant pour mettre la réforme dans ce monastère. Il mourut empoisonné (Adémar dit ensorcelé) le jour de Noël 1010, sans laisser d'enfants de GARCIE, son épouse, nommée BERTHE par Oïhénart.

### SANCHE-GUILLAUME.

1010. SANCHE-GUILLAUME succéda au duché de Gascogne à Bernard-Guillaume, son frère. Il est fondateur de l'abbaye de Saint-Pé de Génerez (*Sancti Petri de Generoso*) en Bigorre, qu'il dota de plusieurs fonds et immunités. Un nombre de comtes et seigneurs souscrivirent la charte de cette fondation. Le nécrologe de Saint-Sever de Rustan met sa mort au 4 octobre de l'an 1032. Il eut deux filles, suivant le même monument, GARCIE, ou plutôt SANCIE, mariée à BÉRENGER-RAYMOND Ier, comte de Barcelone, et ALAUZIE, femme d'ALDUIN II, comte d'Angoulême. Les écrivains aragonais disent que Sanche le Grand, roi de Navarre et d'Aragon, fit la conquête de la Gascogne sur le duc Sanche-Guillaume, qu'il rendit par là, selon eux, son vassal. Il est vrai que le monarque, dans quelques actes, prend le titre de roi de Gascogne; mais par là il entend la Biscaye, ancienne patrie des Gascons, et jamais on ne prouvera qu'il ait fait des conquêtes en deçà des Pyrénées et qu'il y ait dominé.

### BERENGER.

1032. BERENGER ou BERLANGER, fils, suivant M. de Marca, d'Alduin II comte d'Angoulême, et d'Alausie, fille de Sanche-Guillaume, recueillit, en 1032, la succession de ce dernier. Il en jouit peu d'années. Ce prince étant mort sans enfants vers l'an 1036, Eudes, comte de

Poitiers, fils de Guillaume le Grand et de Brisque, sœur (et non fille)
de Sanche-Guillaume, duc de Gascogne, lui succéda, du chef de sa
mère. Eudes fut tué le 10 mars 1040 (v. st.) devant le château de Mauzé
dans l'Aunis, dont il faisait le siége. Alors Bernard II, comte d'Armagnac, issu en ligne masculine de la race des ducs de Gascogne, se rendit maître du pays; il s'y maintint jusqu'en 1052, qu'il fut contraint par
Gui-Geofroi, fils de Guillaume V, comte de Poitiers, de le lui vendre
moyennant la somme de quinze mille sous. Le duché de Cascogne et le
comté de Bordeaux furent par là réunis au duché de Guienne ou
d'Aquitaine.

L'*Art de vérifier les dates,* réimprimé avec des corrections et améliorations, par
M. de Saint-Allais, 1818, in-8°, deuxième partie, t. IX, p. 237-246.


# PREUVE IV.


« *L'Historia abbatiæ Condomensis,*» *éditée par* D. Luc d'Achéry, *constate
que le comte* Gombaud, *appellé* Gimbaldus *ou* Gimbsanctii, *c'est-à-
dire Gombaud fils de Sanche, fut associé à l'autorité ducale par son
frère* Guillaume-Sanche. *La même Chronique rapporte en outre que
Gombaud s'était marié avant d'entrer dans le pontificat et avait eu
d'une femme, sortie du plus haut estoc, un fils du nom de* Hugues.


ANNÉE 977 ET APRÈS.


Factus ergo Guillelmus princeps patriæ, consortem honoris et
dignitatis *germanum* comitem Gimbaldum (*Gimbsanctii*) voluit habere,
concedens illi, ad supplementum vitæ, Agennense solum et Basatense
cum omnibus appendiciis suis. Et quia a pueritia sacris litteris fuerat
imbutus, utriusque sedis pontificatum et præfecturam, Deo favente,
sortitus est. Nemo tamen id moleste accipiat, quod vir prudentissimus
contra decreta Canonum utriusque sedis accepit pontificatum : depopu-
lata namque regione hostili gladio nullus eo tempore ad hoc opus repe-

riebatur idoneus; verum antequam episcopatus cathedra sublimaretur,
uxorem duxit, nobilibus ortam natalibus, ex qua filium nomine HUGONEM
sustulit : hic congruo tempore educatus, et litterali studio eruditus,
tandem proficiendo adolescentiæ viam est ingressus, videbatur jam
tunc maturis moribus adornari, et justiciæ operam dare. Perpendens
pater filium recto tramite gradientem, noluit illum honoris et dignitatis remanere expertem. Erat illi præfata subdita Leumania, quæ
ad diœcesim Agennensis episcopatus pertinebat : hoc etiam cœnobium, sicut fuerat a venerabili comitissa ordinatum, promeruerat,
felicique sorte gubernabat, quod Hugoni filio suo favorabiliter contulit, et abbatem clericorum esse præcepit, nihil sibi reservans ex
omnibus.

Non multo post vita ex hac decessit Gimbaldus filii sui successione
ad præsens privatus. Adhuc enim Hugo in virum perfectum non venerat, nec tantæ potentiæ arcem attigerat, nec hereditatem patris vendi-
care poterat : sed tantummodo huic cœnobio, cui prælatus a genitore
fuerat dominabatur. Ob cujus tunc temporis imbecillitatem Agennensis
ecclesia, necnon Basatensis singulos præsules acceperunt, ceteras quicumque prævaluit, usurpavit. Cum enim adhuc abbatis fungeretur officio, ad augmentum doloris et tribulationis præsens, cui dominabatur,
cœnobium igne est succensum. Certe non renuit divina miseratio cunctis innotescere, quanti penderet ambitum sacratissimæ urnæ. Nam cum
ignis universa vastaret, et supereminens tectum Basilicæ jam invasis-
set, sanctuarium illud, ubi urna est constituta, servavit illæsum miseratio divina. Quidam autem clericorum metuentes ne violentia ignis
cuncta absorberentur, quasi quæ inibi continebantur asportaturi, intus
sunt introgressi, quibus introgressis ecce trabes pereuntis ædificii
adustæ insimul ceciderunt, omnisque strues lignorum diruta est, atque
aditum sanctuarii ita obstruxit penitus, ut nemini pateret introitus vel
exitus. At illi qui intraverant, substiterunt magis mortem quam vitam
præstolantes, et igne se perituros sperantes. Clamantibus autem et
supernæ pietatis opem sibi adesse poscentibus, confestim in eodem loco
ventus vehemens erupit, præparans illis refrigerium, et a contagione
ignis liberans eosdem. Quibus peractis mortui qui putabantur, viventes

reperti sunt; videntes vero qui advenerant, grates Deo referebant, qui salvat in se sperantes.

*Spicilége* de D. Luc d'Achery, in-4°, tome XIII, p. 435-437.


# PREUVE V.

*Charte de La Réole, octroyée par Gombaud, duc de Gascogne, assisté de plusieurs princes et entre autres de Vezian-Amaneu et d'Arnaud-Amaneu, nés d'Amaneu, lequel était frère de Gombaud. On y voit apparaître aussi Garsia, neveu de Guillaume-Sanche.*


ANNÉE 977.

Anno Dominicæ Incarnationis DCCCCLXXVII, Indictione V. In nomine Sanctæ et individuæ Trinitatis, ego GUMBALDUS, episcopus Vasconiæ, et frater meus WILLELMUS SANCII dux Vasconum, tacti divino amore super peccatorum nostrorum recordatione, pro remedio animarum nostrarum parentumque seu fidelium nostrorum, et eorum qui nobis in opere deifico fautores et consultores extiterunt, decrevimus quoddam monasterium nostri juris, in honorem sancti Petri, principis Apostolorum, dicatum, cum consilio fidelium nostrorum, ad pristinum reducere statum. Notum vero erat omnibus ibidem ex antiquo monasticæ institutionis regulam floruisse, et idcirco cum antiquitus idem locus dictus fuerit Squirs, modernis temporibus dicitur Regula. Quibus super tali deliberatione, multimoda animi anxietate fluctuantibus, per eam, quæ in antiquis, sapientiam compertum est, ante Normanorum irruptionem et sui destructionem, idem monasterium cœnobio Floriacensium fuisse subditum. Non solum enim utriusque monasterii septa lugubri satis devastatione paganorum, verum etiam totius Galliæ et Aquitaniæ, nonnulla perierunt municipia. Unde communi consilio propinquorum, seu fidelium nostrorum, quemdam clericum legationis nostræ bajulum,

ad venerabilem abbatem Richardum fratresque Floriacenses, cum omni
supplicatione direximus, precantes ut ipse si fieri posset ad præfatum
locum descenderet, vel saltem, quos placet de suis monachis transmit-
tat, qui amissa reciperent, destructa a fundamentis resarcirent et aliquod lucrum animarum ibidem acquirerent. Quippe luciferam famam
de eorum speciali schola et singulari conversatione audieramus. Donamus ergo et donatum in perpetuum esse volumus cum hac testamenti
authoritate, monasterium nostrum vocabulo Squirs, quod fundatum est
in partibus Vasconiæ, in pago Aliardensi supra ripam Garonæ fluminis,
cum omnibus ad se pertinentibus, hoc est ecclesiis, villis, mansis,
vineis, silvis, pratis, pascuis, molendinis, aquis, aquarumque decursibus, et justiciis, totum ex integro, quæsitum et inexquisitum, quidquid
ad eumdem pertinet, tradimus atque transfundimus de jure nostro, in
jus et ditionem præfati monasterii Floriaciensis, ita ut ab hodierna die, in
omnibus quidquid abbas et fratres ejusdem cœnobii facere voluerint,
liberam in omnibus habeant potestatem, sive placuerit abbatem constituere, sive præpositum qui eisdem debeat de omnibus rationem reddere. Ita firmatum esse volumus, ut non comes, non episcopus, non
quælibet submissa persona, aliquid de terris, vel reditibus ejusdem
ecclesiæ, audeat subtrahere aut invadere, sed omnia sint in prædicti
abbatis potestate. Si vero, quod non credimus, nos ipsi, vel aliquis de
heredibus nostris, aut successoribus, vel aliquis prædictorum honorum
persona contra causari vel calumniari voluerit, in primis quod repetit
non evendicet, sed insuper a summo Petro, cui Dominus ligandi et solvendi tradidit potestatem, in cujus honore idem locus est dedicatus, se
damnatum sciat perpetuo anathemate. Et ut hæc charta firma et invio-
labilis permaneat, non solum subterfirmavimus et fideles nostros sub-
terfirmare rogavimus, sed adhibitis sanctorum pignoribus, omnes pariter juravimus, cum obsecratione nominis Domini, nos hæc observaturos
quæ in præsenti continentur testamento. Hi sunt testes, et hujus præcepti confirmatores, quorum inferius vocabula constitutione descripta
sunt. Signum Gumbaldi episcopi, et totius provinciæ ducis, qui hanc
donationem devoti cordis instantia Deo redemptori concessit. Signum
Vuillelmi, Vasconiæ ducis, fratris ejusdem, qui donum Deo traditum mire

corroboravit. Signum GARCIÆ *nepotis* ipsorum [1]. Signum Rotgarii judicis. Signum VIZAN AMANEU. Signum vicecomitis EZII. Signum Areolidat vicecomitis. Signum ARNALDI AMANEU. Præterea ego Gombaldus, Vasconiæ episcopus, et frater meus Vuillelmus Sancii monasterio B. Petri, quod vocatur ad Regulam, quod beato Benedicto Floriacensi reddidimus, hæc sibi appendicia solenni donatione perpetuo affirmavimus. Ecclesiam videlicet B. Martini cum clausis, et reliquis ædificiis. His itaque taliter peractis atque confirmatis, ad instantiam nostram præfatus abbas Floriacencis nomine Richardus, vir quippe piæ recordationis et profundi pectoris, cum discretioribus monachis ecclesiæ suæ, prout decebat ad sæpe fatum locum, qui ut dictum est Squirs ab antiquo vocabatur, nunc autem Regula, de consilio nostro, et voluntate præfatorum etiam vicecomitum, et aliorum baronum terræ, villam in pago quod dicitur Alliardegs ædificavit; jura sibi et ecclesiæ suæ, et consuetudines perpetuo observandas constituit. Easdem vero institutiones ratas habentes, perpetuo nos et successores nostros observaturos in animas nostras, et successorum nostrorum cum obtestatione nominis Christi, pariter juravimus, et transgressores consuetudinum perpetuo anathemati, prout dictum est, subjecimus [2].

MARCA, *Histoire de Béarn,* note des pages 210-211.

1. Nous avons démontré, en notre étude sur *l'Origine de la Maison de Galard,* page 389 de ce volume, qu'il fallait *ipsius* et non pas *ipsorum.*

2. Hauteserre a résumé cette charte comme suit : — Anno DCCCCLXXVII. GONBALDUS, Vasatensis episcopus, et WILLELMUS SANCIUS, Vasconiæ dux, fratres communi opera et sumptu monasterium Sancti Petri de Regula, super Garumnam flumen olim agnominatum Scyrs, quod idem sonat ac regula, instaurarunt, multisque latifundiis dotarunt, accitis Floriacensibus monachis religionis inibi restituendæ gratia; hac de re extat vetus diploma in bibliotheca Floriacensi inscriptum anno Dom. DCCCCLXXVII, indict. V, his verbis : « Ego Gumbaldus, episcopus, et frater « meus Guillelmus Sanctio dux Gasconum tacti divino amore, communi consilio « propinquorum, seu fidelium nostrorum, quendam clericum legationis nostræ baju- « lum ad V. abbatem Richardum fratresque monasterii Floriacensis, quod est situm « in agro Aureliacensi super fluvium Ligeris cum omni suplicatione direximus, etc. » Fundationis authorem unicum Willelmum Sancium ducem memorat Aimoinus Floriacensis. « Est in illis partibus monasterium quoddam Squirs ut fertur antiquitus

# PREUVE VI.

*Dans la demande ci-dessous adressée, en 1046 ou 1047, au Pape Clément II pour obtenir la sanction des priviléges de La Réole, concédés par* GOMBAUD *et son frère Guillaume-Sanche en 977, la charte de dédicace se trouve reproduite. Gombaud[1] y est qualifié simplement évéque de (Bazas), parce qu'en 1046 le cumul des évéchés de Gascogne était vu de mauvais œil en cour de Rome.*

## 1046-1047.

Benignitati vestre notum fieri volumus, piissime domine quod cum dominus Karolus Magnus, in honore Domini nostri Jesu Christi, multa construxisset monasteria, construxit etiam monasterium Sancti-Petri de Regula et eidem monasterio multa contulit beneficia; et ita constructum et bonis regalibus dotatum et ditatum monasterio Sancti-Benedicti Floriacensis donavit, contulit et perpetuo possidendum concessit. Cumque monasterium Sancti-Benedicti prescriptum monasterium Sancti-Petri de Regula diu in pace possedisset, Normanni, terras violenter intrantes, totam circum adjacentem terram et ipsum

« nominatum, a modernis contrario nunc vocabulo Regula vocitatum, nulla quippe
« religionis norma, nulla aut rara bonæ conversationis saltem vestigia usque ad hæc
« in eodem loco apparuere tempora. Id Guillelmus, Sanctionis filius, Burdegalen-
« sium comes ac totius Guasconiæ dux, audita fama religiosæ vitæ domini Richardi
« Floriacensium abbatis, ipsi successoribusque ejus ad regendum dudum commise-
« rat, etc. » Monasterium loco nomen et initium dedit, inde natum nomen Scyrs
quod regulam significat, cujus mentio fit et in fragmento Floriacensi Hist. Franciæ
quod primum edidit P. Pithœus. « Eodem anno, tempore Paschali, cum essem super
fluvium Garonnæ, in loco qui dicitur Scyrs, etc. » (*Rerum Aquitanicarum libri quinque qui sequntur,* autore Ant. Dadino Altaserra, tome II, p. 292.)

1. Voir, à la fin de ce volume, notre étude sur *le comté d'Agenais au x* siècle *et l'épiscopat de Gombaud.*

monasterium destruxerunt; terras vero, civitates etiam et oppida, cum habitatoribus gladio et igne consumpserunt.

Tempore vero procedente, volente Deo visitatione plebis sue intendere, constituti sunt duo principes in Guasconiam : VUILLEMUS SANCII, videlicet, dux Guasconum, et GUMBALDUS[1], frater ejus, Vasatensis episcopus. Hii vero, non solum secularibus verum etiam spiritualibus intenti negociis, condolentes destructioni ecclesiarum et desolationi religionum, reedificationi monasteriorum sollicite intendentes in pristinum statum reducere conati sunt. Audientes autem quod monasterium Sancti-Petri de Regula, quondam famosissimum, rutilasset et monasticus ordo diu in eo floruisset et quod, ex donatione domini Karoli Magni, ad monasterium Sancti-Benedicti Floriacensis pleno jure pertinuisset, habito communi consilio, ad Richardum, tunc abbatem Floriacensem, et fratres ejusdem domus, cum omni supplicatione direxerunt, rogantes ut aliquos de suis monachis transmitterent, qui amissa reciperent, destructa a fundamentis resarcirent et aliquod animarum lucrum ibidem adquirerent.

Reddiderunt igitur monasterio, abbati et fratribus Sancti-Benedicti Floriacencis predictum monasterium Sancti-Petri de Regula, libere et quiete, cum omnibus ad ipsum pertinentibus perpetuo possidendum, sicut ex consequentibus plenius poterit perpendi :

Anno dominice Incarnationis DCCCCLXXVII, Indictione V, in nomine sancte et individue Trinitatis, ego Gumbaldus, episcopus, et frater meus Vuilhelmus Sancii, dux Vasconum (etc., *ut in prima pagina, usque ad hec verba; Signum :* ARNOLDI AMANEU).

Petimus ergo a serenitatis vestre culmine quatenus donationem et concessionem a domino Karolo Magno factam et a principibus Wasconie ecclesie Sancti-Benedicti concessam, illibatam, firmam et immutilatam et ab omni indebita exactione et fastigatione liberam et immunem conservari faciatis.

*Cartulaire de La Réole, folio 22, v°. — Archives historiques de la Gironde, t. V, p. 144-145.*

---

1. Voir, pour GOMBAUD les titres relatifs à son fils Hugues, PREUVE XIV, p. 581, PREUVE XVII, p. 537, PREUVE XVIII, p. 543, 545.

# PREUVE VII.

*Dans l'échange qui va suivre,* VEZIAN *et* ARNAUD-AMANEU *accompagnent encore* GOMBAUD, *qui prend la double dignité d'évêque et de duc de toute la région comprise entre la Garonne, les Pyrénées et l'Océan.*

## ANNÉE 978.

GUMBALDUS episcopus, et totius circumpositæ regionis dux, hortatu fratrum monasterii B. Petri quod diu Squirs, nunc autem Regula vocatur, inhabitantium, commutationem pro communi utilitate faciens atque medietatem Ecclesiæ, salva vicissitudine, ad partem propriam recipiens, quæ in honore B. Mariæ dicata, fundata consistit in villa nova, facta recompensatione fideli nostro, Arsia nomine, aliam concessimus sancti Pauli sub nomine consecratam, manetque in ea villa, quæ ab incolis vocatur Andrie. Hoc autem tali tenore est statutum, ut frates monasterii B. Petri absque aliqua conditione medietatem possideant ex reditibus ecclesiæ B. Mariæ, atque jam dictus fidelis noster in æternum, tam ipse, quam sui possideant, quæ sub fidelium virorum testimonio tradita sunt, videlicet sancti Pauli ecclesiam. Et ut hæc descriptio firma sit, eam subtersignavimus, manibusque fidelium nostrorum roborandam fideliter reddidimus. Gumbaldus episcopali officio præditus firmavit, atque subscripsit, cum consilio fratrum, sub magisterio B. Benedicti degentium. Vuillelmus Sancio dux, Fortis Mancio abbas, Anersans vicecomes, Vuillelmus Arsiæ, Sansaner, Rotgarius vicecomes, Seguinus vicecomes, Ditarsi vicecomes, UTZAN AMANEU (pour Vezian-Amaneu), ARNALD AMANEU.

Hoc autem est constitutum anno Incarnationis Domini DCCCCLXXVIII, Indictione V.

MARCA, *Hstoire de Béarn,* note de la page 211.

## PREUVE VIII.

*Notice sur Gombaud, duc de Gascogne et évêque de Bazas. On y trouve certains détails inédits que l'auteur, M. O'Reilly, a dû recueillir dans les archives du Bazadais.*

### 977 ET APRÈS.

GOMBAUD, duc et frère de Guillaume, duc d'Aquitaine[1], se retira du monde après la mort de sa femme, et résolut de consacrer le reste de ses jours dans la solitude, à la prière et aux saintes fonctions du ministère sacerdotal. Il fut ordonné prêtre, et quelque temps après évêque de toute la Gascogne[2] en 977. Cet illustre pontife fit un bien immense dans le Bazadais; ayant été invité par son frère à exercer conjointe-

1. Il n'était point duc d'Aquitaine, mais simplement de Gascogne.

2. Voici comment *la France pontificale* redresse l'erreur commise par divers hagiographes qui ont fait de Gombaud un archevêque de Bordeaux à cause de son titre d'évêque de Gascogne.

### GOMBAUD (vers 987-998).

« Si l'on en croit Besly et les frères de Sainte-Marthe, ce Gombaud était fils de Sanche-Garcie, comte de la Grande-Gascogne de 910 à 940; et il avait pour frère Guillaume-Sanche, duc de toute la Gascogne, et lui-même avait été duc de ce pays. A notre avis, Gombaud, archevêque de Bordeaux, est tout différent de Gombaud, frère de Guillaume-Sanche, qu'on trouve quelquefois désigné comme évêque de Gascogne. C'est le sentiment de Lopez, qui s'appuie : 1° de ce que dans l'acte de fondation de l'abbaye de Saint-Sever auquel souscrivit, en 992, Geoffroi, l'archevêque prédécesseur de Gombaud, le comte Guillaume-Sanche, qui cite tous ses autres parents, ne fait aucune mention de Gombaud, son frère; 2° qu'à la mort de Guillaume-Sanche, arrivée en 984, la tutelle de ses enfants mineurs, Bernard-Guillaume, son successeur, Sanche-Guillaume et Prisca, eût été certainement confiée à leur oncle Gombaud, s'il eût encore été de ce monde, au lieu d'avoir été mise aux mains de Guillaume, leur cousin germain, puisque le duc Guillaume-Sanche, son frère, l'avait déjà associé à la régence de ses États, ainsi que l'a prouvé

ment avec lui le pouvoir souverain, il profita de sa haute position pour rétablir la religion, corriger divers abus et rebâtir les églises de Langon, d'Aillas, de Gajac, de Taleyson, de Saint-Côme et de Conques, et d'autres dans les environs de sa ville épiscopale, sans parler de celles de Saint-Jean, de Saint-Martin, de Notre-Dame et de Saint-Martial. Il étendit même sa généreuse sollicitude au prieuré de La Réole, qu'il fit réparer et qu'il rendit avec ses dépendances à l'abbaye de Fleury, comme il paraît par une charte datée de 977. (Voy. P. de Marca, *Hist. du Béarn*, liv. III, ch. v.) On prétend que c'est lui qui dressa les statuts du monastère de La Réole, qui furent plus tard approuvés par l'abbé de Fleury. Convaincu qu'il fallait à un siècle corrompu de grands exemples de vertu, d'abnégation et de pénitence, il protégea les établissements monastiques ; il laissa Meilhan au monastère de Condom, et le village de Squirs, aujourd'hui La Réole, aux cénobites de cette ville. Quelque temps avant sa mort, qui arriva en 992, il sacra Aldouin évêque de Poitiers, ayant pour évêques assistants Fructier, de Périgueux, et Albon

P. de Marca (*Histoire de Béarn*, liv. III). Hugues, fils de Gombaud et son successeur dans les évêchés d'Agen et de Bazas, déclara, dans une donation qu'il fit vers l'an 1011 de tout ce qu'il possédait dans la Lomagne, au monastère de Condom dont il était abbé, que cette donation est consentie par lui pour le repos de son âme, de celles de ses parents, Sanche-Garcie, comte, Guillaume-Sanche, comte, Gombaud, évêque, et Guillaume, comte, etc. Il nous semble qu'il n'eût pas manqué de le qualifier archevêque, si réellement il eût été métropolitain de Bordeaux, et ne l'aurait pas désigné comme évêque seulement.

« Lopez présume que l'erreur de ces estimables historiens sera venue de ce que, dans la donation qu'il fit avec son frère Guillaume-Sanche, du monastère de Saint-Pierre de La Réole, au diocèse de Bazas, à l'abbaye de Fleury-sur-Loire, Gombaud se qualifiant Gombaud, évêque de Gascogne, ils ont cru que l'évêché désigné sous ce nom était l'archevêché de Bordeaux. Mais l'évêché de Gascogne désignait, à cette époque, les siéges d'Aire, de Dax et de Bazas, comme le dit P. de Marca, en citant, chap. VIII, un titre de l'église de Saint-Seurin, relatif à la prise de possession du comté de Bordeaux, faite, en 1032, par Eudes, petit-fils de Guillaume-Sanche. Cet acte est signé de Raimond, évêque de Gascogne, tandis qu'il est certain qu'en cette année le siége de Bordeaux était occupé par Geffroy. Raimond dit le Vieux était en effet évêque de Dax, d'Aire et de Bazas. » (*La France pontificale*, par M. H. Fisquet. Métropole de Bordeaux. Bordeaux, p. 68.)

de Saintes. Son fils Hugo, qui, dès sa jeunesse, avait constamment montré les dispositions les mieux caractérisées à l'état ecclésiastique, fut ordonné prêtre et nommé cénobiarque ou supérieur du monastère de Condom, et lorsqu'il eut atteint l'âge requis par les canons, il fut promu à la dignité épiscopale et succéda à son père dans l'évêché de Bazas.

*Essai sur l'histoire de la ville et de l'arrondissement de Bazas,* par O' Reilly, p. 167-169.

# PREUVE IX.

*Aux dons divers faits par l'abbé de Blasimont au monastère de La Réole, Arnaud-Guillaume souscrit immédiatement après le duc Guillaume-Sanche.*

### ANNÉE 980.

..... Sanctorumque Patris congestum est ut qualiscumque persona pro remedio anime sue ad ecclesiam Dei aliquid offerre voluerit licentiam habeat faciendi. Ego igitur, in Dei nomine, Fortis Arsins, abbas de Blandimonte (Blasimont), tractavi de Dei timore et de eterna retributione, ut me pius Dominus et sanctus Petrus veniam tribuere dignetur de peccatis meis, vel pro remedio anime mee, vel pro patre meo, vel matre seu parentum meorum, in die magni judicii : cedo atque condono ad monasterium qui est in honore sancti Petri, in loco qui prenominatur Squirs, super flumen quod vocatur Garonna : facio cartam de alodo meo vel vinea qui est in pago Basadinse, in vicaria Gamaginse in villa que dicitur Montevinitore. Habet ipsa terra cum vinea in se per longum : perticas LXVI, alio latus LXVIIII ; pro uno fronte XXXI, pro alio fronte, XXVIII. Habet ipsa terra abjacensiis, de uno latus ; terra Asenario Guillelmo, filio Guillelmo de Tavas, pro uno fronte, via publica ; atque in alio loco que dicitur Castello terra cum vineas. Habet ipse alodus cum vineas et in se pergirum partitas (perticas) CLXXX, pro uno latus, vinea Sancti-Petri de Castello, pro uno fronte, similiter Sancti-Petri; pro uno fronte, vinea Siguino, vicecomite; alio latus, via publica.

Item, in ipso loco, una pecia de terra cum vinea vel mansione, cum tota strumenta. Habet ipsa terra cum vinea, perticas XLI, pro alio latus, XL et terra Siguino, pro alio fronte, perticas XLVIII et via publica; a pertica pedorum pedes XII. Et de mea donatione trado in vestra potestate ad habendum et possidendum, ut faciatis quidqvid volueritis, nemine contradicente.

Quod si quis contra hanc cartam inquietare vel inrumpere voluerit, iram Dei incurrat, cùm Dathan et Abiron, in infernum participationem habeat et a luminibus sancte Dei ecclesie extraneus permaneat.

Facta carta ista, in mense madio in die sabbatho, regnante comite Guillelmo Sancio. Signum ARNALDO GUILLELMO. Signum Custabulo, levita. Signum GUILLELMO SANCIO. Signum ARSENARIO SANCIO. Signum Rotberto. Signum Bergunio Forte. Signum Garsia Donato.

*Cartulaire de La Réole*, fol. 8 v°. — *Archives historiques de la Gironde*, t. V, p. 108 et 109.

# PREUVE X.

*Cession d'une vigne, sise au lieu de Frimont, à Saint-Pierre de La Réole.*
*On y voit que cet acte eut lieu sous le règne de* GUILLAUME-SANCHE *et*
*la lieutenance générale d'*ARNAUD, *vicomte, lequel fut père de*
*Raymond-Arnaud, vicomte de Lomagne.*

### NOVEMBRE 982.

Omnibus sancte Ecclesie fidelibus notum constet qualiter convenientia sollempniter habita pro communi utilitate dedit Juvenis de una vinea medietatem et aliam medietatem pro alia vinea que est in Ludulino et una petia de terra que est in Campania. Ipsa vero vinea quam ego dono Deo et sancto Petro pro remedio anime mee atque anime

IV.

33

patris mei seu matris mee, et est in Fretomonte, tota et integra in perpetuum et inquirendum sic dono. Quod si aliquis de propinquis meis aud ulla amissa personna, qui contra hanc cartam inquietare vel interrumpere voluerit, iram Dei incurrat et a liminibus sancte Dei ecclesie et beato Petro apostolo excommunicatus permaneat.

Facta carta ista in mense novembris die sabbatho, regnante GUILLELMO SANCIO, comite, captinentia ARNALDO, *vicecomite*[1]. Signum Fortdean. Signum Donati Asnario. Signum Unaldo. Signum Forto Sancio. Signum Asnario, presbitero, qui est testis, et credencia Rainaldus. R. G. Signum.

*Archives historiques de la Gironde,* t. V, p. 104.

# PREUVE XI.

*Première charte de Saint-Sever.* — Les Normands, malgré leur établissement en Neustrie et l'impossibilité de remonter les fleuves d'Aquitaine aussi facilement que la Loire, la Seine ou l'Escaut, apparaissaient quelquefois sur les côtes de Gascogne et sillonnaient la Garonne et l'Adour de leurs serpents et de leurs dragons, car c'est ainsi qu'ils appelaient leurs barques. Sous le règne de GUILLAUME-SANCHE, ils descendirent dans la baie de Capbreton, d'où ils s'abattirent sur les pays environnants, marquant leur passage dévastateur par le sang et la ruine. Guillaume-Sanche marcha contre eux et promit à Dieu, s'il revenait vainqueur, de lui élever un temple à la place où reposaient les restes de saint Sever, martyr. Les Normands furent si bien taillés en pièces, que cent ans après (suivant le Cartulaire de Condom), on voyait dans la plaine de Teulère (Tursan) plus d'os blanchis que de brins d'herbe. Conformément à son vœu, le duc Guillaume-Sanche fonda, avec le concours de sa femme URRAQUE et de ses deux enfants BERNARD-GUILLAUME et SANCHE,

1. Voir paragraphe VIII, pages 392 et suivantes de ce volume.

*le monastère de Saint-Sever. Dans cette charte, le prince déclare tenir son duché par droit héréditaire et ne relever que de Dieu*[1].

### ANNÉE 982, D'APRÈS MARCA.

*Tabulæ fundationis monasterii S. Severi in Vasconia.* — Præ oculis indesinenter habere summum Deum horamque extremam, novissimumque diem in mente habere, ac sectari quisque mortalis debet justitiam, ut evadat tormenta pravorum, et perveniat ad premia justorum, quod nullus miser admittitur, nullus felix excluditur pati omne quod triste est, facereque omne bonum dignissimum est. Idcirco ego WILLELMUS SANCIUS, comes, cogitans dies antiquos et annos æternos, pertimescens futurum examinis judicium, pro salute remedioque animæ meæ, seu propter stabilitatem pacemque totius *regni nostri,* et ut Deus omnipotens traderet oblivioni mea flagitia meorumque parentum, neque sumeret vindictam ex ipsis flagitiis, decrevi honorare Deum, locaque sanctorum, ex his quæ mihi tribuit. Occasio autem hujus meæ intentionis hæc est. Quædam gens nefanda Normannorum a proprio solo egressa, in istis nostris finibus est evecta, cupiens depopulare predarique terras, quas mihi Deus jure hereditario tradere dignatus est. Ut autem me Deus eriperet a sceleratissimorum hominum manibus insurgentium contra me facere bellum, genu flexo ante tumulum beatissimi martyris Severi. . . . . . . . quatenus me sua intercessione tueretur, et sicuti quondam rex hujus patriæ Adrianus post reintegrationem corporis sui, regnum et se totum præfati martyris submisit ditioni, eodem modo ego sibi reliqui omnem patriam ditioni nostræ subjectam, si victoriam potitus fuissem devovi, et in omnibus famulari Christo sanctoque martyri Severo, et pro parva ecclesia magnificum et celebre monasterium me constructurum promisi. Post actum votum meum, nefandissimam turbam aggressus, et idem gloriosissimus præfatus martyr quem in auxilium prærogaveram, cum equo albo armisque ornatus præclaris apparuit, prosternens ac multa millia nefandorum ad claustra Tartari transmisit. Ad ultimum ultimam victoriam potitus, sicuti voveram stu-

1. Terras quas mihi Deus jure hærreditario tradere dignatus est.

dui peragere ; accersitisque militibus, qui possidebant illum sacratum
locum, precabar ut sanctum cum prædio venderent mihi, illi vero resis-
tebant nolentes vendere locum francum, et ab omni censu liberum.
Super hac re iratus, perhibebam locum in alodio castri mei esse. Tandem
complacuit illis judicium facere in aqua frigida. Ventum ad horam diei,
nolens hujus rei victus videri, misi meam uxorem cum meis filiis, cum
episcopis et senioribus atque cum principibus totius Vasconiæ et vici-
norum comitatuum, qui in circuitu terræ istius sunt. Ego remanens in
castro cum vero jam adesset hora, ut parvulus ab episcopo mergeretur
in aquam, cum primum esset cœli serenitas, ut nulla in aëre nubes
appareret, tantæ coruscationes, ac tonitrua de cœlo sunt emissa, ut vix
omnes qui aderant, fulminum ictibus evadere se crederent, fugientes ad
parvam ecclesiolam S. Germani illæsi. Post hæc ad me convenientes et
perturbantes me ignorantem eventum rei, diligenter tractans cum
sapientibus qui tunc forte mecum aderant, multum mirabar super his
miraculis quæ acciderant. Ipsi vero sapientes inquirebant, si S. Severi
gesta vel passionem haberent scriptam. Inventum est a legentibus, qualiter illud monasterium fuerat constructum, et qualiter a Francigenis
hominibus hostibus fuerat destructum. Qua de causa emi locum ab illis,
cum omnibus ad se pertinentibus, dando illis trecentos solidos duode-
narios argenti, quadraginta quinque vaccas, cum multis rebus aliis.
Cupiens itaque, sicuti primitus devoveram, inibi famosissimum monasterium construere, convocavi archiepiscopos Auscensem et Burdegalen-
sem, et cunctos episcopos qui sub mea ditione erant ; et seniores cunc-
torum comitatuum, scilicet Vasconorum, Begorensium, Burdegalensium,
Agennensium, Fezacensium, sive Lactoratensium, statui libertatem atque
constructionem tali modo. Ego Willelmus Sancius, comes, qui hunc locum ædifico in honore sancti Salvatoris, sanctique principis apostolorum
Petri, atque in honore præclari martyris Severi, hanc chartulam manu
propria roborare decerno, consensu URRACÆ, conjugis meæ, ex Regia
stirpe procedentis, faventibus filiis BERNARDO atque SANCIO. Interdicens
ex auctoritate Dei omnipotentis sanctique principis apostolorum Petri
cui vice Christi concessa est potestas ligandi atque solvendi, atque
auctoritate omnium sanctorum nec non ex auctoritate sanctæ Romanæ

sedis, ipsiusque antistitis, cum confirmatione archiepiscopi Auscensis, nec non archiepiscopi Burdegalensis, episcopi Agennensis, Vasconensis, Vasatensis, Begorrensis, seu Lactoratensis, cum consensu omnium comitum procerumque totius Vasconiæ, ut nullus archiepiscopus, nec episcopus, nec ego ipse, nec filius meus, vel nepos, neque pronepos, aut stirps, aut successor, aut propinquus, aut extraneus, nec aliqua potens persona neque aliquis ex parentibus nostris, ut dixi, vel ex nostris consanguineis futuris, per multorum curricula temporum, nullus clericorum, aut laïcorum, nobilium, vel ignobilium, præsumat de reditibus, rebus, vel chartis monasterii, vel de cellis, vel de villis, vel ecclesiis, quæ ad eum pertineant quocumque modo et occasione movere, vel dolos, vel immissiones aliquas facere, nec in hostem nec caballicationem esse ductores, milites, vel pedites : non in foro, aut in mercato, de pertinentibus ipsi sacratissimo loco, quisquam judicium capiat, vel in appenditiis ejus aliquam calumniam facere præsumat, in aquis, in silvis, in pratis, in landis, in piscationibus, in pinetis, seu in vineis, nec receptum inde per vim, nec censum aliquem quærere, nec clericos in ecclesia villarum præfati sancti jure possidentes ullus audeat molestare, vel de his omnibus quæ ipse sacratissimus locus acquisitis, datis, vel acquitendis acquisierit. Nullus episcoporum aut laïcorum inibi servientibus de recessibus eorum, receptaculis ulla populandi præbeatur occasio. Nec in præfato loco quisquam episcopus cathedram audeat collocare, vel quamlibet licentiam habeat imperandi, nec aliquam ordinationem quamvis levissimam faciendi, nisi cum permissu et voluntate abbatis ipsi sacro loco præsidentis, sed sint omnibus modis liberi, et absque ulla alia calumnia et inquietudine securi. Omnes vero episcopi qui modo adsunt, vel qui in perpetuum futuri sunt, ibi hospitari non audeant, nec censum aut tributum aliquod requirant, absque voluntate præfati summi abbatis. Insuper omnem decimationem meæ substantiæ panis et vini, et quidquid decimari oportet contrado. Abbatemque dominumque loci istius his præficio nomine Salvatorem, sanctissimum et ab omnibus laudabilem, et fratres sub eo degentes, a quibuscumque partibus advenerint, quantoperé sociari voluerint monasterio, stabilio et confirmo. Abbatem

autem habere fratres non per munus aliquod, nec per vitium nec per
favorem neque per adulationem, sed secundum ordinationem S. Benedicti impero. Sanctoque Petro singulis annis quinque solidos Romæ,
abbati solvere moneo. Omnes etiam ecclesias in omnibus meis comita-
tibus, quas modo integre et sincere, absque ullo censu immunes trado;
sed et omnes quæ a me cuicumque hominum contributæ sunt, post
mortem illorum qui nunc tenent, ad sacratissimum locum revertantur;
sed et ecclesiam S. Dei genitricis Mariæ, quæ dicitur de Solaco, vel de
finibus terræ, quam Bonofilio in beneficio dedi quamdiu viveret, post
mortem autem ejusdem præfatam ecclesiam trado sancto Petro et dicto
monasterio, consentientibus Gasselino et Asselino filiis ejus primitus
calumniantibus, sed et postmodum a me dato pretio libentissime
annuentibus. Item dono ecclesiam S. Genii confessoris, ubi sua sacrata
ossa tumulata jacent, ubi abbatiam fieri jussi, sub regimine abbatis
præfati loci. Ad ultimum trado castrum Palestrion, cum omnibus
appenditiis suis, et omnia pertinentia, in silvis, in pratis et in villis, in
landis, in aquis, in pinetis et in vineis, cum omnibus militibus seu
armicolis. Omnia etiam concedo quæ sunt inter duos fluvios, ab
Alpheano, qui modo vocatur vulgo Aturris, usque ad Gavasensem, stabilio, decerno, confirmo, delego, trado ego Guillelmus Sancius cum hac
tabula auro, argentoque pulchre ornata, principi apostolorum S. clavigero Petro, necnon gloriosissimo martyri Severo; imprecans omnes
maledictiones, quæ scriptæ sunt in Veteri Testamento, super eos
venire, qui huic sacratissimo loco obstiterint. Si quis autem episcopus
præpotens, sive ex nostris parentibus, consanguineis, majores aut minores quælibet personæ, sive sit vir, sive mulier, ex his tentaverit minuere, ex Dei omnipotentis auctoritate, necnon omnium sanctorum,
auctoritate apostolica sancti Petri, necnon pontificis sanctæ Sedi præsidentis, sit excommunicatus, ab omni congregatione christianorum
separatus, parsque eorum sit cum Ischarioth, cum Datan et Abiron,
quos terra vivos absorbuit, pereantque cum Juliano apostata, perdi-
toque Daciano, sint damnati cum Nerone et mago Simone, ardeantque
sine fine maledicti, cum diabolo et angelis ejus in igne et sulphure, in
secula seculorum. Amen, fiat, fiat. Post actum malum, si quis ad satisfa-

ciendum venire voluerit, perpetrata mala sive damnum quod intulerit
in quadruplum restituat, septemque libras auri monasterio tribuat : et
quia eumdem locum tradidimus sanctæ apostolicæ sedi, pedibus nudis
illuc adeat, et literas a præsule Romano susceptas suo episcopo propria
manu representet. Ut autem hic, et in præsenti, et in futuro ævo,
chartæ huic credatur firmissime, mea manu, uxoris, filiorum, necnon
episcoporum, vel fidelium manibus roborare dignum auctoritate decrevi et stabilivi. Signum WILLELMI SANCII, comitis, qui hanc chartam
fieri jussit. Signum URRACÆ, comitissæ. Signum BERNARDI GUILLELMI,
filii ejus. Signum SANCII, filii ejus. Signum Godefredi, Burdegalensis
episcopi. Signum Orioli Sancii de Fageto. Signum Donati Garsiæ de
Donasello. Signum Aquilini Atilii de Calonar. Signum Garciæ Alancii de
Bergui. Signum Adonis, Auscitani archiepiscopi. Signum Centulii Gastonis. Signum Gastonis Centuli de Bearno. Signum Azimeli Elzii de Sa-
madello. Signum ASMARII ELZI. Signum Bergonii Sancii. Signum Garsiæ
Lupi de Silvestro.

MARCA, *Histoire de Béarn,* p. 223.

# PREUVE XII.

*Deuxième charte de Saint-Sever.* BERNARD-GUILLAUME *y confirme toutes
les dotations dont le couvent avait été gratifié par son père et les
augmente en son nom personnel. Dans ce document le duc est assisté
de sa mère* URRAQUE, *de son frère* SANCHE, *d'*ARNAUD-LOUP, *vicomte
de Dax, etc.* ODAT *ou* ODON, *vicomte de Gascogne, qui avait donné
son approbation à l'œuvre première de Guillaume-Sanche en 982, s'y
trouve remémoré.*

## ANNÉE 1002 ENVIRON.

*Chartarium S. Severi.* — Quanto sunt judicia Dei inscrutabilia, tanto
debent fore sensibus humanis metuenda; et quia ratio mortalis ea
investigare non valet, necesse est ut inflectat humiliter rigorem saxei
cordis; qui autem per elevationem secularium divitiarum ad alta

rapitur, illic statim futuræ exitium pertimescat. Attendens cujusdam sapientis sententiam : In omnibus operibus tuis memorare novissima tua, et in æternum non peccabis, et juxta illud : Beatus vir qui semper est pavidus, qui autem mentis est duræ corruet in malum; et pertimescens hæc monita ego BERNARDUS GUILLELMUS, comes, pro animæ meæ remedio seu patris, matrisque, et aliorum parentum, et ut Dominus omnipotens me absolvat a peccatorum meorum ligaminibus, dum in corporeo detineor vasculo, antequam a me egrediatur spiritus, ex his quæ Christus donavit jure hæreditario, ipsum hæredem facere cupio, sanctorumque ejus loca maxima ex patre honorare instituo. Genitor GUILLELMUS SANCIUS, dum vixit in numero, prospexit in sibi ultimo atque hanc solitudinem magno pretio, ubi gemma martyrum Severus corpore quiescit humatus, sibi comparavit; volenti animo namque trecentos solidos argenti duodenorum denariorum, ut ipsum locum potuisset consequi, nec non quadraginta quinque vaccas, cum multis aliis rebus, sicut in testamento mei patris potest inveniri. In primis ipsius loci dominium dedit, dignum existimans ut sicut idem gloriosissimus athleta, de longiuquis provinciis Christi parens præceptis, non solum sui sanguinis effusione, verum etiam miraculis innumeris præfatum locum sacravit, et Adrianum regem ab incredulitatis errore, omnemque provinciam ad fidem Christi convertit, ita grandiori honore dignus haberetur, ex vili ecclesiola famosissima basilica inibi construeretur. Quæ indictio omnibus placuit, cum consensu omnium præsulum, scilicet archiepiscopi Burdegalensis, archiepiscopi Ausciensis, nec non episcopi Agennensis, et Vasatensis, Begorrensis episcopique Vasconensis, sive Lactorensis, multorum ordinibus clericorum, sacerdotum, vel monachorum, et cum jurejurando et firmatione totius Vasconiæ proceres definierunt, ut ipse sacer locus, vel fratres ibidem Deo servientes, liberi permanerent absque ulla molestia et inquietudine, et quod annis singulis, temporibus futuris, quinque solidos denariorum Romæ transmitterent : cum quibus possessiones magnas una cum sanctæ memoriæ URACCA, matre mea, delegavit.

Et hæc libertas in præsens tempus permanet, permanebitque, Deo auxiliante in secula seculorum. Amen. Igitur donationes horum geni-

torum meorum, ego Bernardus Guillelmus, comes, confirmo, cum his
quæ Deo authore adjicere cupio, adjurans omnes per omnipotentem
Dominum, et per extremum judicii diem in quo sumus rationem Deo
reddituri, ut nunquam ego, neque potens persona, neque episcopus
quisquam, neque aliquis ex parentibus nostris, ex his quæ pater meus,
vel ego præsenti loco damus, vel in appendiciis ejus aliquam calumniam
facere præsumat, in aquis, in silvis, in pratis, in landis, in planatiis, in
piscationibus, in pinetis, nec receptum inde quærere in omnibus quæ
concedimus, nec aliquis comes, vel quisquam præpotens post nos futurus, judiciariam exerceat potestatem, nec in hostem, nec in caballicationem ductores esse, milites vel pedites : vernaculorum nec emtitium
nec in foro, nec in mercato quisquam judicium capiat ex his omnibus,
absque jussu et voluntate abbatis præsidentis huic sacratissimo loco ;
sed sint omnimodo liberi, et absque ulla perturbatione et molestia
securi, stabilio et confirmo. Si quis autem, quod absit, blasphemans aut
iniquus contra hæc decreta aliquid facere voluerit, Dei omnipotentis
iram, et principis apostolorum Petri sanctique Severi martyris incurrat, et cum Juda traditore et Pilato, et Caipha, et Anna pereat. Fiat, fiat.
Amen, amen. Trado itaque curtem de Brocara integram, et ecclesiam
S. Eugeniæ de Morganis cum villa. Item ecclesiam aliam de Nervis castello concedo, confirmantibus germano meo SANCIO et beatæ memoriæ matre mea Urraca, cum duobus consanguineis nostris ANNONE scilicet et AIMOINO. Item aliam ecclesiam S. Georgii de Aurea valle, cum
alia ecclesia S. Martini de Insula. Item ecclesiam S. Mariæ de Mimisano,
et ecclesiam S. Eulaliæ de Borno, et aliam ecclesiam S. Mariæ de
Vasten, aliam ecclesiam S. Joannis de Brocars, sanctique Laurentii.
Item aliam ecclesiam S. Genesii de Vallibus cum omni integritate, ac
S. Petri de Roca cum omni integritate. Item ecclesiam S. Michaëlis de
Betisanis cum villa integra, sanctique Joannis de Villa Nova. Item
ecclesiam S. Quintiliæ cum omni villa, et Sanctæ Fidei de Busel, et
S. Petri, et S. Martini, sanctique Leonis, et S. Joannis de Gottis et
tertiam partem S. Genesii, villam aliam quæ dicitur Mascum, eccle-
siam quoque S. Cosmæ de Balsaner. Nominatim itaque ego Bernardus, cum germano meo Sancio, annuente beatæ memoriæ matre mea

Urraca, tradimus ecclesiam Sanctæ Dei genitricis Mariæ quæ dicitur de Solaco, vel de Finibus Terræ, sicuti pater meus Guillelmus Sancius huic sacratissimo contulit loco, cum integritate sibi pertinenti, scilicet in pratis, in silvis, in piscationibus, in pascuis tam in nemoribus quam in vineis, cum allodiis cum omni reditu tam quæsito quam inquirendo, in presentia Goscelini et Asselini, filii ejus, primitus calumniantes, sed postmodum nolentes perdere meum amorem, illis dato pretio annuentes; in curte quæ dicitur Momans, sicuti mater mea Urraca unum villanum, et ego dedi duos, unum in piscatorio, alterumque intra Velcasam, unamque abbatiam in comitatu suo genitor meus in Lactoratensi civitate, ubi pretiosissimus confessor Genius corpore quiescit humatus. ODDATO, vicecomite, consentientibus et Arnaldo abbate, huic sacratissimo contulit loco, cum omnibus appendiciis quæ ad ipsum pertinebant monasterium. Statuens agere omnes maledictiones quæ descriptæ sunt in Veteri Testamento super eos qui de ipsa abbatia facere aliqua contraria voluerint. Omnes has donationes, cum supra dicta abbatia S. Genii, sicuti pater meus contulit huic loco supradicto, ita et ego concedo cœlorum clavigero Petro et martyri glorioso Severo. Post mortem patris mei vestigia sequens ejus decrevi ex meis propriis honoribus hunc locum sacratissimum accrescere. Ego Bernardus Guillelmus, comes, primitus de his quæ pater meus, meaque mater, huic gloriosissimo loco quæ inferius scripta sunt donaria contulerunt propria auctoritate roboro, et de mea parte, quantum possum, dilato : hoc est ecclesiam S. Germani de Burdegala, cum omni pertinentia videlicet in pratis, in silvis, in pascuis, in vineis; item houer villam, et in Gottis allodium unumque villanum de Lera, et silvam atque fictum de Buseltrado S. cœlorum clavigero Petro et martyri glorioso Severo cum juramento statuens auctoritate vel confirmatione domini archiepiscopi Burdegalensis, et archiepiscopi Ausciensis, et omnium præsulum, primorumque totius Vasconiæ. Et ex ecclesiis quæ superius scriptæ sunt, vel his omnibus quæ ipse sacer locus acquirit, vel acquisiturus est, nullus archiepiscopus, nec episcopus, neque proprius, extraneus, nec successor post multorum curricula temporum veniens, aliquem censum requirant, vel clericos in ipsis ecclesiis cantantes molestare audeant, sed ut

sint omnia integra, et ab omni perturbatione secura, sincere et perfecte
collata S. clavigero cœlorum et almo martyri Severo, abbati fratribusque inibi Deo servientibus, apostolicæ auctoritatis feci confirmatione
muniri, metuens periculum meæ animæ sententiamque Solomonis dicen-
tis : Quodcumque potest manus tua facere instanter operare, quia nec
opus, nec ratio nec sapientia erunt apud inferos. Dominusque in Evangelio admonet, jubens facere amicos de mammona iniquitatis, ut cum
defecerimus recipiant nos in æterna tabernacula. Unde adimplere
cupiens hæc omnia, cuncta quæ genitor meus præfato contulit loco
stabilio atque confirmo pacto firmissimo, atque post Dominum, spem
habens hujus auxilii horum præcipuorum sanctorum, ut ipsi quamdiu
subsisto adsint, corporis sospitatem, pacem, victoriamque mihi tri-
buant, nec non post obitum, illorum munitione eripi possim a gehenna-
libus pœnis, et ab omnibus insidiis malignorum spirituum, sive hominum
in hoc seculo, atque in futuro, meritis atque intercessione supra-
dictorum sanctorum, scicilicet cœlorum clavigeri Petri ac martyris
almi Severi, possim perfrui regno cœlorum, et vivere in regione vivorum. Quod si aliquis pontifex, aut potens, sive ex nostris parentibus,
aut consanguineis, aut majoribus, aut ex minoribus quædam persona,
sive vir, aut mulier ex his omnibus diminuere tentaverit, ex parte Dei
omnipotentis, nec non omnium sanctorum, et ex auctoritate apostolica S. Petri sit excommunicatus, et a consortio christianorum omnium
sit segregatus, parsque eorum sit cum Dathan et Abiron quos terra
vivos absorbuit, pereantque cum Daciano, et apostata Juliano, sintque
damnati cum Nerone et mago Simone, et cum omnibus his qui Dominum exacerbaverunt, et quotidie per prava opera Deum negant. Amen,
amen : fiat, fiat. Si quis autem ad condignam pœnitentiam post perpe-
tratum malum venire voluerit, male acta in quadruplum restituat, septemque libras auri monasterio conferat; et quod eumdem locum concessimus sanctæ apostolicæ Sedi, illuc pedibus nudis adeat et literas a
præsule Romano susceptas suo proprio episcopo repræsentet. Et ut
chartæ huic in præsenti, et in futuro perfectissime credatur, mea
manu, manibusque fidelium nostrorum roborare decrevi. Signum BER-
NARDI, filii GUILLELMI, comitis, qui hanc chartam jussit. Signum URRACÆ

comitissæ. Signum Goscelini de Dalistroc. Signum Ascelini, filii ejus. Signum Guillelmi Aureoli de Faget. Signum Guillelmi Aureoli de Monte Severi et de Mugron. Signum Azeteli de Sabo. Signum Anelupi de Loron. Signum Lobaner, filii ejus. Signum ARNALDI LUPI DE AQUIS[1]. Signum Lobaner de Sancto Hilario. Signum Atilio Sancio de Taurcin. Signum Lobaner, vicecomes de Marcian. Signum Willelmi Lupi, ejus filii. Hæc autem charta facta est tertio nonas aprilis, luna quarta.

MARCA, *Hist. de Béarn*, liv. III, p. 233-234.

# PREUVE XIII.

*Hauteserre fixe à l'an 1010 la date de la mort de* BERNARD-GUILLAUME *et l'avénement de son frère* SANCHE *ou* SANXION.

ANNÉE 1010.

Sub annum MX, BERNARDUS[2] dux Vasconum maleficis artibus quarundam veneficarum sublatus, succedente SANCIO, fratre. Et WILLELMUS dux, defuncta priori conjuge, aliam duxit BRISCAM nomine, sororem Sancii, ex qua susceptus est ODO futurus dux Aquitaniæ et Vasconiæ (Ademarus). At Bernardo insidiis mulieribus maleficis artibus, corpore fascescente vitæ privato, Sancius frater ejus dux Vasconum extitit, et defuncta conjuge Willelmi ducis, ex qua susceperat filium Willelmum, idem dux sororem Sancii Briscam in uxorem copulavit sibi, quæ ei Odonem genuit filium.

*Rerum Aquitanicarum libri quinque* qui sequentur, auctore Ant. Dadino Alteserra, t. II, p. 331-332.

1. Voir plus haut note 2 de la page 368.
2. Voir, pour le duc Bernard-Guillaume, note 3 de la page 458.

## PREUVE XIV.

*Notice sur* HUGUES, *évêque d'Agen et comte de Condomois, fils du duc* GOMBAUD, *dans laquelle Marca pense avec raison que la date de 1011 inscrite en la charte dudit prélat, donnant ses biens à l'abbaye de Condom, doit être postdatée et reportée de trois ou quatre années en avant. Sa raison est que l'acte fut accompli sous le pape Benoît VIII et Henri, empereur d'Allemagne. Or l'avénement de ce prince eut lieu en 1014. Il est possible, en effet, que le millésime M. XI fût primitivement M. XIIII et que trois I aient été effacés ou rongés par le temps.*

Après le décès de BERNARD-GUILLAUME, HUGUES, evesque d'Agen, son cousin germain, fit un establissement monastique dans le lieu de Condom, qui lui avoit esté donné en partage avec plusieurs autres rentes, justices et domaines en Agenois et en Basadois. Cet establissement merite d'estre inséré en ce lieu, non seulement à cause de la piété et de la libéralité dont il usa envers ce convent, mais aussi parce qu'il est de la maison de Gascogne, et rapporte les noms d'une partie de ses predécesseurs qui estoient seigneurs ou descendans de la maison de Gascogne. Cet Hugues estoit fils de GOMBAUT, qui fut frère de GUILLAUME-SANCE et fils de Sance-Garcia; car Gombaut fut marié, et sa femme estant décédée, fut ordonné evesque, posséda en cette qualité les eveschés d'Agen et de Basas, et fut enfin associé par son frère Guillaume-Sance, au duché de Gascogne. Or, son fils Hugues fut premierement establi abbé de Condom, et pourveu en suite des eveschés d'Agen et de Basas, Il se démit de celui-ci à Rome, entre les mains du pape, retint celui d'Agen, et pourveut de l'abbaye de l'eglise de Condom un certain personnage nommé Pierre. Mais ce fut en faisant un changement notable en cette Église. Car au lieu qu'elle estoit possédée et gouvernée par des clercs et des prestres séculiers, l'ayant rebastie après un embrasement arrivé de son temps, il la mit sous le gouvernement et la disposition des moines de l'ordre de S. Benoist, afin que Dieu y fût plus sainctement et convenablement servi. Il dota ce monastère, nouvellement érigé, de tout ce qui lui estoit escheu pour son partage, sçavoir du lieu de Condom avec toutes ses dépendances en Agenois et Bazadois. Ce qu'il fit avec le consentement exprès du comte Sancion, autrement Sance-Guillaume, de l'evesque Arnaud, et de six vicomtes. Il escrit qu'il a esté porté à faire cette gratification pour le remède de son ame et de celles de ses parens, sçavoir Garcia-Sans, le comte, et son fils Sans-Garcia, comte, et Guillaume-Sans, comte, et Gombaut, evesque, et Guillaume, comte, et Garcia, comte, et Bernard-Guillaume, comte, et la comtesse Garcia.

Le date de ce titre est remarquable. Car il est de l'an M.XI. Henri estant empereur, Robert, roi de France, Benoist, présidant au siége apostolique, et Sancion, possedant le duché de Gascogne. Mais le chifre de l'Incarnation est un peu vitieux, d'autant qu'en l'année M.XI, Benoist n'estoit pas encore pape, son siége commençant en 1012, et Henri, quoi qu'il fût roi de Germanie, ne fut pas couronné empereur jusqu'en l'année M. XIV, que le pape Benoist, l'ayant appelé à son secours contre l'antipape Grégoire, lui donna la couronne de l'Empire, suivant le privilége que Glaber, auteur du temps, reconnoist appartenir au S. Siége. Sçavoir : que nul prince ne peut se qualifier empereur des Romains, sans en avoir reçu la couronne du S. Siége. Encore ce pape fit un présent à l'empereur Henri, d'une pomme d'or enrichie de pierreries, avec une croix eslevée au dessus, pour servir de marque impériale : à l'exemple peut-estre des empereurs grecs, qui sont représentés chés Codin avec cette enseigne à la main. En tout cas, le Pape vouloit insinuer à l'empereur qu'il devoit gouverner le monde sous les auspices de la croix, suivant Dithmar et Glaber. Néantmoins ce datte de 1011 n'est pas fort esloignée de la vérité, à cause que le pape Benoist VIII décéda l'an M. XXII et que l'an M. XXIII mourut Raimond, evesque d'Agen, successeur de Hugues et abbé de S. Sever, ainsi qu'il est remarqué dans le martyrologe de ce convent. En conséquence de cette donation, les abbés de Condom, et ensuite les evesques qui leur ont succédé, par l'érection que le pape Jean XII a fait de cette abbaye en evesché, ont jouy de la seigneurie de la ville de Condom ; ayant receu néantmoins en paréage le roi d'Angleterre, pour lors duc de Guyenne, afin de procurer à l'Église sa protection, et son assistance contre les habitans de la ville, qui traictoient mal les abbés, ainsi qu'il est formellement couché dans l'instrument du paréage, qui est en effect un eschange de la moitié de la jurisdiction de Condom, avec la moitié de la justice de quelques lieux proches de la ville, que le roi d'Angleterre bailloit de sa part. Le vicomté de Bruillés et le chasteau de Nerac relevoient de la seigneurie de Condom, jusqu'au temps du roi Antoine de Bourbon, mari de Jeanne, reine de Navarre et duchesse d'Albret, qui fit le dernier homage ; car après son décès ces domaines ayant esté réunis à la couronne de France, par le moyen du roi Henri le Grand, leur fils, les homages ont esté anéantis par la qualité souveraine du maistre de ces fiefs.

MARCA, *Hist. de Béarn*, p. 234-235.

# PREUVE XV.

*Charte dans laquelle* HUGUES *dépouille ses héritiers directs de ses biens, sis en Lomagne et en Condomois, en faveur de l'abbaye de Condom, relevée par sa piété. Il cite en tête de ses proches le vicomte* ARNAUD *et le fils de celui-ci, autre* ARNAUD, *marié à* ADALIAS, *qui tous approuvent la donation dont ils sont victimes. On remarque en outre dans le groupe les parents du prince-prélat* ARNAUD-LOUP *de* DAX, AMNARD *ou* ASNARD, GAUSELME, ARHUIN *ou* AMOIN, *presque tous vicomtes. On a vu ces personnages figurer ailleurs dans des circonstances semblables.*

### ANNÉE 1011 [1].

1. LITTERÆ HUGONIS, EPISCOPI, PRO FUNDATIONE ABBATIÆ CONDOMENSIS [2].

1. Voir au sujet de cette date notre note de la page 365 et les réflexions ci-dessus de Marca, PREUVE XIV.

2. Nous avons déjà donné le texte de cette charte dans l'*Introduction* du pre-

In nomine summæ et individuæ Trinitatis, ego Dei gratia episcopus Hugo secundum transitoriæ nobilitatis gradum alto florens germine parentum, et pro illo deciduo putrescentis carnis flore terreno sublimatus honore, infra pectoris armarium sæpius volvebatur illud Salomonicum : Quanto gradus altior, tanto casus gravior. Et dum hoc sollicita meditatione mecum agerem, et omnem sæcularis dignitatis ordinem de die in diem, in pejus declinando deficere viderem, paululum confidens in tam fragili flore nobilitatis, qui tam cito amittit honorem suæ viriditatis, perterruit me illud testimonium Esaiæ : Omnis caro fenum, et omnis gloria ejus quasi flos feni. Et illud : Exsiccatum est fenum, et cecidit flos ; verbum autem Domini manet in æternum. Ad hæc quotidie illo admonebar exemplo quod David profert in psalmo : Homo sicut fenum dies ejus, tamquam flos agri sic efflorebit. Et hoc quod sequitur : Quoniam spiritus pertransibit in illo, et non subsistet, et non cognoscet amplius locum suum, et cætera. His ergo et hujusmodi Scripturarum testimoniis aliquantulum correctus, ea quæ mihi contulit benevolentia parentum ad radicem sæcularis honoris propagandam, illuc decrevi ut deportarentur ubi fures non effodiunt, nec furantur, *et ob promissa centupla retributionis Deo disposui conferre.* Salubrius mihi et illis existimans secundum Deum consulere, si hoc quod contulerant pro amore carnis peccati et vitii fomentum, per me sanctæ Dei Ecclesiæ produceretur in augmentum. Sed ut hoc convenienter posset fieri, *et ne ulla in posterum tempus meis parentibus servaretur occasio, hoc disponere volui communi consilio, et plurimorum provincialium confirmare testimonio.*

Anno igitur dominicæ Incarnationis M. XI, glorioso Henrico Romanam urbem imperante, Rothberto autem Franciam regente, sedi vero apostolicæ summæ sanctitatis viro Benedicto præsidente, apud provinciam Vasconiam SANCTIONE illustri viro ducatum obtinente : ego supra nominatus *Ugo, licet immeritus præsul, secundum lineam carnis eidem duci*

mier volume de cet ouvrage, note 1 de la page 6 ; nous la reproduisons de nouveau pour que le groupe des pièces relatives à Hugues soit complet et pour ne pas renvoyer le lecteur désireux de vérifier cette charte, essentielle entre toutes, aux tomes précédents.

*propinquus* et affinis, inito consilio cum eodem duce et provincialibus episcopis, et abbatibus, ceterisque terræ principibus, id est, Arnaldo episcopo et ARNALDO vicecomite, et cum conjuge sua, eorumque filio ARNALDO, ejusque conjuge ADALIAS, BERNARDO vicecomite, et ARNALDO LUPO vicecomite, AMNARDO, GAUZELMO, ARHUINO, GAUZELMO alio vicecomite, aliisque bonis hominibus, qui in præsentia aderant, terrenis postpositis heredibus, *omnis meæ possessionis Christum heredem feci,* et secundum Psalmistam : « Elegi abjectus esse in domo Dei mei, magis quam habitare in tabernaculis peccatorum. » *Omnem itaque portionem meæ hereditatis, quam in pago Leumaniæ libere et absolute et absque ulla parentum occasione possedi, domino Deo, principique apostolorum Petro, sedique Romanæ in conspectu plurimorum dedi; in primis ecclesiam Sancti Petri, et locum Condomus, quod interpretatur quasi domus sublimis, cum omnibus appenditiis.*

Et ut hoc donum apud Deum semper esset in memoria, placuit mihi, seu duci Sanctioni, vel aliis principibus terræ, clericos sæculariter et absque regulari disciplina ibi degentes penitus amovere, et monachos Deo jugiter servientes, et sub regulari jugo militantes in illorum loco secundum instituta vel monita sancti Benedicti ibi ordinare, et hoc jussu et apostolica auctoritate firmare. Ad hoc omnium commune votum idonee perficiendum, quemdam nostrum filiolum, nomine Petrum, divinitus nobis collocatum, virum omni virtute probatum, apostolica auctoritate ut præesset ceteris in loco patris constituimus, abbatemque secundum instituta patrum benediximus. Quem etiam ut jugum Christi suave, et onus ejus leve aliis regulariter imponeret, paterna ammonitione submonuimus. Monachos vero, ut sibi quasi patri et seniori in omnibus obedirent, devote postulavimus, insuper anathematis lege indiximus.

Sed quia pleraque loca maxima calamitate obpressa audivimus, et jam omnino desolata nostris temporibus vidimus, ob hoc præcipue quia aliquanti sub specie regiminis usurpantes sibi dominium, dum ab aliis defendere debent locum, ipsi pessimum et abominabilem immittunt usum, assiduis comestionibus bona loci turpiter consumentes, importuneque supervenientes, non familiariter, sed hostiliter hospitantes; et

quod his omnibus est intolerabilius, vendunt abbatias ipsis abbatibus :
et hoc fit quod ipsi non in loco spiritualium patrum ceteris præesse
videntur, sed bonis quæ comparantur turpiter dominando abutuntur, et
inde gravia scandala in monasteriis oriuntur. Nos ab illa simoniaca
hæresi declinantes, et quæ Dei sunt, Deo reddentes, pro obedientia
tradita et remedio animæ meæ meorumque parentum, item Garsiæ
Sanctii comitis, et filii sui Sanctii Garsiæ comitis, et Guillermi Sanctii
comitis, et Gumbaldi episcopi, et Guillelmi comitis, et Garsiæ comitis,
et Bernardi Guillermi comitis, et Urachæ[1] comitissæ, et ceterorum
tam vivorum quam defunctorum : *ita ordinamus et constituimus ut ipse*
*locus, scilicet Condomus, tali libertate sit condonatus, ut ex hac die in*
*deinceps nullus meorum heredum sit particeps :* quidquid ad nos pertinere usque huc videbatur, ad solvendum pertineat, ipseque cum ceteris
suis fidelibus, quorum nomini adscribitur, amodo in perpetuum possideat. Monachi autem ibi Deo servientes nullœ sæculari personæ propter
honorem loci respondeant, nec comiti, vel episcopo, aut ceteris coacti
aliquod servitium faciant, excommunicationem episcopi non timeant,
nisi rationabili causa existente legalem esse cognoscant : sed et hanc
libertatem semper habeant, ut abbatem ex se ipsis eligant; omnino
tamen prohibemus ne quis pretio inter eos honorem adipisci velit, quia
Apostolus dixit : Qui dat et qui recipit, anathema sit.

Hanc igitur nostram descriptionem, et apostolicæ auctoritatis confirmationem *si quis meorum heredum infringere voluerit, et Deo suisque*
*fidelibus vim inferre et nostro dono studuerit, ullus cujuscumque*
*ordinis sit, qui violare velit, cum Sem et Japhet non habeat partem*
*benedictionis, sed cum Cham servo servorum mercedem recipiat male-*
*dictionis, et cum omni sua possessione perditioneque animæ incurrat*
*sententiam Sodomæ et Gomorræ, fiat, fiat anathema, maranatha* †. Hæc
descriptio acta est IV Kal. Augusti, Ugone episcopo, et Sanctione duce
jubente, Domino autem sine fine regnante. Amen, amen, amen.

*Gallia christiana,* tome II, Instrumenta, col. 437.

1. Marca a écrit : *Garciæ comitissæ,* au lieu de : *Urachæ comitissæ.*

# PREUVE XVI.

*D'après l'extrait ci-dessous du Cartulaire de Condom,* Hugues, *à la mort de son père* Gombaud, *devint abbé de Saint-Pierre, mais il n'occupa que plus tard le siége épiscopal d'Agen.*

Chartarium Condomiense : Gombaldo mortuo, Hugo, ejus filius, primum abbas Condomiensis effectus est, deinde episcopatum Agennensem et Vasatensem obtinuit. Postremo Vasatensi episcopatu dimisso, et viro quodam, nomine Petro, in abbatem ecclesiæ Condomiensis instituto, episcopatum Agennensem solum retinuit.

Marca, *Hist. de Béarn.* Notes de la page 236.

# PREUVE XVII.

*Le «* Gallia christiana, *» à propos de la vie de Hugues, évêque d'Agen, emprunte beaucoup de détails à D. Luc d'Achery, et répète que* Hugues *était fils de* Gombaud ; *que son père, loin de le déshériter à raison de sa profession ecclésiastique, lui laissa la Lomagne et tout le territoire sur lequel s'élevait le monastère de Saint-Pierre de Condom, jadis ruiné par les Normands, et relevé ensuite par la pieuse comtesse* Honorette, *ou* Amuna, *femme de* Garsie-Sanche le Courbé. *La donation de Hugues au profit du couvent de Saint-Pierre et son désistement de l'évêché de Bazas, qu'il occupait avec celui d'Agen, sont tour à tour rappelés par le «* Gallia christiana, *» qui donne* Arnaud I<sup>er</sup> *pour successeur à Hugues sur le siége de Bazas.*

### AVANT ET APRÈS 1011.

De Hugonis episcopi primordiis jam diximus in episcopis Vasatensibus, quæ *Historia Condomiensis abbatiæ* nos docet. Filius erat Gumbaldi, de quo superius. Perpendens pater, inquit hujus historiæ scriptor, filium recto tramite gradientem, noluit illum honoris et dignitatis remanere expertem. Erat illi subdita Leumania, id est Leomania, quo ad diœcesim Agennensis episcopatus pertinebat. Erat et cœnobii Condomi erecti, et post ruinam a Nortmannis inductam a piissima comitissa reparati, abbas. Utrumque Hugoni contulit, et sic abbatem clericorum esse præcepit, nihil sibi reservans ex omnibus. Defuncto parente, nondum in virum perfectum Hugo venerat, nec tantæ potentiæ arcem attigerat, ut patris hereditatem posset vindicare, sed tantummodo præfato cœnobio, cui prælàtus a genitore fuerat, dominabatur. Præterea cum adhuc abbatis fungeretur officio, ad augmentum doloris et tribulationis cœnobium... igne succensum est, ac plene dirutum. Nec ideo tamen concidit animo piissimus abbas, imo adversus fortunam animum obfirmans, totum se ad hoc contulit, ut domus Dei in melius reædificaretur. Quod ubi cœpit, Dominus de pulvere egenum suscitavit, et de stercore humilem erexit, ut cum principibus sederet, et solium patris obtineret. Tunc quippe prudentia fultus, fortitudine auctus, potentia glorificatus, viriliter se agere cœpit, et de adversariis triumphare. Nulli tamen ex his qui genitori in episcopatu successerant, molestus fuit; verum illis obeuntibus, more utrarumque sedium patriæ, accepit pontificatum. Agennensis ergo et Vasatensis episcopus effectus est contra præscripta canonum. Verum ille quod in provincia diuturno usu invaluerat, et paterno confirmatum videbat exemplo, sibi licitum putabat. Hinc nihilominus pontifex ordinatus, ait *Condomensis ecclesiæ Historia,* religiosæ vitæ continentiam sectabatur, et quanto amplius sublimabatur gradus honore, tanto humiliabatur cordis contritione, et ædificium, quod adhuc abbas devote cœperat, præsul factus implevit devotius.

Interea pietatis causa Romam profectus, conscientiæ sinu summo pontifici aperto, cum hic audisset duabus illum præesse sedibus, præcepit ut una earum contentus, alteram dimitteret, ac in peccatorum remissionem, in propria diœcesi monasterium construeret et officiosissime adornaret. Jussis se obtemperaturum promisit, ac in patriam reversus stetit promissis, Basatensem enim episcopatum statim dimisit, ac cuidam viro fideli concessit. Monasterii Condomensis fabricam consummavit, ecclesiamque, facto generali conventu pontificum, abbatum, tribunorum et centurionum, nobiliumque virorum, dedicavit in honore S. Salvatoris, et in nomine B. Petri apostolorum principis, sicut quondam fuerat. Inde vero clericos seculariter et absque regulari disciplina degentes penitus amovit, et monachos Deo jugiter servientes, et sub regulari jugo militantes in illorum loco secundum instituta vel monita S. Benedicti ordinavit, illisque patrem nomine Petrum, virum omni virtute probatum præfecit. Monasterio vero omnia bona sua donavit. Donationis scriptum, annum M. XI. præfert. Nec multo post, inquit historia sæpe jam laudata, dominus Hugo vita decessit, et in eodem loco sepulturam accepit, in introitu videlicet ecclesiæ ad lævam partem infra maceriam, diem judicii præstolans, corpus ejus requiescit.

*Gallia christiana,* tome II, col. 911.

*Autre extrait relatif au successeur de Hugues, évéque d'Agen.*

### . ARNALDUS I.

Quem Hugo sibi elegit in sede Vasatensi successorem, vocatum Arnaldum quidam aiunt. In charta fundationis Condomiensis monasterii Hugo testatur in hoc monasterio dotando, usum se consilio provincialium episcoporum, abbatum et principum terræ; id est Arnaldi episcopi, Arnaldi vicecomitis, etc., per Arnaldum vero episcopum volunt eum significari antistitem, cui Hugo infulas cessit. Huic sententiæ maxime patrocinari videtur, quod Arnaldus in veteri episcoporum Vasatensium catalogo notetur ad annum 1032, at mendi suspicio gravis est in hac temporis nota; pene etenim certum est Raimundum de quo mox agemus, jam tum sedem Vasatensem invasisse; quam retinuit usque ad annum circiter 1059. Hincque nullus locus relinquitur Bertrando, quem anno 1040, et Garsiæ, quem anno 1059 docti viri introducunt; quo videlicet anno Raimundus junior successit seniori.

*Gallia christiana,* tome Ier, col. 1194.

# PREUVE XVIII.

*Bulle de Grégoire VII, fulminée de Saint-Jean de Latran, qui confirme
la réédification de l'abbaye de Saint-Pierre de Condom, œuvre de ·
Hugues, évêque d'Agen, et les dotations allodiales, sises au pays de
Lomagne et de Condomois, dont le prélat et son père Gombaud
l'avaient pourvue. Le pape constate que les domaines concédés avaient
été détachés du patrimoine de Hugues, comme il appert de la charte
incorporée dans le diplôme pontifical et dans laquelle Hugues atteste
avoir eu pour auteur (genitor) Gombaud, et pour oncles les deux ducs
Sanche et Guillaume-Sanche.*

1014 ET 1076.

Gregorius episcopus, servus servorum Dei, dilecto in Christo filio
Raymundo abbati monasterii sancti Petri siti in loco qui dicitur Condomus, suisque successoribus in perpetuum. Supernæ miserationis respectu
ad hoc universalis ecclesiæ curam suscepimus, et apostolici modera-
minis sollicitudinem gerimus, ut justis precantium votis attenta benig-
nitate faveamus, et libramine æquitatis omnibus in necessitate positis,
quantum Deo donante possumus, subvenire debeamus : proinde juxta
petitionem tuam præfato monasterio, cui tu præesse dinosceris, hujusmodi privilegia præsenti auctoritatis nostræ decreto indulgemus, concedimus atque confirmamus; statuentes nullum regum, vel imperatorum,
antistitum, nullum quacumque dignitate præditum, vel quemcumque
alium, audere de his quæ eidem venerabili loco à quibuslibet hominibus de proprio jure jam donata sunt, vel in futurum Deo mise-
rante juste collata fuerint, sub cujuslibet causæ occasionisve specie
minuere vel auferre, et sive suis usibus applicare, vel aliis piis
de causis per suæ avaritiæ excusationem concedere : sed cuncta quæ
ibi juste oblata sunt, vel offerri contigerit, tam a te quam ab eis, qui
in tuo officio locoque successerint, perenni tempore illibata et sine

inquietudine volumus possideri, eorum quidem usibus pro quorum sustentatione et gubernatione concessa sunt, modis omnibus profutura.

Et quia Ugo episcopus idem monasterium ex bonis hereditatis suæ ditatum Romanæ ecclesiæ juri contradidit, ad futuram defensionis suæ cautelam constitutum est, ut singulis annis pensis quinque solidorum monetæ illius terræ Apostolicæ sedi reddatur. Nominatim igitur confirmamus eidem monasterio illas possessiones, quas prædictus Ugo episcopus ejusdem monasterii fundator, in pago Leumaniæ ex jure patrimonii sui præfato loco contulit : videlicet ecclesiam Sancti Petri et locum Condomus, quod interpretatur domus sublimis, cum omnibus suis appendiciis. Item constituimus, ut obeunte abbate non alius ibi quacumque obreptionis astutia ordinetur, nisi quem fratres ejusdem loci communi consensu secundum timorem Dei elegerint. Hoc quoque præsenti capitulo subjungimus ut ipsum monasterium et abbates ejus, vel monachi ab omni sæcularis servitii sint infestatione securi, omnique gravamine mundanæ oppressionis remoti, in sanctæ religionis observatione seduli atque quieti, et nulla aliqua habeantur occasione subjecti.

Hæc igitur omnia, quæ hujus præcepti decretique nostri pagina continet, tam tibi quam cunctis qui in eorum loca successerint, in perpetuum servanda decernimus. Si quis vero regum, sacerdotum, clericorum, judicum ac sæcularium personarum, hanc constitutionis nostræ paginam agnoscens, contra eam venire tentàverit, possessionis honorisque sui dignitate careat, reumque se divino judicio existere de perpetrata iniquitate cognoscat. Et nisi ea quæ ab illo sunt male ablata, restituerit, vel digna pœnitentia illicite acta defleverit, a sacratissimo corpore ac sanguine Domini Redemtoris nostri Jesu Christi alienus fiat. Cunctis autem eidem loco justa servantibus sit pax Domini nostri Jesu Christi, quatenus et hìc fructum boni operis percipiant, et apud districtum Judicem præmia æternæ pacis inveniant. Datum Lateranis VIII Idus Martii per manus Petri sanctæ Romanæ ecclesiæ presbyteri cardinalis ac bibliothecarii, anno tertio Pontificatus Domin VII Gregorii papæ, indictione XIV.

« Quoniam vita præsens incerto tramite graditur, et immensis mundus tribulationum quatitur turbinibus, homo quoque hodie vivens

cras moriturus præstolatur : satagendum est cunctis sane sapientibus
justis solerte insistere operibus, et vitam qæu nullo fine clauditur,
totis appetere viribus. Sane ad illam nequaquam aliter pervenitur,
nisi bonis actibus curratur. Ergo dum tempus habemus, operemur
bonum ad omnes, sicut Apostolus ammonet, et ambulemus in lucem
vitæ, ne tenebræ mortis nos comprehendant : hoc quippe infimis et
majoribus dicitur, justis et peccatoribus præcipitur, egenis et divitibus injungitur, unicuique secundum propriam virtutem et conscientiæ puritatem. Cunctis audientibus Christus clamat humanitus : Venite
ad me omnes qui laboratis et onerati estis, et ego reficiam vos. Ab hac
refectione nullus excusatur, nec inopia, nec infirmitate, sicut ipse
cuidam ex prædicatoribus præcepit dicens in Evangelio : Exi cito in
plateas et vicos civitatis, et pauperes ac debiles, cæcos et claudos
compelle intrare, ut impleatur domus mea. Multis namque bona
voluntas à Deo pro opere computatur, illis videlicet qui facultate
indigent operationis. Porro divitibus et principibus sæculi hujus,
maximeque sanctæ Ecclesiæ rectoribus, qui opibus abundant, honoribus tument, superba dominatione gaudent, salute corporis et sospi-
tate vigent, possibilitatem bene operandi habent et voluntate carent,
atque ad exercenda bona opera pigri remanent, quid aliud debetur,
nisi gehenna et confusio numquam terminum habitura.

« Ego itaque Ugo, quamvis indignus, officium gerens præsulatus,
divitiis locuples, et abundans honoribus, quia Deus omnipotens mihi
posse contulit bene operandi, ipsius favente clementia velle assumsi,
et potius sitiens animæ salutem quam corporis, nolui piger remanere
in operibus bonis. Scio enim quia cui plus committitur, plus ab eo exi-
gitur. Ergo de rebus mihi a Deo commissis et conlatis cedo ipsi locum
nomine et memoria dignum, sicut olim concessi Condomum in honorem sancti Petri principis apostolorum, locatum eadem ratione et
ingenuitate, quam jam diximus, et in primo hujus seriei privilegio
descripsimus, quod in archivis ejusdem cœnobii hodie reservatur. Sed
quia de statu et ordinatione ipsius monasterii satis in eodem privilegio disseruimus, nec bonum nobis visum est, ut quidquid idem
locus, scilicet Condomus, promeruit diversis temporibus, sive a

nostris temporibus, seu a viris Deo dignis et fidelibus nostris in usque diebus, hoc est, ecclesiis, vicis, alaudis, vel territoriis succinctum colligamus, et in uno corpore redigamus, nequando oblivione deleantur.

« Primam itaque omnium ecclesiarum de his quæ sancto Petro debentur, sive primum alaudem, ponimus in Aurelianum infra Vasconiam constitutum, et nomine sancti Cyrici decoratum. Hunc locum *meus genitor* Gunbaldus Deo et sancto Petro devote obtulit cum terris, et vineis atque casalibus, aquis aquarumve decursibus, intrandi et exeundi aditibus, et cunctis ad eum pertinentibus, absque ulla reservatione pro salute sua et redemptione sui spiritus.

« Huic subjungitur in eadem Vasconiæ provincia sancti Petri ecclesia, Sangor nuncupata, et ipsius nomine insignita, quam *meus patruus et Vasconiæ comes* Sanctius eidem cœnobio fideliter delegavit cum omnibus quæ ad ipsam pertinere videbantur : quo obeunte successit illi frater ejus Guillelmus Sanctius, *meus itidem patruus;* et agnoscens eleemosynam sui decessoris, firmiter roborare instituit, ut simul accipere mererentur portionem in regno Dei.

« Ecclesiam sancti Petri Sanagorensis, quam Amaneus Lebrestensis eodem tempore quasi propriam vindicabat, datis Siguinus duobus equis magni pretii, et viginti solidis redemit ad augendum honorem sancti Petri Condomensis, cui fideliter deservire studuit.

« Postea sequitur sancti Stephani ecclesia Berringus dicta, quam ego jam tradidi sancto Petro cum omni censu ecclesiastico, deprecans ut ipse mihi succurrat in futuro, cui me toto cordis affectu commendo. Nunc ad alia transeamus, et quia nobis proxima et cognita sunt, sub brevitate curramus.

« Est quidam locus nomine Molans alaudus sancti Petri, et supra taxati cœnobii Condomi cum omnibus suis appendiciis.

« In quodam loco nomine Margallo possidet sanctus Petrus casalem, et quidquid ad eum pertinet, cum adjacente vinea.

« Ex alio loco nomine Donadeno cunctam medietatem retinet.

« In alio loco nomine Salbone habet ecclesiam sancti Luperculi cum omnibus quæ ad eam pertinent.

« Habet alaudum nomine Balurenum cum omnibus suis terminis.

« Retinet alium nomine Casellas cum omnibus finibus suis.

« Habet alium alaudum nomine Ferrucinum cum omnibus appendiciis.

« Possidet alium nomine Poiol cum omnibus sibi suis debitis.

« Quædam nobilis matrona nomine Brischita de Forces, sancti Petri ecclesiam de Diolo huic cœnobio pro salute animæ suæ, legaliter contulit, cum omnibus rebus ad eam pertinentibus. Qua defuncta, filius ejus Amalbinus a Seguino abbate et habitatoribus loci duos equos accipiens iterato eamdem ecclesiam et cetera prædia, quæ in eodem loco habere videbatur, cum omnibus appendiciis suis sancto Petro libere et absolute largitus est, adjuncta ad hæc altera sancti Hilarii ecclesia de Herrenes, cum omnibus rebus ecclesiasticis, terris quoque vel vineis, cultis et incultis ad eamdem ecclesiam pertinentibus.

« Habet alium nomine Zacordata cum omnibus quæ ad eum pertinere noscuntur.

« In quodam loco nomine Marchiro vendicat unum campum de terra cultiva, cum omnibus quæ ad ipsum pertinent.

« Item in alio loco nomine GUALARDO possidet alaudes plurimos, terras, vineas, casas, prata, pascua, aquas et decursus aquarum certo tramite currentium.

« Habet alaudum nomine Poiole, vel oleras cum omnibus sibi adjacentibus.

« Retinet alium nomine Datolmum cum eadem ecclesia quæ dicitur sancti Martini, et omnibus illi debitis.

« Est alius alaudus sanctæ Mariæ, Lana dictus, et sancto Petro subditus, cum omnibus suis terminis. Medietatem silvæ quæ Lana dicitur, Siguinus abbas datis viginti solidis emit à quodam milite nomine Arnaldo, ejusque filio Ramundo, quibus jure hereditario provenerat. Idem vero Arnaldus veniens ad extremum, unum ex filiis nomine Bernardum huic cœnobio serviturum juxta regularem institutionem delegavit, et alteram medietatem fideliter sancto Petro largitus est. Sanctæ Mariæ locuples habetur ecclesia, Lana ab incolis nominata, quæ cum esset sancto Petro quasi alaudus subdita, a prælatis istius cœnobii sæcularibus data fuerat occasione beneficii. Collatis itaque Siguinus abbas centum solidis et equo magni pretii, redemit eam à Remundo Delavardac, ejusque duobus filiis, Bernardo scilicet atque Radulfo, qui suis in diebus vindicabant.

« Habet alium nomine sancti Johannis de Capdolicia vocatum, cum omnibus appendiciis suis.

« Notum certumque sit cunctis nostris successoribus, quemdam nomine GUMBALDUM *comitem, patrem* UGONIS episcopi, pro redemptione animæ suæ multos beato Petro dedisse honores, inter quos etiam dedit quamdam ecclesiam sancti Johannis Cablisa vulgo vocatam, silvamque et terras quæ circumstant certis metis ibi positis; et hoc jure perpetuo tali beato Petro tradidit tenore, ne unquam aliquis de ejus consanguinitate jam dictum repeteret honorem. Denique quædam nobilissima femina Gavarsens nomine dicta, ejus videlicet neptis, soror Sanctii Guasconiæ comitis, rediens a quadam provincia Burgundia vocata, ubi maritum habuerat; sicut mos est pravarum, supra scriptam ecclesiam violenter beato arripuit Petro : tandem vitæ terminum dans, atque violentiam injustam quam beato Petro fecerat, ut dignum erat recognoscens, abbati Condomensi fratribusque nuntios festinanter transmisit, ecclesiamque quam vi injusteque abstulerat, graviter pœnitendo reddidit, suumque corpus et animam cum aliis donis, sicut tantam decebat matronam, sancto Petro contradidit, quam fratres accipientes, corpus ejus apud Condomum detulerunt, et ibi digne atque honorifice sepelierunt, ac die noctuque pro ejus anima, et pro aliis qui ibi sepulti sunt, Deo preces funduntur, eleemosynæ pauperibus dantur, quatenus ejus anima aliorumque mereantur a Domino vitam accipere perpetuam. Amen. Hoc vero donum quisquis malignus Deoque odibilis violare seu auferre beato Petro præsumpserit, perdat eum Deus in hoc sæculo, et in futuro maledicatur ab omnipotenti Deo et ab omnibus Sanctis ejus : filii ejus fiant orphani, uxorque ejus vidua. Maledicatur vigilando, dormiendo, manducando, bibendo, nisi cito pœnituerit. Amen, amen, amen. Iterum in alio loco nomine Andirano habet unum campum cum suis finibus, quam illi contulit Arsiasmanus Oculo lupino cognominatus.

« Quædam etiam villa nomine Marchari, sancto Petro debetur cum duabus ecclesiis et omnibus rebus earum, quarum una est in honore ipsius consecrata, et in nomine sancti Gervasii altera.

« Est alaudus sancti Petri nomine Serra cum duabus ecclesiis, et omnibus finibus earum, quarum una dicitur Sanctæ Mariæ, et altera Sancti Luperculi. Adhuc est alius eodem nomine Serra vocatus, et totus illi subditus. Habet alium nomine Carderona cum omni integritate. In confinio Sancti Germani est quidam campus adhærens principi apostolorum cum suis nomine Ariolandus. Est locus nomine Guardulinas, ubi patronus noster retinet ecclesiam suo nomine insignitam, cum omni censu ecclesiastico, et his quæ ad eam pertinent. In quodam loco nomine Serralta habet plurimos alaudos certo limite definitos. In alio loco nomine Fredeleuco terras et vineas et multa alia certo fine conclusa.

« De illo qui appellatur Marchari honore si per ordinem repetimus, simili modo actum est ut de isto primitus. Nam supradictus comes GUMBALDUS qui hunc locum jure hereditario tenuit, etiam illum in suo dominio cum isto libere et absolute et absque occasione possedit : quo viam universæ carnis ingresso UGONI reliquit *suo filio*. Qui similiter ut suus pater, quoad vixit, cum honore istius loci possedit; hoc mortuo, Sanctione comite vim isti loco inferente, Bernardus de Pardilan de eo adquisivit, et quousque supervixit, licet injuste, tenuit, qui tamen in fine vitæ suæ recognoscens quod injuste possideret, ordinavit in præsentia plurimorum ut unus suus filius nomine Pontius monachicum hìc reciperet habitum, et ex integro sancto Petro reddidit honorem supradictum. Quod et ita actum est ut ipse ordinavit, et hoc legaliter, ut debuit, coram testibus sua mulier Auxilia postea super altare sancti Petri confirmavit.

« Est alius alaudus Sanctæ Mariæ de Franciscano dictus, et dominio nostro subditus cum omnibus appendiciis suis.

« Ecclesiam sancti Orientii de Quinmach tali modo recuperavimus. Hanc Ugo episcopus cum ecclesiasticis rebus ad eam pertinentibus, qui cum isto honore sancti Petri ex integro possedit, Arnaldo Guillelmo de Mulinar in beneficium dedit. Qui item Arnaldo de Muirach simili modo concessit pro beneficio : quam dum suo filio Guillermo Arnaldo, sicuti ipse possedit, post suum decessum in beneficio dimisisset, nos post longum tempus tali conventione ab illo redimendo persolvimus. Nam tres caballos et sexaginta solidos denariorum sibi dedimus, et spontanea et bona voluntate sancto Petro reddidit, et coram præsentibus testibus et his fidejussoribus, Rotlando de Sancta Genovera, et Arnaldo Seguino de Burgunnos, ita nobis firmavit, ut si unquam aliquis injuriam facere vellet, ipse contra omnes in omnibus firmiter et legaliter auctorizaret hujus chartæ descriptionem vel legalem affirmationem : si quis infregere vel infectam reddere voluerit, hìc et in perpetuum anathema sit.

« In quodam loco nomine Cirisolæ habet quasdam piscatorias cum instrumentis suis.

« Est alius locus nomine Pinus, in quo retinet silvam bene determinatam.

« In loco nomine Sparthago habet unam vineam cum campo ibidem posito et satis defuncto.

« Adhuc vindicat in quodam loco nomine Pinogulmo quamdam ecclesiam sancti Saturnini dictam cum omnibus rebus suis.

« Est locus Doaldo villa dictus, habens ecclesiam nomine sancti Petri titulatam, in qua ipse tertiam partem retinet cum censu ecclesiastico, et quidquid ad eum pertinet.

« In loco qui dicitur Camarnicus, est ecclesia sancti Stephani dicta, et patrono nostro subdita cum omnibus rebus suis.

« Est alia ecclesia quæ dicitur sancti Johannis, sita in loco nomine Septem Socios, et hæc sancto Petro debetur cum omnibus terminis suis.

« Est alius ejus alaudus Cumbans nominatus, cum omnibus suis finibus.

« Habet alium Bigomonte dictum cum omnibus quæ ad eum pertinent.

« Iterum est alius alaudus nomine Treolars cum omnibus terminis suis.

« Est alius locus nomine Rocas cum omnibus suis appendiciis.

« In loco qui dicitur Fevoleda habet alaudum cum adjacente vinea, et quidquid ad eam pertinet.

« Quidam locus est nomine Pogencus, habens ecclesiam in honore principis apostolorum dicatam, de qua ipse medietatem obtinet cum omni censu ecclesiastico, et his quæ ad eum pertinent.

« Adhuc habet aliam ecclesiam sancti Johannis dictam cum omnibus rebus suis.

« Apud quemdam locum Pontacus vocatum possidet unam vineam cum toto alaude ad ipsam pertinente.

« In eodem loco qui Calsada dicitur, tenet ecclesiam sancti Luperculi cum omnibus appendiciis suis.

« Est quidam locus vocabulo Beraldus, habet ecclesiam sancti Severini dictam quæ sancto Petro debetur cum omnibus his quæ ad illam pertinere noscuntur.

« Apud aliam villam, Surdam-Vallim nominatam, tenet medietatem ecclesiæ sancti Martini cum omnibus rebus suis.

« Iterum in quodam loco nomine Bodolmo habet ecclesiam Sanctæ Mariæ et censum per singulos annos solvendum, scilicet duos modios frumenti, et duos modios ordei, et duos similiter vini, et duos etiam porcos pretio duorum solidorum dignos.

« Ad ultimum restat Tamvilla quam beatus Petrus tali modo promeruisse dinoscitur. Quodam tempore Guillelmo Burdegalensi Comite capto, meus *patruus* GUILLELMUS SANCIUS, cujus superius mentionem feci, ei subvenire studuit, et ideo ab hoc monasterio plurima donaria accepta in vasis aureis et argenteis, candelabris quoque et thuribulis seu aliis ornamentis, ea in amici sui liberatione protulit, offerens sancto Petro quasi pro satisfactione hunc locum sui juris, de quo loquimur, Tamvilla nuncupatum, ab integro, et absque ulla reservatione. Cui et dixit : « Sancte Petre, hoc in præsenti accipe, quod numquam, apostole, tibi « subtraham, sed quod tuum est, usque ad unum obolum fideliter reddam, « si sortitus vitam fuero prolixam : » statimque morte præventus nihil ad effectum perduxit, sed villam prædictam beatus Petrus obtinuit, et nunc obtinet, et in futuro præstante Domino obtinebit cum omnibus finibus suis. Illud vero nequaquam silere debeo, quod superius prætermisi, quando de ecclesia sancti Stephani Beringus vocata disserui, una quippe est ex tribus ecclesiis quæ in eadem villa esse noscuntur, quarum prima est sancti Hilarii dominans aliis duabus, scilicet sancti Martini, etiam dictæ Stephani. Quia ergo ecclesia sancti Stephani jure subjicitur ecclesiæ sancti Hilarii, pandere volo ne aliquando oriatur contentio.

« Itaque primam et sequentes cum omnibus rebus suis jam beato Petro concessi, et iterum concedo sub obtestatione veri, quatinus meis obtineat veniam delictis. In loco Beraldi, cujus paulo ante memini, cum ipsa ecclesia sancti Severini, de qua jam diximus, retinet sanctus Petrus in altera ejusdem loci ecclesia, et suo nomine nuncupata, quartam partem, et quidquid ad ipsam pertinet, etc. »

*Spicilège* de D. Luc d'Achery [1], édition in-4º, t. XIII, p. 444, 454. Édit. in-fol., p. 584, 585, 586.


# PREUVE XIX.

*Fondation de l'abbaye de Saint-Pé de Génerez, que nous avons résumée page 365. Cette œuvre de munificence et de piété fut accomplie par le duc* Sanche *ou* Sanxion, *frère du duc* Bernard-Guillaume, *et fils cadet de* Guillaume-Sanche.

### vers 1020 ou 1022.

Charta fundationis monasterii S. Petri Generensis. — Ego Sancius præordinatione Dei, totius Gasconiæ princeps et dux, sæpius audiens illud evangelicum, quia non est arbor bona, quæ non facit fructum bonum, et aliud a Domino præceptum : Thesaurisate vobis thesauros in cœlo, ubi fures non effodiunt nec furantur, sed cum promissione vitæ æternæ bona centuplicantur; constituo vobiscum virones hoc in loco Generensi. . . . . cœnobium in honore B. Petri, apostolorum principis, pro redemptione animæ meæ, et parentum meorum, atque hunc locum et villam, et possessiones ad eam in circuitu pertinentes absolvo, et absolutas esse pronuncio, ab omni censu alicujus dominationis, ab amica inquisitione ullius potestatis, in præsentia principum totius Gas-

1. Le *Gallia christiana* (t. II, p. 440, preuves) a reproduit la bulle ci-dessus.

coniæ hic astantium multorumque aliorum hujus absolutionis fautorum,
et in præsentia Raimundi Guilhermi de Benaco, et Arnaldi Raimundi de
Baso : a quibus ambobus alodium hujus villæ liberum habeo, quemadmodum nunc in brevibus demonstrabo. Dum ad hujusmodi ædificationem
inspirante Deo mihi animus accenderetur, et opportunitas hujus quasi
deserti, ad id operis nostræ presentiæ laudaretur : contigit Arnaldum
Raimundum de Baso adesse in curia mea pro solito, similiter vero post
aliquantulum temporis Raimundum Guilhermi de Benaco. Hos igitur
circumveniens et voluntatem meam sub tali deliberatione proferens,
primitus habui, et modo habeo sub testimonio vestro datores hujus
alodii cum appendiciis suis, fautores cœnobii, adjutores ædificii, maxime
propter amorem Dei et propter munus quod eis dedi pro velle suo. Dedi
enim ob hoc, Raimundo Guilhermi de Benaco, quatuor suæ electionis
equos, et meam loricam, cum ingenuitate totius Benacensis honoris qui
mihi erat servicialis, videlicet serrarium cum appendiciis suis : Arnaldo
Raimundi de Baso dedi ob hoc meam in Vigorra villam opulentissimam,
Semeiacum nominatam, cum ingenuitate Basi, et totius Basensis honoris ad eum pertinentis. Insuper autem neuter amborum horum ducatur
ex debito ab ullo successore meo in expeditionem, quando quidem
adimpleverunt meam voluntatem. His itaque peractis manus meas ad
cœlum elevo, et in præsentia vestra Deo omnipotenti, ac B. Petro,
apostolorum principi, supradictum alodium cum appendiciis offero
atque sine ulla contradictione sicut pridem absolvo. Deinde donum
super ejus altare pono, ut nunquam in aliqua hujus donationis parti-
cula spem habeat dominandi, ulla subsequens potestas, nisi qui regulariter præfuerit abbas. Ad hæc quidem, ad victum claustrensium monachorum, inter alia dona do B. Petro villam, Lassunis dictam nomine,
cum omnibus appendiciis suis, quam propter propinquitatem hujus
loci à Centullo proconsule Bearnensi cambiendo recepi, datis sibi pro ea
duabus villis, scilicet Merolis et Castini (fortasse legendum Mazeroles et
Garlin). Quid plura, in dilectione Dei et B. Petri et mei vestri proximi,
vos omnes deprecor, et quibus possum mandans obsecro, tam consules,
quam proconsules, ceterosque viros militares, ut quod ego hic constituo
vel me fideliter constituere vobiscum existimo, pariter vos servaturos

Deo, et B. Petro et mihi promittatis, atque promissionem super hoc altare B. Petri, apostolorum principis, sacramentis corroboretis, vestrosque successores eadem servaturos præordinetis, quatenus tanti operis fructum à Redemptore nostro colligere mereamur gaudentes in secula seculorum. Dumque omnes, Amen, respondissent, et fiat, fiat, exultantibus animis proclamassent, paululum adjecit : Scitis, inquit, strenuissimi viri, non esse conveniens apostolorum principem in suis honoribus, quasi super habere sibi seculares principes; ideoque hunc honorem ejus, ab impedimentis contingentibus penitus absolvendum esse sensimus.

Si igitur abbas hujus loci, propter honorem, vel propter aliquam rem, S. Petri causam, vel querimoniam adversus aliquem habuerit, justitiam inde recipiat. Et si eumdem abbatem, vel quem pro se miserit, victum de causa esse contigerit, non ipse, nec quem miserit donacionem alicui inde persolvat, nec aliquis ab eïs inquirat, sed expectet pro merito retributionem a Domino. Quapropter inprimis procedat mecum ad jurandum Garcias Arnaldi, comes Vigorrensis, quem volo patronum et defensorem hujus loci et honorum S. Petri, in partibus suis. Et similiter veniat Centullus Gastonis, vicecomes Bearnensis, quem loco mei volo et impero esse patronum et defensorem hujus loci et honorum S. Petri in partibus nostris. Et veniant alii comites et vicecomites, ac totius Gasconiæ optimates, quos omnes esse deprecor hujus cœnobii adjutores et defensores, et sicut pridem est, juremus et jurando salvitatem hujus loci confirmemus; quam si quis unquam temerarius, quod absit, infregerit, vel aliquem causa orationis venientem ad S. Petrum male impedierit, facta inde justitia coram abbate, et completa pro malefacto digna emendatione, quingentas auri libras pro infractura abbati persolvat, vel quantum pro his recipere voluerit abbas. Si vero aliquis arrogans justitiam inde facere noluerit, mei successores, vel prædicti defensores, tantum eum prosequantur, donec quod dictum est, coram abbate facere cogatur. Ego igitur Sancius, totius Gasconiæ princeps et dux primus, juro, et signum inde facio in conspectu præsentium episcoporum nostrorum in hoc adjutorum, et in præsentia domni Arsii, abbatis S. Severi Russitanensis, ad hoc regulariter ædificandum pro sanctitate adducti. Garcias Arnardi, comes Bigorrensis, juravit;

Bernardus, comes Armaniacensis, Aymericus, comes Fedenciacensis, Bernardus, comes Pardiniacensis, Centullus Gastonis, vicecomes Bearnensis, Forto, vicecomes Levitanensis, et filii ejus Garcias et Guilhermus, Guilhermus Dati, vicecomes Silvensis, et Guilhermus Odonis, vicecomes de Montanerii, Raymundus Guilhermi de Benaco, et Arnaldus Raymundi de Baso, Guilhermus Garcias curta spata, Arnadus[1] cognomine Ursus, Guilhermus Lupi, vicecomes Marcianensis, et Arnaldus, vicecomes Aquensis[2], Arnaldus de Aura, Bernardus Raymundi de Zamota, Galinus de Oriaco. . . . . Sancius Aynerii de Gaso, Arnardus de Linaco, et Garcias Donati de Orbeiaco, et Datus Arioli de Montaniaco, Forto Aynerii de Assoo, et Guilhermus Lupi de Prexaco et Forto Guilhermi de Avisaco et Garcias Fortonis de Baso, et alii multi. Post ordinationem autem prædicti cœnobii, ipse idem Sancius[3] totius Gasconiæ princeps et dux, cupiens cum devotione quod sic inceperat perficere, dedit Beato Petro XXV vasa argentea, XIV alia vitrea sive chrystallina, et mensam propriam honeste super argentatam, et IV candelabra, duo eburnea et duo argentea, et quædam vestimenta sacerdotalia, et cruciculam auream et duas cruces argenteas; dedit etiam propria arma militaria auro mirifice fabrefacta, et scutum, et lanceam. Ad victum vero claustrensium monachorum, dedit propriam curtim, quæ dicitur S. Castini, cum omnibus appendiciis suis, scilicet, Lar, Figueras et Bernedet, facto inde dono per zonam suam argenteam, ab altari in armario S. Petri repositam; et piscaturam quæ dicitur Calcis ludi, sine ulla contradictione investitam, et in salinis quandam pagensem, cum casali, quæ dicitur Paula cum patella salinaria.

Marca, *Hist. de Béarn,* p. 247-248.

1. Voir note 3 de la page 368; voir aussi plus loin *Généalogie de la Maison de Galard,* les fils et petits-fils de Sanche-Garcie, duc de Gascogne.

2. Voir note 2, p. 368 et 481.

3. Voir notes des pages 363, 405, 422.

# -PREUVE XX.

*Pénitence imposée à Guillaume, comte d'Astarac, qui avait épousé sa cousine malgré la défense expresse des saints canons, par Garsie, archevêque d'Auch. Le prélat infligea au noble pécheur des jeûnes et des aumônes, et exigea la restitution de l'église Saint-Venance avec toutes les paroisses qui en relevaient. A cet acte solennel on remarque dans la pléiade des princes et des ducs (principum ac ducum)* ARNAUD DE LOMAGNE, *frère de* RAYMOND-ARNAUD *et père de* GARSIE-ARNAUD, *présumé le premier baron du Goalard ou de Galard.*

Cogis me, o sanctissime pontifex, etc. Quod et tu qui summus pontifex es, ficti jubes, et necessitas ecclesiæ totius Aquitaniæ poposcit, cui, Deo juvante, præes matri. Præcipui, etc. Et idcirco non dubito, quod gratia Dei vice collata tibi sit ab super memoratæ ecclesiæ mirabile potestas, cui, annuente divina clementia, septimus extitisti jure pontifici fælicitatis vitæ claudendi et referandi, etc.

Nuper denique accidit, ut Guillelmus filius Arnaldi, comes Astariacensis, uxorem ducere *consanguineam suam.* Cumque hoc archiepiscopus Garsia, cum nimis urgeretur, ut hoc scelus minime perpetrare libuisset, et omnino licentiam hac consensu ei conjungendi denegaret, et à Sanctos Patres tali consanguinitas tangendi prohibita esse affirmaret; et videret, quia nihil proficeret, et prædictus comes ei aurem ad audiendum non præberet, rediensque ad semeptipsum, et talem accepit a suos consilium. Sciens igitur melius esse naufragantem animum aliquum gubernaculum præbere, quam in gurgitem desperationis sine rerum pœnitentiæ relinquere; accersivitque eum, et præbuit ei tempora jejuniorum, et munera eleemozinarum, sicut scriptum est in subsequendo libellum : Insuper accepit ab eo nobilem oppidum, quod olim ablatus fuerat a perversis hominibus de Ecclesia Beatæ Mariæ episcopitii Auxiensis, redditoque supramemorato prædio, cui præest Ecclesia

Sancta Venantia, totam et integram cum omnibus appenditiis suis, tam
cum parrochiis, quam et capellis adjacentibus sibi, sine alicujus parti-
cipatione, vel reclamatione, ut ea pleniter possideat possidendo. Quia
necesse est ut pro magna vulnera magna adhibeatur medela, etc. Ego
annuente divina clementia episcopus Garcia huic Guillelmo gratia Dei
marchioni comiti totius Astariacense, etc. Propter nuptiale conjugi-
gium, etc.

Si quis contra hæc cartula inquietare voluerit, et adversarius ejus
extiterit, in primis Dei incidat, atque omni tempore maledictioni
subjaceat, lepra Naaman succumbat, ulceribus Job dominetur, morte
Anania et Saphira moriatur, cum Datan et Abiron in ima tartara demer-
gatur, cum Sodomitis et Gomorritis in ignem perpetuum cremetur, et
cum Juda Schariotes, cum Diabolo et angelis ejus, sine fine cru-
cietur, etc. Hæc sunt nomina principum ac ducum, qui hanc donationem viderunt ac firmaverunt. Bernardus frater ejus, Remundus frater
ejus, Garsia frater ejus, Aggauricus et cognatus ejus. Arus Tolosanæ
episcopus, Ludovicus Savanense, Enardus Montaltense, Arnaldus Oura-
rense, Arnaldus Majenacensé, Bernardus Mauracense, ARNALDUS
LOMANIACENSE, Fortas Ballicavense, Guillelmus Galbisanense, Remundus
de Fure Sacco, et fratres ejus, etc.

### DE SANCTA AURANTIA.

Quia necesse est ut pro magna vulnera magna adhibeatur medela, etc.
Ego annuente divina clementia episcopus Garcia huic Guillelmo gratia
Dei marchioni comiti totius Astariacense, etc. Propter nuptiale conju-
gium, etc. Tali præbeo consensum, etc. Acceptoque ab eo oppidum
nobilissimum quæ situm est in parte sui territorium, hæc vocabulum
ejusdem ecclesia consecrata in honore Beatissimæ Virginis Christi
Venantia, cum omnibus ecclesiis adjacentibus sibi ac appenditiis ad eam
pertinentibus. Insuper hæc mando, ut feria 2, 4 et 6 ab omni carne
edendi se abstineant, excepto si solemnitas non occurerit magna. Tamen
feria 6 a vino prohibentur, si tres pauperes non paverint, aut tres
denarios egenis non dederint et in unoquemque anno centum pauperes
reficiant, et in die cœna Domini, 12 præcipue, et ipsorum pedes lavet

et singulos denarios eis præbeat, et in uno quemque anno una quadragesima aut jejunent, aut 5 solidos in eleemozinam concedant et ut in Vigiliæ præcipue ab omni coïtu se abstineat; et ut in sancto Quadragesimo, et in adventum Domini ab omni coïtu se abstineat, scilicet in die Dominico, et in feria 2, 4, 6 et sabbato, et tres pauperes semper pascat, et induat; et ego ideo tres synodos ab omni debitu absolvo.

*Cartulaire d'Auch*, chapitres 41, 42 et 43. — D. Brugèles, *Chroniques ecclésiastiques* du diocèse d'Auch, preuves de la première partie, pages 15 et 16. — Monlezun, *Histoire de Gascogne*, t. VI, p. 335.

# PREUVE XXI.

*Roger, vicomte de Gabarret, et Adalaïs, sa femme, qui ne purent se marier avant l'an 1035, pour les motifs allégués ailleurs, donnèrent au prieuré de La Réole des biens patrimoniaux et une partie de l'église de Crespiac. A cette œuvre pie s'associèrent* Raymond *ou* Raymond-Arnaud, *vicomte de Gascogne,* Arnaud, *son frère, et* Amauvin, *vicomte qui, vraisemblablement, l'était aussi. On voit, en outre, parmi les signataires Garsie-Sanche de la Molère, Grimoard de Bordères, Loup-Garcie de Ferussac. Ces trois derniers souscripteurs portent des noms patronymiques dont l'usage ne remonte qu'au* XIe *siècle. La charte ci-dessous, par conséquent, est postérieure à l'an 1000.*

VERS 1035 [1].

DON DES ALLEUX DE SAINT-VINCENT, DE CRESPIAC,
ET DE LA MOITIÉ D'UNE ÉGLISE.

Omnibus fidelibus sancte Dei ecclesie notum sit quia ego Rotgarius

1. En tête de cet acte est placée la date vicieuse de 990? avec point d'interrogation, ce qui trahit de la part du chronologiste peu de foi dans l'année assignée par lui. Ce pressentiment était juste, car le don des alleux de Saint-Vincent ne put être effectué que vers 1035. Nous l'avons prouvé ailleurs. (Voir pages 457 et suiv.)

et uxor mea Adalaice [1] donamus monasterio Sancti-Petri, quod dicitur ad Regulam, alodum hereditatis nostræ quod Sanctum-Vincentium vocabitur, pro remedio animarum nostrarum, quantumcumque ibi visi sumus habere quesitum vel inquirendum ; et in alio loco alodem que dicitur Crispiacus, cum medietate ecclesie et ipsius alode medietatem quantumcumque ibi visi sumus habere. Hec autem omnia de jure-nostro in jus atque donationem rectorum prefati monasterii transfundimus, nullo contradicente. Si vero aliquis heredum nostrorum emerserit ista infringere volentes, iram Dei atque beati Petri incurrat, atque ejus contracausatio nullum effectum habeat.

Hic sunt testes et hujus donationis confirmatores : †. Signum Oriolo, sacerdotis, qui fuit missus Rotgarii †. Adalaig uxorem Rotgarii [2], qui supradictas res Sancto Petro dederunt. Signum Aregemundo † [3]. Signum Amalbini †. Signum Arnaldi [4]. Signum Garsie Sanci de Molera †. Signum Grimoardi de Borderes †. Signum Lupo Garsias de Ferruzac [5].

*Archives historiques de la Gironde,* publiées par M. J. Delpit, t. V, p. 107.

1. Chose singulière, à la même époque que Roger de Gabarret et Adelaïs d'Armagnac, vivaient deux autres époux ayant absolument le même nom, c'étaient Roger, vicomte de Carcassonne et de Comminges, et la comtesse Adelaïde. Il est question d'eux dans une donation faite à l'abbaye de Montoulieu par l'évêque de Gironne. On y lit : « Pour satisfaire aux ordres du comte Roger, son père, et de la comtesse Adelaïde, sa mère. » (*Histoire de Languedoc*, par Dom Vic et Dom Vaissète, t. II, preuves, édition in-folio.)

2. Voir *supra* page 457, paragraphes XV, XVI.

3. L'habitude de préfixer l'*a* devant un mot commençant par une consonne qui était ordinairement doublée existait dès le xie siècle et persiste de nos jours encore dans le patois gascon où l'on dit *Accomensa* pour *commencer*, *Arroc* pour *roc*. C'est en vertu de cet ancien usage que dans l'*Historia ecclesiæ Condomiensis*, éditée par D. Luc d'Achery, tome II, p. 594, on trouve *Arroger*, pour *Roger*, conversion analogue à celle de *Raimundus* en *Aregemundus*.

4. Voir en notre étude sur l'Origine ducale de la Maison de Galard les pages 427 et suiv., paragraphes XII, XIII, XIV, XV, XVI.

5. Voir aussi tome 1 de cet ouvrage, page 1.

# PREUVE XXII.

*Lettres de Seguin, abbé de Condom, relatives à un arrangement passé entre lui et Guillaume Astanove de Fezensac, auquel il avait réclamé la restitution d'un honneur dépendant de l'abbaye de Saint-Pierre et appelé Cahuzac. Ce dernier lieu avait été jadis incorporé audit monastère par Gombaud, comte de Gascogne, et cette cession avait été renouvelée et raffermie par Hugues, son fils, évêque d'Agen, qui le possédait à titre héréditaire. Lorsque Hugues fut trépassé, le duc Sanche, son cousin, avait ressaisi par la force le domaine de Cahuzac pour le donner à sa sœur Garsinde. Après la mort de celle-ci, il l'aliéna à Aymeric, comte de Fezensac, des mains duquel il passa par succession à son fils Guillaume qui l'abandonna aux religieux pour une somme de 1000 sols. Parmi les garants de ce contrat figure le vicomte* ROGER DE GAVARRET, *mari d'*ADÉLAÏS, *sœur de Bernard Tuma-paler, comte d'Armagnac, veuve en premières noces de Gaston III, comte de Béarn, et mère de* HUGUES, *vicomte de Brulhois, de* PIERRE, *vicomte de Gavarret, et de* HUNAUD, *abbé de Moissac, que nous avons vu en 1062 accomplir une œuvre pie dans un tête-à-tête intime avec*
GARCIE-ARNAUD DE GALARD.

ANNÉE 1045.

Litteræ Seguini Condomensis abbatis, de multis hujus abbatiæ bonis a se recuperatis.

Dum prius sæculum, memorandarumque rerum monumenta non uniformi lege sancita, sed diversæ intentionis a stipulatione alligata secundum illustrium virorum dicta consideraremus, multo honestioris seu utilioris facti nostrum decretum fore existimavimus, scilicet quod tunc temporis in regalibus fiscis augendis, vel in divitiis Reipublicæ adqui-rendis studiosa litterarum impressione commendabatur posterum memo-riæ, nostris temporibus singula quæque ad obtinendam memoriam diligenter informarentur, quæcumque in augmentum sanctæ matris ecclesiæ deputarentur. Nam in hac ultima labentis sæculi ætate et pene naufraga mundi tempestate tanto diligentius fieri credimus, quanto agnoscitur prius sæculum declinatum esse in pœnis. Quapropter ego Siguinus, licet indignus abbas loci, qui dicitur Condomus, dum vitam procelloso immitentis tempestatis gurgite absque remige laborarem, et plurimum desolationem locorum considerarem, communi consilio fratrum decrevi, ut bona nostri loci jam a bonis hominibus data, et tum a pessimis ablata, undequoque sparsa in unum colligeremus, et quæ nostris temporibus pretio, vel quocumque alio placito, Deo adjuvante, recuperavimus, nostrorum successorum memoriæ per chartas commendaremus ; et ut indivulsa in perpetuum permanerent, comitum vel episcoporum, testium et fidejussorum legali auctoritate Deo et sancto Petro, istius scilicet loci provisori, constanter firmaremus.

In nomine ergo summæ et individuæ Trinitatis, ego supradictus Siguinus ceterique fratres, de quodam honore sancti Petri Causac nomine, et omnibus suis appenditiis cum Guillelmo Astanova comite conventionem habuimus, et ut nostro loco sanctoque Petro redderetur, pretio licet gravi et carissimo tandem impetravimus. Quem scilicet locum, ut relatu plurimorum audivimus, Gumbaldus comes, et post eum ejus filius Ugo episcopus hereditario jure possederat, semperque cum honore istius loci in suo dominio tenuerat; sed Sanctio comes, post mortem Ugonis vim inferens, dedit suæ sorori, scilicet Guarsindæ, post cujus mortem iterato idem Sanctio sua potestate Americo comiti vendidit, qui et filium suum Guillelmum ejusdem honoris quasi hæredem reliquit. De cujus manu vel potestate, ut supra diximus, tali conventione extraximus, ut pretium mille solidorum daremus; cujus pretii existimationem omnino solvimus, quamvis maximo labore secundum conventionem. Nam mulam optimam et unum caballum secundum ipsius electionem pro septingentis solidis dedimus in pretium, insuper ex bona moneta trecentos solidos denariorum.

Qua firmata conventione coram plurimis testibus, ex integro dedit super altare sancti Petri, quod tunc temporis videbatur possidere; et hoc ita libere et absolute et tali ratione, ut nullus unquam ex suis here-

dibus, et nulla alia quælibet suspecta persona ullam vim monachis intu-
lisset, sed sanctus Petrus cum suis proprie in dominio in perpetuum
possedisset et ut in sua vita et omnibus locis auctorisaret, et legaliter
confirmaret cum textu evangeliorum, et ligno Dominicæ crucis Deo in
præsentia plurimorum promisit, et duos fidejussores, scilicet vicecomitem Rugerium de Gavaret[1], et Guillelmum Arnaldum de Vilera, in manu

---

1. D. Brugèles en ses *Chroniques du diocèse d'Auch*, p. 553, donne la nomenclature des comtes de Gabarret et commence par Roger dont il relate le mariage avec
Adelaïs, veuve de Gaston III, vicomte de Béarn. « Il est vrai, ajoute le chroniqueur,
« qu'on ne trouve point que ce Roger, qui est qualifié par les historiens de vicomte,
« l'ait été de Gavarret : on peut néanmoins le présumer, en ce que les autres
« vicomtez de la province étoient possédez chacun par son propre vicomte, parmi
« lesquels on n'en trouve point aucun qui portât le nom de Roger. »

D. Brugèles n'aurait point fait cette réflexion s'il eût consulté l'*Historia abbatiæ
Condomiensis*, imprimée par D. Luc d'Achery, dans son *Spicilége*, et tirée d'un vieux
manuscrit qui se trouve au Cabinet des titres, bibliothèque de Richelieu. Il y aurait
trouvé d'abord la convention passée entre Séguin, abbé de Condom, et Guillaume
Astanove, comte de Fezensac, et rapportée ci-dessus. Dans cette charte Roger, vicomte de Gabarret, est inscrit « vicecomitem Rugerium de Gavarret. » Dans la
même *Historia abbatiæ Condomiensis*, on lit : « Rogerius, vicecomes de Gavarret,
dedit Sancto Petro qui famulantibus in ipso Guavarret unum mansum pro absolutione suorum criminum. » Même sans recourir à ces vieux textes il eût été facile à D. Brugèles de déterminer avec certitude l'identité de Roger comme grand
feudataire de Gabarret par une infinité d'actes qu'il a lui-même enregistrés dans
ses *preuves* et qui se rapportent à ses enfants Pierre et Arnaud, partout inscrits
*Petrus Rogerius*, vicomes Gavarret, ou *Arnaldus Rogerii*, c'est-à-dire *Pierre* et
Arnaud, fils de Roger. Je crois devoir citer les preuves de D. Brugèles contre lui-
même pour prouver que sa réflexion, au sujet de la personnalité de Roger comme
vicomte de Gabarret, n'aurait point dû être émise. L'évidence de la possession du
Gabardan, au moins pour la majeure partie, résulte non-seulement des extraits déjà
produits, mais encore de ceux que nous allons emprunter à D. Brugèles pour le
mieux combattre. Ce sera pour nous une nouvelle occasion d'établir qu'à la fin du
xie siècle l'emploi du nom patronymique n'empêchait point de rappeler conformément au vieil usage le nom du père à la suite de celui du fils, ensuite que les
vicomtes de Gabardan, exclus par un caprice inexplicable et inexpliqué de l'abbé
Monlezun de la descendance mérovingienne, étaient de grands personnages bien plus
par leur haute origine que par l'étendue de leurs possessions. Ce fait ressort de
leurs alliances avec les d'Armagnac et la dynastie de Béarn. Pierre de Gabarret,

fratrum, dedit ea ratione, ut si eam unquam vel ipse comes seu ullus suorum, vel cujuscumque personæ homo, diabolo instigante, vim vellet inferre, vel ulla occasionis intentione placitum commonere, ipsi in fide-

petit-fils de Roger et né de Guiscarde, sœur de Centulle V, recueillit à la mort de ce dernier la principauté de Béarn. Les sires de Gabarret étaient si bien dérivés de l'antique tronc de Gascogne que Guillaume, duc d'Aquitaine, se rendit en personne à la fondation du prieuré de Gabarret en 1080, sans nul doute à la prière des vicomtes de ce lieu qui étaient ses parents. Ainsi, les feudataires du Gabardan étaient alliés et liés aux d'Armagnac, aux de Béarn et aux ducs d'Aquitaine. Les de Galard, qui étaient leurs intimes, vivaient par conséquent dans cet aristocratique milieu.

*Des libertés et exceptions accordées au monastère de Saint-Mont par Bernard Tumapaler, comte d'Armagnac; à cet acte concourut* Pierre-Roger *(c'est-à-dire Pierre, fils de Roger), vicomte de Gabarret.*

### ANNÉE 1050.

Ego Bernardus, comes, cognomento Tumapalerius, notum fieri volo, monastérium Sancti Montis liberum esse volens a potestate principum et laïcorum, et non nisi Petro et Paulo apostolis esse subjectum, astantibus nobilibus Austindo archiepiscopo, et nepote nostro Centullo, cum uxore nostra, comitissa Ermengarda, et filiis Geraldo et Arnaldo Bernardo feci, ut daretur salvatio monasterii, cum omni honore acquisito vel acquirendo in circuitu, sive in terris, villis, etc. Ego Bernardus comes, Geraldus et Arnaldus filii, Garsias Drasque, Villem-Garsias S. Christinæ, et omnes Armeniaci meliores juraverunt, vicecomes Ademarus Polestromii, cum filiis Wilelmo et Odene Fedaco, etc. Hoc sacramentum laudaverunt postea dux et comes Aquitanorum et Guasconum Willelmus, Centullo nepos meus, Willelmus Astonove, Raymundus vicecomes Marciani, Petrus Rogerius vicecomes Gavarret. Actum est privilegium mense martio, luna I, indict. III, epacta XX, feria IV; regnante Henrico Francorum rege. (D. Brugèles, *Chroniques du diocèse d'Auch,* seconde partie des preuves, p. 53.)

*Pierre de Gavarret créa le monastère de Gabarret ou de Gavarret qu'il plaça sous l'autorité de la Grand-Selve. Guillaume, duc d'Aquitaine, fut présent à la cérémonie de consécration qui réunit également tous les membres de la famille du fondateur, notamment* Arnaud-Roger, *son frère, et autre Pierre de Gabarret, son cousin (cusin).*

### ANNÉE 1080.

Notum sit præsentibus et futuris, quod ego Petrus, Gavardensis vicecomes, incepi monasterium in meo territorio, quod dicitur Gavarretum, in nomine Domini

litate Dei et sancti Petri placitarent, et si opus esset, et contra omnes defensarent.

Quæ sequntur in tomo XIII Spicilegii, p. 459, non sunt ex contextu

et Sancti ejus Sepulchri, quod concedo domino Geraldo, Silvæ majoris abbati, et omnibus ejus successoribus; ut semper abbas Silvæ majoris sit abbas Sancti Sepulchri: et qualis religio et vita ibi tenetur, talem faciat et hic teneri; et qualem potestatem habet in illius ecclesiæ monachis, rebus et possessionibus, talem habeat et in istius, quatenus semper locus Silvæ majoris et Sancti Sepulchri in Dei servicio et bona religione unum sint, pariterque paupertatem et abundantiam, partiantur, salva semper autoritate Auxiensis archiepiscopi, et Adurensis episcopi, qui hoc donum concesserunt et confirmaverunt. ✝ Signum Guillelmi, archiepiscopi Auxiensis. S. Petri Adurensis episcopi ✝ Hoc donum quoque confirmavit Guillelmus Aquitaniæ dux, et salvitatem ipsi loco concessit et omnibus ad eum pertinentibus. S. ✝ Guillelmi, Aquitaniæ ducis. S. ARNALDI ROGERII, fratris vicecomitis ipsius. S. Stephani de Calmonte, S. Raymundi Gullielmi de Mazerolis, S. Petri de Vico, S. PETRI DE GAVARETTO, cusin vicecomitis. S. Amanevi de Tillieto. S. Odonis de Pardeliano. (D. BRUGÈLES, *Chroniques ecclésiastiques du diocèse d'Auch,* troisième partie des preuves, p. 69. — *Gallia christiana,* édit. de S. Marthe, preuves du tome II, p. 319.)

D. Brugèles, trop souvent distrait, a écrit le mot *cusin* qui vient après *Petri de Gavareto* avec un grand C et l'a même lié aux noms qui le précèdent par un trait d'union. Or la place de *cusin* indique qu'il ne pouvait être un substantif propre. C'est en effet un simple qualificatif qui signifie *cousin* et que l'on trouve souvent dans les monuments de la langue romaine comme dans le vieil italien sous la forme de *cugino,* que certains étymologistes font dériver de *congenitus* et d'autres de *consobrinus.*

Après cette discussion rentrons dans notre sujet.

*Guiscarde, comtesse de Gabarret et de Béarn, à l'occasion des obsèques de son mari qui avait plusieurs fois forcé les portes de l'église Saint-Nicolas de Nogaro, voulut faire acte expiatoire et offrit dans ce but un de ses enfants à l'archevêque d'Auch pour en faire un chanoine de Sainte-Marie. A cet acte s'associèrent Arnaud-Roger, frère du vicomte, Agnès, sa femme, et Pierre, son fils.*

### ANNÉE 1097.

Anno ab incarnatione Domini 1097, indictione 7, concurrenta 4, epacta 3, 14 calendas maii, luna 2, feria 7, obiit Petrus, vicecomes de Gabarreto, ad cujus tumulationem Raymundus, Auscensis archiepiscopus, venit. Qui cum querimoniam fecisset super invasione et deprædatione Sancti Nicolai de Nuguerol, a vicecomite facta, uxor ejus, pro absolutione viri sui, et filius PETRUS, quendam filium suum parvulum ipsi archiepiscopo obtulit, ut Sanctæ Mariæ Auscensis canonicus efficeretur :

epistole Seguini abbatis, sed pertinere videntur ad historiam Ms. hist. Condom. hoc tomo Spicilegli. 13 contentam.

GALLIA CHRISTIANA, t. II, PREUVES, p. 442-443.

## PREUVE XXIII.

### *Notice de Marca sur Hunaud, d'abord moine et ensuite abbé de Moissac.*

L'explication du tiltre de Morlas, et la suite de l'histoire m'obligent à faire voir, qui estoit Hunaud, abbé de Moyssac, entre les mains duquel est déposée la donation de l'église, et des rentes de Saincte-Foi, pour estre sousmise à la disposition de Hugues, abbé de Clugni. Les anciens tiltres de l'abbaye de Moyssac en Querci, nous mettent hors de peine, lorsqu'ils nous apprennent que l'abbé Hunaud estoit frère de Centulle, comte de Bearn, et que le vicomté de Brulhois, qui appartenoit au seigneur de Bearn, lui estoit escheu pour son partage. Il prist l'habit de religieux l'an M. LXII et plusieurs actes le qualifient abbé de Moyssac, depuis l'an M.LXXXIII, jusqu'en l'année M.XCI. Mais on peut asseurer sans faillir, qu'il estoit abbé dès l'an M.LXXIX, puis que le tiltre de Morlas lui donne cette qualité en cette année ; et qui plus est, le sieur Catel au liure premier de l'*Histoire des comtes de Tolose,* rapporte à

cum quo etiam ecclesiam Sanctæ Mariæ de Mul, absolute dedit, etc. S. P. ARNALT ROGERII, fratris vicecomitis, S. AGNETIS, uxoris ejus, S. P. PETRI, filii ejus. (D. BRUGÈLES, *Chroniques du diocèse d'Auch,* preuves de la première partie, p. 26.)

L'on voit tour à tour dans les actes ci-dessus que Pierre-Roger ou plutòt Pierre, fils de Roger, était vicomte de Gabarret. Il était donc licite de présumer que la vicomté de Gabarret fut transmise à Pierre par son auteur Roger : une telle induction, il est vrai, devient inutile après lecture de l'extrait tiré de l'*Historia abbatiæ Condomiensis* et des lettres de Séguin, abbé de Condom. Dans ces deux monuments du moyen âge, Roger est personnellement qualifié vicomte de Gabarret. (Voir plus haut, note de la page 471.)

l'année M. LXXII, le restablissement de la vie régulière, que fit dans le
chapitre de S. Estienne Ysarn evesque de Tolose, par l'aduis du comte
Guillaume IV, de Hugues, abbé de Clugni, et de Hunaud, abbé de Moyssac. Un semblable éffort de zèle et de devotion ne lui succeda pas, lorsqu'il persuada à ce comte Guillaume de s'emparer de l'église Saint
Sernin de Tolose, d'en chasser les chanoines y residans, et d'en bailler
la possession aux religieux de Saint Benoist; car cette violence fut
beaucoup blasmée, et la procédure révoquée par Richard legat du
pape, Dalmatius, archevesque de Narbonne, et Hugues, archevesque
de Lion, dont le comte fit sa pénitence, par acte de l'an 1083, que l'on peut
voir chés le sieur Catel. Au reste le monastère de Moyssac, fondé par
Clouis, et restabli par Loüis le Débonnaire, estoit en ce temps de fort
grande réputation, pour avoir esté solennelement desdié par les evesques
de la province d'Aux, en l'an M.LXIII comme témoigne l'inscription,
qui est sur la porte de cette église, qui est fidèlement représentée par
Geraud de Saincte-Croix, en son *Catalogue des Evesques de Cahors,* que
j'ai inséré au bas de ce chapitre, en consideration d'Estienne, evesque
d'Oloron, qui assistoit à l'assemblée.

Hunaud ne fut pas esleu abbé par faveur, mais tant à cause de son
mérite, et de sa vie exemplaire, qu'en considération de sa race et de
son éloquence : ce sont les bonnes qualités que lui attribüe l'auteur de
la relation des miracles de saint Hugues de Clugni, lors qu'il escrit, que
ce grand et saint abbé, marchant par la Gascogne, rencontra sur son
chemin, prés d'une petite maison, un homme de noble race, misérablement infecté, et perdu de ladrerie, qui ayant esté auparavant agréable
pour sa beauté, et considéré pour ses richesses, estoit maintenant
chargé d'ulcères, de pauvreté et d'infamie. Le serviteur de Dieu émeu
de cette affliction, prit deux moines de sa compagnie, scavoir Duran
qui fut apres evesque de Tolose, et encore un autre noble frère, et
homme très-éloquent, appelé Hunaud, qui fut abbé de Moyssac, et avec
cette suite entra dans la maison de ce pauvre affligé, l'exorta à la
patience, pria pour lui, le bénit, l'habilla de sa robe ; et Dieu le guerit
à mesme temps, le remetant en une pleine et entière santé. Ce qui
arriva la première année de la profession monastique de Hunaud, sça-

voir l'an 1062, puisque Duran fut promeu à l'evesché de Tolose en
l'année suivante 1063; ainsi qu'il apert par l'inscription de Moyssac.

On ne peut revoquer en doute, que Hunaud ne fust le frère de
Centulle, et que le vicomté de Brulhois ne lui soit escheu pour sa portion
des biens de la maison de Bearn; dautant que les vieux documens de
Moyssac l'asseurent en termes formels; ce monastère ayant beaucoup
d'interest d'en conserver les instructions véritables. Car Hunaud faisant
sa conversion monastique dans ce couvent le jour avant les Ides de
Jun de l'an M.LXII, assisté de sa mère Aladain et de son frère Hugues
le vicomte, donna et fit cession au profit du monastère de Moyssac, des
eglises qui estoient de son héritage dans le vicomté de Brulhois,
scavoir de son eglise S. Martin, située à Layrac, avec toutes les autres
eglises qui en dépendent; adjoustant qu'il fait cette donation pour son
âme, celle de son père Roger, de sa mère Aladein, de son frère Hugues,
de son oncle Saxeton, et de tous ses parents, et fideles chrestiens
décédés; à la charge de payer annuelement par le convent de Moyssac, à celui de Clugni, chasque feste de saint Martin dix sols d'argent,
en signe de subjection, pour raison de ces eglises; à la charge aussi
de célébrer chasque année, la memoire de l'anniversaire de son père
Roger, aux deux monastères de Moyssac et de Clugni.

*Histoire de Béarn*, par Marca, p. 304-305.

---

*Autre notice sur Hunaud, tirée des « Études historiques sur Moissac, »*
*par M. Lagrèze Fossat, qui, à l'exemple du chroniqueur Aymery de*
*Peyrac, l'a improprement appelé Hunaud de Béarn. Il résulte de cette*
*étude que Hunaud, comme tous ses pareils au XI<sup>e</sup> siècle, maniait l'épée*
*aussi bien que la crosse et que la charité chrétienne était son moindre*
*défaut.*

### DE 1062 A 1085.

*Hunaud de Béarn* succéda à Durand. Il était fils de *Roger, vicomte*
*de Béarn,* et d'Adélaïde. Le comte Centulle était son frère (*Aymery de*
*Peyrac,* fo 159 vo, c. 2).

Après avoir recueilli pour sa part dans l'héritage paternel la vicomté de Brulhois, dans le diocèse d'Agen, il fonda et dota magnifiquement à Layrac, chef-lieu de cette vicomté, le prieuré ou monastère de Saint-Martin. Atteint dans ses intérêts d'héritier par cet acte de libéralité, le jeune comte de Béarn, dit notre chroniqueur, s'empara d'Hunaud, son oncle, et lui fit couper un bras : « propter quod, dictus nepos ipsum « injuriatus fuit atrociter valde ita quod amputavit illi brachium. Et per inhabitatores ibidem (à Layrac) in magna devocione habetur. » Aymery de Peyrac ajoute un peu plus bas (f° 160 v°, c. 2) : « et audivi a fide dignis quod ibi est depictus in ecclesia tantum cum brachio, pro eo quia sic dotaverat et sublimaverat predictum monasterium de Alayraco... audivique, ante dictam picturam ardet semper quædam lampas. » Ce ne fut donc pas, comme l'a affirmé M. Jules Marion, à cause des nombreuses églises dont Hunaud enrichit l'abbaye de Moissac qu'il fut victime des violences de son neveu.

M. Marion affirme encore qu'Hunaud prit l'habit monastique à Cluny, des mains de saint Hugues, en 1060. S'il en fut ainsi, il ne resta pas longtemps dans ce couvent, car la même année, la veille des ides de juin, nous le trouvons à Moissac, cédant au monastère de Saint-Pierre, non-seulement le prieuré de Layrac, avec toutes ses dépendances, mais encore toutes les églises soumises à son autorité, tant dans ses domaines qu'ailleurs, mais à la charge par ce monastère d'envoyer tous les ans, à le fête de saint Martin, des députés à Cluny pour offrir au chapitre, à titre de tribut, dix sous d'argent.

Ce fut très-probablement tant à cause de cet acte de libéralité que du nom qu'il portait qu'Hunaud[1] fut choisi pour remplacer Durand. A peine installé, il se préoccupa, comme son prédécesseur, de la position qui était faite à l'abbaye par l'abbé-chevalier et parvint en peu de temps (1073) à obtenir de Bernard Ier, exerçant alors les fonctions d'abbé-chevalier, la confirmation de l'acte de désistement que Gausbert de Gourdon ou de Castelnau avait signé dix ans avant.

Le monastère acquit de très-grands biens pendant l'abbatiat d'Hunaud de Béarn, entre autres :

1. Voir plus haut, texte et notes des pages 469, 470, 471, etc.

En 1074, l'église de Saint-Sernin, au diocèse de Cahors (*Gallia christiana*).

De 1074 à 1083, le monastère de Saint-Maurin, au diocèse d'Agen.

En 1076, l'église de Saint-Martin de Christinag (*Gallia christiana*.)

Enfin, en 1083, le prieuré ou monastère de Saint-Maffre, fondé près de Bruniquel par les vicomtes Arman et Adémar (*Gallia christiana*), et l'église de Saint-Sernin de Toulouse, que les clunistes de Moissac n'occupèrent cependant que jusqu'à l'année suivante, Guillaume IV, comte de Toulouse, étant revenu sur la cession qu'il en avait faite à Hunaud, et ayant rétabli dans leur église les chanoines qu'il en avait chassés à l'instigation d'Izarn, évêque de Toulouse.

Avant, avait eu lieu la donation la plus importante de l'abbatiat d'Hunaud de Béarn, celle par laquelle, en 1078, Bernard, comte de Bésalu, cousin d'Hunaud, avait cédé à tout jamais et soumis à l'abbé et au couvent de Moissac l'abbaye de Notre-Dame d'Arles ou d'Aurules, près Céret (Pyrénées-Orientales), au diocèse d'Elne, l'abbaye de Saint-Pierre de Campredon, au diocèse de Girone, en Espagne, enfin celle de Saint-Paul de Valoles (de Valle Olei), au diocèse de Narbonne.

Ce fut encore sous l'abbatiat d'Hunaud et avec son concours que, en 1083, des chanoines réguliers furent établis dans l'église de Saint-Étienne de Toulouse (*Aymery de Peyrac,* fol. 158 v°, c. 1). Notre chroniqueur a inséré dans la notice biographique qu'il a consacrée à Guillaume IV, comte de Toulouse, la lettre d'Izarn, évêque de Toulouse, qui provoqua cette réforme, et celle qui motiva, à la même époque, la cession de l'abbaye de Saint-Sernin de Toulouse dont il a déjà été question (f° 168 r°, c. 2, à f° 171 r°, c. 1).

Hunaud se retira dans son prieuré de Saint-Martin de Layrac, vers 1085. « Les auteurs du *Gallia christiana,* dit M. J. Marion (*loc. cit.,* page 18), ne font pas connaître la cause de cette retraite. Mieux informé, Aymery de Peyrac est plus explicite : Hunaud, d'après ce chroniqueur, était devenu insupportable par sa tyrannie, et des vexations de toute sorte, sans cesse renouvelées, l'avaient rendu odieux non-seulement aux moines, mais encore aux habitants de Moissac. » Aymery de Peyrac dit bien (f° 160 r°, c. 2) que l'abbé Hunaud n'était

d'accord ni avec le monastère ni avec la ville : « Legi vero in antiquitati-
« bus monasterii hujus quod in ultimis non bene convenit cum monasterio
« et villa Moyssiacensi : et quodam die manu armata villam succensit et
« ab eadem ex monasterio extraxit quidquid sibi placuit, et resessit apud
« Layracum et ibidem obiit; » mais il n'affirme pas que ce fut à raison
d'un désaccord qu'il se retira à Layrac. Sa retraite, croyons-nous, eut
d'autres motifs. La mésintelligence survint très-probablement plus tard,
soit parce qu'un nouvel abbé avait été placé, après son départ, à la
tête du monastère, soit parce que les moines et les habitants avaient
repoussé dès ce moment toutes ses prétentions, ce qui expliquerait d'une
manière plus plausible, suivant nous, la grave détermination à laquelle
il s'arrêta, et qu'il exécuta à la tête d'une bande de soudards. On vient
de voir qu'il mit le feu à la ville après s'en être emparé, et que, à la
faveur de l'incendie, il fit main basse sur tout ce qui lui convient, tant
dans l'enceinte de labbaye que chez les habitants.

Retiré à Layrac, il y mourut simple moine, en 1095. (*Gallia christiana,*
Vol. I, fol. 163.)

Aussitôt qu'Hunaud de Béarn se fut retiré au prieuré de Layrac, Ansquitilius prit, comme abbé, la direction du monastère, et très-certaine-
ment après avoir été appelé à ce poste par le chapitre de Cluny, sur la
présentation de celui de Moissac. Hunaud, qui peut-être, en se retirant
à Layrac, n'avait pas entendu se démettre de ses fonctions et perdre les
droits qui s'y trouvaient attachés, dut être très-irrité en apprenant qu'il
avait un successeur, et protesta sans doute énergiquement contre la
prise de possession de l'abbaye par Ansquitilius. Si les choses se passè-
rent ainsi, on comprend parfaitement pourquoi, n'ayant pu s'entendre
ni avec les religieux ni avec les habitants de Moissac, Hunaud conçut le
projet de se faire justice lui-même, s'empara de la ville l'incendia et la
pilla. On ne connaît pas la date précise de cette audacieuse expédition.
Quoi qu'il en soit, Hunaud lutta longtemps encore contre Ansquitilius.
Nous en trouvons la preuve dans des lettres qu'Urbain II adressa, vers
1094, à Guillaume IV, comte de Toulouse (*Gallia christiana,* vol. I,
fol. 163-164. — *Andurandy,* n° 6087) dans lesquelles il lui annonçait
d'abord qu'il avait confirmé l'élection d'Ansquitilius comme abbé de

Moissac, et chassé à jamais du couvent l'usurprteur Hunaud, et le priait ensuite de sauvegarder la dignité dudit Ansquitilius contre les tentatives de son compétiteur. L'histoire ne nous dit pas si le comte de Toulouse répondit à cet appel du Saint-Siége; mais s'il intervint, son action fut de courte durée, puisque, un an après la mort d'Hunaud, arrivée en 1095, Urbain II adressa de Toulouse, aux évêques d'Agen et de Lectoure, une bulle dans laquelle il les invita à procéder par monitions et même par excommunication contre les usurpateurs des bénéfices de l'abbaye de Moissac. (*Andurandy,* nᵒˢ 14 et 15.)

*Études historiques sur Moissac,* par Lagrèze-Fossat, t. III, p. 29-33 et notes.

## PREUVE XXIV.

*Investiture du comté d'Astarac, donnée par Garsie-Sanche le Courbé, à son troisième fils, Arnaud-Garsie, surnommé Nonnat. A cette grande solennité féodale, qui eut lieu au château de Fezensac, se trouvèrent groupés les petits-fils du vieux duc, c'est-a-dire les fils de Sanche-Garsie, comte ou duc de la Grande-Gascogne, et qui étaient GUILLAUME-SANCHE, SALII, vicomte, AMANEU-SANCHE, GOMBAUD, plus tard duc et évêque de Gascogne, En ECI ou EZY.*

### ANNÉE 920.

Ego Garsias Sancii, consul, *filius regis* Sancii, tibi Arnaldo, filio meo, et heredibus et successoribus tuis concedo Astaracensem pagum, cum toto comitatu, et omni jure quod in ipso habere videor. Quod ut futuræ posteritati notificetur et inviolabile perseveret, præsentem chartam subterfirmavi, et per fideles meos subterfirmari feci. Signum Garsiæ-Sanccii, consulis. Signum SANCII WILHELMI[1], comitis filii. Signum SALII,

1. D, Brugèles a dû se tromper en copiant la charte. Il faut, selon nous, *Wilhelmi Sancii* au lieu de *Sancii Wilhelmi,* et, un peu plus loin, *Amenevi Sancii* au lieu de *Sancii Amanevi.* — Voir note de la page 373.

vicarii. Signum SANICII AMENEVI. Signum GOMBAUDI. Signum En ECI fratris ejus. Ego Aznarius levita indignus, scripsi et subterscripsi. Actum Gidenciaco castro in Dei nomine, feliciter. Amen [1].

Extrait des archives de la Chambre des comptes de Montpellier. — *Chroniques ecclésiastiques du diocèse d'Auch,* par D. Brugèles, preuves de la troisième partie, page 81.

[1]. Nous plaçons cette charte ici, ayant négligé de la mettre au commencement des preuves à son rang chronologique.

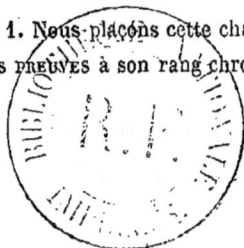

FIN DE LA PREMIÈRE PARTIE DU TOME IV.

www.ingramcontent.com/pod-product-compliance
Lightning Source LLC
Chambersburg PA
CBHW070616270326
41926CB00011B/1708